经以济世

建行尚本

贺教授印

科技又向项目

心至至诚

李召林
研山有八

教育部哲学社会科学研究重大课题攻关项目

"十四五"时期国家重点出版物出版专项规划项目

新形势下弘扬爱国主义重大理论和现实问题研究

RESEARCH ON THE IMPORTANT THEORETICAL AND PRACTICAL PROBLEMS OF CARRYING FORWARD THE PATRIOTISM SPIRIT UNDER THE NEW SITUATION

王泽应 等著

中国财经出版传媒集团

经济科学出版社
Economic Science Press

·北京·

图书在版编目（CIP）数据

新形势下弘扬爱国主义重大理论和现实问题研究/
王泽应等著. -- 北京：经济科学出版社，2023.12
教育部哲学社会科学研究重大课题攻关项目 "十四
五" 时期国家重点出版物出版专项规划项目
ISBN 978 - 7 - 5218 - 4969 - 1

Ⅰ.①新⋯ Ⅱ.①王⋯ Ⅲ.①爱国主义教育 - 研究 -
中国 Ⅳ.①D647

中国国家版本馆 CIP 数据核字（2023）第 142544 号

责任编辑：何 宁
责任校对：杨 海
责任印制：范 艳

新形势下弘扬爱国主义重大理论和现实问题研究
王泽应 等著
经济科学出版社出版、发行 新华书店经销
社址：北京市海淀区阜成路甲 28 号 邮编：100142
总编部电话：010 - 88191217 发行部电话：010 - 88191522
网址：www.esp.com.cn
电子邮箱：esp@esp.com.cn
天猫网店：经济科学出版社旗舰店
网址：http://jjkxcbs.tmall.com
北京季蜂印刷有限公司印装
787×1092 16 开 34 印张 648000 字
2023 年 12 月第 1 版 2023 年 12 月第 1 次印刷
ISBN 978 - 7 - 5218 - 4969 - 1 定价：136.00 元

课题组主要成员

首席专家　王泽应
主要成员　陈　来　肖群忠　李培超　朱　承
　　　　　　吴灿新

总　序

哲学社会科学是人们认识世界、改造世界的重要工具，是推动历史发展和社会进步的重要力量，其发展水平反映了一个民族的思维能力、精神品格、文明素质，体现了一个国家的综合国力和国际竞争力。一个国家的发展水平，既取决于自然科学发展水平，也取决于哲学社会科学发展水平。

党和国家高度重视哲学社会科学。党的十八大提出要建设哲学社会科学创新体系，推进马克思主义中国化、时代化、大众化，坚持不懈用中国特色社会主义理论体系武装全党、教育人民。2016 年 5 月 17 日，习近平总书记亲自主持召开哲学社会科学工作座谈会并发表重要讲话。讲话从坚持和发展中国特色社会主义事业全局的高度，深刻阐释了哲学社会科学的战略地位，全面分析了哲学社会科学面临的新形势，明确了加快构建中国特色哲学社会科学的新目标，对哲学社会科学工作者提出了新期待，体现了我们党对哲学社会科学发展规律的认识达到了一个新高度，是一篇新形势下繁荣发展我国哲学社会科学事业的纲领性文献，为哲学社会科学事业提供了强大精神动力，指明了前进方向。

高校是我国哲学社会科学事业的主力军。贯彻落实习近平总书记哲学社会科学座谈会重要讲话精神，加快构建中国特色哲学社会科学，高校应发挥重要作用：要坚持和巩固马克思主义的指导地位，用中国化的马克思主义指导哲学社会科学；要实施以育人育才为中心的哲学社会科学整体发展战略，构筑学生、学术、学科一体的综合发展体系；要以人为本，从人抓起，积极实施人才工程，构建种类齐全、梯队衔接的高校哲学社会科学人才体系；要深化科研管理体制改革，发挥高校人才、智力和学科优势，提升学术原创能力，激发创新创造活力，建设中国特色新型高校智库；要加强组织领导、做好统筹规划、营造良好学术生态，形成统筹推进高校哲学社会科学发展新格局。

哲学社会科学研究重大课题攻关项目计划是教育部贯彻落实党中央决策部署的一项重大举措，是实施"高校哲学社会科学繁荣计划"的重要内容。重大攻关项目采取招投标的组织方式，按照"公平竞争，择优立项，严格管理，铸造精品"的要求进行，每年评审立项约40个项目。项目研究实行首席专家负责制，鼓励跨学科、跨学校、跨地区的联合研究，协同创新。重大攻关项目以解决国家现代化建设过程中重大理论和实际问题为主攻方向，以提升为党和政府咨询决策服务能力和推动哲学社会科学发展为战略目标，集合优秀研究团队和顶尖人才联合攻关。自2003年以来，项目开展取得了丰硕成果，形成了特色品牌。一大批标志性成果纷纷涌现，一大批科研名家脱颖而出，高校哲学社会科学整体实力和社会影响力快速提升。国务院副总理刘延东同志做出重要批示，指出重大攻关项目有效调动各方面的积极性，产生了一批重要成果，影响广泛，成效显著；要总结经验，再接再厉，紧密服务国家需求，更好地优化资源，突出重点，多出精品，多出人才，为经济社会发展做出新的贡献。

作为教育部社科研究项目中的拳头产品，我们始终秉持以管理创新服务学术创新的理念，坚持科学管理、民主管理、依法管理，切实增强服务意识，不断创新管理模式，健全管理制度，加强对重大攻关项目的选题遴选、评审立项、组织开题、中期检查到最终成果鉴定的全过程管理，逐渐探索并形成一套成熟有效、符合学术研究规律的管理办法，努力将重大攻关项目打造成学术精品工程。我们将项目最终成果汇编成"教育部哲学社会科学研究重大课题攻关项目成果文库"统一组织出版。经济科学出版社倾全社之力，精心组织编辑力量，努力铸造出版精品。国学大师季羡林先生为本文库题词："经时济世　继往开来——贺教育部重大攻关项目成果出版"；欧阳中石先生题写了"教育部哲学社会科学研究重大课题攻关项目"的书名，充分体现了他们对繁荣发展高校哲学社会科学的深切勉励和由衷期望。

　　伟大的时代呼唤伟大的理论，伟大的理论推动伟大的实践。高校哲学社会科学将不忘初心，继续前进。深入贯彻落实习近平总书记系列重要讲话精神，坚持道路自信、理论自信、制度自信、文化自信，立足中国、借鉴国外，挖掘历史、把握当代，关怀人类、面向未来，立时代之潮头、发思想之先声，为加快构建中国特色哲学社会科学，实现中华民族伟大复兴的中国梦做出新的更大贡献！

教育部社会科学司

摘　要

　　本书聚焦当代中国爱国主义的重大理论和现实问题，围绕如何进一步增强"对伟大祖国的认同""对中华民族的认同""对中华文化的认同""对中国共产党的认同""对中国特色社会主义的认同"这五大认同的思维逻辑而展开，初步建构了一个当代中国爱国主义研究的理论体系和实践体系。

　　在对爱国主义词源意义和一般内涵做出界说的基础上，本书探讨了当代中国爱国主义的重大理论问题，对当代中国爱国主义的理论基础、鲜明主题和目标追求、精神实质和本质特征、价值目标和着力点等做出了深度研究，揭示了当代中国爱国主义形成发展的社会历史条件、制度保障和文化支撑，中华民族伟大复兴的中国梦与当代中国爱国主义的密切关系，热爱中国共产党、热爱中国特色社会主义与爱国主义的有机统一等事关当代中国爱国主义核心灵魂和精神建构的大本大源问题。

　　当代中国爱国主义面临着"世界百年未有之大变局"、全球化网络化多极化以及世界主义、民族主义等的挑战，深度分析百年未有之大变局与实现中华民族伟大复兴的关系，探讨在当今世界各种挑战与希望同在、危机与机遇共存情势下爱国主义应有的精神价值追求，有效抵制民粹主义、民族分裂主义和历史虚无主义等的恶劣影响，无疑是弘扬当代中国爱国主义精神的重大现实问题。这是中国历史上和人类历史上爱国主义所未曾遇到的关乎当代中国爱国主义精神挺立、价值走向的大是大非问题和凝心聚魂问题。

　　当代中国爱国主义内含着如何对待中国历史上爱国主义传统并使

之实现创造性转化和创新性发展的重大历史问题，必须而且应该大力弘扬中华优秀传统文化和以爱国主义为核心的民族精神并以此为源头活水和价值始基，引导人们树立和坚持正确的历史观、民族观、国家观、文化观，不断增强中华民族的归属感、认同感、尊严感、荣誉感，增强做一个中国人的底气、骨气和豪气。这是弘扬当代中国爱国主义必须坚守的原则立场和事关中华民族在世界文化激荡中站稳脚跟、挺立民族主体性的大道大德和固本培元问题。

当代中国爱国主义必须而且应该拥有宽广的国际视野和世界情怀，坚持立足中国而又面向世界的价值方针。只有善于从世界不同文明中吸收智慧、汲取营养，才能更好地建设伟大的祖国。构建新型国际关系和人类命运共同体，推动建设一个持久和平、共同繁荣的和谐世界是当代中国爱国主义应有的国际担当和世界情怀。

当代中国爱国主义必须坚持"以立为本，重在建设"的原则，将爱国主义教育融入国民教育全过程，坚持从娃娃抓起、着眼凝心铸魂、久久为功的建设思路，使爱国主义成为全体中华儿女和中国人民的坚定信念、精神力量和自觉行动，为中国崛起和实现中华民族伟大复兴的中国梦提供精神动能和价值支撑。

Abstract

The book focus on the major theoretical and practical issues of contemporary Chinese patriotism, operating around the five major identities like "identification to the great motherland" "identification to the Chinese nation" "identification to Chinese culture", "identification to the Communist Party of China", and "identification to socialism with Chinese characteristics" how to further strengthen, and has initially constructed a theoretical system and a practical system for contemporary Chinese patriotism research.

On the basis of defining the etymological meaning and general connotation of patriotism, it made in-depth research on the major theoretical issues of contemporary Chinese patriotism, for example, its theoretical basis, distinctive theme and goal pursuit, spiritual essence and essential characteristics, and value of contemporary Chinese patriotism. Goals and focus, revealed these essential issues related to the core soul and spiritual construction of contemporary Chinese patriotism like the social and historical conditions, institutional guarantees and cultural support for the formation and development of patriotism in contemporary China, the close relationship between the Chinese dream of the great national rejuvenation and contemporary Chinese patriotism, the organic unity of three loves for the Communist Party of China, for socialism with Chinese characteristics and patriotism.

Contemporary Chinese patriotism is facing with such challenges of "great changes in the world unseen in a century", globalization, networking and multi-polarization, as well as cosmopolitanism and nationalism. Undoubtedly, it will be a major practical problem to carry forward the spirit of patriotism in contemporary China, to analyze in detail the relationship between the great changes unseen in a century and the realization of the great rejuvenation of the Chinese nation, discussing the spiritual value pursuit of patriotism in the current world of various challenges and hopes, crises and hopes coexisting, and effectively resisting the bad influences of populism, national separatism and historical nihilism, moreover, which is an issue related right-wrong and national spirit which has never been encountered in Chinese history or human history.

Contemporary Chinese patriotism contains the important historical issues of how to treat the patriotic tradition in Chinese history and realize creative transformation and innovative development. Unavoidably it should vigorously promote the excellent Chinese traditional culture and the national spirit centered on patriotism spirit which are used as the source of water and value, and guides people to establish and adhere to a correct view of history, nation, country and culture, continuously enhancing the sense of belonging, identity, dignity, and honor of the Chinese nation, as result, Chinese will heighten their confidence, backbone and pride of being a Chinese. This is a principled stance that must be upheld in promoting Contemporary Chinese patriotism, and a major issue related to the Chinese nation's ability to stand firm in the global cultural turmoil and stand up for its national subjectivity, as well as its fundamental character and cultivation.

Contemporary Chinese patriotism should and must have a broad international vision and world sentiment, that is to say, a principle of oriented China but facing the world. Only rationally absorbing wisdom from different civilizations in the world and absorbing nutrition can we better build our motherland. To construct a new type of international relations and a community with a shared future for mankind, and to promote the building of a harmonious world of lasting peace and common prosperity, it is an international responsibility and world sentiments that contemporary Chinese patriotism should have.

Lastly, contemporary Chinese patriotism must adhere to the principle of "orienting establishment, focusing on construction", integrating patriotism education into the whole process of national education, which means the method to mould our feelings and souls when they are children, so as to bear fruits of Chinese patriotism like the firm belief, spiritual strength and conscious action through which serve the rise of China and the realization of the Chinese dream of the great rejuvenation of the Chinese nation.

目　录

Contents

第三编

弘扬爱国主义精神的历史经验和现实启示研究　187

4

Contents

新形势下弘扬爱国主义重大理论和现实问题研究

Part 3

Research on the Historical Origin and Inheritance of Contemporary Chinese Patriotism   187

Part 5

Research on the Path and Measures to Promote Contemporary Chinese Patriotism　397

导 论

当代中国爱国主义的独特
神韵及弘扬的重点与意义

爱国主义是人们热爱、忠诚、报效祖国的一种集情感、思想、意志、信念和行为于一体的精神价值体系，是人们在处理和对待祖国或国家关系中应该遵循的政治原则、法律规范、道德规范及由此凝结成的行为美德的综合化表现，是在人类社会历史进程中形成、发展、巩固起来的一种凝聚国民共识、促进民族团结、维护祖国统一和推动历史发展的强大精神力量。

当代中国爱国主义既与中国传统爱国主义有一定的历史联系，同时又有全新的时代背景和本质内涵，有其独特的目标追求和价值指向。它是一种置身于世界多极化、经济全球化、文化多元化、社会信息化以及市场化、高科技革命时代的爱国主义，是一种在中国共产党领导下以建设中国特色社会主义为主旨追求的爱国主义，是一种同实现两个一百年奋斗目标密切相关、旨在复兴中华民族的爱国主义，同时也是一种与世界各国和平共处，以建设持久和平、共同繁荣的和谐世界为基本风范或特色的爱国主义。

新形势下弘扬爱国主义精神是一项事关国家富强、民族复兴和人民幸福的伟大志业，同时也是在全球化、市场化、信息化、高科技革命条件下一项民族精神凝聚和再造的伟大工程，更是在中国崛起和中华民族走向伟大复兴进程中的一项铸造国魂、挺立国格、高扬国威的价值建构事业。在这样的新形势下，弘扬爱国主义精神对于中华民族和中国人民来说无疑具有建纲立极、创业垂统的至真至善至美至圣的伦理意义和历史价值。

1

一、爱国主义的词源义、基本义和特征

爱国主义是一种人们对于自己祖国和国家深厚的热爱之情及由这种热爱之情所生发的忠诚意识、责任意识、报效意识等的思想理论和价值体系。不同的时代，不同的阶级，不同的人群在关于为什么要爱国，爱什么样的国以及怎样爱国的认识、感受和评价方面都存在着较大的差异，这也就决定了爱国主义的具体内容是十分不同的，不同时代有不同的爱国主义。当然，不同时代，不同国别的爱国主义也有一些最基本的共通属性和价值机理，涉及人们对祖国、国家的态度、情感、义务和忠诚诸方面。

（一）爱国主义的词源分析

爱国主义由"爱""国"和"主义"三个词语组成。"所谓爱，一般来说，就是意识到我与别一个人的统一，使我不专为自己而孤立起来"。① 黑格尔对于爱的定义即是个人意识到自我与他人之间的统一，在自我与他人的统一中确证自己不是独立的、孤独的个体。舍勒认为"爱是倾向或随倾向而来的行为，此行为试图将每个事物引入自己特有的价值完美之方向"②。国既指祖祖辈辈生活于其中的"父母之邦"，也指人们现实生活于其中并构成其成员的国家。主义是指社会成员主张的思想观点或学说，也指系统性的价值观念或思想理论。爱国主义是指人们对待自己生活于其中的祖国或国家的一种深厚而久远的爱的感情及由此所形成的思想观点和行为品质的总和。爱国主义源于人民对哺育自己成长的家乡、民族和祖国的深厚感情，并在此基础上逐渐升华形成的一种维护祖国整体利益、热爱祖国历史文化并愿意为其发展兴旺而贡献力量的行为准则和坚定信念。

1. 祖国一词的词源含义

爱国主义所爱的国既指祖国，也指国家。什么是"祖国"？"祖国"指的是祖祖辈辈所生活的国家。中文"祖"字，与我们血脉相系的祖先密切相关，指我们的先祖，始祖，通谓之祖。中华先民既崇拜天地，也崇拜祖先，并由此形成了尊祖敬宗的传统。"国"的初文是"或"，也是"域"的古字。字本义是"邦国""封邑"。甲骨文字形左边是一个方框，表示一片土地，右边是戈，表示以兵戈来保卫这片土地。"国"的繁体字有十画，书写速度慢，所以后汉便出现了

---

① ［德］黑格尔著，范扬、张启泰译：《法哲学原理》，商务印书馆1961年版，第175页。

② ［德］马克斯·舍勒著，林克等译：《爱的秩序》，生活·读书·新知三联书店1995年版，第28页。

简化的"国"字。这个"国","囗"里从"王",可能有"普天之下，莫非王土"之意。新中国成立后，于20世纪50年代中期对汉字进行规范简化。时任汉字简化方案审定委员会副主任的郭沫若提议，"国"里面再加一个点，成为"国"，既便于书写，又有"祖国美好如玉"的意思，于是全体通过。"国"字在现代汉语中主要表示国家、祖国等含义，但在中国古代，国的概念是随着社会发展而逐渐变化的。殷商时期没有"国"的概念，国即城邑，是人们聚居的地方；春秋时期，国多指代诸侯国，如齐、楚、燕、赵等。从古至今，国字的写法、含义虽在不断变化，但始终保留了代表土地的元素。的确，一个国家的国土山河，不只是自然风光，更是国家主权、财富，是民族发展和进步的基础。祖国二字合起来指祖先居住生活的国土或疆域，含有如同《论语》所言的"父母之邦"和《孟子》中所言的"父母国"的意思。需要指出的是，中国古代的"父母之邦""父母国"没有性别的差异，主要是一种身份归属的关系。在汉语中，现代意义上的"祖国"这个词语是在20世纪初才出现的。梁启超在《论佛教与群治之关系》一文中表达了十分关心"吾祖国前途"问题。在《祖国大航海家郑和传》中，也使用了"祖国"一词。该文记述了郑和航海的背景以及功绩，表达了对航海家郑和的钦佩，认为郑和下西洋所建树的功绩远在同时期的哥伦布、达嘉马之上，并得出了"前有司马迁，后有郑和，皆国史之光也"的结论。20世纪20年代以后，将祖国比喻为"母亲"的用法日渐流行起来。方志敏1935年写的《可爱的中国》一文中把中国比喻为生育我们的"母亲"，认为这位"母亲"是"蛮可爱蛮可爱的"，并从气候、国土、天然风景的美丽等方面说明了祖国母亲的可爱。① 此后，"祖国母亲"在神州大地上日渐流传开来，并成为人们表达爱国主义情感的核心词语。

在英语中，"爱国主义"（patriotism）一词源于拉丁文"祖国"（patria），而"patria"一词又源于拉丁文中的"pater"（意为"父亲"）。著名演说家伊苏克拉底（Isocrates，前436 – 前338）就曾把雅典比喻为"祖国"和"母亲"。他在演说中慷慨激昂地说道："我们在这片乐土出生，能够让至亲具名写信给我们的城市。只有我们雅典人有权利称我们的城市为奶妈、祖国和母亲。"他在记述希波战争时有言："我们拯救了祖国（patris），解放了整个希腊，尽管城邦各个分立，但希腊是我们共同的祖国（koinè patris）。"② 在罗马时期，patria（祖国）在"忠诚"的观念中占有重要的位置。拉丁文的patria虽然可以翻译为"祖国"，但它指的并不只是一个"地方"，而且更是与家族联盟、责任与权利有关的"美德"。在这些责任的美德之外，还有一种远为模糊不明的情感，那就是"爱"。1721年

---

① 方志敏：《可爱的中国》，引自《方志敏文集》，人民出版社1985年版，第141～142页。

② Isocrates, Panegyricus, 23 – 26, trans. George Norlin, Cambridge：Harvard University Press, 1928：133.

的 *An Universal Etymological English Dictionary* 将"patriot"一词解释为"一国之父，公众的施惠者"。1755 年版的 *A Dictionary of English Language* 认为"patriot"指的是"以对故土家国的热爱为其主宰情感的人"。若古（Cheva lier Jaucourt）在 1765 年狄德罗主编的第一版《百科全书》中撰写了"祖国"词条。这一词条基本涵盖了启蒙精英对于"祖国"概念的基本认识。

"祖国"最基本的含义是指祖先所生活的国度，也指列祖列宗们共同生活的区域和父母之邦，是祖祖辈辈生于斯、长于斯的故土家园，也是我们作为子孙生活于其上的地方。爱祖国内涵了对祖先、父母及家人的热爱和对祖先、父母包括子孙生活于其上的土地的热爱。"祖国"不仅可以指由共同记忆、同胞关系以及自由理想所构成的土地，也可以指由语言与血缘构成的团体。① 既然祖国是由国土、国民和国家组成的社会共同体，那么，爱故土、爱人民、爱自己的国家就必然成为爱国主义所包含的最基本的内容。

2. 国家一词的本质内涵

祖国内涵了国家，但是又不完全等于国家。应该说祖国的内涵与外延比国家要更为宽广和丰富。国家侧重于政权的组织形式和治理功能，而祖国则凸显出祖祖辈辈生活于其中的疆域和所形成的生活习惯与传统。诚如菲斯泰尔·德·古朗士所说的，古代的爱国主义是种宗教情感，国家意味着 terra partia（祖国）。祖国是一个人所尊崇的国内或民族宗教所辖之地，是其祖先居住之地，是其灵魂寄托之地。他的最小的"祖国"是由其坟墓与炉灶所围绕的家庭封地；他最大的"祖国"是城邦，有其公共会堂与英雄，有其以宗教为界的边疆与领土。② 祖国和国家有重叠和相似之处，但是国家更加注重于制度的建构和治理。

中国历史上的国家是在氏族和部落联盟基础上形成和发展起来的。新石器文化晚期，中国历史上的国家雏形开始出现。这一时期的国家，以凝聚族群而成为部落式的团体，众多部落又聚合为邦联。"夏商周三代的国家机构，是以血缘关系为纽带的家长制家庭关系的国家化。由于这一原因，中国早期的国家，自其形成以后，就走上了君主专制的道路。……就其产生的道路及其经济形态来说，属于马克思恩格斯所说的古代东方或亚细亚形态。"③ 中国早期国家的形成经历了由氏族公社到地域组织的过渡，整体上看，氏族公有制到家族私有制的过渡没有破坏氏族的形式，相反，通过强调血缘和姻亲关系增强氏族内部的凝聚力和外部

---

① ［美］维罗里著，潘亚玲译：《关于爱国：关于爱国主义与民族主义》，上海人民出版社 2016 年版，第 5 页。

② ［美］维罗里著，潘亚玲译：《关于爱国：关于爱国主义与民族主义》，上海人民出版社 2016 年版，第 17 页。

③ 曹德本：《中国政治思想史》，高等教育出版社 2004 年版，第 30 页。

氏族间的团结，并由此形成家、国一体的政治结构。古希腊的国家剪断了氏族公社的脐带，国家奠基于作为公民的个人和私有制基础之上。中国早期国家并没有剪断氏族公社的脐带，相反还是在比较好地保存氏族公社基础上产生的。

"家国同构"在本质上指家庭、家族与国家在机理建构和组织结构方面的共同性。"国"在更大的范围内实现着"家"的构想，"家"则为"国"的权威性提供了基本的和重要的支持。所以，"家国同构"既是一种国家建构的机制和政治治理模式，同时也是一套政治伦理。《说文解字》注解道，"国，邦也"。"邦"在古代一般是指古代诸侯封国的称谓，也表示疆界、边界等。因此可知，"国"在中国古代一般是指王、侯的封地，也表示都城、城邑。国家这个词，在先秦已经出现，但与我们今天说的国家有所不同，当时指的是两个概念——国与家，一般来说分别是指诸侯与卿大夫的地盘。士大夫管理自己的地盘——家，叫齐家；诸侯管好自己的地盘——国，叫治国；诸侯和士大夫一起帮助天子解决难题，叫"平天下。"齐家治国平天下，本意是这样的。作为国家的象征，一曰宗庙，二曰社稷。国人即邦人，不仅是居于国中之人，而且是属于邦族之人。基于血缘关系的宗法制度是政权组织的主干。所谓"国之神位，右社稷，左宗庙"（《周礼·春官·小宗伯》），其中"宗庙"用以祭祀祖先，"社稷"则是疆域的象征。"社稷"是一个特指概念，为国家的象征。其中，"社"指土地之神，按方位命名：东方青土，南方红土，西方白土，北方黑土，中央黄土。五种颜色的土覆于坛面，称"五色土"，以象征国土。古人把祭祀土地的地方、日子和礼都叫"社"。"稷"有两义，一指我国古老的食用作物，即"粟"，后引申为庄稼和粮食的总称。还指周民族的始祖后稷，被尊为五谷之长，即谷神、农业之神。后来与社并祭，合称"社稷"。古时的君主为了祈求风调雨顺、五谷丰登，每年都要到郊外祭祀土地和五谷神，社稷也就成了国家的象征，用"社稷"来代表国家，《左传·僖公四年》记载："君惠徼福于敝邑之社稷，辱收寡君，寡君之愿也。"

在西方，表示国家的词语有几个，"state"指具有主权的政治上的国家；"nation"指的是由所有的公民组成的国家；"country"指的是由土地所组成的国家。三者为共生关系。相对于中国古代对"国家"的理解，西方观念中的"国家"只有"国"的含义。

古希腊时期的国家是城邦国家。城邦是一种特殊的国家形态。[1] 希腊世界曾

---

① 古希腊城邦不同于近代意义上的国家在于"它本身缺少一系列东西。在希腊，不存在不同于政府及其机构的、黑格尔意义上的市民社会，也没有正式的、制度化的权力分离"。"近代的政府是国家的一分子，一个组成部分，而城邦，就其无所不包的目标来说，可以被划分到或多或少完全无国家的政治共同体一类中去"。参见［英］克里斯托弗·罗马尔科姆·斯科菲尔德主编，晏绍祥译：《剑桥希腊罗马政治思想史》，商务印书馆 2016 年版，第 27～30 页。他们认为，古希腊的城邦是"无国家的政治共同体"。与近代民族国家有着本质的区别。

经存在过数以百计的城邦，最大的城邦是雅典和斯巴达。柏拉图的《理想国》是人类历史上第一本全面论述国家理论的著作，它奠定了其后西方政治学发展的脉络，也昭示了哲学理性对于人类社会发展的批判和引领作用。在《理想国》中，柏拉图以"善"的理念为原则构建了三等级结构的理想国家，并批判了荣誉政体、寡头政体、民主政体和僭主政体的弊端。亚里士多德的《政治学》认为，"至高而广泛的社会团体就是所谓'城邦'，即政治社团"。城邦是由若干村坊组合而成的"至高而广泛的社会团体"，"城邦的长成出于人类'生活'的发展，而其实际的存在却是为了'优良的生活'"，亚里士多德并因此得出了"人类自然是趋向于城邦生活的动物（人类在本性上，也正是一个政治动物）。"① 古罗马思想家西塞罗在《国家篇》中认为，"国家，即'人民的财产'"。② 西塞罗的观点是，国家是人民的事业，要说明什么是国家，先要说明什么是人民。界定人民之为人民有两项基本要素即法的一致和利益的共同。法的一致涉及人们对法的认同。利益的共同意味着组成国家的人民有着共同的利益，如居住在同一块土地上，同享共有的资源，并因此形成相同的风俗习惯和生活习惯，创造着世代相承的文化等。

在近代，"先是马基雅弗利、康帕内拉，后是霍布斯、斯宾诺莎、许霍·格老秀斯，直至卢梭、费希特、黑格尔则已经开始用人的眼光来观察国家了，他们从理性和经验出发，而不是从神学出发来阐明国家的自然规律"。③ 他们认为，理性的国家不能从基督教出发来加以阐明，近代的国家应该根据自由理性来构建。

如果说古代社会建立起来的国家政权多为王国、帝国，那么近代社会建立起来的多为民族国家。霍布斯、洛克、卢梭、康德、黑格尔等都提出了自己的国家理论，他们或者将国家看成是人们维护共同利益的产物，或者将国家的建立看作是人们为了某一共同的利益，通过订立契约而形成的社会组织。洛克和卢梭认为，人们在订立契约时将自己的自然权利转让给国家，国家应当给人们以平等、自由的权利并以保护人们的自然权利为其目的。如果国家违反了人民的"公意"，就是破坏了社会契约，人民就有权推翻它。

马克思主义认为，国家是阶级矛盾不可调和的产物，是一种从社会中产生但又自居于社会之上的力量，是一种缓和社会矛盾，把社会冲突控制在秩序所许可的范围内的组织形式。因此，国家既是有组织形式的暴力，是在经济上占统治地位的阶级的国家，同时又是承担着社会管理的职能，起着对社会矛盾的调控而不

---

① ［古希腊］亚里士多德著，吴寿彭译：《政治学》，商务印书馆1965年版，第7页。

② ［古罗马］西塞罗著，沈叔平、苏力译：《国家篇　法律篇》，商务印书馆1999年版，第39页。

③ 马克思：《〈科隆日报〉第179号的社论》，引自《马克思恩格斯全集》第一卷，人民出版社1995年版，第227页。

致让社会矛盾在无谓的斗争中将社会消灭的作用。国家的基本特征表现在：第一，按地域来组织它的国民。"这种按照居住地组织国民的办法，是一切国家共同的"。① 第二，建立了特殊的公共权力或组织。"这种公共权力在每一个国家里都存在。构成这种权力的，不仅有武装的人，而且还有物质的附属物，如监狱和各种强制设施，这些东西都是以前的氏族社会所没有的"。② 国家的宗旨在于在一定地域范围的居民中建立有利于统治阶级的社会秩序，使阶级压迫合法化。国家是社会结构中上层建筑的重要组成部分，随着社会生产力和经济基础的变化而变化。人类历史上先后出现了奴隶制、封建制、资本主义和社会主义四种生产关系类型，与此相适应产生了奴隶制国家、封建制国家、资本主义国家和社会主义国家四种类型。爱国家的内涵是指爱当时的国家制度、社会制度和政治制度。国家是一个阶级维护对另一个阶级的统治的机器，是阶级矛盾不可调和的产物，所以爱国家必然具有阶级性。正因为历史上产生了不同的国家类型，而不同的国家类型在历史上所起的作用特别是对人民的态度又是十分不同的，所以爱这样的国家政权或机器总是具有强烈的阶级性，这也决定了历史上爱国主义的局限性、矛盾性和内在冲突。只有到了无产阶级执掌政权的社会主义国家，才真正消除了阶级的对抗并使无产阶级和人民大众成为国家的主人，从而也使得爱国主义发展到一个新的阶段。

3. 爱国主义的词源意义

"爱国"是个人对自身生活于其中的"祖国"或国家的一种发自内心的依恋情绪和忠诚观念。爱国作为一种情感，是人类自国家产生以来对自己祖国持有的一种最深切的政治情感，这种深切的政治情感背后，是对国家的强烈责任感和使命感。爱国一词中国古已有之。《战国策·西周策》曾有曰："周君岂能无爱国哉？恐一日之亡国，而忧大王。"《晏子春秋》有"利于国者爱之"的说法，东汉荀悦写的《汉纪》有"欲使亲民如子，爱国如家"的论断。晋代葛洪在《抱朴子·广譬》也曾言说："烈士之爱国也如家。"北宋文学家曾巩在《和酬赵宫保致政言怀》之二也言，"爱国忧民有古风，米盐亲省尚嫌慵"。爱国一词在中国早已广泛使用，并且具有深厚的历史文化积淀。与此同时，在中国古代，还大量出现了"忧国""思国""为国""卫国""报国"等术语，从一定层面深化和拓展出爱国的精神风范和要义。值得注意的是，在中国传统文化中，爱国往往与"舍生取义、杀身成仁"有较大的关系，也即是为了所生活的国域不惜牺牲生命也要保其周全。

---

① ② 恩格斯：《家庭、私有制和国家的起源》，引自《马克思恩格斯文集》第四卷，人民出版社2009年版，第190页。

现代"爱国主义"是建立在古代爱国主义基础之上的。"古代的爱国主义是种宗教情感。国家意味着 terra partia（祖国）"。① 古代爱国主义将祖国视为祖先和神灵生活的土地，进而将其视为神圣而值得去爱的国土，赋予其生命意义和生活的价值。"祖先的爱国主义是一种强有力的情感，是其他美德得以产生的至高美德"。② 人们不仅视祖国为神圣的土地，而且视祖国为信仰的对象物，热爱祖国是至高无上的伦理美德。爱国主义的核心要义是生活于祖国的人们将祖国视为生养自己的父母之邦进而发自内心地去热爱她、忠诚于她，产生难以割舍的眷恋与热爱之情。爱国主义最初源于人们对生养自己的土地或父母之邦的一种强烈而深厚的感情，这种感情可以产生凝聚民众并形成势不可挡的向心力，这种力量能够在国家的崛起与复兴中发挥重要的价值。近代以来，爱国主义逐渐被赋予政治内涵。如在 17 世纪晚期的英国，存在"爱国者"与"爱国主义"的争论，争论的双方是英国辉格党人与英国保皇党人，争论的关键点在于双方均把"爱国主义"作为反对另一方的政治工具。近代资产阶级革命以及资产阶级建立国家政权后，爱国主义的话语不仅与民族主义、自由主义交织在一起，而且也从内涵和外延上发生着深刻的变化。资产阶级的爱国主义明显地具有不同于封建主义的爱国主义的特质。

中国历史上有关爱国主义的思想和行为可谓源远流长，但是"爱国主义"一词却是近代伴随着救亡图存及向外国学习才出现的。梁启超于 1899 年推出了《爱国论》一文，首次明确阐述了他的爱国论思想，指出："夫爱国者，欲其国之强也。然国非能自强也，必民智开，然后能强焉。必民力萃，然后能强焉。故由爱国之心而发出之条理，不一其端"，又说："国者何？积民而成也。国政者何？民自治其事也。爱国者何？民自爱其身也，故民权兴则国权立，民权灭则国权亡……故言爱国者必自兴民权始"。③ 清末中国留日学生创办的革命刊物《二十世纪之支那》在发刊词中提出："吾人之主义。可大书特书曰：爱国主义"。④ 发刊词以强烈的历史文化意识历数中华祖国的可爱，指出："夫支那为世界文明最古之邦……吾将崇拜而歌舞之，吾将顶祝而忭贺之，以大声疾呼于我国民之前曰：支那万岁！"⑤ 章太炎在东京留学生欢迎会上发表演说，批评欧化主义"总说中国人比西洋人所差甚远，所以自暴自弃，说中国必定灭亡，黄种必定剿绝"，认为这一主义完全是一种奴化主义，"因为他不晓得中国的长处，见得别无可爱，

---

① ② ［美］毛里奇奥·维罗里著，潘亚玲译：《关于爱国：论爱国主义与民族主义》，上海人民出版社 2016 年版，第 17 页。

③ 梁启超：《爱国论》，引自《梁启超全集》第一册，北京：北京出版社 1999 年版，第 271、273 页。

④ ⑤ 卫种：《〈二十世纪支那〉初言》，载于《二十世纪支那》1905 年第 1 期。

就把爱国爱种的心，一日衰薄一日"。① 在章太炎看来，中国历史源远流长，中国文化博大精深，中国语言字正腔圆，中国国学义理深厚，可爱者甚多，所以我们要坚定中国学术文化自信，从心灵深处厚植爱国主义精神。1916 年，陈独秀在《新青年》杂志上发表了《我之爱国主义》一文，该文沿着 20 世纪初自觉成就现代的公民的思路，主张"持续的治本的爱国主义"，它包括勤、俭、廉、洁、诚、信六德，它们"固老生之常谈，实救国之要道"。② 在陈独秀看来，现代爱国主义不仅是"卫国"和"殉国"，更重要的是如何使国不亡，现代爱国主义要求国民普遍的政治觉悟和伦理觉悟。此后，爱国主义得到广泛流传，各种爱国主义理论和学说也由此得以兴盛，并与民族主义、世界主义在辩难论争中发展开来。

（二）爱国主义的基本内涵

爱国主义既是一个国家的国民对自己生长和生活于斯的祖国和国家的爱的深刻感情，还是在此基础上升华为对自己祖国和国家忠诚的理性认识及其由此所形成的道德原则规范及国民应有的伦理品质或美德，是报效祖国和国家的坚定信念、精神操守和行为实践的集中表现。就国民个人与祖国和国家的伦理关系而言，爱国主义既是一种理论伦理，更是一种规范伦理和美德伦理，还是一种信念伦理和实践伦理，具有集理论伦理、规范伦理、美德伦理、信念伦理和实践伦理于一身的价值基质和丰富内涵。

1. 爱国主义是一种真挚而深厚的道德情感

爱国主义源于人民对哺育自己成长的家乡、民族和祖国的深厚感情，逐渐升华形成的一种维护祖国利益、热爱祖国历史文化并愿意为其发展兴旺而贡献力量的行为准则和坚定信念。爱国主义的本质内涵既包含感性的情感，又包含理性的价值判断，同时也是一种实践行为、一种价值准则以及民族精神的核心。

爱国主义的道德情感既是自然的，又是不断生成和不断上升的，范围是不断扩大的。当祖祖辈辈都共同生活在一个区域，共同创造并发展一定的区域文化，自然而然产生一种长期而稳定的情感和信念，也即是维护好世世代代共同生活的地方，发展好祖祖辈辈共同创造的文化、风俗等，并且为了这个世世代代共同生活的地方能够奉献一切。而人们生活在祖祖辈辈所共同生活的区域可称为祖国。这种对祖国爱的情感是纯真而任意的，并且一直隐藏在内心深处，一旦遇到与自

---

① 汤志钧编：《章太炎政论选集》上册，中华书局 1977 年版，第 276 页。
② 陈独秀：《我之爱国主义》，引自《陈独秀文章选编》上册，生活·读书·新知三联书店 1984 年版，第 131～136 页。

己生活的祖国有关的事情，这种纯粹情感就会被激发。爱国主义情感，包含了爱祖国的大好河山、爱自己的骨肉同胞，爱祖国的灿烂文化，爱自己的国家。梁启超在《论中国学术思想变迁之大势》一文中有一段深情讴歌伟大祖国的名言："於乎，美哉我国！於乎，伟大哉我国民！吾当草此论之始，吾不得不三薰三沐，仰天百拜，谢其生我于此至美之国，而为此伟大国民之一分子也。……吾欲草此论，吾之热血，如火如焰，吾之希望，如海如潮。吾不自知吾气焰之何以坌涌，吾手足之何以舞蹈也。於乎！吾爱我祖国，吾爱我同胞之国民！"① 爱国主义首先表现在对祖国故土山河的深刻热爱和高度眷恋。其次，热爱生活于祖国中的亲人和各族人民。爱国必然要落实到对生活于其中的亲人和国民的热爱。再次，爱国主义必然内涵着对祖国文化文明的深刻热爱。祖国文化文明是生活于祖国的世世代代人民所共同创造的，凝结成祖国人民创造的智慧和成果，也是其认识世界和改造世界的价值呈现和价值引领。最后，是热爱作为国家主权而存在的国家。爱国家是爱祖国的必然政治要求，是爱国主义不可缺少的重要政治内容。

爱国主义的最一般和最原初的内容，是人们对自己祖国或国家的一种热爱和眷恋的道德情感，这种道德情感能够产生极大的凝聚力和向心力，对社会的发展、国家的进步、民族的复兴有着重要的推动作用。回顾历史可以发现，中华民族近代抗击外来侵略、追求民主自由的道路，就是依靠爱国情感所汇集成了力量而实现并逐渐前进的，在爱国情感的激发下，中华儿女无畏艰难险阻，创造了一个又一个的历史奇迹。可以看出，这种爱国情感具有巨大的凝聚力量，当其使用在社会、国家、民族的发展与进步上，无疑是具有积极意义的。然而，如果这种爱国情感被政治所利用则会对人民、社会、国家、民族产生较大的危害，而历史上也曾不止一次上演过这样的悲剧。故而，爱国情感应当而且必须与理性的价值判断相结合。

2. 爱国主义是一种理性而深刻的价值认同

爱国主义不仅是一种纯粹的道德情感，更是一种基于理性判断的价值认同。理性的价值认同首先应是指对国家文化的认同。文化认同是国家、民族的一种文化心态，是国家现代化、民主化过程中的重要政治资源。文化认同可从两个方面去理解：一是对文化符号的认同。文化符号认同是指人们对不同文化背景的实践过程及其成果的物质形式、语言文字、生活事项等表意符号的态度倾向。二是文化身份的认同。每个生活在社会中的人，总会带有时代的烙印，而文化身份的认

---

① 梁启超：《论中国学术思想变迁之大势》，引自《梁启超全集》第二册，北京出版社1999年版，第561页。

同也是对自身社会文化身份的认定，它源自对生活共同体的共同记忆，是指在特定的共同体内，不同成员对所生活的自然环境、语言、风俗形成共同的认可与肯定。

理性的价值认同也是对政治文化的认同。政治认同是爱国意识的体现，具体表现为对政治体系与制度的支持与维护。以我国为例，当代爱国主义的政治认同就是爱社会主义中国，爱中国共产党领导下的中华人民共和国。从中国近代的历史发展来看，中国人民遭受了帝国主义的侵略与压迫，同时也受到封建地主阶级的剥削，面对民族存亡，无数中华儿女挺身而出，为了国家、民族的未来上下求索，汇聚成民族民主革命的风云。然而，革命的道路是艰辛曲折的，中华人民在五四运动之前的多次革命运动都先后失败了。中国革命呼唤新生的革命力量运用先进的理论来打破原有的格局。俄国十月革命唤醒了先进的中国知识分子，他们用马克思列宁主义来观察自己国家的前途和命运，并创立了中国共产党，中国共产党以为民族求解放、为人民谋幸福为自己的宗旨和使命，最终带领人民建立了新中国，建立了社会主义制度。这不仅是历史的选择，更是人民的选择，无数历史也反复证明社会主义制度是具有巨大优越性的。而长期生活在社会主义制度下的人民，在享受到社会主义制度带来良好生活的同时，也逐渐形成了对社会主义制度的热爱。

理性的价值认同更包含了对祖国和国家前途命运以及民生状况的深刻忧思，忧国忧民大多是对祖国和国家命运的高度关注和对人民生活状况的无比关切，本质上是一种深刻的理性认识。它站在国家命运和前途的高处"鉴往知来"，呈现出一种深谋远虑和高瞻远瞩的性质。这种理性认识通过"安而不忘危，存而不忘亡，治而不忘乱"（《周易·系辞下》）的忧患品格体现出来，方能达致"身安而国家可保"的价值目标。爱国家内在地包含忧患意识。只有深刻地忧国家才能彰显爱国的精神品质和力量。

3. 爱国主义是调整个人与祖国之间关系的行为准则

爱国主义作为人们调整自己与祖国和国家关系的行为准则既是一种道德准则，也是一种政治准则，还是一种法律规范。

首先，爱国主义是一种调整个人与祖国和国家关系的道德行为规范，这种道德规范首先表现在个人利益与国家利益的关系上。从马克思主义辩证法而言，国家利益相对于集体和个人而言是一种整体利益，个人利益相对于集体和国家而言是一种局部利益，因此，国家利益与个人利益的关系就是整体与局部的关系。对此，我们应当认识到：个人利益是国家利益的基础，这里的个人利益不是某个人的利益，而是构成国家共同利益的全体劳动人民的利益。国家利益是个人利益的保证，离开了国家利益，个人利益也将不复存在。所以，从长远来看，个人利益与国家利益是一致的。

其次，爱国主义是一种规范个人在祖国和国家内进行相关活动的政治准则。爱国主义本身预设了个人对其生活的共同体内的政治制度与法律的认同，这种认同是基于理性的判断。因此，生活在国家共同体内的个人其政治行为也应当受到国家制度与法律的规约，这在一定程度上也是对其理性认同的政治制度的支持与维护。国家作为统治权威，其内在性就要求国内成员对国家的服从，这不仅关系到社会、国家的发展与稳定，更关系到整个国家利益以及个人利益的促进。相较于软约束的道德规范，政治准则对人的行为约束具有一定的强制性，它是以国家强制力为保证的。

最后，爱国主义也是一种调整个人与祖国和国家关系的法律规范。作为法律规范的爱国主义把爱国视为公民的法律义务，要求每一个公民都必须以高度的责任感关心国家安全，维护国家的统一、主权和领土完整，坚决反对分裂国家或背叛国家的行为。

爱国主义既是一种政治原则，也是一种道德规范。作为政治原则的爱国主义要求公民和团体应当维护国家的主权和领土完整，同一切制造国家分裂的行为和现象作斗争。作为道德规范的爱国主义要求公民和团体自觉地把个人的前途和命运与祖国和国家的前途和命运结合起来，心系祖国的繁荣和发展，以热爱祖国、建设祖国和保卫祖国为自己的使命，精诚地为祖国的繁荣和发展而奋斗。爱国主义作为政治原则和道德规范是相互补充、相辅相成的。

4. 爱国主义是民族精神的核心

民族精神是一个民族群体在长期共同生活的基础上逐渐形成、丰富和发展起来的一种具有维护和推动本民族生存与延续、和谐与稳定、发展与进步的民族意识、民族品格和民族个性的集中体现，是一个民族建构的安身立命的精神家园和意义世界。梁启超在《国民十大元气论》中指出："所谓精神者何？即国民之元气是矣。……若夫国民元气，则非一朝一夕之所可致，非一人一家之所可成，非政府之力所能强逼，非宗门之教所能劝导。孟子曰：'以直养而无害，则塞于天地之间'。是之谓精神之精神。求精神之精神者，必以精神感召之，若支支节节，模范其行质，终不能成。《语》曰：'国于天地，必有与立'。国所与立者何？曰民而已；民所立者何？曰气而已"。① 民族精神即民族立于天地之间的元气或精神禀赋的总和，是一个民族道德品质、价值追求和精神气质的综合体现。对于一个民族和民族文化来说，民族精神具有"守护神"的魔力，其存在与否决定着一个民族的生存死亡。正如恩格斯指出的："只要这些民族存在，这些神也就继续

---

① 梁启超：《国民十大元气论》，引自《梁启超全集》第一册，北京出版社 1999 年版，第 267 页。

活在人们的观念之中；这些民族没落了，这些神也就随着灭亡。"① 因此，人们常常把民族精神作为"民族魂"和"国魂"的代名词使用。民族精神是"国民之生源也。国丧其魂，则民气不生，民之不生，国将焉存"。② 蔡锷把民族精神视为"国家建立之大纲，国民自尊自立之种子"。③ 作为民族精神的核心，爱国主义为民族精神的发扬注入强劲的激励力量，为民族精神的发展提供鲜明的方向指引。爱国主义引领其他民族精神共同为民族国家的生存与发展保驾护航。

当社会或国家处于艰难困苦、生死存亡之际，以爱国主义为核心的民族精神便能激发出民族精神的巨大力量，从而激励每一个民族国家的成员投入救亡图存的斗争中，这时的民族精神如黑格尔所言是一种自觉的自我意识，"是一种本身直接具有火的力量的主体"④，而产生这种巨大力量的核心正是爱国主义。反观中国的历史可以发现，面对外族入侵、民族危亡，中华民族展现的顽强意志、不屈斗志是中华民族能够成功抗击外来侵略与压迫的重要精神力量。以爱国主义为核心的团结统一、爱好和平、勤劳勇敢、自强不息的民族精神是中华民族五千年历史发展中逐渐形成的。

5. 爱国主义是一种报效祖国的具体的行为实践

爱国主义不是抽象的，而是具体的、真真切切的实践行为。爱国主义不仅是一个情感性的范畴和思想性的范畴，而且还是一个行动性的范畴，是人们建设祖国保卫祖国的一种伟大实践。爱国主义所内含"爱"的情感与理性价值认同是通过实践行为而显现的，这种实践行为的表现是多种多样的。如立足于本职工作为社会做出更多贡献是一种爱国行为，积极地参加公益事业是一种爱国行为，积极参与国家政治生活是一种爱国行为，在其他国家的文明出行也是一种爱国行为，等等。作为一种实践行为的爱国主义，并非是遥不可及的，往往生活中的一些小事就是爱国的真实体现。

就当代中国而言，爱国主义更体现为爱中国特色社会主义实践。积极投身于中国特色社会主义现代化建设，为实现中华民族伟大复兴的中国梦贡献自己的智慧、心血和力量，就是具体而崇高的爱国主义行为。回顾整个中国近代史可以发现，中国经历了巨大的、前所未有的民族危机，无数仁人志士为挽救中华民族抛头颅、洒热血，而中国共产党最终完成了这一艰巨的历史使命，历史无数次证明只有共产党才能救中国、救中华民族，也只有走共产党领导下的社会主义道路才

---

① 马克思、恩格斯：《路德维希·费尔巴哈和德国古典哲学的终结》，引自《马克思恩格斯文集》第四卷，人民出版社2009年版，第309页。

② 黄公：《大魂篇》，载于《中国女报》1907年第1期。

③ 蔡锷：《军国民篇》，引自《蔡锷集》，湖南人民出版社1983年版，第38页。

④ ［德］黑格尔著，贺麟、王玖兴译：《精神现象学》下卷，商务印书馆1979年版，第51页。

能兴中国、兴中华民族。因此，在中国，爱国主义就是爱中国共产党领导下的中国特色社会主义，用自己的实际行动来为中国特色社会主义现代化建设和中华民族的伟大复兴添砖加瓦、献计献策。中国特色社会主义进入新时代，新时代是奋斗者和实干者的时代，只有把深厚的爱国之情、坚定的报国之志和坚执的效国之行有机地统一起来，融入祖国改革发展的伟大事业之中，在奋斗中实现爱国的理想，扩展报国的情怀，才是一个真正的爱国主义者应有的行为风范。爱国主义要求每一个公民从小事做起，从点滴做起，从现在做起，从自己的本职工作做起，一步一个脚印地前进，拳拳服膺，久久为功，就一定能够在凝聚中国力量、增强国家核心竞争力和实现中华民族伟大复兴中实现自我价值，成就并谱写自己的理想人生乐章。

（三）爱国主义的一般特征

从对爱国主义理论内涵的梳理中我们发现：爱国主义在不同的时代具有不同的内涵，在不同的地域国家也有不同的精义，这是爱国主义时代性的体现；每个地域国家的爱国主义对本地区、国家、民族都具有较深远而持久的影响，这是爱国主义持久性的体现；爱国主义作为一种长时期的自然情感与价值理性判断的统一体，一旦形成很难发生较大变化，这是爱国主义稳定性的体现；相较于其他情感，爱国主义情感更具有感染性，其一旦形成就会爆发出强大的力量，这是爱国主义深刻性的体现；爱国主义并不是一种口号，一种隐藏而不可见的情感，它是有着具体内容的，因此爱国主义还具有具体性的特征。

1. 爱国主义具有历史性、阶级性和时代性

毛泽东曾明确指出，"爱国主义的具体内容，看在什么样的历史条件之下来决定"[①]。随着社会的不断发展变化，爱国主义的内涵以及表现形式也在不断发展变化，不同的历史阶段，不同的地域国家，不同的社会制度都会有不同的爱国主义内涵。

爱国主义是现实具体的，其所爱之国是现实存在的。祖国一般包含三个方面的内容：国土、国民和国家。因此，爱国主义也就具体表现为对国土之爱、对国民之爱、对国家之爱。对国土之爱是具体的，当前可表现为对生态环境的爱护与保护，对动物多样性的维护等。对国民之爱是具体的，要时刻维护人民大众的根本利益，时刻站在人民群众的立场上，为人民发声，为人民呐喊，具体可表现为对身边人的关心、爱护与帮助，也可以是参与一些义务活动、慈善活动等。对国

---

① 毛泽东：《中国共产党在民族战争中的地位》，引自《毛泽东选集》第二卷，人民出版社 1991 年版，第 520 页。

家之爱也是具体的，爱国家也就是爱国家的政治制度、法律体系等，具体表现为积极参与政治活动、时刻关心政治事件，参与政治活动，关心政治事件也是建立在理性的基础上，既不能毫不思考一味崇奉，也不能不加思考一味批判。因此，爱国主义并不是始终要求个体抛头颅、洒热血，这些仅在战争年代如此，而在和平年代的今天，每个人都可以通过许多小的事情表达自身的爱国情感。

爱国主义的时代特征在中国体现得最为明显，在封建时代，忠君就是爱国，忠君也就包含了反抗异族侵略等内容。封建时代没有现代国家的内涵，整个天下都是封建君主的私有财产，如诗经所云"溥天之下，莫非王土；率土之滨，莫非王臣"，因此封建时代的爱国就是忠君。到了近代，中国沦为了半殖民地半封建社会，此时的爱国主义主要以革新图强和发展中国的资本主义为核心，以反帝救亡和反对清王朝的封建专制统治为两翼，构成了三位一体的体系。抗日战争时期，爱国主义首先表现为抗击日本帝国主义的侵略，在此过程中，每个人、每个团体都应团结一切能够团结的力量，适时暂放阶级之间的敌对矛盾。解放战争时期，爱国主义主要表现为推翻蒋介石的腐败统治。而新中国成立以后，爱国主义就与社会主义相统一，即全身心投入社会主义建设中去，为社会主义现代化，为实现中华民族伟大复兴的中国梦而奋斗。当前，爱国主义最突出的特征就是爱社会主义，爱社会主义也就是爱社会主义制度、爱社会主义文化，维护党的领导权威，坚持贯彻习近平新时代中国特色社会主义思想。

2. 爱国主义是由爱的情感而逐步发展起来的认知、意志、信念和行为的心理和价值系统

爱国主义情感的产生是基于人们在长期的社会化过程中逐渐习得并积累的一种社会情感，它反映了人们对自己的故土家园、文化、风俗习惯的一种归属感、认同感和尊严感的统一。爱国主义的情感长期深居于人们的心灵，并且长久对人们的行为产生影响。爱国主义情感一直扎根于人们的内心，当自己的国家、民族发生重大事情时，这种情感就会被激发出来，迸发出强大的精神力量，而情感的激发表现一般有两种形式，即兴奋和激愤的纯粹情感。

中华民族长期以来形成的爱国主义精神就是最好的例证，当国家发生存亡危难时，人民挺身而出为祖国抛头颅、洒热血，当国家发生喜庆之事时，人民欢呼雀跃，这种情感永远不会被历史掩埋。需要指出的是，爱国主义持久性的特征与时代性的特征并不矛盾，持久性是指爱国这种情感存在的永久性、持续性，而时代性是就爱国主义内容而言的，爱国主义在不同的时代会随着社会状态的变化而具有不同的内涵。

爱国主义情感一旦在个体心理生根发芽，就会稳定而不可移，它不会今天存在而明天不存在，而如果个体的爱国情感不断处于一种有无的交替状态，那么可以肯定地说，这个个体就没有形成真正的爱国情感。稳定的爱国主义情感主要是由社会关系决定的，它表现在主体对祖国整体的需要，对祖国所代表的各种价值的需要及祖国对主体需要的满足上。

从历史纵向而言，爱国主义情感是在漫长的历史实践过程中逐渐积累而形成的，它已深入人们的潜意识中，而这种情感是随着文化的传递而逐渐被继承发展的，只要民族存在，这种情感也就存在；从现实的横向而言，个体一旦产生爱国主义情感，就已表明其对自身所生存的生活环境、政治文化的深刻认同，而即便现实的生活环境、政治文化惨遭破坏，个体爱国主义情感并不会消失，相反还会被激发出来，并形成强大的精神力量以维护其所热爱的生活环境、政治文化。

爱国主义的深刻性在于，个体对于祖国热爱的程度会随着感受的全面、了解的增长而更为深入、更为持久、更为立体、更为隽永。爱国主义情感与其他的人类情感有本质的不同，虽然它也需要以一般的情感为基础并借助于一般的情感形式，然而它却有理智与意志的参与，并不仅是一种纯粹的道德情感，因此，它具有一般情感所不能达到的高度和深度。理智与意志是爱国主义深刻性的具体体现，理智的作用在于判明是非，意志的作用在于自由选择，它们赋予爱国主义情感更多的合理性内容与精神要义。

真正的爱国情感都是建立在审慎的理性思考基础之上的，它经历了对共同体的各方面考量。一方面，个体在未形成爱国情感之前对共同体进行理性考量，如果其理性所考量的共同体与其理想的共同体存在较大差距，则其个人便不能形成爱国情感；另一方面，个体在形成爱国情感之后，仍对共同体进行理性考量，如果其理性所考量的共同体不符合理想预期，则个体就会努力帮助共同体发展与完善。而不基于理性思考而产生的纯粹爱国情感很难说是真正的爱国情感，其自身也很容易沦为政治的工具。可以看出，理性考量与自由选择是爱国主义深刻性的主要表现。

爱国称为"主义"，不仅是指个体对祖国和国家的一种发自内心的真挚而深沉的热爱的情感及其比较系统的感受体验，而且是指一种富含热爱祖国、忠于祖国和报效祖国等精神要义的民族情感、伦理思想、政治观点、法律行为等多种成分所构成的思想体系和价值体系，并成为一个国家和民族的国魂和民族魂。

3. 爱国主义是一个以忠诚、感恩、奉献、利群为主要内容的美德系统

爱国主义是一种公民对祖国和国家的义务之爱和责任意识。爱国主义作为公民对自己祖国或国家的一种道德义务，它要求人们把关心祖国的前途和命运视为自己义不容辞的职责，把祖国的兴衰、荣辱看成与自己休戚相关的事情，主动自觉地为祖国的前途命运而考虑并将其与自己个人的生存发展和幸福联系起来，真正做到祖国发展我高兴、祖国落后我难过或者说高兴着祖国的高兴，痛苦着祖国的痛苦。

爱国主义是公民所应培育和树立的一种基本美德。孟德斯鸠在《论法的精神》中把美德分为政治美德、基督教美德和私人美德，他把爱国主义置于政治美德的核心，认为对祖国的热爱是一种义务和美德。麦金泰尔主张回到亚里士多德传统，反对以罗尔斯为代表的新自由主义权利论伦理学，认为这种伦理学只会造成社会成为"失舵的集合体"。1984 年他写了《爱国主义是一种美德吗》一文，继承了社群主义者的观点，认为爱国主义是一种美德，我们只能在一个特定的社群中体悟美德。一个道德人只能被所在的社群所形成和养育。没有普遍的道德标准，道德判断只能是从特定社区的特定利益出发，群体利己主义不可避免。没有群体，就没有道德主体。爱国主义提供了判断行为是否道德的标准，人们对于自己的家人、同伴、朋友、一国之同胞比对人类更为关注是理所当然的。爱国主义是全体国民基于坚固的国家政治认同和深厚的"忠于祖国、热爱祖国"的道德责任承诺所形成的一种公民美德，它意味着每一个国家公民对所属国家的政治认同以及基于这一政治认同所担负的保卫国家、建设国家和维护国家尊严的基本政治责任。就此而论，爱国是国家公民的首要政治责任和政治美德。① 爱国主义既是自然的，也是文明的、道德的，如同我们无法选择自己的父母一样，我们无法选择自己的祖国。我们属于生我养我的大地，我们对它充满了感激，因为在它的土壤上滋养了生命，在它的法律庇护下生活着人们。爱国主义和道德不能分割，即便爱国主义不是道德的基石，爱国主义也是一种极其重要的公民美德。

二、当代中国爱国主义的本质内涵和精神实质

当代中国爱国主义是中华民族爱国主义发展的新阶段，是在马克思主义指导下形成和发展起来的新型爱国主义，是与热爱中国共产党、热爱社会主义和热爱中国人民有机统一的爱国主义，本质上是社会主义爱国主义和中国化马克思主义的爱国主义，是与民族精神和时代精神相统一的中国精神高度契合的爱国主义，也是面向世界和未来同建构人类命运共同体的伟大事业密切相关、富含国际主义情怀的爱国主义。

（一）以中华民族伟大复兴的中国梦为主题的爱国主义

中华民族具有悠久的爱国主义传统，中华民族的爱国主义与中华文明水乳交融，共同构成中华文明的核心和灵魂。爱国主义集中体现了人们热爱祖国、建设

---

① 万俊人：《爱国是公民的首要美德》，载于《道德与文明》2009 年第 5 期。

祖国、守卫祖国和报效祖国等思想意识及其行为实践。在中华民族的爱国主义发展史上，当代爱国主义思想作为马克思主义中国化的理论成果，具有其独特的神韵和气质。它既承接民族传统文化，又立足本国现实国情，更放眼世界展望未来。当代爱国主义思想是社会主义爱国主义的新发展和新成果，是不忘过去，着眼现在，展望未来的马克思主义爱国主义理论体系。"阐旧邦以辅新命"，当代爱国主义既对传统爱国主义进行继承和发展，又对其进行超越和创新，将爱国主义与实现中华民族伟大复兴的中国梦相结合，是中华爱国主义发展的最高境界。

随着新中国成立，特别是改革开放40多年来的迅猛发展，站在新的历史起点上，实现国家富强、民族振兴、人民幸福的中华民族伟大复兴的中国梦是时代的最强音。2017年10月，在中国共产党第十九次全国代表大会报告上，党中央正式将"实现中华民族伟大复兴的中国梦"，纳入党的十九大报告中，使其成为我国重大战略思想之一。"中国梦"概念的提出本身就是党中央根据当前中国发展阶段的客观现实对于和平与发展的时代主题的继承和发展。追求中华民族的伟大复兴是近代以来中华民族持续的追求，这个追求在不同的历史阶段有不同的具体表现。为了谋求国家独立和民族自强，中国人民推翻了"三座大山"的压迫，建立了社会主义制度，从资本主义国家的封锁政策中艰难存活，并从新中国成立初期一穷二白的困苦环境中实现了国家经济能力的恢复和国际影响力的扩大。正如习近平总书记在党的十九大报告中所说："我们比历史上任何时期都更接近中华民族伟大复兴的目标，比历史上任何时期都更有信心、更有能力实现这个目标。"[①] 如今，中国已经站在了新的历史节点上，"中华民族伟大复兴的中国梦"吹响了中国人民奋斗前进的政治号角，是我国顺应当前时代特征，在对内改革对外开放道路上攻坚克难的一剂强心针。

中国梦的本质在于实现"国家富强、民族振兴、人民幸福"，是对于和平与发展时代主题的呼应，和平发展是中国梦的基本价值取向。从国家层面理解中国梦，中国梦便是建立一个强大的现代化国家，在世界舞台中占据一席之地；从民族层面理解中国梦，中国梦便是实现中华民族的伟大复兴，在世界民族之林中占据一席之地，为人类发展做出更大的贡献；从人民层面而言，实现中国梦便是要实现人民生活幸福，都享有梦想成真的机会。中国梦的内涵具有极大的包容性，体现了中国在和平与发展的时代特征中对于中国发展与世界繁荣的共同诉求，中国梦是和平发展、合作共赢的梦。当代中国正在进行的中国特色社会主义现代化建设本质上就是要实现民族富强、人民幸福和国家繁荣昌盛，汇聚成爱国主义与

---

① 习近平：《决胜全面建成小康社会，夺取新时代中国特色社会主义伟大胜利——在中国共产党第十九次全国代表大会上的报告》，人民出版社2017年版，第34页。

教育部哲学社会科学研究重大课题攻关项目

集体主义、社会主义结合的时代主旋律。中国共产党在新时代的中心任务就是团结带领全国各族人民全面建成社会主义现代化强国、实现第二个百年奋斗目标，以中国式现代化全面推进中华民族伟大复兴，这是当代中国爱国主义的鲜明主题、价值目标和行动指南，凸显出当代中国爱国主义的精神特质、价值引领和无限魅力。

爱国主义与中华民族伟大复兴的中国梦之间存在一种相辅相成的辩证关系。正是中华民族强大的爱国主义精神托起了中华民族伟大复兴的中国梦，而中国梦的理论基石就是以爱国主义为核心的民族精神。当代中国爱国主义精神既传承着民族精神的血脉，又熔铸着时代精神的精华，并且以实现中华民族伟大复兴的中国梦作为其主要宗旨和价值目标，成为激励中华儿女坚定地走中国特色社会主义道路的动力源泉。

（二）与热爱中国共产党、热爱社会主义有机统一的爱国主义

当代中国爱国主义的本质特征是将爱祖国、爱中国共产党和爱社会主义有机统一起来。当代中国爱国主义是社会主义的爱国主义，要求爱国爱的是社会主义的中国和中国特色的社会主义国家，也是中国共产党人的爱国主义，要求爱国爱的是中国共产党领导下的社会主义国家和中国特色社会主义国家。爱中国共产党领导下的社会主义国家和中国特色社会主义国家是当代中国爱国主义的深刻内涵、价值特质和鲜明主题。中国近代以来的社会历史已经证明没有共产党就没有新中国，没有共产党就没有中国特色社会主义。同时，中国历史也将继续证明，在中国没有共产党的领导，不仅社会主义现代化难以完成，中华民族的伟大复兴也将成为一句空话。当代中国爱国主义一定要与爱社会主义和爱中国共产党有机地结合起来，才是鲜活的、真正的和有丰富内涵的爱国主义，才能真正实现中华民族的伟大复兴。

中国共产党是一个用马克思主义科学理论指导的，自觉地把爱国主义与社会主义融于一体的工人阶级先锋队和中华民族先锋队。中国共产党自成立之日起就以"为人民谋幸福""为民族谋复兴"作为自己的初心和使命，只有中国共产党人才找到了一条中华民族救亡图存的正确道路，并对中国社会主义革命和社会主义建设做出了"道路探索"，党的十一届三中全会以后又找到了一条中国特色社会主义现代化建设的正确道路，使中华民族实现了从"站起来"到"富起来"再到"强起来"的历史性飞跃，从而不可逆转地开启了中华民族走向伟大复兴的历史进军。党的十一届三中全会以来，中国共产党领导人民深刻总结新中国成立以来社会主义革命和社会主义建设的历史经验，全面开启改革开放和社会主义现代化建设的新历程，在新的伟大实践中走出了一条中国特色社会主义道路。我们

之所以能够在改革开放时期创造出人类历史上前无古人的发展成就，最根本的原因是走出了一条中国特色社会主义现代化建设正确道路。"现在最关键的是坚定不移走这条道路，与时俱进拓展这条道路，推动中国特色社会主义道路越走越宽广"。①

当代中国爱国主义以热爱中国共产党领导的坚持走社会主义道路的中华人民共和国为对象，任何将人民共和国与中国共产党的领导、与社会主义道路割裂开来的所谓爱国主义都是错误的，也是对当代中国爱国主义的亵渎和扭曲。祖国的命运发展到今天已经与中国共产党的命运、社会主义的命运密不可分地联系在一起，爱祖国与热爱中国共产党、热爱社会主义中国之间存在着深刻的内在一致性。

中国共产党是全心全意为人民服务的无产阶级先进政党，她始终坚持发展为了人民、发展依靠人民、发展成果由人民共享，人民既是共产党的衣食父母，更是共产党的依靠和力量源泉。没有广大人民群众的拥护和支持，中国共产党人就无法实现从小到大、从弱到强的历史性发展。中国共产党人只有把根扎在人民群众深处，紧紧地依靠人民和团结人民，才能推动中国历史和中国社会不断前进。当代中国的爱国主义，最内在的要求是要热爱中国人民。人民是国家的主体，是一切物质财富和精神财富的创造者。爱人民，就要一视同仁地爱同我们一样生长在这片土地上的父老乡亲，友善地对待每位公民，尤其要关心爱护那些鳏寡孤独和弱势群体，帮助一切有困难的人。创造中国人民的幸福生活，使中华民族巍然屹立于世界民族之林，是中国共产党人始终不渝的价值追求和奋斗目标。中国特色社会主义本质上是以促进中国各族人民幸福生活和全面发展为宗旨的，人民是国家的主人和社会主义现代化建设事业的主人翁，中国特色社会主义现代化建设所取得的历史性成就是中国人民艰苦奋斗、上下求索的结晶。所以，当代中国的爱国主义是与爱中国共产党、爱中国特色社会主义制度联系在一起的，也是与热爱勤劳勇敢、富于创造精神的中国人民紧密联系在一起的。爱国主义内在地包含了生活于同一国土上的人民，国民既是爱国主义的主体，也是爱国主义的客体。

（三）以维护祖国统一、民族团结为着力点的爱国主义

祖国统一是中华民族走向伟大复兴的历史必然。民族团结是维护祖国统一、实现各民族共同发展的根本保证。习近平指出："在新的时代条件下，弘扬爱国主义精神，必须把维护祖国统一和民族团结作为重要着力点和落脚点。"② "一部

---

① 习近平：《学习党史、国史是坚持和发展中国特色社会主义的必修课》，引自《论中国共产党历史》，中央文献出版社 2021 年版，第 17 页。
② 习近平：《在十八届中央政治局第二十九次集体学习时的讲话》，载于《人民日报》2015 年 12 月 31 日。

中国史，就是一部各民族交融汇聚成多元一体中华民族的历史，就是各民族共同缔造、发展、巩固统一的伟大祖国的历史"。[①] 中华民族自秦统一以来建构起来的是一个多民族的统一国家，维护国家统一始终是各民族共同的心愿和共同的利益之所系，国家分裂只会导致各族人民的痛苦和历史的退步，这是被无数历史反复证明的真理。新中国成立以来，中华民族实现了空前的统一和团结，各项事业取得了前所未有的进步，人民生活水平不断提高，中国的国际影响力和在国际上的地位不断增强。我们要树立和坚持正确的历史观、民族观、国家观、文化观，就必须旗帜鲜明地反对破坏民族团结、制造国家分裂的言行，矢志不移地捍卫中华民族的团结统一、稳定发展、伟大复兴。必须深刻地认识到对于我们这样一个多民族国家而言，团结稳定是福，分裂动乱是祸。所以每一个中国人都要坚持不利于国家统一、民族团结的话不说，不利于国家统一、民族团结的事坚决不做，坚定不移地维护国家主权和团结统一，使各民族同呼吸、共命运、心连心的光荣传统代代相传。

（四）立足本国又面向世界的爱国主义

今天的中国，已与世界的发展紧密地联系在一起，中国的发展离不开世界，封闭僵化，闭关锁国既不可能，也不现实。党的十八大召开之后，我国进入了发展的新阶段。中国与世界的关系站在了历史性变迁的交叉路口，面对世界秩序调整、国家实力消长、历史文化积淀，中国作为一个新兴大国的国际观、世界观，也在不断沉淀和扩展着爱国主义的视野和胸怀。在以习近平同志为核心的党中央的带领下，一种以应对人类共同挑战为目的的全球价值观开始形成，并逐步获得国际共识。这一价值观强调各个国家相互依存的国际权力观、共同利益观、可持续发展观和全球治理观。在这一时期，中国不仅局限于成为世界秩序的参与者与建设者，而且逐渐树立了国际政治经济新秩序的缔造者思维，更加具有全球眼光和全球视野，积极为促进世界的和平与发展提供公共产品，创造更多国家合作和共同繁荣的平台。2012 年，在党的十八大上，习近平总书记第一次提出了人类命运共同体意识。正如他在第 70 届联合国大会上发言所说："'天下之道，天下为公'。和平、发展、公平、正义、民主、自由，是全人类的共同价值，也是联合国的崇高目标……我们要构建以合作共赢为核心的新型国际关系，打造人类命运共同体。"[②] 因而，在人类命运共同体意识的推动下，我国与国际社会的交往

---

① 习近平：《在全国民族团结进步表彰大会上的讲话》，人民出版社 2019 年版，第 4~7 页。

② 习近平：《携手构建合作共赢新伙伴，同心打造人类命运共同体》，引自《习近平谈治国理政》第二卷，外文出版社 2017 年版，第 522 页。

更加主动和深刻，人类命运休戚与共的观念正在注入和平与发展的时代主题中，成为全世界人民的共同关切。

随着中国国家实力的不断强大，中国已经不仅是和平与发展时代主题的迎合者，同时也成为世界和平与发展进程的主导者之一，中国欢迎世界各国搭乘中国发展的"顺风车"，实现共同繁荣。和平与发展的时代主题为中国提供了更多参与国际政治经济新秩序的机会，同时也为中国在国际社会中展现中国能力、发挥中国作用提供了机会，向世界展现了一个更加具有世界眼光和全球意识的中国形象，令世界各国更加了解中国，也令国民爱国主义情感更加丰富、具体和生动，不仅为中国五千年深厚的历史文化而感到骄傲、为社会主义制度的优越性感到骄傲，更加为中国在和平与发展进程中做出的贡献和努力感到骄傲。

三、"五个认同"是弘扬当代中国爱国主义的重点和核心

当代中国爱国主义的内涵也必然要求人们对伟大祖国、中华民族、中华文化、中国共产党和中国特色社会主义的认同。这"五大认同"既是当代中国爱国主义的重要内容，也是新形势下弘扬爱国主义精神的核心要义和价值旨归，具有集目的合理性和工具合理性于一体的价值特质。在现实的社会中，祖国与国家是紧密联系在一起的，离开国家，祖国就成了无源之水、无本之木，是无法存在的。而公民所要认同的国家，也不是简单、抽象的"国家"，是内涵着国家政治制度、民族关系以及历史文化传统、道德价值观、治国理念等诸多要素的实实在在的国家。"五个认同"既强调了对伟大祖国的核心认同，又突出了对中国共产党的关键认同，形成了一个更加系统完善的认同体系，为实现民族团结、弘扬中华文化和建设中国特色社会主义构建起了共同的思想基础。当代中国的爱国主义必须不断增强人们对伟大祖国的认同、对中华民族的认同、对中华文化的认同、对中国共产党的认同、对中国特色社会主义的认同，才能生发深刻的忠诚意识和献身意识。只有同深刻的忠诚意识和献身意识密切相关的爱国主义才是真正有力量和有高度的，才能超越功利主义的爱国意识和行为的局限，促进人们正确国家观、民族观和社会价值观的形成和发展。

（一）不断增强对伟大祖国的认同

国家认同（state identity）是一个国家的国民对自己生活于并归属于的国家的认知认可和对国家的构成，如政治、制度、文化、族群等要素的整体肯定以及由此所形成的自豪感、荣誉感和尊严感等的总和，既内涵了族群认同、历史认同、文化认同、疆域认同和价值观认同等因素，又是对其的整合、统一和升华，

集中体现了国民与国家以及国家的管理者对国家整体利益、根本利益和长远利益的体认、维护和坚守，矗立起国家存续、发展、建设与繁荣兴旺的精神长城。国家认同是国民对国家历史文化传统、道德价值观、民族精神、建国方略等的整体认识与把握，是维系国民对国家认知、情感、意志和行为联系的精神纽带。

国家认同是人们对自己所属的国家及其构成要素与特征的认可、接纳和肯定。爱国主义无论是作为一种深厚的对祖国的情感之爱，还是作为一种深刻的对祖国的理性之爱，抑或是作为一种道德规范、政治规范和法律规范，都需要以对祖国和国家的认同作为前提、基础和本始要素。从某种意义上说，人们对自己祖国和国家的认同，既源出于对祖国和国家爱的情感，也是深刻的理性之爱的集中表现。认同也意味着对爱国主义这一道德规范、政治规范和法律规范的自觉遵守和服从。由此可见，国家认同在爱国主义精神谱系中的重要功能和地位。人们只有确认了自己的国民身份，了解并把握自己与国家存在的密切联系，并自觉地将自我利益与国家利益有机地联系起来，才会产生真正的爱国主义行为，也才会使爱国主义有真正的根基。国民的国家认同是随着人出生时被赋予的国家身份而具备认同资格为前提的。但其内化则取决于国民对国家历史文化传统、民族精神和核心价值观等的认识、认可和把握。认同还不是一般意义上的认识和把握，而是有整体性的认识和把握及由此所生发的肯定性的认可和赞同。

国家认同将历史、语言、文化、节日、价值观等进行了整合与创造，使其进入国民的内在心灵之中，使国民感受到自己与同胞甚至未曾谋面的同胞拥有手足之情和"自己人"的感觉，从而对国家产生强烈的归属感、认同感和依恋感。在国家认同的意义和精神建构中，国家既往的历史和文化传承的作用十分明显。透过对国家建成以来的历史和文化记忆，人们追寻国家的起源，与从未谋面的祖先建立文化心理上的关联，形成"记忆性的社群"，"把我们的命运与我们的前辈同时代的人以及后代连结在一起"。① 不同的民族正是借助历史和文化记忆确定了民族成员的身份认同以及由这种身份认同所奠基的价值认同和文化认同。一国之内的关系也是如此。如果一个国家的国民缺乏对本国的历史和文化的基本记忆，不知道自己从哪里来，现在身处何地，将来要走向何方，那么就很难建构真正意义上的国家认同。国家认同确证着国民的身份认同、价值认同、文化认同并将其整合为一种带共识性的国别、国族和国家意志和精神认同。

国家认同意味着公民对自己所属的国家及其存在形态、制度建构、法律体系和组织形式等持肯定的态度，公民能够就国家的这些方面产生一种情感上的依附

---

① ［美］丹尼尔·贝尔著，李琨译：《社群主义及其批评者》，生活·读书·新知三联书店 2002 年版，第 124 页。

感，具体表现为对国家的骄傲、自豪、忠诚等爱国情怀。国家认同还表现为公民既能在行为层面服从国家管理和统治，也能积极参与国家基于自身发展和目标所呼唤的公共事务，自觉维护国家的主权、尊严、利益和发展，在必要时能够为保卫国家做出重大贡献甚至不惜牺牲生命。

国家认同既构成爱国主义的心理和价值基础，支撑着爱国主义精神的弘扬、挺立并为其行稳致远提供动力源泉，又是爱国主义精神和情感体系的重要环节和内容。培育和不断增强公民对国家的认同的最终目的在于培育爱国主义，"国家的生存依赖于公民的爱国主义。她必须使爱国主义成为可能"。① 国家认同作为一种身份确认的心理过程，依赖公民对彼此之间同质性的感触、体悟和认知。国家认同的对象是公民同质性和共通性的根基即国家对公民的共同关照、护卫及其所凝聚成的国家命运对公民命运的关联性上，国家认同的形成过程也是全体公民寻找同质性和价值共识的过程。公民的国家认同奠定了国家在公民心中的合法性基础，使国家的安全、稳定与繁荣获得了公民"内化于心，外化于行"的心理和行为支持。可以说，国家认同是国家权威和价值感召力的终极来源，国家认同的实质内容构成了国家存在的合道义理由和合法性理由，从而筑牢了国家"得道"的价值基础，这样由公民对国家认同带来的本固必然造成国家本身的稳定即"邦宁"。

国家认同内在地包含对祖国的认同。从某种意义上说，"国家意味着 terra partia（祖国）。祖国是一个人所尊崇的国内或民族宗教所辖之地，是其祖先居住之地，是其灵魂寄托之地。……祖国是一片神圣的土地，神灵与祖先都生活于此，由于信仰而变得更为神圣。"② 对伟大祖国的认同，包括对伟大祖国的自然地理环境的热爱，对伟大祖国的历史文化的热爱，以及维护祖国统一、促进祖国发展的责任和使命意识，等等，其核心是形成对伟大祖国的归属感、热爱意识和忠诚品质。我们伟大的祖国是世界文明古国之一，不仅山川秀丽，"江山如此多娇"，而且历史悠久，距今已有五千多年的文明史。我们伟大的祖国不仅有广大的肥田沃地，有广大的森林、丰富的矿产和很长的海岸线，给我们人民以生活和交通利便，使其在这块土地上生聚繁衍，而且有悠久的历史，"中国是世界文明发达最早的国家之一，中国已经有了将近四千年的有文字可考的历史"。③ 我们伟大的祖国是世界文明史中连续性文明的典范，充满着"旧邦新命"的国性特

---

① ［美］毛里齐奥·维罗里著，潘亚玲译：《关于爱国：论爱国主义与民族主义》，上海人民出版社2016年版，第95页。

② ［美］毛里齐奥·维罗里著，潘亚玲译：《关于爱国：论爱国主义与民族主义》，上海人民出版社2016年版，第17页。

③ 毛泽东：《中国革命和中国共产党》，引自《毛泽东选集》第二卷，人民出版社1991年版，第623页。

质，故能在几千年的历史中不断地承前启后，继往开来。梁启超在《国性论》一文中指出："吾国立于大地者五千年，其与我并建之国，代谢以尽者，不知几何族矣，而我乃如鲁灵光岿然独存，其国性之养之久而积之厚也，其入人之深也，此不待言而解也，且其中又必有至善美而足以优胜于世界者存也。我先民缔造之艰也，其所以恩我子孙者如此其无极也"。[①] 亦如冯友兰所说："盖并世列强，虽新而不古；希腊、罗马，有古而无今。惟我国家，亘古亘今，亦新亦旧，斯所谓'周虽旧邦，其命维新'者也。"[②] 从毛泽东、梁启超和冯友兰的这些论述中，我们可以看到对伟大祖国的深深认同，这种认同入情入理，情理兼容，富含着对伟大祖国的热爱和真挚感情，也凸显出我们伟大祖国的可爱、可敬及伟大之处。此即是对伟大祖国的认同的生动体现。

爱国主义以培养人们的国家认同和对祖国的认同为基础和动力。内含有公民的归属感、使命感和认同感的爱国情感成为爱国主义教育作为社会活动的"生长基因"和行动指向。国家认同不仅因爱国情感而作用于爱国主义教育外，更因人们对国家的忠诚、义务和责任而在爱国主义教育体系中占有独特地位。在付诸行动的意义上，爱国主义甚至需要"具有自我否认、自我牺牲的品格"。[③] 爱国主义伦理精神的根本在于通过情感和理性的双重机制，把个人与国家设定在不可分离的伦理关系中，突出国家整体利益和长远利益的至上性，但同时强化公民对国家的价值认同，建构起一种因生活于此一国度的精神荣誉感、自豪感和幸福感，进而使情感认同、理性认同、精神认同特别有所归属，有所依靠。

国家认同不仅是爱国主义的精神基础，而且也是爱国主义的重要内容。公民"对国家权利和义务的认识，能够最大范围地参与到与集体生活有关的一切事物中……这一概念赋予国家的意图，对个人来说都是可理解的，就像他们能够理解国家与其自身之间的关系一样。他们在其中共同协作，彻底实现他们想要得到的东西，以及他们行动的终极目标，因为这件事情与他们本身有关……他们通过国家，而且惟有通过国家，才能获得一种道德存在"。[④] 因此，公民应当培育并形成对国家的认同与拥有爱国的美德，这既是公民本身的义务也是公民的权利和荣耀，也是公民的内在基质和身份规定性之价值确证。

"国家认同"是一国公民对于自己所属国家及其制度建构、法律体系、组织形式等的认同，是一种将国家视为"己者"而非"他者"的心灵感受和价值认

---

① 梁启超：《国性论》，引自《梁启超全集》第五册，北京出版社1999年版，第2555页。

② 冯友兰：《国立西南联合大学纪念碑碑文》，引自《三松堂全集》第十四卷，河南人民出版社2000年版，第154页。

③ David Archard. Should We Teach Patriotism [M]//James Arthor & Ian Davies. Citizenship Education (Vol. 2)：The Purpose of Citizenship Education. London：SAGE Publications Ltd，2008：1.

④ ［法］涂尔干著，渠东等译：《职业伦理与公民道德》，上海人民出版社2001年版，第69页。

可，意味着国家和公民个人达成了价值认识上的一致性和前途命运的相互关联性。"爱国主义"内涵了一国公民对于自己所属的国家的认同、热爱和忠诚，在某种意义上，爱国主义既以国家认同为基础，又是国家认同的升华，国家认同既是爱国主义的前提又是爱国主义的重要内容。

（二）不断增强对中华民族的认同

"民族"指的是人们在历史上形成的具有共同地域、共同语言文化、共同心理素质、共同经济生活和社会生活的人群共同体，是来源于族群又超越于族群的稳定的社会生活共同体。构成这一共同体的成员对这一共同体怀有既自在亦自觉的认同感、归属感和忠诚意识。民族来源于族群但不等于族群。民族实际上是有自我意识的族群，因此有建构的努力又有自发演进的基础，才有持续巩固的民族。

民族认同（national identity 或 ethnical identity）是指民族成员对本民族的族裔认同、身份认同及对民族传统、民族文化和民族精神等的认同。民族认同的产生有其特定的历史根源和现实依据。民族认同主要来自根基性的情感联系，对于民族成员来说，生活在一个特定的民族群体，既定的血缘、语言、习俗等都具有先在性，他从自己民族群体中获得原生的情感联系。民族认同最主要的功能，就是提供一个强大的"历史与命运共同体"，从而将人们从个人湮没的深渊拯救出来，并重塑集体信仰。① 民族认同是对自己民族生存发展状况、历史文化传统和精神品质等的深刻认同，也是指一个民族的人们对自己民族自然及文化倾向性的认可与共识及其内化所形成的一种民族意识、民族禀赋和民族精神。

民族认同来自民族成员之间一种根基性的情感联系（primordial attachment/ties），这是一种民族成员对自己本民族族群身份的自觉认识、不断内化及其形成的以成为本民族成员为光荣的尊严意识等的集中反映。民族认同通过强调民族成员之间或同根，或同种，或同文，或同俗等联系，生发着民族成员之间的身份认同、情感认同、文化认同和价值观认同，进而使自己民族的谱系树根不断地扎根于民族共同生活的沃土，成长为花繁果实的参天大树及其共同抵挡来自自然界的风雨摧折的茂密的森林。从基本性质上考察，民族认同大量地表现为对民族文化、民族意识、民族精神的认同，而不必然地表现为一种政治认同。国家认同包含了民族认同但并不等于民族认同，民族认同既是国家认同的一部分，但是又有自己不同于国家认同的价值特质。把握国家认同与民族认同的辩证关系，对于弘扬爱国主义精神，增进民族团结和国家统一，均具有一定的现实意义。

---

① ［英］安东尼·史密斯著，王娟译：《民族认同》，译林出版社 2018 年版，第 195 页。

中华民族是由多个民族经过接触、混杂、联结和融合而形成的。"中华民族，是中国古今各民族的总称；是由众多民族在形成统一国家的长期历史发展中逐渐形成的民族集合体。"[①] 中华民族作为一个民族集合体，有着漫长的历史发展过程，它包含着汉族、满族、蒙古族、回族、藏族、维吾尔族、苗族、彝族、壮族等 56 个民族，其格局结构是多元一体的。

1902 年，梁启超在《论中国学术思想变迁之大势》一文中正式提出了"中华民族"的观念。"我中华民族之有海权思想者，厥惟齐。故于其间产出两种观念焉，一曰国家观；二曰世界观"。[②] 继梁启超之后，杨度在《金铁主义说》一文中指出："中国自古有一文化较高、人数较多之民族在其国中，自命其国曰中国，自命其民族曰中华。即此义以求之，则一国家与一国家之别，别于地域，中国云者，以中外别地域远近也……中华云者，以华夷别文化之高下也。即此以言，则中华之名词，不仅非一地域之国名，亦且非一血统之种名，乃为一文化之族名。"[③] 中华民族因共同的文化价值追求和文化精神品质而凝聚成一共同体，并在认可这一共同的文化价值追求和文化精神品质中形成一坚如磐石的关系，从而使中华民族成为一个文化型的精神共同体和命运共同体，也书写了"礼仪之邦"历久弥新的历史篇章。

从中国历史发展看，几千年来，中华民族始终追求团结统一，无论哪个民族建鼎称尊，建立的都是多民族国家，无论哪个民族入主中原，都把自己建立的政权视为统一的多民族国家的正统，力图在承继中国国家正统精神传统的基础上更好地启后开来。在近代外国侵略和中华民族亡国灭种的危机面前，血与火的抗争把各族人民凝聚为一个命运共同体。中国历史的演进造就了各民族分布上交错散居、文化上兼收并蓄、经济上相互依存的状况、情感上相互亲近的状况，形成了你中有我、我中有你、谁也离不开谁的多元一体格局。

（三）不断增强对中华文化的认同

文化认同是指人们对所属文化以及文化群体产生归属感、依恋感，进而表现为在行为上对这种文化所包含的价值体系、精神传统、语言文字等的认可、拥护与捍卫及发展。文化认同是深植于历史与文明根基之中的基础性认同。文化认同的产生与延续依赖于内在与外在力量的结合。文化认同大体可以区分为文化身份认同、文化符号认同和文化价值认同等环节或要素。

---

① 费孝通：《中华民族多元一体格局》，中央民族大学出版社 2018 年版，第 221 页。

② 梁启超：《论中国学术思想变迁之大势》，引自《梁启超全集》第二册，北京出版社 1999 年版，第 573 页。

③ 杨度：《金铁主义说》，引自《杨度集》，湖南人民出版社 1986 年版，第 373～374 页。

　　文化身份认同是指人们对自己所处的文化主体地位、文化创化功能以及文化护卫意识等的认可与认同，意味着人们自觉地将自己置身于文化建设和文化共享的文化发展进程中，愿意将自己作为这一文化建设的重要一员既为之创造和发展也共享其发展成果。人能够自觉地意识到自己在文化发展和建设中的地位和功能并愿意为之努力，此即是一种文化身份认同。文化符号认同是指人们对自己创造的文化符号包括语言、文字、神话、艺术、宗教等的认可和认同，并借助这种认同使其能够更好地表达人自己的精神意愿和想法，拥有一份惬意或理想的生活。文化价值认同是指人们对自己所创造的文化价值包括渗透在文化中的精神、品质、意义和效用等的认可和认同，并从这种认同中挺立自己的文化自信和创新文化的自觉和自醒。文化价值认同不断地使人意识到人的本质是在文化的认同和文化的创造活动中不断生成的，离开了文化的认同和文化的创造，人就无法真正占有自己的本质，发挥人之所以为人的本质力量。文化认同是长期共同生活所形成的对本民族文化标识特征的感同身受、情感体验、心理归属，是基本价值观的肯定性体认，是凝聚和延续民族文化共同体的精神纽带和思想基础。这种情感认同、价值体认，是价值观的内部核心构造，是一种内在的原始的思想凝聚力和发展驱动力。文化认同能保留本土文化的生命火种，生生不息，历经磨难而不灭。

　　文化认同是国家认同建构中的重要向度和内容。文化认同是形成国家认同的重要资源，是保障国家安全的重要机制，是构建国家软实力的重要维度。文化既是人类创造世界的主观方式，又是民族存在的现实图景。在复合民族共同体既定限域内，文化认同不仅生发着多元主体民族认同的价值本源，而且凝聚着其政治认同乃至国家认同的价值共识。文化是一个民族生存和发展的重要力量。人类社会每一次跃进，人类文明每一次升华，无不伴随文化的历史性进步。离开了文化的进步和支撑，这个民族就难以建构自己的精神家园，也难以形成共同的价值观和精神共识，所以"一个国家、一个民族的强盛，总是以文化兴盛为支撑的"。① 清代思想家龚自珍有言："灭人之国，必先去其史；隳人之枋，败人之纲纪，必先去其史；绝人之材，湮人之教，必先去其史；夷人之祖宗，必先去其史"。② 此即是说，要灭掉他人的国家必先让这一国家的人们忘记自己的历史；要毁灭他人的家园，败坏他们的道德伦理，必先使这一国家的人们忘记自己的历史；要断绝他国的人才，湮灭他们的教育，必先使这一国家的人们忘记自己的历史；要消灭别人的祖先，必先使这一国家的人们忘记自己的历史。只有造成历史的虚无主义，才能割断他们的精神命脉，才能使他们丧失民族和国家的认同，进而使他们成为没有历史传

---

　　① 习近平：《在山东考察时的讲话》，载于《人民日报》2013 年 11 月 29 日。
　　② 龚自珍：《古史钩沉二》，引自《龚自珍全集》，上海古籍出版社 1975 年版，第 22 页。

统的行尸走肉。章太炎深信文化学术对一个国家、一个民族的极端重要性，"以谓国不幸衰亡，学术不绝，民犹有所观感，庶几收硕果之效，有复阳之望"。[①] 邓实认识到近代帝国主义"其亡人国也，必也灭其语言，灭其文字，以次灭其种姓，务使其种如坠九渊，永永沉沦"。[②] 所以文化澌灭是最严重的毁灭，它将使一个民族再也无法站立起来，亦即陷入万劫不复的灭种之灾。文化是一个民族的精神生命和精神血脉，文化不灭，民族总有站起来或复兴的那一天。文化认同建构起来的是公民在国家/民族历史中的归属意识，满足的是公民在国家内的寻根意识需要。文化认同是族群凝聚力和国家向心力的动力之源，是国家认同最深厚的基础。

中华民族之所以能够在历史的发展长河中饱受挫折又不断浴火重生，就在于有自己独一无二的精神文化的有力支撑。中华文化源远流长，博大精深，跌宕起伏，绚丽多姿，历久而弥新，始终充满着根深厚重而又独立不移、花繁叶茂而又蓬勃向上的生机与活力。孔安国在《尚书正义·尚书序》中有言："伏羲、神农、黄帝之书，谓之《三坟》，言大道也。少昊、颛顼、高辛（喾）、唐（尧）、虞（舜）之书，谓之《五典》，言常道也"。中华文化在它的初创和发端时期，就以对"道"的追求、体悟、研修为尚，发展出一套"大道哲学"和"常道精神"，体现出"与天地合其德，与日月合其明，与四时合其序，与鬼神合其吉凶"既尽人事又合天德的价值特质，并以"广大配天地，变通配四时，阴阳之义配日月，易简之善配至德"，建构起一种"崇效天，卑法地"，"显诸仁，藏诸用""可大可久"之"盛德大业"，并认为"可久则贤人之德，可大则贤人之业"（《周易·系辞上》），从而挺立起了一种立乎其大、行稳致远的文化精神和民族精神，为中华文化成为世界连续性文化之典范奠定了坚实的基础。"中华文化独一无二的理念、智慧、气度、神韵，增添了中国人民和中华民族内心深处的自信和自豪"。[③] 中华民族之所以能够在世界上有地位、有影响，靠的不是对外军事扩张和穷兵黩武，而是靠的民族文化的强大的感召力和吸引力。"我们的先人早就认识到'远人不服，则修文德以来之'的道理"。[④]

我国是世界四大文明发源地之一，被誉为"文明的摇篮"，有着延绵不断的五千年文明史，中华民族在五千多年的发展历程中，不断创造并传承了优秀的传统文化，铸就了历史的辉煌。中华民族拥有五千多年文明史，我们的祖先以其特有的勤劳和智慧创造了灿烂的文化，留下了丰富的精神遗产。习近平指出："中华民族在长期实践中培育和形成了独特的思想理念和道德规范……中华优秀传统

① 黄侃：《太炎先生行事记》，参见汤志均编：《章太炎年谱长编》，中华书局1979年版，第295页。
② 邓实：《鸡鸣风雨楼独立书·人种独立》，载于《政艺通报》1903年第23号。
③ 《习近平关于社会主义文化建设论述摘编》，中央文献出版社2017年版，第15页。
④ 《习近平关于社会主义文化建设论述摘编》，中央文献出版社2017年版，第6页。

文化中很多思想理念和道德规范，不论过去还是现在，都有其永不褪色的价值"。① 中华优秀传统文化是我们民族的"根"和"魂"，是海内外中华儿女构建中华民族共有精神家园、增进文化认同和价值认同的最大公约数。同时，它也是我们走向世界、拥抱世界文明的价值根基，是中华民族对人类文明的重要贡献。

"国民之魂，文以化之；国家之神，文以铸之。"如果人们对本民族的文化有了充分的自信，自然就会重视本民族的文化，努力去了解、学习甚至发扬与推广本民族的文化。如果缺乏文化自信，自然就会对本民族的文化持一种淡漠、忽视甚至鄙视的态度，这样就必然会妨碍文化建设。所以，没有文化自信，民族会消亡，国家会失败，政党会解散。文化自信是生生不息的决定性的 DNA。对待外来文化每个民族既要保持被侵蚀的警惕心，不断地维护民族特色和传统，弘扬本国的优秀民族文化，又要有一种开放的心态来迎接其他国家的民族文化的到来，将扎根传统、立足本土与吸收外来有机地结合起来。

（四）不断增强对中国共产党的认同

政党认同（party identification）是政治主体对政党的内在认同和情感归属，是任何政党上台执政与在位执政的前提。政党认同大体可以分为三个层面：认同政党政治、认同某一政党制度和认同某一政党。政党认同的中国特性集中表现在执政党认同和参政党认同，政党认同与政治制度认同、国家认同的关系。

政党认同是政治认同的一个重要方面，是民众（选民或国民）对政党的一种肯定性的评价和心理接受等的集中体现，表征着选民或国民对政党所产生的一种悦纳意识和意识上的归属感，亦即"对政党权威的认可和支持"。② 现代政党政治的规律表明，政党认同是政党形成的理论基础，也是政党合法性的重要来源，对于一个政党的生存和发展至关重要。在政党政治发展过程中，政党认同度高的政党，其执政的生命力更强、更持久，反之亦然。政党认同，包括并涉及对政党意识形态的认同、政党组织的认同、政党领袖的认同、政党绩效的认同等方面。

政党认同作为一种社会和民众的心理认同，主要取决于政党自身的建设和内部功能的健全。只有自身内部功能健全又能比较注重自身建设还能够很好地处理政党与政党、政党与社会、政党与民众的关系，才能够真正赢得民众的认同。一些西方国家现代以来政党认同之所以每每发生认同危机，根本原因在于政党制度的弊端特别是政党并没有真心诚意地重视自身的建设，使政党本身成了一个利益

---

① 《习近平关于社会主义文化建设论述摘编》，中央文献出版社 2017 年版，第 144 页。

② Palton，Wattenberg. Parties Without Parisans：Political Change in Advanced Industrial Democracies. Oxford University Press，2000：37.

集团。这是资本主义性质的政党制度无法避免的。

中国共产党领导的多党合作和政治协商制度是中国特色的政党制度。这一政党制度的内容和特点在于：第一，通力合作的友党关系，中国共产党是执政党，各民主党派是参政党。中国共产党和各民主党派是亲密友党。这种执政与参政的合作共事关系，有利于避免多党竞争，互相倾轧造成的政治动乱和一党专政、缺乏监督形成的种种弊端，与以竞争执政权为根本目的的西方政党制度有着本质的不同。第二，多党合作的首要前提和根本保证是坚持中国共产党的领导。中国共产党是社会主义事业的领导核心，这是由国家的性质和党的性质决定的。第三，多党合作的基本方针是"长期共存，互相监督，肝胆相照，荣辱与共"。中国共产党与各民主党派民主协商，相互监督，通力合作，共同承担着管理国家和治理社会、建设和发展中国特色社会主义政治文明的任务。第四，多党合作的根本活动准则是遵守国家宪法和法律。第五，政治协商制度是我国的一项基本政治制度，其组织载体是人民政治协商会议。政治协商的内容事关国家大政方针、战略布局和长远发展，具有政治性、全局性和前瞻性。整体而言，中国共产党领导的多党合作制度是在中国特定的社会条件和历史条件下产生的具有中国特色的社会主义新型政党制度。它既不同于日本通过分化、改组、合作后的政党制度，也不同于苏联的一党制，更根本区别于西方国家的两党制或多党制。我国的参政党不仅从性质上，而且从形式上均根本不同于西方政治学意义上的在野党或反对党，它是具有中国特色的新型政党。中国特色的政党制度，有根、有魂、有能，是基于我们的文化传统、历史发展、理论逻辑在中国的土壤上产生的，有着先进的理论做指导，取得了很好的治理绩效。

中国特色的新型政党制度，将坚持人民主体地位与保障人民民主价值有机地统一起来。以保证公民的权利，并最终实现人的自由和全面发展为目标，国家的一切权利属于人民、服务于人民，并以保障人民权益、保证人民当家作主为标准。所以中国特色的政党制度具有民主的真实性，是民主政治的产物又为促进民主政治服务的。中国特色的政党制度在国家治理和政治治理方面都具有治理的有效性，不仅促进了经济发展，而且保障了社会福利，使政治体系不断延续并朝着统一、协调、完善的方向发展，避免了西方那种政党轮替带来的政治和政策的不稳定性。执政党通过制度性的渠道与方式，与各民主党派形成了"肝胆相照，荣辱与共"的政党关系，这样就能够凝聚各阶层智慧，保证国家政策的一贯性和高效率。

政党认同内含着并重点表现为对执政党的认同。在当代中国，中国共产党是执政党。因此，当代中国的政党认同必然涉及对中国共产党的认同。对中国共产党的认同包含了历史认同和现实认同等层面。中国共产党之所以能够发展壮大并最终获得成功，就在于中国共产党顺应了历史的发展潮流，坚持把马克思主义的普遍真理与中国革命、建设和改革的具体实际相结合，创造性地找到了一条中国革命的正确道路，一条社会主义现代化建设的正确道路，从而不可逆转地改变了中国历史和中华民族近代以来任人欺凌的悲惨命运，开启了走向伟大复兴的历史进军。"没有共产党就没有新中国"，"没有共产党就没有中国特色社会主义"是已经被历史事实证明了的真理。中国人民对共产党的历史认同表现在坚定意志跟党走，团结在共产党的周围，书写了一部党与人民群众血浓于水的历史史诗。从小说《青春之歌》到吴运铎《把一切献给党》的自传再到《党啊，亲爱的妈妈》歌曲，深情地表达了中国人民对共产党的情感认同、价值认同和精神认同，是中国人民对共产党历史认同的集中写照。这种历史的认同既是符合历史事实的理性判断，也是发自内心的真实态度，具有合规律性与合目的性的双重效应，已经载入中国近现代史和中国共产党党史、中华人民共和国国史，有着不容置疑的事实合理性和价值合理性。从历史的维度来认识中国共产党为什么能够得到人民的选择和拥护，能够更好地引导各族人民自觉地坚持和服从中国共产党的领导，并从中深刻认识到中国共产党为什么"能"的内在机理。

对中国共产党的现实认同是基于当代中国共产党人的现实行为实践所做出的认同，建基于正在做的事情和已经呈现出来的现实效果，关注中国共产党的执政业绩以及对为人民服务宗旨的履行，"为人民谋幸福""初心"的保持，关注在中国共产党领导下当今中国所发生的巨大变化，特别是改革开放以来中国经济社会面貌的天翻地覆的改变、全国人民实际生活水平的大幅度提高，是通过眼前的实际变化和自身的真实感受而现实地形成起来的。整体上看，虽然受到诸多内外因素的影响但中国人民对中国共产党的现实认同感还是比较强的，这可以从近年来要求入党的积极分子越来越多可见一斑，也可以从"哪里有困难，哪里就有党员"的战地党旗红可以找到根基。

中国共产党持续有效的政党治理，增强了民众的政治信任度。中国历史的发展和实践充分证明，中国社会和中国人民选择和认同中国共产党是正确的。中国共产党不愧为伟大、光荣、正确的马克思主义政党，不愧为领导中国人民不断开创事业新局面的核心力量，不愧为是"为民族谋解放""为人民谋幸福"，"不忘初心"，"牢记使命"，"砥砺前行"的马克思主义执政党。

（五）不断增强对中国特色社会主义的认同

政党认同与政治认同有着最为密切的关系，特别是对执政党的认同更是政治认同的重要组成部分。政治认同除了内涵对执政党的认同外，还大量体现在对政治体制、政治运行方式、政治组织形式以及政策的制定与落实等方面。在当代中国，政治认同集中体现为对中国特色社会主义的认同，中国特色社会主义不仅是当代中国最大的政治，而且也贯穿、渗透在经济、文化、社会、生态及军事、外交等诸多方面，是当代中国人民团结奋斗和胜利的旗帜。

国家认同必然涉及人们能否认同国家基本制度安排、组织形式和权力配置等问题，必然涉及国家发展道路、法律体系建立以及经济政治文化运行机制等问题，而对国家基本制度安排、组织形式和权力配置等的认同，对国家发展道路、法律体系建立以及经济政治文化运行机制等的认同即政治认同。政治认同是社会成员对政治体系的肯定和支持态度，是政治体系顺利运行的重要基础。政治认同通常表现为拥护执政党、赞同社会政治制度、贯彻执行公共政策的政治倾向，以及对政治共同体的心理归属和热爱忠诚。就此而论，政治认同是国家认同的关键。国家的稳定有赖于公民的政治认同，政治认同也因此构成国家政权系统合法性的源泉。菲利克斯·格罗斯强调："政治认同，相当于对国家的认同。这种认同非常明确地体现在公民身份上。"[1] 基于公民身份的政治认同其实就是国家认同。现代国家制度体系之于公民是"生而入其中，死而出其外"的终生政治体验，密切关系到每一个公民的切身重大利益。这种国家认同内涵了公民作为社会合作体系中的一员所蕴含的公民—公民关系和国家对社会合作所产出的利益和负担进行权威性分配时所蕴含的公民—国家关系及其伦理要求。

国家认同是国民对自己国家独特的想象、认识和期待，主要表现为政治忠诚和政治服从。国家认同以政治共同体的存在为前提，文化认同、民族认同、政治认同均可作为国家认同的不同方面，国家往往是分享某种独特文化的民族，按照某种政治理念组建了特定的政治共同体。通过分享，使不同族群成员都能过上一种有尊严的生活，才能形成对共同体发自内心的认同感和归属感。国家内完善的社会保障体系要做到全覆盖、公正性和可持续，就要满足不同族群成员基本需求，消除多种潜在的社会认同的威胁，[2] 避免出现某些族群边缘化引起的心理失衡。因此，在一定意义上讲，"制度的精尽与否，遂成为合理爱国心与合理国家认同的最佳指标"。[3]

中国特色社会主义是由道路、理论体系、制度三位一体构成的，本质上是一个有机联系、相辅相成的整体。中国特色社会主义道路，是近代以来中国人民经过反复比较而做出的理性和唯一正确的选择，是实现我国社会主义现代化的必由之路和创造人民美好生活的康庄大道。这是一条不同于西方资本主义国家以满足

① ［美］菲利克斯·格罗斯著，王建娥、魏强译：《公民与国家——民族、部族和族属身份》，新华出版社 2003 年版，第 183 页。

② N. R. Branscombe, N. Ellemers, R. Spears and B. Doosje, The Context and Content of Social Identity Threat, in N. Ellemers, R. Spears and B. Doosje, eds., Social Identity：Context, Commitment, Content, Oxford：Blackwell, 1999：35 – 58.

③ 江宜桦：《自由主义、民族主义与国家认同》，扬智文化事业股份有限公司 1998 年版，第 110 页。

资本扩张需求和实现资本家利益然而却忽视劳苦大众正当利益之现代化老路的新路，是从中国实际出发，既强调通过改革开放促进生产力发展又主张不断提高人民群众生活水平，以先富带后富，逐步实现共同富裕的社会主义现代化道路。走中国特色社会主义道路是中国共产党人既总结传统僵化的社会主义计划经济导致苏联解体、东欧剧变之深刻历史教训的必然产物，又注意防止落入西方新自由主义窠臼，导致拉美陷阱及失去自我主体性等国家风险的理性经验总结。中国特色社会主义道路告别了封闭僵化的老路，也拒斥改旗易帜的邪路，是一条既要国家富强也要人民幸福还要持续发展、和谐稳定的人间正道。中国共产党和中国人民开辟的中国特色社会主义道路体现了对人类社会发展规律、社会主义建设规律和共产党执政规律的自觉遵循和创造性整合，不仅开辟了国家富强、民族振兴、人民幸福的发展大道，而且为世界上那些经济文化落后的国家如何走出一条具有自身特点的现代化道路提供了可资借鉴的样板或学习的典范。中国特色社会主义理论体系是继毛泽东思想之后马克思主义中国化的又一杰出理论成果，它科学而又系统地回答了在中国这样一个十几亿人口的发展中大国建设什么样的社会主义、怎样建设社会主义，在建设社会主义中建设什么样的党、怎样建设党，在建设社会主义中实现什么样的发展、怎样发展等重大理论和实践问题，深刻揭示了人类文明发展的一般规律、社会主义发展的一般规律和中国共产党执政的规律，是指导党和人民沿着中国特色社会主义道路实现中华民族伟大复兴的科学理论。特别是习近平新时代中国特色社会主义思想，体系严谨，逻辑严密，内涵丰富，博大精深，"饱含对人类发展重大问题的睿智思考和独特创见，洞察时代风云，把握时代脉搏，引领时代潮流，为应对全球共同挑战、共同问题提供了中国智慧和中国方案"，① 闪耀着马克思主义的真理光辉，为发展马克思主义作出了原创性贡献，将马克思主义中国化推进到一个新的阶段。中国特色社会主义制度是从我们党对共产党执政规律、社会主义建设规律、人类社会发展规律的不断探索中总结出来的，是从党领导人民历经艰辛曲折，在革命、建设、改革的历史进程中创造出来的，是从党的十八大以来党和国家事业取得的历史性成就、发生的历史性变革中不断发展完善的。中国特色社会主义制度由根本制度、基本制度、重要制度所构成，是一套行得通、真管用、有效率的好制度，是当代中国发展进步的根本制度保障。在当今世界经济发展放缓和西方国家乱象丛生的大背景下，我国实现了经济发展、政治稳定、社会和谐的良好局面，这不能不说是发展背后的"制度优势"在起作用。中国特色社会主义制度优势，不仅是助推中国特色社会主义现

---

① 中共中央宣传部：《习近平新时代中国特色社会主义思想学习纲要》，学习出版社、人民出版社2019年版，第10~11页。

代化建设开拓新局面取得新成就的重要法宝,而且是今天我们坚定制度自信的一个基本依据和有力支撑。

政治认同是对国家基本制度、道路和意识形态理论等的认同,这种认同在当代中国必然表现为对中国特色社会主义的认同。中国特色社会主义是党和人民近百年来上下求索和奋斗创造的根本成就。中国特色社会主义形成和发展实属不易,所以必须倍加珍惜。由于它是中国历史和中国人民经过千辛万苦、上下求索和不断奋斗的结晶,集历史的选择和人民的选择于一身,所以必须始终不渝地加以坚持;更由于它还是引领中华民族走向伟大复兴的胜利旗帜,所以必须不断在坚持的基础上予以新的创造和发展。

中国特色社会主义是被实践证明的引领中国人民和中华民族走向伟大复兴的胜利的旗帜和奋斗的旗帜。改革开放以来,在中国特色社会主义这一伟大旗帜指引下,中国人民用40多年的时间走完了发达资本主义国家需要几百年才能走完的路程,并为世界上那些发展中国家如何走出一条自己的道路提供了有益的借鉴。中国特色社会主义的价值合理性和历史合理性,可以从世界社会主义500年发展史,从改革开放史、新中国历史、中国共产党历史、中华民族近代史、中华文明史五个维度得到解释、确证和回答,可以由此发现中国特色社会主义是一个既具有丰富的中国历史元素又具有深厚的科学社会主义底蕴的理论和价值体系。从世界范围上看,1516年英国思想家托马斯·莫尔《乌托邦》的发表,标志着空想社会主义的出现,1848年马克思、恩格斯联合发表《共产党宣言》,第一次全面系统地阐述了科学社会主义原理,使社会主义实现了从空想到科学的飞跃。1917年俄国发生十月革命,建立了世界上第一个社会主义国家。后来,社会主义经历了从一国实践到多国实践的历史性飞跃。1949年中华人民共和国成立,不久进行社会主义革命和建设,走上了社会主义道路。在建设社会主义的过程中,各国都在探索社会主义建设规律和路径,促使社会主义从传统向现代发展。以苏联为代表的传统社会主义虽然取得了相当重要的成就,但也存在着严重的把马克思主义教条化和体制机制的局限,最终导致20世纪90年代初苏联解体,继之是东欧社会主义改革失败及发生的历史剧变,使社会主义进入低潮。面对当时国内国际的复杂情况,以邓小平、江泽民、胡锦涛为代表的中国共产党人坚持把马克思主义与中国实际相结合,形成并初步发展了中国特色社会主义理论。之后,党的十九大把习近平新时代中国特色社会主义思想确立为党和国家的指导思想。中国特色社会主义用40多年改革开放的辉煌成就和新时代中国特色社会主义的发展趋势向世人提交了一份有说服力的答卷:中国特色社会主义不仅守住了社会主义的强大阵地,使中国经济增量达到世界第二,成功解决了世界上1/4人口的温饱问题,而且成为世界社会主义的中流砥柱,为其他社会主义国家树立起了一个成功的样板，释放出社会主义制度的无比优越性。中国已从一个"积贫积弱"的落后国家发展成为一个初具现代化水平并充满蓬勃发展生机与活力的社会主义国家。中国特色社会主义从世界社会主义走来，又是在世界社会主义处于低潮中燃起了世界社会主义的新"亮点"，成为当代世界社会主义从低谷向上攀登的重要推动力量和希望，促进着世界社会主义运动和实践的新发展。

中国特色社会主义的成功得益于遵循自身独特的发展轨迹。加拿大学者贝淡宁认为，当代中国发展是独有的"基层民主、中间实验、高层尚贤"的模式。① 意大利学者洛丽塔·纳波利奥尼认为，中国在维护社会主义制度的前提下保持了经济增长，提高了人民生活水平，这不得不说是一个伟大的成就。"与苏联不同，中国成功地创立了一种以经济活动为基础的社会主义。这一制度与其他体系相比在促进经济发展和财富增长方面无疑更为成功，取得了令人震惊的成就"。② 中国特色社会主义以独立自主的开放精神为基础，借鉴而不盲从西方经验，坚守主权和底线，并把国内转型与全球治理融合在一起。"从捍卫人权到发展可再生能源，从对世界贸易组织相关规则的遵守到大力发展参与民主，中国似乎正在致力于塑造一个全新的社会模式"。③ 中国的发展路径与欧美狭隘的标准模式完全不同，却能够以深刻的洞察力建立起替代性机制，引导社会的大规模平稳变革。

四、弘扬当代中国爱国主义精神的重大意义

弘扬当代中国爱国主义精神具有极其重要的理论意义和现实意义。这种理论意义和现实意义无论对于走向伟大复兴的国家和民族来说，还是对于心有所志、情有所依、精神有所归属、灵魂有所安顿的国民来说，都是至关重要的。从某种意义上说，弘扬爱国主义有着探寻当代中国大本大源和国民安身立命之精神建构的伦理意义，有着既接引源头活水同时又面向世界且为未来建纲立极的独特价值和创化意义。

爱国主义既是一个理论问题，又是一个实践问题。就此而论，新形势下弘扬爱国主义精神不仅具有重大的理论意义，而且也具有强烈的现实意义。就其理论意义而言，主要体现在有助于深度理解和掌握马克思主义和中国化马克思主义理

① 郑云天：《国外学者对中国特色社会主义的积极认同》，载于《红旗文稿》2018年第11期。
② ［意］纳波利奥尼著，孙豫宁译：《中国道路：一位西方学者眼中的中国模式》，中信出版社2013年版，第8页。
③ ［意］纳波利奥尼著，孙豫宁译：《中国道路：一位西方学者眼中的中国模式》，中信出版社2013年版，第3~4页。

论，促进马克思主义理论的发展，有助于深化对中国精神的理论认识和系统把握，培育中国品质，有助于深化对中华民族优秀传统文化的科学认识和价值把握，彰显中华民族的文化自信。因为我们要弘扬的爱国主义首先是马克思主义的爱国主义和中国化马克思主义的爱国主义，是同中国精神联系在一起的爱国主义，也是中华优秀传统文化的重要构成。弘扬爱国主义需要深入研究马克思主义的国家观、民族观、历史观和价值观，也需要研究国家认同、民族认同、社会认同以及价值观认同所涉及的一系列重大理论问题，还需要研究如何使中华优秀传统文化在新的历史条件下实现创造性转化和创新性发展，成为涵育和践行社会主义核心价值观的思想资源。我们对当代中国爱国主义的理论研究越深入、越系统、越全面，就会使弘扬爱国主义精神越有底气、越有精神和理论的自信，从而亦会有效助推爱国主义在整个社会的落地生根，使其成为国民精神和公民道德的发动机和领航仪，造福于整个国家和人民。

（一）促进马克思主义和社会主义爱国主义理论研究

当代中国爱国主义本质上是以马克思主义为指导的爱国主义，是在马克思主义指导下形成和发展起来的新型爱国主义。马克思主义经典作家立足于无产阶级革命，严格区分爱国主义与民族主义的界限，阐明资产阶级爱国主义与无产阶级爱国主义的本质区别，为无产阶级解放指明了道路。中国马克思主义者在把马克思主义与中国革命、建设和改革的具体实际相结合，与中华民族优秀的传统文化相结合的过程中创造性地阐释了自己的爱国主义理论。从毛泽东"我们不但要把一个政治上受压迫、经济上受剥削的中国，变为一个政治上自由和经济上繁荣的中国，而且要把一个被旧文化统治因而愚昧落后的中国，变为一个被新文化统治因而文明先进的中国"[1]，到邓小平"我是中国人民的儿子，我深情地爱着我的祖国和人民"[2]，江泽民"我们所讲的爱国主义，作为一种体现人民群众对自己祖国深厚感情的崇高精神，是同促进历史发展密切联系在一起的，是同维护国家独立和广大人民的根本利益密切联系在一起的"[3]，胡锦涛把"以热爱祖国为荣，以危害祖国为耻"[4] 作为树立社会主义荣辱观的第一条，再到习近平提出的"实现中华民族伟大复兴的中国梦，是当代中国爱国主义的鲜明主题"[5]，爱国主义

---

① 毛泽东：《新民主主义论》，引自《毛泽东选集》第二卷，人民出版社 1991 年版，第 663 页。

② 《邓小平思想年编》（一九七五——一九九七），中央文献出版社 2011 年版，第 349 页。

③ 江泽民：《爱国主义和我国知识分子的使命》，引自《江泽民文选》第一卷，人民出版社 2006 年版，第 121 页。

④ 胡锦涛：《树立社会主义荣辱观》，引自《胡锦涛文选》第二卷，人民出版社 2016 年版，第 430 页。

⑤ 习近平：《在十八届中央政治局第二十九次集体学习时的讲话》，载于《人民日报》2015 年 12 月 31 日。

是贯穿中国化马克思主义理论的一条红线。马克思主义与爱国主义的有机结合是中国马克思主义理论创新的一大标志。

弘扬当代中国爱国主义精神，有助于深度理解和全面把握马克思主义和中国化马克思主义的科学理论，中国化马克思主义理论及其最新成果已经使我们国家发生了天翻地覆的巨大变化，确证着现当代中国爱国主义的理论品格及其对建设国家、发展国家和振兴中华民族的历史合理性和价值引领性。

爱国主义是社会主义意识形态的重要内容。它既是社会主义核心价值观所倡导的公民第一美德，又是中国精神中民族精神的核心，从价值理念和精神系统两个维度挺立社会主义意识形态的架构。当代中国的爱国主义既与社会主义也与集体主义密切地联系在一起，本质上是一种社会主义的爱国主义和集体主义的爱国主义，有着贯通社会主义和集体主义的独特机理和功能，并因之在社会主义意识形态中占有着极其重要的地位。弘扬爱国主义精神，有助于增强主流意识形态对多样化社会思潮的统领和整合能力，有效应对各种错误观点和思潮的挑战，牢牢掌握意识形态话语权，提高社会主义意识形态凝心聚力的水平；有助于以社会主义意识形态的内在准则规范调整人们在处理个人与祖国关系时的行为选择，引领人们为建设富强民主文明和谐的社会主义现代化国家而团结奋斗；也有助于在世界范围的思想文化交流交融交锋中，有力应对在价值观和社会制度上面临的竞争和挑战，切实维护国家核心利益、主权和安全，增强社会主义意识形态的引领力、影响力和发展力。

（二）弘扬中国精神和中华优秀传统文化

实现中国梦必须弘扬中国精神。爱国主义是中华民族的精神基因和中华民族精神的核心。千百年来，爱国主义在中华民族精神这个统一体中处于核心地位，渗透在中华民族精神的各个领域，使中华民族历经沧桑而不衰，久经磨难而不倒，巍然屹立于世界的东方。在改革开放和建设社会主义市场经济的条件下，在世界范围各种思想文化相互激荡、世界格局风云变幻的今天，弘扬爱国主义与弘扬民族精神已成为当代中国人民的使命所在和责任担当，只有永远保持昂扬向上、奋发有为的精神风貌，才能为中华民族伟大复兴的中国梦贡献自己的智慧和力量。

中国精神是民族精神和时代精神的有机统一。爱国主义既是中华民族精神的核心，也与改革创新的时代精神息息相通，当今的时代精神是与当代中国爱国主义有机交融地联系在一起的。中国精神是中华民族精神信仰和精神价值的集中体现，建构的是中华民族安身立命的共有精神家园。在当代中国，爱国主义不仅同时代精神结合在一起，同时又是社会主义核心价值观的重要内容。海外对当代中国的认识大多是从中国道路或中国模式的视野契入，进而感知到中华民族精神的独特风骨和神韵的。中国力量作为中国各民族大团结的力量，本质上是爱国主义精神的力量，是以爱国主义为核心的民族精神的功能效用的价值呈现。一个民族的复兴需要强大的物质力量，也需要强大的精神力量。研究弘扬爱国主义精神的重大理论问题和现实问题，可以深化对中国精神和中国梦的科学认识、系统把握，使人们对中国精神和中国梦的认识和把握更加全面、更加系统、更加深刻。

　　新形势下弘扬爱国主义精神，有助于科学阐释当代中国爱国主义与中国文化的关系，揭示爱国主义对中华优秀传统文化的深刻影响以及中华优秀传统文化对弘扬爱国主义的涵育价值等的关系。中华爱国主义是与爱中华文化紧密联系在一起的。中国是世界文明史上唯一自古及今一脉相承的文明国家，是一个以价值观和民族精神治国化民的文明国家，有学者称之为"文明体国家"。柳诒徵在《中国文化史》中有言，中国之名字即同古圣先贤对中正之道的价值追求相关，"所以定国名为'中'者，盖其时哲士，深察人类偏激之失，务以中道诏人御物。""唐、虞之教育，专就人性之偏者，矫正而调剂之，使适于中道也。以为非此不足以立国，故制为累世不易之通称。一言国名，而国性即以此表见。其能统制大宇，混合殊族者以此。"① 以"中"而命国名，表达了远古先圣将"中"提升为国家精神和治国理念并欲传其千秋万代的价值认识和孜孜追求，是希望位居于东方大陆的这一国家永远坚持中正之道，从而得以无愧地立于天地之间。中华民族精神就是以爱国主义为核心的团结统一、爱好和平、勤劳勇敢、自强不息诸精神的统一，民族精神形成民族凝聚力、向心力和吸引力，从而为国家认同、民族认同奠定了坚不可摧的基础。

　　章太炎在《演说录》中尖锐地抨击欧化主义，指出，近来有一种欧化主义的人，总说中国人比西洋人所差甚远，所以自甘暴弃，说中国必定灭亡，黄种必定剿绝。因为他们不晓得中国的长处，见得别无可爱，就把爱国爱种的心，一日衰薄一日。这是帝国主义推行文化侵略、向中国人灌输奴化思想的结果。在章太炎看来，要增强国人的爱国爱种之心，最重要的莫过于研究传承祖国的学术文化和历史地理，莫过于弘扬祖国深厚的历史文化传统和精神，使每一个中国人感受到祖国的可爱之处，这爱国保种的力量，不由你不伟大，这爱国爱种的心不由你不激发。② 若要增进爱国的热肠，一切功业学问上的人物，须选择几个出来，时常

　　① 柳诒徵：《中国文化史》上册，中国大百科全书出版社 1988 年版，第 33 页。
　　② 章太炎：《东京留学生欢迎会演说辞》，引自汤志均编：《章太炎政论选集》上册，中华书局 1977 年版，第 277 页。

放在心里……古事古迹，都可以动人爱国的心思。①

爱国主义凝聚着人们对国家和民族包括历史文化传统的价值认同。近代以来，由于中国社会的落后，人们的文化自信和价值观自信受到重创，一些人崇洋媚外思想十分严重。20 世纪三四十年代熊十力在给张东荪的书信中就曾这样说道："唯自海通以来，中国受西洋势力的震撼，中学精意随其末流之弊，已俱被摧残。如蒜精之美，不幸随其臭气而为人唾弃。"② 余英时认为，一百年来，在中国文化界发生影响的知识分子，始终摆脱不掉"尊西人若帝天，视西籍如神圣"③ 的心态。进入改革开放时期，这种文化和价值观不自信的现象并未得到根本性的扭转。如何在改革开放的新形势下更好地弘扬以爱国主义为核心的民族精神是我们建设文化强国、提升国家文化软实力的重要战略工作。弘扬爱国主义精神，有助于尊重和传承中华民族历史和文化，进一步增强做一个中国人的精气神，陶铸中国人的风骨和德操，彰显大国国民的精神文化自信。

（三）促进中国特色社会主义现代化建设和中华民族伟大复兴

新形势下弘扬爱国主义精神不仅具有重大的理论意义，而且具有极其重要的现实意义。这种现实意义于国于家、于人于己都是既生死攸关又是决定其前途和命运的，事关个人安身立命之精神家园的建构，也事关中国特色社会主义现代化建设的大局和中华民族伟大复兴的中国梦的实现。

改革开放以来，我国的现代化建设面临难得的历史发展机遇和严峻的历史挑战，我们在振兴中华的精神激励下抢抓机遇，加快发展，谱写了一曲曲当代爱国主义的凯歌。改革开放的伟大实践证明，爱国主义为改革开放注入动力，也极大地促进了中国社会主义现代化建设事业的发展，使古老的东方大地焕发出无限生机。当前，经济发展进入新常态，改革进入攻坚期，各种矛盾叠加，社会思潮竞起，价值观念多样化、多元化不断加剧，如何在这样的形势下凝聚起全国人民的价值共识，形成同心同德、攻坚克难、奋发有为的精神状态，事关中国特色社会主义现代化建设事业的大局。大力弘扬爱国主义，有助于人们把实现国家利益最大化作为根本价值抉择，有利于人们在利益竞争面前能够将个人利益与国家民族根本利益和长远利益有机地结合起来，在二者发生矛盾的时候能够自觉地使个人

---

① 章太炎：《东京留学生欢迎会演说辞》，引自汤志均编：《章太炎政论选集》上册，中华书局 1977 年版，第 279～280 页。

② 熊十力：《十力语要》，辽宁教育出版社 1997 年版，第 60 页。

③ 余英时：《怎样读中国书》，引自《钱穆与中国文化》，上海远东出版社 1994 年版，第 313 页。邓实 1904 年在《政艺通报》第三号上发表《国学保存论》指出："倘一味尊西人若帝天，视西籍如神圣，恐不及十年，国学将尽归烟灭矣"。

利益服从和服务于国家民族根本利益和长远利益。

新形势下弘扬爱国主义精神，包括忧党忧国忧民，帮忙而不添乱，助力而不阻力，杜绝采取极端方式表达爱国情绪，解决民族问题，力倡采取理性的爱国方式，把自己的学习、工作、活动与国家发展、民族振兴的宏伟大业联系起来，用实际行动促进祖国的繁荣与壮大，就显得特别重要。

从当前人民群众的思想状况看，绝大部分群众是热爱祖国和人民的，这是主流，应当充分肯定。但是，在改革开放不断深入的同时，也有极少数群众不能正确看待改革发展过程中出现的一些问题，有的在片面了解发达资本主义国家的经济繁荣时，盲目崇拜和效仿西方所谓的文明等，甚至成为西方精神殖民主义的追随者和价值观输出的拥护者；还有极少数群众把爱国主义和爱党、爱社会主义割裂开来，对什么是爱国主义和如何爱国，缺乏理智和深层的思考，凡此等等。研究新形势下弘扬爱国主义精神的重大理论和现实问题，就是要回应时代关切和人民期望，教育和引导广大人民群众识破西方精神殖民主义和围堵中国的险恶用心，同各种错误思潮诸如民粹主义、狭隘民族主义、新自由主义、历史虚无主义作斗争，热爱中国共产党领导的中国特色社会主义，把爱国热情倾注到爱社会主义事业、爱集体、爱人民、爱本职工作上，倾注到为全面实现中华民族伟大复兴而努力学习的具体行动上，砥砺爱国情感，强化爱国之志，优化报国之行，做一个忠诚祖国、热爱祖国、建设祖国的好公民。爱国主义是全体公民最广泛、最基本的认同基础。一个国家的公民，在享有国家提供的各种权利的同时，也承担着热爱祖国、报效国家的责任和义务。

当代中国爱国主义因其独特的内容和价值追求能够对中国崛起过程中面临的种种问题提供强有力的精神支撑，能够赋予中国避免跌入"拉美陷阱"和"修昔底德陷阱"的诸多智慧，同时也能够为实现中华民族伟大复兴的中国梦提供精神动能和价值引领。

爱国主义是一个历久弥新、常说常新、与时俱进的新课题。特别是在全球化不断深入、多元化不断深化、中华民族迎接伟大复兴的当代更显示出它特有的丰富内涵和重大价值。

第一编

当代中国爱国主义的重大理论问题研究

本编从理论上深度探讨弘扬爱国主义精神的重大问题，涉及中国马克思主义关于爱国主义的思想理论，当代中国爱国主义的道路、理论、制度和文化基础，当代中国爱国主义的主要内容、本质特征等问题。爱国主义是一个集历史范畴、政治范畴和道德范畴于一体的综合性范畴，是人们对自己祖国和国家的热爱、忠诚、关心、认同诸品质及其行为实践的高度体现，是人们对自己故土家园、种族和文化的归属感、认同感、荣誉感、尊严感和幸福感的统一。当代中国的爱国主义是中华民族爱国主义传统在当代中国的继承和发展，是以马克思主义和中国化马克思主义为指导和灵魂的爱国主义，是以社会主义和中国特色社会主义建设为核心内容的爱国主义，是在中国共产党领导下致力于民族振兴、国家富强和人民幸福的爱国主义。实现中华民族伟大复兴是当代中国爱国主义的鲜明主题，爱国主义与热爱中国共产党、热爱中国特色社会主义的有机统一是当代中国爱国主义的鲜明特征，维护祖国统一和民族团结是当代中国爱国主义的核心内容和着力点。立足中国而又面向世界，积极构建人类命运共同体也是当代中国爱国主义应有的襟怀和追求。当代中国爱国主义既是扎根于悠久深厚的中华文明和民族精神之中的有根有魂的爱国主义，又是面向世界与其他各国爱国主义和谐共生开放包容的爱国主义。

第一章

中国化马克思主义关于爱国主义的重要论述

当代中国的爱国主义本质上是以马克思主义为指导并同社会主义密切相关的爱国主义，是无产阶级爱国主义在社会主义社会的新发展。中国化马克思主义者毛泽东、邓小平、江泽民、胡锦涛、习近平在继承和发展马克思主义关于爱国主义思想论述的基础上联系中国革命、建设和改革的具体实际并将其与中华民族优秀传统文化、民族精神相结合，对现当代中国的爱国主义做出了深刻论述和科学阐释，建立并发展起了中国共产党人和中国马克思主义的爱国主义理论，将爱国主义发展到一个新的阶段和水平。中国化马克思主义者所论述的爱国主义是科学的、理性的爱国主义，是批判继承人类历史上爱国主义优秀传统且与无产阶级翻身求解放的正义事业相联系的爱国主义，是与建设社会主义、争取共产主义的发展前途密切相关的爱国主义，是同无产阶级国际主义以及构建人类命运共同体为核心的世界主义有机结合的爱国主义。中国化马克思主义关于爱国主义的基本理论，既是当代中国爱国主义的理论基础和行为指南，也是当代中国爱国主义的核心内容和重要构成，决定着当代中国爱国主义的精神实质和价值特质。新形势下我们要弘扬的爱国主义就是以马克思主义和中国化马克思主义为指导的当代中国爱国主义。深度理解和系统把握中国化马克思主义关于爱国主义的基本理论，是我们弘扬当代中国爱国主义的首要环节和重要内容。只有用马克思主义和中国化马克思主义关于爱国主义的基本理论来武装自己，才能使我们在当代中国成为一个真正的爱国主义者，并实现爱国主义与马克思主义、社会主义的有机结合。

第一节　毛泽东关于爱国主义的重要论述和思想建构

　　毛泽东爱国主义精神的形成是在对中华民族深厚悠久的爱国主义和民族精神传统全面继承基础上形成和发展起来的，是在目睹并总结近代以来中国人民救国救民悲壮实践中形成和发展起来的，也是在马克思主义传入中国和早期马克思主义先驱李大钊、陈独秀等的影响下形成和发展起来的。毛泽东"年十四五而志于救国"①。他少年时代读了一本论中国有被列强瓜分之危险的小册子，其中第一句话就是"呜呼，中国其将亡矣"，少年毛泽东的心灵受到极大震撼。他在后来对美国记者斯诺回忆道，读罢这本小册子，"我感到十分抑郁，忧虑我的祖国的前途，开始意识到参与救国，人人有责"②。后来，在几十年的革命和建设生涯中，毛泽东始终致力于民族的解放和国家的富强，"以实现他自少年时代就日夜孜孜不忘的救国救民的抱负和志愿"③。

一、对祖国大好河山、中国人民和中华文化的热爱

　　毛泽东的爱国精神充满着对国土、国民和国文的真挚热爱，这种集对国土的眷恋、国民的钟情和国文的肯定于一身的爱国主义对于铸造近现代中国的国魂并实现中华民族复兴事业确实有着非比寻常的意义和价值。爱中国寥廓而秀美的国土，包括爱故乡、爱家园、爱伟大祖国的每一寸土地，浸透于毛泽东诗词和全部作品中，是一个永远浓烈深刻的厚重主题。毛泽东在《中国革命和中国共产党》一文中以国别和文明比较的笔触写道："我们中国是世界上最大国家之一，它的领土和整个欧洲的面积差不多相等。"④在广袤且物产丰富的中华大地上，有广大的肥田沃地给居住在这方土地上的人民提供可以休养生息的衣食之源，有很多的江河湖泽和大小山脉，给人民以舟楫灌溉之利和可以开发利用的矿藏资源，还有很长的海岸线，给中国人民以交通海外各民族的许多方便。

---

　　① 萧三：《毛泽东的青少年时代和初期革命活动》，引自［美］斯诺著，刘统译：《早年毛泽东：传记、史料与回忆》，生活·读书·新知三联书店2011年版，第59页。
　　② ［美］埃德加·斯诺著，李方准等译：《红星照耀中国》，河北人民出版社1992年版，第98页。
　　③ 萧三：《毛泽东的青少年时代和初期革命活动》，引自［美］斯诺著，刘统译：《早年毛泽东：传记、史料与回忆》，生活·读书·新知三联书店2011年版，第92页。
　　④ 毛泽东：《中国革命和中国共产党》，引自《毛泽东选集》第二卷，人民出版社1991年版，第621页。

毛泽东的爱国主义精神除了爱生养自己的国土和多娇江山以外，更爱勤劳勇敢的中华民族和中国人民。"中国人从来就是一个伟大的勇敢的勤劳的民族"①。作为炎黄子孙、龙的传人，中国人自遥远的古代起就依靠自己的团结奋斗、聪明睿哲创造着自己的历史和文化，形成了天下为公、仁民爱物、协和万邦的民族精神和优良传统。中华民族不仅以勤劳勇敢、宽厚善良著称于世，同时又是酷爱自由、富于革命传统的优秀民族。近代以来，先进的中国人开展了同帝国主义及其走狗不屈不挠斗争的艰苦历程，写下了不甘屈服、敢于斗争、富于自立自强精神的英雄史诗。特别是在中国共产党领导下的中国人民更是焕发出了空前的历史主动性和创造性，打败了武装到牙齿的日本帝国主义和美蒋反动派，建立了一个独立自强的人民共和国，并开启了社会主义革命和社会主义建设的伟大历程。自从中国人民掌握了马克思列宁主义的普遍真理以后，中国人民的精神面貌就发生了根本性的变化，近代世界历史上那种看不起中国人民的时代已经宣告结束。中国人民完全可以依靠自己的聪明才智建设一个独立、富强、繁荣的社会主义国家。

毛泽东的爱国主义精神还体现在对源远流长、博大精深的中华文化和中华文明的热爱和眷恋方面。在毛泽东看来，中华文明不仅在物质文明上有四大发明贡献于世，而且在精神文明上也有深刻而精湛的创造和建构。中国哲学、中国史学、中国文学、中国艺术、中国军事学等都在人类文明史上留下了精深的藏富。毛泽东主张继承从孔夫子到孙中山的思想传统，强调古为今用，推陈出新，建设民族的、大众的、科学的新民主主义文化和社会主义文化。

二、推崇民族气节和民族精神，主张挺立民族脊梁

毛泽东爱国主义精神深刻地认识到民族精神对民族国家的伦理意义，十分强调挺立民族气节，维护民族尊严。在《〈伦理学原理〉批注》中，毛泽东就从日耳曼民族之变为德意志民族受到启发，指出："国家有变化，乃国家日新之机，社会进化所必要也。今之德意志即从前之日耳曼，土地犹是也，人民犹是也"，意识到"变化民质"对于振救国家的重要意义，认为"吾尝虑吾中国之将亡，今乃知不然。改建政体，变化民质，改良社会，是亦日耳曼而变为德意志也，无忧。惟改变之事如何进行，乃是问题。吾意必须再造之，使其如物质之由毁而成，如孩儿之从母腹胎生也。国家如此，民族亦然，人类亦然"。② 变化民质内

---

① 毛泽东：《中国人从此站立起来了》，引自《毛泽东文集》第五卷，人民出版社1996年版，第343～344页。

② 毛泽东：《〈伦理学原理〉批注》，引自《毛泽东早期文稿》，湖南人民出版社2013年版，第176～177页。

在地包含了挺立民族的主体性，锻铸民族的独立意志和民族精神，结成坚如磐石的社会共同体等内容。只要我们孜孜不倦地去从事变化民质的工作，使民众"发展其所得于天之本性，伸张其本性中至伟至大之力"①，就一定能够生发出"摧陷廓清，一往无前"的"如大风之发于长谷"的磅礴伟力，新造民族精神的慧命，迎来民族复兴的曙光。

毛泽东最欣赏具有民族气节、能够杀身成仁、舍生取义的民族英雄，他曾经用大量的笔墨对屈原、岳飞、文天祥、林则徐等民族英雄大加赞赏。日本大举入侵中国后，毛泽东指出，"我中华最大敌人为日本帝国主义，凡属食毛践土之伦，炎黄华胄之族，均应一致奋起，团结为国"。② 又说："皮之不存，毛将安附，国既丧亡，身于何有？建义旗于国中，申天讨于禹域"。③ 面对着"亡国灭种"的空前危机，中国人民绝不能也不应该"束手待毙"，应当结成抗日民族统一战线，大家"有力出力，有钱出钱，有枪出枪，有知识出知识"，团结在一起共同奋斗，只有全国人民总动员，开展神圣的反日的民族革命战争，以誓死的决心同侵略中国的日本帝国主义进行殊死的斗争，才能使中华民族"得到最后的彻底的解放"。④ 毛泽东坚信，伟大的中华民族的子孙一定能够团结起来同自己的敌人进行不屈不挠的斗争，他们一定会"誓不投降，誓不屈服的"。中华民族的子孙一定会为自己民族的独立解放"奋斗到最后一滴血！"⑤ 毛泽东十分重视民族的独立和国家的利益，崇尚民族气节和民族尊严，主张弘扬民族精神和民族正气。解放战争后期，毛泽东在《别了，司徒雷登》一文中指出："我们中国人是有骨气的"。⑥ 并以闻一多和朱自清为例来说明中国人的民族气节，认为闻一多横眉怒对国民党的手枪，宁可倒下去也不愿屈服，朱自清身患重病，宁可饿死，也不去领美国的救济粮。在他们身上表现了中华民族的英雄气概和民族尊严。新中国成立前夕，面对美国对中国共产党和中国人民的封锁与制裁，毛泽东领导中国共产党和中国人民进行了卓有成效的反对美国封锁禁运的斗争，并指出："封锁吧，封锁十年八年，中国的一切问题都解决了"。⑦ 毛泽东主张对外开放，但特别强

---

① 毛泽东：《〈伦理学原理〉批注》，引自《毛泽东早期文稿》，湖南人民出版社 2013 年版，第 192～193 页。

②③ 毛泽东：《中国人民红军抗日先锋军布告》，引自《毛泽东文集》第一卷，人民出版社 1993 年版，第 383 页。

④ 毛泽东：《中华苏维埃共和国中央政府、中国工农红军革命军事委员会抗日救国宣言》，引自《毛泽东文集》第一卷，人民出版社 1993 年版，第 360 页。

⑤ 毛泽东：《中国共产党致中国国民党书》，引自《毛泽东文集》第一卷，人民出版社 1993 年版，第 433 页。

⑥ 毛泽东：《别了，司徒雷登》，引自《毛泽东选集》第四卷，人民出版社 1991 年版，第 1495～1496 页。

⑦ 毛泽东：《别了，司徒雷登》，引自《毛泽东选集》第四卷，人民出版社 1991 年版，第 1496 页。

调中国事务必须由中国做主，事关国家领土、主权问题是决不能也不应该含糊的，放弃独立自主只能使中国成为帝国主义的附庸。

三、与马克思主义、中国共产党和社会主义有机统一的爱国主义

毛泽东爱国主义精神是以马克思主义的世界观、价值观观察国家的前途、民族的命运并将马克思主义作为救中国的科学理论的爱国主义。在世界进入帝国主义和无产阶级革命时代的大背景下，中国革命只有坚持以马克思主义为理论指导才能取得胜利。毛泽东在青年时代阅读了马克思主义的著作后，就深为其理论的科学性、鲜明的人民性和强烈的实践性所折服，并在从事中国革命的过程中坚持将马克思主义的普遍真理与中国革命的具体实际相结合，创造性地推动马克思主义在中国的新发展，走出了一条中国革命的胜利之路。在毛泽东看来，中国人民一旦掌握了马克思主义的普遍真理之后，就在救亡图存的精神上迅速由被动变为主动。新民主主义革命的胜利和社会主义革命、社会主义建设的胜利都是中国人民将马克思主义与中国具体的实际相结合的结晶。所以，马克思主义赋予中国共产党人以全新的救国救民理论，以全新的社会主义革命和建设理论。离开了马克思主义的理论指导，就不可能取得中国革命和社会主义建设的胜利。

毛泽东爱国主义精神是对中国共产党人的爱国主义精神的总结和升华的产物，彰显着中国共产党人爱国主义的义理、神韵和魅力。1936 年 12 月，毛泽东写作了《中国革命战争的战略问题》一文，从中国共产党的性质、宗旨和共产党人的政治品质以及中国共产党人在革命战争中所做出的最大牺牲等方面对中国共产党人的爱国主义做出了深刻的论证和阐释。中国共产党用自己建党以来为国家、为民族、为人民谋利益、求解放和流血牺牲的事实"表示了自己是人民的朋友，每一天都是为了保护人民的利益，为了人民的自由解放，站在革命战争的最前线"。[①] 中国共产党人的爱国主义是中国历史上最真诚、最深刻、最自觉、最彻底的爱国主义。只有高举中国共产党人爱国主义的伟大旗帜，才能真正解决中国救亡图存和民族复兴的根本问题。

毛泽东爱国主义精神是与社会主义紧密结合在一起的。他提出"社会主义是中国的唯一的出路"[②] 的著名论断，并且指出："推翻旧的社会制度，建立新的

---

① 毛泽东：《中国革命战争的战略问题》，引自《毛泽东选集》第一卷，人民出版社 1991 年版，第 184 页。

② 毛泽东：《在中国共产党全国宣传工作会议上的讲话》，引自《毛泽东文集》第七卷，人民出版社 1999 年版，第 267 页。

社会制度,即社会主义制度,这是一场伟大的斗争,是社会制度和人的相互关系的一场大变动"。① 中国共产党领导人民进行了新民主主义革命和社会主义革命"两个革命",新民主主义革命的目的是推翻三座大山,夺取全国政权,建立新中国。社会主义革命是要"实行社会主义改造,建设社会主义国家"。② 新中国成立后,毛泽东爱国主义思想与社会主义革命、建设密切结合,保家卫国和建设一个伟大的社会主义国家成为其核心内容。社会主义革命和社会主义建设必将极大地改变中国经济文化落后的状况,使中国实现从一个落后的农业国而变为一个具有现代工业、现代农业和现代科学文化的社会主义强国。社会主义与爱国主义的结合形成社会主义爱国主义,社会主义爱国主义是人类历史上崭新的爱国主义,要求人们爱社会主义国家,包括拥护社会主义制度,人人争当主人并以主人翁的精神真心诚意地建设社会主义国家。

四、与世界主义、国际主义有机统一的爱国主义

毛泽东爱国主义区别于历史上一些狭隘的、排外的或非理性的爱国主义的地方还在于它是理性的、科学的、开明的爱国主义,是与世界主义、国际主义和全人类共同福祉密切相关的爱国主义。毛泽东爱国主义思想是与无产阶级国际主义紧密结合在一起的。毛泽东主张,要把我们的爱国主义与无产阶级的国际主义统一起来,既不能因为强调国际主义而放弃爱国主义,也不能因为坚持爱国主义而纵容狭隘民族主义。"中国共产党人必须将爱国主义和国际主义结合起来。我们是国际主义者,我们又是爱国主义者。"③ 结合中国具体国情而言,坚持爱国主义与国际主义相结合就是实现国家、民族的独立,以本国、本民族的解放推动其他国家、民族的解放,进而实现世界各国的解放。在毛泽东看来,中国人民应当积极主动地投身于抗日战争的最前线,为保卫祖国流尽最后一滴血,这既是中华民族爱国主义的正当行动,又是无产阶级国际主义在中国的实现,一点也没有违背国际主义。毛泽东反对狭隘的爱国主义,狭隘的爱国主义是只顾自己国家、民族的利益而不顾世界其他国家、人民的利益。基于此,毛泽东对国际共产主义战士白求恩予以高度评价,认为白求恩同志做到了将爱国主义与国际主义相结合,

---

① 毛泽东:《在中国共产党全国宣传工作会议上的讲话》,引自《毛泽东文集》第七卷,人民出版社1999年版,第267~268页。

② 毛泽东:《增强党的团结,继承党的传统》,引自《毛泽东文集》第七卷,人民出版社1999年版,第87页。

③ 毛泽东:《中国共产党在民族战争中的地位》,引自《毛泽东选集》第二卷,人民出版社1991年版,第520~521页。

是国际主义精神、共产主义精神的高度展现。这种精神是需要中国共产党人继承与发扬的。

毛泽东关于爱国主义与国际主义相结合的思想，使中华民族的爱国主义传统得到了根本的改造，产生了质的飞跃，它是民族精神和时代精神辩证统一的产物，既继承了中华民族悠久深厚的爱国主义精神传统，又凸显了无产阶级和社会主义爱国主义的精神特质和价值，因而是一种既立足本国又放眼世界、既扎根传统又着眼未来的科学的爱国主义。

第二节　邓小平关于爱国主义的重要论述和思想建构

邓小平在改革开放和社会主义现代化建设新的历史时期继承并发展了马克思主义经典作家和中国化马克思主义代表人物毛泽东的爱国主义思想，对改革开放和社会主义现代化建设时期为什么要爱国以及如何爱国等重大问题做出了较为全面的探讨与论述，将马克思主义的爱国主义思想推进到一个新的阶段。

邓小平认为爱国主义是与社会主义相统一的。他在《关于思想战线的问题的谈话》一文中针对有人将爱国与爱社会主义割裂开来的错误思想明确指出，"有人说不爱社会主义不等于不爱国。难道祖国是抽象的吗？不爱共产党领导的社会主义的新中国，爱什么呢？"[①] 邓小平这一思想从"祖国不是抽象的"的价值判断出发强调了爱国与爱社会主义的不可分割性，"不爱共产党领导的新中国"的发问直达问题的真谛，而紧接此一问而来的"爱什么呢？"，可谓釜底抽薪，将那种抽象的爱国论的荒谬逻辑予以凸显，这一对抽象爱国论的尖锐抨击直接导向当代中国的爱国必须是爱共产党领导的社会主义新中国这一主题，离开了爱共产党领导的社会主义新中国的爱国主义就是假的或虚幻的爱国主义。邓小平主张"用中国的历史教育青年"[②]，认识到资本主义道路在中国走不通，只有社会主义才能救中国，这是由中国近代独特的国情和社会特点所决定了的。如果不了解中国的历史，不了解无数中华儿女在实现社会主义道路上的英勇斗争与艰辛探索，就谈不上爱社会主义。中国独特的国情决定了必须走也只能走社会主义道路，社会主义道路符合中国各族人民的根本利益，也反映了中国各族人民的共同愿望。走

---

① 邓小平：《关于思想战线上的问题的谈话》，引自《邓小平文选》第二卷，人民出版社1994年版，第392页。

② 邓小平：《用中国的历史教育青年》，引自《邓小平文选》第三卷，人民出版社1993年版，第204页。

资本主义道路，只会满足总人口的百分之一的人的欲望和致富的要求，只会导致百分之九十九的人的贫困，所以绝大多数中国人民是不会答应的。中国近代以来的历史事实已经给出了有力的回答。走社会主义道路是历史的必然。社会主义是中国走向富强繁荣的必由之路，而爱国正是为中国的繁荣富强助力添彩。

邓小平深深懂得民族独立和国家主权及安全的宝贵。他反复强调，"中国搞社会主义是谁也动摇不了的……中国要维护自己国家的利益、主权和领土完整"①"国家的主权、国家的安全要始终放在第一位"②，又说："国格是关系国家独立、主权和尊严的问题，是压倒一切的"③。因此，一个爱国主义者必须始终坚持把维护国家的主权、领土完整和国家安全放在头等重要的位置。在国际交往中，邓小平时刻牢记近代中国历史的教训，忠实践行自己对国家的责任和承诺。例如，在香港回归的问题上，针对英国人的种种用心，邓小平义正词严地声明：中国在主权问题上没有回旋的余地。④ 对那些宣称人权高于主权、人格高于国格的观点或思潮，邓小平是极为反感并予以坚决抵制的。在邓小平看来，如果一个国家没有主权，所谓抽象的人权是靠不住的。国家主权是全体中国人民人权的集中体现和绝对保障，不能将人权置于国家主权之上。爱国主义就是维护国家主权、安全和利益。对于国家的安全、主权问题，邓小平十分看重，因为一旦国家的主权、安全和利益受到损害，重则使中国沦为殖民地或半殖民地国家，轻则受到外部国家的制裁、压制、剥削等，而这极大损害了中国广大人民群众的根本利益。从中国的近代历史来看，中国争取国家主权独立的道路是曲折艰辛的，社会主义建设的道路更是困难重重，国家的主权与安全是保障我国社会主义建设的关键所在，离开了这一保障，社会主义的发展就无从谈起。维护国家主权、安全和利益也表现在对港澳台收复的决心上。邓小平同英国前首相撒切尔夫人谈香港问题时说道，"关于主权问题，中国在这个问题上没有回旋余地。坦率地讲，主权问题不是一个可以讨论的问题"。⑤ 对于港澳台的收复，邓小平开创性地提出了"一国两制"方案，这一伟大方案的提出，为国家的统一奠定了坚实的基础。

爱国情感是与民族自尊心、自信心、自豪感相一致的，因此爱国必须增强民

---

① 邓小平：《社会主义的中国谁也动摇不了》，引自《邓小平文选》第三卷，人民出版社1993年版，第328页。

② 邓小平：《国家的主权和安全要始终放在第一位》，引自《邓小平文选》第三卷，人民出版社1993年版，第348页。

③ 中共中央文献研究室编：《邓小平思想年编》（一九七五——一九九七），中央文献出版社2011年版，第682页。

④ 中共中央文献研究室编：《邓小平思想年谱》（一九七五—一九九七），中央文献出版社1998年版，第234页。

⑤ 邓小平：《我们对香港问题的基本立场》，引自《邓小平文选》第三卷，人民出版社1993年版，第12页。

族自尊心、自信心。近代以来，中国长期遭受到帝国主义的压迫剥削，中国广大人民群众也长期生活在战乱与困苦之中，人民的自尊心、自信心受到极大的打击。邓小平深刻地指出：有些人总觉得扁鼻子不如高鼻子，总觉得勤劳的中国人不如外国人，总觉得有五千年古老文化的聪明的中国人不如帝国主义者，根本原因在于中国人民长期受帝国主义、封建主义的压迫，有的人把自尊心磨灭了，看不到我们民族的智慧和聪明，看不起自己。我们要克服这种自卑心，树立自尊心与爱国心，发挥创造性和自觉性，来建设我们的国家。而国家的发展、社会的进步是以民族自尊心、自信心、自豪感为精神动力的。因此，我们应当克服自卑心理，树立民族自尊心、自信心，这不仅有助于广大人民从心理上获得巨大满足感，还能使广大人民以更积极的姿态投入社会主义建设中来。在《贯彻调整方针，保证安定团结》的讲话中，邓小平主张批判和反对崇拜资本主义的思想倾向，主张"必须发扬爱国主义精神，提高民族自尊心和民族自信心"。① 他对一些青年和干部子女"不惜丧失人格，丧失国格，丧失民族自尊心"② 的行为和现象，表示了极大的鄙视，认为"这是非常可耻的"。③

爱国主义就是坚持人民利益高于一切。邓小平认为爱国就是要坚持把人民的利益放在首位，人民的利益高于一切就是要努力提高广大人民群众的生活水平，并使他们过上健康幸福的生活。对此，他认为国家要紧紧依靠群众，密切联系群众，听取群众的意见与呼声。而坚持人民利益高于一切的切实行动就是大力发展生产力，"社会主义的目的就是要全国人民共同富裕"④。为此，要坚持以经济建设为中心，以经济建设为中心也就是要摆脱贫困，实现人民富裕。而爱国是与经济发展、国家发达相统一的，邓小平指出，"对我们的国家要爱，要让我们的国家发达起来"。⑤ 邓小平以人民利益高于一切来阐释爱国主义，坚持认为爱国主义并不是空头的理论宣传，而是真真正正的爱国爱民的行为实践。

邓小平爱国主义思想反对狭隘的民族主义与民族虚无主义，强调社会主义要赢得与资本主义相比较的优势，就必须大胆吸收和借鉴人类社会创造的一切文明成果。此外，坚持爱国主义思想与爱国主义行动的统一，是实现爱国之心的正确道路，是当代中国爱国主义的内在要求。

---

① 邓小平：《贯彻调整方针，保证安定团结》，引自《邓小平文选》第二卷，人民出版社 1994 年版，第 369 页。

②③ 邓小平：《党和国家领导制度的改革》，引自《邓小平文选》第二卷，人民出版社 1994 年版，第 337～338 页。

④ 邓小平：《一靠理想二靠纪律才能团结起来》，引自《邓小平文选》第三卷，人民出版社 1993 年版，第 110～111 页。

⑤ 邓小平：《在武昌、深圳、珠海、上海等地的谈话要点》，引自《邓小平文选》第三卷，人民出版社 1993 年版，第 378 页。

第三节　江泽民关于爱国主义的重要论述和思想建构

20 世纪 80 年代末直至 2002 年，以江泽民同志为主要代表的中国共产党人继承和发展了马克思主义经典作家和中国化马克思主义代表人物毛泽东和邓小平的爱国主义思想，把弘扬爱国主义作为社会主旋律，将爱国主义教育提到新的高度，努力将人民的爱国热情引导和凝聚到建设中国特色社会主义的伟大实践中来，进一步丰富和发展了当代中国的爱国主义理论。

1990 年，江泽民在纪念五四运动七十一周年大会上发表讲话，专门论述了爱国主义和我国青年知识分子的时代使命，对爱国主义在我国历史上的内涵、发展与作用做出了比较全面系统的论述，主张继承和发扬中华民族爱国主义光荣传统。在中华民族悠久漫长的历史发展过程中，爱国主义从来就是动员和鼓舞中华民族和中国人民团结奋斗、建设祖国和保卫祖国的一面旗帜并成为各族人民共同的精神支柱。爱国主义是一个历史范畴，在社会发展的不同阶段、不同时期有不同的内容和表现形式或实现路径。江泽民指出："我们所讲的爱国主义，作为一种体现人民群众对自己祖国深厚情感的崇高精神，是同促进历史发展密切联系在一起的，是同维护国家独立和广大人民的根本利益密切联系在一起的。"[①] 这一论述是对马克思列宁主义和中国化马克思主义爱国主义理论的继承和发展，凸显了爱国主义是人民群众对自己祖国的深厚感情及其崇高精神，同时强调了爱国主义的主旨、特质是同两个"密切联系在一起的"，意即爱国主义是同促进历史发展密切联系在一起的，在维护祖国统一和民族团结、抵御外来侵略和推动社会进步的历史进程中发挥了重大的历史性作用；同时爱国主义又是同维护国家独立、主权完整和尊严，同维护人民群众的根本利益密切联系在一起的，这一"密切联系在一起"内涵了维护国家利益和人民利益两方面的要求，从而把爱祖国与爱人民有机地结合起来，彰显了社会主义爱国主义的特色和精神要义。基于这一认识，江泽民谈到了新民主主义革命时期的爱国主义主要表现为致力于推翻帝国主义、封建主义和官僚资本主义三座大山的统治，把黑暗的旧中国改造成为光明的新中国。在社会主义现代化建设的现阶段，爱国主义主要表现为献身于建设和保卫中国特色社会主义现代化建设事业，献身于促进祖国统一、民族团结的神圣事业。

[①]　江泽民：《爱国主义和我国知识分子的使命》，引自《江泽民文选》第一卷，人民出版社 2006 年版，第 121 页。

当代中国的爱国主义就是爱中国共产党领导的中国特色社会主义和中华人民共和国。因此，当代中国的爱国主义与爱社会主义和拥护中国共产党的领导在本质上是统一的，爱中国共产党领导的社会主义新中国是当代中国爱国主义的基本主题和精神归属。2002年在纪念中国共产主义青年团成立八十周年大会上的讲话中，江泽民认为，爱国主义始终是中国青年运动的旗帜，五四运动以来的中国青年运动的主旋律就是鲜明强烈的爱国主义。中国青年在继承中华民族爱国主义优良传统的基础上不断丰富和发展了爱国主义的精神内涵，将中华民族爱国主义发展到一个新的阶段和水平。五四运动以来的爱国主义是以马克思主义科学理论为指导的爱国主义，本质上属于马克思主义爱国主义的范畴；同时又是与社会主义紧密结合的爱国主义。不仅如此，五四运动以来的爱国主义还是把中国的前途放在世界格局中观察，把中国社会的发展与整个人类的进步紧紧联系在一起的爱国主义。当代中国的爱国主义是中华民族爱国主义传统在新的历史条件下的新发展，是与马克思主义的理论指导密切相关的爱国主义，是同社会主义事业特别是中国特色社会主义事业紧密结合的爱国主义，同时又是与整个人类的发展进步密切相关的爱国主义。这就是当代中国爱国主义的本质内涵和基本特色。

全面建设小康社会，必须大力发展社会主义先进文化，弘扬以爱国主义为核心的民族精神。在江泽民看来，民族精神，是衡量一个国家综合国力强弱的重要尺度。有中国特色的社会主义文化和民族精神是社会主义综合国力的重要构成，是社会主义文化软实力的重要体现，凸显了社会主义文化和民族精神在综合国力中的重要地位，一个国家的综合国力，既包括经济、军事和科技等硬实力，也包括文化、民族精神和核心价值观等软实力。硬实力是综合国力的基础和重要体现，软实力是综合国力的精神支撑和价值引领。硬实力和软实力的相互统一、相互依存、相互促进，才是综合国力的完整内容。

爱国主义是中华民族精神的核心和民族魂，是支撑中华民族之所以能够战胜一切艰难险阻、不断促进中国历史和社会进步的重要力量。团结统一是中华民族精神的重要体现。中华民族自古以来崇尚"贵和乐群"，视民族团结和国家统一为民族精神的生命。纵观中国几千年历史，统一是中国历史发展的主流。尽管在不同历史时期，中华大地出现过多次民族间和民族内部的割据和分裂，然而，在中华各民族人民的顽强斗争下，总是能够使中华民族尽快结束分裂，重新实现统一的局面。秦汉以后无论哪一个民族入主中原，都以统一天下为己任，都以中华文化的正统自居且以之为最大的荣耀。这说明了维护国家统一和民族团结是中国历史发展中不可逆转的大趋势。这种维护祖国统一和民族团结的民族精神是中华民族能够经历无数险阻而"皆不丧其所依"且能"化险为夷""化危为机"并实现永续发展的不竭动能。爱好和平一直以来都是中华民族精神的重要组成部分。

中华民族一向以热爱和平著称于世。此外，勤劳勇敢、自强不息也是中华民族重要的民族精神。以爱国主义为核心的民族精神赋予我们民族伟大的凝聚力、生命力、创造力，使中华民族能够在历史的发展进步中战胜无数的艰难险阻，不断地创造人间奇迹和灿烂文化，巍然屹立于世界的东方。

培育和弘扬民族精神事关社会主义文化建设的战略任务，事关社会主义文化软实力的提升。中国特色社会主义一个极为重要的任务，就是使中国人民始终保持奋发有为、昂扬向上的精神状态。只有大力弘扬以爱国主义为核心的民族精神，才能凝聚全民族的价值共识，形成坚如磐石的精神力量，助力中国特色社会主义现代化建设事业和中华民族伟大复兴的宏伟志业。

当代中国爱国主义是面向世界的开放的理性的爱国主义。当代中国是一个开放的中国，我们应该顺应世界潮流和各国人民的共同意愿，因势利导，积极推动建立公正合理的国际政治经济新秩序。我们应该积极推动世界走向多极化，尊重各国和各国人民的意愿和利益，共同维护世界的和平、发展与稳定；我们应该积极推进国际关系民主化，凝聚各国人民的力量解决我们时代面临的突出问题，坚持通过协商谈判和平解决争端；我们应该积极推进世界的多样化，建设一个所有国家平等相待、彼此尊重、充满活力而又绚丽多彩的世界；我们应该积极引导经济全球化的健康发展，避免经济全球化所带来的种种弊端。江泽民主张抵制崇洋媚外的不良习性，但不主张闭关锁国，坚持认为我们所提倡的爱国主义，决不是狭隘的民族主义。认为人类社会的共同进步追求只能通过不同的文明来表达，各国人民的美好生活理想可以通过不同的发展道路来实现。各种文明和各种发展道路应和谐共存，在竞争比较中取长补短，在求同存异中共同进步。世界上的各种文明应彼此尊重，各种文明应该相互借鉴相互学习而不应相互排斥。

在党的十六大报告中，江泽民指出：面对新的形势，"我们党必须坚定地站在时代潮流的前头，团结和带领全国各族人民，实现推进现代化建设、完成祖国统一、维护世界和平与促进共同发展这三大历史任务，在中国特色社会主义道路上实现中华民族的伟大复兴"。①

第四节　胡锦涛关于爱国主义的重要论述和思想建构

党的十六大以来，以胡锦涛同志为主要代表的中国共产党人创立了科学发

---

① 江泽民：《全面建设小康社会，开创中国特色社会主义事业新局面》，引自《江泽民文选》第三卷，人民出版社 2006 年版，第 528～529 页。

展观这一重要战略思想。在科学发展观的理论体系中，爱国主义是其重要内容和有机组成部分。2003年3月18日，在第十届全国人民代表大会第一次会议上发表的讲话中，胡锦涛对大会选举他为中华人民共和国主席深感责任重大，使命光荣，深情地向全国人民宣誓，"忠于祖国、一心为民，坚持国家和人民利益高于一切，做到权为民所用、情为民所系、利为民所谋，始终做人民公仆。"①

进入21世纪，世界正发生广泛而深刻的变化。在新的形势面前，以胡锦涛为总书记的党中央高扬爱国主义的旗帜，在推动改革开放和现代化建设的进程中，不断将爱国主义精神发扬光大。胡锦涛提出了以"八荣八耻"为主要内容的社会主义荣辱观，其中"以热爱祖国为荣、以危害祖国为耻"②的论述，将爱国主义确立为一种普遍的行为准则，倡导全社会共同遵守和维护。热爱祖国是指热爱祖国的国土、人民、国家的情感、思想和行为。在中华民族的历史传统中，热爱祖国主要表现为创造灿烂的中华文明；捍卫国家主权和民族尊严；反对民族分裂，维护国家统一和民族团结以及顺应历史潮流，改革弊政，励精图治，治国安邦，施利于民。在当代中国，祖国与社会主义有机地统一为一体。热爱祖国就是要爱社会主义的中国，维护祖国统一、反对祖国分裂，为构建社会主义和谐社会、实现中华民族的伟大复兴而贡献智慧和力量。"以热爱祖国为荣，以危害祖国为耻"内涵了人们应当把爱国、报国、兴国、强国、救国看作崇高美德并以此为光荣，把卖国、辱国、祸国、乱国、叛国视为对祖国和民族的不道德行为，甚至是一种犯罪行为予以谴责和抵制，这是社会主义荣辱观最首要也最根本的内容，它不仅继承了历史上的爱国主义和民族主义精神，而且继承了近代以来的爱国主义传统和革命道德精神，丰富和发展了无产阶级爱国主义和社会主义爱国主义的基本内容。树立社会主义荣辱观，让每一个生活在社会主义大家庭的成员生活得更有尊严，是人民的企盼，是一个国家文明民主的表现。

2008年5月4日，在庆祝北京大学建校110周年之际，胡锦涛冒雨到北京大学考察，代表党中央、国务院向北京大学全体师生员工和海内外校友表示热烈的祝贺和诚挚的问候。在座谈会上，胡锦涛对北京大学师生提出四点希望，其中第一点就是大力弘扬爱国主义精神。进一步增强民族自尊心、自信心和自豪感，进一步坚定跟党走中国特色社会主义道路、实现中华民族伟大复兴的信念。切实强化社会责任感和历史使命感，把个人的成长进步融入推动国家发展、民族振兴的时代洪流中去，矢志为实现远大理想而不懈奋斗。

①　胡锦涛：《在第十届全国人民代表大会第一次会议上的讲话》，引自《胡锦涛文选》第二卷，人民出版社2016年版，第37页。

②　胡锦涛：《树立社会主义荣辱观》，引自《胡锦涛文选》第二卷，人民出版社2016年版，第430页。

中华民族在数千年的繁衍发展中，形成了独具特色的伟大民族精神。这种民族精神以爱国主义为核心，一直是激励中华民族自强不息、始终保持旺盛生命力和凝聚力的动力源泉。2009 年 5 月，在同中国农业大学师生代表座谈时，胡锦涛指出："爱国主义是民族精神的集中体现，也是五四精神的核心内容。"五四精神的核心，是伟大的爱国主义。在五四运动中和五四时期，革命青年为救亡图存、振兴中华奔走呼号，奋不顾身，表现出了高尚的爱国情操和大无畏的革命英雄主义。五四运动鲜明地贯穿着彻底地不妥协地反帝反封建的爱国主义主题，为伟大的爱国主义精神增添了新的时代内涵。"正是因为有爱国主义这一强大精神支柱，我们中华民族才能历经磨难而生生不息"；"在当代中国，爱国主义最鲜明的主题就是不断发展中国特色社会主义，在改革开放中加快推进社会主义现代化，全面建设小康社会，把中华民族伟大复兴的宏伟蓝图变成美好现实。"[1] 胡锦涛的讲话，将爱国主义精神放在历史的坐标上，放在时代的视野里，放在发展的格局中，深刻阐明了爱国主义精神的科学内涵，明确指出了当代青年的责任与使命。这是关于爱国主义的精辟论断，也是对青年一代的殷切期待。

在纪念中国人民抗日战争暨世界反法西斯战争胜利 60 周年大会上的讲话中，胡锦涛对中国人民抗日战争及其所形成的抗战精神做出了高度评价，在那场空前壮阔的伟大斗争中，中华民族进一步弘扬了以爱国主义为核心的伟大民族精神。伟大的民族精神，不仅成为激励中国人民团结一心、血战到底的坚实思想基础和强大精神支柱，而且在抗战的烽火中得到了新的丰富和升华。这是伟大的抗日战争留给我们的最宝贵的精神财富，我们一定要结合新的时代条件大力继承和发扬。[2]

在纪念辛亥革命一百周年大会上的讲话中，胡锦涛阐释并论述了中华民族伟大复兴的理论，强调指出实现中华民族伟大复兴，必须坚定不移高举中国特色社会主义伟大旗帜，高举爱国主义伟大旗帜，高举和平、发展、合作旗帜。中国特色社会主义是实现中华民族伟大复兴的旗帜、动力和实践路径，具有合规律性与合目的性于一体的价值特质，是已经被改革开放以来的历史所证明也必将被未来的实践所证明的真理和力量源泉。爱国主义精神深深植根于中华民族的内在心灵之中，激励着一代又一代中华儿女为祖国发展和民族振兴而艰苦奋斗、进取拼搏，创造中国人民的幸福生活，使中华民族巍然屹立于世界民族之林。只有坚定不移地高举爱国主义的伟大旗帜，才能形成实现民族振兴的价值共识，广泛凝聚中华民族一切智慧和力量，为实现中华民族伟大复兴而奋斗。"实现中华民族发

① 胡锦涛：《在同中国农业大学师生代表座谈时的讲话》，载于《人民日报》2009 年 5 月 3 日。
② 胡锦涛：《在纪念中国人民抗日战争暨世界反法西斯战争胜利 60 周年大会上的讲话》，人民出版社 2005 年版，第 12 页。

展进步，不仅需要安定团结的国内环境，而且需要和平国际环境"。① 只有坚定不移地高举和平、发展、合作旗帜，才能推动国际政治经济秩序朝着更加公正合理的方向发展，既为中华民族伟大复兴创造良好的外部环境，又使中华民族伟大复兴助推持久和平、共同繁荣的和谐世界的建设，使中国为人类做出新的更大的贡献。胡锦涛强调实现中华民族伟大复兴的正确道路是中国特色社会主义道路，核心领导力量是中国共产党，精神力量是爱国主义，和平发展合作是必要外部条件。这是对中华民族伟大复兴的完整论述，是对马克思主义和中国化马克思主义爱国主义理论的新发展。

第五节　习近平关于爱国主义的重要论述和思想建构

党的十八大以来，以习近平同志为主要代表的中国共产党人继承和发展了马克思主义和中国化马克思主义的爱国主义思想，提出了实现中华民族伟大复兴的中国梦思想，系统阐释了当代中国爱国主义的理论内涵和本质特征，并将其与构建人类命运共同体的思想统一起来，将马克思主义的爱国主义和社会主义爱国主义发展到一个新的阶段。

一、以实现中华民族伟大复兴为时代主题

习近平指出："实现中华民族伟大复兴，就是中华民族近代以来最伟大的梦想。"② 为了实现民族复兴，亿万人魂牵梦萦，几代人上下求索，奋勇不屈的中国人民在黑暗中艰难前行。直到以马克思主义为指导、勇担民族复兴大任的中国共产党登上历史舞台，才找到了一条正确的革命道路。在一百余年波澜壮阔的历史进程中，中国共产党团结带领中国人民历经千难万险，创造了一个又一个彪炳史册的人间奇迹，谱写了气吞山河的壮丽史诗，中华民族才终于迎来凤凰涅槃、浴火重生的曙光。

---

① 胡锦涛：《在纪念辛亥革命一百周年大会上的讲话》，引自《胡锦涛文选》第三卷，人民出版社2016年版，第560页。

② 习近平：《实现中华民族伟大复兴是中华民族近代以来最伟大的梦想》，引自《习近平谈治国理政》第一卷，外文出版社2018年版，第36页。

"实现中华民族伟大复兴的中国梦，是当代中国爱国主义的鲜明主题。"①习近平在参观《复兴之路》展览时，从爱国主义视域提出了中国梦，并指出"这个梦想，凝聚了几代中国人的夙愿，体现了中华民族和中国人民的整体利益，是每一个中华儿女的共同期盼"。② 国家好、民族好，大家才会好。中国梦把国家的追求、民族的向往、人民的期盼融为一体，体现了中华民族和中国人民的整体利益，深深反映了中国人自古以来不懈追求进步的光荣传统，成为中华民族团结奋斗的最大公约数和最大同心圆。

二、坚持爱国与爱党、爱社会主义的统一

在当代中国，祖国的命运与党的命运、社会主义的命运已经水乳交融地联系在一起密不可分，爱国主义的本质就是要坚持爱国与爱党、爱社会主义的高度统一。"中国共产党是爱国主义精神最坚定的弘扬者和实践者，始终把实现中华民族伟大复兴作为自己的历史使命。"③中国共产党带领中国人民经过浴血奋战建立了新中国，又带领中国人民经过 70 多年的艰苦奋斗使中华民族实现从"站起来"到"富起来"和"强起来"的伟大转变，从根本上改变了中国人民和中华民族的前途命运。

在当代中国，祖国的繁荣发展是与中国特色社会主义联系在一起的，今天的祖国就是实行中国特色社会主义制度、走在中国特色社会主义大道上并以中国特色社会主义理论为指导的祖国。我们爱伟大祖国，自然就应该爱走中国特色社会主义道路，坚持社会主义制度并以中国特色社会主义理论为指导的伟大祖国。正是这一伟大祖国，不仅给了我们国家以尊严、地位和荣耀，也给了我们人民以自由、平等、幸福。

弘扬爱国主义精神，必须坚持爱国主义和社会主义相统一。历史已经告诉我们，中国只有走社会主义道路，才有光明的前途。中国只有坚持社会主义制度才能保障人民当家作主的权利，使人民过上幸福美好的新生活。只有坚持爱国和爱党、爱社会主义相统一，爱国主义才是鲜活的、真实的，这是当代中国爱国主义精神最重要的体现。

---

①③　习近平：《在十八届中央政治局第二十九次集体学习时的讲话》（2015 年 12 月 30 日），载于《人民日报》2015 年 12 月 31 日。

②　习近平：《实现中华民族伟大复兴是中华民族近代以来最伟大的梦想》，引自《习近平谈治国理政》第一卷，外文出版社 2018 年版，第 36 页。

三、大力弘扬以爱国主义为核心的民族精神和优秀传统文化

在习近平看来，爱国主义中华民族精神的核心，是中国人民和中华民族同心同德、自强不息的精神纽带。"爱国主义是激励中国人民维护民族独立和民族尊严、在历史洪流中奋勇向前的强大精神动力，是驱动中华民族这艘航船乘风破浪、奋勇前行的强劲引擎，是引领中国人民和中华民族迸发排山倒海的历史伟力、战胜前进道路上一切艰难险阻的壮丽旗帜！"[①] 中华民族爱国主义精神是同中华文化紧密联系在一起的。对祖国悠久历史、深厚文化的理解和接受，是人们爱国主义情感培育和发展的重要条件。中华民族优秀传统文化不仅博大精深，而且源远流长，是世界文明发展史上连续性文明的典范，有其独特的神韵和魅力。中华文化强调"民为邦本"，有着"重民本"的光荣传统；中华文化主张以德治国、以文化人，有着"太上立德""修身为本"的德教德化传统；中华文化推崇"天下为公"，主张"苟利社稷，生死以之"，有着"公天下"的整体主义传统；中华文化强调"和为贵""和而不同""协和万邦"，发展起了一种和平主义的文化精神；中华文化强调"仁者爱人""与人为善"，主张"己欲立而立人，己欲达而达人""己所不欲勿施于人"，发展起了一种仁爱主义的伦理文化；中华文化推崇先义后利、以义制利、义利合一，发展起了一种义利并重以义为重的义道主义价值观。"中华文化既坚守本根又不断与时俱进，使中华民族保持了坚定的民族自信和强大的修复能力，培育了共同的情感和价值、共同的理想和精神"[②]。习近平主张深入挖掘和阐发中华优秀传统文化"讲仁爱、重民本、守诚信、崇正义、尚和合、求大同"的时代价值，大力弘扬中华传统美德。并认为"中华传统美德是中华文化精髓，蕴含着丰富的思想道德资源"[③]。历史的发展进入当代，国际上出现了中国文化热，很多人都在探讨中华文化和中国传统美德的时代价值，这也说明了中华文化和中华传统美德具有历久弥新的意义和功能效用。

---

① 习近平：《在纪念中国人民抗日战争暨世界反法西斯战争胜利七十五周年座谈会上的讲话》，引自《论中国共产党历史》，中央文献出版社 2021 年版，第 277 页。

② 习近平：《在文艺工作座谈会上的讲话》，引自《十八大以来重要文献选编》（中），中央文献出版社 2016 年版，第 121 页。

③ 习近平：《培育和弘扬社会主义核心价值观》，引自《习近平谈治国理政》第一卷，外文出版社 2018 年版，第 164 页。

四、在立足本国而又面向世界中弘扬爱国主义精神

当今时代，中国的命运与世界的命运已经紧密地联系在一起。我们的爱国主义也应该与新的时代特点相适应，坚持立足本国而又面向世界的原则立场。只有把弘扬爱国主义精神与扩大对外开放结合进来，尊重各国的历史特点、文化传统，尊重各国人民选择的发展道路，积极倡导求同存异、交流互鉴，才能善于从不同文明中寻求智慧、汲取营养，才能增强中华爱国主义的精神感召力、价值引领力，才能使中华爱国主义的视野更开阔，境界更崇高，气度更博大，也才能彰显中华爱国主义的神韵和魅力，使其真正成为中华民族的不灭之魂。

习近平提出了构建人类命运共同体的战略思想和价值理念，主张将中国梦与亚洲梦、欧洲梦、非洲梦联系起来，强调指出"中国梦既是中国人民追求幸福的梦，也同各国人民追求幸福的梦想相通"①，因此我们不仅要致力于中国自身的发展，也强调对世界的责任和贡献，"不仅造福中国人民，而且造福世界人民"②。中国愿同世界各国人民一道共同建设一个持久和平、普遍安全、共同繁荣、开放包容、清洁美丽的世界。

习近平关于弘扬爱国主义精神的重要论述还同培育和践行社会主义核心价值观密切相关，在他看来，"在社会主义核心价值观中，最深层、最根本、最永恒的是爱国主义。"③ 爱国主义既是公民个人的第一美德，也是建设社会主义现代化强国必须弘扬的主旋律。新时代应当强化爱国主义教育，把培养堪当民族复兴重任的时代新人作为重要的工作来抓，进一步增进中国人民的价值共识和精气神，提升国家认同、民族认同和文化认同，为实现中华民族伟大复兴凝聚起磅礴的力量。当代中国的文艺工作者应当"把爱国主义作为文艺创作的主旋律，引导人民树立和坚持正确的历史观、民族观、国家观、文化观，增强做中国人的骨气和底气。"④ 并认为，爱国主义是常写常新的永恒主题，只有注目于爱国主义精神的作品才能感召中华儿女团结奋斗，才能受到广大人民群众的欢迎和好评。

此外，习近平关于弘扬爱国主义精神的重要论述，还主张把爱国主义教育贯

---

① 习近平：《实现中华民族伟大复兴是海内外中华儿女共同的梦》，引自《习近平谈治国理政》第一卷，外文出版社 2018 年版，第 64 页。

② 习近平：《实现中国梦不仅造福中国人民，而且造福世界人民》，引自《习近平谈治国理政》第一卷，外文出版社 2018 年版，第 57 页。

③ 习近平：《在文艺工作座谈会上的讲话》，引自《十八大以来重要文献选编》（中），中央文献出版社 2016 年版，第 134 页。

④ 习近平：《在文艺工作座谈会上的讲话》，引自《十八大以来重要文献选编》（中），中央文献出版社 2016 年版，第 135 页。

穿到国民教育和精神文明建设全过程，让爱国主义成为每一个中国人的坚定信念和精神依靠，在全体人民特别是广大青少年心中牢牢扎根，增强做一个中国人的志气、底气和骨气。

从中国化马克思主义爱国主义思想中，我们可以看出，真正的马克思主义者是主张理性地爱国、科学地爱国并将其与国际主义有机结合起来的爱国主义者，爱国主义犹如一条红线贯穿于中国马克思主义发展史的始终。中国化马克思主义所论述的爱国主义不同于历史上剥削阶级的爱国主义的地方在于它是同无产阶级革命、社会主义革命和社会主义建设联系在一起的，本质上是马克思主义的爱国主义、社会主义的爱国主义，是同对社会主义国家的热爱和对领导社会主义革命、建设的无产阶级政党的热爱密切联系在一起的，同时也是面向世界并与全世界热爱和平的国家和人民建立友好关系联系在一起的，在当今世界是同建立新的世界经济政治新秩序、构建人类命运共同体的正义事业联系在一起的。中国化马克思主义的爱国主义理论是人类爱国主义思想史上的伟大创造，对于我们弘扬以爱国主义为核心的民族精神，实现中华民族伟大复兴的中国梦，建设一个持久和平、共同繁荣的和谐世界，具有极其重要的理论指导和价值引领意义。

第二章

当代中国爱国主义形成发展的
社会条件及文化支撑

当代中国的爱国主义是马克思主义指导下的爱国主义，是同社会主义和中国特色社会主义现代化建设密切相关的爱国主义，本质上是马克思主义的爱国主义、社会主义的爱国主义和中国共产党人的爱国主义的有机统一。当代中国的爱国主义是中国特色社会主义现代化建设的产物，既来源于中国特色社会主义现代化建设又服务于中国特色社会主义现代化建设。中国特色社会主义现代化建设是当代中国爱国主义形成和发展的坚实基础、时代背景和有力保障，当代中国爱国主义是在中国特色社会主义现代化建设的实际需要中产生并不断发展的。中国特色社会主义既是一个经济、政治、文化、社会、生态"五位一体"的结构体系，又是一个由道路、理论、制度、文化所构成的价值体系。中国特色社会主义道路、理论、制度、文化不仅为当代中国爱国主义提供方向引领、价值指南、制度保障和文化沃土，而且以其特有的道路自信、理论自信、制度自信和文化自信为当代中国爱国主义输送精神营养，为当代中国爱国主义培本固元、凝心铸魂，从而使得当代中国爱国主义获得了中国特色社会主义道路、理论、制度和文化的系统支撑和价值支持，使其有了源源不断的现实动能和制度性系统性支持，这是当代中国爱国主义之所以能够成为民族之魂的内在因由或社会制度之根脉。

第一节　中国特色社会主义道路奠定当代
中国爱国主义的坚实基础

中国特色社会主义道路是党和人民新中国成立以来奋斗的根本成就，它立足于中国社会主义初级阶段的最大国情，是实现国家富强人民幸福的康庄大道。历史证明，在中国，只有中国特色社会主义的康庄大道，才能推动中国社会不断进步和实现人民幸福。"如果不搞社会主义，而走资本主义道路，中国的混乱状态就不能结束，贫困落后的状态就不能改变。"[①] 只有坚持走社会主义道路才能解决全体中国人民的生活富裕的问题。社会主义的本质就是摆脱贫穷和实现共同富裕。

一、中国特色社会主义道路是实现国家富强、人民幸福的康庄大道

中国特色社会主义道路，既不是从天上掉下来的，也不是从地上冒出来的，而是中国共产党带领中国人民上下求索、不断探寻并在筚路蓝缕的奋进中开辟出来的。中国特色社会主义道路是实现国家富强、人民幸福的康庄大道。事实表明，中国特色社会主义道路，给国家的前途、民族的命运和人民的生活带来了翻天覆地的变化，使我国人民的物质生活水平不断改善，实现了从温饱不足到总体小康的历史性跨越。中国特色的社会主义道路的开辟和坚持，实现了中国式"奇迹"和中华民族的崛起。改革开放的巨大成功，使我国更加确定了要坚持和发展中国特色社会主义道路。坚定不移地沿着中国特色社会主义道路前进，这是新时代爱国主义的时代要求，是实现中华民族伟大复兴的必由之路。

中国特色社会主义道路内涵着既要告别传统计划经济和封闭僵化的老路，又要拒斥西方新自由主义和改旗易帜的邪路；既要拒斥苏联和西方发达国家那些不利于中国经济社会发展的有害因子，也要对那些有利于中国经济社会发展的合理因素兼收并蓄，并结合自己的国情和实际情况予以创造性的发展。对中国特色社会主义来说，告别了高度集中统一的苏联模式，并不等于抛弃社会主义的基本原

---

① 邓小平：《建设有中国特色的社会主义》，引自《邓小平文选》第三卷，人民出版社 1993 年版，第 63 页。

则；吸收借鉴西方现代化建设的合理因素，并不等于完全按照新自由主义的市场模式发展中国的经济。"走自己的路"意味着一切从自己具体的国情出发，把根扎在自己的文化土壤中，独立自主地解决自己所面对的种种困难和问题，依靠自己的努力披荆斩棘、继往开来。

二、对中国特色社会主义道路的认同成就道路自信

中国人民对中国特色社会主义道路生发自信和充满自信，有其内在的根源和坚实的基础，也彰显着中国共产党人和中国人民的道路求索、道路选择以及走正确道路的理性自觉。中国共产党和中国人民经过自己的艰苦求索、大胆实践和改革创新后坚定地认为，只有中国特色社会主义道路而没有别的道路，能够引领中国社会实现历史性的进步、实现人民生活极大的改善和幸福。道路的自信源于道路本身选择的正确以及走在这条道路上的感觉、收获和满满的正能量。只有回看我们自己走过的路，同时将自己走过的路与别人走过的路予以横向的比较、最后远眺我们将要前行的路，才能真正建构我们的道路自信和彰显道路自信的合理性。

回看我们自己走过的路，我们的道路自信源于近代以来中华民族由衰到盛的历史进程。1840 年鸦片战争的失败，中国迅速滑入半殖民地半封建社会的深渊。中日甲午战争的失败进一步加深了中国亡国灭族的危险。面对中国社会和中华民族空前的危机，先进的中国人，从洪秀全、康有为、严复到孙中山，向西方国家寻找救国救民的真理和救国救民、振兴中华的道路，但都以失败告终。历史与时代呼唤着新的理论武器与社会力量引领中国赢得国家独立和民族解放。十月革命帮助了中国的先进分子，用马克思列宁主义这一先进的理论武器来作为观察国家命运的工具，并得出了"走俄国人的路"[①]，争取社会主义发展前途的结论。走社会主义道路，是中国历史和中国人民经过反复比较的理性选择。只有社会主义才能救中国，只有社会主义才能发展中国，这是我们回看自己走过的路得出的深刻的结论，也奠定了我们道路自信的精神基石。

将我们自己走过的路与别人走过的路予以比较，我们的道路自信源于比之他国走过的道路所显现出来的优势、特色和光明前途。世界近代史以来，在帝国主义的掠夺和剿灭中面临危亡的殖民地或半殖民地国家很多，但通过民族民主革命成功实现救亡图存并走上社会主义发展道路的国家并不多，中国革命道路和向社会主义道路迈进确证着自己的道路比之他国更加成功，这无疑挺立起我们的道路

① 毛泽东：《论人民民主专政》，引自《毛泽东选集》第四卷，人民出版社 1991 年版，第 1471 页。

自信之底气。第二次世界大战结束以后，人类历史进入美苏争霸的冷战时期，渴望独立自主发展的国家很多，但能够真正实现独立自主、自强不息站起来且能不断发展的国家并不多，中国是其中表现最为突出的一个国家。20世纪七八十年代以来，无论是社会主义国家还是其他发展中国家都有实行改革开放的举措，但既能保持原有体制和社会性质相对稳定、不发生大的社会动荡又能成功实现自身发展的国家并不多，中国是其中一个最能够体现承前启后、继往开来的成功国家。2008年以来，世界各国受国际金融危机影响很大，但较好摆脱危机影响进而有效推动改革发展、提升社会治理的国家并不算多，中国是其中一个最能够抵御金融风险并能够化危为机、异军突起的国家。为什么中国特色社会主义能够取得一个又一个胜利？根本原因在于中国共产党和中国人民始终坚持走自己的路，坚持从自己的具体国情和历史文化实际出发，义无反顾、心无旁骛地朝着自己认定的正确方向前进。20世纪二三十年代形成的以"市场化""自由化"和"私有化"为主要内容的新自由主义理论，也被称为"华盛顿共识"，是西方国家为发展中国家开出的现代化"药方"，虽然给拉美国家带来了一时的经济繁荣，创造了"拉美模式"，但作为一种现代化模式，"拉美模式"更多地暴露了自身的严重不足，已经被拉美、俄罗斯和亚洲的实践证明其后果是灾难性的。因为深受其害，一些接受"华盛顿共识"的国家，称"华盛顿共识"是来自华盛顿的"持续性攻击"，导致了"拉美陷阱"。中国特色社会主义道路的开辟及其成功实践，不但让一度流行世界的西方新自由主义理论失去市场，更让来自西方的各种偏见和教条现出原形，给了更多发展中国家自主探索现代化道路的勇气和信心。通过将我们自己走过的路与他国走过的路进行比较，作为一个中国人能够更深刻地感受和理解到中国特色社会主义道路为什么"好"，为什么"正确"的内在合理性，故而能够自觉地主动地增强中国特色社会主义的道路自信。

远眺我们将要前行的路，我们的道路自信源于中国特色社会主义道路所展现的光明前途及其诱人的发展前景。"东方风来满眼春"。中国特色社会主义道路的前方虽然会有许多山峰需要攀越，有许多河滩需要竞渡，有许多难关需要闯过，但是国家富强、民族复兴、人民幸福的曙光初露，只要我们始终坚持党对一切工作的领导，始终坚持以人民为中心，始终坚持用发展着的马克思主义武装自己，形成坚如磐石的统一意志和同心同德的国民共识，凝聚起无坚不摧的强大的精神力量，彰显出无可比拟的优越性和独特性，就一定能够创造更加杰出的人间奇迹，迎来中华民族伟大复兴的幸福的明天。我们有充分而正确的理由坚定中国特色社会主义道路自信，因为这是一条符合中国国情和中国人民共同意愿且能造福于中华民族和中国人民的康庄大道和必由之路。

三、中国特色社会主义道路对当代中国爱国主义的重要意义

中国特色社会主义道路是当代中国社会主义现代化建设之所以能够取得历史性发展成就的成功密码，是指引中国人民实现国家富强、民族振兴和创造美好生活的必由之路。它不是中国传统历史文化发展道路的简单延续，也不是国外发展道路的翻版，而是一条通往中华民族伟大复兴和建设社会主义现代化强国目标和方向的康庄大道、人间正道。改革开放以来，我们坚定走在这条道路上，沉着应对国际国内出现的各种新情况、新问题、新矛盾，有效化解了各种风险挑战，抓住机遇乘势而上，创造了经济快速发展和社会长期稳定两大奇迹，使科学社会主义在中国焕发出新的生机与活力，为人类和平与发展的崇高事业做出了重大的历史性贡献。

中国特色社会主义既坚守和坚持了科学社会主义的基本原则，又通过改革开放途径引入现代化的先进技术、管理经验和市场经济等，从而使得中国的现代化始终保持了正确的发展方向，充分吸收和融合了人类最新的现代化智慧与成果。这是一条既合规律性又合目的性的正确道路。这样一条正确道路构成当代中国爱国主义的价值基因和行动路标，因为当代中国爱国主义不仅在自觉地坚守中国特色社会主义道路，而且是以这种坚守为精神旗帜的爱国主义。任何一个当代中国的爱国主义者都会在感情和理性的陶铸和支配下自觉地生发坚定的对中国特色社会主义道路的肯定与自信，并在这种自信中坚定不移地沿着中国特色社会主义道路前进，拒绝走封闭僵化的老路，抵制改旗易帜的邪路。因为这条道路是中国共产党团结带领中国人民经过艰苦探索并被实践证明正确的光明大道，是引领当代中国爱国主义发展并给予其无限发展动能的正确道路。坚定对中国特色社会主义道路的自信既是当代中国爱国主义的内在要求，又为当代中国爱国主义注入道路依凭的价值始基和自信要义。中国特色社会主义道路赋予当代中国以无比的生机与活力，极大地凸显了国家之值得爱也应当去爱的价值合理性与目的合理性，无疑是构成当代中国爱国主义的精神内核和价值始基，有着为当代中国爱国主义夯实基础、引领方向和提供保障的独特作用。

第二节　中国特色社会主义理论引领当代
中国爱国主义的发展方向

中国特色社会主义理论是一个包含邓小平理论、"三个代表"重要思想、科

学发展观和习近平新时代中国特色社会主义思想等在内的理论体系。中国特色社会主义理论体系的形成和发展为当代中国爱国主义提供了理论指导、价值引领和思想动源，为当代中国爱国主义注入了思想之魂、价值之基和动力之源。中国特色社会主义理论体系是马克思主义中国化最新成果，是对马克思列宁主义、毛泽东思想的继承和发展，是马克思主义科学原理与当代中国改革开放和社会主义现代化建设具体实际相结合的产物，是马克思主义基本原理与中华优秀传统文化相结合的产物，代表着马克思主义时代化中国化发展的新境界、新水平。中国特色社会主义理论体系的形成和发展为当代中国爱国主义提供了科学的理论指导、有力的价值引领和深刻的思想动源，为当代中国爱国主义注入了思想之魂、价值之基和动力之源。

一、中国特色社会主义理论的创造性贡献

中国特色社会主义是中国共产党人将马克思主义的科学社会主义理论与当代中国具体的实际和国情辩证结合的产物和结晶，是中国共产党带领中国人民历经千辛万苦、付出各种代价、接力探索取得的根本成就，体现着科学社会主义理论逻辑和中国当代社会发展历史逻辑的辩证统一。

中国特色社会主义理论体系是继毛泽东思想之后马克思主义中国化第二大杰出理论成果，意味着社会主义与中国当代具体的实际相结合，成功地走出一条中国特色社会主义道路，对认识什么是社会主义，怎样在中国这样一个人口多、底子薄、经济文化发展不平衡的东方大国建设社会主义提供了创造性的探索和建设智慧。中国特色社会主义的理论逻辑由坚持人民主体地位、坚持解放和发展社会生产力、坚持推进改革开放、坚持维护公平正义、坚持走共同富裕道路、坚持促进社会和谐、坚持和平发展和坚持党的领导八个方面所构成，其中人民主体地位是中国特色社会主义的主体根基；解放和发展生产力是中国特色社会主义的根本任务；改革开放是坚持和发展中国特色社会主义的必由之路；公平正义是中国特色社会主义的内在要求；共同富裕是中国特色社会主义的根本原则；社会和谐是中国特色社会主义的本质属性；和平发展是中国特色社会主义的必然选择；党的领导是中国特色社会主义的根本保证，这八个方面既有其独特功能和丰富内涵，又彼此衔接，圆融统一，成为一个相互依存、相辅相成的严谨体系。

中国特色社会主义理论，科学总结世界社会主义运动经验教训，根据时代和实践发展变化，以崭新的思想内容丰富和发展了马克思主义，在中国焕发出强大的生机与活力，成为激励中国人民追求美好生活和建设祖国的一面旗帜和一盏明灯。特别是习近平新时代中国特色社会主义思想坚守中国共产党人为人民谋幸福

的初心，擘画了实现民族复兴中国梦的宏伟蓝图，为实现中华民族伟大复兴提供了强大精神力量。① 马克思有言："思想的闪电一旦彻底击中这块素朴的人民园地，德国人就会解放成为人"。② 中国特色社会主义理论的创立和不断发展，显示出了马克思主义的真理光芒和科学理论的内在价值，使中国人民在改革开放和社会主义现代化建设的过程中因科学理论的指引和武装而获得了一种前所未有的精神力量，焕发出了空前的能动性和创造性，进而创造了一个又一个人间奇迹，使中国人民实现了从温饱不足到小康富裕的历史性飞跃，使当代中国的综合国力和人民生活水平获得了整体快速提高，中国社会和中华民族、中国人民的面貌发生了根本性的变化。

二、中国特色社会主义理论自信的内在因由

中国特色社会主义理论给予了中国共产党和中国人民深刻而高度的理论自信，从中不仅感觉到"理论只要深刻，就能征服人"的内在魅力，也体悟到追寻伟大梦想、从事伟大事业、建设伟大工程、进行伟大斗争确实需要科学理论的指导和武装。中国特色社会主义理论使中国人民从内在精神深处感受到科学理论的无穷魅力和价值，产生并形成了高度的理论自信。

第一，在于中国特色社会主义理论本质上是一种科学真理。它深刻揭示了人类社会发展规律、社会主义建设规律和共产党执政规律，并在遵循这三大规律的基础上系统回答了在中国这样一个人口多、底子薄、经济文化发展不平衡的东方大国建设什么样的社会主义、怎样建设社会主义这个根本问题，是对马克思主义科学社会主义理论体系的当代发展、中国化阐释和对科学社会主义理论与实践的深邃思考、深刻总结和创造性发展。这种对马克思主义科学社会主义理论的当代发展、中国化阐释和创造性发展，体现出无穷的精神魅力和理论价值，是使中国人民产生理论自信的不竭源泉并拱立其理论自信的坚实基础。

第二，在于中国特色社会主义理论是被改革开放 40 多年来的实践证明了的科学真理。被实践检验和证明为真理的理论是最具有生命力和活力的科学理论。科学理论一旦被群众所掌握，就会变成改造社会包括改造人自己的强大精神力量。中国特色社会主义理论既为中华民族谋复兴，也为中国人民谋幸福。这样一种全心全意为人民谋幸福的科学社会主义理论，中国人民自然是发自内心的认同

① 中共中央宣传部：《习近平新时代中国特色社会主义思想学习纲要》，学习出版社、人民出版社 2019 年版，第 10～11 页。

② 马克思：《〈黑格尔法哲学批判〉导言》，引自《马克思恩格斯文集》第一卷，人民出版社 2009 年版，第 17～18 页。

和拥护，并以之作为行动的准绳，从而实现了科学理论对实践的指导和实践对科学理论的检验和推进。

第三，在于中国特色社会主义理论是在解放思想、实事求是和与时俱进中不断创新的科学理论。中国特色社会主义理论既坚持马克思主义基本原理、立场和方法，又不断结合新的时代特点、现实需求推动马克思主义的发展，实现了在坚持马克思主义基础上的发展马克思主义和在发展马克思主义的同时坚持马克思主义的有机结合，从而开辟了中国化马克思主义发展的新局面。中国特色社会主义理论不仅对历史问题做出新的反思和认识，而且对现实问题做出创造性分析，更对未来问题做出前瞻性预测，所以它是承前启后、继往开来的，是砥砺前行和不断发展的，是随着时代发展而发展、随着社会生活不断创新的、充满着无比生命力和发展活力的科学理论。

第四，在于中国特色社会主义理论是党和人民集体智慧的结晶并成为国家和民族最可宝贵的精神财富。中国特色社会主义理论体系凝聚着几代中国共产党人对马克思主义理论的自觉运用和对实践问题的理论思考成果，总结着中国人民在几十年建设中国特色社会主义的实践中所形成的丰富经验和实践智慧。这一理论思考与实践智慧的有机结合赋予中国人民以强烈而深刻的理论自信，并使这种理论自信有了源头活水的滋润，故而变得更加有底气有力量和有行稳致远的功能。

三、中国特色社会主义理论锻铸当代中国爱国主义的义理大厦

始终坚持以中国特色社会主义理论体系为指导，努力推进马克思主义理论中国化及其当代发展并使其不断取得新成就，这是当代中国爱国主义的内在要求和热切呼唤，也是当代中国爱国主义繁荣发展的题中应有之义。当代中国爱国主义本质上是以马克思主义中国化最新成果为理论基础和行为指南的，是同中国特色社会主义现代化建设和民族复兴伟大事业密切联系在一起的爱国主义。中国特色社会主义理论蕴含着中华民族爱国主义的伟大理想，彰显着中国人民建设社会主义国家的深厚情感和精神，反映了中国人民的根本利益和要求，是凝聚民族共识、形成人民认同、国家认同和民族认同的思想基础。在中国特色社会主义理论体系中，爱国主义始终占有重要的地位和篇幅。在习近平新时代中国特色社会主义思想中，爱国主义既体现在中华民族伟大复兴的中国梦之中，也是中国精神和社会主义核心价值观的重要构成。习近平指出："在社会主义核心价值观中，最

深层、最根本、最永恒的是爱国主义"。① 爱国主义是当今时代的主旋律，我们应当把爱国主义教育贯穿"国民教育和精神文明建设全过程"，不断丰富爱国主义教育内容，创新爱国主义教育载体，增强爱国主义教育效果，"让爱国主义成为每一个中国人的坚定信念和精神依靠"。②

第三节 中国特色社会主义制度成为当代中国爱国主义的根本保障

中国特色社会主义制度充分发挥了社会主义的合理性和优越性，既内化着中国特色社会主义理论的优秀成果，又凝聚着中国特色社会主义道路的合理因素，为当代中国爱国主义精神的弘扬提供了许多发展机遇、发展空间和制度保障。

中国特色社会主义制度，是中国共产党和中国人民近一个世纪以来探索、奋斗、创造、积累的根本成就之一，是中国共产党带领中国人民在建设中国特色社会主义过程中制度改革和制度创新的集中体现，表征着几代中国共产党人和中国人民在制度文明建设方面的实践探索和集体智慧。

中国特色社会主义制度是当代中国发展进步的制度各要素有机建构并通过经济制度、政治制度、文化制度、社会制度、生态文明制度而形成一个各司其职、功能互补的制度体系。在这一制度体系中，中国共产党的领导是其显著优势和突出特征，是党和国家的根本所在、命脉所在，是我们建设中国特色社会主义的根本保证。中国共产党的领导是中国历史和中国人民在近代中国经过反复比较做出的理性选择，是中国共产党的先进性、科学性和人民性在几十年的革命岁月和建设岁月不断彰显进而赢得广大人民发自内心拥戴的结果。中国共产党的领导是中国人民在建设中国特色社会主义征途中战胜一切困难和风险的"定海神针"。

人民代表大会制度作为中国特色社会主义的根本政治制度，从政体方面保障人民当家作主民主权利的实现，是符合中国国情和实际、体现社会主义国家性质、保证人民当家作主的好制度。中国共产党领导的多党合作和政治协商制度，是中国共产党与各民主党派长期共存、互相监督、肝胆相照、荣辱与共的崭新的合作型政党关系的集中体现。这种政党制度既有利于中国共产党提高执政能力和

---

① 习近平：《在文艺工作座谈会上的讲话》，引自《习近平关于社会主义文化建设论述摘编》，中央文献出版社 2017 年版，第 125 页。

② 习近平：《在十八届中央政治局第二十九次集体学习时的讲话》，引自《习近平关于社会主义文化建设论述摘编》，中央文献出版社 2017 年版，第 128 页。

效率，也有利于发挥各民主党派的优势和积极性。此外，民族区域自治制度和基层群众自治制度也是中华民族和中国人民在中国共产党领导下，在中国特色社会主义实践中的伟大创造，体现了国家充分尊重和保障各少数民族管理本民族内部事务权利的精神，尊重和保障基层群众自我管理、自我教育、自我服务的权利的精神。

中国特色社会主义基本经济制度是以公有制为主体、多种所有制共同发展，和以按劳分配为主体、多种分配方式并存的分配制度，既凸显社会主义经济制度的优越性又有利于充分调动各方面的积极性，激发社会创造活力，既肯定按劳分配的合理性又有利于全体人民共享改革发展成果、逐步实现共同富裕的价值目标。中国特色社会主义政治制度除了党的领导、人民代表大会制度、多党合作和政治协商制度外，还有健全选举民主，扩大协商民主、坚持民主集中制的原则，以及科学执政、民主执政、依法执政等方面的制度。中国特色社会主义文化制度坚持以马克思主义和中国化马克思主义为指导，培育践行社会主义核心价值观，发展民族的、大众的、科学的社会主义文化，同时传承和创新中华民族优秀传统文化，弘扬近代以来中国共产党人创造的革命文化和革命道德，大力推进社会主义先进文化建设。中国特色社会主义社会制度主要体现在关注民生工程和保障学有所教、病有所医、住有所居、老有所养等方面，使广大人民群众能够共享改革开放的成果，过上一种体面而有尊严的美好生活。中国特色社会主义生态文明制度包含了生态保护制度、生态修复制度、生态治理制度、生态补偿制度以及生态责任追究制度、生态环境赔偿制度等，使我们的自然环境能够更好地存续和发展，并为中国特色社会主义现代化建设提供必要的保障和支持。

中国人民对中国特色社会主义制度的自信既不是盲目乐观的自我陶醉，也不是无源之水、无本之木的轻信，而是有充分理由作支撑和充足底气作依持的正当自信。中国特色社会主义制度熔铸着几代中国共产党人和中国人民制度创新的智慧，集中体现了中国特色社会主义的本质特点、价值目标和运行优势。

中国特色社会主义制度自信源于其内在的先进性、整体的配套性以及蓬勃的生命力。首先，中国特色社会主义制度是扎根于中国社会生活的土壤，具有深厚的中华文化底蕴，因此是适合中国当代具体国情和社会主义现代化建设的实际需要的制度设计、制度建构和制度安排。中国特色社会主义制度不是"舶来品"，而是深深扎根于中国的土壤之中的。其次，中国特色社会主义制度是中国共产党领导人民在长期实践探索中形成的，凝聚着中国共产党"为人民谋幸福""为民族谋复兴"和"以人民为中心"的"初心""使命"和"智慧"。中国特色社会主义是建立在我们党近百年长期奋斗和上下求索基础之上的伟大创造，彰显着中国共产党人不断将科学社会主义基本原理与中国社会主义实际相结合的思想认

73

识成果。最后，中国特色社会主义制度是在增进人民群众福祉、维护人民群众利益的过程中获得源源不断的支持力量的，凝聚着中国人民的制度共识和建设美好制度的价值理念。可以说，中国特色社会主义制度吸收了 5 000 年中华制度文明建构、近代以来 180 多年制度文明求索和新中国成立以来 70 多年制度文明建设的许多优秀成果，同时又是在改革开放以来 40 多年社会主义现代化建设实践基础上不断创新、不断发展和不断完善起来的，体现着中华文明、中国共产党和中国人民制度建构和制度创新的诸多智慧。

实行社会主义制度，不仅是由我国的国情和性质决定的，也是由我国的经济社会发展进程决定的。尽管我们在经济社会发展的过程中曾经出现过重大失误、遭受过重大挫折，但是人民群众一直没有丧失跟着党走的信心，没有失去建设中国特色社会主义的热情，就是因为我们党不但非常注重制度的设计，而且能根据形势的变化和发展、人民的呼声和要求不断对其进行及时调整，充分发挥其保障和激励作用。经过新中国成立 70 多年的实践与探索，尤其是改革开放以来的修订与完善，已经形成了一套适合中国国情、植根于中国文化传统、不断完善发展的中国特色社会主义制度。这既是中国成功的关键因素，也是中国能够保持 40 多年经济快速增长，并在政治、文化、社会、生态文明建设上取得一系列重大成就的根本原因和根本保障。

中国特色社会主义制度能够集中力量办大事，集中力量解决人民群众最需要解决的问题，有利于国家发展的持久性、稳定性和战略性，这也比较全面而又整体地凸显出中国特色社会主义制度的先进性和优越性，是我们之所以能够形成制度自信而且应当产生制度自信的坚实基础。

中国特色社会主义政治制度既确保能充分发扬民主、调动各方面积极性，又能确保集中统一，保证人民当家作主，保证国家政治生活既充满活力又安定有序。中国特色社会主义经济制度，既坚持公有制为主体和按劳分配为主体的基本经济制度，又能充分发挥市场经济体制的活力和多种所有制经济、多种分配形式的积极作用，推动并确保中国经济实现长期持续快速平稳发展。中国特色社会主义文化制度坚持把弘扬主旋律与提倡多样化相结合，把继承民族文化与吸收外来文化相结合，保持正确的思想导向，展示中华民族奋发向上的精神风貌。中国特色社会主义社会建设制度把坚持在发展中保障与改善民生的当前任务与满足人民日益增长的对美好生活需要的愿景相结合，把加强和创新社会治理与提高每个人的思想觉悟和自我约束意识相结合，推进国家治理体系和治理能力现代化，让全体人民在共建共治共享的发展中有更多的获得感和幸福感。中国特色社会主义生态文明建设制度把对资源的合理开发利用与保护相结合，把创造更多的物质财富和精神财富以满足人民日益增长的美好生活需要与提供更多优质生态产品以满足人民日益增长的优美生态环境需要相结合，追求人与自然的和谐共生，有助于形成并促进人与自然的和谐发展。

中国特色社会主义的各项制度构成的完整体系，既是当代中国发展进步的根本制度保障，又从不同方面、在不同领域发挥着积极作用，有的指引我国社会发展的总体方向，有的明晰某个领域发展的目标和要求，有的保证上述各项制度的有效贯彻和到位落实，有的确保国家安全，或者保护每个公民的权益。这些制度自成体系而又彼此紧密联系，设计科学而又精细到位，既是中国特色社会主义具有充分优越性的充分体现，又是国家有活力、人民有激情的条件和保障。

第四节　中国特色社会主义文化支撑当代中国爱国主义的精神风骨

2016年7月，习近平总书记在庆祝中国共产党成立95周年大会讲话中正式将文化自信与道路自信、理论自信、制度自信并列，提出了"四个自信"。从"三个自信"迈向"四个自信"，是我们党总结百年来实践历程和历史经验的战略抉择，是立足当下面向未来、立足中国面向世界，对中国特色社会主义的科学诠释与把握，标志着中国特色社会主义达到了一种更新、更高的整体自信。

一、中国特色社会主义文化的内涵和本质

中国特色社会主义文化，它既源于和扎根于五千年悠久深厚的中国优秀传统文化，又继承并发展了近代以来一百多年的中国革命文化，同时又吸收借鉴世界各国文化的合理因素，将之纳入社会主义先进文化之中，并同中国特色社会主义伟大实践有机地结合起来，体现出"尊德性而道问学，致广大而尽精微，极高明而道中庸，温故而知新，敦厚以崇礼"（《中庸》）的独特神韵和魅力，无疑是最能让每一个中国人生发自信自豪的情愫的。中华民族五千年文明历史，创造了世界唯一不曾中断的中华文明，激昂向上的革命文化和生机勃勃的社会主义先进文化，是中华优秀传统文化的凝结升华，是中华民族百年来从站起来、富起来到强起来的伟大历史进程中，党和人民伟大创造精神的生动体现，是激励全党全国各族人民奋勇前进的强大精神力量。

第一，中国特色社会主义文化的根脉是中华民族在五千多年历史中所孕育的中华优秀传统文化。这是中国特色社会主义文化的基因，是滋养中国特色社会主

义文化的沃土，也是中国特色社会主义文化的特色和优势。中华优秀传统文化蕴含着博大精深的智慧和修齐治平的传统美德，是中国特色社会主义文化的源头活水。

雅斯贝尔斯在《历史的起源与目标》一书中写道，公元前800年至公元前200年是人类文明的"轴心时代"，是人类文明精神的重大突破时期，当时古代希腊、古代中国、古代印度等文明都产生了伟大的思想家，"在中国生活着孔子和老子，产生了中国哲学的所有流派，墨翟、庄子、列子以及不可胜数的其他哲学家都在思考着；在印度出现了《奥义书》，生活着佛陀……在希腊则有荷马，哲学家巴门尼德、赫拉克利特、柏拉图，许多悲剧作家，修昔底德，以及阿基米德。在这短短的几个世纪内，这些名字所勾勒出的一切，几乎同时在中国、印度和西方，这三个相互间并不了解的地方发生了"。[①] 轴心时代的思想家们开始意识到整体的存在、人类自身的存在以及人类自身的局限，提出了人类社会和人们生活所面临的根本问题并试图寻求解答。他们提出的思想原则塑造了不同的文化传统，并一直影响着人类生活。

中华优秀传统文化源远流长、博大精深，积淀着中华民族最深沉的精神追求，代表着中华民族独特的精神标识，是中华文明的智慧结晶。中华优秀传统文化的思想精华，集中体现在讲仁爱、重民本、守诚信、崇正义、尚和合、求大同等中华传统美德方面，体现在个人处世美德、家庭生活美德、职业生活美德、公共生活美德、国家民族生活美德等方面，诸如"自强不息、敬业乐群、扶正扬善、扶危济困、见义勇为、孝老爱亲"这些德目或规范，是中华民族伦理文明的宝贵财富，需要我们在新时期有扬弃地加以继承，使之成为社会主义先进道德的源头活水。

第二，近代以来的革命文化极大地彰显了中国人民反帝反封建的革命精神，特别是中国共产党人的革命道德、革命理想和革命意志，是中国特色社会主义文化的重要来源和价值支撑。

中华文化曾在世界文化史上尽得风流，但近代以来也曾在旧制度中根芽渐萎，在西潮冲击下花果飘零。一批仁人志士，为中华民族和中国国家的命运上下求索，经历了一个在苦难中苏醒和奋起抗争的过程。近代以来从梁启超"少年中国说"到李大钊"青春中华"的再造，都是基于一种深刻的道德文化自信和价值自觉的结晶。

革命精神和革命道德是党和人民在近代以来形成的宝贵精神财富，也是建设

---

① ［德］雅斯贝尔斯著，李雪涛译：《论历史的起源与目标》，华东师范大学出版社2018年版，第8页。

社会主义先进文化和先进道德的重要资源，必须大力弘扬并在新的历史时期发扬光大。红船精神、井冈山精神、苏区精神、长征精神、延安精神、红岩精神、西柏坡精神等都是中国共产党人政治本色和精神特质的价值凝结，是中国革命精神和中华民族精神的集中体现，也是中国精神的重要构成，是我们必须珍藏并大力弘扬的宝贵精神财富。

中国革命道德是在中国共产党领导的土地革命战争、抗日战争、解放战争以及社会主义革命与建设的长期过程中孕育、形成和发展起来的新型道德，是以实现共产主义崇高理想为最终目的，以为人民服务为宗旨和核心，以集体主义为基本道德原则，以大公无私、艰苦奋斗、谦虚谨慎、团结紧张以及官兵平等、军民平等、人人平等为基本价值追求的无产阶级道德和共产主义道德。继承和弘扬革命道德，对于发展社会主义先进道德，形成良好的道德风尚和提升整个社会的精神文明水平，都具有极其重要的意义和价值。

第三，中国特色社会主义先进文化是新中国成立以来特别是改革开放以来所形成的以马克思主义为指导，以为人民服务、为社会主义服务为主要内容，以培养社会主义新人为宗旨的代表人类先进文化的前进方向的社会主义文化，是以爱国主义、集体主义、社会主义为主旋律的面向现代化、面向世界和面向未来的、民族的、科学的、大众的社会主义文化。

在社会主义建设和改革的历史进程中，我们党始终坚持以马克思主义为指导思想，始终坚守正创新，不断推进社会主义先进文化发展进步，创造形成了生机勃勃的社会主义先进文化。以马克思主义为指导是社会主义先进文化的灵魂，生机勃勃的社会主义先进文化是中华优秀传统文化的凝聚升华，是我们党和全国人民伟大创造精神的生动体现，是激励全党全国各族人民奋勇前进的伟大精神力量。进入新时代，习近平新时代中国特色社会主义思想作为社会主义先进文化在当代中国发展的行动指南，为社会主义先进文化建设注入了新的科学内涵、确定了新的建设方略，推动了中国特色社会主义文化的繁荣兴盛。社会主义核心价值观是中国共产党凝聚全国人民智慧总结出来的符合中国特色社会主义社会理念的科学价值观，社会主义核心价值观将国家层面的价值目标、社会层面的价值取向和公民个人层面的价值准则有机地统一起来，组成一个社会主义的核心价值观谱系，支撑着社会主义精神文化大厦，引领并促进着社会主义先进文化的建设和发展。

二、中国特色社会主义文化自信的集中表现

中国特色社会主义文化自信是建立在源远流长的中华优秀传统文化、中国近代以来的革命文化和新中国成立以来特别是改革开放以来社会主义先进文化基础

上的自信，凝聚着中华民族最深层的精神追求，积淀着中华民族历久弥新的精神财富。

　　真正的文化自信，既不自负也不自卑，既不盲目排外也不盲目崇洋，而是充满着对文化建设的理性洞观和对体系化的精神文化建设的价值期许，更有着激励其主体在智力和智慧上作不断的准备和积淀，相信通过努力可以构建适应自己时代和价值需求的文化。文化自信源于"古"而成于"今"。"源于古"的文化自信内涵着对古代文化辉煌成就的礼赞和崇敬，并产生一种掘发源头活水使其流淌至今且奔向未来的续统意识，使辉煌卓越的古代文明成果滋润现当代人的心灵。"成于今"的文化自信内涵着继续建设社会主义先进文化，在新的时代建纲立极、创业垂统，创造出无愧于前人和后人的新的文化成果、文化形态。

　　中国特色社会主义文化自信集中体现在社会主义核心价值观自信方面。价值观自信作为文化自信的核心和灵魂，对于提升个人价值和意义、增强民族向心力与民族凝聚力和建构集体道德精神与构建社会主义和谐社会方面具有重要意义。在当代，为发展好我国社会主义文化事业和培养人们的文化自信、价值观自信，我国确立了马克思主义的科学的历史唯物主义文化观，对我国传统文化的继承和弘扬采取了辩证的态度。一方面，培育和弘扬价值观要以中华民族传统文化为根本，积极汲取我国各个历史时期优秀的先进的传统文化，必须坚定我国文化的主体性，杜绝"去中国化"的思想意识和行为。在对待中西方化上，要摒除截然对立的两极化思维，明确认识中西文化的差异是可以调和的。另一方面，在对待中西文化上，还应做到"立多破少"，即把重心转移到建设和培养优良文化上来，少批斗、少排斥。时刻解放思想、与时俱进，要将传统文化与马克思主义深度结合起来，努力建设中国特色社会主义优良文化。在与外来文化的交流过程中，我们也要注意取之精华而用之，不要一味推崇或否定外来文化，更不要对外来文化产生谄媚心理。

　　价值观自信以民族传统文化为基石，是一种文化自信上的民族自信，它们相互促进、相互依赖而不可分割。价值观自信是文化自信的核心和灵魂，它表明着人们对本民族文化思想内涵的深刻认识，代表着最底层人民的根本精神诉求。价值观自信是一个民族文化自尊心和自信心的体现，是对一个民族和国家自身价值的深度认同和坚定信仰，是对其文化价值的自觉实践。价值观决定着人们对文化的态度，反映着人们的文化立场、文化取向，影响着人们的文化抉择。国民的价值观自信程度是一个民族文化软实力的基本衡量标准，更是国家综合实力的重要构成。因此，缺乏价值观自信，就难以形成和保障民族精神的独立性。打造和提升国家文化软实力，就必定要重视价值观自信的建设。

　　我国人民的价值观自信，具体表现为对社会主义核心价值观的自信。社会主义核心价值观是丰富我国人民精神世界和传承我国优秀传统文化的重要途径，帮助人们构建共同的精神家园，是人们达到自满自足和实现幸福生活的必然选择。中华民族要实现国家富强和人民富裕的共同目标，就必须坚持弘扬社会主义核心价值观，改善人们精神面貌，振奋精神、凝心聚力。没有价值观自信，就无法真正实现强国之梦。文化是价值观的根基所在，中华民族优秀传统文化作为中华民族的根与魂，是维系中华民族团结的纽带。我们要始终把文化自信和价值观自信结合起来，始终把中华民族的先进文化视为社会主义核心价值观的重要源泉。社会主义核心价值观与中华优秀传统文化不独是一种源与流、民族精神与时代精神的关系，更是一种双向互动、共生共赢共发展的关系。要实现中华民族的伟大复兴，就不能忘根忘本。"抛弃传统、丢掉根本，就等于割断了自己的精神命脉。"[1] 牢固树立社会主义核心价值观自信，有助于增强对本民族及其内属文化的自信，帮助人民内部立心稳心、凝心聚力，为实现社会主义现代化社会积攒力量。

社会主义核心价值观把中华民族优秀传统文化作为其文化的主体，它是对中国延续几千年来优秀的、先进的、积极的传统文化的批判继承，是对中国共产党进行新民主主义革命后，以及开展经济建设和改革开放以来的经验教训的总结。民族文化传统的传承使国家和民族的文化具有了相对稳定的性质，其价值共识也不容易发生改变。社会主义核心价值观是马克思主义与当代中国国情、中国实际和中国特色的科学结合，它符合当代中国特色社会主义道路的形势和要求，有助于我国应对时代挑战、解决时代难题。尤其是在经济全球化的趋势下，世界上国与国之间、人与人之间的联系空前加深，世界各国人民面对着共同的全球性危机和全球性挑战，这就更加要求人们万众一心，达成价值共识，以汇聚力量来化解危难。因此，在当代，我国更应该准确摸清和展望未来国内外发展形势，树立和培育科学的社会主义核心价值观，使其根植于过去，彰显于现世，展望于未来。

三、文化自信对弘扬当代中国爱国主义的重大意义

中国特色社会主义文化自信或社会主义核心价值观自信在"四个自信"的精神谱系中是更基础、更广泛、更深厚的自信。"我们说要坚定中国特色社会主义道路自信、理论自信、制度自信，说到底是要坚定文化自信。文化自信是更基本、更深沉、更持久的力量"。[2] 文化特别是核心价值观是一个国家、一个民族

---

① 习近平：《培育和弘扬社会主义核心价值观》，引自《习近平谈治国理政》第一卷，外文出版社2018 年版，第 163~164 页。

② 《习近平关于社会主义文化建设论述摘编》，中央文献出版社 2017 年版，第 12 页。

生存和发展的重要力量和精神支撑。一个国家、一个民族的强盛和持续发展总是要以文化特别是核心价值观为引领的动力和价值的支撑的。文化和核心价值观是"心灵的力量""精神的旗帜"和"民族的魂魄"。

文化兴则国运兴，文化强则民族强。中华文化经过历史长河的洗练、峥嵘岁月的磨砺、伟大实践的锻造，是最有韧劲、最具内涵、最富生机的文化，是凝聚亿万人民为新中国发展不懈奋斗的精神力量。在人类文明的浩瀚星空中，中华文化是最有理由充满自信的文化。文化自信是具有时代性的命题，它既是一种文化的自觉与自豪，也是反对"西方文化中心论"的有力武器，还是吹响推动中华民族复兴和伦理文明复兴的精神号角。我国社会主义核心价值观重点强调了对"爱国"的社会要求，爱国主义作为社会主义核心价值观的重要内容，是确立国家主流文化和核心价值观的根本。价值观自信，既代表着对祖国的自信，又是对爱国主义思想的认同与自信。优秀的中国传统价值观和实现了创造性转化和创新性发展的中华传统价值观积淀着中华民族最深厚的精神追求和最根本的精神基因，包含着人类社会道德文明发展的精髓，与人类社会发展方向相一致，符合社会主义现代化建设的基本要求，具有超越时空的永恒价值，是中华民族留给人类文明的宝贵精神财富。社会主义核心价值观不仅大大增强了我国人民对祖国的自尊心、自信心和归属感，还有益于爱国主义思潮的培育与弘扬，是实现人民团结一心、爱国爱家的重要纽带，是助推社会主义现代化建设的关键因素。

爱国主义不仅要求热爱祖国，而且要求热爱祖国的文化，培育热爱祖国的价值理念。价值观自信是爱国主义的重要内容，是一个国家民族气质和精神风貌的集中体现，是支撑一个民族精神独立性的关键因素。没有价值观的自信，中华民族不可能实现伟大复兴的目标。回顾历史，中华民族之所以能够长期屹立于世界民族之林，依靠的不仅是中国强大的物质积累，更为根本的是我们拥有凝聚人心和引领世界潮流的价值观念。中国共产党要带领中国人民在全面建成小康社会的基础上实现中华民族的伟大复兴，就不能仅仅把眼光放在物质文明的建设上，还要大力培育和弘扬社会主义核心价值观建设，强化社会主义核心价值观自信。

第三章

当代中国爱国主义的鲜明主题

实现中华民族伟大复兴的中国梦是当代中国爱国主义的鲜明主题。中华民族的复兴是近代以来最伟大的中国梦想。中国梦不仅是全体中华儿女的共同理想，更是中国共产党在新时期执政兴国理念的高度升华，中国梦对推动当今中国社会现代化发展、促进国家文化软实力的提升具有重要的战略意义和实践意义。中国梦以形象生动的词语深刻表达了当代中国爱国主义的鲜明主题和主要内容，矗起了一面中国人民团结奋斗和发展创新的旗帜，展示出当代中国人民团结起来振兴中华的宏大志业、抱负和为理想而奋斗的精神。

第一节　中华民族伟大复兴中国梦凝聚几代中国人的夙愿

实现中华民族伟大复兴是新时期中国人民最伟大的梦想和使命。习近平指出："这个梦想，凝聚了几代中国人的夙愿，体现了中华民族和中国人民的整体利益，是每一个中华儿女的共同期盼。"[1] 只有创造过辉煌的民族，才懂得复兴的意义；只有经历过苦难的民族，才对复兴有如此深切的渴望。中华民族具有悠久历史和灿烂文化，曾长期走在世界发展前列。中华民族曾为人类作出卓越贡

---

[1] 习近平：《实现中华民族伟大复兴是中华民族近代以来最伟大的梦想》，引自《习近平谈治国理政》第一卷，外文出版社 2018 年版，第 36 页。

献。在几千年的文明发展史中，中华民族创造了悠久灿烂的中华文明。在世界四大文明古国中，古巴比伦、古埃及、古印度的文明都先后发生过历史性的毁灭或中断，留下了令后人不胜哀叹的深痛教训，唯有中华文明自创立以来一直传承到今天，这在世界上是独一无二的。中华文明是世界连续性文明的典范。中国古代的四大发明以及嘉惠世界的科技工艺，还有独具特色的文化典籍、异彩纷呈的文学艺术、玄远高明的哲学智慧等都对世界文明的发展作出了历史性的重大贡献。近代以来，由于封建社会的衰落和封建统治者的腐朽，尤其是西方列强坚船利炮的入侵，中华民族遭遇到了空前的生存危机，甚至面临亡国灭种的危险边缘。每个有血性的中国人只要想起鸦片战争以来中华民族和中国人民所遭受西方列强的百般凌辱就会感到心痛，所以，自会在心灵深处不断涌动起民族复兴和独立自强的精神血液。一部帝国主义奴役中国的历史，也是一部中国人民奋起抗争，与帝国主义及其走狗展开殊死搏斗的历史。鸦片战争以后，救亡图存、振兴中华始终是每一个中国人特别是无数仁人志士的强烈愿望。近代以来中华民族和中国人民所遭遇的苦难与折磨都是历史上罕见的。但中国人民从不屈服，苦难和剥削压迫并未消磨中华民族的斗志和实现民族独立的决心。在中国奋起抗争后，中国人民终于扭转命运，把命运的选择权牢牢地握在了自己手里。

孙中山走上历史舞台时，中国面对的悲惨境遇使每个有爱国心的中国人都感到痛苦。中华民族蒙受外国侵略者的恣意践踏和宰割，被视为"劣等民族"；君主专制制度像沉重的枷锁压在人们肩上，百姓被视同草芥，没有丝毫权利可言；民生凋敝，广大贫苦民众在饥饿和死亡线上挣扎。面临着多灾多难的中国，孙中山响亮地喊出了"振兴中华"的口号。在为兴中会起草的章程里，他明确提出："是会之设，专为振兴中华，维持国体起见。盖我中华受外国欺凌，已非一日。皆由内外隔绝，上下之情罔通，国体抑损而不知，子民受制而无告。苦厄日深，为害何极！兹特联络中外华人，创兴是会，以申民志而扶国宗"。[①] "振兴中华"是孙中山在建立兴中会时提出的挽救国家危亡的口号。他对中华民族的美好未来充满乐观和自信，认为只要善于向西方学习，中国就能够实现富强，不仅能够迎头赶上欧美强国，而且还可以"驾乎欧美之上"。[②] 他在提出"振兴中华"口号的同时，还专门阐述了如何"振兴中华"：一要必须反对帝国主义对中国的侵略和掠夺；二要必须进行反清的民族革命，推翻清王朝的统治，使中国人民从封建专制主义的压迫下解放出来；三要必须向西方学习，发展资本主义经济，进行政治革命。他先后组织兴中会、同盟会等革命团体，发动反清武装起义，并同改良

---

① 孙中山：《檀香山兴中会章程》，引自《孙中山全集》第一卷，中华书局1981年版，第19页。
② 孙中山：《三民主义·民权主义》，引自《孙中山全集》第九卷，中华书局1986年版，第314页。

派进行了尖锐的斗争，屡经挫折而愈挫愈奋，终于在辛亥革命时推翻封建君主专制制度，建立起共和政体。孙中山的革命生涯屡经挫折，备尝艰辛，但为了"造成独立自由之国家，以拥护国家及民众之利益"①，他从不因失败而灰心，也从不因困难而退缩，坚信只要"精神贯注，猛力向前，应乎世界进步之潮流，合乎善长恶消之天理，则终有最后成功之一日"。② 他在《民族主义》的演讲中强调：民族复兴就是要"恢复民族的地位"。"因为我们的民族道德高尚，故国家虽亡，民族还能够存在；不但是自己的民族能够存在，并且有力量能够同化外来的民族。所以穷本极源，我们现在要恢复民族的地位，除了大家联合起来做成一个国族团体以外，就要把固有的旧道德先恢复起来。有了固有的道德，然后固有的民族地位才可以图恢复"。③ 他在讲演中还直接使用了"民族复兴"一词，批评列强想永远维持垄断地位，"再不准弱小民族复兴"。④ 中国在历史上曾经是一个很强盛很文明的国家，在世界中是头一个强国，只是近代以来日渐衰落，民族复兴就是要恢复我们民族固有的地位，不仅和欧美并驾齐驱，而且能够对世界作出更大的贡献。

五四新文化运动时期，一些思想家面临着西方化主张到家的状况，从文化上提出了民族复兴的命题，把民族复兴归结为中华民族文化的复兴。梁漱溟在《东西方文化及其哲学》一书中提出了"中国文化复兴"的概念，指出："世界未来文化就是中国文化的复兴，有似希腊文化在近世的复兴那样"。⑤ 中国文化的复兴就是儒家文化的复兴。"只有昭苏了中国人的人生态度，才能把生机剥尽死气沉沉的中国人复活过来，从里面发出动作，才是真动。中国不复活则已，中国而复活，只能于此得之；这是唯一无二的路"。⑥ 梁漱溟并不认为清代学术或新文化运动是中国的文艺复兴，坚持认为"若真中国的文艺复兴，应当是中国自己人生态度的复兴；那只有如我现在所说可以当得起"。⑦ 只有以孔子、颜回的人生态度为现代青年解决他烦闷的人生问题，才能替他开出一条新路。梁漱溟民族复兴和文化复兴的思想被新儒家张君劢、贺麟等所继承，他们在抗日战争时期从思想文化上阐述了民族复兴的道路、意义和价值。

李大钊是中共党史上最早把马克思主义与"中华民族复兴"联系起来的革命先驱。新文化运动时期，他基于自己忧国忧民的理想抱负提出了"中华民族之复

---

① 孙中山：《中国国民党北伐宣言》，《孙中山全集》第十一卷，中华书局1986年版，第77页。
② 孙中山：《致邓泽如及南洋国民党人函》，《孙中山全集》第三卷，中华书局1983年版，第74页。
③ 孙中山：《三民主义·民族主义》，引自《孙中山全集》第九卷，中华书局1986年版，第185页。
④ 孙中山：《三民主义·民族主义》，引自《孙中山全集》第九卷，中华书局1986年版，第242～253页。
⑤ 梁漱溟：《东西文化及其哲学》，上海人民出版社2020年版，第243页。
⑥⑦ 梁漱溟：《东西文化及其哲学》，上海人民出版社2020年版，第259页。

活""青春中华""中华再生"等命题，坚持认为"今后之问题，非新民族崛起之问题，乃旧民族复活之问题也。而是等旧民族之复活，非其民族中老辈之责任，乃其民族中青年之责任也。"因此青年应当努力为国家自重，以青春中华之创造为唯一之使命，又说："青年当努力为国家自重，《晨钟》当努力为青年自勉，而各以青春中华之创造为唯一之使命"，"青年所以贡其精诚于吾之国家若民族者，不在白发中华之保存，而在青春中华之创造"。① "青春中华"是李大钊对中国向何处去、走什么样的路、建设什么样的国家等重大现实问题进行的早期思考和理论探索，有力地激发和促进了那些救国图存而又困惑彷徨的中国人民的觉醒。俄国十月革命后，他从十月革命中看到中华民族复兴的希望，不仅为十月革命和布尔什维主义欢呼，而且积极主动地宣传马克思列宁主义，认为实现中华民族复兴不能靠东方文化，也不能靠西方文化，而要靠"第三种文明"即社会主义文明。"东洋文明既衰颓于静止之中，而西洋文明又疲命于物质之下，为救世界之危机，非有第三新文明之崛起，不足以渡此危崖"。并认为"俄罗斯之文明，诚足以当媒介东西之任"。② 因此，"吾人对于俄罗斯今日之事变，惟有翘首以迎其世界的新文明之曙光，倾耳以迎其建于自由、人道上之新俄罗斯之消息，而求所以适应这世界的新潮流"，③ 俄国十月革命和布尔什维主义本质上是一种世界之新潮流，这潮流是"只能迎，不可拒的，我们应该准备怎么能适应这个潮流，不可抵抗这个潮流"，④ "试看将来的环球，必是赤旗的世界"。⑤

毛泽东继承并发展了李大钊等早期马克思主义者的民族复兴思想，将其与中国共产党的性质、宗旨和价值追求密切联系起来，与中国革命的对象、任务有机地结合起来，与社会主义的路径选择辩证地统一起来，从而使民族复兴理论获得了一种全新的理论品质、理论视野和理论气度。在新中国成立前夕，毛泽东几次从不同角度谈及了民族复兴，认为建立新中国"就可以使中华民族来一个大翻身，由半殖民地变为真正的独立国，使中国人民来一个大解放……造成由农业国变为工业国的先决条件，造成由人剥削人的社会向着社会主义社会发展的可能性"。⑥ 自从中国人学会了马克思列宁主义并以此来指导中国革命以后，中国人在精神上就取得了由被动变为主动的历史自觉。因此近代世界历史上那种看不起中国人和中国文化的时代就应当完结了。"伟大的胜利的中国人民解放战争和人

---

① 李大钊：《〈晨钟〉之使命》，引自《李大钊全集》第一卷，人民出版社 2006 年版，第 168～169 页。

② 李大钊：《东西文明根本之异点》，引自《李大钊全集》第二卷，人民出版社 2006 年版，第 215～216 页。

③ 李大钊：《法俄革命之比较观》，引自《李大钊全集》第二卷，人民出版社 2006 年版，第 228 页。

④ 李大钊：《庶民的胜利》，引自《李大钊全集》第二卷，人民出版社 2006 年版，第 255 页。

⑤ 李大钊：《Bolshevism 的胜利》，引自《李大钊全集》第二卷，人民出版社 2006 年版，第 263 页。

⑥ 毛泽东：《将革命进行到底》，引自《毛泽东选集》第四卷，人民出版社 1991 年版，第 1375 页。

民大革命，已经复兴了并正在复兴着伟大的中国人民的文化。这种中国人民的文化，就其精神实质来说，已经超过了整个资本主义的世界"。① 新中国成立后，毛泽东还提出了要在三个五年计划期间内使国家基本实现工业化，完成对农业、手工业和资本主义工商业的社会主义改造，"在大约几十年内追上或赶过世界上最强大的资本主义国家"，②"把我国建设成为一个强大的社会主义国家"。③

以邓小平同志为主要代表的中国共产党人继承并发展了毛泽东的民族复兴理论，提出了比较完整的通过改革开放和四个现代化建设来振兴中华民族的理论，使其成为中国特色社会主义理论的重要组成部分。邓小平专门写有《振兴中华民族》的文章，在这篇文章中他明确地指出："党的十一届三中全会以后，我们集中力量搞四个现代化，着眼于振兴中华民族。"④ 改革开放和社会主义现代化建设就是要实现老一辈无产阶级革命家和无数革命先烈的崇高理想，振兴我们的国家和民族。他说，我们现在是一个政治大国，"在不长的时间内将会成为一个经济大国。"并强调"中国人要振作起来……我们要利用机遇，把中国发展起来"。⑤ 他把改革开放视为振兴中华民族和"决定中国命运的一招"。⑥ 把实现四个现代化视为振兴中华民族的重要内容。他强调"对我们的国家要爱，要让我们的国家发达起来"，⑦ 争取到 21 世纪中叶将我国建成中等水平的发达国家。

党的十三届四中全会以来，以江泽民同志为主要代表的中国共产党人细化了邓小平的"三步走"发展战略，将小康社会分为总体小康和全面小康两个步骤，提出"两个百年"的奋斗目标，并明确使用"实现中华民族伟大复兴"概念。1999 年 10 月 1 日，江泽民在庆祝中华人民共和国成立五十周年大会上发表重要讲话，指出："实现祖国的完全统一和维护祖国的安全，是中华民族伟大复兴的根本基础，也是全体中国人民不可动摇的坚强意志。"⑧ 在中华人民共和国澳门特别行政区成立庆祝大会上的讲话中，江泽民提出："全国各族人民和一切拥护祖国统一、关心祖国建设的爱国人士，更加紧密地团结起来，为把中国建设成为

---

① 毛泽东：《唯心历史观的破产》，引自《毛泽东选集》第四卷，人民出版社 1991 年版，第 1516 页。

② 毛泽东：《在中国共产党全国代表会议上的讲话》，引自《毛泽东文集》第六卷，人民出版社 1999 年版，第 392 页。

③ 毛泽东：《论十大关系》，引自《毛泽东文集》第七卷，人民出版社 1999 年版，第 44 页。

④ 邓小平：《振兴中华民族》，引自《邓小平文选》第三卷，人民出版社 1993 年版，第 357~358 页。

⑤ 邓小平：《振兴中华民族》，引自《邓小平文选》第三卷，人民出版社 1993 年版，第 358 页。

⑥ 邓小平：《总结经验，使用人才》，引自《邓小平文选》第三卷，人民出版社 1993 年版，第 368 页。

⑦ 邓小平：《在武昌、深圳、珠海、上海等地的谈话要点》，引自《邓小平文选》第三卷，人民出版社 1993 年版，第 378 页。

⑧ 江泽民：《在庆祝中华人民共和国成立五十周年大会上的讲话》，引自《江泽民文选》第二卷，人民出版社 2006 年版，第 419 页。

富强民主文明的现代化国家、实现中华民族的伟大复兴而积极贡献力量"。①
1999年12月31日，江泽民在首都各界迎接新世纪和新千年庆祝活动上指出：我
们坚信，在21世纪里，"中华民族将在完成祖国统一和建立富强民主文明的社会
主义现代化国家的基础上实现伟大的复兴!"② 党的十六大报告多处提到中华民
族的伟大复兴，并对全面建设小康社会的奋斗目标做出了更加具体、更加务实的
部署。

党的十六大以来，以胡锦涛同志为主要代表的中国共产党人，提出科学发展
观，明确由全面建设小康社会进至全面建成小康社会的内涵要求，进一步强化
"两个百年"的奋斗目标和实现民族复兴的历史使命，明确提出党担负着团结带
领人民全面建成小康社会、推进社会主义现代化、实现中华民族伟大复兴的重
任。这是过去从未有过的政治宣示。在纪念辛亥革命一百周年大会上，胡锦涛在
3 700多字的讲话中8次提及"振兴中华"、23次提到"中华民族伟大复兴"。
胡锦涛的讲话贯穿了"振兴中华、民族复兴"这条主线。提出实现民族复兴必须
坚定不移高举中国特色社会主义旗帜，高举爱国主义旗帜，高举和平、发展、合
作旗帜这三面旗帜。"中国人民付出艰辛努力、作出巨大牺牲，终于找到了实现
中华民族伟大复兴的正确道路和核心力量。这条正确道路就是中国特色社会主义
道路，这个核心力量就是中国共产党。"③ 在胡锦涛看来，孙中山先生振兴中华
的深切夙愿，辛亥革命先驱的美好憧憬，今天已经或正在成为现实，中华民族伟
大复兴展现出前所未有的光明前景。实现中华民族伟大复兴任重道远，我们要紧
紧抓住并切实用好我国发展的重要战略机遇期，坚持改革开放，推动科学发展，
为实现中华民族伟大复兴继续团结奋斗。④ 胡锦涛对民族复兴问题的论述，既继
承孙中山、毛泽东、邓小平、江泽民的思想传统，又凸显了如何更好地实现中华
民族伟大复兴的内涵，无疑是对自孙中山以来特别是中国共产党人振兴中华思想
的继承和发展。

党的十八大以来，以习近平同志为核心的中国共产党人全面继承并创造性发展
了中华民族伟大复兴的思想，提出了实现中华民族伟大复兴的中国梦理论并将其视
为新时代坚持和发展中国特色社会主义的奋斗目标。虽然毛泽东、邓小平、江泽
民、胡锦涛等人都有对中华民族复兴和伟大复兴的论述，但是正式提出中华民
族伟大复兴的中国梦则是习近平的首创。中华民族伟大复兴的中国梦的基本内涵

---

① 江泽民：《在中华人民共和国澳门特别行政区成立庆祝大会上的讲话》，引自《江泽民文选》第二
卷，人民出版社2006年版，第489页。
② 江泽民：《二〇〇〇年贺词》，引自《江泽民文选》第二卷，人民出版社2006年版，第495页。
③④ 胡锦涛：《在纪念辛亥革命一百周年大会上的讲话》，引自《胡锦涛文选》第三卷，人民出版社
2016年版，第559页。

可以从历史、现实与未来的维度以及从民族、国家与个人关系的维度来考察。首先，中国梦从时间维度而言，既是历史的，也是现实的，更是未来的。"中国梦凝结着无数仁人志士的不懈努力，承载着全体中华儿女的共同向往，昭示着国家富强、民族振兴、人民幸福的美好前景。"① 其次，中国梦从主体维度而言，既是国家的、民族的，也是每一个中国人的。国家富强、民族振兴、人民幸福是中国梦的深刻内涵。最后，中国梦从代际伦理维度而言，"中国梦是我们的，更是你们青年一代的。中华民族伟大复兴终将在广大青年的接力奋斗中变为现实。"② 习近平对中国梦历史的、现实的和未来的时间意义做出了言简意赅的论述，同时从空间上对中国梦之国家意义、民族意义和个人意义也做出了阐释，还从我们与青年的关系上予以凸显，肯定中国梦是我们的，更是青年一代的，希望广大青年在实现中国梦的生动实践中放飞青春梦想。此外，习近平还就如何实现中华民族伟大复兴的中国梦作出了系列重要论述，强调实现中国梦必须坚定不移走中国道路，弘扬中国精神，凝聚中国力量，必须坚持党的领导，坚持人民主体地位，全面推进社会主义经济建设、政治建设、文化建设、社会建设和生态文明建设，不断夯实实现中国梦的物质文化基础。习近平中华民族伟大复兴的中国梦思想是习近平新时代中国特色社会主义思想的重要内容和有机组成部分，有许多对马克思主义和中国化马克思主义的原创性论述和经典性论述，代表着中华民族伟大复兴思想和理论的最高水平和最新境界。

第二节　中华民族伟大复兴中国梦的本质内涵

2012 年 11 月 29 日，习近平在参观《复兴之路》展览时第一次提出了"实现中华民族伟大复兴，就是中华民族近代以来最伟大的梦想"的命题和判断，并认为"这个梦想，凝聚了几代中国人的夙愿，体现了中华民族和中国人民的整体利益，是每一个中华儿女的共同期盼"。③ 2013 年 3 月 17 日，在第十二届全国人民代表大会第一次会议上的讲话中，习近平进一步论述了中国梦，并对如何实现中国梦做出了整体性的论述，意即实现中国梦必须走中国道路，必须弘扬中国精神，必须凝聚中国力量。并指出："中国梦归根到底是人民的梦，必须紧紧依靠

---

①② 习近平：《在实现中国梦的生动实践中放飞青春梦想》，引自《习近平谈治国理政》第一卷，外文出版社 2018 年版，第 49 页。

③ 习近平：《实现中华民族伟大复兴是中华民族近代以来最伟大的梦想》，引自《习近平谈治国理政》第一卷，外文出版社 2018 年版，第 36 页。

人民来实现，必须不断为人民造福"。① 在习近平看来，"中国梦是一种形象的表达，是一个最大公约数，是一种群众易于接受的表述，核心内涵是中华民族伟大复兴，可以适当拓展，但不能脱离中华民族伟大复兴这个主题，要紧紧扭住这个主题激活和传递正能量"。② "实现中华民族伟大复兴的中国梦，就是要实现国家富强、民族振兴、人民幸福。"③ 因此，实现国家富强、民族振兴和人民幸福构成中国梦的本质内涵。

一、国家富强是中国梦的重要内涵

中国是一个历史悠久的大国，在四大文明古国中，古埃及、古巴比伦、古印度文化辉煌一时却昙花一现，唯有中华民族的文化历史从未间断。历史上，欧洲的哲学家、政治家都称中国为"治国安邦的典范"。④ "唐、宋、明时的中国，在财富、领土、军事力量以及艺术、文化和科学成就上都远超欧洲。"⑤ 近代以来，中国人民饱尝因为落后而造成的屈辱与痛苦，鸦片战争、甲午海战、八国联军侵华等战争失败后的割地赔款，丧权辱国的历史教训使得我们比任何时代都更懂得国家富强的意义。改革开放40多年来，中国的经济发展、社会进步、人民幸福所抒写的"中国故事"和创造的"中国奇迹"，展现出宏大叙事的中国元素，根源于我们国家实现了初步的繁荣富强。历史与现实的启示，更加坚定我们所要实现的中国梦，首先就是要实现国家的繁荣富强。

中国梦实现国家繁荣富强是建立在现代化宏伟蓝图的可行性与科学性的基础上的。中华民族伟大复兴的中国梦实际上就是再现民族的历史辉煌，再创领先世界的卓越地位，使中国再次成为世界上最为富强、幸福的国家。实现国家富强是当代中国爱国主义思想的基本价值目标。只有国家富强，民族振兴才有坚实的基础，人民幸福才有根本的保障。所以，要实现中国梦，首先要建立一个富强的社会主义国家。

富强意味着经济富庶、国力强大，彻底摆脱贫困和弱小的状态。这是中国现

① 习近平：《在第十二届全国人民代表大会第一次会议上的讲话》，引自《习近平谈治国理政》第一卷，外文出版社2018年版，第40页。

② 习近平：《在同全国总工会新一届领导班子成员集体谈话时的讲话》，载于《人民日报》2013年10月24日。

③ 习近平：《实现中华民族伟大复兴是中华民族近代以来最伟大的梦想》，引自《习近平谈治国理政》第一卷，外文出版社2018年版，第36页。

④ ［德］夏瑞春著，陈爱敬译：《德国思想家论中国》，人民出版社1997年版，第84页。

⑤ ［美］塞缪尔·亨廷顿著，周琪等译：《文明的冲突与世界秩序的重建》，新华出版社2002年版，第35页。

代化建设的目标追求。在当代中国特色社会主义语境之中，国家富强指的是经济上的物质财富极大丰富、政治上的和平稳定与长治久安以及综合国力的全面提升。

中华民族伟大复兴的中国梦始终离不开国家富强的根本内容。国家富强不仅体现在经济的繁荣上，也体现在综合国力的全面提升和军事外交等实力的提升等方面，体现在中国特色社会主义政治、文化和社会建设的诸多方面。"富强"这一概念不仅包含着以财富增长为主要内容的"富"，同时也包含着以竞争力提升为主要指征的"强"。因此，倡导以公平正义、诚实守信的价值取向和道德规范实现财富的增长，倡导物质财富和精神财富的共同增长和全面发展，是实现国家富强的基本理念和实践路向。国家富强包含了建设一支强大的人民军队。"我们要实现中华民族伟大复兴，必须坚持富国和强军相统一，努力建设巩固国防和强大军队"。① "强军梦"既是"强国梦"的重要组成部分，也是强国梦的有力保障。整体而论，国家富强不仅体现在经济上达到富裕和持续繁荣，步入中等发达国家之列，而且在政治上、文化上以及综合国力等方面都要达到较高的水平，保证国家独立自主地走自己的道路，发展具有中国特色社会主义先进文化，建设强大的国防和人民军队，建设一个现代化的社会主义国家。

二、民族振兴是中国梦的核心内容

5000 年来，古老的中华民族，在世界上创造过光辉灿烂的古代文明。但近代以来，在西方坚船利炮的侵略下，中华民族遭受了深重苦难，几乎所有的帝国主义国家都侵略过中国，掠夺了中国许多财富和资源，"中国人成了世界著名的'东亚病夫'"。② 康有为在保国会第一次集会上的演说中讲道："吾中国四万万人，无贵无贱，当今日在覆屋之下，漏舟之中，薪火之上，如笼中之鸟，釜底之鱼，牢中之囚，为奴隶，为牛马，为犬羊，听人驱使，听人宰割，此四千年中二十朝未有之奇变。"③ 觉醒的中国人由此开启了民族复兴的梦想之路和探索之路。孙中山提出了"振兴中华"的行动口号，并主张弘扬民族精神，以恢复我们民族的固有地位。中国共产党人登上历史舞台后，接过前人关于民族振兴的优秀成果，在马克思主义科学理论指导下，以为民族谋解放、求复兴为基本的行动宗旨

---

① 习近平：《努力建设巩固国防和强大军队》，引自《习近平谈治国理政》第一卷，外文出版社 2018 年版，第 219 页。

② 邓小平：《用中国的历史教育青年》，引自《邓小平文选》第三卷，人民出版社 1993 年版，第 205 页。

③ 康有为：《京师保国会第一集演说》，引自《康有为政论集》上册，中华书局 1981 年版，第 237 页。

和初心，开始了反帝反封建的民族民主革命历程，通过 28 年艰苦卓绝的努力和流血牺牲，终于完成了民族民主革命的任务，建立了中华人民共和国，使中国人民从此站起来了，中华民族的历史掀开了新的一页。中华人民共和国成立后，中华民族和中国人民在中国共产党的领导下，开始了社会主义革命和社会主义建设的历程，为民族振兴奠定了坚实的基础，将一个积贫积弱的旧中国建设成为一个初步繁荣并呈现出美好发展前景的新中国。

民族振兴不仅是在世界经济体中排序位置的上升，更是国家文化软实力的提升和国际影响力的加强。一个民族的生存和发展靠自身传统的文化基因来维系，一个民族的生命力也靠自身优秀传统文化价值的彰显和弘扬来支撑，因为民族优秀传统文化及其所包含的民族精神，不仅凝结了它的过去，也滋生出新的未来。当今时代，文化的影响力更加深刻，已成为综合国力竞争中极为重要的影响因素。中华文化虽历经朝代更迭、外族入侵而绵延数千年不绝，成为世界文明史上唯一没有中断的文化，已经融入中华民族的血脉。当代世界，国际文化竞争激烈，以美国为代表的西方国家正以各种形式对我国进行文化渗透和扩张。如果我们不能很好地传承和弘扬中华优秀传统文化，就难以实现在文化上的自强，中华民族的伟大复兴就会失去"根"与"魂"。因此，传承与弘扬中华优秀传统文化已成为时代发展和民族复兴的迫切要求。弘扬中华优秀传统文化有利于增强民族自尊心与自豪感，有利于我国传统文化的弘扬与发展，有利于提升国家的软实力，对于凝聚全社会的力量，实现中华民族的伟大复兴具有重要意义，也必将激励和鼓舞中华儿女传承传统，不忘初心，砥砺前行，共同实现中国梦。

中国梦要实现的民族振兴，不是简单地重现昔日的荣耀与辉煌，更不是追求世界霸权和唯我独尊的霸主地位，而是要让曾经饱受沧桑、历经磨难的中华民族能够与其他民族平等地立于世界民族之林，为人类的和平与幸福愉快地工作并为世界现代文明做出自己应有的贡献。

三、人民幸福是中国梦的奋斗目标

人民幸福是党和国家工作的根本目标，我们的一切建设都是为人民服务，以人民的根本利益为出发点和落脚点。首先，人民幸福是建立在民生需求基础之上的。一般来说，经济发展是国民幸福的基础，没有经济实力的发展壮大就不会有国民幸福水平的提高。改革开放以前的新中国历史证明了一条真理，离开经济的发展是"万万不能"的，但是，我国 40 多年的改革开放历史还证明了另一条真理：经济的发展不是"万能的"。经济单方面的发展不能解决一切问题，例如，国民教育、劳动就业、社会保障、社会福利、医疗卫生、文化建设等与国民幸福密切相关的社会发展领域的公平公正问题对民生幸福的关系极大，如果不重视民生改善，经济发展并不一定提升民生幸福。在新的历史时期，我们要抓住人民群众最关心最直接最现实的利益问题，补上民生领域存在的突出短板，坚持把解决民生问题作为实现人民幸福的基础工程。

其次，人民幸福是物质幸福和精神幸福的统一。在马克思主义以前，关于幸福问题主要存在禁欲主义和享乐主义两种学派观点：禁欲主义强调人要控制自己的物质欲望和肉体欲望，必须忍受住今生的贫困和磨砺，来世才能在天堂享受幸福；而享乐主义则认为物质是人生的第一追求，精神上幸福并不是真正的幸福。马克思主义既不赞同禁欲主义和苦行主义否定人的正常物质生活幸福的观点，也不赞同一味地沉湎于物质生活幸福而轻视精神生活幸福的享乐主义和纵欲主义观点，主张超越这两种观点，将物质生活幸福与精神生活幸福辩证地结合起来，认为物质生活幸福是幸福生活的前提和基础，精神生活幸福是幸福的核心内容和重要保障。中国共产党人继承并发展了马克思主义的幸福观，坚持认为促进人民幸福既要关心人民群众的物质生活幸福，诸如饮食起居等物质生活，也要关心人民群众的精神文化生活，诸如教育文化和审美等。我们既要重视人民幸福的物质生活内容，又要重视人民幸福的精神生活内容，使人民群众在享受较高物质生活幸福的同时能够享受较高的精神生活幸福。

最后，人民幸福还体现在人的自由全面发展上面。人的自由全面发展是人民幸福发展的一个至上目标，意味着人民的幸福向着和谐、圆满和人的自我实现的方向发展。"全体人民各尽其能、各得其所而又和谐相处"[1] 是构建社会主义和谐社会的目标，也为我们展现了一幅幸福美好的社会图景。"各尽其能"可以理解为人们潜能的充分发挥；"各得其所"可以理解为人们基本生存需要的充分满足。

人世间的一切幸福都需要靠辛勤的劳动和艰苦的奋斗来达成，创造幸福既是享受幸福的前提和保障，又是一种最富于幸福感的真正意义上的幸福。因此，我们必须在全社会牢固树立劳动最光荣、劳动最崇高、劳动最伟大、劳动最美丽的观念，努力让每一位劳动者都能够体面劳动、全面发展，真正形成一种人人都赞美劳动、肯定创造、讴歌奋斗与奉献的伦理氛围和社会风尚。

四、国家富强、民族振兴与人民幸福的辩证关系

从国家、民族和个人关系的维度来看，中华民族伟大复兴的中国梦既包括个人的中国梦，又包括民族和国家的中国梦。对个人而言，中华民族伟大复兴的中

---

[1] 《中国共产党章程》，人民出版社 2007 年版，第 13 页。

国梦是让我国人民在艰苦奋斗、自力更生的基础上实现更加富裕和幸福的生活。对祖国和民族而言，中华民族伟大复兴中国梦是实现民族的振兴和国家的繁荣富强、长治久安。实现中华民族伟大复兴的中国梦是各民族大家的梦，也是我们各民族自己的梦。

国泰则民安，民富则国强。国家富强保障着个人的幸福，人民幸福是国家富强的最终目的和价值所在。中国梦作为我们现实的奋斗目标，回答了"树立什么样的理想、怎样实现理想""实现什么样的目标、怎样实现目标"的问题。习近平总书记提出的中国梦，是一个高瞻远瞩的重要思想，道出了人民的心声，凝聚为民族的共识。中国梦既是国家之梦，也是个人之梦；既是长远之梦，也是近期之梦；既是宏大抱负之梦，也是温馨康乐之梦。所有的中国人，都能在中国梦感召下迸发出作为现代中国人的信心和决心。中国梦视野宽广、内涵丰富、意蕴深远。中国梦是国家的梦、民族的梦，也是每一个中华儿女的梦。"得其大者可以兼其小。"国家好、民族好，大家才会好。中国梦就是要让每个人获得发展自我和奉献社会的机会，共同享有人生出彩的机会，共同享有梦想成真的机会以及同祖国、人民共成长的机会，实现国家梦、民族梦和个人梦的有机统一。

中国梦的最大特点，就是把国家、民族和个人作为一个命运共同体，把国家利益、民族利益和每个人的具体利益紧紧联系在一起，体现了中华民族固有的"家国一体""家国天下"的情怀。中国梦的概念不仅帮助我们总结了社会主义建设的经验和教训，也对世界的根本问题有了正确认识和理解，把握了时代主题。今天的中国已经摒弃了狭隘的民族主义，正积极吸收和借鉴人类文明成果，未来的中国将坚持和平、发展、合作、共赢的原则，为和平发展提供更为广阔的空间，为实现中国梦创造更为有利的条件。因此，中国梦一经提出和阐释，就迅速得到亿万中国人民的强烈共鸣和广泛认同，成为当代中国人奋力追求的共同目标。

第三节　中国梦与中国道路、中国精神、中国力量的关系

实现中华民族伟大复兴的中国梦这一宏伟目标并不是轻轻松松、敲锣打鼓就能实现的，而是必须进行的一种十分伟大的事业，有着对中国道路、中国精神和中国力量的强烈吁求。坚定不移地坚持走中国特色社会主义道路，大力弘扬以爱国主义为核心的民族精神和以改革创新为核心的时代精神，凝聚中华各族人民以及海内外中华儿女的磅礴力量，是我们党团结带领人民实现中华民族伟大复兴中国梦的基本执政遵循。

一、实现中国梦必须走中国道路

中国道路是实现中国梦的方向引领和必由之路。"道路决定命运"。离开了中国特色社会主义道路，中国梦就会成为无本之木、无源之水。邓小平指出："我们的现代化建设，必须从中国的实际出发。无论是革命还是建设，都要注意学习和借鉴外国经验。但是，照抄照搬别国经验、别国模式，从来不能得到成功。"①只有把马克思主义的普遍真理同我国的具体实际结合起来，走中国特色的社会主义道路，才能真正实现中华民族伟大复兴。

中国特色社会主义道路是中国共产党带领中国人民在几十年社会主义建设中不断探索和开创出来的一条适合中国具体国情的社会主义现代化建设道路，它是在既告别苏联集中统一的计划经济模式和封闭僵化的老路，又拒绝后来苏联解体、东欧剧变落入西方新自由主义陷阱的改旗易帜的邪路的基础上逐步开辟出来的，既坚持了马克思主义和科学社会主义的一般原理，又注重中国具体的国情和实际，所以是一条具有中国特色的社会主义现代化建设道路。中国特色社会主义现代化建设道路将马克思主义的科学社会主义原理与当代中国改革开放的具体实际相结合，坚持社会主义共同富裕的基本原则，同时又主张建立以市场经济为主要内容的竞争和管理机制，充分发挥人尽其才、物尽其用、地尽其利的优势，实现效率与公平、活力与秩序的有机统一。中国特色社会主义道路既不断解放和发展社会生产力，充分调动人的生产积极性、主观能动性和创造性，又十分注重公平正义，把做大蛋糕和分好蛋糕有机地统一起来，把共同富裕视为社会主义的根本原则，使发展成果更多更公正地惠及全体人民，促进人的自由全面发展。

40 多年改革开放的实践证明，中国特色社会主义现代化建设道路是一条能够实现中华民族伟大复兴的必由之路和康庄大道。我们要实现中华民族伟大复兴的中国梦，必须坚定不移地坚持走中国特色社会主义道路。只有坚定不移地、义无反顾地、无所畏惧地坚持走中国特色社会主义道路，才能真正实现使国家富强、民族振兴、人民幸福的目的，才能迎来中华民族伟大复兴的光明前景。

二、实现中国梦必须弘扬中国精神

中国梦呼唤中国精神，中国精神推动中国梦的实现，二者统一于中国特色社

---

① 邓小平：《中国共产党第十二次全国代表大会开幕词》，引自《邓小平文选》第三卷，人民出版社1993 年版，第 2 ~ 3 页。

会主义建设的实践中，统一于马克思主义基本原理和中国具体实践相结合的历史进程中，统一于中国人民民族振兴、开创未来的美好愿景中。"中国精神"是中华民族精神的集中体现与概括，是中华民族的"精神自我"。这个"精神自我"历久弥新，呼唤着激励着人们去创造与生产、去奋斗与牺牲。中国精神是维系中华儿女自我认同的"根"和"源"，是整合中国力量、实现中国梦的精神依托。

在 5 000 多年的漫长发展进程中，勤劳、勇敢、智慧的中华民族培育和塑造了具有浓郁中国风格、中国气派的中国精神。中国精神是以爱国主义为核心的民族精神和以改革创新为核心的时代精神的有机统一。"爱国主义始终是把中华民族坚强团结在一起的精神力量，改革创新始终是鞭策我们在改革开放中与时俱进的精神力量"。[1] 以爱国主义为核心的民族精神和以改革创新为核心的时代精神构建起了中国精神的大厦，构筑了中华民族的精神支柱与精神家园，奠定了全体中华儿女身份认同的基础，是中华民族生生不息、团结奋进的不竭动力。

爱国主义是国民对于国家的一种道德认同并借助这一认同形成的国民之大德，意味着国民对于祖国或生我养我的国家的一种热爱之情、关心之意、报效之行以及卫国之举。爱国主义是一种深刻而高远的民族伦理精神，其实质是国民对祖国、国家的伦理认同和价值认同及由此所生发出来的热爱祖国、建设祖国、保卫祖国、忠诚祖国的伦理意识和行为的统一。爱国主义作为一种国民伦理精神集结着国民对国家的忠诚意识、忧患意识、奉献意识。中华民族以爱国主义为核心的民族精神为纽带，始终坚强地团结在一起，共同创造了光辉灿烂的中华文明。

改革创新是时代精神的集中体现，集聚着中华民族革故鼎新、日新不已、开拓创新的伦理品质，也是当代中国人民建设社会主义现代化国家、实现中华民族伟大复兴所呼唤、所要求的伦理品质或道德素质。中华民族以改革创新精神为核心的时代精神为依托，不断解放思想、兴利除弊，使我们国家和民族实现了新的历史性飞跃。改革创新承接着中国古代革故鼎新、日新不已的伦理精神统续，在当代具化为攻坚克难、开拓进取、发奋图强等品质和精神风貌，抒写着当代中国人民奋力推进社会主义现代化建设，建设富强、民主、文明、和谐国家的当代史诗。

中国精神是在中华民族数千年的历史发展中形成的既集中华民族群体精神和智慧，又不断新造中华民族的精神自我并使其向着不断发展不断完善目标奋进的精神禀赋、品格和信念的总和，它能把中国人民凝聚在一起成为一个社会共同体或整体，并且赋予其行稳致远的价值功能，是中国国性、国德、国品、国格的

---

① 习近平：《在第十二届全国人民代表大会第一次会议上的讲话》，引自《习近平谈治国理政》第一卷，外文出版社 2018 年版，第 40 页。

集中体现。中国精神是中华民族向着"可大可久"方向进化发展的主体精神禀赋和内在人格品质，有着"大其心以体天下万物"和"中正然后贯天下之道"① 的独特义理和精神效能，完全能够也一定可以为实现中华民族伟大复兴的中国梦提供源源不断的价值引领和信念支撑。

三、实现中国梦必须凝聚中国力量

中国力量是实现中国梦的必要保障和动力源泉。在今天，凝聚中国力量，就是要使全党全国各族人民同心同德、共同努力，使 14 亿中国人和全世界华夏子孙心往一处想、劲往一处使，全力聚焦于中华民族伟大复兴的伟大梦想和社会主义现代化建设的伟大事业，形成气壮山河、无坚不摧、无攻不克的群体力量。中华民族具有伟大团结精神，深知"团结就是力量"，"这力量是铁，这力量是钢，比铁还硬，比钢还强"的道理，懂得"个人太渺小，党群才万能"箴言所内涵的道德智慧，自觉地产生将自己这一滴水放进国家民族的大海里这样的信念，于是凝聚起了将个体有限生命投入无限的为人民服务之伟大事业的价值共识。诚如毛泽东所言，"动员了全国的老百姓，就造成了陷敌于灭顶之灾的汪洋大海。"② 又说："真正的铜墙铁壁是什么？是群众。是千百万真心实意地拥护革命的群众。这是真正的铜墙铁壁，什么力量也打不破的，完全打不破的。"③ 实现中华民族伟大复兴的中国梦决不是简简单单、轻轻松松的一件事，不是敲锣打鼓就能实现的，她特别需要凝聚中国力量，形成价值共识，并付出动心忍性的艰苦奋斗，需要攻坚克难的勇气和毅力，需要众志成城的信念和百折不挠的意志。而要凝聚起这样一股聚众人之智慧的中国力量，特别需要每一位中国人都能真诚地加盟，自觉地投身于伟大事业的奋斗中来，真正做到帮忙而不添乱，齐心而不分心，不利于团结的话不说，不利于团结的事不做，为了团结和实现中华民族伟大复兴的中国梦，可以功成不必在我，但是奋斗必定有我。

中国力量是中国各族人民大团结的力量，是我们党克服各种困难、战胜各种风险挑战的力量源泉。我们要用 14 亿中国人的智慧和力量，把我们的国家建设成为一个社会主义现代化强国，振兴伟大的中华民族，使中国人民真正过上高质量的幸福美好生活。作为历史活动主体和创造者的人民群众，既是社会财富的创造者，也是社会财富的享有者；既是中国梦实现的主体力量，也是中国梦提出的

---

① 张载：《正蒙》，引自《张载集》，中华书局 1978 年版，第 24、26 页。
② 毛泽东：《论持久战》，引自《毛泽东选集》第二卷，人民出版社 1991 年版，第 480 页。
③ 毛泽东：《关心群众生活，注意工作方法》，引自《毛泽东选集》第一卷，人民出版社 1991 年版，第 139 页。

根本目的。新时代，处理好党同人民的关系，更好地发挥人民群众的创造力，更好地满足人民群众的生活愿望，既是我们党实现"两个一百年"奋斗目标、实现中华民族伟大复兴中国梦的力量来源，更是我们一切工作的最终目的和归宿。

此外，在实现中国梦的过程中，还必须进行伟大斗争，建设伟大工程，推进伟大事业，将伟大梦想与伟大斗争、伟大工程、伟大事业有机地结合起来。伟大斗争就是进行许多具有新的历史特点和现实复杂性的斗争，旨在防范不利于实现中国梦的重大风险，克服阻碍中国梦实现的重大阻力，化解影响中国梦实现的重大矛盾，解决制约中国梦实现的重大问题，确保中国梦能够得以有效实现。伟大工程即是深入推进党的建设的伟大工程，使党永远成为不忘初心、牢记使命、砥砺前行的马克思主义执政党，使党成为能够经得起各种风浪考验、始终走在时代前列、人民衷心拥护的无产阶级和中华民族的先锋队。只有建设伟大工程才能在不断加强和改善中国共产党领导的基础上实现中华民族伟大复兴的中国梦。中国特色社会主义现代化建设事业是朝着实现中华民族伟大复兴的中国梦的方向和目标发展和前行的空前的社会主义现代化建设的实践和运动，中国梦既成为中国特色社会主义现代化建设事业的目标指向，也是其动力源泉。

第四节　中国梦是当代中国爱国主义的主题和目标追求

"实现中华民族伟大复兴的中国梦，是当代中国爱国主义的鲜明主题。"[1] 中国梦与当代中国爱国主义有着水乳交融、相辅相成、密不可分的关系。中国梦既是当代中国爱国主义的精神指向并构成鲜明主题，也是其重要内容或组成部分。当代中国爱国主义内在地包含了实现中华民族伟大复兴中国梦的内容且以其为最重要的价值追求和价值目标，同时也以对中国梦的追求而贯通其诸要义和因素之中，从而结成一个有机统一的精神价值谱系和理论观念体系。

一、中国梦彰显当代中国爱国主义的精神指向并构成鲜明主题

当代中国爱国主义以实现中华民族伟大复兴的中国梦作为鲜明主题并构成其

---

[1]　习近平：《在十八届中央政治局第二十九次集体学习时的讲话》，载于《人民日报》2015 年 12 月 31 日。

区别于历史上其他爱国主义的鲜明特色。如果说近代中国爱国主义的鲜明主题是救亡图存和寻求救国救民的道路和理论，现代中国爱国主义的鲜明主题是通过新民主主义革命建设一个"独立、自由、民主、统一和富强的新国家"①，那么，当代中国的爱国主义集中体现为奋力实现中华民族伟大复兴的中国梦这一主题。深刻地认识并始终如一地把握这一主题，是当代中国人民培育和弘扬爱国主义精神的思想前提和应有视野。当代中国的爱国主义就是要注目于中华民族伟大复兴的中国梦，并将其内化为"筑梦"的精神自觉、"追梦"的行为实践、"逐梦"的顽强意志和"圆梦"的锲而不舍、拳拳服膺。中国梦的本质内涵是"国家富强、民族振兴、人民幸福"，这是当代中国爱国主义思想理论内涵的深刻呈现。当代中国爱国主义与新中国社会主义现代化建设和改革开放的时代际遇互为表里，相互促进，理应在某种意义上也必须把"国家富强、民族振兴、人民幸福"作为自己的精神指向、鲜明主题和主要内容。当代中国人的爱国就是要为实现"国家富强、民族振兴、人民幸福"的目标而奋斗，从而建成一个富强的社会主义现代化国家，振兴我们的民族，并使人民过上幸福美好的新生活。国家富强构成当代中国爱国主义的价值基座，民族振兴构成当代中国爱国主义的价值目标，人民幸福构成当代中国爱国主义的价值追求和理想信念。当代中国爱国主义内涵着爱人民和以人民为中心的内容和要求，只有不断地提高和促进人民幸福，才算是尽到了爱国主义的责任和义务。

中国梦是中国这样一个有着悠久历史和丰富文化的东方国家在当代社会致力于建设一个富强、民主、文明、和谐、美丽的社会主义现代化国家的进取之梦，也是一个凝聚了 56 个民族的中华民族在当今世界全面提高民族素质、振奋民族精神、实现民族复兴的自强之梦，更是一个拥有 14 亿多人口的东方大国在现代化和全球化的时代努力改善民生、致力于促进每个公民实现人生理想和追求美好生活的人生之梦和家庭之梦。中国梦把国家、民族和个人视为一个生死相依、荣辱与共的命运共同体，体现了国家的追求、民族的向往和人民的期盼三者的有机统一，表达了中华儿女的共同期盼、共同理想目标和共同的价值追求，故而能够凝聚全体中华儿女和中国人民的价值共识，成为引领中国人民继续奋斗、团结中华民族共同创造、激励中华儿女开拓创新的一面旗帜、一座灯塔、一个航标。实现中华民族伟大复兴的中国梦，是当代中国爱国主义在奋斗目标、共同理想和价值追求上的集中体现，也具有凝心聚力、培本固元的独特机理，对于陶铸当代中国人的爱国情感、激励其爱国精神和激发其爱国力量能够发挥出重要的作用，能够把各个民族、阶层和党派的人们团结和凝聚在一起，形成一股强大的为中华民

---

① 毛泽东：《论联合政府》，引自《毛泽东选集》第三卷，人民出版社 1991 年版，第 1053 页。

族伟大复兴而精诚奋斗的爱国主义精神洪流。

二、爱国主义是实现中国梦的动力指向和精神支撑

一个民族的复兴，离不开以爱国主义为核心的民族精神的支撑。历史表明，任何一个民族，如果没有强大的民族精神作为其文化的精神支柱，都不可能长久长存。中华民族之所以成为四大文明古国中唯一延续下来的民族，其功德主要在于中华民族的爱国主义光荣传统。"爱国主义是中华民族精神的核心。爱国主义精神深深植根于中华民族心中，是中华民族的精神基因，维系着华夏大地上各个民族的团结统一，激励着一代又一代中华儿女为祖国发展繁荣而不懈奋斗。五千多年来，中华民族之所以能够经受住无数难以想象的风险和考验，始终保持旺盛生命力，生生不息，薪火相传，同中华民族有深厚持久的爱国主义传统是密不可分的"。① 爱国主义是中华民族代代相传、生生不息的民族精神，它是中华民族历经劫难却经久不衰的动力源泉，使中华民族无论面临多大的艰难险阻，都能够攻坚克难、化险为夷、转危为安，奇迹般地存活下来并获得不断发展的动能。爱国主义是延续中华民族命脉的关键所在。在爱国主义的激励和熏陶下，中华民族展现出自强不息、团结奋斗的精神面貌，使民族精神和民族特性得到了长足的发展。因此，基于爱国主义情感而形成的民族精神是延续中华民族之根本和实现中华民族伟大复兴的巨大精神动力和精神支撑，是中华民族向心力、凝聚力的源头活水，是中华民族精神力量的核心和根本。爱国主义不仅能够促使人们在国家危亡之时拯救国家和民族于水火之中，更是在和平时代维护国家存续和兴盛的基础。

在不同的历史时期，爱国主义具有不同的内容。在新民主主义革命时期，爱国主义主要表现为致力于推翻帝国主义、封建主义、官僚资本主义反动统治的斗争，把黑暗的旧中国改造成为光明的新中国。在改革开放新时期，爱国主义主要表现为献身于建设和保卫社会主义现代化建设事业，献身于促进祖国统一和民族团结的进步事业，献身于实现中华民族伟大复兴的千秋大业。

在当代中国，爱国主义以实现中华民族伟大复兴的中国梦为鲜明主题和奋斗目标。实现中华民族伟大复兴是近代以来中华民族最伟大的梦想，凝聚了几代中国人的夙愿和理想追求，是每一个中华儿女的共同期盼和魂系梦牵的价值目标。当代中国的爱国主义，聚焦于中华民族伟大复兴的中国梦，并以实现这一伟大梦

---

① 习近平：《在十八届中央政治局第二十九次集体学习时的讲话》，引自《习近平关于社会主义文化建设论述摘编》，中央文献出版社 2017 年版，第 128 页。

想为动力、为目标，也是对中华民族伟大复兴的中国梦的孜孜以求和无比眷恋，爱国集中体现为爱以中华民族伟大复兴为主题的社会主义新中国，爱正在进行改革开放和社会主义现代化建设事业的当代中国。爱国主义不仅能够为实现中华民族伟大复兴的中国梦提供动力指向，而且为实现中国梦提供精神支撑。一个当代中国的爱国主义者，如果对中华民族伟大复兴的中国梦没有感情，缺乏认同，那他就无法建构起自己的爱国主义情感世界，也无法真正调动起全部身心资源投身于报效祖国的壮丽事业，他必定会在缺失对当代中国之根本主题和奋斗目标的认同中使自己的爱国情感陷入无法生长、无法升华的状态。只有对中华民族伟大复兴的中国梦有深刻的认识，有强烈的热爱，才能为当代中国爱国主义铸造坚实的基础，提供强大的动力支撑。由此也可以说，当代中国的爱国主义必须而且应当以中华民族伟大复兴的中国梦为主题、为目标才能使自己精神更加深刻而高远，情感更加炽热而丰富，意志更加坚定而豪迈。这样的爱国主义也必然会激发出追寻中华民族伟大复兴的中国梦的壮志豪情，并化为实现中国梦的实际行动。

爱国主义是实现中华民族伟大复兴中国梦的重要条件。一个人没有精神直不起腰，一个民族没有精神站不起来，更谈不上实现民族的复兴和腾飞。爱国主义精神是实现中国梦的强大精神支柱和动力。以爱国主义精神实现中华民族伟大复兴的中国梦具有重要的理论和现实意义。我们必须把爱国主义和中华民族伟大复兴的中国梦紧密结合起来，始终围绕着国家富强、民族振兴和人民幸福的目标而不懈奋斗。只有把以爱国主义为核心的民族精神作为情感支撑、精神支柱和精神动力，把爱国主义的精神力量转化为物质力量，中华民族伟大复兴的中国梦才有实现的可能。同时，我们要把实现中国梦、弘扬爱国主义精神同扩大对外开放有机结合起来，坚持立足本国又面向世界，立足传统又面向未来，在共同推动人类文明发展进步之中，实现中华民族的伟大复兴。

第四章

当代中国爱国主义的本质特征

当代中国爱国主义既与中华民族爱国主义传统一脉相承，又是在马克思主义指导下并与建设中国特色社会主义现代化国家的时代要求密切相关的爱国主义，是与坚持中国共产党的领导并表现为热爱中国共产党进而热爱中国共产党领导下的中华人民共和国息息相关的爱国主义，是以实现中华民族伟大复兴为鲜明主题的爱国主义。在当代中国，我们所热爱的国家既不是奴隶主的城邦，也不是封建地主的王朝，更不是资产阶级的国家，而是中国共产党领导下的人民当家做主的社会主义新中国。中国共产党的领导赋予了当代中国爱国主义崭新的时代内涵，推动了爱国主义在新的历史条件下的新发展，并凝结成新的理论形态和实践类型。中国特色社会主义赋予了爱国主义全新的社会性质，极大地彰显了当代中国爱国主义的价值合理性和崇高进步性。当代中国爱国主义因为中国共产党的领导和社会主义现代化建设超越了为少数剥削阶级谋利益的狭隘局限，上升到为中国人民谋幸福，为中华民族谋复兴的价值高度，凸显出马克思主义爱国主义、中国共产党人爱国主义和中国特色社会主义爱国主义的理论特质和价值基质。

第一节　热爱中国共产党是当代中国爱国主义的时代强音

中国共产党在国家危难与民族苦难中诞生，在内忧外患与战火纷飞中成长，逐步成为中国人民和中华民族的先锋队，团结带领中国人民夺取新民主主义革命和社会主义革命胜利，开启改革开放新征程，使中华民族迎来了从站起来、富起来到强起来的伟大光明前景。历史和现实一再证明，没有共产党就没有新中国，没有共产党就没有中国特色社会主义的现代化。新中国的建立，新中国的发展，无不是在中国共产党的领导下建立和发展起来的，新中国的繁荣昌盛无不是在中国共产党的领导下所取得的。所以热爱中国共产党是当代中国爱国主义的本质要求，也是时代强音和价值确证。

一、中国共产党以救国救民、振兴民族为己任

中国共产党自创立之时起，便与祖国的命运交织在一起。鸦片战争爆发，整个中华民族陷入黑暗的历史之中，一批批仁人志士前赴后继地求索救国救民的真理，洋务运动、戊戌变法、清末新政、辛亥革命都没有成功推翻压在中国人民身上的帝国主义、封建主义、官僚资本主义三座大山。就在国家沉沦、民族危亡之际，俄国十月革命在马克思列宁主义领导下取得胜利，先进的中国人从中看到了希望。李大钊先后发表了《庶民的胜利》《布尔什维主义的胜利》《新纪元》等几十篇宣传马克思主义的文章，马克思主义至此在一大批爱国者心中扎下了根。他们将马克思列宁主义与中国工人运动相结合创建了中国共产党。1921年7月，中国共产党第一次代表大会在上海召开，8月初，在浙江嘉兴南湖的红船上闭幕，这条船见证了中国共产党的诞生。"中国产生了共产党，这是开天辟地的大事变。这一开天辟地的大事变，深刻改变了近代以后中华民族发展的方向和进程，深刻改变了中国人民和中华民族的前途和命运，深刻改变了世界发展的趋势和格局"。[①] 中国共产党诞生以后自觉肩负起谋求民族解放和国家独立的历史重任，团结带领中国人民进行民族民主革命，并为此付出了重大的牺牲，"取得一个又一个胜利，为中华民族作出了伟大历史贡献"[②]。

新文化运动时期就孜孜探求救国救民真理的李大钊从苏联十月革命受到启发，很快地从革命民主主义转变为共产主义，先后在《新青年》《每周评论》《晨报》副刊发表了《我的马克思主义观》《庶民的胜利》《俄国大革命之影响》等文章，热情宣传马克思主义，以马克思主义来观察国家民族命运和革命前途，明确提出马克思主义是"中国的救星"，认为救中国必须在马克思主义指导下通过创立中国共产党来领导人民进行反帝反封建的民族民主革命，并朝着社会主义的方向迈进。1921年3月20日，李大钊在《评论之评论》上发表了《中国的社

---

①② 习近平：《在庆祝中国共产党成立九十五周年大会上的讲话》，引自《论中国共产党历史》，中央文献出版社2021年版，第117页。

会主义与世界的资本主义》一文，明确指出中国只有用社会主义方式才能发展实业，才能使中华民族真正摆脱世界资本主义的压迫和剥削。李大钊被捕后，作《狱中自述》，其中写道，"钊自束发受书，即矢志努力于民族解放之事业"，并说明为何青年时期便开始深研政理："钊感于国势之危迫，急思深研政理，求得挽救民族、振奋国群之良策"。在生命最后时刻，他说："惟吾中国，自鸦片战役而后，继之以英法联军之役，太平天国之变，甲午之战，庚子之变，乃至辛亥革命之变，直到于今，中华民族尚困轭于列强不平等条约之下，而未能解脱"，①体现了壮心不已的忧国情怀。李大钊是一位伟大的马克思主义爱国主义者，他忧国之所忧，哀民之所哀，下定决心为挽救"神州陆沉""再造中华"而努力奋斗，始终把自己的学识与拯救国家和民族的命运紧紧联系在一起。

出于救国救民和振兴民族的历史使命感和责任心，中国共产党成立后便致力于反帝反封建的民族民主革命，把"为中国人民谋幸福""为中华民族谋复兴"视为自己的初心，勇敢地承担起开展工农运动的任务，并与国民党开展第一次合作，掀起了反对帝国主义和北洋军阀的北伐战争。正当北伐战争向前发展的紧要关头，以蒋介石、汪精卫为代表的国民党反动派先后发动了"四一二反革命政变"和"七一五反革命政变"，疯狂屠杀共产党人和革命者。1927 年 3 月至 1928 年上半年，有 2.6 万名共产党员被反动派杀害②，中国共产党在险境中奋起对抗。以毛泽东为主要代表的中国共产党人毅然在湘赣边界发动了秋收起义，以反抗国民党的反革命大屠杀。尽管起义失败了，但中国共产党依旧没有丧失对革命理想的信心，毛泽东率领起义部队重新整编来到井冈山，在极其困苦的条件下，建立起中国第一个农村革命根据地，开创出一条农村包围城市、武装夺取政权的全新革命道路。

正是出于为人民谋幸福和为民族谋复兴的初心和使命，中国共产党人甘愿奉献自己的一切。方志敏在狱中写下了《可爱的中国》这一爱国主义名篇，对民族民主革命与爱国主义的关系做出了深刻的论证，指出自己献身民族民主革命就是为了工农阶级的利益，而工农阶级的利益与中华民族的利益是共同的一致的，所以方志敏郑重地指出："真正为工农阶级谋解放的人，才正是为民族谋解放的人，说我不爱中国不爱民族，那简直是对我一个天大的冤枉了"。③ 革命就是要"从崩溃毁灭中，救出中国来，从帝国主义恶魔生吞活剥下，救出我们垂死的母亲来"④，我们不能变成无母亲的孩子，没有母亲的孩子只会更受人欺负和侮辱。所以他要投身革命，只为了救出垂死的母亲。方志敏深情地写道："假如我还能

---

① 李大钊：《狱中自述》，引自《李大钊全集》第五卷，人民出版社 2006 年版，第 226～230 页。
② 《中国共产党历史》第一卷上册，中共党史出版社 2002 年版，第 294～295 页。
③ 方志敏：《可爱的中国》，引自《方志敏文集》，人民出版社 1985 年版，第 122 页。
④ 方志敏：《可爱的中国》，引自《方志敏文集》，人民出版社 1985 年版，第 136 页。

生存，那我生存一天就要为中国呼喊一天；假如我不能生存——死了，我流血的地方，或者我瘗骨的地方，或许会长出一朵可爱的花来，这朵花你们就看作是我的精诚的寄托吧！"① 狱中的方志敏相信，中国因为有无数像他一样的共产党人的接续奋斗一定会有一个可赞美的光明前途。"到那时，到处都是活跃跃的创造，到处都是日新月异的进步，欢歌将代替了悲叹，笑脸将代替了哭脸，富裕将代替了贫穷，康健将代替了疾苦，智慧将代替了愚昧，友爱将代替了仇杀，生之快乐将代替了死之悲哀，明媚的花园将代替了凄凉的荒地！这时，我们民族就可以无愧色的立在人类的面前，而生育我们的母亲，也会最美丽地装饰起来，与世界上各位母亲平等的携手了。"② 他呼吁爱国同胞和革命者要把自己的生命同拯救祖国的事业有机地联系起来，通过革命谋求民族的解放和国家的独立，绝不能让伟大的祖国灭亡于帝国主义之手。

1936 年 12 月，毛泽东写作了《中国革命战争的战略问题》一文，从中国共产党的性质、宗旨和共产党人的政治品质以及中国共产党人在革命战争中所做出的最大牺牲等方面对中国共产党人为民族求解放、谋复兴的初心使命做出了深刻的论证和阐释。中国共产党用自己建党以来为国家、为民族、为人民谋利益、求解放和流血牺牲的事实"在全国人民面前，表示了自己是人民的朋友，每一天都是为了保护人民的利益，为了人民的自由解放，站在革命战争的最前线"。又说："中国共产党以自己艰苦奋斗的经历，以几十万英勇党员和几万英勇干部的流血牺牲，在全民族几万万人中间起了伟大的教育作用"。③ 中国共产党人致力于中国的救亡图存和振兴中华的神圣使命，始终站在保种卫族和振救国家的最前列，进而赢得了中华民族绝大多数成员发自内心的认可和追随。

抗日战争时期，中国共产党人出于民族大义，与国民党展开第二次国共合作，并成为敌后抗日的主要力量，延安成为中国革命的希望和大批进步青年向往的革命圣地。1945 年 4 月，毛泽东在《论联合政府》的报告中强调中国共产党领导的军队"是为着广大人民群众的利益，为着全民族的利益，而结合，而战斗的。"④ 为了全民族的解放事业，中国共产党顾全大局，坚持人民利益至上，以爱国主义为号召，紧密团结所有爱国人士一同救国，凝聚全民族的爱国力量共同抵抗侵略，形成了空前广泛的抗日民族统一战线。

解放战争时期，中国共产党人为了民族的解放和独立，发起了"打倒蒋介石，解放全中国"的革命战争，并于 1949 年 10 月在北京建立了中华人民共和

---

① ② 方志敏：《可爱的中国》，引自《方志敏文集》，人民出版社 1985 年版，第 142 页。

③ 毛泽东：《中国革命战争的战略问题》，引自《毛泽东选集》第一卷，人民出版社 1991 年版，第 184~185 页。

④ 毛泽东：《论联合政府》，引自《毛泽东选集》第三卷，人民出版社，1991 年版，第 1029 页。

国。中华人民共和国的成立，"彻底结束了旧中国半殖民地半封建社会的历史，彻底结束了旧中国一盘散沙的局面，彻底废除了列强强加给中国的不平等条约和帝国主义在中国的一切特权，实现了中国从几千年封建专制政治向人民民主的伟大飞跃"①，开启了中华民族伟大复兴的历史进军。

"没有共产党就没有新中国"是被中国革命证明的真理，也确证着中国共产党人以救国救民、振兴民族为己任，书写了中国共产党人爱国主义的辉煌史诗。只有中国共产党人团结带领中国人民才真正实现了"中华民族从东亚病夫到站起来的伟大飞跃"。② 事实雄辩地证明，中国共产党人是最坚定、最彻底的爱国主义者，中国共产党具有最伟大的爱国精神和爱国力量。没有共产党就没有新中国是被中国革命历史所证明的绝对真理。

二、中国共产党人是重塑民族精神的中流砥柱

民族精神是一个民族赖以生存和发展的精神支撑。在五千多年的历史发展过程中，中华民族形成了以爱国主义为核心的团结统一、爱好和平、勤劳勇敢、自强不息的伟大民族精神。中国共产党在新的历史时期极大地弘扬和光大了民族精神，成为重塑民族精神的中流砥柱。

在内忧外患中诞生和成长起来的中国共产党，自成立之日起就把实现中华民族伟大复兴作为自己的历史使命，捍卫民族独立最坚定，维护民族利益最坚决，反抗外来侵略最勇敢，将中华民族精神发展到一个新的阶段和水平。"中国共产党通过艰苦卓绝的斗争取得了惊天动地的胜利，不但使中华民族达到前所未有的历史高度，探测到前所未识的时代广度，而且培养出一大批天不怕地不怕、神不怕鬼不怕的共产党人，告别了长期延污的颓丧萎靡之气，完成了中华民族的精神洗礼"。③ 在中国共产党的历史上，产生了一批又一批不怕苦不怕死，只为心中的主义和信仰的革命先烈和仁人志士。"中国共产党之所以叫共产党，就是因为从成立之日起我们党就把共产主义确立为远大理想。我们党之所以能够经受一次次挫折而又一次次奋起，归根到底是因为我们党有远大理想和崇高追求"。④ 无

---

① 习近平：《在庆祝中国共产党成立九十五周年大会上的讲话》，引自《论中国共产党历史》，中央文献出版社 2021 年版，第 117 页。

② 习近平：《在纪念马克思诞辰二百周年大会上的讲话》，引自《论中国共产党历史》，中央文献出版社 2021 年版，第 201 页。

③ 金一南：《中国梦：从民族救亡到民族复兴》，引自玛雅：《道路自信：中国为什么能》，北京联合出版公司 2013 年版，第 394 页。

④ 习近平：《在庆祝中国共产党成立九十五周年大会上的讲话》，引自《论中国共产党历史》，中央文献出版社 2021 年版，第 123 页。

论在革命战争年代还是和平建设时期，中国共产党人都表现出了为中国人民谋幸福、为中华民族谋解放的崇高的民族精神，并以其敢于担当、敢于奉献、舍生忘死、前仆后继、鞠躬尽瘁、死而后已的精神禀赋和气质成为近代以来重塑民族精神的核心力量。

中国共产党自成立后，就义无反顾地承担起为人民谋幸福、为民族求解放的历史重任，开展反帝反封建的民族民主革命，以自己最大的诚意、最大的牺牲致力于民族的解放和复兴。从第一次国内革命战争到第二次国内革命战争时期，中国共产党人开展工农运动、武装起义和革命根据地建设，形成了星火燎原的革命形势，极大地振奋了民族精神，赢得了人民群众的支持和拥戴。抗日战争时期，中国共产党人以自己抗战到底的坚定决心和正确主张，秉持民族大义，激起全中国人的民族自尊心和责任感，燃起了全民族救亡图存的希望，在血与火的洗礼中重塑了中华民族精神，展现出伟大的爱国主义精神，激发和弘扬了中华民族抗暴御侮、血战保国的精神传统，实现了中华民族意识的大觉醒和精神的大弘扬。在抗日军政大学第四期第三大队开学典礼上的讲话中，毛泽东寄语抗大学员："你们要为中华民族的解放，为建设新中国而永不退缩，勇往直前……所以第一个决心是要牺牲升官，第二个决心是要牺牲发财，第三要更下一个牺牲自己生命的最后的决心！"[1] 抗日战争时期，中国共产党人以最富于牺牲精神的爱国主义和最顽强彻底的拼搏精神，成为夺取抗战胜利的民族先锋，激起了中国人"捐躯赴国难，视死忽如归"的爱国豪情。

中国共产党人在长期艰苦卓绝的奋斗历程中，将中华民族勤劳勇敢、吃苦耐劳的民族精神发扬光大，形成了自力更生、艰苦奋斗的光荣传统和创业精神。毛泽东盛赞"永久奋斗"的精神，认为它既是中华民族传统的伦理精神，又是新时代抗日救亡必定要取得胜利的精神。只有弘扬"永久奋斗"的精神，才能赢得抗日战争的胜利，建设一个独立、自由、富强和统一的新中国。新中国成立以后，正是靠着这种自力更生、艰苦奋斗的精神，中国共产党人带领中国人民才能在一穷二白的基础上，建立独立且颇具生机与活力的国民经济体系，极大地改变了中国的面貌。改革开放以来，中国共产党人又带领中国人民开始了一次新的历史性的伟大革命，探索出了一条中国特色社会主义道路，并形成了中国特色社会主义理论体系，进一步建立和健全了中国特色社会主义制度，极大地彰显了中国特色社会主义的道路自信、理论自信和制度自信。在风云变幻的国际环境下，坚持独立自主的外交政策，维护国家主权、民族尊严和国家利益，提高了中国在国际舞

---

[1]　毛泽东：《在抗大应当学习什么？》，引自《毛泽东文集》第二卷，人民出版社 1993 年版，第 119 页。

台上的地位，为世界和平与发展做出巨大贡献，赢得了世界上一切爱好和平的国家和人民的尊敬。

三、中国共产党人是最坚定的爱国者

中华民族爱国主义精神源远流长，博大精深，但在中国现当代历史过程中，只有中国共产党人才是最真诚的爱国者、最坚定的爱国者和最彻底的爱国者，为了民族的解放、国家的独立和人民的幸福不遗余力地"艰苦奋斗""永久奋斗"，牺牲了自己无数的优秀儿女，做出了感天动地、惊天动地的可以载入史册的卓越贡献。

中国共产党自成立之日起，就义无反顾肩负起实现中华民族伟大复兴的历史使命，历经艰苦卓绝的斗争，推翻了"三座大山"，完成新民主主义革命，实现民族独立。新中国成立后，又在一穷二白的基础之上攻坚克难，完成社会主义革命，实现中华民族有史以来最为广泛而深刻的社会变革；中国在阔步向前迈进过程中，开辟出一条中国特色社会主义道路。

新民主主义革命时期、社会主义革命和建设时期、改革开放和社会主义现代化建设新时期，中国共产党先后完成和推进了三件大事：一是在救亡图存的革命中建立新中国；二是在建设新中国的过程中振兴中国；三是在改革开放新时期致力建设富强、民主、文明、和谐的现代化强国，从根本上改变了中华民族和中国人民的前途命运。

第一件大事是在救亡图存的革命中建立新中国，完成了新民主主义革命的历史任务。在那个内忧外患、风雨如晦的年代，中国共产党紧紧依靠人民并在马克思主义的指导下经过28年艰苦奋斗、流血牺牲，终于打败了日本帝国主义的侵略，推翻了国民党反动派的统治，建立了中华人民共和国。中国共产党人是最真诚的爱国主义者，以自己几十年艰苦奋斗的经历和几十万党员的流血牺牲在全体中国人民心目中矗起了一盏盏指路明灯，造就了在民族敌人入侵的紧急关头中国救亡图存的有利条件和坚实基础。中国革命战争需要中国共产党的领导也离不开中国共产党的领导。中国共产党的领导是中国革命战争必然要胜利的根本保证。新中国的成立，使人民群众成为国家、社会和自己命运的主人，中华民族从此开启了新的历史纪元。可以说，第一件大事的完成彰显着中国共产党人爱国主义的精神光辉。

第二件大事是在新中国聚力开展社会主义革命和建设，建立起了社会主义国家制度和国民经济体系。在社会主义革命和社会主义建设的火热年代，中国共产党人带领全国人民迅速地荡涤旧世界留下的污泥浊水，治理好战争的创伤，并开

启了勤劳节俭、勤俭建国、艰苦奋斗和建设"一个强大的高度社会主义工业化的国家"① 的新的历史，共产党人涌现出了一大批心系社会主义建设的时代楷模、劳动模范，铁人王进喜、共产主义战士雷锋、县委书记的榜样焦裕禄以及从事两弹一星研制的科技工作者即是最杰出的代表。

第三件大事是在改革开放新时期致力建设富强、民主、文明、和谐的现代化强国，迎来实现中华民族伟大复兴的光明前景。以邓小平、江泽民、胡锦涛、习近平为代表的中国共产党人带领中国人民致力于改革开放和社会主义现代化建设，成功找到了一条适合中国国情的社会主义现代化建设道路，创立并发展起了既继承马克思主义的科学社会主义基本原理又与时俱进地发展马克思主义的科学社会主义精神的中国特色社会主义理论体系，建立并健全了既反映社会主义的本质要求又凸显当代中国具体实际的中国特色社会主义制度，发展起了既继承中华优秀传统文化精华和中国近代革命文化优秀成果又推进和创新社会主义先进文化的中国特色社会主义文化体系，使中华民族实现了从站起来到富起来再到强起来的历史性跨越，中国日趋进入世界舞台的中央，中华民族伟大复兴的曙光初露。

这三件大事是在中国共产党的领导下独立完成的，凝聚着中国共产党人的智慧、心血和精神，确证着中国共产党人是最坚定、最自觉、最彻底的爱国主义者。正是由于中国共产党人的爱国主义精神及其行为实践，使得祖国的面貌、中国社会的面貌、中华民族的面貌均发生了历史性的巨大变化。中国共产党自成立以来的百年历史，始终不改"为民族谋复兴"，"为人民谋幸福"和"为国家谋富强"的初心和使命。百年来，中国共产党团结带领全国各族人民取得了新民主主义革命的伟大胜利，使中国人民站起来了，实现了民族独立和人民解放；团结带领全国各族人民推进社会主义建设和改革开放的伟大实践，使中国人民富裕起来了，实现了国家富强和人民当家作主。继之又在富起来的基础上向着强起来的目标攀越，开启了中华民族不断发展壮大、走向伟大复兴的历史征程。"如果没有中国共产党领导，完成民族独立和解放的任务就可能拖得更久、付出的代价更大，我们的国家更不可能取得今天这样的发展成就、更不可能具有今天这样的国际地位。坚持党的全面领导，是国家和民族兴旺发达的根本所在，是全国各族人民幸福安康的根本所在"。②

中国共产党人是坚定的爱国者，"中国共产党自成立之日起就把实现中华民族伟大复兴作为自己的历史使命，捍卫民族独立最坚定，维护民族利益最坚决，

---

① 毛泽东：《在中国共产党全国代表会议上的讲话》，引自《毛泽东文集》第六卷，人民出版社1999年版，第390页。

② 习近平：《在纪念中国人民抗日战争暨世界反法西斯战争胜利七十五周年座谈会上的讲话》，引自《习近平论中国共产党历史》，中央文献出版社2021年版，第281页。

反抗外来侵略最勇敢"。① 中国共产党人把对祖国和人民的忠诚与热爱，化作强烈的社会责任和真诚的奉献精神，化作坚定的报国之志和无私无畏的效国之行，获得了人民群众源源不断的热爱和拥护。新时代的中国共产党人在各自的本职岗位上，也是将自己的爱国之情、报国之志自觉地融入国家改革发展的伟大事业之中，团结带领中国人民攻克了一个又一个艰难险阻，取得了一个又一个历史性的伟大胜利。

"没有共产党，就没有新中国。有了共产党，中国的面貌就焕然一新。这是中国人民从长期奋斗历程中得到的最基本最重要的结论。"② 在当代中国，没有任何一种力量能够代替中国共产党。实践一再证明："我们人民的团结，社会的安定，民主的发展，国家的统一，都要靠党的领导"，"在中国这样一个大国，没有共产党的领导，必然四分五裂，一事无成"。③

中国共产党以对现代中国做出的卓越贡献而成为改变中国命运、促进中国富强和实现中华民族伟大复兴的中流砥柱，也抒写了一部无与伦比的爱国主义的伟大史诗。从某种意义上说，新生的中华人民共和国，新生的社会主义中国和社会主义现代化中国，都是跟中国共产党人的爱国之心、救国之志、报国之情和效国之行密切联系在一起的。中国共产党团结带领中国人民顽强奋斗所取得的辉煌成就，不仅"使具有五千多年文明历史的中华民族全面迈向现代化，让中华文明在现代化进程中焕发出新的蓬勃生机"，④ 而且"使具有五百年历史的社会主义主张在世界上人口最多的国家成功开辟出具有高度现实性和可行性的正确道路，让科学社会主义在 21 世纪焕发出新的蓬勃生机"，⑤ 更使具有 70 多年历史的新中国在改革开放短短 40 多年里摆脱贫困并跃升为"世界第二大经济体，彻底摆脱被开除球籍的危险，创造了人类社会发展史上惊天动地的发展奇迹，使中华民族焕发出新的蓬勃生机"。⑥ 接续 5 000 年中华文明，继承并创新 500 年社会主义文明，开创和发展新中国 70 多年辉煌历史和新型文明，都是中国共产党所做出的卓越贡献，也确证着中国共产党人"为人民谋幸福""为民族谋复兴"的爱国主义精神。由此可见，热爱中国共产党，拥护中国共产党的领导，就是当代中国爱国主义的时代强音。那种把爱党与爱国割裂开来的观点无疑是极其错误的，必须

---

① 习近平：《在纪念中国人民抗日战争暨世界反法西斯战争胜利七十五周年座谈会上的讲话》，引自《论中国共产党历史》，中央文献出版社 2021 年版，第 277 页。

② 江泽民：《在庆祝中国共产党成立八十周年大会上的讲话》，引自《江泽民文选》第三卷，人民出版社 2006 年版，第 266 页。

③ 邓小平：《党和国家领导制度的改革》，引自《邓小平文选》第二卷，人民出版社 1994 年版，第 342、358 页。

④⑤⑥ 习近平：《在庆祝中国共产党成立九十五周年大会上的讲话》，引自《论中国共产党历史》，中央文献出版社 2021 年版，第 118 页。

予以批判和抵制。

第二节　热爱中国特色社会主义是当代
中国爱国主义的价值主旨

近代以来，中国人民饱受西方列强的侵略凌辱，中华民族几度面临亡国灭种的危险。为了实现民族独立、人民解放、国家富强，无数志士仁人前仆后继、上下求索、英勇奋斗，并在向西方学习过程中提出了种种资产阶级共和国的方案，但是以资产阶级共和国的方案救国总是行不通，无论是器物层面的洋务运动，还是政制层面的维新变法抑或是用革命手段推翻清朝的辛亥革命，虽然都有历史的进步意义，但是又都失败了。只有中国共产党选择的马克思主义和追求社会主义前途、建设社会主义国家的理论和实践取得了胜利，历史性地开启了中华民族不断发展壮大、走向伟大复兴的进军。"历史和现实都告诉我们，只有社会主义才能救中国，只有中国特色社会主义才能发展中国，这是历史的结论、人民的选择。"①

一、中国走社会主义道路是历史的必然

一部中国近代史从其本质上看既是一部帝国主义侵略和奴役中国人民的战争史和中国人民的苦难史，也是一部中国人民奋起反抗，进行不屈不挠斗争的革命史和不断探寻救国救民真理的进步史和成长史。1840 年鸦片战争以来，先进的中国人从洪秀全、严复、谭嗣同、梁启超到孙中山面对日趋深重的民族危机竞相开始向西方寻找救国救民的真理，把建立资产阶级性质的共和国作为济世良方。但是帝国主义的入侵打破了中国学习西方的迷梦。资本主义的救国方案在中国始终行不通，究其实质而言，帝国主义侵略中国的真实目的，绝不是要帮助中国发展资本主义，而是要把中国变成它们的殖民地或半殖民地。封建主义只会阻碍资本主义的发展，先天软弱的中国资产阶级也很难将自己的主张落到实处。历史以其血的代价告诉我们，在中国，资本主义道路走不通。第一，封建主义只愿意维护封建宗法和特权制度，不愿意也不想在中国发展资本主义，走资本主义道路。第二，帝国主义入侵中国的目的不是帮助中国发展资本主义，而是要把中国变成

---

① 习近平：《毫不动摇坚持和发展中国特色社会主义》，引自《习近平谈治国理政》第一卷，外文出版社 2018 年版，第 22 页。

它们的半殖民地和殖民地。因此帝国主义只会阻止中国走资本主义道路，决不允许中国发展成为一个独立富强的资本主义国家。第三，中国的资产阶级先天不足，后天不良，也不具备在中国建立资本主义国家和制度的能力、品质和勇气。他们既缺乏反帝反封建的勇气，更没有推翻封建统治，推翻帝国主义，争取民族独立的能力，只能依附于国际资本主义才能得以生存、发展。第四，中国的无产阶级深受帝国主义、封建主义和资产阶级的剥削和压迫，自然也不愿走资本主义道路。无产阶级登上历史舞台后，进行的民族民主革命是为争取社会主义的前途密切联系在一起的。

以毛泽东为主要代表的中国共产党人在开展新民主主义革命的实践中坚持把科学社会主义的普遍真理与中国革命的具体实践相结合，使中国的新民主主义革命同追求社会主义的前途密切联系在一起，从而既取得了新民主主义革命的胜利，又为向社会主义过渡奠定了基础。毛泽东在《新民主主义论》中区分了共产党人的现在纲领和将来纲领，认为新民主主义是现在纲领，社会主义是将来纲领，这是有机构成的两部分。"中国的民主革命，没有共产主义去指导是决不能成功的，更不必说革命的后一阶段了"。又指出："现在的世界，依靠共产主义做救星；现在的中国，也正是这样"。① 只有以共产主义做救星和指路明灯，中国的民主革命才能取得真正的胜利。社会主义是共产主义的第一阶段，以共产主义做救星实质上也就是只有社会主义才能救中国。所以，走社会主义道路是中国历史和中国社会发展的必然，是时代所趋，大势所向，人性所归。

二、只有社会主义才能救中国和发展中国

从 1840 年鸦片战争到 1949 年中华人民共和国成立的 109 年中，中国人民不屈不挠、前仆后继的救亡图存和自强保种的革命斗争，以铁一般的事实证明了资本主义在中国走不通，中国革命的前途只能是走社会主义道路。

中国共产党成立后，它就肩负起新民主主义革命的领导责任。经过四次革命战争，以无数革命者和人民的流血牺牲的沉重代价，到 1949 年，取得了新民主主义革命的伟大胜利，建立了中华人民共和国。新中国成立后，又成功地开展了社会主义改造和社会主义革命，建立起了一个社会主义国家，从此一个崭新的社会主义国家屹立在世界的东方。

社会主义的目的就是实现全体人民共同富裕，不是两极分化。从一定意义上讲，中国选择社会主义道路是中国社会历史深入发展的必然结果。1939 年 9 月，

---

① 毛泽东：《新民主主义论》，引自《毛泽东选集》第二卷，人民出版社 1991 年版，第 686 页。

毛泽东在会见斯诺时说：我们永远是社会革命论者，不是改良主义者。中国革命有上篇和下篇两篇文章，"文章的上篇如果不做好，下篇是没有法子着手做的"。① 1940年1月，毛泽东在《新民主主义论》中分析了新民主主义与社会主义革命是在共产主义思想体系指导下的有机构成部分，从而使中国社会革命思想更加完备。

新中国成立后，中国共产党人紧紧依靠人民群众完成了社会主义革命，确立了社会主义基本制度，并在社会主义建设中建立了一个独立且相对完整的国民经济体系。党的十一届三中全会以来，我们党总结社会主义建设经验，同时借鉴国际经验，以巨大的理论勇气、政治勇气、实践勇气实行改革开放，建设有中国特色的社会主义。邓小平紧紧抓住"什么是社会主义、怎样建设社会主义"这一根本问题，坚持认为只有走中国特色社会主义道路才能实现共同富裕。"如果搞资本主义，首先发生的就是无法解决十一亿人都有饭吃的问题。没有饭吃，中国人干吗？"所以，"中国不搞社会主义不行，不坚持社会主义不行"。② 中国只能搞有中国特色的社会主义。中国特色的社会主义就是要"坚持社会主义的发展方向，就要肯定社会主义的根本任务是发展生产力，逐步摆脱贫穷，使国家富强起来，使人民生活得到改善。没有贫穷的社会主义。社会主义的特点不是穷，而是富，但这种富是人民共同富裕"。③ 中国特色社会主义使我国成功实现了从高度集中的计划经济到充满活力的社会主义市场经济体制、从封闭半封闭到全方位开放的伟大历史转折，使一个具有古老文明的东方大国成为一个面向现代化、面向世界、面向未来的社会主义国家，巍然屹立在世界的东方。

只有社会主义才能救中国和发展中国，已经是一个被历史事实证明了的规律性命题和客观真理。社会主义制度、道路、理论和文化给现代中国带来了巨大福音，不仅挽救了中国，而且发展了中国，使中国在世界上的地位日趋重要、形象日趋高大，"近代历史上那种看不起中国人，看不起中国文化的时代应当完结了"，④ 中国从一个积贫积弱的国家迅速发展成为一个富强民主文明和谐美丽的社会主义现代化国家，并日趋进入世界舞台中央，在构建新的世界经济政治秩序和建设持久和平、共同繁荣的和谐世界中发挥着越来越重要的作用。

---

① 毛泽东：《同美国记者斯诺的谈话》，引自《毛泽东文集》第二卷，人民出版社1996年版，第243页。

② 邓小平：《我们有信心把中国的事情做得更好》，引自《邓小平文选》第三卷，人民出版社1993年版，第326页。

③ 邓小平：《思想更解放一点，改革的步子更快一些》，引自《邓小平文选》第三卷，人民出版社1993年版，第264~265页。

④ 毛泽东：《唯心历史观的破产》，引自《毛泽东选集》第四卷，人民出版社1991年版，第1516页。

三、爱国主义和社会主义的内在关联

新中国成立后，爱国主义与社会主义实现了高度的统一。三大改造完成后，新中国初步建立了社会主义基本制度，中国共产党开始了对社会主义道路的探索，社会主义制度的作用和影响日益遍及人们生活的方方面面，人们对国家的热爱已然包含对社会主义的热爱，并形成了社会主义爱国主义。社会主义爱国主义就是爱社会主义国家，"为了建设一个伟大的社会主义国家"。"我们这个国家建设起来，是一个伟大的社会主义国家，将完全改变过去一百多年落后的那种情况，被人家看不起的那种情况，倒霉的那种情况，而且会赶上世界上最强大的资本主义国家，就是美国"。① 在毛泽东看来，超过世界上最强大的资本主义国家美国不仅有可能，而且完全有必要，完全应该。"如果不是这样，那我们中华民族就对不起全世界各民族，我们对人类的贡献就不大"。② 我们的社会主义国家是在经济文化落后的基础上建立起来的，现在还是一个很穷的国家，这种状况不可能在短时间内有彻底的改变，因此特别需要艰苦奋斗，勤俭建国。毛泽东强调，"社会主义制度的建立给我们开辟了一条到达理想境界的道路，而理想境界的实现还要靠我们的辛勤劳动"。③ 社会主义爱国主义主张将个人前途命运与社会主义国家建设有机地结合起来，认识到"如果离开社会主义事业"，人们"就会无所依靠，而不可能有任何光明的前途"。④ 所以要诚心诚意地热爱社会主义中国。

改革开放以来，爱国主义与爱中国特色社会主义实现了深度融合。中国特色社会主义道路、理论、制度和文化不仅为当代中国爱国主义提供条件、舞台和保障，而且不断赋予当代中国爱国主义以新的义理、内容和精神机制，促进其境界更加高远，视域更加宽阔，功能更加完善，魅力更加无限。中国特色社会主义道路既坚持了科学社会主义基本原则，又符合我国国情和时代特点，深度融合了爱国主义与社会主义。以科学的理论为指导的中国特色社会主义道路，既为中国未来的发展指明了方向，也为社会主义的发展指明了新的方向。中国特色社会主义道路是符合我国国情的正确道路；是有机统一了科学社会主义理论逻辑和中国社会历史发展逻

---

① 毛泽东：《增强党的团结，继承党的传统》，引自《毛泽东文集》第七卷，人民出版社1999年版，第88~89页。

② 毛泽东：《增强党的团结，继承党的传统》，引自《毛泽东文集》第七卷，人民出版社1999年版，第89页。

③ 毛泽东：《关于正确处理人民内部矛盾的问题》，引自《毛泽东文集》第七卷，人民出版社1999年版，第226页。

④ 毛泽东：《关于正确处理人民内部矛盾的问题》，引自《毛泽东文集》第七卷，人民出版社1999年版，第231页。

辑的中国道路；是深度融合爱国主义与社会主义的与时俱进的中国道路。

中国特色社会主义制度是当代中国发展进步的根本制度保障，鲜明的中国特色与明显的制度优势是当代中国爱国主义的强大制度支撑。中国特色社会主义制度建设在实践中不断取得新的巨大成就，让全国各族人民对中国特色社会主义制度的热爱更加坚定。有着鲜明的中国特色与明显的制度优势的中国特色社会主义制度，为当代中国爱国主义提供强大制度支撑。

社会主义赋予爱国主义崭新的内涵，使爱国主义具有更广泛的社会基础和更高尚的思想境界。一方面，在当代中国，爱国主义的社会基础空前地广泛。尽管还存在非对抗性的人民内部矛盾，但是广大人民群众的利益在根本上是一致的，并且在中国共产党这一主心骨的团结领导下，我们形成了持续巩固和不断发展的历史上最广泛的爱国统一战线，有效地凝聚了各党派、各团体、各民族、各阶层、各界人士的爱国主义智慧和力量。另一方面，在当代中国，爱国主义注入了社会主义内容，使得爱国主义超越了狭隘的民族主义，有着更高的思想境界。第一，展现为爱国主义与国际主义相结合，不仅对自己国家有着强烈的认同感、自豪感和忠诚感，而且会合理关切他国利益，维护世界和平。构建人类命运共同体的伟大实践——"一带一路"建设，是中国同世界上众多国家携手努力的共同行动，加强了国家间的政治互信，经济互融，人文互通，谋求各国合作的最大公约数，将沿线各国人民紧密地联系在一起，使得各国人民的参与感、获得感和幸福感与日俱增。第二，随着我们的国家日益富强，中国逐渐走近世界舞台中央，我们的民族自信心高涨，展现为摆脱狭隘的民族主义的非理性，转向更加理性地爱国。尤其是在付诸爱国主义实践时，人们更多地采取理性的行为而非暴力式的非理性行动，从本职岗位做起，把爱国之情、报国之志融入祖国改革发展的伟大事业之中，为实现"两个一百年"奋斗目标、实现中华民族伟大复兴的中国梦，贡献自己的智慧和力量。

爱国主义为中国特色社会主义发展提供不竭的精神动力。当代中国的爱国主义就是爱社会主义新中国和社会主义现代化建设的朝气蓬勃的新中国。当代中国爱国主义作为一种精神动力和价值源泉能够激励人们奋发有为地投身于社会主义现代化建设事业，为建设一个富强民主文明和谐的社会主义现代化国家而努力奋斗。

第三节　爱国和爱党、爱社会主义统一是当代中国爱国主义的根本特质

在当代中国，爱国和爱党、爱社会主义呈现出高度一致性，三者统一于中国

特色社会主义的伟大实践。当代中国爱国主义就是要把爱国与爱党、爱社会主义有机地统一起来，热爱中国共产党领导下的社会主义新中国。爱国与爱党、爱社会主义的有机统一既是当代中国爱国主义的核心内容，又是其根本特质。任何把爱国与爱党或把爱国与爱社会主义割裂开来的认识和做法都是对当代中国爱国主义精神的扭曲和背叛，也是对伟大祖国、新生的人民共和国和伟大的中国人民、中国文化的背叛和不忠。

第一，当代中国爱国主义要求坚持爱国和爱党的统一。没有共产党就没有新中国，没有共产党就没有中国特色社会主义是被历史一再证明并将继续证明的真理。中国共产党在社会主义建设和改革开放中始终为维护祖国统一，代表人民利益，为人民谋幸福不懈探索和努力奋斗，赢得了最广大人民发自内心的拥护与爱戴。无论是新中国的成立，还是新中国的建设及其改革开放所取得的历史性成就，都是同中国共产党的领导密不可分地联系在一起的。新时代弘扬爱国主义必须把党的领导贯彻和体现到改革发展稳定、内政外交国防、治党治国治军等各个领域。只有真正深刻认识到中国共产党对伟大祖国和中华人民共和国的历史性巨大贡献才能使当代中国爱国主义具有最真实、最丰富和最具发展性的内容，不爱中国共产党势必抽去当代中国爱国主义的实质内容，同时也使当代中国爱国主义失去道义支撑和价值拱心石。所以当代中国爱国主义必须而且应当把热爱中国共产党和拥护中国共产党的领导作为自己的价值始基、核心内容和根本保障，这样的爱国主义才是真实、丰富和有生命力的。

第二，当代中国爱国主义要求坚持爱国和爱社会主义的统一。社会主义制度的确立，使中华民族摆脱了任人宰割的历史命运，摆脱了国家四分五裂的境地，赢得了民族的独立和尊严，加强了中华民族的凝聚力和向心力。当代中国之所以能够取得经济快速发展和社会长期稳定的巨大成就，之所以能够用几十年的时间走完了发达资本主义国家几百年的发展历程，之所以能够日趋进入世界舞台中央，对世界作出重大贡献，最根本的原因在于开辟了中国特色社会主义发展道路，形成了中国特色社会主义理论体系，健全并发展了中国特色社会主义制度，建设并发展起了中国特色社会主义文化。科学社会主义在 21 世纪的中国焕发出了新的蓬勃发展生机，中国特色社会主义现代化建设为人类实现现代化提供了新的选择。坚持爱国主义与爱社会主义的统一，是新时代爱国主义的必然要求。坚定不移走社会主义道路，进一步发展完善中国特色社会主义理论体系，巩固和完善中国特色社会主义制度，铸就社会主义文化新辉煌，是当代中国爱国主义的内在要求和集中体现。

第三，当代中国爱国主义要求坚持爱国和爱党、爱社会主义的统一。中国共产党人既是彻底的爱国主义者，又是坚定的社会主义者，中国共产党人将爱国和爱党、爱社会主义有机地融合在自身主体人格上。爱国和爱党、爱社会主义的融合是具体的而不是抽象的，是每个人实实在在能够做到的。人的本质不是单个人的抽象物，而是一切社会关系的总和。我们最亲爱的家人、朋友和恩人，所有我们最热爱和最尊敬的人，都与我们的国家、党、社会主义有着紧密的联系，他们的安全和幸福都在一定程度上依赖于中国共产党领导下的社会主义新中国的富强繁荣，国家富强繁荣，我们自身也会由衷地感到荣耀。并且，将自己的生命融贯在爱国和爱党、爱社会主义之中，自身的价值也得以显现和升华。所以，爱国和爱党、爱社会主义有机地融合在中国共产党人的主体人格上，更是能够有机地融合在我们每一道德主体的生命之中。

第四，在当代中国，爱国和爱党、爱社会主义都始终围绕着实现民族富强、人民幸福而发展，最终汇流于中国特色社会主义。爱国主义不是抽象的，而是具体的、历史的，在当代中国，热爱祖国就是对中国共产党领导下的社会主义新中国的热爱。热爱祖国，即是将自己与祖国之间保有同一的伦理精神，而这种同一与人的存在方式有着密切且割舍不了的关系，也就是说同一是时间和空间上的同一。时间维度上的同一，即热爱自己的祖国，就是热爱当下的祖国，只有在当下，个人才能付诸热爱的行动，才有行动的对象。而当下的祖国就是中国共产党领导下的社会主义新中国。当代的爱国主义主题就是坚持和发展新时代中国特色社会主义，建设社会主义现代化强国，实现中华民族伟大复兴。在空间维度上的同一，更是不言而喻，爱祖国的大好河山、爱自己的骨肉同胞、爱祖国的灿烂文化、爱自己的国家。所以，从爱国主义进路出发，当代中国的爱国主义就包含了热爱中国共产党，热爱社会主义，三者是有机融合的整体，只要付诸了爱国主义行动，行动中就已经融贯了爱国和爱党、爱社会主义。

第四节　维护国家统一和民族团结是当代中国爱国主义的内在要求

爱国主义是中国人民和中华民族维护国家统一和民族团结的强大精神动力。在民族危亡之际，国难当头之时，爱国情怀对于维护民族独立和民族尊严是重要的保障。爱国主义焕发民众的斗志，凝结人们对祖国的热爱，动员不同的社会力量，凝聚不同信仰、不同阶层的人们，众志成城，团结一心，形成巨大的合力。和平时代爱国情怀和革命精神促进了中国社会发展、中华民族的振兴，促进了人民幸福的实现。爱国主义使中华文明得以延续，得以繁荣昌盛。爱国主义的传承与发扬，将会使更多的人投身到爱国、报国、兴国的洪流当中。维护民族团结和国家统一是发展进步的基石。

一、维护国家统一是中华爱国主义的价值共识

我们伟大的祖国是中华各民族共同缔造的一个国家，在几千年的历史发展中形成了热爱祖国、崇尚统一、维护统一的爱国主义传统。统一始终是中国历史发展的主流，始终是中华民族的最高利益和全体中国人的共同价值观。国家统一是正确的祖国观的核心和精髓，中国的统一事关中华民族的感情、信仰、意志和命运。中华民族历史形成的国家观是建立在中华文明基础之上、主权单一、领土完整、多民族的统一国家。它的精髓是"大一统"观念。国家统一的理念已渗透于中华民族的血液之中，成为人们的一致价值取向与理想追求。"盖自有《公羊》大一统学说以来，深入人心，遂天下以中国之一统为常，而以分裂为变"。[①] 人们总是把分裂看作是暂时的变动，而把统一看作是历史的必然，并且总是认为统一是国民之福，分裂是国民之害。南宋爱国诗人陆游写的《示儿》诗"死去原知万事空，但悲不见九州同。王师北定中原日，家祭无忘告乃翁"，表明了对国家统一的强烈眷注和终极关怀，表达了诗人至死念念不忘"北定中原"、统一祖国的深挚强烈的爱国激情。

中华人民共和国的成立实现了从旧中国向新中国的转变，也伴随着从传统国家到现代国家的转变，即从四分五裂到高度统一，从"一盘散沙"到"高度集中"的转变。毛泽东指出："我们的国家现在是空前统一的。资产阶级民主革命和社会主义革命的胜利，以及社会主义建设的成就，迅速地改变了旧中国的面貌。祖国的更加美好的将来，正摆在我们的面前。人民所厌恶的国家分裂和混乱的局面，已经一去不复返了。"[②] 然而，新中国成立后相当长的一段时间内，我国始终处在帝国主义的封锁包围之中。帝国主义、霸权主义及其他敌对势力，时刻没有忘记阻挠中国的发展与强大，他们不希望看到一个有巨大潜力的东方大国的崛起。新中国刚一成立，以美国为首的帝国主义竭力颠覆、封锁和包围中国，妄图把中国扼杀在摇篮里。毛泽东凭借维护国家主权和领土完整的铮铮铁骨和英雄胆略气概，对美国、印度、苏联等外国势力企图颠覆中国国家主权的挑衅行为坚决予以反击，坚决捍卫国家主权与领土的安全。新中国成立之后，"抗美援朝"保家卫国；"中印边境反击"寸土不让；"援越抗法、抗美"抑制侵略，安定周

---

① 杨向奎：《大一统与儒家思想》，北京出版社 2011 年版，第 271 页。
② 毛泽东：《关于正确处理人民内部矛盾的问题》，引自《毛泽东文集》第七卷，人民出版社 1999 年版，第 204 页。

边；保卫珍宝岛、打击霸权主义，表现了毛泽东以及以他为代表的中华儿女在强暴面前不屈不挠的坚强决心。20 世纪 80 年代，邓小平提出了解决台湾、香港和澳门问题，完成祖国统一大业的任务，强调指出："实现国家统一是民族的愿望，一百年不统一，一千年也要统一的。"① 邓小平深知维护祖国统一是全民族的意志和愿望。邓小平指出："港人治港有个界限和标准，就是必须由以爱国者为主体的港人来治理香港。未来香港特区政府的主要成分是爱国者……什么叫爱国者？爱国者的标准是，尊重自己民族，诚心诚意拥护祖国恢复行使对香港的主权，不损害香港的繁荣和稳定。"② 1986 年 9 月 2 日，邓小平在接受美国记者华莱士采访时说："凡是中华民族子孙，都希望中国能统一，分裂状况是违背民族意志的。"③ 1987 年 5 月 16 日，邓小平会见美国加州大学伯克利分校教授李远哲、哥伦比亚大学教授李政道和夫人时指出："台湾问题的解决，我们寄希望于台湾当局，寄希望于台湾人民。希望国家能早点统一。中国人脸上开始有光彩是什么时候？是新中国成立以后。祖国统一后，所有中华民族的子孙就不仅是站起来了，而且飞起来了"。④ 从 20 世纪 80 年代始，中国共产党一直将完成祖国统一同实现现代化和维护世界和平并列为"三大历史任务"。完成祖国完全统一是海峡两岸中华儿女的共同心愿。"台独"分裂势力损害国家主权和领土完整，两岸同胞必须理直气壮地同"台独"分裂势力作坚决的斗争。习近平指出："维护国家主权和领土完整，实现祖国完全统一，是全体中华儿女共同愿望，是中华民族根本利益所在。在这个民族大义和历史潮流面前，一切分裂祖国的行径和伎俩都是注定要失败的，都会受到人民的谴责和历史的惩罚。"⑤ 在新的历史时期，我们要把维护国家主权、领土完整和祖国统一作为重要的战略任务，坚决打击损害国家主权、领土完整和祖国统一的"疆独""藏独""港独"和"台独"分裂势力，坚决维护中国在南海的领土主权和海洋权益，确保我们伟大祖国的每一寸领土都绝对不能从中国分离出去。

对伟大祖国的认同，就是要牢固树立祖国统一的观念。祖国统一、民族团结，是各族人民之福；祖国分裂、民族离乱，是各族人民之祸。数千年来，深深植根于中华民族心中的爱国主义精神，已经成为维系着华夏大地上各民族团结统一的精神纽带。国家统一是正确祖国观的精髓。祖国统一是中华民族走向伟大复兴的历史必然。

---

① 邓小平：《一个国家，两种制度》，引自《邓小平文选》第三卷，人民出版社 1993 年版，第 59 页。

② 邓小平：《一个国家，两种制度》，引自《邓小平文选》第三卷，人民出版社 1993 年版，第 61 页。

③ 邓小平：《答美国记者迈克·华莱士问》，引自《邓小平文选》第三卷，人民出版社 1993 年版，第 170 页。

④ 《邓小平思想年编》（一九七五——一九九七），中央文献出版社 2011 年版，第 624 页。

⑤ 习近平：《在第十三届全国人民代表大会第一次会议上的讲话》，引自《习近平关于总体国家安全观论述摘编》，中央文献出版社 2018 年版，第 50 页。

二、民族团结是维护祖国统一、实现各民族共同发展的根本保证

民族平等和民族团结是马克思主义解决民族问题的基本原则。马克思主义民族平等观主张各民族一律平等，坚决反对民族压迫和民族歧视，要求无条件保护一切少数民族的权利，认为每个民族都在人类社会发展史上拥有不可否认的价值；绝对没有天生的"优等"和"劣等"民族之分。民族无论大小，都应享有生存和发展的权利。

中华民族和各民族的关系，是一个大家庭和家庭成员的关系，各民族的关系，是一个大家庭里不同成员的关系。以毛泽东、邓小平、江泽民、胡锦涛、习近平为代表的几代共产党人都十分重视民族团结，强调民族平等，使党的民族政策既一脉相承又与时俱进，大大强化了中华民族共同体意识。习近平指出，"我国是统一的多民族国家，一部中华民族史就是一部各民族团结凝聚、共同奋进的历史。民族团结是各族人民的生命线，也是十三亿多中国人民的共同意志。"① 第一，促进民族团结必须坚持中国共产党的领导。中国共产党的领导是民族工作成功的根本保证，也是各民族大团结的根本保证。第二，促进民族团结必须坚持和完善民族区域自治制度。加强民族团结，根本在于坚持和完善民族区域自治制度，关键是帮助自治地方发展经济、改善民生。第三，促进民族团结必须铸牢中华民族共同体意识，建设各民族共有精神家园。促进民族团结要求搞好民族团结进步教育，增强民族认同和文化认同，深入践行守望相助理念，促进各民族像石榴籽一样紧紧抱在一起。第四，促进民族团结必须坚持民族事务治理法治化。"用法律来保障民族团结"，这就要求我们坚持民族事务治理法治化。

在现实条件下，我们应该着眼于国家的稳定和各民族的团结进步，自觉做民族团结进步事业的维护者、推动者，这是当代中国的爱国主义对中华各民族群众的共同要求。

三、维护祖国统一和民族团结是国家最高利益和各族人民根本利益

毛泽东说："国家的统一，人民的团结，国内各民族的团结，这是我们的事

---

① 《在参加十二届全国人大五次会议新疆代表团审议时的讲话（2017 年 3 月 10 日）》，引自《习近平关于社会主义政治建议论述摘编》，中央文献出版社 2017 年版，第 173 页。

业必定要胜利的基本保证。"① 弘扬爱国主义精神，就是要更加坚定维护祖国统一和民族团结。"各民族之所以团结融合，多元之所以聚为一体，源自各民族文化上的兼收并蓄、经济上的相互依存、情感上的相互亲近，源自中华民族追求团结统一的内生动力。正因为如此，中华文明才具有无与伦比的包容性和吸纳力，才可久可大、根深叶茂。"②

祖国统一是大势所趋，民族团结来之不易，要像珍视自己的生命一样珍视祖国统一，像爱护自己的眼睛一样爱护民族团结，铸牢中华民族共同体意识。"千人同心则得千人之力；万人异心则无一人之用。"③ 一个民族，人口再多，如果拧不成一股绳，都无法称其为"强大"；一个国家，疆域再大，如果是一盘散沙，都难以被视为"大国"。历史从正反两个方面反复证明一个道理，团结才有力量，内讧必然衰败。在我们这么大一个国家，将利益多元、诉求多样的人们"组织起来"，并不是一件轻而易举的事情。但一旦14亿多人凝聚在一起，这个民族的潜能就难以限量，这个国家的力量就无坚不摧。民族团结和凝聚力是中国现代化建设的重要经验，也是中国现代化继续发展并实现中华民族伟大复兴之理想目标的重要支撑和力量源泉。

我们要清醒地认识到维护国家统一、民族团结的重要价值并采取一切办法去维护国家统一和民族团结，这不仅是国家最高利益之所在，也是全国各族人民的根本利益之所在。牢固树立各民族谁都离不开谁的思想，始终把国家统一放在至上的战略地位，打牢国家统一、民族团结的思想基础，为实现中华民族伟大复兴而共同奋斗。

此外，立足本国而又面向世界也是当代中国爱国主义的重要特征。当代中国的爱国主义坚持认为"爱国主义是世界各国人民共有的情感，实现世界和平与发展是各国人民共同的愿望"④，所以要求人们正确把握中国与世界的发展大势，统筹国内国际两个大局，既不妄自尊大也不妄自菲薄，将爱国主义与构建人类命运共同体有机地结合起来，涵养积极进取开放包容理性平和的国民心态，深刻洞察人类发展进步潮流，坚持胸怀天下的伦理原则，以海纳百川的宽阔胸襟借鉴吸收人类一切优秀文明成果，推动建设更加公正更加美好的世界，为人类作出更大的贡献。

① 毛泽东：《关于正确处理人民内部矛盾的问题》，引自《毛泽东文集》第七卷，人民出版社1999年版，第204页。

② 习近平：《在全国民族团结进步表彰大会上的讲话》，人民出版社2019年版，第7页。

③ 《淮南子·兵略训》。

④ 《新时代爱国主义教育实施纲要》，人民出版社2019年版，第18页。

第二编

当代中国爱国主义的重大现实问题研究

当代中国以中华民族伟大复兴的中国梦为主题的爱国主义面临着世界百年未有之大变局的时代情势，面临着全球化、信息化与多极化的冲击与挑战，也面临着民族主义与世界主义等思潮的挑战与影响，同时面临着民粹主义、民族分裂主义、历史虚无主义等思潮的严重冲击与破坏性影响。本编从弘扬爱国主义的重大现实问题出发，分析探讨世界百年未有之大变局的时代内涵及其对爱国主义的深刻影响，全面阐释全球化、信息化、多极化条件下爱国主义面临的种种挑战及所带来的发展机遇，系统论述民族主义与爱国主义、世界主义与爱国主义的联系与区别，深刻揭露民粹主义、民族分裂主义、历史虚无主义等错误思潮对爱国主义的攻击、污蔑及其所造成的破坏性影响，主张以应战迎接挑战，于变局中开新局，在世界百年未有之大变局中不断锻铸爱国主义的精神风骨，建构起一种既为中华民族谋复兴又为人类世界求大同的健康而开明的当代中国爱国主义。

第五章

"世界百年未有之大变局" 与爱国主义

当代世界正面临着"百年未有之大变局"，人类何去何从的问题以空前尖锐的方式呈现出来，这不仅推动人们反思历史，更推动人们关注现实和展望未来。"世界处于百年未有之大变局"，是历史发展得出的结论，符合马克思主义关于人类历史发展规律的认识。"变"在何处？百年未有之大变局，变就变在前所未有、百年罕遇，变就变在立破并举、涤旧生新。这个大变局，概括起来说，就是当前国际格局和国际体系正在发生深刻调整，全球治理体系正在发生深刻变革，国际力量对比正在发生近代以来最具革命性的变化。即世界经济重心正在加快"自西向东"位移；新一轮科技革命和产业变革正在重塑世界；新兴市场国家和发展中国家国际影响力不断增强，国际力量对比更趋均衡；全球治理的话语权越来越向发展中国家倾斜，全球治理体系越来越向着更加公正合理的方向发展；世界文明多样性更加彰显，世界各国开放包容、多元互鉴成为主基调。

第一节 "世界百年未有之大变局" 的时代内涵

"世界百年未有之大变局"是习近平主席站在人类历史进程的高度，以大国领袖的担当，对世界发展大势做出的重大战略判断，在当前复杂变化的时代具有举旗定向的重要意义。2017 年 12 月 28 日，习近平在接见回国参加驻外使节工作会议的全体使节时发表重要讲话首次提出"放眼世界，我们面对的是百年未有之

123

大变局"①。2018 年 6 月，习近平在中央外事工作会议上指出："当前，我国处于近代以来最好的发展时期，世界处于百年未有之大变局，两者同步交织、相互激荡"。② 2018 年 7 月 25 日，习近平出席在南非约翰内斯堡举行的金砖国家工商论坛发表讲话，指出："当今世界正面临百年未有之大变局。对广大新兴市场国家和发展中国家而言，这个世界既充满机遇，也存在挑战"。③ 此后，习近平又多次提到当今世界正经历百年未有之大变局。这一由习近平总书记提出的重大战略判断和命题也日益成为世界许多国家领导人对世界形势和发展格局走向的一种共识。作为重大战略判断，这里的"百年"在本质上是一个大历史概念，是指一个相对较长且正在发生巨大变化的历史时期。这里的"世界"，不只是传统意义的国际关系，而是指视野更为宏大、内涵更为丰富的人类社会。所谓"大变局"，指国际体系、国际格局以及由此引起的国际秩序已经发生和正在发生的重大变化，这些重大变化，经历了一个从不断量变到质变的发展过程，而且现在正在发展变化中。

世界百年未有之大变局是指当今世界正处于大发展大调整大变革的转型过渡期，大国关系深入调整，世界格局面临深刻演变，国际安全挑战更加复杂多元，各种文明交流互鉴加深，不同思想相互激荡十分突出。国际力量对比正在发生深刻变化，"西降东升"的趋势日趋明显，西方国家出现了严重的国内矛盾和危机，而以中国为代表的东方国家迅速崛起。回顾总结近现代国际关系史，大变局的本质是国际主要行为体之间的力量对比发生重大变化，由此引发国际格局大洗牌、国际秩序大调整。百年前，正是第一次世界大战结束，五四爱国运动风起云涌之时。百年前的世界大战后，美国逐渐取代英国成为西方阵营领袖和世界秩序主导者。作为第一次世界大战的战胜国，美国的本土既没有受到任何战火波及，还从前期贩卖军火中大肆敛财。加之战后凡尔赛—华盛顿体系的建立，为美国带来了丰厚的利润，从 1920 年开始，美国进入了发展急速上升的阶段。美国从第一次世界大战后凡尔赛—华盛顿体系，到第二次世界大战后雅尔塔体系、冷战后苏联解体，在全球秩序历经数次重构中逐步确立世界霸主地位。当今世界最大的变化莫过于中国的发展。鸦片战争以后，西方列强凭着坚船利炮野蛮轰开了中国的大门，中华民族陷入内忧外患的悲惨境地。而时至今日，历史正在改变——中国的发展举世瞩目，这种大变局的本质特征就是西方中心主义历史性的跌落。当前时

① 习近平：《做好新时代外交工作》，引自《习近平谈治国理政》第三卷，外文出版社 2020 年版，第 421 页。

② 《习近平在中央外事工作会议上强调　坚持以新时代中国特色社会主义外交思想为指导　努力开创中国特色大国外交新局面》，载于《人民日报》2018 年 6 月 24 日。

③ 习近平：《金砖国家要为构建人类命运共同体发挥建设性作用》，引自《习近平谈治国理政》第三卷，外文出版社 2020 年版，第 444 页。

代，西方国家发展速度放缓，以中国为代表的发展中国家群体快速崛起，成为发达国家的有力竞争者，对旧的国际格局形成冲击，以一个或几个国家为主导的单极化国际格局正在遭受现代化以来的首次严峻挑战。各主要国家纷纷以科技发展和制度创新为依托，以重塑国际规则为手段，推动国际力量对比和国际秩序不断演变和调整，世界范围的利益、权力和观念格局都在发生富有历史意义的巨大变化。

1. 经济全球化深入发展助推全球治理加快变革

经济全球化是社会生产力发展的客观要求和科技进步的必然结果。自15世纪大航海时代开启，资本、劳动力、技术等各种生产要素以及商品、产业、信息等开始在世界某个地区乃至全球范围内自由流动和自由布局，区域内的联合和一体化程度以及世界的关联性和整体性都逐步提升。冷战结束以来，新一轮经济全球化进程持续快速发展，为世界经济发展提供了强劲动力，促成了商品大流通、贸易大繁荣、投资大便利、资本大重组、技术大发展、人员大流动，形成了包括越来越多国家的全球产业链、价值链、供应链。在这个历史性进程的长期作用下，世界各国和各地区的资源优势得到更合理的配置和更充分的发挥，发展中国家与发达国家通过生产要素的流动和产业链、价值链、供应链的构建实现了联动发展，人类社会的生产力得到更高程度的发展和释放，世界作为一个整体的发展水平得到显著提高。随着物质条件的发展，人类交往的世界性比过去任何时候都更深入、更广泛，各国相互联系和彼此依存比过去任何时候都更频繁、更紧密。

经济全球化也是一把"双刃剑"。随着新一轮经济全球化进程向前发展，不同地区、国家、产业、群体将经受不同的冲击。加上全球气候变化、生态环境灾害、大规模传染性疾病、极端主义和恐怖主义、移民难民等全球性问题在全球范围内不断扩散，将使世界和平赤字、发展赤字、治理赤字变得越来越突出，使完善全球经济治理、消解经济全球化负面影响、引导经济全球化朝着开放、包容、普惠、平衡、共赢方向健康发展变得越来越重要而且紧迫。面对这种加强全球治理的强烈需求，中国展现大国责任担当，秉持共商共建共享的全球治理观，创造性提出推动构建人类命运共同体这个"中国方案"和积极打造"一带一路"建设这个最广泛的国际合作平台，积极倡导兼顾全球经济治理和安全治理，推动全球治理体系朝着更加公正合理的方向变革。

2. 世界多极化深入发展使国际力量对比趋于平衡

20世纪以来，经历了两次世界大战和冷战，国际格局在大多数时间里处于集团对峙较量状态。冷战结束尤其是东欧剧变和苏联解体以来，世界权力从一个中心向多个中心扩散、各中心之间力量差距逐渐缩小，西方发达国家的世界主导地位持续走弱，多极化趋势逐步发展。进入21世纪尤其是2008年国际金融经济危机以来，多极化在不同层面和不同领域不断扩展，向全新的广度和深度持续深化，使国际力量对比总体上变得越来越平衡。

从全球范围来看，传统发达国家和新兴经济体、广大发展中国家之间的差距不断缩小。如今，按汇率法计算，新兴经济体和发展中国家的经济总量在全世界所占比重接近40%，对世界经济增长的贡献率已经达80%；如果保持现在的发展速度，10年后新兴经济体和发展中国家的经济总量将接近世界总量的一半，这将使全球发展的版图变得更加全面均衡。以不断增强的经济实力作为支撑，新兴经济体和发展中国家加强协调，推动提高自身在国际货币基金组织和世界银行中的投票权，在联合国、"金砖＋"、二十国集团峰会等多边框架下持续增大影响力，促进南南合作，扩大共同利益和发展空间。此外，东盟、非盟等地区合作机制的作用不断增强，也在推升新兴经济体和发展中国家的整体国际影响。这是近代以来国际力量对比中最具革命性的、历史性的甚至是难以逆转的变化。

3. 大国战略博弈加剧推动国际体系深刻变革

从主要战略力量之间的对比看，冷战结束后的失衡态势明显改变。美国独自掌控地区和国际局势的意愿、决心和能力明显下降，"多强"之间国际地位变化的均衡化趋势日显突出。英国、法国、德国、俄罗斯等国的经济总量不断提高，但在世界经济格局中的相对占比在下降；俄罗斯则在经济实力下降背景下，继续在军事力量上保持突出地位；中国和印度经济总量及其在世界经济格局中的相对占比均在上升。其中，中国处于近代以来最好的发展时期，综合国力和国际地位提高尤为显著。这不仅大大强化了世界多极化趋势，而且成为提高新兴经济体和发展中国家整体实力并使国际力量对比变得越发平衡的重要因素。

面对不断深入展开的多极化趋势，特别是国际混乱失序因素明显增多、不确定性和风险性持续高企的全球环境，世界主要战略力量纷纷重新厘清自身定位、资源条件、内外战略，力求更好地因应变局、维护利益、确保安全，在日益显现的多极格局中抢占比较有利的国际地位。这就使得大国的战略取向和政策推进普遍呈现强调自主、推陈出新、强势进取的特点，大国关系的合作面明显下降、竞争面明显上升，而且竞争日益聚焦于重塑国际规制。当今时代，世界各国正通过以制度创新和经济科技军事实力为支撑、以重塑国际规则为主要手段的竞争博弈来重新划分利益和确立彼此地位关系，国际体系的变革愈显深刻。发展模式和道路多样化趋势越发凸显。全球地缘战略角逐的中心舞台从欧洲转向印度洋—亚洲—太平洋板块。军事战略之争从以大规模杀伤性武器为代表的传统战略威慑能力，向太空、网络、海洋、极地等新领域和远程精确化、智能化、隐身化、无人化等新技术维度扩展。国际规制重构围绕联合国教科文组织、联合国人权理事会、世界贸易组织、世界银行、国际货币基金组织等展开。国际社会在共同应对各种全球性挑战的过程中，不断提出新的思想理念，创建新的国际规则、体制、机制，这将进一步催生新的国际体系。

4. 新一轮科技革命和产业革命加快重塑世界

科学技术是第一生产力和社会生产进步发展的根本动力。科学技术的发展和产业的兴起是推动人类文明持续进步和世界不断前行的不竭动力。回顾近代以来的世界历史进程，每一次科技和产业革命都深刻改变了世界的发展面貌和基本格局。16 世纪以来，人类社会进入前所未有的创新活跃期，几百年里取得的科技创新成果超过过去几千年科技创新成果的总和。特别是 18 世纪以来，世界发生了几次重大科技革命。在科技革命推动下，世界经济发生多次产业革命，使社会生产力实现大解放、人们生活水平实现大跃升，从根本上改变了人类历史的发展轨迹。进入 21 世纪以来，人类社会进入又一个前所未有的创新活跃期，新一轮科技和产业革命蓄势待发，其主要特点是：多种重大颠覆性技术不断涌现，科技成果转化速度明显加快，产业组织形式和产业链条更具垄断性。这对全球创新版图的重构和全球经济结构的重塑作用将变得更加突出，将给世界带来无限发展的潜力和前所未有的不确定性。

作为生产力和经济基础层面的因素，科技和产业的变迁是导致生产关系和上层建筑层面世界格局和国际秩序演进最根本的动力，大国的兴衰和不同形态文明的起落都在反复演绎这个逻辑。发端于英国的第一次产业革命，使英国走上世界霸主地位；美国抓住第二次产业革命机遇，成为科技和产业革命的领航者和最大获利者，赶超英国成为世界第一，这种态势至今没有发生重大改变。中国在古代天文历法、数学、农学、医学、地理学等众多科技领域曾经取得举世瞩目的成就，在思想文化、社会制度、经济发展、科学技术方面长期处于世界领先地位。近代以来，中国错失多次科技和产业革命带来的巨大发展机遇，逐渐由领先变为落后。新中国成立以来，中国科技整体水平有了明显提高，正处于从量的增长向质的提升转变的重要时期，一些重要领域跻身世界先进行列。当前，各主要国家纷纷出台新的创新战略，加大投入，加强人才、专利、标准等战略性创新资源的争夺，力求抢占科技和产业革命高地。中国既面临着历史机遇，又面临着严峻挑战。中国要建设世界科技强国，就一定要解决好科技领域存在的突出问题，大力发展科学技术并推进科技向产业转化，努力成为世界主要科学中心和创新高地，不断提升在全球产业链中所处的位置。

第二节　"百年未有之大变局"视域下的中国与世界

大变局体现了认识世界大势的一种全球维度的大历史视野。在当前国际形势风云变幻、世界不确定性显著增多的背景下，要清醒把脉人类历史发展方向和世界发展大势，需要有大视野、大格局和大胸怀。习近平主席明确强调，把握国际形势要树立正确的历史观、大局观、角色观。我们要端起历史望远镜冷静观察，善于从中长期把脉人类历史发展大势，善于发现世界演进规律，善于从林林总总的表象中把握整体、全局和本质，也需要把中国自身发展置于国际体系变迁大势之中，善于认识中国的历史方位和世界作用，善于统筹国内国际两个大局，在错综复杂的形势下保持战略定力，在瞬息万变的世界中赢得战略主动。

过去，由西方发达国家主导的全球化进程，虽然在推动产业和技术革新、塑造由西方国家主导的"文明高地"方面取得了巨大成就，但在这一过程中，同时也伴随着利益分配在国家、阶层之间的严重失衡，引发了民族主义、国家主义、极端主义等思潮合力推动的"逆全球化"潮流，世界追求和平与繁荣的探索遭受了挫折。世界怎么了，我们怎么办？成为国际社会共同关注的课题。近一百年来，人类历史是一个剧烈动荡与高速发展引致的经济全球化进程，是一个由资本扩张支配的全球体系，是一个以西方国家为中轴的世界体系。但同时也是非西方国家以其独立解放与坚忍不拔的革命和创造性的历史实践积极契入人类文明的进程，并以自身独特的发展道路改变并完善世界历史进程的百年。

中国从百年之前以极其艰难和被动的方式进入世界历史，到如今主动融入世界历史并带来世界体系的重大改变，这是"百年未有之大变局"的题中应有之义。从20世纪初起的最近一百年是人类历史上最重大的变局之一，当然也是中国历史上最重大的变化时期。百年前，正是第一次世界大战结束，五四爱国运动风起云涌之时。百年过去，当今世界最大的变化莫过于中国的发展。李鸿章在给同治皇帝的《复议制造轮船未可裁撤折》说："欧洲诸国，百十年来，由印度而南洋，由南洋而中国，闯入边界腹地，凡前史所未载，亘古之未通，无不款关而求互市……此三千余年一大变局也。"[1] 光绪元年，李鸿章又在《因台湾事变筹画海防折》（1874年12月10日）中说："历代备边，多在西北，其强弱之势，主客之形，皆适相埒。且犹有中外界限。今则东南海疆万余里，各国通商传教，往来自如，麕集京师，及各省腹地，阳托和好之名，阴惭怀吞噬之计，一国生事，诸国搆煽，实惟数千年未有之变局。轮船电报之速，瞬息千里，军器机事之特，工力百倍。炮弹所到，无坚不摧；水陆关隘，不足限制，又实为数千年未有之强敌！"[2] 李鸿章所谓的"三千余年一大变局"或"数千年未有之变局"就是

---

[1] 李鸿章：《复议制造轮船未可裁撤折》，引自《李鸿章全集》第5册，安徽教育出版社2006年版，第107页。

[2] 李鸿章：《因台湾事变筹画海防折》，引自《李鸿章全集》第6册，安徽教育出版社2006年版，第21页。

指的近代以来中华民族由强变弱，由受他国敬仰到受他国欺凌、侵略的变化，当时的中国正处于"数千年未有之大变局"时期。回顾历史，1840 年鸦片战争以后，西方列强凭着坚船利炮野蛮轰开了中国的大门，中国从一个始终走在世界前头的东方大国跌落为一个任人凌辱并面临亡国灭种危险的弱国。康有为把近代中国在西方列强侵陵下的悲惨状况形容为"四千年中二十朝未有之奇变"①。孙中山指出："方今强邻环列，虎视鹰瞵，久垂涎于中华五金之富，物产之饶。蚕食鲸吞，已效尤于接踵；瓜分豆剖，实堪虑于目前"。② 在中国苦难日深、中华民族危机重重的关键时期，中国共产党的成立给中华民族救亡图存和民族解放的事业带来新的曙光和希望。中国共产党以马列主义作为观察自己国家和民族命运的工具，并坚持将马克思主义的普遍真理与中国革命的具体实践相结合，创造性地走出了一条以农村包围城市然后武装夺取政权的革命道路，经过 28 年艰苦顽强的奋斗终于推翻了压在中国人民头上的三座大山，建立了新生的中华人民共和国，彻底结束了旧中国半殖民地半封建社会的历史，彻底废除了列强强加给中国的不平等条约和在中国的一切特权，使中华民族实现了从"东亚病夫"到站起来的伟大飞跃，不可逆转地开启了中华民族独立自主地建设自己的国家并走向伟大复兴的历史进军。新中国成立以后，中国共产党带领中国人民经过社会主义革命和社会主义建设，确立社会主义基本制度，完成了中华民族有史以来最为广泛的革命变革，为当代中国一切发展进步奠定了根本政治前提和制度基础。特别是改革开放以来，中国共产党明确提出走自己的路，建设具有中国特色的社会主义的战略构想，创立了中国特色社会主义理论，开辟了一条成功使中华民族实现从站起来到富起来，从富起来到强起来的中国特色社会主义现代化建设道路，使中国的综合国力跃居世界第二，人民生活水平持续得到改善和提高，中国日益走近世界舞台的中心，中国对世界经济的贡献率不断上升，在全球治理中的作用不断得以强化。中国的发展举世瞩目，中国的崛起是和平崛起，对世界格局的影响也日益扩大。就中西关系的变化而言，一百年前是西强中弱，现在中弱的状况得到彻底改变，而西方则处于长期停滞和各种矛盾叠加，衰落趋势十分明显的阶段。中升西降或东升西降已经成为世界百年未有之大变局的基本趋势和架构。这种大变局的本质特征就是西方中心主义历史性的跌落。

世界百年未有之大变局，意味着世界正在发生着的事情是近百年来未发生过的带有"破局"和"立局"性质的大变化。这个大变局涉及许多方面，但最为核心的是世界格局。即世界格局由过去的西方主导逐渐变成东西方共同主导的多

---

① 康有为：《京师保国会第一集演说》，引自《康有为政论集》上册，中华书局 1981 年版，第 237 页。
② 孙中山：《檀香山兴中会章程》，引自《孙中山全集》第一卷，中华书局 1981 年版，第 19 页。

极化发展格局。冷战思维、零和博弈的旧时代已经过去了，摒弃不合时宜的旧观念，冲破制约发展的旧框框，才能让各种发展活力充分迸发。世界格局变化对世界和中国都会带来正负两方面的效应。对中国来说，既要抓住大变局带来的历史机遇，也要应对好大变局带来的严峻挑战。

大变局是推动构建新型国际关系和人类命运共同体的重要时代背景。着眼世界中长期发展趋向，世界性的科技和产业革命深入发展的基本态势不会根本改变，各国各地区相互联系日益紧密的基本态势不会根本改变，人类社会追求和平、发展、合作、共赢的强烈愿望不会根本改变，全球化进程不断深入发展的基本态势自然也不会根本改变。但同时，在世界大发展大变化大调整的背景下，保护主义、民粹主义思潮明显抬头，逆全球化态势明显上升，大国竞争明显加剧。"世界百年未有之大变局"的一个基本趋势就是多极化格局的形成和多边主义的兴起。随着多极化格局的形成和多边主义的兴起，必然要求改变原有国际关系的格局，促使其从"丛林法则""零和思维"向多元平等主体与和谐共生方向发展，要求建构不同于旧型国际关系的新型国际关系。新型国际关系的本质就是以合作取代对抗，以平等取代霸权，以共赢取代独占，以共同发展取代零和博弈及丛林法则。从文明观上考察，新型国际关系主张以文明和谐超越文明冲突，即以文明交流超越文明隔阂，以文明互鉴超越文明冲突，以文明共存超越文明优越。

我国正处于中华民族伟大复兴的战略全局和世界百年未有之大变局的历史关节点，两者同步交织、相互激荡。中华民族伟大复兴是伟大的、全局性的战略目标和战略任务，把这一战略任务付诸实践，首先就要把这一战略目标放在世界百年未有之大变局汇总来认识。当前世界各个国家和地区无论是处在何种社会形态，处于何种发展阶段，都处于百年未有之大变局的时代浪潮之中，体现出经济发展全球化、政治形态多极化、文化取向多元化、制度竞争白热化等特点，国际上所有国家不论在此前处于何种国情都无一例外地置身于这一大变局之中，无一幸免于大变局之浪潮的冲击，在大变局之中没有一个国家能独善其身；"大变局"的一个重要特征是，如今世界历史已经前进到并正处于经过社会主义过渡而取代资本主义社会，最终将朝着共产主义社会迈进的历史时代，在该时代资本主义经过自由竞争、私人垄断、国家垄断三个阶段，已经进入当代资本主义发展的第四个阶段，资本主义因其自身不可克服的矛盾普遍而必然地进入了下降期，社会主义因其制度和道路的优势日趋行进在上升通道中。当今世界将在很长一段时期存在"一球两制"，两制制度和优势之争越演越烈的状态。我国综合国力和国际影响力已逐步上升，到达百年未有之高水平；资本主义国家内部不可调和的社会矛盾越发激化，其衰退趋势已成定局。"社"升"资"降的趋势迫使垄断资本主义国家必然向其他国家特别是社会主义国家转嫁自身的矛盾和风险。"一球两制"的根本对立和竞争导致我国将长期面临经济围堵、政治封锁、军事包围、意识形态攻击的巨大外部压力,这种外部压力将伴随着我国向世界舞台中心的靠近而愈加剧烈。[①] 中国特色社会主义现代化建设必然要在迎接与应对世界百年未有之大变局的进程中获得新的发展,开拓新的局面。我们必须深刻认识在世界百年未有之大变局影响下的人类两种制度、两种力量博弈的时代主线,必须深刻认识我国外部环境和国际力量格局已然发生深刻变化,并在此基础上确立自己的战略策略和社会主义现代化建设的方针政策,确保以中国式现代化全面推进中华民族伟大复兴的宏伟事业。

在当今世界充满不稳定性不确定性因素的今天,中国明确提出推动构建人类命运共同体的重大愿景,就是旨在回答"建设一个什么样的世界,如何建设这个世界"这一关乎人类前途命运的重大课题。推动构建人类命运共同体思想为人类社会破解世界难题、携手共创美好未来提供了中国方案,增添了中国智慧,贡献了中国力量。

目前,人类正面临着一系列重大变化,但最具有世界历史意义和深远影响的莫过于中国的发展,中国的发展必然改变世界既有的格局,引起现存国际霸权的惊恐。中华民族的伟大复兴和中国文化的繁荣发展乃是一种历史大势和自然法则,具有不可阻挡性。同时,中国即使再强大,也不应步和不会步西方"强者必霸"的后尘,中国的文化传统、哲学思维历来强调"和而不同",在国际关系上主张"协和万邦""不冲突、不对抗、相互尊重、合作共赢"的原则,人类命运共同体构想继承发展了这些思想,为国际新秩序构建和全球治理提供中国智慧和中国方案。中国作为一个发展中国家、一个近代历史上饱经苦难的国家,对主权平等、不干涉内政等现实主义国际关系原则格外珍视。中国的主张,能够代表发展中国家追求相互尊重、公平正义的呼声。作为一个崛起中的大国、强国,中国对国际冲突与对抗的风险格外警惕;对部分国家以维护国际制度、国际规则为名,追求本国狭隘国家利益、奉行双重标准的现象格外不满。中国作为一个经济大国、贸易大国,对当今世界相互依存、一荣俱荣、一损俱损的特征体认格外深刻,对实现合作共赢格外渴望。中国作为一个东方文明古国,面对西方文化相对强势地位,对于文明交流互鉴的愿望格外强烈,也具备超越西方文化强调竞争冲突、二元对立特性的文化能力。中国应防范也有能力防范"崛起困境",避免"修昔底德陷阱"和"金德尔伯格陷阱"。只有努力把世界的发展转变为中国的

---

① 王伟光:《世界百年未有之大变局与马克思主义中国化哲学》,载于《马克思主义哲学》2021 年创刊号。

机遇，同时又能比较好地于危机中育先机，于变局中开新局，才能稳步实现中华民族伟大复兴的中国梦。大国竞争比的是境界、视野、远见以及行稳致远的能力和气质。面对日益复杂多变的国际局势，中国应做好自己的战略筹划，有效控制战略风险，在变化的世界中保持足够的定力，更好地认识机遇、把握机遇和创造机遇，同时更好地化解风险、规避风险和破除风险。这是中国发展的战略使然，也是中国应对百年未有之大变局的战略定力和战略决策。在战略上中国应当避免"因为过分恐惧西方和过分轻信西方而导致颠覆性错误"，"一方面要意识到中国内部建设所面临的巨大挑战，中国仍然需要虚心学习西方经验来促动和促进内部的现代化；另一方面，要清醒地意识到，学习西方并非走西方道路"。① 既要坚持学习西方又要避免西方现代化建设过程中特别是当代出现的种种失误包括逆全球化、反全球化思潮所导致的民粹主义、极端民族主义和国家主义盛行，防范新自由主义、利己主义和普世价值带来的共同体意识弱化等风险，踏踏实实地做好自己的事情，引导人们正确认识中国与世界的关系，既不妄自尊大也不妄自菲薄，培育大国国民积极进取开放包容理性和平的心态。

百年未有之大变局要求摒弃"零和博弈"的冷战思维和"赢者通吃"的强权政治，提倡各国不论大小相互尊重，平等协商，构建"对话而不对抗、结伴而不结盟"的国际政治新格局；要求在尊重主权、独立、领土完整及互不干涉内政等原则下，坚持以对话解决争端，以协商化解分歧，共同应对传统和非传统安全威胁；要求秉持发展是第一要务的理念，构建开放、包容、普惠、平衡、共赢的经济全球化经济体系；要求尊重世界文化多样性的现实，不以高低、优劣论文化，以文明交流克服文化隔膜，以文明互鉴替代文明冲突；要求坚持生态文明、环境友好的原则，共同应对全球气候变化等新挑战，走绿色、低碳、循环、可持续发展之路。中国主张构建"以合作共赢为核心的新型国际关系"，打造"人类命运共同体"，强调和平、发展、公平、正义、民主、自由是全人类的共同价值。为此，中国相继提出了中国梦、正确义利观、构建新型大国关系、"亲诚惠容"周边外交、全球伙伴关系网络、亚太梦、亚洲安全观等一系列具有中国特色的大国外交概念与倡议。一是中国强调和平与合作，把和平发展作为未来发展的基本路径；二是强调"强而不霸"，与西方崛起的霸权主义路径不同，中国在全球建立了近百对不同形式的伙伴关系，强调结伴而不结盟；三是强调命运共同体理念，旨在实现合作与共赢；四是强调正确的义利观；五是在目标方面，强调新型国际关系。其中最核心的特点，就是强调合作共赢，即在和平发展前提下，通过合作，实现共赢。

① 郑永年：《中国崛起不可承受之错》，中信出版社 2016 年版，第 254 页。

第三节 中国战"疫"彰显爱国主义新风范

2020 年突如其来的新冠病毒在全球范围内的暴发和蔓延，对中国和世界都产生了重大影响，不仅对人类的生命安全构成严重威胁，而且给经济社会秩序带来巨大冲击。病毒突袭而至，疫情来势汹汹，人民生命安全和身体健康面临严重威胁。中华民族在中国共产党的集中统一领导下同心同德、同舟共济，坚持人民至上、生命至上，以坚定果敢的勇气和坚忍不拔的决心，同时间赛跑、与病魔较量，迅速打响疫情防控的人民战争、总体战、阻击战，用 1 个多月的时间初步遏制疫情蔓延势头，用 2 个月左右的时间将本土每日新增病例控制在个位数以内，用 3 个月左右的时间取得武汉保卫战、湖北保卫战的决定性成果，进而又接连打了几场局部地区聚集性疫情歼灭战，夺取了全国抗疫斗争重大战略成果。[①] 书写了一曲新时代爱国主义的精神史诗，彰显了中华民族爱国主义的新风范。

抗击新冠疫情的总体战，使得蕴藏在以爱国主义为核心的民族精神和以改革创新为核心的时代精神中的中国精神优势包括特别能团结、特别能创造、特别能奋斗、特别能创新四大精神基因密码得以充分凸显，铸就了生命至上、举国同心、舍生忘死、尊重科学、命运与共的伟大抗疫精神[②]，为中国人民坚定信心，战胜困难，奋力开创美好未来提供了强大的精神支柱，为凝聚全球力量，携手世界各国人民抗疫合作提供强大的精神动力。在抗击新冠疫情的艰巨斗争中，中华民族爱国主义精神得到了极大的发展，爱国与爱党、爱社会主义的有机统一得到历史性的验证和确证，人们自觉团结在党中央的周围，一切以国家大局、人民生命为重，举国动员、万众一心、聚成合力，有效遏制了疫情大面积蔓延，最大限度保护了人民生命安全和身体健康，社会主义制度的优越性得到充分凸显。数以万计的中国人以生命赴使命、用挚爱护苍生，将涓滴之力汇聚成磅礴伟力，构筑起守护生命的铜墙铁壁。同舟共济、守望相助的精神品质，根源于亿万人民聚沙成塔、握指成拳的爱国之志，确证着中华民族同甘共苦、风雨同舟、患难与共的家国情怀。新冠疫情形势之严峻、防治之困难、历程之艰辛，完全可以说是空前的和历史性的，没有一个人能够完全置身事外，唯有坚持全国人民一条主战线，坚持全国一盘棋，将全国人民的资源力量集中于一点，以同舟共济、守望相助的精神共同消解疫情带来的负面影响，方可共渡难关。中国是一个统一的多民族国

---

①② 习近平：《在全国抗击新冠肺炎疫情表彰大会上的讲话》，载于《人民日报》2020 年 9 月 9 日。

家，在长期共同生活、奋斗与抗险历程中，中华民族形成了一方有难、八方支援、团结一心、共克时艰的伟大民族精神，这是我们中华民族的优良传统，是深植于中华民族血脉的同胞情义，是爱国主义精神的集中表现。面对突如其来的严重疫情，中国人民风雨同舟、众志成城，构筑起疫情防控的坚固防线。广大医务人员白衣为甲、逆行出征，舍生忘死挽救生命。全国数百万名医务人员奋战在抗疫一线，给病毒肆虐的漫漫黑夜带来了光明，生死救援情景感天动地！从白衣天使到人民子弟兵，从科研人员到社区工作者，从志愿者到工程建设者，从古稀老人到90后、00后青年一代，一个个义无反顾的身影，一次次心手相连的接力，一幕幕感人至深的场景，生动展示了伟大抗疫精神。一个个从容逆行、不避灾祸的英雄们诠释了家国天下的大义，他们的良知良能、大爱大勇，让中华民族的爱国主义精神获得了生动而深刻的表现。在应对灾难的过程中，广大人民群众的力量被极大地调动起来，最可贵的精神品质发扬起来，最美的情愫情怀升华起来，进而在抗疫实践中催生出不朽的时代精神力量。伟大抗疫精神同中华民族长期形成的特质禀赋和文化基因一脉相承，是爱国主义、集体主义、社会主义精神的传承和发展，是中国精神的生动诠释，锤炼和升华了以爱国主义为核心的民族精神，筑起了新时代中国特色社会主义的精神丰碑，是中国人民战胜疫情的强大动力和重要法宝。中国抗疫在短短几个月里取得了决定性的重大成果，书写了中国制度、中国速度、中国效益、中国品质的新篇章，充分体现了中国特色社会主义制度的显著优势和中国共产党领导的最大优势。

中华民族在抗击新冠疫情中不仅锤炼了以爱国主义为核心的民族精神和以改革创新为核心的时代精神，而且也以自己最为宽阔的胸襟和最为博大的情怀谱写了一曲构建人类命运共同体的伟大史诗，彰显出中华民族爱国主义既立足本国又放眼世界的独特神韵和魅力。中华民族空前地意识到，无论是疫情防控、患者救治还是克服经济危机，疫情使我们比过去任何一个时期都更加需要全球团结。新冠疫情使全球公共卫生安全受到了严重威胁和挑战，很多国家陷入严重公共卫生安全危机。同时，疫情所带来的影响已经超出公共卫生安全的范畴。面对重大传染病疫情，既需要医疗救治和疫苗研制，也需要建立防线阻断传染和各方支持服务防疫；既需要发挥物质性的科技力量，也需要发挥人的主体性作用。病毒无国界，也并不遵循人类的社会和政治规则，任何种族、任何国籍的人都是其攻击对象，是人类需要共同面对的敌人。公共卫生安全是人类面临的共同挑战，重大传染性疾病是全人类的敌人，需要各国携手应对，全面加强国际合作，凝聚起战胜疫情的强大合力。团结合作是国际社会战胜疫情的最有力武器。在中国抗疫最艰难的时期，曾收到国际社会提供的大量援助。170多个国家领导人、50多个国际和地区组织负责人向我国领导人表示支持和慰问，79个国家和10个国际组织为中国人民抗疫斗争提供了宝贵援助。"滴水之恩，当涌泉相报，中国对遭受疫情的国家感同身受，主动对有需要的国家提供了力所能及的帮助。"[1] 新冠疫情暴发后，以武汉为中心的各定点医院收治了大量患者，也积累了丰富的临床治疗经验。在国外疫情快速蔓延之际，中国主动分享了防治新冠病毒的中国经验。国家卫健委汇编了最新的诊疗方案、防控方案等一整套技术文件，将其及时分享给了全球 180 个国家 10 多个国际和地区组织，助力维护全球卫生安全。"大道不孤，大爱无疆"，中国人民发起了新中国成立以来援助时间最集中、涉及范围最广的紧急人道主义行动，为全球疫情防控注入源源不断的动力，充分展示了讲信义、重情义、扬正义、守道义的大国形象，生动诠释了为世界谋大同、推动构建人类命运共同体的大国担当。中国政府向 80 多个国家，以及世卫组织、非盟等国际和地区组织提供紧急援助，包括检测试剂、口罩等医疗物资。同时，向世卫组织提供了 2 000 万美元捐款，支持其开展抗疫国际合作。中国的地方政府、企业和民间机构也向疫情严重国家施以援手。

"世界各地应对新冠肺炎疫情的不同方案分别以不同的经济政治制度为基础，基于中国特色社会主义的方案和基于'新自由资本主义'（Neoliberal Capitalism）的英美方案截然不同"。[2] 这次全球各国对新冠疫情的不同应对方案，本质上同各个国家的政治制度和核心价值观密切相关，中国和美国体现出"以人民为中心"和"以资本为中心"的两大核心价值观的较量。中国是以人民为中心，将人民身体健康和生命价值放在国家战略定位予以考虑，习近平总书记亲自指挥，党和政府具体落实，人民群众闻令而动，同心同德，打响了一场波澜壮阔的人民战争。反观美国和英国，不仅对本国普通民众生命健康熟视无睹，采取消极被动的应对措施，只关心资本家集团的利益和少数权贵的生命健康，而且在国际上到处"甩锅"，落井下石，严重干扰和破坏世界各国共同抗击新冠疫情的合作。"在世界新冠肺炎疫情的防治中，'中国之治'与'西方之乱'形成鲜明对比，'东升西降'的发展态势进一步凸显"。[3]

后疫情时代中华民族伟大复兴面临着更为艰巨、严峻和复杂的挑战，以美国为首的西方国家对中国的围堵与遏制将会更加猛烈。中国无意于取代美国的霸权，但是也必须做好对美国非理性乃至反理性行为的防范及其有理、有利、有节的斗争。"我们要准备迎接黎明到来之前的黑暗，准备应对美国这个帝国在垂死之际所必然进行的垂死挣扎，准备进行无比残酷、惨烈但又是无比伟大、辉煌的

① 任晶晶：《携手共战疫情，环球同此凉热》，载于《光明日报》2020 年 3 月 31 日。
② ［捷克］胡北思著，唐芳芳译：《世界应对新冠肺炎的不同体制方案》，引自姜辉主编：《中国战"疫"的国际贡献和世界意义》，当代中国出版社 2021 年版，第 113 页。
③ 姜辉主编：《中国战"疫"的国际贡献和世界意义》，当代中国出版社 2021 年版，第 2 页。

斗争"。① 后疫情时代，必然会出现全球化和逆全球化相向对冲的新型全球化格局，同时也将出现以人民为中心和以资本为中心相互伴随的新型发展格局。这两方面格局的出现，也是人类命运共同体构建过程中新旧文明因素此消彼长的过程。在后疫情时代，"从根本上说，不仅只有社会主义才能发展、强大中国，同时，也只有社会主义才能最终拯救、发展世界"②。中华民族自身的伟大复兴构成世界百年未有之大变局的巨大增量和发展大势，中国特色社会主义现代化建设事业必将成为铸造人类进步事业新胜利的中流砥柱。没有任何力量可以阻挡中华民族实现伟大复兴的步伐，也没有任何力量可以阻挡中华民族构建人类命运共同体、造福于世界各国人民的步伐。中国将继续坚持以人民为中心和推动构建人类命运共同体，必将为推动人类和平、进步和发展做出更大贡献。

---

① 李慎明：《新冠肺炎疫情后的世界格局、中美关系和中国所面临的战略机遇与挑战》，引自姜辉主编：《中国战"疫"的国际贡献和世界意义——国外人士看中国抗疫》，当代中国出版社 2020 年版，第 8 页。
② 李慎明：《新冠肺炎疫情后的世界格局、中美关系和中国所面临的战略机遇与挑战》，引自姜辉主编：《中国战"疫"的国际贡献和世界意义——国外人士看中国抗疫》，当代中国出版社 2020 年版，第 10 页。

第六章

全球化、网络化、多极化与爱国主义

当今时代，是一个全球化、网络化和多极化叠相发展并引起国际关系深刻变化的时代。全球化、网络化、多极化对民族国家利益的维护、秩序的建构和意识形态安全产生巨大冲击，对爱国主义精神的弘扬造成严峻挑战。全球化、网络化、多极化在带来挑战的同时，也对爱国主义的弘扬提供了某些发展机遇。因此，如何应对全球化、网络化和多极化等对爱国主义形成的严峻挑战，并能够化危机为机遇，变挑战为动力，进而铸造伟大民族的复兴之魂，无疑是弘扬当代中国爱国主义精神所要致力研究的重大理论和现实问题。

第一节 全球化条件下的爱国主义

全球化（globalization）是一种人类社会突破国别或地区发展的趋势、运动和过程。作为一种趋势的全球化是指区际间交往和联系的不断扩大与深化的发展趋势。作为一种过程的全球化是指区际交往和联系不断扩大和发展的过程。同时全球化也是一种资本、货币、资源、商品以及人自身在全球范围内的运动。全球化是世界范围内的相互联系不断扩展的、加强的、加速发展的和影响不断加深的过程。①

---

① ［英］戴维·赫尔德、安东尼·麦克格鲁主编，曹荣湘等译：《治理全球化：权力、权威与全球治理》，社会科学文献出版社2004年版，第455页。

吉登斯（Giddens）认为，全球化是现代性从社会向世界的扩展。它是全球范围的现代性，因为"现代性骨子里都在进行着全球化。"① 麦克格里（A. G. Mcgrew）认为，全球化是"组成当代世界体系的国家与社会之间的联系和相互沟通的多样化"，是"世界某个部分发生的事件、决定和活动能够对全球遥远地方的个人和团体产生重要影响"的过程。② 戴维·赫尔德（David Held）著的《全球大变革：全球化时代的政治、经济与文化》一书认为，全球化是指一个（或者一组）体现了社会关系和交易的空间组织变革的过程——可以根据它们的广度、强度、速度以及影响来加以衡量——产生了跨大陆或者区域间的流动以及活动、交往和权力实施的网络。③

一、全球化对国家认同和爱国主义精神的冲击

全球化是全球联系不断增强，国与国之间以及人与人之间在政治、经济贸易及其他各方面的往来日趋频繁且呈现互相依存、你中有我和我中有你的发展状况。全球化也可以解释为世界的压缩和视全球为一个整体。全球化首先表现为经济的一体化。经济全球化主要体现为资本全球化、产品全球化和通信全球化。经济生活的全球化必然对包括政治生活和文化生活在内的全部社会生活产生深刻的影响和巨大的冲击。经济全球化导致了某些政治价值的普遍化，如自由、民主、人权、公正、法治。当这些政治价值在一个民族国家内遭到毁灭性的破坏时，国际社会的干预就会得到越来越多的道义支持。经济全球化也使全球政治治理变得十分复杂和艰难。文化全球化是全球化的一个直接后果，表现为不同的生活方式、消费模式、观念意识的相互认同、相互渗透、相互吸收，从而呈现出文化发展的某种同一化趋势。经济全球化条件下文化的同质化发展获得了十分便利的发展空间，而文化的异质化发展则面临着前所未有的挑战。

全球化不仅影响全球的经济结构和政治秩序，而且对国家认同和不同民族的文化带来了不同程度的冲击。全球化背景下的爱国主义教育面临新的挑战。

第一，跨国公司在全球范围活动，资本、商品和服务的流通，人们即使不出国门，也可能是在为其他国家的公司工作，这种情形已经影响到某些人的国家认同。爱国主义精神生发的土壤随全球化带来的社会环境变化而改变，可能动摇爱

---

① Anthony Giddens. The Consequence of Modernity, Cambridge：Polity Press，1990：63.

② A. G. Mcgrew. Conceptualizing global politics, Global Politics：Globalization and the Nation-state, Cambridge：Government Press，1992：5.

③ ［英］戴维·赫尔德著，杨雪冬等译：《全球大变革：全球化时代的政治、经济与文化》，社会科学文献出版社 2001 年版，第 8 页。

国主义精神产生的社会基础。爱国主义其实是一个民族在长时间的共同生活过程中，在相对固定的地理环境中和文化背景下，逐渐形成的集体认同。过去以传统的族裔认同为依托的国家，随着地理大发现和资本主义发展带来的政治、经济、文化多个领域的革命，被迫吸纳其原有贵族政治或官僚政治以外的越来越多的地区和较低阶层的人们，重现建构其国家形式，在原有国家认同基础上发展新的内容，再在新的国家认同基础上推动国家变革，最终形成一个能够动员大众、具有集体凝聚力、国家忠诚的现代性民族国家。全球化带来的世界经济、政治、文化的巨大改变，越来越多的中国人走出国门，也有更多的境外资本、外国人员、国外的生产和生活方式涌入中国，并不是意味着爱国主义精神的永久解体，而是今天我们应该如何在社会心理学上重新赋予中国和中华民族的含义，如何构建全球化浪潮中的集体认同，这才是我们弘扬爱国主义精神最需要注意的方面。

第二，人员在不同国家之间的流动，也使"身土不二"的认同不再那么坚定，许多影星、歌星移民他国并不觉得就是不热爱祖国。全球一体化挑战民族国家，极大地重塑了"我们是谁"和爱国主义的内涵，世界主义开始发出越来越强的声音。随着今天国际交往的日趋频繁，人们越来越希望自身在社会中找到一个定位与归属。倘若我们简单地认为全球化将会扬弃国家与民族的存在，便放弃了爱国主义的坚守，抛弃了自己的国家认同，很有可能失去自己的群体归属感。实际上，只要国家还存在一天，爱国主义精神就有其内涵与作用，如果我们不能随着全球趋势的变化，对爱国主义有着理性清醒的认识，就会不知自己所处而陷入孤立、不安的状况中。更令人担忧的是，今天一些人过于殷勤地将自身代入世界公民的角色，或者积极归入"第二故乡"，抛弃对祖国的热爱与忠诚，甚至背叛祖国，给自己的国家与同胞带来伤害，这是我们所不愿见到的。

第三，经济全球化的背景下，科学技术、资本、人员在国际间的频繁流动，使人们不禁对自己的国家从属感到疑惑，对爱国之心产生动摇。甚至，经济的全球化也带来了文化意识、价值观念的交流与碰撞，我们可能还要面对西方资本主义意识形态的侵入，这时人们对国家经济、民族文化、政治体制等都会产生怀疑和动摇，从而瓦解人们的爱国热情。爱国主义是一种以国家为指向的思想情感，爱国主义精神更是一个民族千百年来对自己祖国赤忱情感的积淀。而这种国家本位的情感在全球化的潮流下，必将被全球本位的价值观念所裹挟，要求让位于所谓的"爱世界主义"，以跨越国界的、对全人类的博爱取代对自己国家的"偏爱"。

第四，全球化的消极影响很有可能造成爱国主义精神的非理性化，成为狭隘的民族主义，演化为逆全球化、反全球化的保守力量。近年来，随着西方资本主义国家经济发展疲软，欧美各国集体"右转"，保守主义、贸易保护主义盛行，形成一股逆全球化热流。无论是这些年来欧美政治选举的"黑天鹅"事件，还是故意以贸易摩擦、"脱欧"等方式企图逆转全球化潮流，反映的都是当今全球化的实质是由西方资本主义国家主导的资本主义生产的全球扩张，它的目的是维护发达国家在国际政治经济体系中的利益地位。而当这些西方国家经济下滑，无法从全球化中获得足够多的利益时，就会选择保守政策，保护本国利益不受损害。但经济下滑，首先影响的是中下层的劳动人民，他们抗议生活困难的愤怒情绪，容易演变成为高举民族旗帜、保护本国利益、仇视敌对国家的狭隘民族主义，形成反全球化的浪潮。这种逆全球化、反全球化现象的出现，还有可能诱发全球化国家的道德风险，损害全球化国家应有的道德形象，伤害国际政治公共理性和公共德性，冲击或解构国际信任体系，等等。对待全球化的消极影响，不该为了自己国家短期的利益受损而抛弃全球化带来的人类共同收益，高筑贸易壁垒，一些政客更不应该为了自己政治利益而挟持和诱导民意。我们期待的是全球化环境下，世界各国能够团结一致面对困难，各国人民能够理性成熟地表达爱国热情和利益呼声，以解决实际问题为导向而非盲目的情绪宣泄。

全球化从经济、政治、文化诸方面给爱国主义带来挑战，对民族国家经济主权、经济安全、政治主权、民族传统文化和社会主义意识形态等带来冲击。经济全球化条件下必须弘扬爱国主义的理由在于经济全球化条件下国家仍然是民族整体利益的代表者。经济全球化条件下国家仍然是民族存在的最高组织形式，仍然是国际社会最强大的行为主体，仍然是促进经济全球化正常发展最具实力的制约力量。经济全球化难以导致文化一体化。文化的民族化在全球化进程中会显示出巨大的价值，往往越是民族的就越是世界的。在全球化背景下，爱国主义不断地由封闭走向开放、融入时代精神、强调民族特色和倡导理性的民族主义。经济全球化背景下的爱国主义有开放性、艰巨性、理性化和创新性的特点和要求。全球化条件下呼唤理性爱国主义。理性的爱国主义既非狭隘的民族主义、妄自尊大，也非不顾一切地兼容并包、不分伯仲，而是要基于祖国的长远利益和根本利益，以理论教育为基础、以情感教育为纽带、以合理疏导为渠道、将理性爱国火种点燃、呵护，而且使之燃烧为内心奋斗的持久情感。理性的爱国行为是爱国主义的本质与升华，也是当代中国爱国主义的显著特点。

二、全球伦理与西方"普世价值"对当代中国爱国主义的挑战与冲击

全球性问题的亟待解决推动了全球治理和全球伦理的产生。1988 年第十届人道主义和伦理学会发表《相互依存宣言：一种新的全球伦理学》，认为"人类

今天面临的基本任务就是去促进关于我们相互依存的一种全球性的伦理上的自我意识"，"达成在认识我们对于世界共同体的责任和义务上的真正世界范围内的伦理共识"。① 1993 年，世界宗教议会通过《走向全球伦理宣言》，指出："没有新的全球伦理，便没有新的全球秩序"，"没有这样一种在伦理上的基本共识，社会或迟或早都会受到混乱或独裁的威胁，而个人或迟或早也会感到绝望"。② 全球伦理被视作一些有约束性的价值观、一些不可取消的标准和人格态度的基本共识，也被视作人类伦理层次从家庭伦理到民族伦理，再到国家伦理之后的人类最高的伦理层次。而在这一层次，爱全部人类是其要求，以全人类的利益为其本位，致力于捍卫全球伦理，是伦理的最高境界。可以说，全球化程度的不断加深，全球伦理的价值作用也就越来越凸显，并造成对爱国主义精神的冲击和影响。

全球伦理与爱国主义冲突的症结，在于如何在构建过渡时期全球伦理体系的同时处理国家伦理，也就是爱国主义应该如何自处的问题。今天的不同国家、不同文化之间依然差异巨大，一些国家已经早早地迈入了发达国家的行列，另一些国家的大部分人民还始终在贫困线徘徊；一些国家已经实现了高度的现代化，而另一些地区的人们还过着部落式的群居生活。在这样巨大的差异面前，要求马上建立一套行之有效、"放之四海而皆准"的价值标准和行为规范显然有些不合时宜。今天的人们能达成的，仅是某些底线上的共识，它的现实价值可能正如《走向全球伦理宣言》指出的那样："如果没有一种全球伦理，便不可能有更好的全球秩序。"③ 作为一个与全球化相伴而来的全球伦理议题，我们可以 1988 年通过的这一宣言去思考如何尽可能地发挥它的现实意义，探寻它未来发展的前景，但我们更应该的是与时俱进地调整爱国主义的内容，使其和全球伦理的发展相得益彰，成为爱国主义时代创新重要的理论源泉。

整体而言，西方国家凭借全球化大肆宣扬自己认可的全球伦理特别是普世价值。普世价值自《联合国人权宣言》发表以来，一直试图以西方资本主义的话语体系垄断人权价值的解释权力，宣扬"自由、平等、博爱"等西方价值观念，"在西方中心主义布列的伦理思想面前，西方文明以普世价值的面貌呈现"，并以此构建全球伦理共识。④ 全球伦理正是普世价值植入的又一次尝试。实际上，普

---

① 《相互依存宣言：一种新的全球伦理学》，引自〔美〕保罗·库尔兹主编，肖峰译：《21 世纪的人道主义》，东方出版社 1998 年版，第 408、405 页。

② 〔德〕孔汉思、库舍尔编，何光沪译：《全球伦理：世界宗教议会宣言》，四川人民出版社 1997 年版，第 9～12 页。

③ 〔德〕孔汉思、库舍尔著，何光沪译：《全球伦理——世界宗教会议宣言》，四川人民出版社 1997 年版，第 171 页。

④ 汤荣光：《普世价值论辩缘起与走向》，中央编译出版社 2014 年版，第 74 页。

世价值的普遍主义内核与西方中心主义有着错综复杂的联系，西方中心主义是普遍主义的现实升级版，它以普遍主义为外衣，坚持将危及自身的重大挑战或跨国威胁宣告为严重的全球性挑战，将对臆想中的挑战排除在质询比较与修正之外，并且要求追随者与受威慑的他者确信能够克服这些挑战。也就是说，普世价值实质上不过是诞生于西方普遍理性的思想传统，为了克服资本主义生存危机，维护西方现代性源泉地位而充当西方中心主义的"理论说客"而已。

普世价值一直试图汲取普适伦理的普遍主义理论资源，以此为自己的生发土壤。但普世价值与生俱来的西方中心主义的意识形态色彩，最终目的是打击西方资本主义对外扩张过程中其他国家的民族主义和伦理相对主义，以普适性的伦理价值改造强调伦理特殊的异己文化。正因如此，西方普世价值的高歌猛进必然与他国的爱国主义精神产生碰撞，要求对方接受普世价值宣扬的自由、平等、博爱为唯一正确的价值观念，抛弃本国特有的伦理认同和价值共识。

以西方中心主义为底色的普世价值论，既不适合于具有社会主义特质的中国特色社会主义事业，也不是真正的人类共同利益。随着全球化的日益深入，西方资本主义意识形态的侵入和普世价值卖力的"推销"，势必影响到我国的社会主义爱国主义教育，阻碍我国的特色社会主义建设，不利于全人类共同价值认识的达成和人类命运共同体的构建，我们对此必须保持深刻的警醒和防范意识。

三、全球化条件下对爱国主义的新要求

斯蒂芬·克拉斯纳（Stephen Krasner）认为，全球化只是在一定程度上侵蚀了国家的权限，主要是相互依赖主权（interdependent sovereignty），但是在国家主权的三个基本属性方面即国内主权（domestic sovereignty）、威斯特伐利亚主权（westphalian sovereignty）以及国际法定主权（international sovereignty）三个方面，丝毫没有变化。全球化仍是以国家主权为核心的权力博弈。[①] 在全球化的时代背景下，作为一个动态的概念，爱国主义精神具有了新的特征和内涵。全球化对于历史发展最重要的贡献便是拉近了国家间的距离，因而在全球化与民族主义相互激荡的过程中，爱国主义所具有的新特征往往体现了其在与其他国家密切交往中所具备的全球眼光和国际视野。

第一，全球意识和民族意识共同统一在爱国主义思想之中，成为全球化时代爱国主义最重要的特征。全球化改变了国家的交往方式，从而使得国家利益和国

---

① Stephen Krasner. Sovereignty：Organized Hypocrizy, Princeton：Princeton University Press, 1999：20 – 29.

家主权的概念更加深刻地扩展至国际层面上。由于国家利益和国家主权的扩展，爱国主义精神从而具有了全球意识。由于国家间联系日益密切，国家间关系更加深刻地走向了"一荣俱荣、一损俱损"的新阶段，因而爱国主义往往不仅仅局限于民族国家的范畴之中，更加具有全球意识，要求在全球意识引领下发展起一种健康的民族意识，并使全球意识和民族意识相辅相成。

第二，全球意识和民族意识的融合要求爱国主义要有国际视野和国际胸怀。在面对人类社会共同应对的危机与困境过程中，由于不存在任何一个国际政府能够得以解决国际社会的冲突，因而必须通过以民族国家为单位的国际合作进行应对。正如国际关系学者肯尼斯·华尔兹所说："问题发生在国际层面，然而问题的解决在国家层面"[①]。随着中国国家实力的强大，爱国主义精神在全球化的发展中容纳了更多国际责任和国际义务。中国人是讲爱国主义的，同时也是具有国际视野和国际胸怀的。因而，中国勇于承担起国际社会的责任。这既是对"天下兴亡，匹夫有责"的中国传统文化美德的继承，同时也是在新时期将中国视野迈向国际、担当起负责任的大国形象的具体表现。

第三，全球意识和民族意识的融合要求爱国主义不断更新和发展。在全球化的背景下，民族国家的国际交往行为往往伴随着国家主权的部分让渡，从而为国际合作提供更加多元的合作基础。然而国家主权的让渡、民族主义与全球意识内涵的包容性，并不能改变弘扬爱国主义精神的过程中坚持以国家根本利益为最高出发点。将国家根本利益作为弘扬爱国主义的最高出发点体现在爱国主义行为需要以国家根本利益为最高出发点以及在处理国家利益与世界利益的过程中将国家根本利益放在核心位置两个方面。爱国主义行为应该始终坚持以国家根本利益为最高出发点，当国家根本利益与世界一般利益发生冲突，无疑应当坚持国家根本利益的立场，对世界一般利益予以某种必要的调整。不能简单以世界一般利益侵吞或伤害国家根本利益。尤其不能以某些国家利益为代表的所谓世界利益伤害主权国家的根本利益。这是在民族国家为主体的世界必须重视的根本问题。

全球化与民族化时代的爱国主义既要坚持本土和本国的基本立场，同时也应该坚持更加开放的态度。我们需要热爱自己的祖国，实现国家利益的最大化，与此同时，放眼世界将解决全人类共同面对的挑战。这种开放的态度在价值取向上体现为一种包容性态度。一直以来每个人都被赋予双重身份——既是民族国家的一员，同时又是全人类的一员。这种双重身份使得个人在忠于自己祖国的同时还必须树立对于全人类命运的关怀。这种关怀使我们的爱国主义得以关注到更加广阔的世界，与所有人的命运发生共鸣。这是对于激进民族主义的狂热情绪的一种

---

① ［美］肯尼斯·华尔兹著，信强译：《人、国家与战争》，上海译文出版社1991年版，第10页。

矫治，也是对于饱受战乱痛苦的人们的一种慰藉。在具体实践中，体现为用包容的胸怀对待与我国不同的国家理念，对于各种道德伦理和价值取向采取宽容的态度。这种开放的态度既要求我们不仅热爱自己的祖国，同时也要求我们能够在求同存异的原则下与其他国家和平共处，极力维护地区与世界和平，共同推进人类文明的健康发展。

在全球意识与民族主义的相互激荡的过程中，我们应该将国际责任和全球视野纳入我国的爱国主义情感中，承担更多国际责任，在应对国际事务的过程中发挥中国智慧。与此同时，坚持我国优秀的传统文化和民族精神，与世界交流的过程中博采众长，吸收他国的积极因素，更快地发展自己，争取在国际体系中获得更多的利益和影响力。现实中，越是民族的，就越能成为世界的；越是民族国家化，就越能全球化和世界化。

第二节　网络化条件下的爱国主义

网络的诞生，除了给人们的生产生活提供便利，更是创造了一个与现实社会相对应的另一个虚拟的"生活空间"。大数据时代，随着受众移动化、媒介移动化以及媒介伴随化，人们能够更加快捷地获得自己所需要的信息。信息传播的数字化（digitization）、智能化（intelligentization）和网络化（networking）是传播技术和传播媒介发展的结果，其最终目的是提高政府、企业和个人的信息传播效率，以求在全球范围内实现资源的最优配置和利用，取得竞争的优势。当前，以互联网、物联网、云计算、大数据、人工智能等为代表的高新科技，已经成为人类社会生产和生活方式的主导力量。斯蒂芬·贝克（Stephen Baker）在《Google及其云智慧》中写道："Google全球运行的计算机网络可以实现对搜索需求的即时回馈；而当形成集群，它们则能更快地处理浩如烟海的数据，其检索答案或指令的速度将超过世界上任何一台单机"。[①] 云计算包括云平台和云服务，不仅有超强的计算能力和数据处理能力，而且能够提供十分有效且弹性扩展的服务，已经成为并正在成为一种助力国家发展的战略资源。随着信息化时代的发展，网络成为人们在日常生活中必不可少的交流工具。在互联网环境下信息传播具有自由性、实时性以及开放性的特征，人们通过网络平台得以迅速了解世界，掌握世界范围内的信息，从而实现信息共享。互联网开放、共享、协同、去中心化的特征

---

① Stephen Baker. Google and the Wisdom of Clouds, Business Week 14, 2007.

正在推动制造业创新主体、创新流程、创新模式的深刻变革。

随着科学技术的进步，网络技术和网络化在全世界起着越来越重要的作用，一场以信息技术为核心的科技革命正在逐渐改变着人们传统上收集信息、储存信息和处理信息的方式。如今，互联网的迅速发展使我们的社会高度的信息化。网络信息技术的应用与创新，推动了人类社会生产力的巨大进步，电子通信设备和移动通信技术的发展也给人们的社会生活带来了便利。互联网作为一种中立的生产生活工具，最终呈现的是使用者的个人理性与道德品质，因此也就令互联网的高度发展具有了两面性。如何在利用好网络这个平台的同时，抵御来自网络的各种负面"浊流"，是爱国主义精神在信息时代要持续思考并且不断进行回应的问题。在信息化发展的过程中，舆论的张力获得了最大限度地扩充。网络化和信息自由主义对爱国主义的传播与发展造成了新的冲击与挑战，迫切需要我们采取有效的措施加以应对。

信息自由主义趁着网络新媒体的兴起，以其新自由主义的特质受到西方意识形态簇拥者的推崇，逐渐发展成为一种潮流。信息自由主义的思潮作为西方意识形态的一条分支，与社会主义的意识形态相对立，特别是我国以集体主义为基本原则的爱国主义精神，成为信息自由主义主要的攻击对象。信息自由主义对我国爱国主义精神的冲击，可以总结为以下几个方面：

第一，信息自由主义污蔑爱国主义为"狂热的民族主义"，主张具有"世界情怀"的普世价值。爱国主义与民族主义有着紧密的联系，都表露为一种对自己的国家和民族的深厚感情。当自己的国家和民族的尊严或利益受损时，人们对国家利益和民族尊严的自觉维护，很容易演变成非理性的情感宣泄。一些信息自由主义者就抓住爱国主义这种演变倾向故意丑化和污蔑爱国主义，将爱国主义等同为盲目排外的民族主义，指责爱国者的非理性，以言论自由、出版自由为圭臬，劝诱人们放下国别、民族之见，奉行所谓的普世价值。虽然不得不承认，一些民众确实曾在爱国行动中有过出格行为，但是理性爱国已经成为人们的共识，是今天爱国主义的主流。纵容信息自由主义者的这些做法，不仅会打击人们的爱国热情，影响人们对国家和民族的自信、自尊，而且会助长信息自由主义者的气焰，使其凝聚为一股反爱国主义的势力，形成一个宣传新自由主义信条和普世价值理念的阵地，给爱国主义的宣传教育制造麻烦。

第二，信息自由主义者强调一种所谓"有条件地爱国"论，将爱国的真情实感等同于衡量利益得失的交换价值。在信息自由主义者看来，自己的国家值得爱与否，取决于这个国家有没有施行西方资本主义国家那样的民主宪政制度，使国家成为属于每一个公民的"公器"，保障每个公民的自由权利和私有财产不受侵害，否则就无法唤起人们"真正的"爱国之心。显然，在他们眼里，人们在自己祖国的自然和人文环境中长时间的生活培养的对祖国的历史文化、人民群众和大好河山的真挚情感，可以拿来与国家给个人提供的利益价值进行比较，以自己获利最大为行动的目的。这固然符合了自由主义对"经济人"的理性假设，但却忽视了人的灵魂还包含着情感在内的非理性部分，这一部分构成了人的行为更深层次的推动力，也是伦理道德重要的价值源泉。中国儒家的道德哲学就认为道德从心理基础而言是建立在情感之上的，休谟也同样认为"伦理学的基础既不是理性（他认为理性是无能为力的），也不是经验（他认为经验是与认识有关的），而是情感"。① 爱国主义正是建立在人们对自己国家的共同情感之上的伦理共识，而这种拿爱国情感与个人利益进行比较，并将其看作一种利益交换的做法，实际上是对爱国主义的一种降格，正反映了资本主义那种"把一切关系变成赤裸裸的金钱关系"的道德工具主义做法。

第三，信息自由主义者奉行个人优先于集体的价值观念。以个人主义为基本原则的信息自由主义认为集体利益不过是个人利益的集合，个人利益在逻辑上是集体利益的起点，因此，当两者利益发生冲突时，应当满足的是所谓"最大多数人的最大幸福"，而不存在集体统一的价值指向。所以，信息自由主义者反感爱国主义宣传的乐于奉献、敢于牺牲。他们认为集体利益是虚构的，个人利益与集体利益的冲突是不可调和的。这就使爱国主义和信息自由主义者的价值观念产生了根本的利益冲突。

第四，信息自由主义者反对政府主导的爱国主义价值观建设。在信息自由主义者看来，言论自由、出版自由代表的意志自由是自由的根本表现，政府主导的主流价值观建设有碍于信息自由，甚至有碍于人们的意志自由。实际上，信息自由主义对包含爱国主义在内的社会主义核心价值观的频繁攻讦，其目的不过是打开我国意识形态阵地的缺口，引入西方的新自由主义，将我国的社会主义制度变更为西方的"民主宪政"制度，满足西方发达国家资本主义扩张的需求罢了。

信息自由主义的本质，不过是网络化背景下西方新自由主义意识形态在信息领域对我国的侵入。如果任由信息自由主义的蔓延，将对我国爱国主义宣传教育形成阻碍，不利于中国特色社会主义现代化建设，不利于中华民族伟大复兴中国梦的实现，也不符合广大中国人民的根本利益。我们不能对其掉以轻心，疏于防范，应该时刻提防，并以马克思主义的思想武器对其进行严厉的批判和坚决的抵制。

网络时代下的爱国主义教育所具有教育目的的政治性和隐蔽性，主体的虚拟性和平等性，信息的开放性和丰富性，传播方式的超时空性和历史性等时代特

---

① 蒙培元：《情感与理性》，中国社会科学出版社 2002 年版，第 10 页。

征，给爱国主义教育带来一定机遇的同时也带来了诸多挑战。

信息化时代为爱国主义传播提供了新领地。信息化时代中，网络为信息传播提供了一个开放的虚拟空间。基于网络的虚拟性特征，互联网代替了现实中的公共场所，为爱国主义传播提供了新领地。信息化时代对于爱国主义的传播提供了更加广阔的领域和传播途径。由信息化而推动的爱国主义传播途径具体体现在网络空间成为爱国主义传播的新阵地，尤其是成为发表民族自豪感和民族自信心的重要领地。通过网络舆论传播爱国主义精神突破了爱国主义表达方式的局限性，可以直接在网络上表达爱国情感，舆论的传播速度更加迅速，与此同时，打破了传统意义上纸媒传播途径或口口相传的传播途径的桎梏，实现了直接传播与广泛传播相结合，从而对于爱国主义传播提供了新领地。基于网络的便捷性以及交流的便捷性，为民间推动爱国主义行动提供了平台。基于网络平台的开放性特征，公民可以自发组织爱国主义行动，甚至直接以网络为载体，组织自发的爱国主义行为。互联网作为一种跨越时空的低成本通讯工具，使得信息传播速度飞速提升，可以在短时间内组织起全球华人共同参与爱国主义行为。

信息化时代爱国主义基于其传播的迅速性以及组织扁平化的特征，从而更加容易产生冲动和非理性的爱国主义表达。随着网络发展，爱国主义情绪化日益明显。爱国主义源自人类最普遍的情感力量，是对于国家、本民族生存和发展的切实关切。然而信息化时代加快了信息的流通速度，其带来的直接影响便是大批良莠不齐的信息不经过滤快速地传递给受众。基于网络公共空间所具有的开放、平等、自由表达和交换意见的特性，意见领袖往往容易受到错误信息的误导，诱发激烈的爱国主义情绪，从而引导爱国主义情感的非理性表达。信息化时代加速了线上线下行动的联系，网络时代带来的巨大影响力推动了生活中的非理性爱国主义行为，使得信息化时代的爱国主义情感更加需要合理的规范和协调。信息化时代使得爱国主义精神的传播受众更加丰富、表达更加直接。基于信息化时代网络在世界范围内的影响力，中国的爱国主义精神往往能够通过网络传播直接抵达世界各个地区，有助于增强我国的文化影响力和渗透力，将中国精神传播到世界各地。与此同时，信息化时代中网络传播模式直接建立起信息传递者与信息接受者之间的联系，减少了弘扬爱国主义精神的中间成本，合理应用爱国主义精神有助于更加丰富和直接地传递爱国主义情感。

第三节 多极化格局下的爱国主义

世界格局是指具有世界影响的力量（国家）或力量中心（国家集团）的布

局及其相互作用的战略结构状态，与国与国之间形成的关系及地区与地区之间形成的关系及其发展趋势密切相关。多极化是相对两极格局和单极世界而言的，世界正在形成若干个政治经济力量中心，各种力量相互制衡的趋势日益明显。世界多极化在概念上指向世界战略格局多极化。所谓"极"便是对于世界产生重大影响的力量（国家）和力量中心（国家集团）。所谓"化"，是指一种发展趋势，表明在多极格局形成之前有一个相当长的过渡期（或叫转换期）。世界格局多极化是指一定时期内对国际关系有重要影响的国家和国家集团等基本政治力量相互作用而朝着形成多极格局发展的一种状况和趋势，是对主要政治经济军事力量在全球实力分布状态及其相互关系的一种动态反映或展示。

当今世界，多极化发展格局正在形成之中并初步展示出自己的发展魅力。世界多极化深入发展既是历史发展的大势，也是国际社会的普遍期待。20 世纪以来，经历了两次世界大战和冷战，国际格局在大多数时间里处于集团对峙较量状态。冷战结束尤其是东欧剧变和苏联解体以来，世界权力从一个中心向多个中心扩散、各中心之间力量差距逐渐缩小，西方发达国家的世界主导地位持续走弱，多极化趋势逐步发展。进入 21 世纪尤其是 2008 年国际金融经济危机以来，多极化在不同层面和不同领域不断扩展，向全新的广度和深度持续深化。世界多极化萌发于 20 世纪五六十年代。当时，亚非拉民族解放运动蓬勃兴起，不结盟运动、七十七国集团等呼吁发展中国家加强团结，倡导建立国际政治经济新秩序。同时，美苏两大阵营内不少国家表现出强烈的独立自主倾向，阵营主导国家的凝聚力、影响力不断下降。到了 20 世纪 90 年代，随着冷战结束，两极格局宣告终结，世界多极化趋势逐渐形成。进入 21 世纪，世界多极化趋势愈加明显并日益向纵深发展。

多极化发展格局必然要求坚持多边主义。从多边主义生成发展的基础性条件看，让·博丹（Jean Bodin）的主权学说明确了多边主义的行为主体，雨果·格劳秀斯（Hugo Grotius）的国际法思想为多边机制约束国家行为提供了思想依据，约翰·洛克（John Locke）的个人主义理念则成为新多边主义的生成土壤。基欧汉最早对多边主义做出明确界定，指出："多边主义是协调三个或更多国家政策的实践活动。"[1] 这一界定强调并凸显了多边行为体的数量关系。约翰·鲁杰（John G. Ruggie）对基欧汉相对宽泛的定义不很认同，坚持认为多边主义的独特性在于其是"调整国家间关系的普遍原则基础上的协调活动"[2]，他据此将多边

---

① Robert O. Keohane. Multilateralism: An Agenda for Research. International Journal, 1990, 45（4）: 731.

② John G. Ruggie. Multilateralism: The Anatomy of an Institution. International Organization, 1992, 46（3）: 561 – 598.

主义界定为"根据普遍行为准则协调三个或更多国家间关系的制度形式"①。詹姆斯·卡帕拉索（James A. Caporaso）将多边主义界定为"由规范性原则和现实信念混合而成的、为促进多边活动而设计出来的意识形态"②。多边主义虽然在西方国家有相当的研究，但是在中华文明谱系和现当代中国外交观中则有十分突出的推崇和强调，"和而不同"和"和平共处五项原则"都包含了丰富的多边主义思想和行为实践。所谓"多边主义"，指解决国际问题和纠纷，应通过国际合作，进行协商，充分发挥多边机制的作用以取得共识，达成协议。多边主义主要包括全球多边主义、区域多边主义，以及国家多边主义。多边主义还表现为国家行为体之间的行为方式，以及对国际普遍的行为准则和规制的重视和遵守。多边主义否定一国优先，主张各行为体享有平等知情权、参与权和投票权。作为一种着眼于发展国家行为体之间良性互动的社会性安排，协调与合作是多边主义的基本特征。多边主义主张各国通过协商来达成非歧视性规则和秩序，强调各方在处理对外关系时约束自身行为，以谈判方式协调彼此利益，合作解决有关问题。多边主义的运行规则由各行为体共同制定且无差别适用，不因国家大小、强弱而出现"话语缺失""双重标准"。多边主义的产生和发展在很大程度上源于合作代替冲突成为国家间交往的主要方式。多边主义体现平等协商、开放包容、合作共赢等精神，这些精神已越来越成为国际社会的共识，对世界和平与发展具有重大意义。

世界多极化的发展格局更能体现国际社会追求公平正义和多边主义的价值理念，更符合广大发展中国家的利益诉求，更契合维护世界和平与发展的深层需要，因而更有助于全球治理体系的改革完善，有助于世界的和平、安宁和稳定，是故成为当今国际社会的普遍愿望。多极化制约了一家独大的霸权主义，也牵制了超级大国的军备竞赛，对人类和平是一种贡献，对各国发展也是一种促进，从而为解决世界范围内存留下来的和平赤字、发展赤字、治理赤字和信任赤字提供了绝好的条件和环境。

世界多极化趋势对于爱国主义精神的影响体现在两个方面，从物质层面而言，多极化趋势为发展中国家提供了广阔的发展机会，因而对于爱国主义的弘扬提供了更加广阔的空间，从而为爱国主义的发展提供了现实基础。从精神文化层面而言，多极化趋势推动了世界文化在全球层面的交流和互动状态。精神文化方面的多极化趋势使得人们的精神依托更加丰富，对于爱国主义的理解更加广阔。在这么样的背景下，更加需要爱国主义精神为广阔的精神世界提供支持力量，避

---

① ［美］约翰·鲁杰主编，苏长和等译：《多边主义》，浙江人民出版社2003年版，第12页。

② James A. Caporaso. International Relations Theory and Multilateralism：The Search for Foundations. International Organization，1992，146（3）：601－603.

免在繁杂的信息和文化长河中迷失。

世界格局的多极化对于爱国主义提出了新的要求。首先，国家观念应该更加具有全球意识。如果没有全球视野中的国家观念，就很可能会产生一切以本国利益为中心的狭隘的、极端的爱国主义，这种狭隘的、极端的爱国主义不可能使自身国家利益获得发展。其次，真正的爱国主义应当以维护世界的多极化和多边主义为价值追求，在维护多极化和多边主义中实现爱国主义的共生共荣。单边主义只能导致国与国之间的紧张和仇恨，无法将爱国主义引导到理性与和谐共生的道路上去，建立在单边主义基础上的爱国主义不是健康理性的爱国主义，只会导致法西斯式的爱国主义，这是悲剧的爱国主义而不是理性、健康的爱国主义。最后，弘扬爱国主义精神，必须坚持立足民族又面向世界。在中国积极参与国际事务、引导国际合作的过程中，通过人类命运共同体理念建设，深刻地体现出了中国传统文化中"天下兴亡匹夫有责"的以天下为己任的历史担当和社会责任感，同时将我国的爱国主义思想赋予了更加丰富的时代使命感、树立了全球视野，进一步扩展了爱国主义的核心内涵和精神视野。

当今时代，任何国家都绝对不可以关起门来搞建设。中国以推进多边主义和构建人类命运共同体为旨归的爱国主义才是真正健康理性的爱国主义，这种爱国主义是与全球主义、多边主义相向而行的，是将中国梦与欧洲梦、美洲梦、非洲梦、澳洲梦等有机结合起来的和谐共生之梦，体现了天下大同的共生主义伦理品质和精神。

第七章

民族主义、世界主义与爱国主义

爱国主义既与民族主义有着密切而复杂的关系，也与世界主义有着不可分割的联系。特别是在当今全球化、信息化的条件下，真正的爱国主义应当内以健康的民族主义为根蒂和基础，外以理性的世界主义为追求，并将民族主义与世界主义有机地整合起来，构建一种民族意识和全球意识和谐共生的科学开明的爱国主义。

第一节　民族主义与爱国主义的联系和区别

在以往一些学术著作或人们看来，爱国主义与民族主义其实就是一回事，本质上没有什么区别。但是，如果我们深入研究二者的关系，就会发现它们既有一定的联系，也有一些重要的差别。维罗里指出："对爱国主义者而言，首要的价值观是共和国所承诺的共和制与自由生活方式；而对民族主义者而言，首要的价值观是民族的精神与文化统一。……爱国主义者与民族主义者倡导不同的热爱对象——对爱国主义者来说是共和国，对民族主义者来说是作为一个文化与精神统一体的民族"。此外，二者的热爱方式也不同，"对爱国主义者来说是慷慨仁慈的热爱，对民族主义者来说是无条件的忠诚或排他性的情感依附"。[①] 民族主义与

[①]　［美］维罗里著，潘亚玲译：《关于爱国：论爱国主义与民族主义》，上海人民出版社 2016 年版，第 1～2 页。

爱国主义既相互区别，互有冲突，也有一定的联系或相互依存、相互转化的关系。弄清爱国主义与民族主义的联系与区别，有助于我们深入全面地把握爱国主义的本质特征。

一、民族主义的性质及类型

民族是一个相对比较古老的概念或范畴，但民族主义则是随着近代民族国家的建立而形成和发展起来的。迄今为止，中西方对民族主义有比较多的研究，并因此形成了不同的民族主义思潮和理论派别。一般认为，民族主义（nationalism）是伴随着近代民族国家的构建而产生的，并为谋求民族权益，包括生存、平等、独立、发展等权益服务的一种社会政治思潮和实践运动。1789 年，法国教士奥古斯丁·巴洛首先使用"Nationalism"（民族主义）这个词，用来指称推翻封建专制的一种社会力量。西方近代民族主义发生于拿破仑·波拿巴对外战争第二阶段的"侵略战争"期间，在法军的铁蹄下，欧洲各国反侵略、反统治的民族主义情绪日益高涨，民族主义思想随之应运而生。可以说，民族主义是近代西方创建民族国家、追求民族独立和民族解放的产物，同国家摆脱神权的束缚、王权的控制和建设一个独立自主的民族国家的发展进程密切相关。民族主义通过自身或者他者的各种途径传播到整个欧洲和其他地方。民族主义的涌现无疑在西欧的近代文明建构与发展趋向过程中扮演着重要角色。整个 19 世纪，西方世界史家称之为欧洲的"民族主义时代"（the age of nationalism）。到了 20 世纪，民族主义的发展给整个西欧甚至全人类带来了巨大冲击，两次世界大战的灾难以及随之而来的全球性民族解放运动，甚至在世纪末期的 90 年代，东欧剧变影响下的民族主义运动再度掀起高潮，这些都在显示着民族主义自产生以来所表现出的顽强生命力。近代西欧的现代化过程，其实质是与社会发展现代性相伴相行的，作为文明发展与现代民族国家的兴盛无疑是与内在的历史动力——民族主义思潮——不相分离的。

民族主义是一个外延和内涵都相当复杂的概念。法国学者吉尔·德拉努瓦指出："民族主义是一种非常富有弹性、甚至变化无常的意识形态。……这是一个包罗万象的外壳。"① 民族主义自诞生以来，融合了国家主义、民族国家"在所有领域具有至高地位的学说"、与推动工业化与现代化的力量结盟，从而呈现出多样态的表现形式。民族主义具有"坚信民族要求之至高；民族所有成员的有机联系；我族价值之有价值就是因为它是我族的；在诸多权威或忠诚的竞争者中，

---

① ［法］吉尔·德拉努瓦：《民族主义》，载于《世界报》（法国）1992 年 5 月 18 日。

民族诉求是至高的"① 等特征。

概而言之，民族主义大体上有以下含义：

第一，民族主义是一种思想观念或者心理状态。大多数民族主义研究的重要学者——包括盖尔纳、霍布斯鲍姆（Hobsbawm）、安德森（Anderson）、布鲁伊利（Breuilly）都将民族主义视为一种反映民族性质和价值需求的思想观念或心理状态。出生于捷克后到美国任教的卡尔·多伊奇（K. W. Deutsch）在《民族主义及其替代选择》一书中认为，民族主义是一种精神状态，它使民众的社会交往中民族的信息、回忆和表象占有优先地位，并对政治决策具有举足轻重的影响。② 社会学和历史学家尤根·伦伯格（Eugen Lemberg）在他的《民族主义的社会学理论》一书中指出，民族主义是作为"概念、价值和规范的一个体系，并以此来表述世界和社会的图景"。它使"社会上大的群体意识到他们的共同一致性，这种共同一致性属于一个特殊的价值。换言之，把这个大的群体整合为一体，并和它的外界划清界限。"③ 尼迪克特·安德森秉承着遵循人类学的精神，他主张对民族进行如下的理解和界定："它是一种想象的政治共同体——并且，它是被想象为本质上有限的，同时也享有主权的共同体。"④ 安德森的定义侧重向我们凸显出民族或者民族主义的自我意识意向性——强调主观主体的共同理想生活框架。

第二，民族主义是一种思想体系或意识形态。这一观点的早期代表者包括卡尔顿·海斯（Carlton Hayes）和汉斯·科恩（Hans Kohn）。汉斯·科恩视民族主义为一种思想体系，"是一民族的绝大多数普遍地表现出来并要求普及到它的所有成员中去的一种精神状态；它承认民族国家是政治组织的理想形式，承认族体是一切文化创造力的源泉"。⑤ 汉斯－乌尔里希·维勒认为，"民族主义是指：某种思想系统、宗旨或世界观，其创造、推进并整合了一个大型的稳固联合体（这个联合体被称为国家），特别是为现代社会下的政治统治提供正当性理由。"⑥ 民族主义是一种承认民族国家是政治组织的理想形式，承认民族是一切文化创造力的源泉并主张对民族国家高度忠诚的思想体系。

---

① ［英］以赛亚·伯林：《论民族主义》，载于《战略与管理》2001 年第 4 期。

② Karl W. Deutsch. Nationalism and Its Alternatives. New York：Alfred A. Knopf, 1969：5 - 12.

③ E. Lemberg. Nationalismus. ZBbe. Reinbek bei Hambrug, 1964：8 - 16.

④ ［美］本尼迪克特·安德森著，吴叡人译：《想象的共同体：民族主义的起源与散布》，上海人民出版社 2003 年版，第 6 页。

⑤ Hans Khon, The Idea of Nationalism, A Study of Its Origins and Background, New York, The Macmillam Company, 1946：35.

⑥ ［德］汉斯－乌尔里希·维勒著，赵宏译：《民族主义：历史、形式、后果》，中国法制出版社 2013 年版，第 11～12 页。

第三，民族主义是一种社会实践和群众运动。安东尼·D. 史密斯在《民族主义：理论、意识形态、历史》一书中，认为民族主义是"一种为某一群体争取和维护自治、统一和认同的意识形态运动，该群体的部分成员认为有必要组成一个事实上的或潜在的'民族'."① 民族主义作为一种社会实践和群众运动，表达民族成员的整体诉求，反映民族整体利益和长远利益，并主张为民族整体利益和长远利益而奋斗。

第四，民族主义是一种民族共同的历史和精神建构。民族主义扎根于民族共同的精神成长和精神建构过程，是对民族共同的历史、共同的遭遇、共同的胜利、共同的成就、共同的回忆，以及共同的愿望的精神建构和价值凝聚。这种"共同"是民族情感的纽带作用，也是民族意识的集体体现。"民族主义指建立在共同语言、文化、血缘——有时也包括共同宗教和领土等等之上而胜过其他个人忠诚要求的一组亲和力"。② 这一定义揭示出客观性标志物包括共同语言、文化、血缘等民族主义构成的影响。

格林菲尔德区分了将国籍与公民身份联系的公民民族主义（civic nationalism）和将国籍视为一种基因或文化特征的种族民族主义（ethnic nationalism）。她也区分了个人自由的民族主义（individualistic-libertarian nationalism）——是种公民民族主义，与集体权威的民族主义（collectivistic-authoritarian nationalism）——既可能是公民民族主义，也可能是种族民族主义。安东尼·D. 史密斯将民族主义分为：（1）永存主义（perennialism）；（2）经典现代主义（classical modernism）；（3）原生主义（primodrdialism）；（4）新永存主义（neo-perennialism）；（5）后现代主义（post-modernism）；（6）族群象征主义（ethno-symbolism）六种。③ 史密斯的分类力图囊括描述民族以及民族主义的所有知识，但由于其缺乏统一的分类标准而显得较为繁杂。史密斯的论说也不是十分清晰和严谨的，充满着跳跃性和某种意义上的兼而有之。

综合性地考察民族主义，我们发现民族主义具有复杂的性质和类型。这里，我们结合历史、理论和运动的发展状况，将其区分为以下几种思潮类型和表现形式：

第一，族群民族主义（ethnic nationalism）。也称族裔民族主义。族群民族主义看重同一个族群和共同的祖先，把血缘、地缘等因素看得很重，强调"非我族

① ［美］安东尼·D. 史密斯著，叶江译：《民族主义：理论、意识形态、历史》（第二版），上海人民出版社 2003 年版，第 9 页。
② 徐蓝：《关于民族主义的若干历史思考》，载于《史学理论研究》1997 年第 3 期，第 19 页。
③ ［英］安东尼·D. 史密斯著，叶江译：《民族主义：理论、意识形态、历史》，上海人民出版社 2006 年版。

类，其心必异"。族群民族主义宣称，个体最深层的依附是遗传的，不是选择的。民族共同体界定了个体，而非个体界定民族共同体。"实际上，在 21 世纪伊始，族群民族主义似乎已经成为最普遍存在、难于对付，且最具破坏性的力量。"①极端的族群民族主义不仅反映了拒绝被同化到民族—国家之中的一些族群自身的要求，而且具有民族分离主义的特征。

第二，公民民族主义（civic nationalism，又称 civil nationalism）是以"领土地缘"认同为基础的由公民主动参与，产生"全民意志"而取得法统（political legitimacy）的民族主义类型。公民民族主义又有民主民族主义、自由民族主义、包容型的民族主义等类型。民主民族主义，以法国启蒙思想家卢梭为代表，主要体现为法国大革命时期及其此后的民族主义。卢梭根据"天赋人权"和"社会契约"的理论来论证民主民族主义，坚持认为国家权力来自全体人民的选择、同意和委托，它不属于君主个人，而是属于全体人民。同时让每个人都参与国家事务的管理和决策，从而使公民个体与国家整体紧密地结合为一体。自由民族主义，以当代英国思想家伯林为代表，主要盛行于当代英美等国。包容型的民族主义不仅承认、正视民族内部族群文化的差异性、多元性，而且它本身就倾向于民族—国家内部族群的"多姿多彩而不是千人一面，倾向于和谐而不是统一。"②要求建立以民族认同为基石、包容族群认同的复合认同，寻求民族认同与族群认同的统一。

第三，政治民族主义（political nationalism）是表现在政治生活领域同国家政治统治、政治治理、政治发展密切相关的民族思想、态度和行为的民族主义。大体可分为四种：一是主张推翻殖民统治、实现民族独立的政治民族主义，表达的是被压迫民族的政治诉求。二是以"民族自决至上论为核心内容"，即以强调民族自决权而以独立建国为目标的民族分离主义。三是民族排外主义，即反对本民族与异域民族交往交流，反对和歧视外国移民等。四是极端民族主义，认为本民族是世界上最优秀的民族，歧视别的民族，甚至把某些民族视为劣等民族。

第四，文化民族主义（cultural nationalism）是为维护或重建本民族文化而产生的各种思想、态度和行为之统称的民族主义。原生态的文化民族主义产生于18 世纪的德国，其核心思想是保留、壮大和发展自己的民族文化。赫尔德把启蒙思想同不同时代、各个民族自己的特点结合起来提出自己的文化民族主义思想，不仅把民族看成是类似于植物或者动物的有机体，把民族精神看成是决定有机体生长和发展的力量，而其民族的成员必定归属于某一个共同体，而且特别强

---

① ［美］马丁·N. 麦格著，祖力亚提·司马义译：《族群社会学》，华夏出版社 2007 年版，第 508 页。
② ［英］阿克顿著，侯健等译：《自由与权力——阿克顿勋爵论说文集》，商务印书馆 2001 年版，第 126～127 页。

调民族语言是每一个民族的根。文化民族主义在拉美、东亚、西亚、北非以及西方发达国家都有影响。文化民族主义可分为保守主义、排外主义、同化主义和复兴主义等。

此外，还有地方民族主义和跨国民族主义等。地方民族主义是指在一个国家范围内占据某一特定地理疆域的族体为维护和促进本族体自身利益和提高本族体在权力中心的地位所表现出来的民族主义，每每带有一定的"部族主义"特点。跨国民族主义是在全球化条件下所形成的流动的或分别居住在不同国家的民族主义，他们或具有共同的族源和文化背景，或因散居在他国特别需要原生民族的族群认同、特别需要结成跨国的民族共同体。跨国民族主义常常表现为"大民族主义"或"泛民族主义"，如"泛德意志主义""泛斯拉夫主义""泛阿拉伯主义""泛突厥主义"等。

二、民族主义与爱国主义的联系

民族主义与爱国主义既有一定的联系，也有各自的边界和本质区别。就其联系而言，主要表现在以下几个方面：

第一，心理基础相同：民族意识。根据爱国主义与民族主义忠诚对象的不同，我们一般可以认为，爱国主义是同属于一个国家"共同体"成员的国家意识的最高层次体现，而民族主义则是同在于一个民族"共同体"成员的民族意识的最高层次体现。总的来说，这两种意识形态都是各自成员们的主体意识的结晶和体现。民族主义最初形成时，依附着生活于"共同体"群类成员共同认可的语言、文化、风俗习惯等产生了共同情感态度的民族意识。后来，民族意识伴随成员之间的生产、生活、生存等方方面面，渐渐地开始有着趋同的认同原则，即民族认同。由于民族主义作为一种被成员认可的意识形态，在"共同体"日常生活中逐渐与群体的政治生活相交涉与结合，最终发展成作为一种"领导意见"参与政治运动，也就是我们现今称为"民族主义运动"的政权话语运动。经过此类民族主义运动的洗礼与历练，民族意识不断得到强化，并以成熟的姿态深深扎根于"共同体"成员的心灵情感中。作为民族共同体心理特征的民族意识，是民族共同体的精神纽带，是民族集体行动的内在驱动力。民族意识由内在的心理情愫已经转向向外的行动动力，可见，它在整个民族主义兴起与发展过程中所发挥的重要作用。但是这种立足于个人主体意识的情感体现，即使是有共同成员的共同认可作为保障，可也不能排除其总是合情合理地展露于公共事务的处理上。所以，民族意识有理性与非理性之分。当这种理性的民族意识得到强有力的唤醒与维护时，它会使得民族"共同体"成员增强内心的骄傲与自豪感，更甚是调动起他们心中蓬勃的政治激情。并且随着这种日益高涨的民族意识与政治意义上的国籍身份相契合时，则会自然地产生爱国主义情感。在民族国家的背景下讲，即拥有强烈民族意识的国家公民会产生出一种油然而生的爱国主义情怀。民族意识与民族情感作为公民个体的内心主观感情流露，是进一步完善、推动民族国家中民族主义与爱国主义发展的基础和动力。

第二，生长机制相同：政治依附。自爱国主义与民族主义的兴起、发展过程来看，二者都不同程度地跟政治有所依附。它们与政治权力的相互勾连并不能认为是走向更驳杂、被侵蚀甚至没落，相反地，这恰恰是它们生长壮大过程中所要借助的依附，是其能够实现"共同体"繁荣的重要路径。就爱国主义来说，团体成员对于生于斯、长于斯的土地及其承载的群体文化、语言、风俗、礼仪等一系列带有"地方"区域性特色的"标志物"烙印，深切地反映在他们对"祖国"这一带有"乡愁"的故土家园人伦关系世代链条的热爱感情。但是，随着现代化进程的日益深入影响，"祖国"的概念开始逐渐被"国家"所代替，成员身上那份自发性、自然的"祖国"热爱之情也慢慢被工业化进程所引入的"市民"政治生活中强制性、制度的"国家"权责关系所稀释、替代，留下来的只是公民性质的遵守与申诉，原来的"我要热爱"已经被置换成"要我热爱"。人们对于未来美好生活的向往与追求已经被全部纳入社会发展的统一规划和设计，公民要想再次拥有共同的情感认同，获得共同善，就得按照民族国家所要基于民族主义构造的社会联络网络进行社会交往。与此同时，爱国主义与"国家"的联系日益紧密，人们把之前对于"祖国"的热爱情感转换到政治"国家"的依恋之情上来。这时公民越发想要得到国家的支持，获得更多的优厚待遇与福利政策，就需要不断接受此时宣传、鼓动的"爱国主义"思想内涵及其时代精神意蕴。在这个依附关系中，爱国主义也变得越来越强劲、具体和有效。而对民族主义来讲，爱国主义在现代化过程中的表现，则与之大体一致，都凸显出强烈的政治依附关系。但稍微有点不一样的地方是，民族主义与政治的关系更为明显和深入，甚至表现出极端的后果，而爱国主义在政治依附的生长机制中就会显得比较温和与良性发展。

第三，核心目标相同：集体利益。爱国主义与民族主义从其产生以来，就不是单个人的情感呼吁，而是凝聚着其共同生活的"共同体"的共同认同。"共同"在起初的爱国主义的层面上即是群居生活于某一地区的群类所要表达需要的一致性；在民族主义的层面上即是同一民族追求的生活所要行为的一律性；而民族（主义）国家中的爱国主义即是生活于同一民族国家所有公民的集体利益统一性。一般来说，爱国主义涉及国民对国家民族的认同及关系，代表着国民对民族国家的身份认同、伦理认同和价值认同。站在民族国家的立场上，爱国主义就是民族主义的最高表现。所以，我们可以认为，在谋求国家与民族的独立自主、维护全民族国家的最高利益方面，爱国主义与民族主义之间的界限就会变得模糊甚至消解，它们都共同在强调对所属集体国家的忠诚与奉献、对拥护其正当性的公民的义务与责任，并且特别关注与维护民族国家利益的集体行动。在此情形下，爱国主义会从民族意识、民族精神中寻求凝聚力和发展动力，而民族主义也成为爱国主义的一种表达方式。当面对"民族问题"时，爱国主义与民族主义在"集体利益"的终极目标趋同性方面则呈现出更加密切的联系。争取民族国家的"集体利益"往往在国际交往过程中出现，国家与国家之间的外交政策与关系也都围绕着它展开，也随即成为了衡量国际关系的重要标尺。民族主义的终极目标是建立自己所属民族的民族国家，民族国家时期的爱国主义则是将对"民族"与"祖国"的热爱全部都倾注于统一的独立自主的国家。所有的忠心、情感与精力都奉献给了这个民族国家，公民的个人利益与国家的利益融为一体，他们的日常生活与实践活动也将离不开这个"集体"，因为他们的利益与之息息相关。

三、民族主义与爱国主义的区别

爱国主义与民族主义虽有重叠之处和相近相通的表现，但爱国主义并不等同于民族主义。爱国主义与民族主义两个概念的内涵与外延不同。在当代新共和主义穆里齐·维罗里（Maurizio Viroli）看来，"Nationalism"是在19世纪欧洲民族国家体系初步建立后才有的思潮，距今不过不到300年的历史。与之相比，"Patriotism"则是名副其实的"老古董"，可以追溯到数千年前的古希腊。"对爱国主义者而言，首要的价值观是共和国所承诺的共和制与自由生活方式；而对民族主义者而言，首要的价值观是民族的精神与文化统一"。[①]

具体来说，爱国主义与民族主义的差别表现在以下几个方面：

第一，忠诚对象的来源不同：社群情感与族类意识。单从名词字义表达上来讲，爱国主义与民族主义的主要差异是来自对"情感对象"与"心理来源"的不同，一般来说会在情感认同、热爱对象、意识表达等方面凸显出来。爱国主义侧重于通过社群生活的"地方""群体"和"方式"产生对祖国的热爱情感，民族主义则侧重的是一个种族对本民族的"范围边界""价值利益"和"民族政权"而被要求产生的民族激情意识。因此，可以看出，它们所要忠诚的对象不同，前者是"故乡"或者"祖国"，流露出的是一种依赖于乡土情结升华的对社群共同体事业的忠诚与热爱；后者则是"种族"或者"国家"，表现出的是一种

---

① ［美］毛里齐奥·维罗里著，潘亚玲译：《关于爱国：论爱国主义与民族主义》，上海人民出版社2016年版，第1～14页。

依仗于"自我中心"观念衍化的对族类一体化"伟业"的忠诚与激情。

具体地来看，"爱国主义是由于千百年来各自的祖国彼此隔离而形成的一种极其深厚的感情。"① 列宁的这一观点，就鲜明地将爱国主义视为是对拥有共同家园生活在一起的"大地"自然环境影响下的感情凝聚，认为爱国就是不忘养育着人们自己祖国的宗亲传统、自然土地，并时刻怀揣着对它的深深眷恋与浓浓乡情，生长于其上的群体成员，相互协作、共同奋斗，相互之间结成牢固的生存共同体，他们在一片特定的土地上共同维护着生存资源，进行一系列的生产、生活、繁衍活动。虽然后来的爱国主义加入了政治国家的制度机构中，但是发自于家园故土的爱国情感依然是引起共鸣的活生生源头活水。爱国主义的忠诚对象是扎根于人们心底那份牵挂的"祖国"，尽管在如今现代意义的民族国家中，"祖国"的意涵已经纳入了作为政治要素的国家。印度爱国主义诗人泰戈尔说过，以爱国主义理解相关的各国"领土"概念，与植根于民族国家观念、民族主义意识形态的新"领土"概念之间，没有任何共同点。② 他再一次地提醒我们，民族主义是出现于爱国主义传统之后，并且认可爱国者是基于共同生活的"领土"而产生的情感表达，爱国主义是与家园紧密相连的概念。而民族主义则是植根于民族国家、民族主义意识形态，可见他这里已经表露出民族主义与政治不可分割的关系，可以说，民族主义是民族主义者借助"家园"的形式，灌入种族—政治的内容，使得民族主义成为一种具有能够引起轰动且产生社会政治思潮的激情式意识形态。

第二，建立认同的过程不同：自然原生与比较确立。由于爱国主义与民族主义的忠诚对象来源不同，那么赖以建立的认同标准也就自然会不同。"认同"，顾名思义就是"认识趋同"，严谨地说则是，个人与他人、群体或者被刻意模仿人物在感情、心理、意识等层面表现出趋同、同一性的过程。那么，依据参与主客体的转换认知角度的不同，个人的认同表现出的发展方向也会呈现不同的两类：主动认同与被动认同。

关于爱国主义与民族主义的"认同"问题，二者具有不同的特质，即它们的认同感形成方式、主体、途径都不尽相同。首先，在形成方式上，因为爱国主义是对"祖国"的眷恋而逐渐发展起来的情感表达，爱国者们要对共同生活的"共同体"赋予一个基本的价值类同与伦理认同，就得从"我们一起的生活"中寻找认同元素，而不是外求于生存圈子之外去获得。他们依托数代祖先共同保留

① 列宁：《皮季里姆·索罗金的宝贵自供》，引自《列宁全集》第三十五卷，人民出版社 2017 年版，第 187 页。

② ［印度］阿希斯·南迪著，张颂仁等主编：《民族主义，真诚与欺骗》，上海人民出版社 2013 年版，第 121 页。

下来的生活方式将他们牢牢"捆绑"在一起，比如日常行为习性、生产经验、宗教神话、文化习俗等，这些都是与生存于这个"祖国"与生俱来的、且相伴一生，带有明显的自然性、原生性和持久性的特点。而民族主义的主要认同动力来源于"种族"的特性，即本民族在一定的血缘、文化和价值观——随着资产阶级的壮大发展以及民族国家的诞生，政治成为民族主义的主导因素，这些元素就不一定完全需要——的基础上通过对"他族"的比较而逐渐获得民族的认同，朝着寻求本民族建立民族国家的"伟业"之途前进。正因为"种族"本身带有强烈的"自我"与"他者"的差异意识，所以民族主义的认同形成是通过差异性的比较获得本民族团体成员内心的企望、满足和认同，在此处隐晦的含有排外性和攻击性。其次，在认同主体上，爱国主义的认同个体或者团体是全体"共同体"的成员，它的认同主要是永久或者曾经长期生活于某一些"地方"的人们共同来完成的。民族主义的认同起初主要是一些民族精英、社会富人、政治权贵在一定时期建立一个基于共同"种族—政治"文化来推动的，后来当然全体社会成员也成为完成认同的一员，但不是主动和主导地参与，而是被少数富有政治激情与爱好者所垄断。最后，在认同途径上，爱国主义遵循着认同形式的特点，选择温和的路径，让个体在道德的感知和群体生活的体验的潜移默化的过程中确立自己对"祖国"的认同，它所要采取的手段是相对柔性的，是充分让我们用心灵体会与实实在在的生活去与"祖国"所蕴藏的巨大能量和情的根源进行主动契合。而民族主义则会显得相对激进，主要是通过"种族"的规章制度、民族禁忌或者"国家"的法律政策、政治制度、国民教育和舆论宣传等途径来达到民族认同，甚至有时候表现出极强的计划性、目的性和强制性。民族主义的认同途径不像爱国主义走的是一条文化符号的熏染和亲身切实的体验之路，而是一条裹挟着暴力倾向、差异性比较与蛮劲竞争的明确的建构之路。

第三，依附国家的态度不同：无须假定与有意倾向。爱国主义属于一种自觉地主观认同，民族主义则是参照后的被动认同。爱国主义没有假定与要求"国家"为其撑腰才能更好地完成认同感的建立，然而，民族主义就有着十分迫切的需要倾向，甚至是一种有意为之的态度。爱国主义是一种连接过去与现在的情感流露，来源于"祖国"的热爱，爱国者反映在当下时分对过往历史的自豪感、家园的归属感和眼前的幸福感，是对本国现实状况的美好祝愿与满足。而民族主义并没有如此温馨的画面出现，民族主义者更多的是致力于实现本民族尚未达到的理想与目标，将所有奉献与希望付诸于本民族的未来与"独一无二的伟大性"。要么是对如今自己民族差强人意的自卑，或者是极度高傲的国家优越感和支配感。随着以民族国家作为基本单位进行国际交往越来越必要与重要，一定程度上加剧了民族主义的孤傲感，民族主义热情主动地参与其中，但它也慢慢丧失自己的种族文化传统与民族价值共识，开始沦为国家主义的附庸。"不像民族主义，爱国主义并不宣称个人和国家之间的理想关系是不经调停的。"① 爱国主义不需要围绕"国家"而进行界定与运转，但只有当"国家"面临外敌入侵时，才会给"国家"的存在作为主导开放临时性的空间，这也只不过是暂时的，因为此时"国家"也是作为工具性的功能而优先于爱国主义。面向未来的民族主义，它需要不断给自己的"共同体"成员提供一种源源不断的认同，这样才能保持民族朝向独立自主的国家拥有承认她的公民，这时，把"他族"想象为自己的竞争者甚至敌人，依靠"国家"这样一个"政治权力"共同体为支持它的公民保障可观的生存资料与生存空间。"国家"在公民生活中扮演的角色就是"守夜人"，民族主义和公共生活都离不开"国家"或者"国家主义"的庇护。爱国主义自己本身并不排斥公众生活，在它发挥作用的日常生活中，不一定像民族主义那样需要"国家"的庇护，因为爱国主义可以在公民心中经由主体性认同而扎根。

第四，合道德性的程度不同：自主选择与公众契约。爱国主义和民族主义作为一种意识形态，它们对人们的思想、决定和行为都会产生这样或者那样的影响，尤其是在当代的政治生活中，那么，既然他们要作为一种力量发挥功能性作用，就必然需要获得公共性权威的论证以至于能够得到现代公民的承认、支持与拥护。我们知道，享有权威需要最基本的几个要素：具有充分合理性的理由；拥有足够数量的被受权威者，基于被受权威者的自愿同意；制定获得相关的权威的途径等。通过上述的分析，我们可以认识到，爱国主义能够比较自然地得到公民自主选择后的权威性论证，因为它基本符合上述要素。而民族主义就不同了，它需要如同订立契约的形式转换而得到公众的信任，因为它并不完全总是获得大家的一致性同意和具有充分合理的理由。

先来看爱国主义，它自然地伴随着人们的心理出现在情感意识之中，是天生就具备基础的生存依赖的"家园"情愫。每一个人都有一个成长的环境，都能够从小培养起对生长于其上的"土地"有着或深或浅的认知与情感，故而它能够顺利地拥有足够的爱护者和"生生不息"的个体根源性理由。同样的，它是发展于每个人内心深处对"家乡故土"的眷恋之情，爱国主义在认同与关切自己祖国和同胞时并不排斥"他者"。之所以如此，是因为每一个人只需要一个"祖国"来承载他的爱国之情，而不需要更多的"祖国"，并且他自己的这个"祖国"谁也不能拿走、谁也不想拿走、谁也不能拿走，毕竟它是属于"我"或者"我们的"。爱国主义正是有着如此强大的内在感召力，所以它不会强迫，是自己内心自主选

---

① ［印度］阿希斯·南迪著，张颂仁等主编：《民族主义，真诚与欺骗》，上海人民出版社 2013 年版，第 127 页。

择后的"恻隐"结果，它也自然而然地拥有了"油然而生""发自肺腑"的权威获得渠道。面对现代性社会个人主义的兴盛、公民个人主体性的增强，民族主义的权威性获得道路充满坎坷。民族主义的诞生就是拥有外力推动的结果，而在它的发展过程中更是争议不断，认为民族主义具有强烈的"他者"排外攻击性，也在历史上有过真实的残暴表现过往，加之源于内在的"面向未来的扩张性"更是让人们人心惶惶，对它的态度也是贬斥胜过褒扬。另外，即使是它在某一时期，通过民族主义者与全体公民签订公众契约而与某一国家结合，成为合道德性发展的民族主义民族国家，但生活于其国内的公民也难以放心民族主义不会变脸倒戈，露出不受理性控制引发灾祸源头的凶恶面孔，所以它很难持久地获得公民的信任与毫无保留的自愿同意。综合来看，民族主义没有像爱国主义那样能够获得一如既往的支持与拥护的群众基础，毕竟爱国主义不会时常像民族主义那样由于破坏力的内在"基因"而造成人类灾难，至少来说，民族主义在权威支持获得方面，不如爱国主义的程度深刻与牢固。

第五，作用方式的表现不同：理性热情与盲目行动。通过分析爱国主义与民族主义的权威获得的合道德性差异我们可以明白，爱国主义在人们的心理层面更能够赢得自愿认同和公共同意，因为它不是像"民族主义是一个人在他所处文化认可范围内，对认识到'我'的边界的可渗透、可穿透的性质的抵制防卫心理"。[①] 民族主义所反映出来的自我防御性心理，通常是来自自己未被认可与承认的失落情绪以及想象"他者"对自身具有敌意攻击性的恐惧。又或者是民族主义本身需要一种"鼓舞士气"的民族卓越性情感来标榜自己的"伟业"指日可待。可以说，爱国主义与民族主义所表现出来的作用方式也是大相径庭，前者主要是一种理性热情的表达与行为，后者则是带有左右摇摆的盲目宣泄和过激行动。

爱国主义与民族主义是不同的，"并非所有的爱国主义者都是民族主义者，并非所有认同甚至热爱自己民族的人都把民族视为是表达政治需求的手段"[②]。民族主义通常是指以维护本民族利益和尊严为出发点的思想与行为，重在民族情感的维系和民族精神的认同。爱国主义是指个人或集体对祖国的一种热爱和忠诚的态度，揭示了个人对祖国的依存关系，是人们对自己家园以及民族和文化的归属感、认同感、尊严感与荣誉感的统一，集中表现为民族自尊心和民族自信心，为保卫祖国和争取祖国的独立富强而献身的奋斗精神。民族主义的对象不只包括国家，爱国主义的对象却只有国家。表现为国族的民族主义与爱国主义在国域和

---

① ［印度］阿希斯·南迪著，张颂仁等主编：《民族主义，真诚与欺骗》，上海人民出版社 2013 年版，第 121 页。

② ［英］海伍德著，吴勇译：《政治学核心概念》，天津人民出版社 2008 年版，第 320 页。

整体利益上有重合性，但在有多个民族聚合而成的国家中维护某一个民族利益和发展要求的民族主义则明显低于爱国主义的发展视域，作为爱国主义应当关心每一个民族的民族利益，但是却不能也不应该将某一个民族利益置于整体民族或国族利益之上。爱国主义要求将非国族意义上的某一民族利益置于作为国族或整体民族的整体利益之下，自觉地与其相适应，相契合，这既是爱国主义的内在要求，也是作为整体民族或国族的整体利益之所在。在当代中国，只有作为整体民族的中华民族才与爱国主义具有整体上的对应性，而某一个民族所要维护的利益和发展的要求，尽管也是爱国主义所要予以尊重和肯定的，但如果此一民族所要维护的利益和发展的要求与作为整体的中华民族有矛盾，那就必须对此予以调节，使其符合于并服务于中华民族的整体利益和长远利益，这是当代中国爱国主义的原则性要求，也是其基本价值导向。

第二节　世界主义与爱国主义的联系和区别

人们既是一个国家的国民，也是人类世界的一个成员，由此产生了对一个国家忠诚和热爱的爱国主义，也产生了试图超越爱国主义和民族主义的世界主义（cosmopolitanism）。世界主义与爱国主义既有相互矛盾或冲突的一面，也有相互联系、相互依存的一面。一般地说，世界主义包含了爱国主义，爱国主义可以通向世界主义。世界主义实际上是民族主义和爱国主义的自然延伸，也即一个有着宽阔的世界主义胸襟的人应当既热爱自己的民族或国家，同时也热爱世界上其他民族或国家的人。因此，对世界主义的令人满意的辩护既要能够给民族主义和爱国主义划定某些原则性的限制，同时又不能贬低这些特殊主义的理想。借用弗兰肯纳的一个评论来说就是，我们是为了人类而创造出世界主义，而不是为了世界主义而创造出人类。反过来说，同样重要的是，对世界主义的令人满意的辩护也必须要能够容纳这些特殊的情感牵挂，同时又不放弃其全球平等的基本志向——否则，对世界主义的成功辩护也将是一种得不偿失的胜利，因为，那种辩护将会放弃通常被认为是世界主义理想之得以确立的那些基础。

一、世界主义的基本内涵

世界主义是相对于爱国主义和国家主义、民族主义而言的一种对作为整体世界的关注和对作为世界成员及其共同命运、共同发展前途的关注的意识、情感、观念和行为的总和，它既是一种思想观点和理论主张或学说，又是一种价值追求、行为实践和精神信念。世界主义（cosmopolitan）一词来源希腊语词"kosmopolitês"：世界公民。英文"世界主义"（cosmopolitanism）一词由两部分组成：前半部分"cosmos"出自希腊语的"Κόσμος"（the Universe），意指宇宙和世界；后半部分"polis"则来自希腊语的"Πόλης"（city），意指城市和城邦。两者合在一起，构成世界城市或世界城邦，含有将全世界建设成为一个国家的意义。持有这种信念和伦理道德信条或价值主张的人，被称为"世界主义者"（cosmopolite）。世界主义的发祥地是古代希腊。古希腊文化孕育了世界天下一体的观念。古希腊哲学家德谟克利特说："整个大地对贤智的人都是敞开着的，因为一个高尚的灵魂的祖国，就是这个宇宙"。[①] 最早对世界主义给出较为清晰描述和界定的人是犬儒派哲学家狄奥格尼斯（Διογένης，前404—前323，也译作"第欧根尼"）。据《名哲言行录》记载，有人问第欧根尼从哪里来？他回答说："我是世界公民"。又说："在世界中生活乃是唯一真正的公民生活"[②]。他自认他是一个"远离祖国，背井离乡的流浪汉，一个终日靠乞讨为生的四处游走的乞丐"，但是他以信心对抗命运，以理性对抗激情，思考着人的命运和处境。世界主义在斯多葛学派那里得以奠基和形成。斯多葛学派认为人类是一个整体，主张建立一个以世界理性为基础的世界国家。塞涅卡在《论个人生活》中谈到了两种不同意义的国家，指出："一个国家伟大，为所有的人真正共同拥有，这就是众神和人同在的国家，她没有边界，太阳照耀的地方都是她的国土。另一个国家，我们因为出生而登记在它的簿册上——我指的是雅典、迦太基以及其他的城邦，它们不属于所有人，而只属于有限的一些人"。[③] 他崇尚那个没有边界、为所有人共同拥有的国家，认为我们来到世界并非因为想占有一块狭小的土地（故国），而是因为全世界都是我们的祖国。

世界主义相信每个人都是世界的一员，人类社会的一员，而不仅是国家或城邦的一员，因此必须关注人们共同生活的世界及其发展。世界主义反对只顾本国的利益而不惜牺牲他国安宁的思想和行为，主张以全人类利益为目的，建设一种超越国界的普世主义或全球主义。世界主义因其关注的重点和追求的目标而有伦理的世界主义、法律的世界主义、经济的世界主义、政治的世界主义、文化的世界主义、生态的世界主义等不同类型或派别。伦理的世界主义注重人与人之间、人与人类社会之间伦理关系的自由、平等、友善与和谐，特别强调从自身出发平

[①] 周辅成编：《西方伦理学名著选辑》上卷，商务印书馆1964年版，第86页。

[②] ［古希腊］拉尔修著，徐开来等译：《名哲言行录》，广西师范大学出版社2010年版，第281、285页。

[③] ［古罗马］塞涅卡著，袁瑜玎译：《道德和政治论文集》，北京大学出版社2010年版，第236页。

等待人，建设一个类似墨子所说的"强不执弱，众不劫寡，富不侮贫，贵不傲贱，诈不欺愚"（《墨子·兼爱中》）的和谐世界。法律的世界主义既有对国际法的关注和重视，更强调建设保护世界公民正当权利和自由的世界性法律，使全世界的所有成员都能遵循基本的世界法律并受到其普同一等的保护，活在一个既有自由又有秩序的世界里。经济的世界主义既肯定经济全球化给人类带来的种种好处，更主张发展跨国公司、跨国贸易、跨国生产和消费，建构世界市场和世界经济秩序。政治的世界主义主张适应世界经济文化发展的需要建构世界性的组织并开展富有成效的国际关系治理，建设一个各国相互尊重主权和领土完整、互不干涉内政、和平共处的和谐世界。文化的世界主义主张世界各国的文化应当相互尊重，彼此包容互鉴，建设和而不同、共同繁荣的世界文化格局，尽量避免文化的冲突。生态的世界主义主张共同面对世界的生态问题，尽全力保护人类赖以生存的地球环境及与此相关的各种资源，使人类能够实现永续发展。

人类迄今为止的世界主义大体可以划分为西方的世界主义和非西方的世界主义。西方的世界主义思想从原子物质、自然法和个体理性角度出发来论证世界主义中的个体价值，将世界主义建立在个体主义和自由主义的基础之上。非西方世界主义思想从宗教哲学、主观感知与自我体验的角度来追溯世界主义的构成，将世界主义建立在包含了个体的家族主义、群体主义或国家主义之上。西方的世界主义和非西方的世界主义各有所长，也各有所短，彼此之间有一个相互借鉴、扬长避短的问题。

西方各种不同的世界主义理论有三个方面的共同点：一是个体主义，即所有世界主义理论的终极关怀单位（ultimate units of concern）是个人而非家庭、部落、族群、文化或宗教共同体、国家等。世界主义者认为只有个体自主性才有内在价值，强调个体自由平等价值的根基，强调所有人享有普遍平等的道德价值。在这种个体本位的世界主义中，整体的人类和普遍主义都是个体本位的拓展或放大，实际上只是个人本位的聚合之结晶，唯有个体本位组成的世界才是真实的，离开了个体本位的世界主义是不可想象的。

二是平等主义，即作为终极关怀单位的每个人的地位都是平等的，或者说平等的价值地位得到每个人的承认。平等主义主张以平等的态度、立场和原则对待每一个人，忽略或忽视现实生活造成的富贵贫贱在对人态度上的影响，基督教改造犹太教坚持认为人人都是上帝的选民，在信仰上帝面前人人平等的主张无疑具有宗教平等主义的性质。世界主义的反对者、共同体主义的代表人物米勒也把平等主义视为世界主义的核心主张，把世界主义看成是一种全球平等主义。[1] 当代

---

① ［美］米勒著，杨通进等译：《民族责任与全球正义》，重庆出版集团 2014 年版，第 23～78 页。

世界主义的代表人物戴维·赫尔德将世界主义理解为个体主义与平等主义的合一，他甚至倾向于认为世界主义就是个体主义的平等主义或者平等主义的个体主义。①

三是普遍主义，即把个人作为终极关怀单位的这种地位是普遍性的，或者说个人具有基本的人性，比如对个人利益的需求，对自由价值的偏好是普遍的，应当在尊重基本人性上持一种普遍主义的态度。如同 18 世纪法国唯物主义者爱尔维修论人性所言的，在任何时候任何地点和国家，人们爱自己总是甚于爱别人的，爱别人只是爱那些使我们自己幸福的手段。所以抱怨人们的趋乐避苦和对个人利益的追求就犹如抱怨秋天的风和冬天的雪。"如果说自然界是服从运动的规律的，那么精神界就是不折不扣地服从利益的规律的"。② "普遍化"（universali-zation）是世界主义伦理观的主要哲学基础，认为每个人都具有超越种族、民族、文化与国家的普遍共性与基本人性，这些普遍共性与基本人性在任何地域的人身上都得到程度基本相同的体现。

世界主义关注人类共同的基本人性，持有一种跨国价值观。在世界主义的内涵之中衍生出了"人权高于主权"的观点，一些西方国家在打着维护人权的同时干涉别国主权，在世界范围内造成了不少伤害别国主权进而使其基本人权也落空的灾难性后果。西方的自由世界主义是一种看似开放、实则封闭的世界主义，这种世界主义仍然存在朋友与敌人、友爱与仇恨的划分。这种世界主义由于没有考虑到共同体在权利实现过程中的特殊作用，割裂了全球治理与国家治理的辩证关系，从而在实践中面临诸多困难。这是值得人们深度警觉和加以有效防范的。

世界主义与国际主义有一定的联系，但是二者也有本质的区别。世界主义是从个体本位且将平等地善待每一个个体的理念出发，主张容忍世界各国的差异，并试图建立国与国之间和平共生的国际关系格局。国际主义本质上是一种无产阶级的民族观，是无产阶级处理民族与民族问题所持的基本原则和立场，此即是全世界的无产阶级只有联合起来才能赢得自己的解放，无产阶级革命要真正取得成功需要也离不开世界各国无产阶级的支持。无产阶级共同遭受国际资本主义的压迫和剥削决定了无产阶级必须要有一种国际主义的立场、原则和视野，这是确保无产阶级革命、斗争、事业、解放及其自身生存发展的必由之路和最根本的需要。世界主义往往具有抽象性、理想性和整全性，而国际主义则具有现实性、生存性和独特性。世界主义者相信，所有人都有责任去培养和提高，并尽最大努力去丰富整个人类的天性。这个理想与世界上所有人都是兄弟的观念密切相关。人

① David Held. Cosmopolitanism：Ideals and Realities，Cambridge：Polity，2010：45.
② 北京大学哲学系编：《十八世纪法国哲学》，商务印书馆 1963 年版，第 460 页。

是一个整体，必须团结一致，相互支持。国家之间的关系为了避免冲突和不公正应该建立社会契约和国际关系公约。国际主义作为无产阶级谋求自身解放和进行革命斗争所需要的伦理原则、价值立场和宽广视域，始终服务于无产阶级实现自身使命的伟大事业。各国无产阶级只有联合起来进行斗争，才能推翻剥削制度，求得社会解放。

二、世界主义与爱国主义的相互联系

美国学者科克－肖·谭在《没有国界的正义：世界主义、民族主义和爱国主义》一书中强调世界主义和爱国主义并不是矛盾的，二者可以统一起来。"世界主义正义之捍卫者所要维护的正是制度规则的这种公道，而我想要说明的则是，支持爱国主义纽带的这些正统观点本身与对世界主义的这种承诺并不矛盾"。① 又指出："世界主义正义并不要求建立这样一个世界，在其中，民族的边界和爱国主义的承诺不得不消退和消失。民族主义的那些常常被视为是与世界主义正义水火不容的基本要求——民族自决的原则，民族偏袒和民族团结的理念——与世界主义原则是相容的。……爱国主义的这一理念——本国人应当对彼此展现出特殊的关切——并未对世界主义的正义理念构成真正的威胁。相反，在我看来，我们对正义与个人追求之关系的常规理解将要求，爱国主义的承诺必须要接受世界主义正义之要求的限制——这并不意味着某种还原论的爱国主义者阐释。我们仍然可以认为，爱国主义拥有比单纯的工具价值更多的价值，它所具有的道德价值独立于世界主义的原则或承诺。"② 科克－肖·谭既承认世界主义正义的合理性，又认可爱国主义的道德价值，并且指出："爱国主义关切是我们日常道德世界的一个吸引人的要素。事实上，一个缺乏爱国主义纽带的世界可能会是这样一个世界，在其中，民族政治所必须的纽带付诸阙如"。③ 如果排除爱国主义，世界主义要么就会过于严厉，要么就会缺乏号召力，更谈不上真正地实现。当然，如果排除世界主义，爱国主义也会变得狭隘，尤其在全球化时代难以为继。所以一个"认真对待爱国主义的人都必须要致力于建设一个正义的世界，如果他真的想带着良知履行其爱国主义义务的话"。④ 德国学者贝克倾向于现实的世界主义（或

---

① ［美］科克－肖·谭著，杨通进译：《没有国界的正义：世界主义、民族主义和爱国主义》，重庆出版社 2014 年版，第 226 页。

②③ ［美］科克－肖·谭著，杨通进译：《没有国界的正义：世界主义、民族主义和爱国主义》，重庆出版社 2014 年版，第 229 页。

④ ［美］科克－肖·谭著，杨通进译：《没有国界的正义：世界主义、民族主义和爱国主义》，重庆出版社 2014 年版，第 231 页。

现实主义的世界主义），认为"世界的现实主义并不否定国家主义，而是将国家主义作为前提，并将它转换为一种世界主义的国家主义"[①]。"现实主义的世界主义并非反对，而应理解并扩展为普遍主义、相对主义、国家主义和民族主义的总体概念和综合概念"[②]。在贝克看来，在自我与他者（他性）关系上，无论是世界主义还是国家主义都失之偏颇，致使两者处于非此即彼的境况。而世界的现实，特别是全球化时代的现实，则要求更开放、更有弹性、更具包容性的思维与视角，即反思的世界主义观点。反思的世界主义则必须接纳人们的爱国主义，并将爱国主义与世界主义有机地结合起来。

三、世界主义与爱国主义的不同和差异

世界主义与爱国主义既有联系，又有区别。极端的世界主义往往反对爱国主义，狭隘的爱国主义也抵制世界主义。只有理性的爱国主义才能意识到世界主义的价值，也只有温和且注重现实的世界主义才能接纳和认同爱国主义。

18世纪法国启蒙思想家卢梭探讨了实现人类普遍意志的困难，从而揭示出实现世界主义所面临的窘境。卢梭认为，实现人类普遍意志的世界主义是十分困难的，它只能是人类的一种超现实主义的想象。同时，即便人类个体通过理性发现了普遍意志，但是人类基于感性和利益的考虑也并不必然愿意服从这种普遍意志。这一问题的考虑就会大大降低追求和实现世界主义的心理认可度。在现实生活中，人类是由民族和国家构成的，而民族和国家对于个体的关系较之抽象意义的世界要更为实在和密切。

因此，爱国主义和民族主义对于人类个体而言不仅具有利益相关性，同自己的现实利益密切相关，而且具有情感依恋性，是自己心灵的故乡和家园。而世界主义则因既无利益的相关性，又无情感的依恋性，只能是人们某种意义上的想象。对世界尽义务在现实生活中也是很难落到实处的。真的落到实处，就会与爱国主义和民族主义相关。义务必须具有相互性并且得到法律的支持，而抽象的人类所要求的义务恰恰缺乏这种相互性以及法律的支持。

梁启超1899年《答客难》一文中对于世界主义和国家主义的关系并结合春秋无义战和墨子非攻予以论述，"今之言何其不类也"，回答道："有世界主义，有国家主义。无义战、非攻者，世界主义也；尚武敌忾者，国家主义也。世界主义，属于理想；国家主义，属于事实；世界主义，属于将来；国家主义，属于现

---

①② ［德］乌尔里希·贝克著，杨祖群译：《世界主义的观点：战争即和平》，华东师范大学出版社2008年版，第65页。

在。今中国岌岌不可终日，非我辈谈将来、道理想之时矣。"① 世界主义确实具有 "至德而深仁" 的价值特质，"今世学者，非不知此主义之为美也，然以其为心界之美，而非历史上之美，故定案以国家为最上之团体，而不以世界为最上之团体，盖有由也"。② "世界主义者，将来最良之主义也"。③ 真正能与现实时势相适应的主义，应该是国家主义。他承认从前讲世界主义是清谈误国，世界主义，妙则妙矣，却不适合适者生存的当今世界，而不以为今日提倡国家主义是思想退步，并进而论道："今日世界之事，无有大于中国之强弱兴亡者"，④ 因而需要 "世界的国家"。所以中国人讲国家主义，即等于世界主义。梁启超首先强调我们应当做中国公民，在做好中国公民的同时我们还要做世界公民，把做中国公民与做世界公民统一起来。

辛亥革命时期的孙中山，在倡扬民族主义的同时也探讨了世界主义问题，他整体上并不是认为世界主义如何不好，只是认为其实现的时机未到，并将民族主义视为实现世界主义的基础。他说："象俄国的一万万五千万人是欧洲世界主义的基础，中国四万万人是亚洲世界主义的基础，有了基础，然后才能扩充。所以我们以后要讲世界主义，一定要先讲民族主义，所谓欲平天下者先治其国。把从前失去了的民族主义从新恢复起来，更要从而发扬光大之，然后再去谈世界主义，乃有实际。"⑤ 在孙中山看来，欧洲人现在所讲的世界主义，其实就是有强权无公理的主义。英国话所说的能力就是公理，就是以征服世界、侵略他国为有道理。中华民族的文化和素质，向来不以战争或侵略为然，鄙视对世界的征服或对他国的侵略，并认为侵略就是野蛮。这种推崇和平的好道德，就是世界主义的真精神。孙中山对一些新青年反对民族主义、一味醉心世界主义的倾向不以为然，认为他们上了西方那种以强权为公理的世界主义的当，西方式的世界主义不是受屈辱民族应当讲的。我们是受屈辱民族，必先要把我们民族自由平等的地位恢复起来之后，才配来讲世界主义。现在是民族国家林立的时代，如果一味去宣传世界主义，必然会使人们失去应有的国家主义和爱国主义情怀，从而使自己国家和民族处于不利地位。

根据对世界主义的一种理解，对民族身份和公民身份的这种公平态度还应当应用于分配正义，即一个人获得物质资源的资格应当独立于其民族的和国家的成员身份而得到确认（Beitz，1999a；Pogge，1989）。但是，正如某些世界主义者

---

① 梁启超：《自由书答客难》，引自《梁启超全集》第一册，北京出版社1999年版，第357页。

② 梁启超：《新民说》，引自《梁启超全集》第二册，北京出版社1999年版，第663～664页。

③④ 梁启超：《中国前途之希望与国民责任》，引自《梁启超全集》第四册，北京出版社1999年版，第2390页。

⑤ 孙中山：《三民主义·民族主义·第四讲》（1924年2月17日），引自《孙中山全集》第九卷，中华书局1986年版，第231页。

已经认识到的那样，世界主义立场的一个严重弱点是，有人认为它没有能力理解并恰当地解释特殊的纽带和承诺（commitment），而这些特殊的纽带和承诺正是普通人的生活的重要特征（Beitz，1999b）。对于大多数人而言，这类特殊纽带和本土情感牵挂（local attachment）之一就是民族身份的纽带与情感以及爱国主义的纽带与情感。虽然近几十年来全球化的进程似乎增加了世界主义理想的可信度，但是，过去的十几年也见证了民族主义的兴起，而民族主义似乎是与世界主义正义的志向（aspiration）相互矛盾的。

第三节　发展民族意识和人类意识有机结合的爱国主义

民族主义和世界主义是一把"双刃剑"，具有积极和消极两方面的功能。我们应该提倡积极的、理性的民族主义，反对消极的、非理性的狭隘民族主义；提倡健康公正的世界主义，反对虚幻、抽象的世界主义。积极的、理性的民族主义可谓健康民族主义，而消极的、非理性的狭隘民族主义可谓病态民族主义。对于世界主义，也应作如是观。

世界主义在中西方历史上都有深远而强劲的表现。西方与中国历史上的世界主义思想既有共同价值内涵，也有其各自鲜明特性。西方历史上的世界主义建立在个体主义的基础之上，注重的是个人自由权利的扩展与实现，故在后来总是同"丛林法则"和霸权思维联系在一起。中国历史上的世界主义在古代表现为天下主义，在近现代则是同国家、民族的平等相待以及世界大同等密切联系在一起的，凸显的是人和群体以及群体与群体之间的和谐共生。

在中国古代，虽然没有世界主义的词语或概念，但是却有世界主义的思想或观念。儒家的天下观，与"爱国主义"和"世界主义"的关系更为直接。在中国传统之中，"天下"既指理想的文明秩序，又是对以中原或华夏为中心的世界空间的推扩或辐射。古代中国的天下主义，既蕴含着各地、各族和各国的友好相处，又凸显出中原或华夏对其他文明的引领或聚合。在爱国主义和世界主义之间，儒家的立场与看法也可以说是一种"有根的世界主义"。而一种健全的爱国主义，也必定是一种"具有世界主义胸怀的爱国主义"（cosmopolitan patriotism）。

近代以来，中国社会处于数千年未有之大变局，在知识分子群体之中，也开始探讨世界主义、民族主义以及对中国社会的意义。康有为撰写了《大同书》，系统展示了其世界主义思想观念。康有为世界主义的基本逻辑是：破除国界，建立一个世界共同体，康有为称之为"公政府"。① 大同世界没有阶级，没有邦国，没有帝王、君长，没有各种剥削和压迫，人人平等。对于"以开物、成务、利用、前民"者，奖之以智；对于"以博施、济众、爱人、利物"者，则奖之以仁。大同世界的一切奖罚措施都是要"使人勉于道德而化于美俗"，"使人化于慈祥而近于公德"。② 康有为的大同社会思想是在"合经子之奥言，参中西之新理，探儒佛之微旨，穷天地之赜变，搜合诸教，披析大地，剖析今故，穷察后来"③ 基础上构造出来的带有浓厚空想社会主义色彩的乌托邦思想。梁启超追随康有为的大同社会理想，对世界主义也做出了自己的探讨。1896 年在《论中国宜讲求法律之学》一文中，梁启超指出："有国群，有天下群。泰西之治，其以施之国治则至矣，其以施之天下群则犹未也"。④ 其实，在中国思想史上，则有许多关注天下群治理的主张，如《春秋》曰"太平之世，天下远近大小若一"，《礼记》曰"大道之行也，天下为公……故人不独亲其亲，不独子其子……是谓大同"。所以"孔子之教，非徒治一国，乃以治天下"。梁启超既主张"愿发明西人法律之学，以文明我中国"，"又愿发明吾圣人法律之学，以文明我地球"。⑤ 在流亡日本的 14 年，梁启超转而探求爱国主义和民族主义，并提出了自己的"新民说"和"救国论"。第一次世界大战后，梁启超将国家主义和世界主义调和起来，主张建立"世界主义的国家"。梁启超"世界主义的国家"思想是受第一次世界大战后国际联盟组织成立的启发，结合自己对爱国主义和世界主义的认识所提出来的，目的是想调和国家主义与世界主义的关系，亦即我们的爱国应当既要知道国家意志又要知道个人的自由和权利，还要知道人类的平等以及"国家与国家相互之间"的处理之道。梁启超正视由众多民族和国家组合起来的世界，承认竞争是现今世界各国关系的现实状况，阐释了一种由世界的自然法则所支配的世界秩序观。

五四时代，青年时代毛泽东立下了"改造中国与世界"的宏伟志愿。处在新旧潮流交替的社会大变革时期，青年毛泽东具有强烈的开放意识和奋进精神，他痛恨那种"闭锁一个洞庭湖"，"实行湖南饭湖南人吃的主义"。⑥ 毛泽东寻求救国救民的真理，不止局限于国内，十分注重向他国和世界学习，并积极热情地宣传世界各国的革命形势。他反对封闭的、落后的部落思想，主张取世界主义，谋

① 康有为：《大同书》，中华书局 1956 年版，第 252～253 页。
② 康有为：《大同书》，中华书局 1956 年版，第 277 页。
③ 康有为：《康南海自编年谱》，引自中国近代史资料丛刊：《戊戌变法》（四），上海人民出版社 2000 年版，第 118 页。
④ 梁启超：《〈说群〉序》，引自《梁启超全集》第一册，北京出版社 1999 年版，第 93 页。
⑤ 梁启超：《中国宜讲求法律之学》，引自《梁启超全集》第一册，北京出版社 1999 年版，第 65 页。
⑥ 毛泽东：《〈湘江评论〉创刊宣言》，引自《毛泽东早期文稿》，湖南人民出版社 2013 年版，第 272 页。

全体人类的幸福，认为："世界主义，愿自己好，也愿别人好，质言之，即愿大家好的主义。"① 他将世界主义与殖民政策加以对照，认为"殖民政策，只愿自己好，不愿别人好，质言之，即损人利己的政策"。又说："苟是世界主义，无地不可自容……苟是殖民政策，则无地可以自容。"② 毛泽东认为，不应该有那种谋一部分一国家的私利的狭隘爱国主义或民族主义。狭隘的爱国主义或民族主义只会将自己国家与其他国家的生存发展割裂开来，进而走上闭关锁国的道路，其结果只会导致国家的衰落和人民的痛苦。

当代中国领导人提出的以构建人类命运共同体为主旨的新世界主义与当代中国爱国主义才真正实现了有机的结合，从而不仅使爱国主义变得特别富有理性，也找到了超越抽象世界主义的现实根基。

以习近平同志为主要代表的中国共产党人针对全球化所形成的你中有我、我中有你的现状所提出的新世界主义不同于西方历史上的以个人主义、利己主义和普遍自由主义为内核的世界主义思想，是对当代世界关系的精深把握和对全球化发展趋势的科学揭示，建构起来的是一个融爱国主义和健康民族主义于一体的世界主义。这一新世界主义，就其具体内容来说，主要体现在以下几个方面：

（1）人类命运高度关联的共同体思想。人类生活在同一个地球村，"利益高度融合，彼此相互依存。每个国家都有发展权利，同时都应该在更加广阔的层面考虑自身利益，不能以损害其他国家利益为代价"③。新世界主义思想，是对"大同"思想的承继和对东西方共同体思想的发展。命运共同体内涵着利益的共生、发展的共赢和责任的共担，要求世界各国和各国人民必须致力于共同发展，超越那种非此即彼、为了一己之私而把整个世界搞乱的零和思维及霸权主义思维，学会与其他国家和人民共同生存，寻求"你好、我好"和"大家好才是真的好"的发展路径。"弱肉强食是丛林法则，不是国与国相处之道。穷兵黩武是霸道做法，只能搬起石头砸自己的脚"④。"计利当计天下利"。⑤ 在论及中美这个最重要的双边关系时，习近平指出，"中美两国合作好了，就可以做世界稳定的压舱石、世界和平的助推器"⑥。在多边场合，习近平多次提议各国"在追求本

---

①② 毛泽东：《致张国基信》，引自《毛泽东早期文稿》，湖南人民出版社 2013 年版，第 503 页。

③ 习近平：《共担时代责任，共促全球发展》，引自《习近平谈治国理政》第二卷，外文出版社 2017 年版，第 481 页。

④ 习近平：《携手共建合作共赢新伙伴，同心打造人类命运共同体》，引自《习近平谈治国理政》第二卷，外文出版社 2017 年版，第 523 页。

⑤ 习近平：《共同建设二十一世纪"海上丝绸之路"》，引自《论坚持推动构建人类命运共同体》，中央文献出版社 2018 年版，第 52 页。

⑥ 习近平：《构建中美新型大国关系》，引自《论坚持推动构建人类命运共同体》，中央文献出版社 2018 年版，第 35 页。

国利益时兼顾别国合理关切”，“每个国家在谋求自身发展的同时，要积极促进其他各国共同发展”。①

（2）相互尊重国家主权和领土完整，不干涉别国内政的和平共处思想。“主权原则不仅体现在各国主权和领土完整不容侵犯，内政不容干涉，还应该体现在各国自主选择社会制度和发展道路的权利应当得到维护，体现在各国推动经济社会发展、改善人民生活的实践应当受到尊重”。② 只有相互尊重国家主权和领土完整，互不干涉内政，才能建构起健康的国际关系秩序和伦理，建设一个持久和平、共同繁荣的和谐世界。

（3）将中国梦与美国梦、欧洲梦、亚洲梦、非洲梦有机联系起来，倡导"美美与共"的世界主义思想。中国的发展离不开世界，"联结我们的不仅是深厚的传统友谊、密切的利益纽带，还有我们各自的梦想。"③ 中国梦与美国梦、欧洲梦、亚洲梦、非洲梦是相互贯通，"中国人民正在努力实现中华民族伟大复兴的中国梦，同时愿意支持和帮助亚洲各国人民实现各自的美好梦想，同各方一道努力实现持久和平、共同发展的亚洲梦，为促进人类和平与发展的崇高事业作出新的更大的贡献"。④ 中国梦与美国梦、欧洲梦以及与世界梦息息相通，凸显了新世界主义的价值关联。

中国梦"不仅造福中国人民，而且造福世界人民。实现中国梦给世界带来的是和平，不是动荡；是机遇，不是威胁"。⑤ "世界好，中国才会好"，"中国好，世界才会好"，我们"要把中国发展与世界发展联系起来，把中国人民利益同各国人民共同利益结合起来，不断扩大同各国的互利合作，以更加积极的姿态参与国际事务，共同应对全球性挑战，努力为全球发展作出贡献"。⑥ 中国梦与美国梦、欧洲梦、亚洲梦、非洲梦等的梦梦相通是新世界主义的集中表现，凸显了新世界主义实现的路径和蓝图设计。新世界主义不同于西方传统的世界主义的地方在于它不是总是纠结于世界主义与爱国主义、民族主义的相互对立，而是试图在

---

① 习近平：《顺应时代前进潮流，促进世界和平发展》，引自《论坚持推动构建人类命运共同体》，中央文献出版社 2018 年版，第 7 页。

② 习近平：《携手共建合作共赢新伙伴，同心打造人类命运共同体》，引自《习近平谈治国理政》第二卷，外文出版社 2017 年版，第 523 页。

③ 习近平：《永远做可靠朋友和真诚伙伴》，引自《论坚持推动构建人类命运共同体》，中央文献出版社 2018 年版，第 21 页。

④ 习近平：《积极树立亚洲安全观，共创安全合作新局面》，引自《论坚持推动构建人类命运共同体》，中央文献出版社 2018 年版，第 117 页。

⑤ 习近平：《实现中国梦不仅造福中国人民，而且造福世界人民》，引自《习近平谈治国理政》第一卷，外文出版社 2018 年版，第 57 页。

⑥ 习近平：《更好统筹国内国际两个大局，夯实走和平发展道路的根基》，引自《习近平谈治国理政》第一卷，外文出版社 2018 年版，第 248～249 页。

弘扬爱国主义、培育健康民族主义的基础上建构一种有根有魂的世界主义，从而超越了西方传统世界主义的乌托邦梦想以及试图用普世价值否定共同价值的理论缺陷和认识误区。

（4）倡导文明交流互鉴，促进文明的多样性发展的思想。习近平是文化上的多元论者，认同文明多样性，认为"人类文明多样性是世界的基本特征，也是人类进步的源泉……文明差异不应该成为世界冲突的根源，而应该成为人类文明进步的动力"。[①] 主张文明平等和文明间的对话、交流、互鉴。不同国家和民族之间要多交流、多沟通，"把对话当作'黄金法则'用起来，大家一起做有来有往的邻居"。[②]

新世界主义用文明交流超越文明隔阂、文明互鉴超越文明冲突、文明共存超越文明优越，文明间应当"各美其美，美人之美，美美与共"，极大地突破了西方传统世界主义的价值藩篱和思维惯性，充分展示了多元文明共生共存的内在机理和无限神韵，有助于建构新时代的健康合理、公平和谐的国际关系伦理和全球伦理。

---

① 习近平：《共同构建人类命运共同体》，引自《习近平谈治国理政》第二卷，外文出版社 2017 年版，第 543~544 页。

② 习近平：《共同开创中阿关系的美好未来——在阿拉伯国家联盟总部的演讲》，载于《人民日报》2016 年 1 月 22 日，第 3 版。

第八章

批判和抵制民粹主义、民族
分裂主义和历史虚无主义

弘扬当代中国爱国主义精神面临的严峻挑战，还有当代民粹主义的兴起，民族分裂主义思潮以及历史虚无主义思潮的兴起。民粹主义、民族分裂主义和历史虚无主义或者打着高扬"爱国主义"的旗号，将"爱国主义"拖入非理性和暴力的陷阱，或者整体上制造民族的分裂以造成爱国主义的碎片化，或者通过否定民族国家的历史文化以使爱国主义失去根本，本质上都是对爱国主义必要性的消解和对爱国主义合理性的扼杀。弘扬爱国主义精神，必须认清民粹主义、民族分裂主义以及历史虚无主义的实质和危害，理直气壮地同民粹主义、民族分裂主义和历史虚无主义作斗争。

第一节　民粹主义的兴起及其负面价值

民粹主义（populism）在当今世界的兴起无疑是冷战后加速推进的全球化及其负面影响所带来的结果。早期的民粹主义发端于19世纪俄国的民粹派和美国的人民党，经典民粹主义于20世纪50~70年代在全球范围内兴起，其中以拉丁美洲的民粹主义复兴为高潮。20世纪90年代冷战结束以来，西欧右翼民粹主义政党兴起，掀起了诸多民粹主义的运动。当今世界的民粹主义不仅以空前的紧密程度与西方发达国家的政党政治纠结在一起，更在逆全球化的大背景下同民族主义、国家主义、本土主义等相互裹挟，构建了一副全新的政治抗争版图，对自由主义观念和精英治国的理念构成了声势浩大的挑战。美国的特朗普和桑德斯现象，英国的"脱欧"公投，法国的"黄马甲"运动，意大利的"五星运动"等，都是民粹主义思潮以不同的表现方式对现有精英统治和上层利益集团的抗争，基本上秉持的是民粹主义传统的思维方式和运动路径。

民粹主义是一种与精英主义相对立的，主张从"人民"的立场与利益出发，以诉诸和发动人民为基本手段的，以批判和对抗现有的政治精英与权力结构甚或取而代之的政治运动和思潮。民粹主义作为一种声称代表民意，以反对精英、反对建制为基本内容的社会思潮和社会运动，在不同国家和地区、不同历史时期、不同文化环境及不同技术背景下呈现出不同的特征，但其核心要素始终没有发生质的变化。为了更好地理解民粹主义，有必要了解一下作为其对立面存在的精英主义：精英主义认为一些特定阶级的成员或是特定人群由于其在心智、社会地位或是财政资源上的优势应当被视为精英，精英的观点或行为更可能对社会有建设性作用，精英们超群的能力或智慧使之更适合于治理，几千年来人类社会历史一直是由精英主义主导，无论是中国古代进行科举考试选拔官员，又或者西方设立现代大学，无不是为了选拔人才、培养人才，人类文明历史上的一切杰出成就都离不开精英的领导作用，无论是政治制度的建立还是经济建设的快速发展，抑或是科学技术及进步或者文明艺术的繁荣，精英在其中都扮演着无可替代的作用。而与之相对的民粹主义又译作平民主义、大众主义或人民主义，民粹主义最初来自拉丁语的人民，意指平民论者所拥护的政治与经济理念，民粹主义拥护平民掌控政治，反对精英或贵族掌控政治，主张维护平民的利益，反对权威，甚至为此不惜采用任何手段，是一种极端化的民主。如同精英主义往往妖魔化民众，认为民众是危险的，是乌合之众，只有精英才具有美德相似，民粹主义往往妖魔和污名化精英，认为精英主义很难代表人民大众利益。"民粹主义者认为精英是自私自利和非民主的，将其视为敌人"。① 民粹主义者将普通的人民视为一个高尚与纯洁的群体，将政治精英乃至知识精英视为"腐朽"与"堕落"，主张动员和发动人民来反对政治精英和知识精英。

民粹主义大多以崇拜人民相号召，但其崇拜的是作为整体或抽象的"人民"，而对组成"人民"的一个个具体的"人"却持一种轻蔑或忽视的态度。民粹主义往往会打着民意的旗号，绑架从政者。因为对从政者来说，博得掌声、赢得更多选票是有吸引力的。民粹主义并不仅是崇尚平民的价值观，也不等同于平民政

---

① Michael Kazin. The Populist Persuasion：An American History，Ithaca，NY：Cornell University Press，2017：17.

治。"民粹主义"将社会分裂为两个内在同质而彼此相互对立的群体：人民和精英（人民的敌人）。人民被视作政治权力和合法性的唯一来源，政治必须是人民共同意志的体现。与我们一般理解的精英和平民不同，在民粹政治里，"人民"与"精英"的区别和对立并非是经济或者阶级性的，而是道德性的。人民是纯粹和道德优越的，而精英是道德腐坏的。在民粹主义理解下，人民有着共同意志和共同利益。因而，政治是找到这个共同意志和共同利益，并代表这个共同意志，而不是在不同利益中取舍或协调。民粹主义要代表的并非平民或者底层人民，而宣称代表人民这一全体。任何代表一部分人的社会组织都被民粹主义视作为代表特殊利益群体，并会危害人民的共同利益。

民粹主义虽然在不同的时代具体表现形式等有所差异，但究其本质还表现出以下共同点：一是平民化。民粹主义的基本主张是伸张平民权利，捍卫地方利益。民粹主义将自己的受众基础设定为占据人口绝大多数的平民，并突出强调了平民与精英之间的对立属性，将平民与精英描绘成两个相互对立的群体从而突出群体间差异，促使平民与精英之间互相产生敌意。二是极端化，民粹主义的地方性和草根性，决定了它的政策主张必须迎合大多数群众的口味和利益。民粹主义产生发展的根源深深植根于平民之中，主张极端的平民化，具有浓厚的反精英色彩，是民粹主义的一个显著特征。三是批判性，民粹主义对不合理的社会现象进行尖锐地批评，对社会发展有一定镜像意义。此外，具有"拜民教"倾向也是民粹主义的特征。民粹主义将"人民"作为所有价值评判的出发点，甚至无视少数人基本权利或社会发展客观规律，对历史和社会的健康发展产生不良影响。以上共同特质也在一定程度上反映出了民粹主义的基本内涵：民粹主义以平民大众的需求为出发点，极力推崇夸大平民的价值和作用，一味迎合大众、推崇大众、批判精英，是一种极端的平民化。

在当今全球化危机加剧、西方民主政治衰败和新自由主义大衰退的共同造势下，民粹主义的势头之猛、影响之大、波及面之广，让这个世界"几乎在一夜之间变得混乱不堪"。[①] 与过去赤裸裸的民粹主义相比，当代民粹主义总是打着维护民族和国家利益的"爱国主义"幌子来推行其民粹主义的目标和诉求，其诱惑性就会大大增强，往往能够在较短时间内赢得底层民众的认同和参与。在一些狂热的民粹主义者看来，只要出于维护人民大众利益和国家利益的目的，任何偏激的行为或运动都是无可指责的，任何激进的方式都是民众所盼望的。从这个意义上讲，打着"爱国主义"旗号的民粹主义更具有欺骗性和破坏性。

---

① ［德］海因里希·盖瑟尔伯格编，孙柏等译：《我们时代的精神状况》，上海人民出版社 2018 年版，第 85 页。

在不同的时代背景下引发现实生活中民粹主义产生的因素常常是错综复杂的，但一般而言，这些因素可以划分为以下几种类型：第一，现存经济与政治体制的缺失与不足，导致社会中占据绝大部分的平民百姓的正当权利得不到保证，利益诉求无法实现，社会阶层分化严重，贫富差距扩大，官民矛盾尖锐，政府公信力缺失等因素都会催生民粹主义。第二，在世界整体历史潮流趋向现代化和全球化的同时，民粹主义同时具有与之相反的逆现代化与逆全球化倾向，在现代化和全球化的历史进程中由于世界各国间缺乏坚实的合作基础，缺少强有力的监管体系，部分国家奉行强权政治与霸权主义，国与国之间地位不平等等情况都会催生民粹主义的产生。第三，在特定的历史时期国家领导人为了短时间内获得大量的群众支持，广泛地发动群众，加强政治领袖的权力集中，以谋求短期内的政治和经济利益，在短时间内维护社会的政治稳定，刺激经济的暂时性增长。第四，在处于互联网时代的今天，现代网络科技的迅猛发展为民粹主义焕发新的生机提供了土壤。第五，除了以上因素外民粹主义的产生还与一些其他特殊因素有关，比如在特定历史时期由于入侵者或外部压力导致的民族危机感；由经济危机或暂时的经济衰退等引发的群众对生活失去信心；某些别有用心的政治家蛊惑人心的宣传鼓动，等等。民粹主义一味强调精英阶层与平民阶层的对立属性，违背了辩证法的基本原理，在当代中国民粹主义主要表现为网络民粹主义。

民粹主义孕育于精英——民众的二元政治经济和社会二元架构，并总是以反精英主义而获得自己的生存空间。人们为增加自己的利益而奋斗，同时也为捍卫自己的利益而奋斗就成为民粹主义的动员令和价值集结号。由于社会制度、机遇或禀赋等因素的影响，一部分社会成员在追求和维护自己利益的问题上不得不面临现实与期待的巨大落差，他们在社会财富的创造中常常处于重要地位而在社会财富分配中常常处于不利地位，从而引起被剥夺的心理意识不断强化，这是导致大众不满和愤怒情绪的主要心理因素。

民粹主义思潮是一种折射抗争性群体心理的社会思潮，反映到社会运动、社会行为中，即是一种以抗争性群体行为为形式的大众政治实践。

首先，民粹主义思潮的产生依赖于一个特定社群而不是抽象的"民众"。这一群体依赖于相似情绪、认知和价值的凝聚作用，但又仅仅是一种成员关系松散、非等级结构的、开放流动的议题性临时群体。作为一种社会思潮，民粹主义不具备独立的理论体系，在内容上呈现"空心化"状态，被称作"核心稀薄的意识形态"。[①] 为填补核心价值过于稀薄的空缺，民粹主义总是向着某种社会意识去靠近或常常依附于其他比较深厚的政治伦理学说，并以此获得动员民众的感

① Cas Mudde, The Populist Zeitgeist, Government and Opposition, 2004, Vol. 39, No. 4.

召力。其次，民粹主义具有明显的非理性、极端性和盲目性等倾向，很容易被别有用心的利益集团利用，从而成为他人的政治工具。因为某些事件统一发声时往往会产生巨大的动员力量。当前，以民粹主义与民族主义的合流最为典型。"所有民粹主义或多或少是一种民族民粹主义。"① 尤其是当一个国家或民族遭遇外部威胁时，民粹主义常常以极端的爱国主义或民族主义的面目出现。民粹主义与民族主义合流后往往更具迷惑性和欺骗性，他们打着维护国家和民族利益的旗号，更容易得到公众认同，能够迅速形成较大的社会与政治势能。最后，互联网生态加剧群体的形成与极化。由于网络的种种特性，网络民粹主义的影响更加难以预测，影响范围难以估计，例如，网络暴力、人身攻击等对社会风气将造成严重影响。民粹主义总是滥用民粹的概念将政治或公共行为道德化，用"爱国"道德化极端行为，盲目排外，抵制甚至打砸外国货品。不管是以人民的名义仇富仇权，还是以爱国的名义盲目排外，对于反对的声音，都可以轻易冠上"反人民""卖国"的帽子。因为道德化自己的行动和利益诉求，也注定了其无法容忍任何反对的声音，结果就只能是加深而不是融解社会矛盾。

就我国的现状而言，抵制民粹主义并有效地开展同民粹主义作斗争，第一，我们应在平民阶层与精英阶层之间建立良性的互动通道，避免阶层固化，消减平民阶层与精英阶层之间的矛盾，化解大众和精英阶层的对立，构建健康有序、公平正义的社会秩序，推动民主政治建设，维护社会的平稳运行，促进经济的良性发展。第二，应充分发挥政府、市场和社会的协同作用，维持三者之间的动态平衡，实现三者之间的良性发展和有效运行，避免政府失效、市场失效和社会失效。第三，要牢牢保住公平正义的底线，建立健全分配、再分配制度，使社会财富的分配差距控制在一个合理的范围内，避免贫富差距过大造成两极分化，严格依法治国，杜绝特权阶层的产生。第四，扩大公民有序参与政治的渠道，保证公民行使合法权利，使公共政策最大限度上满足人民群众的需求。第五，努力发展完善协商民主制度，加强社会各阶层间的沟通和对话。通过民主协商消除群体间与个体间的误解和分歧，加强相互间的理解，构建和谐健康的问题解决模式，在良性沟通中，增强共同的社会政治认同。第六，坚持依法治国，坚守法律底线。任何人不论何时何地都必须受到法律的制约，保持权责统一，在赋予民众行使政治权力的同时相应的也必须明确公民的责任和义务。第七，努力寻求社会最大公约数，制定政策时充分考虑社会各阶层的意见和建议，要保持开放的格局，海纳百川有容乃大，包容各种观点和意见，营造社会共识，寻求国家、社会

① Taguieff Pierre - Ahndre, Political Science Confronts Populism: From a Conceptual Mirage to a Real Problem, Telos, 1995, Vol. 1995（103）: 15 - 16.

和个人的最大合力点，社会各阶层通力合作，共同为实现国家的繁荣富强贡献自己的力量，努力扫除民粹主义在我国建设社会主义现代化强国进程中造成的阻碍，争取早日实现中华民族伟大复兴的中国梦。

第二节 民族分裂主义思潮及其危害

民族分裂主义（national separatism）是当今多民族国家民族问题的极端表现和偏执诉求。它以分裂主权国家为最终目标，不仅严重影响有关国家的社会稳定和民族团结，而且对地区安全和国家关系、世界和平与发展都构成重大威胁和挑战。民族分裂主义思潮和势力是民族主义的极端性产物，总是在民族内部和民族与民族之间制造事端，构成对民族团结的伤害和国家统一的破坏。民族分裂主义势力除在少数国家中表现为通过政治机制实现独立目标外，许多都是通过非法的方式来制造事端、从事暴力破坏活动。尽管民族分裂主义在国际社会和相关国家中都不具有合理性与合法性，但是它却不断地被激起并对现有民族关系和民族团结产生瓦解或消解的作用。对于一个统一的多民族国家而言，反对民族分裂主义思潮和行为，无疑是维护民族团结和国家统一的重要内容。

民族分裂主义是极端民族主义的产物，民族分裂主义是指在一个主权独立、领土完整的合法性国家中，某些国外敌对势力和国际民族分裂主义分子及国家内部极少数极端民族分裂主义分子不断挑拨和煽动民众，并制造民族问题，他们打着实现"民族自决"和维护本民族利益的旗号，进行暴力活动甚至买卖军火、并以军事对抗的方式要求实现所谓的"民族独立"，建立独立的主权国家，以造成该国家分裂的活动。

民族分裂主义思潮是当代社会一种为极端民族主义辩护并提供论证的思潮，不仅出现在中国等发展中国家，而且普遍存在于国际社会中的各个国家，影响甚大。民族分裂主义以民族自决原则为理论依据，大肆鼓吹人权和民族独立，企图得到国际社会中某些大国的认可，以此来谋求其民族独立，在国际社会中有合法地位，这会造成对合法的民主国家的颠覆及对该国所赋予的少数民族自决权的滥用。但一般情况下，民族分裂主义分子的图谋对于以多民族组成的国家和当代国际社会而言是不具有合法性的，最终无法实现。

发生在中国的民族分裂主义，主要是指民族分裂主义分子旨在大肆鼓吹民族独立，实现民族自决，建立单一的民族国家，以此来破坏民族间的团结，造成民族分裂，危害国家统一和领土完整。民族分裂主义具有很强的反动性，这是一种反对中国提出的政治主张及反社会的思潮，其根本目的及反动本质就是颠覆中国共产党的领导和中国特色社会主义制度，挑拨和破坏民族关系，破坏国家统一、民族团结和人民幸福，挑起民族对立，造成统一的多民族的社会主义国家分裂。

民族分裂主义思潮对我国的危害不可小觑，影响新疆、西藏、台湾等地区社会稳定，造成民族对立，破坏我国各民族团结，危害祖国统一和领土完整，分裂中国，颠覆中国共产党领导的社会主义制度。为此，我们要深刻认识到民族分裂主义的巨大危害，并与之进行不调和的斗争，努力实现祖国统一，民族团结，努力实现中华民族伟大复兴的中国梦。

第一，严重威胁祖国的国家安全，阻碍边疆及台湾地区的稳固。"东突"分裂势力、"藏独"分裂势力，"台独"分裂势力试图将新疆、西藏、台湾地区从中华人民共和国这个大家庭中分裂出去，谋划分裂中国的行动，制造一系列矛盾，有意挑起事端，甚至进行暴力恐怖活动，妄图以这样的方式割裂中国共产党和政府与基层人民群众的联系，使人民丧失对党和政府的信任与信心，从而颠覆中国共产党的领导，夺取民族地区的领导权，分裂民族，破坏祖国统一。民族分裂主义势力影响极其恶劣，破坏人民的幸福生活、国家稳定的社会秩序，严重阻碍了边疆稳固、社会稳定及祖国统一。

第二，严重危害了我国边疆、台湾地区的社会政治稳定。民族分裂主义势力破坏民族团结进步以实现分裂祖国、民族独立的图谋，不惜对中国实行的民族区域自治制度进行歪曲，散布各种流言蜚语，对中国共产党和政府实行的政策方针进行污蔑和攻击，挑拨各民族人民之间的团结，煽动群众的民族情绪和宗教狂热，把民族区域自治制度与社会主义制度针锋相对，阻碍了中国社会主义国家的建设，威胁我国的社会稳定，破坏我国安定团结的政治局面，不利于我国社会政治局势的持续稳定、长期稳定及全面稳定。

第三，严重侵蚀中国的爱国主义精神和社会主义核心价值观，造成人们思想上的混乱。民族分裂主义思想严重扭曲中国的马克思主义思想和我国的爱国主义精神，煽动人民群众的情绪，侵蚀人民群众的爱国精神和社会主义核心价值观。一些人受民族分裂主义思想的蛊惑，不断模糊敌我之间的界限，敌视中国共产党的领导及社会主义制度，甚至自愿成为民族分裂主义势力的一部分，否定共产党领导民族工作的历史成就，质疑党的民族理论与政策，严重阻碍各族人民正确的祖国观、民族观及宗教观的形成和发展。

第四，严重威胁我国边疆地区及台湾地区的经济发展，阻碍我国改革开放的进程。新疆、西藏地区的经济发展、社会进步、人民生活水平的提高等都需要和平稳定的社会环境和中国共产党和政府的经济、文化等各方面的支持，台湾地区的经济发展也离不开大陆，其关系密不可分。但民族分裂主义分子的种种作为只会阻碍边疆和台湾地区的经济发展及改革开放的进程,影响国内外的投资及人才的引进,严重损害本民族在内的各民族人民群众的根本利益,对经济发展具有极强的破坏力。

第五,严重影响中国在国际社会中的声誉。国外对华敌对势力与中国少数民族分裂主义分子相勾结,对中国进行一系列分裂活动。此外,国外有关敌对势力对中国进行歪曲报道,宣传中国各民族不和的不实言论,严重影响了中国在国际社会中的声誉,我们必须对民族分裂主义思潮进行严厉打击和坚决斗争。

历史和实践一再证明,民族团结是国家发展兴盛、人民安居乐业的重要保证。民族分裂主义是我国推进各民族共同繁荣,共同建设现代化社会主义强国道路上的一大阻碍,因此我国必须坚持反对民族分裂的斗争,坚决维护祖国统一和领土完整,这也必将是一项长期而艰巨的任务。为此我们必须采取全方面,多层次并且行之有效的措施,坚持对民族分裂主义的斗争,凝聚力量,为实现中华民族伟大复兴而共同努力。

第三节　历史虚无主义思潮及其恶劣影响

虚无主义(nihilism)是一种否定人生意义、文化价值和历史真实性的观点主张和思想体系。虚无主义思潮是现代西方国家发展的伴生物,是对现代社会中人类的历史、文化、民族等领域所提出的根本性质疑。虚无主义大体可以分为历史虚无主义、民族虚无主义、文化虚无主义、伦理道德虚无主义以及人生虚无主义等类型或派别。历史虚无主义(historical nihilism)否定历史的客观性和规律性,否定历史事实存在的真实性,把历史事实看作人们任意打扮的女孩,把历史视为一种无主体的结果。近代以来,历史虚无主义不仅在历史研究中存在,而且发展到文学艺术和影视作品中,产生了极为恶劣的影响。伴随着世界全球化进程,中国内部相继出现了各式各样的虚无主义思潮,其中,历史虚无主义成为影响现代中国社会的思潮之一。历史虚无主义思潮主要以学术研究、文学艺术等形式传播到中国社会,这看似是学术交流与研究,实际上却是西方国家用来鼓吹其资本主义意识形态及政治体制的隐蔽性、欺骗性手段,他们通过历史虚无主义思潮妄图瓦解马克思列宁主义思想在我国的指导地位,颠覆中国共产党的领导,诋毁中国社会主义制度。

在21世纪的中国,历史虚无主义主要包括两个方面:从理论立场上看,历史虚无主义把发展着的历史视为一种无主体的偶然结果,片面、静止、孤立地看待中国的历史进程，否定历史唯物主义与历史决定论，只承认支流的作用而否认主流，承认个别现象、个体性而否定事物的本质，只抓住历史中阶段性的、部分的错误而抹杀整个整体的历史进程，从根本上犯了主观唯心主义的严重错误。这种通过否定历史主体，颠覆马克思唯物主义历史观，并强调个体性叙事、个案和阶段性，用个体历史的细节研究来演绎整体历史就叫作历史虚无主义。从现实实践来看，在中国的社会主义实践中对中共党史、中国革命史等进行歪曲，否定中国共产党在中国特色社会主义建设中的领导核心地位，否定中国特色社会主义制度，进而阻碍中国实现社会主义现代化建设和伟大复兴的中国梦，其根本目的是虚无中国，对中国的政治、经济、思想文化等全面进行资本主义改造，使中国彻底成为西方资本主义意识形态的一部分，实现所谓的符合世界潮流的资本主义意识形态统一化。

历史虚无主义发端于西方哲学中的主观唯心主义，滥觞于19世纪末20世纪初的西方社会，该思潮否认人类历史发展的规律性，否认马克思历史唯物主义，其突出特点是怀疑主义、解构主义、相对主义等。20世纪80年代，历史虚无主义思潮在欧美等国盛行开来。随着东欧剧变和苏联解体，历史终结论、马克思主义过时论和共产主义渺茫论甚嚣尘上。以美国的福山和亨廷顿为代表的学者推动"意识形态终结"思潮走向高峰。20世纪90年代，历史虚无主义关注的问题从历史领域向政治领域扩展。在我国，历史虚无主义以《告别革命》一书为代表，一些文章、专著和文学作品竞相宣扬否定革命、否定中国近现代史和否定毛泽东的观点，竭力妖魔化毛泽东和中国共产党领导的新民主主义革命。21世纪以来，历史虚无主义以"重新评价""重写历史"的名义大作翻案文章。

历史虚无主义对当代中国的危害或恶劣影响主要有以下几个方面：

第一，历史虚无主义思潮否认人类历史的发展规律及客观性，其突出特点是怀疑主义、解构主义、相对主义、自由主义等，怀疑历史的真理性、客观性及进步性，从而否认历史真实客观的评判标准。历史虚无主义严重造成了人民群众对历史史实认知的混乱，从而导致人们无法真正认识中国的革命先辈带领人民进行抗争的奋斗史及其伟大的历史功绩，无法充分了解中国近现代历史史实、中国共产党带领人民进行社会主义革命、社会主义建设和改革开放的历史，更无法深刻体会到我国一路走来的艰辛历程及取得的伟大成就，导致在群众的脑海中只有近代中国的屈辱历史，中国共产党在某个时期的曲折失误，中国与西方发达国家的差距等片面、孤立的印象，破坏社会历史的真实性，影响极其恶劣。

第二，历史虚无主义否认马克思唯物主义历史观、企图颠覆马克思唯物主义历史观的科学性。历史虚无主义思潮歪曲了学术研究的真面目，阻碍了人们追求真理，探索学术的道路，且与马克思主义的历史唯物主义思想背道而驰，是一种

183

价值虚无主义。历史虚无主义批评马克思唯物史观是"机械的历史决定论",并强调用片面、孤立、静止的形而上学方法来演绎整体历史,使中国走上唯心主义和虚无主义的道路,从而否定马克思主义在我国的指导地位,阻碍实现中华民族伟大复兴的历史进程。

第三,历史虚无主义否认中国共产党在我国居于领导核心地位及党自成立之日起对国家所作的巨大贡献,以此来动摇共产党的执政基础,取缔人民群众对党的信任与拥护。历史虚无主义者在此过程中,惯用以偏概全的手段诋毁中国共产党,例如,紧抓中国共产党在社会主义革命和建设过程中所出现的"文化大革命""大跃进""人民公社化运动"等工作失误来全盘否定党对国家和人民做出的巨大贡献,妄图动摇党在我国的领导核心地位,质疑党的执政能力及其合法性地位;还过分夸大在抗日战争时期国民党所发挥的作用以此来减损中国共产党在该时期所作的巨大牺牲与贡献。此外,扭曲中国共产党的领导人物、革命人物等的英雄形象,拒斥崇高,解构英雄。有人随意拿共产党革命的烈士进行消费和取乐,革命党人为了全中国的解放而做出的壮烈牺牲被当作玩笑一场,丝毫没有敬意与崇拜。更甚者,"有心之人"通过丑化共产党的领袖毛泽东的历史形象来诋毁整个中国,否认中国共产党在我国执政的合法性,诋毁中国民众对党和社会主义的坚定信念,涣散整个中华民族的凝聚力、精神力及向心力,瓦解人民群众对党的信任与支持及在革命、建设和改革中这些英雄们所表现的崇高伟岸的道德境界、精神追求。

第四,历史虚无主义将西方资本主义意识形态及主流价值观视为中国唯一能够效仿的模式,并视西方文明及其现代化为中国社会进步与否的评判标准,认为中国本民族的文化、文明、历史等在西方面前一文不值,故此是一种崇洋媚外,否定自我,拒斥崇高的文化自卑主义和自残主义行为。历史虚无主义思潮本着价值中立的态度为西方及其周边国家侵略、分裂中国的黑暗历史做出合理性辩护。在他们看来,对华侵略是正确的给中国带来先进技术、制度文明及其现代化的好事,西方的入侵使中国走向文明,从闭关锁国到实现经济、政治、文化等各方面的交流,中国全盘西化、紧紧跟随着西方国家的脚步才能实现发展。历史虚无主义思潮披着学术研究的华丽外衣,打着追求真理的幌子隐蔽性地对中国社会进行颠覆破坏,在哲学、文学艺术、史学、政治学等领域进行渗透,用"重写历史""理论陷阱""重新评价"等手段迷惑大众,对中国的学术研究活动造成极大破坏与威胁,不利于人们坚持马克思主义历史唯物主义的立场和方法,弘扬学术探索精神,阻碍社会科学研究的繁荣发展及人类社会文明的不断进步,影响恶劣。

历史虚无主义无视中国特色社会主义是改革开放以来党的全部理论和实践的主题,在中国的社会主义实践中对中共党史、中国革命史等进行歪曲,否定中国共产党在中国特色社会主义建设中的领导核心地位，否定中国特色社会主义制度，消解中国民众对中国共产党的信任及其坚定中国特色社会主义的信念，瓦解民众对民族文化的认同，造成民众对历史认知的混乱。

汉代董仲舒《春秋繁露》中提出"不知来，视诸往今春秋之为学也，道往而明来者也"的命题，主张重视在总结历史的经验教训中更好地奔向未来。清代著名思想家龚自珍说过："欲知大道，必先为史。"（《尊史》）他又说："灭人之国，必先去其史；隳人之枋，败人之纲纪，必先去其史；绝人之才，湮塞人之教，必先去其史；夷人之祖宗，必先去其史。"[①] 只有珍重自己历史的民族才能真正拥有未来。

我国历史虚无主义思潮的要害在于从根本上否定马克思主义的指导地位和中国走上社会主义道路的历史必然性，否定中国共产党的领导。历史虚无主义思潮具有极强的破坏和颠覆作用，我们必须时刻保持清醒的头脑毫不犹豫地揭下它的伪装，以免陷入其中。反对和批判历史虚无主义，事关维护党的历史、巩固意识形态领导权、巩固国家政治安全，必须旗帜鲜明、常抓不懈。共产党人是坚定的马克思主义者，我们不是历史虚无主义者，也不是文化虚无主义者，不能数典忘祖、妄自菲薄。[②] 我们要理直气壮地同历史虚无主义以及文化虚无主义作坚决的斗争，始终不渝地坚持马克思主义的唯物史观，实事求是地对待历史，尊重历史。只有这样才能挺立我们的"主心骨"，锻铸我们的民族魂，推进社会主义现代化建设的伟大事业，努力实现中华民族伟大复兴的中国梦。

---

① 龚自珍：《古史钩沉二》，引自《龚自珍全集》，上海人民出版社 1975 年版，第 22 页。
② 习近平：《在十八届中央政治局第十八次集体学习时的讲话》，载于《人民日报》2014 年 10 月 14 日。

第三编

弘扬爱国主义精神的历史经验和现实启示研究

本编从中国历史的视角深度探讨中华民族爱国主义发展史的内在机理、精神建构和成功经验。中华民族自古以来就形成了源远流长、博大精深的爱国主义传统。爱国主义素被称为"中华民族之魂"和"中华文化之魂"。五千多年来，中华民族之所以能够经受住无数难以想象的风险和考验，历经沧桑而不衰，始终保持旺盛生命力，生生不息，薪火相传，巍然屹立于世界民族之林，同中华民族有深厚悠久的爱国主义传统是密不可分的。习近平指出，与古老的中华文明并称于世的古埃及文明、两河文明、古印度文明先后中断或消逝了，唯有中华文明五千年来一脉相承、从未中断，一直延续到今天。究其内在原因，就在于中华民族产生和形成了为整个民族共同认可、普遍接受而富有强大生命力的爱国主义传统和以爱国主义为核心的团结统一、爱好和平、勤劳勇敢、自强不息的伟大民族精神。这是我们民族宝贵的精神财富。我们应当大力弘扬维系中华民族团结统一的爱国主义精神，并在新的历史时期发扬光大。

中华民族爱国主义以尊重、传承和创新中华文化为基本的价值特色，以维护民族团结、国家统一为根本的价值追求，以"民为贵"或"民为邦本"为核心的价值理念，将忧国忧民、救国救民、兴国福民、为国报民作为爱国主义的主基调和主旋律，为连续性中华文明的建构和"大一统"政治制度的建构提供了强大的精神支撑和动力支持。当代中国爱国主义既深深地扎根于中华文化之中又引领和光大着中华文化，既是中国精神的价值基座又拱立和支撑着中国精神的发展完善。弘扬当代中国爱国主义，需要总结历史经验，在尊重、传承中华文化和中国精神中弘扬爱国主义，在维护民族团结和国家统一中弘扬爱国主义，在光大"民为贵"和"民为邦本"价值观念中弘扬爱国主义，不断抒写马克思主义爱国主义、社会主义爱国主义和中国共产党人爱国主义的新篇章。

第九章

中国传统爱国主义精神的历史形成与发展

"从很早的古代起，我们中华民族的祖先就劳动、生息、繁殖在这块广大的土地之上"。① 中华民族在长期的生产和生活实践中逐渐积累沉淀了一种对于自己故土家园、所在种族和文化的归属感、认同感、尊严感与荣誉感，产生并发展起了以民族认同和国家认同、文化认同为主要内容的爱国主义精神和传统。中华民族爱国主义精神是增强中华民族凝聚力、竞争力，支撑整个中华民族不断进步发展的内在精神动力。

中华民族爱国主义大体可以分为三个阶段，即古代爱国主义，近现代爱国主义和当代爱国主义。古代爱国主义主要是指从远古时期一直到鸦片战争以前的这段时间的爱国主义思想、精神和行为实践，又被称为传统爱国主义。从原始社会的"三皇五帝"的传说时期，中间经历了夏商两朝，再到西周时期，可谓中华民族爱国主义情感的孕育和萌芽阶段。从春秋战国时期，经统一天下的秦朝时期，到汉朝巩固大一统时期，这是中华民族爱国主义传统的初步形成阶段。从魏晋南北朝到清朝，是中华民族爱国主义传统的定型发展和巩固阶段。在中华文明五千多年的历史发展中，中华民族形成并发展起了以爱国主义为核心的团结统一、爱好和平、勤劳勇敢、自强不息的民族精神，促进了中华民族凝聚力和向心力的形成和强化，使中国能够在历史的发展中经受住无数的考验和挑战，一次次地化危为机，转危为安，"衰而复兴"，"阙而复振"，巍然屹立在世界的东方，书写了

---

① 毛泽东：《中国革命和中国共产党》，引自《毛泽东选集》第二卷，人民出版社 1991 年版，第 621 页。

中国历史和中华文明的不朽传奇和辉煌史诗。

第一节 中华民族共同体和共同体意识的形成和发展

弘扬中华民族爱国主义精神，"需要我们深刻认识我们国家和民族从哪里来、到哪里去，坚决反对历史虚无主义"。[①] 习近平指出："我们伟大的祖国，幅员辽阔，文明悠久，中华民族多元一体是先人们留给我们的丰厚遗产，也是我国发展的巨大优势"。[②] 中华民族共同体和共同体意识的形成与发展为中华民族爱国主义浇筑了坚实的思想认识基础和情感基础。

中华民族是起源于中华大地，以中华文化为主要纽带，具有通用的语言文字和共同的文化心理素质和价值追求的社会共同体，是由众多民族在形成统一国家的长期历史发展中逐渐形成的民族集合体。

中华民族不是单一民族的集合体，而是多民族的融合体和共生体。这一基本构成决定了中华民族无论是在起源抑或是后来的发展过程中均具有多元一体的特质。中华民族是一个利益共同体，这个共同体讲求内外成员相互关切、共赢互利；中华民族是一个政治共同体，它以政治认同为纽带；中华民族是一个文化共同体，它包容了不同的民族文化、地域文化；中华民族是一个命运共同体，它拥有久远的发展历史和自己所能把握的未来。中华民族作为一个情感相依、荣辱与共、祸福相关的命运共同体，建立在共同的历史渊源、共同的现实利益以及共同的未来愿景之上，呈现出一种"谁也离不开谁"，"离开谁，谁都不好"的状态。在中华民族多元一体的格局中，一体包含多元，多元组成一体；一体离不开多元，多元也离不开一体；一体是主线和方向，多元是要素和动力，一体和多元构成一种紧密相连的结构体系。

中华民族共同体意识是中国各民族在不断交往交流交融的历史进程中，在历史、心理、社会制度、政治、文化等层面取得一致性和共同性的集体身份认同及由此所形成的一种同心同德、同舟共济、同甘共苦的共同体意识。中华民族作为一个自觉的政治共同体和国族意义上的多民族共同体虽然形成于近代，但中华民族作为人民共同体，其种姓繁衍、文化传承、心理结构、传统习俗、审美价值等，皆继承自绵长深远的历史，并将共同的历史记忆与共命运的人际、群际关系

---

① 《新时代爱国主义教育实施纲要》，人民出版社 2019 年版，第 7 页。
② 习近平：《在全国民族团结进步表彰大会上的讲话》，人民出版社 2019 年版，第 4 页。

转接入近代的国家建构中。中华民族在遥远的古代就开始了"仰则观象于天，俯则观法于地，观鸟兽之文与地之宜，近取诸身，远取诸物"（《周易·系辞下》）的"合观""多取"，不仅形成了自强不息、刚健中正、奋发有为的民族品格，而且形成了厚德载物、仁爱平和、宽容好学的民族品格，并且能够"统之有宗，会之有元"，"会其有极，归其有极"，唯此，"中华民族才是一个刚而不暴、柔而不弱的民族，才是一个会通天道义理而理性自觉的民族"。[①] 中华民族从天道本原的存在中求得生命的精神和人生的意义，并从天地之道中确立人道的价值和轨模，为建构族类认同及与此相关的精神价值认同奠定了坚实的基础。

中华民族既是以个体即民为单位构成的政治共同体，表现为自由且平等的公民身份；又是以族群为单位构成的文化共同体，表现为多元且平等的族群关系。从中国历史发展看，几千年来，中华民族始终追求团结统一、和睦相处、患难与共、共生共赢，把这个看作"天地之常经，古今之通义"。中国史前文明在中国大地上是多元共生、多样共存的。无论是华夏民族，抑或是其他少数民族，都有一个与它民族融合进化、发展的过程，作为整体的中华民族更是各民族血缘、基因和文化的融合体。西汉史学家司马迁在《史记》中不仅认为华夏族是炎黄子孙，而且认为诸少数民族也是炎黄子孙，《五帝本纪》载："三苗在江淮、荆州数为乱，于是舜归而言于帝，请流共工于幽陵，以变北狄；放驩兜于崇山，以变南蛮；迁三苗于三危，以变西戎；殛鲧于羽山，以变东夷"，从而使四夷"咸服"，与华夏民族结成一种命运与共的共同体关系。司马迁提出的"华夷一体"的思想，在《史记》中得到了长足的表现，他将本是戎夷之秦写入"本纪"，将蛮夷之楚、吴、越列入"世家"，将属于夷狄的"匈奴""南越""西南夷"等少数民族写入"列传"，书写了"华夷一体"的多民族构成中国这一大家庭的和谐共生画卷，使中华民族共同体意识得到了更加有力的支持。隋唐时期"华夷一统"思想得到了进一步丰富和发展，唐太宗有言："自古皆贵中华，贱夷狄，朕独爱之如一，故其种落皆依朕如父母"（《资治通鉴·唐纪十四》）。辽、金时期宣扬华夷皆为正统的思想，元代以中原的道统协天下、主张天下一家的思想，因此，在这一时期各民族间也进行了广泛的交流。元朝的意识形态以继承和弘扬理学为宗旨，许衡、吴澄在继承和弘扬理学方面做出了重大贡献。满族入主中原建立清朝后，批驳夷狄不可统治天下之说，俨然以华夏正统自居，康熙平定"三藩之乱""准噶尔叛乱"等地方叛乱，奠定现代中国疆域的基础，统一的中央集权国家版图最后确立。清朝第一次在外交上使用中国为国名，奠定了中国的法理基础。无论哪

---

① 司马云杰：《中国文化的现代使命：关于中国文化的根本精神与核心价值观的研究》，山西教育出版社 2008 年版，第 23 页。

个民族建鼎称尊，建立的都是多民族国家，而且越是强盛的王朝吸纳的民族就越多，无论哪个民族入主中原，都把自己建立的王朝视为统一的多民族国家的正统。

在近代西方列强入侵和亡国灭种的危机前，共同的生存环境、共同的命运、共同的利益把各族人民凝聚为一个命运共同体。中华民族是一个融地缘、血缘与精神为一体的命运共同体，民族团结、国家统一、社会稳定是各民族共同发展的前提条件，任何搞民族分裂，破坏社会稳定的行为，任何破坏国家主权和领土完整，妄图分裂国家的行为都是各民族共同反对和痛恨的行为，都会成为"千夫所指"的民族敌人和败类。

中华民族共同体是融血缘、地缘、情缘、文缘、业缘为一体的民族共同体。中华民族共同体意识大致可以区分为传统意识和近现代意识。传统意识又包含了传统的族群意识和根源纽带。所谓传统的族群意识，是指近现代以前住在中国本土的大多数汉人，长久以来，多多少少都有一种"同文同种"的意识与感觉。也就是说，他们之间有一种自觉的共同根源联系或纽带。华夏民族很早即形成了十分清醒的民族意识。这种民族意识，首先表现为对夷、夏的严格区分，区分的标准是"礼"。用夷礼还是用中国之礼，不仅是夷夏的分际，而且构成"化外"与"化内"的分野。在古代的华夏人看来，凡不用中国之礼者，即属"化外"，系野蛮之人。其次，这种民族意识促进了华夏民族内部成员之间的互相认同，以及他们对共同利害的认知和对共同利益的肯定。这种民族意识集中地体现在管仲用以告诫齐桓公的一句话："诸夏亲昵，不可弃（引者按：弃，犹忘）也。"（《左传·闵公元年》）春秋时代，周王室的势力和周天子的权威已日趋衰落，但在形式上它仍然维持着诸侯群戴周天子为共主的局面。这时，为攘夷必须"诸夏亲昵"，这只有在象征诸夏之统一的周天子的名义下方可能达成。也就是说，尊王在当时实为攘夷本身所要求；不过反过来说，要尊王又须攘夷，因为不攘夷就是不尊王制，就是听任和容忍夷狄破坏政治和文教的统一。所谓根源纽带是指他们有共同的自我称谓，如"华"或"夏"，或"华夏"或"汉人"，及由此所造成的祖先认同。所有中国人，因为彼此之间存在着一些根源性的联系，形成一种生命共同体；这根源性的联系，一是指所有中国人像一个大家族一样，来自共同的祖先，亦如司马迁《史记》所言的不仅华夏族认为自己是炎黄子孙，一些非华夏族也自认为是炎黄子孙，在这种认同中，他们获得一种"同种"或"同一祖先"的根脉源头。二是指血缘上的相似点与地缘上的共同性。由人口、民族上的同种，再到同居一方土地，强化着对所居土地的认同。

中华民族共同体意识由"自在"发展到"自觉"与近代中国追求"现代性"的"时代"密切相关，并在随后的"时代"更迭中彰显着时代属性，是对时代"主题"与"特点"的深刻诠释和创造性发展。近代以来，随着西方列强的入侵，民族危机日益深重，民族自决意识日益高涨，中华民族共同体逐渐从一个自在的民族实体发展成为一个自觉的民族共同体。中华民族的形成是一个自然演进与理性建构有机统一的过程。其中，中华文明在建构中华民族中起到了核心要素的作用，中华文明之所以具有汇万众于一体、融百族于一家的力量，关键来自它的先进性、开放性、包容性和整合性的特质、品性和气度。

中华民族共同体意识的生成是与中华民族的形成联系在一起的，在历史角度，中华民族在多元一体格局与统一心理上的一致性，是我们理解民族共同体意识何以生成的历史前提。从历史上的"华夷之辩"到"四海一家"的"大一统"思想，是中华民族共同体意识形成的思想基础。由近代以来的"五族共和"思想到"中华民族多元一体格局"转变，标志着中华民族共同体意识的基本确立。

中华民族整体意识的苏醒形成于中国从朝代国家向民族国家的蜕变过程中，具有以国家催逼民族整体意识苏醒并以民族整体意识苏醒来更好地保卫国家的价值功能。如果说近代中国的转型本质上是将古代中国所言的"天下"改造成为一个民族国家（nation-state）或者说实现从王朝国家向民族国家的跃迁，那么近代民族国家的新造的过程就不仅是国家机理和建构形式的新造，也是国民的新造（从臣民到公民）和国族的新造（从华夷之辩到中华民族）。国家机理和建构形式的新造为国民和国族的新造提供了制度和权力的人民化和民族化空间，国民的新造为国家和国族的新造提供了价值认同以及新的社会整合力量，国族的新造为国家和国民的新造提供了民族认同、文化认同和社会整合的基础。

中华民族共同体意识的自觉形成既建基于对历史上"华夷一体"思想和自在民族意识的整体掘发，又是近代中国民族主义发展的结晶或成果。中华民族共同体的自觉意识是促进各民族团结的必要条件，也是建立立于世界民族之林的近代民族国家的必要条件。加强中华民族大团结，既要积极培养中华民族共同体意识，又要建设各民族共有精神家园，在增进民族认同的同时强化民族文化认同。与此同时，更要在民族认同和文化认同的基础上增进国家认同或对伟大祖国的认同。其实，国家认同或对伟大祖国的认同，既包含了民族认同和文化认同，也包含了政治认同和法律认同，是民族认同、文化认同、政治认同、法律认同等的有机统一。英国历史学家汤因比认为，从大历史的角度来看，中国人完整地守护了一个超级文明，长时间生活在一个文明帝国的稳定秩序中。"就中国人来说，几千年来，比世界任何民族都成功地把几亿民众、从政治文化上团结起来。他们成功显示出这种在政治、文化上统一的本领，具有无与伦比的成功经验"。[1] 中华

_____

① ［英］汤因比、［日］池田大作著，荀春生等译：《展望二十一世纪：汤因比与池田大作对话录》，国际文化出版公司 1985 年版，第 294 页。

民族在其漫长的历史进化过程中，始终保持着人类社会可贵的天下主义精神，中国文化恰恰是离狭隘的民族主义最远的文化或文明类型。中华文明、中华文化的源远流长、独立根性及其包容性滋养并促进了中华民族共同体的形成与发展。

1840 年鸦片战争之后，在西方列强坚船利炮的强大压力下，中国传统"尊王攘夷"的观念以及由此所形成的居世界中心之观念遭遇解构，以欧洲为中心的"世界"想象，逐渐取代以华夏为中心的"天下"观念。在这个崭新的"世界"空间中，中国既不是世界的中心，更不是唯一的文明，中国只是同时并立的列国之一，而且还面临着列强的欺凌，独立生存遇到了前所未有的挑战。随着华夏中心观念的动摇，传统"夷夏之辨"所预设的阶序性文化秩序也逐渐遭到日益深刻的批判。近代以来形成的中华民族共同体意识因"救亡图存"的实际需要而孕育，并在求解放、求独立、求富强的过程中不断深化。一个民族共同体意识的形成是其成员能自知其为民族并进而产生一种认同民族的意识，自觉地维护民族共同体的存在和发展。戊戌时期，康有为在保国会成立上慷慨陈词："吾中国四万万人，无贵无贱，当今日在覆屋之下，漏舟之中，薪火之上，如笼中之鸟，釜底之鱼，牢中之囚，为奴隶，为牛马，为犬羊，听人驱使，听人宰割，此四千年中二十朝未有之奇变。加以圣教式微，种族沦亡，奇惨大痛，真有不能言者也……救亡之法无他，只有发愤而已"。[①] 他号召国人迅速行动起来，投身于"保国""保种"和"保教"的救亡实践中，发愤图强，以救中国。中日甲午战争的失败及其导致的割地赔款极大地刺痛了中华民族的生存危机，也在一定程度上孕育了近代意义上的中华民族共同体意识。这种民族共同体意识借助戊戌变法而得以爆发，并在后来与辛亥革命的风云相契合，进而贯穿 20 世纪上半叶民族民主革命的历史进程。

第二节　中国传统的国家及爱国主义精神的奠基

中国古代国家的形成是建立在氏族与国家合一基础之上的，国家是依据氏族制度而不是破除了氏族制度而建立起来的。亦如侯外庐先生所说：中国古代作为"亚细亚的古代"不同于以古希腊为代表的"古典的古代"在于它没有切断氏族社会的脐带而是直接从氏族过渡到国家。这种由氏族到国家，国家混合在氏族里

---

① 康有为：《京师保国会第一集演说》，引自汤志钧编：《康有为政论集》上册，中华书局 1981 年版，第 237～242 页。

面的"亚细亚古代"文明路径决定了国家即是社稷的内在机理，同时也确证着"家国同构"的天然合理性。

一、由家族而国家的文明路径

中国古代国家的雏形为部落联盟。传说中的"三皇五帝"反映的正是先民的部落联盟时期。黄帝与炎帝的部落联盟联合战胜了蚩尤，此后，黄帝联合六个部落在阪泉之战大败炎帝集团，使黄帝成为龙凤集团的总首领，各部落联合起来并形成了统一的管理机构。炎黄诸部族之间的战争所引起的部族融合，产生了最早的华夏族。所建立起来的部落联盟亦有着为后来多民统一国家的早期基质。此后，炎黄二帝被公认为华夏民族的共同祖先，后世子孙莫不以"炎黄子孙"而自认，并在这种祖先认同中建构起民族认同和国家认同的基础。尧舜时代设有议事的权力机构——"四岳会议"，负责选贤、推举部落联盟首领和治水等。部落联盟的后期，议事机构贵族化，联盟首领权力的绝对化，从而促成了早期国家的形成。从部落联盟组织的瓦解到国家的形成，是一个权力与人民日渐分离的过程，也是一个由原始的民主制发展为君主专制的过程。

中国早期国家的形成经历了由氏族公社到地域组织的过渡，虽然不乏部落征服，如禹对三苗的战争，但整体上看，氏族公有制到家族私有制的过渡是自然的和平稳的，它非但没有破坏氏族原有的组织形式，反而通过强调血缘和姻亲关系增强氏族内部的凝聚力和外部氏族间的团结，并由此形成家、国一体的政治结构。侯外庐先生专门研究了"古典的古代"与"亚细亚的古代"的差异，认为希腊是"古典的古代"，文明的路径"是从家族到私产再到国家，国家代替了家族"，中国属"亚细亚的古代"，文明的路径"是由家族到国家，国家混合在家族里面，叫作'社稷'"。[①] 古希腊的国家被称为"古典的古代"，它剪断了氏族公社的脐带，国家奠基于作为公民的个人和私有制基础之上。中国早期国家并没有剪断氏族公社的脐带，相反还是在比较好地保存氏族公社基础上产生的，被称为"亚细亚的古代"。

因此，"在大多数亚细亚的基本形式中，凌驾于所有这一切小的共同体之上的总合的统一体表现为更高的所有者或唯一的所有者……所以统一体本身能够表现为一种凌驾于这许多实际的单个共同体之上的特殊东西，而在这些单个的共同体中，各个个别的人事实上失去了财产"。[②] 马克思这里说的"亚细亚所有制"

---

① 侯外庐：《中国古代社会史论》，河北教育出版社 2003 年版，第 24 页。

② 马克思：《前资本主义生产形态》，引自《马克思恩格斯文集》第八卷，人民出版社 2009 年版，第 124 页。

的情况揭明了"亚细亚的古代"缺乏私有制的发展，国家直接在氏族和部落联盟的基础上产生，此即是从家族到国家的发展路径。如果说"古典的古代"是革命的路径，"亚细亚的古代"则是改良的路径。古希腊城邦作为"古典的古代"通过梭伦变法和克里斯蒂尼变法发展起了较为彻底的私有制，从而使国家奠立于私有制发展的基础上。中国作为"亚细亚的古代"，其国家的形成并没有破坏原有的氏族组织，而是在原有氏族组织的基础上建立起组织政权。夏、商、西周三代的政治制度存在着明显的因袭继承关系。其政治制度主要包括王位世袭制、分封制和宗法制。无论是夏还是商周的统治者，都没有动摇古代氏族制度的根基，相反使古代氏族制度在文明社会中保存下来。同时，崇尚血缘关系并以此作为分封建制的依据，分封宗亲贵族，辅之以明确天子权利和诸侯义务，使中央王国对地方诸侯的纵向联系加强，形成等级森严的上下级关系，在相当长的时期内维护了王室中央的统治。还有，中国古代国家的形成，缺乏私有制的支撑，使得国家在原始公有制的基础上建立起了皇家公有制的发展形态，即"普天之下莫非王土；率土之滨莫非王臣"，这种状况直到春秋战国时期才得到一定改变。当然，如同《礼记·礼运》所说的中国国家的形成和文明的发展经历了一个由"天下为公"的"大同"世界向"各亲其亲，各子其子"的"小康"社会的转变过程。在由氏族社会向文明社会的转变中，我国氏族社会内部各家族间不能说没有产生一定的贫富分化，但是这种贫富分化首要表现在氏族首领与广大族众的分野上，即氏族内部少数人之所以拥有较多的财富是由他们处在氏族组织的上层身份所决定的，或者说是他们身份的高贵决定了他们在经济上的富有，而不是由他们的富裕决定了他们的高贵。这种情况一直延续到中国国家形成后的很长一段历史时期，甚至一度成为中国早期国家政权的基础。

夏朝建立起早期的奴隶制国家政权体制，殷商进一步发展和充实了这一制度，至西周渐趋完备。夏、商、西周的政治制度存在着明显的因袭继承关系。夏商周政治制度主要包括王位世袭制、分封制和宗法制。禹将实际权力转让给了自己的儿子启，开启了王位在一家一姓中传承的制度，标志着禅让制的结束和王位世袭制的开始，夏启继位后成为中国历史上第一个奴隶社会的国王。为了维护自己的统治，夏王朝建立了一套官僚机构，并把全国划分为九州进行统治，向地方侯、伯及平民收纳贡品和赋税，制定了刑罚来打击各种不服从统治的行为。无论是夏代还是商周时期的统治者，他们并没有动摇古代氏族制度的根基，相反使古代氏族制度在文明社会中保存下来。夏商周建立起来的国家本质上是一种用"家天下"取代氏族社会"公天下"的组织形式或政治统治形式。夏朝的建立，就是禹以自己家族之人掌管各权力部门，建立起来的国家就是自己的"家天下"。"家天下"的制度为历代专制王朝所继承。既然国君把整个天下看作是自己的

"私产"，那么用管理家族内部的方式来治理国家或天下就是非常自然的事情。这也决定了中国国家政权奠基于家天下基础之上的独特性质。需要说明的是，这种国君"家天下"的国家建构并不允许国君以外的家族都能发展自己的"私产"。即便是西周时期的"井田制"除"公田"（由王室或贵族集团公有，租借给庶民耕种，收获全部交给王室）之外的"私田"也不具有私有制的性质，这种"私田"同样在所有权上是属于朝廷或国家的，村社劳动者对"私田"只有占有权和使用权。因此，它并不是真正意义上的私有制。

二、左宗庙、右社稷及家国同构的政治制度伦理

中国古代国家本质上是一种家族城邦。作为国家的象征，一曰宗庙，二曰社稷。国人即邦人，不仅是居于国中之人，而且是属于邦族之人。基于血缘关系的宗法制度是政权组织的主干。所谓"国之神位，右社稷。左宗庙"（《周礼·春官》）。其中"宗庙"用以祭祀祖先，"社稷"则是疆域的象征。《礼记·中庸》有言："宗庙之礼，所以祀乎其先也。明乎郊社之礼，禘尝之义，治国其如示诸掌乎"。中国社会的血缘性和地域性、政治制度的家族性和公共性长期共存的特征都通过右社稷、左宗庙的建筑格局具体地表现出来。此后，宗庙社稷成为国家政权的象征。维护宗庙社稷的神圣权威，成为国家头等大事。与之相关，苟利社稷，死生以之成为古代爱国主义的重要内容。

宗庙，亦称"宗祊"，指人们在阳间为亡灵建立的寄居之所，是帝王、诸侯祭祀列祖列宗之魂灵的地方。同时也是宗族政权存在的最重要的物质符号。历史地看，在西周正式确立下来的宗庙制度源自先民祖先崇拜的信仰，"宗庙之礼，所以序昭穆也；序爵，所以辨贵贱也；序事，所以辨贤也；旅酬下为上，所以逮贱也；燕毛，所以序齿也"（《礼记·中庸》）。这里的"昭""穆"，即宗庙中位次的排列，自始祖以下，父曰"昭"，子曰"穆"，按照世次递嬗排列下去。古代宗庙的次序，以始祖庙的排位居中，以下二世、四世、六世，位于始祖的左方，称为"昭"，三世、五世、七世位于右方，称为"穆"。"序爵"是按爵位高低大小，以公、侯、卿、大夫分为四等排列次序；"序"事指按在祭祀中担任的职务排列先后次序。"旅酬"是指众人相互敬酒，这种敬酒的次序是晚辈必须向长辈敬酒，这样祖先的恩惠就会延及到地位卑微的晚辈。"燕毛，所以序齿"是指按头发的颜色来决定宴席座次，这样就能使老小长幼秩序井然。每当在宗庙举行祭祖之礼时，要排定辈分（昭穆），分别血统的亲疏；因为血统的亲疏，决定了政治地位的贵贱。宗庙祭祀旨在慎终追远、感念先祖大德的同时，使家族人丁兴旺、人际和谐。

宗庙不仅起着"收祖""合祖"的家族主义功能，在宗法的血缘政治中，国庙（天子的祖庙和诸侯的祖庙）还具有特殊的政治功能和政治意义，是国家政治活动的中心，大凡国家大事，君主都要到宗庙告祭先祖，其冠、婚、丧、祭等都是在宗庙中完成。而国家的重要典礼也都是在宗庙中举行。宗庙之所以成为政治活动的中心，主要有四个原因，第一，宗庙是家族存亡的象征，祭祀祖先用的鼎、彝、尊、瓠等礼器，都是国之重器。一个国家的灭亡称为"毁其宗庙，迁其重器"（《孟子·梁惠王下》）。第二，宗庙是政治资格的象征。贵族的政治身份缘于宗族身份，宗族身份缘于其所守宗庙的尊卑等级。看宗庙之规模，就可以判断宗主政治身份之等级。第三，宗庙是权力的象征，作为象征权力的"鼎"陈设于宗庙内。"迁鼎"就表示权力的变迁与灭亡。第四，宗庙是血缘政治的象征。在这种政治中，贵族依靠宗法的规定祭守各级宗庙，庶民百姓虽然只能在家中祭祀自己的祖先，但是还必须崇敬贵族庙宇中的神主，为他们耕种籍田，维修宗庙等。宗庙制度以及由此确立起来的家族主义政治伦理并没有随着中央集权制国家的建立而被摧毁，反而被进一步加强。

作为中国人的信仰空间和血缘政治权力空间，宗庙是中国人道德生活的最重要空间，人们在这里可以感受到生命从哪里来、到哪里去的归属感和存在感；同时由于宗庙把家族活动与国家活动、世俗政治与神权政治紧紧地联结在了一起，人们在这里可以产生一种对祖先、对宗族共同体和国家共同体的认同感和敬畏感，从而把个体的生命自觉地融入整个家族的生命之流中，形成并强化家族利益和国家利益至上的价值取向。

"亚细亚的古代"是由家族到国家，国家混合在家族里面，叫作社稷。"社稷"常用作中国古代国家的代称。社稷是土神和谷神的总称。分言之，社为土神，稷为谷神。

历代帝王都把祭社稷列为国家大典，这种对土地和谷物的崇拜，是与我国自古以耕作土地、种植谷物的谋生方式分不开的。对社稷的崇拜，可追溯到上古时代。《白虎通·社稷》有言："王者所以有社稷何？为天下求福报功。人非土不立，非谷不食。土地广博，不可遍敬也。五谷众多，不可一一祭也。故封土立社，示有土也。稷，五谷之长，故封稷而祭之也"。历代王朝之所以将"立社"视为国之大事，一方面是因为以农业为国本者必当以土地神、农业之神的崇拜为重，是中华民族精神信仰、道德生活的重要组成。另一方面则在于"社"所象征的土地之义，使"社"与地缘政治紧密相连，从而成为国家政权的象征。因此，建国必立社。《白虎通·社稷》云："封土立社，示有土也。"而当失去政权的时候，也就失去对社的主祭权。《礼记·曲礼下》云："国君死社稷。"表示国君与国家共存亡之义。《左传·隐公三年》记载："先君以寡人为贤，使主社稷"，

《左传·隐公五年》："同恤社稷之难"，都指的是"国家"的忧虑、隐患、安危。既然"社"为国家政权之象征，它就与征伐战争紧密相关，古代出征前都要祭社，出征作战时要用车载着社神木主，即"军社"。小宗伯的职责就是"立军社""主军社"，大司寇的职责为"大军旅，莅戮于社"。此外，"社"还是缔结同盟和公共盟誓的重要场所，《墨子·明鬼》追述了庄公"共一羊，盟齐之神社"之事。

社稷观念的形成及其强化是先秦时期爱国主义初步形成的重要成果和突出标志。《礼记·大傅》："自仁率亲，等而上之至于祖，自义率祖，顺而下之至于祢，是故人道亲亲也。亲亲故尊祖，尊祖故敬宗，敬宗故收族，收族故宗庙严，宗庙严故重社稷……"。"重社稷"意味着崇敬国土和在这块国土上所长养出来且能满足人们生存发展需要的谷物，此即是爱故土、乡土、国土和生存家园的原始源头。江山社稷成为古代集物质意义上的国家、制度意义上的国家以及敬仰、信仰意义上的国家的一个复合名词。

中国古代文明发展的路径是由家族而国家，国家混合在家族里面。统治者将氏族制发展为宗法制，用宗法血缘的纽带将国与家联系起来，使家族成为国家统治的基元。中国古代传统道德以"家"比"国"，以家庭"私德"推国家"公德"，以"孝父"促"忠君"，并把"忠君"与爱国连在一起，形成了独具特色的政治伦理。

所谓"家国同构"，是指国家是在具有血缘关系和地缘关系相融合特点的家族结构之上建立和完成的，国家就是家族组织的扩大，也就是说，原有的家族结构可以演变成国家的政治结构，相应地，父系家族内各级家族族长也可以演变成专制国家内的各级行政长官。家国同构是宗法社会的显著特征。《大学》中的"修身，齐家，治国，平天下"，便是从内修着手，以道德推衍，进而至于家国天下之治。"修身、齐家、治国、平天下"，反映了"家"与"国"之间这种同质联系。亦如王国维所说："且古之所谓国家者，非徒政治之枢机，亦道德之枢机也。使天子、诸侯、卿、大夫、士各奉其制度、典礼，以亲亲、尊尊、贤贤，明男女之别于上，而民风化于下，此之谓治。"[①] 在传统农耕文明的定居生活方式中，家庭有着至关重要的地位，儒家以此为其伦理与政治思想的起点，将"家"与"国"同质化，建构了一个"家庭—家族—国家"的"家国同构"社会政治推延模式，在这一序列中，一方面，家庭结构以政治结构、家庭伦理以政治伦理为建构模式，充分依靠礼的理念，把家建构成温情脉脉又等级森严的政治权力结

---

① 王国维：《殷周制度论》，引自彭华选编：《王国维儒学论集》，四川大学出版社 2010 年版，第248 页。

构空间。

另一方面，政治伦理又是对家庭伦理理念与原则的扩大，从而把整个国家建构成等级森严又温情脉脉的伦理结构空间。皇帝为臣民之"君父"，各级地方政权的行政首脑亦被视为百姓的"父母官"。他们既享有政治的权力，还具有父家长制的绝对权威。通过家国同构，宗法关系渗透在社会整体，掩盖了阶级关系和等级关系。因此，对于一个有着社会责任感的人来说，就必须从自我做起，"修身，齐家，治国，平天下"，从内修到协调管理家庭关系，进而实现国家与天下的治平。家族主义是中国血缘文化的特殊产物与典型表征，它集中体现了家—国一体、由家及国的社会组织与结构形式的特征，体现了父与君、血缘与宗法、伦理与政治的直接同一。从政权的归属来看，历代王朝都是一家一姓之王朝，无论是周代的宗法封建社会，秦汉以降的宗法皇权制度，还是明清的专制皇权国家，始终都是父家长制延伸、扩大的变体，其兴衰更替都与皇室家族的命运息息相关。

家国一体是中国古代群体主义的表现和实现形式。家国一体是将家庭与国家联系起来使其成为一个有机关联的共同体。君主作为统治者是国家和民族的象征，人们对国家的归属心理，自然而然演化为对君主的依附意识，这便是古代家国同构、忠君报国的爱国主义。

三、"苟利社稷，死生以之"的报国情怀

在中国古代，爱国思想是孝亲意识和亲亲感情的自然反应和延展，如果说爱国是同忠于江山社稷、忠于君主的忠德意识密切相关的情感聚集和行为表现，那么这种忠德意识又是同孝敬父母的孝道密切联系在一起的，爱祖先和父母赖以生存和栖息的这块土地既是孝道的根由也是忠德的源头。祖国本质上是父母之邦、祖先所休养生息的故土，爱祖国，缘亲祖而爱国，既是孝道也是忠德。爱国是孝意识的演延结果，中国古代，人们总是把自己父母居住并生活的地方称为"父母国""父母之邦"。

作为象征宗法与国家的宗庙与社稷，中国传统社会十分强调对两者的重视，并形成了家族主义和国家主义相提并论的伦理价值观。对于中国人来说，家族和国家是天之公理、公义。

先秦时期，《左传·昭公四年》提出了"苟利社稷，死生以之"的命题，强调一个人的行为价值无论生存或死亡都要以有利于江山社稷为标准。只要有利于江山社稷，牺牲生命也在所不惜。《管子·七法》提出"社稷戚于亲"的伦理价值观，指出"社稷戚于亲。不为爱人枉其法"。认为一个英明的君主不会为亲戚

危害国家，不会为爱其属民而违反法律，不会为重惜爵禄而削弱威信。他只会按理办事，在评计功劳的时候，不会离开法令规定。如此群臣就服从政令，百官就能断事严明，临阵的将士们都将不怕牺牲而赴难，以求为国立功。《管子·法法》又说："令重于宝，社稷先于亲戚；法重于民，威权贵于爵禄。故不为重宝轻号令，不为亲戚后社稷"。这已经将社稷利益推高为"大义"的范畴。《管子·大匡》载鲍叔、召忽与管仲三人对话，召忽说："百岁之后，吾君（下）世，犯吾君命而废吾所立，夺吾纠也，虽得天下，吾不生也。兄与我齐国之政也，受君令而不改，奉所立而不济，是吾义也。"听了召忽忠君不贰的话，管仲不以为然。在管仲看来，忠君只有同忠于江山社稷联系起来才有意义，单纯的为君而生而死没有什么特别值得肯定的价值。他说："夷吾之为君臣也，将承君命奉社稷以持宗庙，岂死一纠哉？夷吾之所死者，社稷破，宗庙灭，祭祀绝，则夷吾死之。非此三者，则夷吾生。夷吾生则齐国利，夷吾死则齐国不利"（《管子·大匡》）。梁启超在《管子评传》中赞道："管子非好为不忠于纠也，彼其审之其熟，知以纠与齐国较，纠极小而国极大，纠极轻而国极重也。管子者，齐国之公人，非公之纠之私人也"。梁启超进一步论道："世俗论者，往往以忠君爱国二事相提并论，非知本之言也。夫君与国截然本为二物，君而为爱国之君也，则吾固当推爱国之爱以爱之。而不然者，二者不可得兼，先国而后君焉。此天地之大经，百世俟圣人而不惑者也"。[1] 先国而后君，将忠君置于忠于江山社稷之下是中华文明所推崇的天地之大经和政治伦理的基本原则。

遵循社稷本位和社稷利益至上的伦理原则，"公忠体国"被作为政治生活中的重要道德规范，"一种具有普遍意义的社会价值，也是对每一个人所提出的道德要求"，[2]"忠"实际上有两种形态，一种是对一家一姓之君主或主人的忠，另一种是对于国家、社稷和人民的忠，前者为私忠，后者方为"公忠"，相比私忠，公忠无疑最为崇高，也是整个民族的最高价值追求。

在春秋战国时期，有很多公忠体国的英雄或杰出人士，他们以自己对国家社稷的忠诚和献身精神谱写了一曲又一曲政治道德的颂歌。《战国策·楚一》记载威王向莫敖子华询问楚国历史上舍身忧国的忠臣。莫敖（官名）子华分别举出令尹子文、叶公子高、莫敖大心、梦冒勃苏（申包胥）、蒙谷五个典型，热情歌颂了楚国历史上这些忠臣义士的爱国行为。并指出"忧社稷"有五种类型，即"有廉其爵，贫其身，以忧社稷者；有崇其爵，丰其禄，以忧社稷者；有断脰决腹，壹瞑而万世不视，不知所益，以忧社稷者；有劳其身，愁其志，以忧社稷

---

① 梁启超：《管子传》，引自《梁启超全集》第三册，北京出版社 1999 年版，第 1862 页。
② 张锡勤等：《中国伦理道德变迁史稿》（上），人民出版社 2008 年版，第 94 页。

者；亦有不为爵劝，不为禄勉，以忧社稷者。"（《战国策·楚一》）令尹子文是"廉其爵，贫其身，以忧社稷"的典范；叶公子高则是"崇其爵，丰其禄，以忧社稷者"的典范；莫敖大心属于那种不怕断头，不怕剖腹，视死如归，不顾个人利益，而忧虑国家安危的典范；棼冒勃苏是那种"劳其身，愁其思，以忧社稷者"的典范；蒙谷则是"不为爵劝，不为禄勉，以忧社稷者"的典范。莫敖子华用包含强烈感情的语言、鲜明生动的案例故事，描述了一批公忠体国和以忧社稷的道德典范，并针对楚威王"此古之人也，今之人，焉能有之耶？"的发问做出了正面的回答。在莫敖子华看来，只要国君能够喜好公忠体国之士，公忠体国之士就一定能够遍布国中。"若君王诚好贤，此五臣者，皆可得而致之！"（《战国策·楚一》）。其实，在夏商周三代，像莫敖子华所乐道的公忠体国典范，那种把社稷看得比自己身家性命更为重要的，又何止他所描述的五位！

为国献身、忠心报国的公忠体国精神始终是中华民族志士仁人的一种人生理想，并化为中国古代文化中的崇高道德力量。中国古代社会家国同构把国作为放大了的家，强调国以家为本，家以国为上，有国才有家，故在道德上强调一种由家及国和保家卫国的整体主义精神。"自古以来，中国传统道德就提倡'国而忘家，公而忘私'和'以公灭私'的为国家、为整体而献身的精神。这一精神，经过长期的不断深化，积淀并孕育了中华民族特有的为整体、为社会、为民族、为国家的爱国主义思想。"[1] 这种整体主义精神既与家国同构相关，也与社稷高于亲戚和先国而后家的公忠体国密切相关。

第三节　中国传统爱国主义精神的萌生、形成和发展

中国传统爱国主义精神经历了一个萌生、形成和发展的过程，整体上与中华大地上民族融合和国家政权的建立以及朝代鼎革的历史发展线索密切相关，无论爱国主义精神、理论还是爱国主义行为实践均可谓源远流长、博大精深，且气岸高标，影响深远。从遥远的古代至春秋战国时期是中华民族爱国主义形成发展的第一阶段，也是其初步萌芽和形成阶段。正是有着先秦时期对传统爱国主义的奠基，中国古代爱国主义理论才能更加地深刻和先进。夏商周三朝时期，是中华民族交融的初期，此时出现了"社稷""家国"等词语，产生了早期的爱国主义。

---

[1]　罗国杰：《中华民族伦理道德核心——全局意识，整体精神》，引自《罗国杰文集》下卷，河北大学出版社 2000 年版，第 466～467 页。

春秋战国时期列国争雄，出现了一批志在振兴邦国、振兴华夏并向着天下一统努力的仁人志士，思想文化领域产生了百家争鸣，儒墨道法诸家围绕何谓爱国、爱国的精神实质发表了许多自己的看法，为传统爱国主义的形成提供厚实的底蕴和丰富的内容。秦汉是统一多民族国家的建立时期，也是中华民族共同体意识的正式形成时期，在大一统意识指引下，秦汉时期爱国主义的思想、精神和行为实践得到极大的强化，体现在疆域开拓、戍边卫国以及对外交流诸方面。魏晋隋唐、宋元明清时期爱国主义精神和意识进一步发展，产生了一批又一批爱国主义的民族英雄，使中华民族共同体意识和民族精神得到进一步强化。中国传统爱国主义精神内涵丰富，义理高远，从《虞夏书》的忧患意识，到魏征的忧国家之安危；从老子的以百姓心为心，到明太祖朱元璋的安民恤民政策；从孟子的大丈夫人格，到戚继光抗倭卫国的爱国之举，都显示出其独特而深远的价值。历史表明，一个国家的爱国主义思想是一个国家之所以伟大的见证，一个国家的爱国英雄是一个国家不倒的精神旗帜。

一、萌芽与奠基：家国情怀，民族认同

先秦时期是中华民族爱国主义的形成时期和爱国主义思想的初步形成时期。中华民族萌生于三皇五帝时代。大约公元前五千年，黄帝族、炎帝族、九黎族部落联盟战争，促进了民族融合。炎帝时期始作耒耜，首创农耕；日中为市，首辟市场；削桐为琴，织丝为弦；耕而作陶，冶制斤斧。炎帝被称为"农皇"。黄帝时期改进农业生产技术与生产方式，制定社会管理制度，仓颉发明文字。黄帝被称为中华民族的"人文初祖"。尧舜禹时期承前启后，中华民族由氏族转向部落联盟，由原始社会向文明国家过渡。这一时期邦国林立，邦国之间的战争促进了民族融合，尧亲和九族，"协和万邦"。《尚书》开篇歌颂尧帝道："克明俊德，以亲九族。九族既睦，平章百姓。百姓昭明，协和万邦。黎民于变时雍。"可见，虽然尧帝还处于原始社会的部落联盟时期，还没到真正的"国家"阶段，但已经有了"家族"与"万邦"观念，并追求"协和万邦"的和谐局面。到了舜帝时代，"天下"观念也已显现："帝光天之下，至于海隅苍生，万邦黎献，共惟帝臣。"（《尚书·益稷》）意即陛下光照天下，天下苍生百姓，万邦贵贱之民，都是陛下的臣子。虞舜"敬敷五教"（父义、母慈、兄友、弟恭、子孝），教化天下。大禹"身执耒锸，以为民先"，尧舜禹时期的德教风化增强了民族向心力。

中华民族初步形成于夏商周三代。夏禹时期"涂山之会"，铸造九鼎，标志着中国历史上第一个国家夏正式成立。成汤时期"景亳之命"后，征伐四方，灭夏建商。西周初期成周之会，诸侯会盟，促进了以华夏族为中心的多民族的交流

融合。这一时期，政治国家出现并不断整合职能。西周分封制、宗法制、礼乐制以制度规范的形式，有效维护了社会公共生活。相比于部落及联盟时代以邦国首领的道德榜样作用凝聚民族来说，早期王朝国家时代主要以制度的力量来组织协调社会活动。夏商周三代把血缘氏族混同于国家之中。尤其是西周宗法制，以血缘远近来确定政治权力的大小，把血亲、政治整合为一。诸侯国的国君也是周天子的兄弟亲族，"溥天之下，莫非王土；率土之滨，莫非王臣"（《诗经·大雅·北山》）。周公在辅佐成王期间鉴于夏商两朝相继亡国的教训，主动提出"殷鉴"理论，主张"敬德保民"，并着手从典章文物制度方面"制礼作乐"，自己本人在处理政务活动中也是"一沐三捉发，一饭三吐哺"，（《史记·鲁周公世家》）待成王能够独立执掌朝政的时候又能够及时地还政于成王，体现了一个政治家高远的治政智慧和宽阔的政治胸怀，为周朝数百年天下奠定了伦理政治的基础。

春秋战国时期是我国古代社会由奴隶制转变为封建制的大过渡时代，各国诸侯竞相争当周天子的代替者并打着周天子的旗号积极发展自己的势力，上演了一幕幕称雄争霸的历史活剧。在列国争霸过程中，旧势力不断削弱，新势力不断壮大，同时各民族互相融合，并向着统一的多民族国家的方向和目标不断前进。这一时期出现的百家争鸣，围绕着"务为治"的目的追求，展开了积极的思想交锋，发展起了中国轴心时代的精神文化。

在春秋战国时期爱国主义发展史上，不仅产生了诸子百家有关爱社稷、保江山、忧天下以及探讨国家治理方略的爱国主义思想理论，而且在治国理政、保家卫国以及致力于统一天下方面也产生了一批为后世所深深敬重的仁人志士或民族英雄。玄高矫命退秦军，申包胥泣血秦庭，蔺相如还璧归赵，华元孤身闯敌营，威武不能屈的狐突、唐雎，上下求索、以身殉国的屈原，"在齐太史简，在晋董狐笔"（《正气歌》），还有《春秋左传》记述的各位忠义之士，他们莫不以自己特有的方式抒写着中华民族的正气之歌。

夏商周建构起来的国家形式浸透着家国同构和家国一体的因子。这种国家起源方式使得"国而忘家，公而忘私"的观念得到中华民族的普遍认同，并形成了自己的家国情怀。这样的民族心理使得中国人不管走到世界哪里，都称自己是炎黄子孙，龙的传人。这是先秦时期所形成的民族精神给后世造成的深刻影响。

二、形成与确立：天下一统，民族融合

自秦朝开始，统一的多民族国家正式形成，爱国主义成为承接千年传统、贯穿历朝历代的价值追求和思想主题。

秦汉时期，建立起大一统的封建国家，多民族国家空前团结统一，克服了诸

侯国各自为政的分裂割据，"天下一家"的观念日益深入人心，形成了以"忠君爱国"为价值内核的爱国主义精神。正如司马相如在《难蜀父老》一赋中所言："是以六合之内，八方之外，浸淫衍溢，怀生之物有不浸润于泽者，贤君耻之。今封疆之内，冠带之伦，咸获嘉祉，靡有遗阙矣"。正是由于统一安定的思想深入人心，使得秦汉时期的爱国主义思想多以维护国家的统一、民族的团结为要义，尽管有同姓王刘濞等发动的吴楚七国之乱、淮南王刘安发动的叛乱等，但是很快就被平定。在大一统政权的引领下，秦汉帝国迸发出前所未有的奋发和积极进取的勇敢精神，在疆域开拓、抗敌御侮以及治理天下等方面均展现出特有的民族气节和大国风范。秦始皇嬴政做了一系列促进团结统一的举措，废分封、行郡县；焚书坑儒，统一思想；统一货币、度量衡；统一法律。西汉经过 70 年休养生息，到汉武帝时期，经济富庶，国力大增。汉武帝在解决诸侯王的内忧和匈奴的外患之后，就着手寻求国家的长治久安之道。他采纳董仲舒"罢黜百家，独尊儒术"的建议，构建了以"三纲五常"为主要内容的核心价值观，在形成国家价值共识方面迈出了重要一步。史官司马迁在追溯历史中准确概括了中华民族之"人文化成"的文明创造精神，带着对华夏民族和中华文明至诚至爱的感情和由此生发的道义担当精神，在十分艰难的状况下撰写了出了一部"通古今之变，成一家之言"的《史记》，为中华民族矗起一座民族精神的历史丰碑。

秦汉时期，征伐、和亲、屯边、移民、互市等也大大促进了民族融合。此一时期，中华民族的主体——汉民族正式形成。匈奴是早期北方最强大的游牧民族，在西汉前期逐渐强大起来，并屡次进犯边境，对西汉政权造成了巨大的威胁。在西汉成立的半个多世纪里，一直通过和亲政策安抚匈奴，换取和平。这种情况一直持续到汉武帝时期，经过"文景之治"，汉朝国力逐渐恢复。同时又出现了一大批优秀的将领，其中以卫青、霍去病为主，在几次大规模对匈奴作战中大败匈奴骑兵，迫使匈奴不断北迁，使汉朝北方边境获得了数十年和平发展的时间。"秦时明月汉时关，万里长征人未还"（王昌龄：《初塞》）。一代代人千里赴戎机，万里守边疆。在一次庆功封赏后，汉武帝曾表示要为霍去病建造一座豪华的府邸。霍去病断然拒绝，道："匈奴不灭，何以家为也"（《汉书·霍去病传》）。班超投笔从戎立功西域，苏武持节牧羊十九个春秋。他们志在维护国家统一，民族气节。"在汉苏武节"。西汉时期，匈奴长期骚扰边境，汉武帝派遣苏武持节出使匈奴，结果被扣押，流放到寒苦之地牧羊。当单于使卫律劝降时，苏武说："屈节辱命，虽生，何面目以归汉？"（《汉书·苏武传》）遂引刀自刺。卫律知道苏武威武不屈的品节，于是上告匈奴单于。"单于愈益欲降之，乃幽武至大窖中，绝不饮食。天雨雪，武卧齿雪与旃毛并咽之，数日不死，匈奴以为神，乃徙武北海上无人处，使牧羝，羝乳乃得归。……武既至海上，廪食不至，掘野鼠去草实而食之。杖汉节牧羊，卧起操持，节毛尽落"（《汉书·苏武传》）。苏武以他的举动表明他忠于汉朝绝不变节的决心。流放之地穷山苦水，苏武"心悬日月光"（《题苏武牧羊图》），即使"渴饮血，饥吞毡"（《苏武传》），却从不放下手中的"汉节"，因为那是国家的象征。十九载后，满头银发的苏武手持"旄尽落"汉节终于回到了长安。班固在《汉书》中称赞他"有杀身以成仁，无求生以害仁"，认为"使于四方，不辱君命，苏武有之矣"。正是因为苏武胸有正气、坚持正义、恪守正道，才成就了他"威武不能屈"的大丈夫气节品质。东汉时期，也产生了一批爱国爱民的仁人志士，如投笔从戎、立功西域的班超；孤军守边、节过苏武的耿恭；驰骋疆场、裹尸回还的马援，他们均以自己气吞山河的精神深化了中华民族爱国主义的内涵，为其增添了许多宝贵的精神财富。

魏晋南北朝时期，民族迁徙杂居和民族融合空前加强。军阀混战、五胡乱华促进了汉族与各民族的互动。一方面，以鲜卑族为代表的北方游牧民族入主中原，把游牧文化带入中原，同时也受中原文化的同化。另一方面，北方长期战乱，许多人举家南迁，开发了长江流域、珠江流域、西南地区，促进了汉族与南方诸民族融合。三国时，诸葛亮面对刘备的三顾茅庐，提出了"西和诸戎，南抚夷越，外结孙权，内修政理，北抗曹魏"的"隆中对"，深得刘备器重和欣赏。之后被刘备授予军师，以其全部智慧和才能辅佐刘备。刘备称帝后，拜诸葛亮为丞相。刘备死后，诸葛亮临危受命，扶助刘禅即位。为了使蜀国强盛起来，诸葛亮实施了一系列旨在强盛蜀国的政策措施，自己亲自带兵出征。公元234年，在最后一次北伐中，诸葛亮因操劳过度，积劳成疾，病死在五丈原（今陕西眉县西南）的军营之中，终年54岁。"出师未捷身先死，长使英雄泪满襟"（《蜀相》）。诸葛亮"竭股肱之力，尽忠贞之节"，在辅佐刘汉政权期间，真正做到了"鞠躬尽瘁死而后已"。西晋末年，祖逖和幼时的好友刘琨感情深厚，有着共同的远大理想，志在建功立业，复兴晋国，成为国家的栋梁之才。史载"祖逖……与习室刘琨俱为司州主簿，情好绸缪，共被同寝，中夜闻荒鸡鸣，蹴琨觉曰：'此非恶声。'因起舞（剑）。逖琨并有英气，每语世事或中宵起坐，相谓曰：'若四海鼎沸，豪杰并起，吾与足下当相避于中原'"。（《晋书·祖逖传》）"当相避于中原"即是收复中原。后来，祖逖两次上书给司马睿，请求北伐，收复家园。公元313年，祖逖率领几百人的队伍进行北伐。当他北渡长江，船至中流之时，眼望面前滚滚东去的江水，感慨万千。想到山河破碎和百姓涂炭的情景，想到困难的处境和壮志难伸的愤懑，豪气干云，热血涌动，于是祖逖手握划桨，以桨击舷，仰天发誓："祖逖不能清中原而复济者，有如大江！"冼夫人是中国南北朝时期的政治家、军事家、社会活动家。她一生审时度势，顺应潮流，对朝廷的忠并非愚忠，她识时务，爱国爱民，因而深得后人敬重。冼夫人德行的重要体现是忠和义。冼夫人为什么能一直得到中原认可？因为她总是把国家统一摆在第一位，两次不顾儿孙的安危，平定叛乱，在陈国亡国时，率众痛哭后归降隋朝。

隋唐时期，国家再度归于统一。隋唐帝国的建立，标志着在中国境内长达3个多世纪的分裂割据的政治格局已经结束，一个统一的、多民族的、国力充裕的大国，屹立在世界的东方。隋唐统一中国300多年，开创了民族关系融洽、中外经济文化交流空前活跃的新局面。隋炀帝时，裴矩撰《西域图记》，认为隋代是"混一诸夏""无隔华夷"的时代。唐高祖李渊"修六代史诏"，充分肯定鲜卑族建立的北魏、北周皇朝。唐太宗李世民即位后，加强了中央集权的政治制度，改变了西域各族割据的局面，并通过广开言路、任贤使能，造成了"贞观之治"，使中华文明再度走向辉煌。唐太宗说："自古皆贵中华，贱夷、狄，朕独爱之如一"（《资治通鉴·唐纪十四》）、崇尚"胡汉一家"的民族平等观，大大增强了大唐政权的政治凝聚力。唐朝"贞观之治"时，其疆域东至大海，北至今俄罗斯贝加尔湖以北及叶尼塞河和鄂毕河上游，西到咸海，南至今越南中部，西与青藏高原上的吐蕃为界，版图超过了汉朝。唐玄宗李隆基继承了唐太宗以来任贤使能、注重国家统一和民族和睦的治国传统，并根据现实需要进行了相关的改革，开创了"开元盛世"，唐朝国力达到鼎盛，形成了"三年一上计，万国趋河洛"的盛世局面。由于唐玄宗在执政后期醉心于个人生活的享乐，任用宠妃杨贵妃之兄杨国忠和奸臣李林甫，导致朝政混乱，再加上各种社会矛盾积聚，终于爆发了"安史之乱"。"安史之乱"是755年12月16日至763年2月17日由唐朝将领安禄山与史思明向唐朝发动的战争，由于发起反唐的指挥官以安禄山与史思明二人为主，故事件被冠以安史之名。又由于其爆发于唐玄宗天宝年间，也称天宝之乱。安史之乱的爆发是唐朝由盛转衰的标志。在平息安史之乱的过程中，产生了以郭子仪、颜杲卿、颜真卿、张巡等为代表的一批仁人志士。至德二年，郭子仪与广平王李俶收复西京长安、东都洛阳。铁勒仆骨部人仆固怀恩，安史之乱时，仆固怀恩随郭子仪作战，任朔方左武锋使，骁勇果敢，屡立战功。又与回纥关系良好，曾出使回纥借兵，并嫁二女与回纥和亲。安史之乱中，仆固怀恩家族中有四十六人为国殉难，可谓满门忠烈。在唐朝发生安史之乱时，颜杲卿任常山郡太守，叛将史思明率贼兵进逼，常山军民在颜杲卿指挥下奋力抵抗，昼夜苦战，终因寡不敌众致使常山城破，颜杲卿与其子颜继明均被俘。叛军用刀架在颜继明脖子上，逼迫颜杲卿投降。颜杲卿不答应，颜继明被杀。颜杲卿被押到洛阳，见到安禄山时，历数安禄山的罪恶，叛兵勾断了他的舌头，他仍含糊大骂，表现了一种与叛贼势不两立的崇高德操，至死不屈。有唐一代，诗歌成为人们表达爱国主义和人生价值的重要手段。以高适、岑参为主，并有王昌龄、李颀等共同形成的边塞诗派，表现了驰骋沙场、建立功勋的英雄壮志，抒发了慷慨从戎、抗敌御侮的爱国思想。安史之乱爆发，李白用诗歌作武器痛斥叛军的暴行，痛惜民生涂炭，写出了《扶风豪士歌》，其中有"洛阳三月飞胡沙，洛阳城中人怨嗟。天津流水波赤血，白骨相撑如乱麻"的诗句。安禄山在洛阳称"大燕皇帝"，洛阳成了叛军的政治中心。洛城西南的天津桥下血流成河，洛城的郊野白骨如山。《豫章行》一诗既写安史余党骚扰河南一带给老百姓造成的惨状，又写吴地人民应募从军、奔赴战场的悲壮情景。杜甫于安史之乱当年写出的《自京赴奉先咏怀五百字》一诗，凝聚了他对社会矛盾尖锐的深刻透视和对贫苦百姓的无限同情。诗人"穷年忧黎元，叹息肠内热"，认为贫富两极分化的现实是导致"朱门酒肉臭，路有冻死骨"的重要原因。对于贫苦百姓生活的艰难困苦，他饱含深情地写道："入门闻号啕，幼子饥已卒。吾宁舍一哀，里巷亦呜咽。所愧为人父，无食致夭折。岂知秋禾登，贫窭有仓卒。""荣枯咫尺异，惆怅难再述。"后来杜甫还写了一系列具有高度爱国主义精神和热爱人民的伟大诗篇，全面而深刻地反映了当时的现实，被后人称为"诗史"。

三、发展与革新：忠君报国　振兴社稷

从公元960年北宋建立直至鸦片战争前夕，是中国封建社会进入后期并呈现出停滞或衰朽的时期，也是中华民族爱国主义传统在诸种民族矛盾、民族斗争中曲折发展并体现出一些新的特点的重要时期。

宋元时期，在民族矛盾和民族战争中，民族精神得到了充分的发展。两宋时期，抗辽、抗金、抗元战争几乎贯穿了宋朝一半的生命时长。与北宋对峙的政权先后有西夏、辽及后来的金。南宋时期先是与金对峙，后来蒙古族政权相继灭金和南宋，建立了统一的元朝。在北宋与西夏、辽及金对峙，南宋与金和蒙古族的对峙及其斗争过程中，各民族都产生了一批自己的民族英雄。杨家将抗辽、岳飞抗金、文天祥抗元都在某种特定意义上展现了当时的爱国主义气节和情操。以杨业、杨延昭和杨文广为代表的杨家将三代世代捍边、英勇抗辽、保卫北宋江山的事迹在中国历史上广为流传。杨业有七个儿子，在保卫宋朝边境的战争中屡立战功，先后战死在疆场，其中尤以儿子杨延昭和孙子杨文广最负盛名。民间广为流传的"杨家将"的故事就是根据他们祖孙三代的英勇事迹发展而来的。南宋初期，抗金英雄岳飞写下了《满江红·写怀》"怒发冲冠，凭栏处、潇潇雨歇。抬望眼，仰天长啸，壮怀激烈。三十功名尘与土，八千里路云和月。莫等闲，白了少年头，空悲切！靖康耻，犹未雪。臣子恨，何时灭！驾长车，踏破贺兰山缺。壮志饥餐胡虏肉，笑谈渴饮匈奴血。待从头、收拾旧山河，朝天阙。"整首词体现出岳飞对金贵族掠夺者的深仇大恨，对收复河山的雄心壮志，和忠于朝廷的赤

诚之心。岳飞在少年时代，家乡就被金兵占领。他很有民族气节，毅然从军。他指挥的军队，英勇善战，接连获胜，屡立战功。敌人最怕他的军队，称之为"岳爷爷军"，并且传言说："撼山易，撼岳家军难！"他和抗金名将宗泽、韩世忠等一道，先后数次举行北伐，站在抗金斗争的最前线。岳飞为了收复大宋河山，置个人荣辱安危于度外，对赵构、秦桧的投降活动进行坚决斗争。就在岳飞抗金战争取得辉煌胜利的时刻，昏庸的宋高宗以"孤军不可久留"为名，连下十二道金牌（红漆金字木牌），急令岳飞"措置班师"，致使岳飞的抗金事业"十年之力，废于一旦！"（《宋史·岳飞传》）岳飞被害后，为纪念这位民族英雄，人们在杭州西子湖畔修建有岳飞庙和岳飞墓。在岳飞庙大殿里，端坐着身着戎装的岳飞塑像，上面悬刻着岳飞亲笔"还我河山"四个大字的匾额。与此同时，人们又用生铁铸了秦桧等四个奸贼的跪像，让他们跪在岳飞墓前向岳飞谢罪。此正是"青山有幸埋忠骨，白铁无辜铸佞臣"。精忠报国的岳飞流芳百世，陷害忠良的奸贼遗臭万年。文天祥是南宋末期抗元"三杰"之一，其他二人为张世杰、陆秀夫。张世杰是南宋末年抗元名将，誓不降元，最后兵败崖山海战，因飓风毁船，溺死于平章山下。陆秀夫崖山海战失败后，背着卫王赵昺赴海而死。文天祥是抗元战争中又一位著名的爱国将领与民族英雄。文天祥被俘后，元将张弘范（1238—1280）劝降，说道："国亡，丞相忠存尽矣，能改心以事宋者事皇上，将不失为宰相也"。文天祥义正词严地说："国亡不能救，为人臣者，死有余罪，况敢逃其死而二其心乎"（《宋史·文天祥传》），抒发了自己"人生自古谁无死，留取丹心照汗青"的浩然正气。押解元大都后，忽必烈亲自劝降，对文天祥说："汝以事宋者事我，即以汝为中书宰相。"文天祥对曰："天祥为大宋状元丞相。宋亡，惟可死不可生，愿一死足矣。"在狱中，文天祥写下了绝笔书，曰："孔曰成仁，孟曰取义，惟其义尽，所以仁至。读圣贤书，所学何事？而今而后，庶几无愧"（《宋史·文天祥传》），表现了一种大义凛然、视死如归的民族气节和崇高风范。南宋时期，陆游、辛弃疾、陈亮等均力主抗金，写下了大量爱国主义的诗词。辛弃疾生当衰世，"负管、乐之才，不能尽展其用"（《水龙吟·登建康赏心亭》），他不满于南宋朝廷偏安江左的局面，日夜思念着沦陷区的大好河山和父老兄弟，为此写出了多首讴歌北伐、收复失地和解救同胞的词作。如《破阵子·为陈同甫赋壮词以寄之》"醉里挑灯看剑，梦回吹角连营。八百里分麾下炙，五十弦翻塞外声。沙场秋点兵。马作的卢飞快，弓如霹雳弦惊。了却君王天下事，赢得生前身后名。可怜白发生！"这首词写的都是军中生活，念念不忘报国的志气与精神，拂晓醒来时听见各个军营接连响起雄壮的号角声，兵士们在军旗下面分吃烤熟的牛肉，各种乐器合奏出雄壮悲凉的军歌，更有战斗获胜，大功告成时将军意气昂扬的神情。陆游七言绝句《十一月四日风雨大作》"僵卧孤村不自哀，尚思为国戍轮台。夜阑卧听风声雨，铁马冰河入梦来"，揭示了诗人僵卧孤村做梦想的都是为国效力，铁马冰河寄托着诗人报国热情和赤胆忠心。《示儿》更是爱国主义的经典名作，"死去原知万事空，但悲不见九州同。王师北定中原日，家祭无忘告乃翁"。这首诗表达了陆游对个人生死没有什么值得留恋，至憾悲哀的是未见到国家山河的统一的临终关怀。因此叮嘱儿子如果有朝一日朝廷的军队收复了中原失地，一定要在家祭的时候告诉九泉之下的他。短短 28 个字，揭示出诗人不能自已的拳拳爱国之心和念念不忘的忧国之情。

元、明、清时期是中华民族第三次大融合、大统一时期，是中国统一疆域最终形成和版图奠定时期，也是中华民族爱国主义精神发展的重要时期。1279 年，蒙古汗国攻灭了南宋政权，至此，中国境内的西辽、西夏、金、大理、吐蕃、南宋统治政权，先后被其征服，唐末以来国内分裂割据和几个政权并立的政治格局结束。元朝的统一，重建了幅员辽阔的国家，对于促进我国多民族国家的发展，推动社会进步，具有十分重要的意义。元朝末年，农民起义爆发，推翻了元朝，建立了明朝。明朝不仅有郑和七下西洋，访问 30 多个国家，与这些国家进行经济文化交流的友好篇章，而且也有"粉身碎骨全不怕，要留清白在人间"（《石灰吟》）的爱国志士于谦誓死保卫北京，击退瓦剌首领也先的义举，有"封侯非我愿，但愿海波平"（《韬钤深处》）的爱国将领戚继光荡平倭寇、卫国保家的壮举。明朝建立 270 年后，被李自成领导的农民起义推翻。随后，满清入关，从李自成农民起义军手中夺得北京，建立了大一统的清王朝。清王朝"康雍乾"期间，经过平定三藩之乱、安定西北、西南平叛、台湾回归等一系列政治、军事行动，终于形成了一个东起库页岛，西至巴尔喀什湖、帕米尔高原，南抵南海诸岛，北达萨彦岭、额尔古纳河、外兴安岭，拥有 1 000 多万平方千米国土的统一的多民族国家。1662 年，郑成功收复台湾，将盘踞台湾 38 年之久的荷兰殖民者逐出中国领土，台湾终于回到了祖国的怀抱。乾隆年间平定准噶尔叛乱，土尔扈特人反抗沙俄民族压迫回到祖国怀抱。整体而论，中华民族爱国主义精神自远古萌生形成至鸦片战争前得到了比较全面系统的发展，铸就中国传统爱国主义的精神形态。中国传统爱国主义精神是同统一多民族国家的建立、维护与发展紧密联系在一起的，是同维护统一、反对分裂和保持江山社稷的完整性紧密联系在一起的，也是同促进和维护中华文明不断延续发展紧密联系在一起的，故其内容主要体现在热爱故土家园、热爱江山社稷和热爱中华文化等方面。由于中国古代所建立起来的国家政权大多是以中央集权的君主专制制度为主的，所以中国传统爱国主义也面临着一些特殊的矛盾，如忠君与爱国的矛盾，汉族与其他民族的矛盾，爱国与爱天下的矛盾，以及正统与非正统的矛盾，等等。就此而论，可以说，中国传统爱国主义精神既有其源远流长、博大精深、义理高悬、气岸高标等许多合理性的因素和民主性的精华，也带有特定历史阶段所留下的局限、缺失乃至错谬，对此，我们必须予以激浊扬清、去伪存真、去粗取精的清理、改造并加以创造性转化和创新性发展，从而使其优秀精神品质能够成为社会主义核心价值观培育的源头活水。

第四节　中国传统爱国主义谱系中的忠德意识及类型

中华民族爱国主义传统和精神区别于其他民族爱国主义的地方在于建构了自己独特的伦理价值体系，其中以忠德精神贯注公德和私德，彰显家国情怀，将国民与国家紧密地联系起来，形成一种由个人而整体的忠德价值谱系，也为中华民族爱国主义精神的生成和发展奠定了忠诚意识和忠诚美德的基石。

一、忠德的伦理建构及其历史发展

家国同构的中国古代社会关系使中国人发展起了根深蒂固的家国情怀，也造就了"忠孝传家""忠孝兴国"的伦理文化和传统美德。忠在传统中国社会，最初是一种广泛适用于君、臣、民的普遍道德，它是指尽心竭力的做人做事的品德。忠在中国社会长期演进的历史过程中，不仅是事君行为的特有准绳，也是人伦生活日用实践的重要美德，更是民众对待自己国家的一种伦理态度和政治义务。它的内涵起码可以分为竭力事君的为臣之忠、报国兴群的为民之忠以及做人敬事的为人之忠。虽然传统的忠君观念在中国历史上曾经对于维护封建专制发挥过消极作用，但传统忠德在维护国家团结统一，促进社会安定和谐，增强国家凝聚力，维护社会整体、长远利益，传承奉公尽忠的奉献牺牲精神，培养与人忠的尽心尽力精神等方面所发挥的积极作用却是不容忽视的，它也为当今中国忠于国家、忠于人民、保持忠诚忠信的态度，忠于人事、忠于职守忠诚观的树立，培养体现有新时代特征的精忠报国的爱国主义精神奠定了传统文化精神的基础。

春秋战国时期是忠的观念趋于定型并走向普遍化的时期，在这一时期，"忠"开始作为具有显著社会影响的道德修养内容和政治行为准则而发挥作用，如《论语》中，孔子所提及的忠的观念，便反映了这一时期人们对于忠的观念内涵的复杂认识，其内容涉及修养、处世、事君、为政等方面，并经常将"忠"与"信""恕"等连用，这不仅反映了一种忠于职守、公正无私的公平政治观，还可视为一种处理人际关系的平等的道德准则，其中既包含有尽心竭力，一心事主，谏净

211

补过，勤劳王事，奉献自己的一切，必要时还应牺牲生命的忠臣的道德义务，还包含有态度忠诚忠信，行为尽己利人的为人处事的道德义务。到了荀子那里，孔子、孟子所强调的君臣关系对等性的"双向义务"忠诚说，则为荀子所提出的"单向义务"忠诚说所代替。荀子忠的观念使忠变为下对上、臣对民的单方面的要求，强调臣对君的顺、敬、忠，使忠成为统治者统治人民的工具。

秦汉时期，"忠"在思想体系中的地位不断上升，它作为一种思想规范日益对相当广泛的社会层面发挥着其约束力的作用。如西汉时期的董仲舒便将忠的观念片面化、绝对化为"忠君"思想，他将"忠"视为臣民必须遵守的天经地义的行为准则，"孝子之行，忠臣之义，皆法于地也"。（《春秋繁露·王道通》）此时，孔孟时期平等的人际伦理指向已转变为尊卑有别的不平等的人际伦理指向，君臣对应平等的伦理指向转变为君为臣纲的等级伦理指向。隋唐宋明时期，"忠"已经成为社会普遍公认的最基本的政治道德要求，甚至几乎成为各类人群的道德规范和职业操守。《忠经》中分别有五章论述对于不同政治等级的人的不同的忠的要求，即《圣君章》《冢臣章》《百工章》《守宰章》《兆人章》，其成书年代、作者虽颇有争议，但至少反映了自秦、西汉以后，忠便成为各个阶层都需要遵守的普遍的道德原则，忠作为政治道德原则的主体地位得以确立，且在宋明时期，忠的伦理规范日益演化为一种臣子对君主绝对服从、消极顺应的僵化的教条。但这一时期，对统治者怎样使民忠于己的问题的思考，也是值得肯定的。明中叶以后的启蒙思想家顾炎武、黄宗羲、王夫之等，对抹杀人自主性、平等性的忠君教条表示了怀疑、否定，并提出了批判。在这些启蒙思想家看来，忠的真谛在于忠于万民、忠于天下，而非忠于帝王之一家一姓。这些进步思想家对愚忠、忠君等思维定式、教条思想的批判，在一定程度上有利于民众思想的启蒙，有利于新的忠诚观念的传播，其对社会的变革起到了重要的促进作用。

二、忠德的丰富内涵及其表现类型

中国传统忠德精神所指向的对象主要集中于三个层面。

1. 忠于君主

忠于君主即对在位君主的忠诚。朕即国家，君主成为国家的化身，忠于君主即是忠于国家。忠君与报国差不多是可以互相等同的概念。荀子把臣子区分为态臣、篡臣、功臣和圣臣四大类，指出："内不足使一民，外不足使距难，百姓不亲，诸侯不信，然而巧敏佞说，善取宠乎上，是态臣者也。上不忠乎君，下善取誉乎民，不恤公道通义，朋党比周，以环主图私为务，是篡臣者也。内足使以一民，外足使以距难，民亲之，士信之，上忠乎君，下爱百姓而不倦，是功臣者也。上则能尊君，下则能爱民；政令教化，刑下如影；应卒遇变，齐给如响；推类接誉，以待无方，曲成制象，是圣臣也。故用圣臣者王，用功臣者强，用篡臣者危，用态臣者亡。"（《荀子·臣道》）依据上述标准，荀子认为，齐国的苏秦，楚国的州侯，秦国的张仪，可以视为"态臣者"的代表；韩国的张去疾，赵国的奉阳，齐国的孟尝君，可以视为"篡臣者"的代表；齐国的管仲，晋国的咎犯，楚国的孙叔敖，可以视为"功臣者"的典范；商朝的伊尹，周朝的太公，可以视为"圣臣者"的典范。与此相关，荀子把臣子对君主的忠分为"大忠""次忠""下忠"和"国贼"，指出："以德复君而化之，大忠也；以德调君而补之，次忠也；以是谏非而怒之，下忠也；不恤君之荣辱，不恤国之臧否，偷合苟容，以之持禄养交而已耳，国贼也。若周公之于成王也，可谓大忠矣；若管仲之于桓公，可谓次忠矣；若子胥之于夫差，可谓下忠矣；若曹触龙之于纣者，可谓国贼矣。"以治国大道笼盖国君并能感化他，是大忠；以美好的道德调教国君并辅佐他，是次忠；以劝谏来指陈国君的过错并怨恨他，是下忠；不讲公德道义，只知道苟且偷生阿谀奉承以获取俸禄者，是国贼。举例来讲，像周公对待成王那样，就是大忠；像管仲对待齐桓公那样，就是次忠；像伍子胥对待夫差那样，就是下忠；像曹触龙对待纣王那样，就是国贼。荀子按是否听从君主的命令、言行举止是否对君主有利，将为人臣者分为四类：顺、谄、忠、篡。"从命而利君谓之顺，从命而不利君谓之谄；逆命而利君谓之忠，逆命而不利君谓之篡。"篡之极端名为"国贼"，忠之极端名为"谏、争、辅、拂"。所谓谏、争、辅、拂之臣，在荀子看来，那就是"社稷之臣"，"国君之宝也，明君所尊厚也"。当然这样的臣子在暗主惑君看来就不是忠臣了，只能视为"己贼"。在荀子看来，真正的忠道应该是忠于"道"。所以他欣赏"从道不从君"。坚持认为"谏、争、辅、拂之人信，则君过不远"。（《荀子·臣道》）

春秋战国时期的私忠强调的是忠于君或主的个人，这使它与为国家或人民而奉献的公忠有了很大的区别。从根本上讲，忠于群体和忠于个体是两种完全不同的忠。齐景公有一次问晏子说："忠臣之事其君若何？"晏子回答说："有难不死，出亡不送。"意即国君有危难时，不随便做出牺牲；国君出亡时，连送也不去送。景公很是不解地说："裂地而封之，疏爵而贵之，君有难不死，出亡不送，其说何也？"意即做君主的封给你土地，赐给你高位，我有危难，不为我牺牲，我出亡也不送我，这算什么忠臣？晏子回答说："言而见用，终生无难，臣奚死焉！谏而见从，终身不亡，臣奚送焉！若言不见用，有难而死之，是妄死也；谏而不见从，出亡而送之，是诈伪也。故忠臣也者，能纳善于君，不能与君陷于难。"（《晏子春秋·内篇问上》）

在晏子看来，如果大臣的忠告能够被采纳，国君一辈子也不会有什么危难，大臣为什么要牺牲？如果大臣的进谏能够被国君付诸实施，国君一辈子也不会亡命国外，还要大臣送什么？如果大臣的忠告不被采纳，国君有危难而随便做出牺牲，这样无辜的死，是没有意义的；大臣的劝谏，国君不听从，出亡时，又去送他，这是虚伪的行为。因此，一位真正的忠臣，要及时规劝国君改正错误，而不是使国君陷入危难的境地。

2. 忠于朝廷

忠于朝廷即对维持着属于某一姓的君主统系的王朝的忠诚。朝廷是古代帝王接受朝见和处理国家事务的地方，封建时代常以朝廷指谓中央政权。在朝廷的建构中，君为元首，臣为股肱，民为手足。可见，忠于朝廷既包含了忠于君主的内容，也包含了对整个中央政权和封建王权的忠诚。王朝在则国家在；王朝亡则国家亡。忠于朝廷同忠于江山社稷、忠于家国一体的政权或国家机器有着密切的联系。朝廷因君主世袭而有不同的帝号、庙号和年号，从而也体现出政权的前后相继和国家治理的革故鼎新。因此，不能把忠于某一个君主直接等同于忠于朝廷。春秋时，崔杼杀害了与棠家遗孀私通的齐庄公，侍渔者申蒯和他的下属都自愿出于忠于君主的名义而选择与庄公同死。别人问大臣晏子是不是也与国君同死，晏子反问，"独吾君也乎哉，吾死也？"接下来的对话是，"曰，'行乎？'曰，'吾罪也乎哉，吾亡也？'曰，'归乎？'曰，'君死，安归？'"在晏子看来，"君民者，岂以陵民？社稷是主。臣民者，岂为其口实？社稷是养。故君为社稷死，则死之；为社稷亡，则亡之。若为己死而为己亡，非其私昵，谁敢任之？"（《左传·襄公二十五年》）这段话明确地将忠于君主与忠于社稷区分开来，并强调只有为社稷死的君主才是值得臣下为之献身的，应当把忠于社稷置于忠于君主个人之上。君主若不利于社稷，则可以不必忠于他。

朝廷是治国之纲纪的策源地，也是社会风化得以施行的首脑机关，处于京师的权力中心。忠于朝廷比之忠于君主内涵要更为丰富，意义也要更为深远。一般来说，在封建时代，对君主个人和对朝廷的归属与忠诚，有许多相互一致或联系的地方，忠于朝廷内涵了忠于代表朝廷的君主，忠于代表朝廷的君主也要求忠于朝廷。但是二者也有不一致甚或互相冲突的地方。此即忠于君主着眼于君主个人的身份、地位和权势，忠于朝廷不只是包含了君主个人的身份、地位和权势，还包含了忠于中央政权及其背后所隐含的宗庙社稷。在历史上常常出现无国君可忠而仍然有朝廷或宗庙社稷可忠的现象。忠于"宗庙社稷"，内含了对朝廷或中央政权的忠诚，构成中国封建社会忠义之士的国家认同，成为他们忠德义道得以成立和实现的目的性存在或对象物。"苟利社稷，死生以之"（《左传·昭公四年》），确证的是忠于朝廷和忠于国家的大德大义，赋予个体一种道义的支撑和美德伦理的依持，使其生命的意义得以凸显，成就着政治伦理的人格品质与操守。

3. 忠于代表正统的中国

忠于代表正统的中国即对代表中华国脉之精神的国家的忠诚。古代中国人的忠德品质和意识既没有局限在忠君这一层面，也没有完全局限于朝廷或王朝这个层面。朝廷或王朝总是有兴有灭，如秦亡汉兴、隋亡唐兴、宋亡元兴、元亡明兴、明亡清兴，但这些朝廷或王朝在时间上前后相连续，于是出现了超越这个或那个具体王朝而始终存在的一个政治上共同体的观念。这个历时性的政治共同体就叫作"中国"。王朝有兴有灭，如孟子所说的"三代之得天下也以仁，其失天下也以不仁"（《孟子·离娄上》），然而代表着中华根脉和正统的中国却会在王朝的兴灭中不断发展绵延。它的生命会以下一个王朝为形式而生存下去，预制了如何借鉴历史的兴亡周期率而使国家的机理更加得以改善。

宋代欧阳修写有关于正统论和正统辨的多篇文章，从"君子大居正""王者大一统"的古训出发将"正"解释为"所以正天下之不正也"，将"统"解释为"所以合天下之不一也"，强调指出只有"推天下之至公，据天下之大义，究其兴废，质其本末"① 才能够使正统明矣。元代杨维桢著《正统辨》，坚持认为元代继承的是中华正统。在杨维桢看来，"故正统之义，立于圣人之经，以扶万世之纲常。圣人之经，《春秋》是也。《春秋》，万代之史宗也。首书'王正'于鲁史之元年者，大一统也。五伯之权，非不强于王也，而《春秋》必黜之，不使奸此统也。吴、楚之号，非不窃于王也，而《春秋》必外之，不使僭此统也。然则统之所在，不得以割据之地，强梁之力，僭伪之名而论之也。尚矣！"② 杨维桢《宋辽金正统辨》，大旨以为元代所继承的是宋统而不是辽金，坚持认为"元之大一统者，当在平宋，而不在平辽与金之日"。如果"不以天数之正，华统之大，属之我元，承乎有宋，如宋之承唐，唐之承隋、承晋、承汉也"，而"妄分闰代之承，欲以荒夷非统之统属之我元"，那是十分匪夷所思而又荒诞不经的，"吾又不知今之君子待今日为何时，待今圣人为何君也哉！"③ 杨维桢的《正统辨》在当时是一篇很有影响的文章，陶宗仪对《正统辨》一文给予高度评价：认为该文"可谓一洗天下纷纭之论，公万世而为心者也。惜三史已成，其言终不见用。后之秉史笔而续《通鉴纲目》者，必以是为本矣。"④ 这种评价代表了元朝很大一部分人的正统观念。

近代梁启超在《少年中国说》一文中也区别了朝廷和国家，认为"朝也者，

① 欧阳修：《原正统论》，引自《欧阳修诗文集校笺》下，上海古籍出版社 2009 年版，第 1550 ~ 1553 页。
② 陶宗仪：《南村辍耕录》，上海人民出版社 2012 年版，第 31 ~ 32 页。
③ 陶宗仪：《南村辍耕录》，上海人民出版社 2012 年版，第 34 页。
④ 陶宗仪：《南村辍耕录》，上海人民出版社 2012 年版，第 31 页。

一家之私产也。国也者，人民之公产也。朝有朝之老少，国有国之老少。朝与国既异物，则不能不以朝之老少而指为国之老少也明矣"。① 朝廷如人一样有一个自出生至老死的过程，但是中国则自古绵绵不绝，而且会呈现出"与天不老""与国无疆"的无限发展生机和诱人发展前景。在《国性篇》中，梁启超又指出："吾国立国于大地者五千年，其与我并建之国，代谢以尽者，不知其几何族矣，而我乃如鲁灵光岿然独存，其国性之养之久而积之厚也，其入人之深也，此不待言而解也，且其中又必有至善美而足以优胜于世界者存也"。② 正是这种养之久而积之厚的国性使得中国能够在朝代的更迭中不断地实现"衰而复兴""阙而复振"，从古代走向近现代，中国是个"古而又新"的国家，亦如《诗经》所言"周虽旧邦，其命维新"。现代的中国人就是应当忠诚于这一"古而又新"意义上的中国，所以我们既要继承五千年中国历史文化的传统和民族精神，又要使其不断地发展创新，繁荣兴旺。

三、忠于社稷和忠于中国的伦理精神意义

中国近代以前的忠德精神既包含了忠君，也包含了忠于朝廷，还包含了忠于社稷和忠于代表正统的中国或忠于天下等内容，因此它是一个不断扩展和提升的价值体系。借用王船山对义道或义德的层次性范畴来说，此即是"一人之正义""一时之大义"和"古今之通义"。"有一人之正义，有一时之大义，有古今之通义；轻重之衡，公私之辨，三者不可不察。"③ "一人之正义"是指一个人行为的正义，即其行为依循正义的标准彰显了正义的价值，受到他人的肯定性评价，诸凡个体按道德原则和规范行为且呈现出好的行为效果都可归结为"一人之正义"。王船山以"君臣有义"来阐说"一人之正义"，指出："事是君而为是君死，食焉不避其难，义之正也。"④ 臣子侍奉君主能够尽心尽力，忠诚为尚，在君主遭遇危险的情况下能够挺身而出，勇于为保卫君主而牺牲自己的性命，这是一个臣子应有的正义的行为，应当受到肯定。"一时之大义"是指一个时期人们行为所彰显出来的有较大道德价值的义行善举，大义较之"一人之正义"有其超越有限的人际关系而具有更为普遍的价值认同和道义性，肯定和维护的当属绝大多数人的最大利益。

"古今之通义"是贯穿中华民族古今历史文化价值之中并确证着其整体利益、

---

① 梁启超：《少年中国说》，引自《梁启超全集》第一册，北京出版社1999年版，第410页。
② 梁启超：《国性篇》，引自《梁启超全集》第四册，北京出版社1999年版，第2555页。
③④ 王夫之：《读通鉴论》卷十四，引自《船山全书》第十册，岳麓书社2011年版，第535页。

根本利益、长远利益的至上道义，是维系着民族的团结、文化的传承和精神的命脉的根本道义，是属于道统、核心价值观和民族精神之精髓的永久性道义。在船山看来，忠于一个帝王或一个朝代，只能算"一人之正义"或"一时之大义"，只有那些始终着眼于中华民族承亡继绝、继往开来和"为往圣继绝学，为万世开太平"的精神价值追求才是"古今之通义"。比较而言，以"一人之正义"视"一时之大义"，"一人之正义"可谓"私义"，其伦理的价值显然不能与"一时之大义"相提并论。以"一时之大义"视"古今之通义"，那么"一时之大义"也可以称为"私义"。由此，王船山从义的公私之辨中引申出价值的导向性谱系，此即"不可以一时废千古，不可以一人废天下"。①"古今之通义"是贯穿中华民族古今历史发展进程中的那些恒定性价值和共通性价值，是使中华民族之为中华民族、中国历史之为中国历史、中华文明之为中华文明的核心性价值和终极性价值，是维系着民族认同、国家认同和文化认同的关键性价值和至上性价值，它既扎根于历史、贯穿于历史又有着朝向未来的价值特质，对于中华民族、中华文化和中国精神的生生不息以及发展完善和复兴再造均具有本源性、本根性和本质性的伦理意义。

所以，忠于江山社稷、忠于代表正统地位、代表中华国德根脉和国运绵延意义上的中国比忠于君主、忠于朝廷更具有中华民族爱国主义精神实质的意义，更具有中华伦理文明核心价值和至上目标的意义。中华民族的家国情怀灌注着一种慎终追远、承前启后、继往开来的伦理基因和精神血脉，同使中国成为"可大""可久"的民族精神有着一种的内在契合因应关系。这是世界上任何其他民族爱国主义所无可比拟的伟岸和久大之处，也是中华文明之所以能够成为世界史上连续性文明典范的价值密码。

---

① 王夫之：《读通鉴论》卷十四，引自《船山全书》第十册，岳麓书社 2011 年版，第 535 页。

第十章

中国近现代爱国主义的兴起和发展

中国近现代爱国主义是指从 1840 年鸦片战争之后到新中国成立之前的这段时间的爱国主义。这一时期的爱国主义由传统的"忠君"为主演变为"忠于中华民族整体利益"为主，所爱的"国"也由王朝帝国逐步演化为民族国家，因此，追求中华民族整体利益、维护民族独立、实现人民解放成为时代主题。爱国主义传统在争取民族独立、振兴中华的奋斗中得到继承和弘扬。为了摆脱帝国主义和封建主义的压迫，建设一个独立、自由、平等的民族国家，中华民族进行了艰辛的探索和艰苦奋斗，先后发起了太平天国运动、维新变法、义和团运动，最后汇成辛亥革命的风云，推翻了清王朝的腐朽统治。但是由于中国民族资产阶级的软弱，辛亥革命成果被窃国大盗袁世凯篡夺，中华民国成为一块空招牌，中国社会的性质和中华民族的悲惨命运并未得到根本性的改变。历史呼唤新的社会力量寻找新的理论来开展反帝反封建的民族民主革命。"五四运动"标志着中国近代旧民主主义的结束和新民主主义的开端，开启了中华民族爱国主义发展的新阶段。此时的爱国主义具体表现为反对帝国主义列强的侵略和封建军阀的卖国行径，争取中华民族的独立解放，维护国家主权和领土完整。1921 年中国共产党的成立是中国历史上开天辟地的大事变。中国共产党是马克思主义与中国工人运动相结合的产物，它一成立就致力于为民族求解放、为国家求独立、为人民谋幸福的伟大事业，提出了反帝反封建和争取社会主义前途的革命纲领，并领导人民开展了第一次国内革命战争和第二次国内革命战争。抗日战争时期，中国共产党人以民族大义为重，主动提出建立抗日民族统一战线，中华儿女"愿拼热血为中华"，最终将日本帝国主义赶出中国的国土，为中华民族的传统爱国主义增添了新的光彩。之后，经过几年解放战争，建立了中华人民共和国。中国人民从此站起来了，中华民族和中国社会发展进步由此开启了新的历史纪元。

第一节　中国近现代爱国主义的发展历程

鸦片战争以后，国门被强行打开，中国进入半殖民地半封建社会，内忧外患接踵而至。面对前所未有的苦难和厄运，中国人民以高度的爱国主义精神奋起抗争，抵抗侵略，捍卫主权，维护独立，谋求解放，在救亡图存的道路上，百折不挠，前赴后继，谱写出了一曲曲可歌可泣的悲壮史诗，体现着中华民族深厚的爱国主义精神。"吾人之主义，可大书而特书，曰'爱国主义'"。[1] 爱国主义贯穿于资产阶级领导的旧民主主义革命和无产阶级领导的新民主主义革命的全部历程中，并随着时代的发展革故鼎新，先后形成了资产阶级的爱国主义和无产阶级的爱国主义，将中国古代爱国主义发展到一个新的阶段，书写了中华民族救亡图存、志在复兴和不懈奋斗的壮丽史诗。

一、鸦片战争至甲午战争时期的爱国主义

1840 年鸦片战争以后，中国社会进入半殖民地半封建社会，中华民族遭受了空前的凌辱和痛苦，同时也开始了反抗帝国主义和救亡图存的历程。鸦片战争中，年届花甲的水师提督关天培率兵驻守虎门炮台，在激烈的战斗中，自己身上受伤数十处仍亲自点燃大炮，并挥刀与侵略军决斗，直至流尽最后一滴血。率600 名官兵防守沙洲炮台的三江口副将陈连升，在胸部中弹后还高举佩剑刺向敌人胸膛，力战身亡。帝国主义的野蛮侵略，激起了中国各阶层广大人民的强烈反抗，抗敌御侮，救亡图存，成为每一个爱国者的神圣职责。在广东人民反抗英国侵略者的斗争中，一些当地的爱国士绅，当英军入侵时，在保卫家乡和田庐的热情的推动下，招募义勇，组织反侵略武装，并直接参加抗英斗争。其中，林福祥曾带领义勇参加三元里人民抗英斗争，显示了中国人民反帝爱国的巨大决心和敢于斗争的英雄气概。

鸦片战争时，面对用近代工业文明武装起来的西方列强，中国人意识到只有

---

[1]　卫种：《二十世纪之支那初言》，引自《辛亥革命前十年间时论选集》第二卷上册，生活·读书·新知三联书店 1978 年版，第 63 页。

改变中国贫穷落后的状况，才能从根本上抵御列强侵略，捍卫中国主权。以林则徐、魏源为首的一批中国地主阶级开明分子主张"师夷长技以制夷"的命题。林则徐注意收集西方国家信息，编译西方书报，主持编写《四洲志》《华事夷言》，为当时了解西方、与西方斗争提供了重要参考。魏源在其著作《海国图志》中提出"师夷长技以制夷"的命题，主张学习西方先进技术，以抵御外侮，使国家富强。"师夷长技以制夷"使近代中国迈出了向西方学习的第一步，对洋务运动有重要启发。

西方列强凭借《南京条约》等一系列不平等条约对我国进行大肆掠夺。为了弥补财政亏空，清政府横征暴敛；地主阶级趁机兼并土地，加重剥削。农民阶级奋起反抗，1851 年，洪秀全、杨秀清等在广西桂平金田村发动反抗清朝统治和外国资本主义侵略的太平天国起义。洪仁玕撰写的《资政新篇》提出不仅要向西方国家学习工艺技术，而且要像西方国家那样兴银行、办工业、开矿藏、设新闻馆和书信馆，还要"准富者请人雇工"，穷者则"宜令其作工以受值"。可以说《资政新篇》是中国近代关于建设资本主义的第一个行动纲领，虽然粗陋，但它翻开了中国近代化的新页。太平天国运动加速了中国近代历史的进程，推动了洋务运动的勃兴。太平天国运动的冲击，促进了"科教兴邦"观念的萌发。外交上，鼓励与各国通商，反对外国人干涉中国内政，坚决抗击外国殖民者。在第二次鸦片战争中，太平军在上海等地抗击英法侵略军的战斗，大大激发了中国人民的爱国热情。太平军先后打死被清政府授以"总兵""副将"官衔的"常捷军"统领勒伯勒东、"常胜军"统领华尔等侵略军头目。太平天国由最初反封建的农民起义，转变为代表全民族利益的反帝反封建斗争。但后来，太平天国领导成员的内讧严重削弱了其自身力量，1864 年，太平天国最终在中外反动派的联合镇压下失败。太平天国运动有力打击了清王朝的封建统治和外国侵略者，促进了封建社会的崩溃，阻止了中国殖民化的进程，为中国人民的反帝斗争树立了光辉榜样。

19 世纪 60～90 年代，以曾国藩、左宗棠、李鸿章、张之洞等为代表的洋务派掀起了制造洋枪洋炮等军事工业的自强运动，亦称"洋务运动"，其目的在于通过兴办军工商务以图国家的自强、求富。1895 年，洋务运动耗资最多的北洋海军在甲午中日战争中全军覆没，标志着洋务运动的破产。洋务运动失败的主要原因是"中学为体，西学为用"，他们想用西方的科学技术来维护封建专制统治，但两者存在尖锐的矛盾，无法兼容并行。洋务运动在客观上促进了中国早期工业和资本主义的发展，但其"自强"只是为了使封建统治苟延残喘，"求富"只是为少数统治者牟取暴利，不能从根本上拯救中国。

甲午海战是中国历史上规模最大、最为惨烈的一场海上侵略与反侵略战争。海战中，以邓世昌为代表的北洋海军将士，奋勇杀敌，视死如归，在火力、机动力、毁伤力都不及日本舰队的情况下，不畏强敌，血战到底。邓世昌发出"吾辈从军为国，早置生死于度外，今日之事，有死而已"的誓言，是北洋舰队官兵群体英雄主义、爱国主义精神的集中体现。甲午海战中，北洋舰队虽腹背受敌，形势不利，但广大官兵毫不畏缩气馁，反而"愈战愈奋，始终不懈"。提督丁汝昌身受重伤，不下火线，置个人生命安危于不顾，裹伤后，坐于甲板上鼓舞士气，"激励将士，同心效命"。右翼总兵定远管带刘步蟾于丁汝昌负伤后，"代为督战，指挥进退"，尤为出力。致远号官兵奋勇杀敌，表现出视死如归的英雄气概，尤为可钦可佩，可歌可泣。邓世昌见吉野恃其船捷炮利，便对负责掌舵的大副陈金揆说：敌舰全仗着吉野号逞凶，如果把它撞沉，战局还有挽回的希望。于是他替下陈金揆，亲自掌舵，开足马力向吉野号撞去，吉野号见势不妙，慌忙一边掉头逃跑，一边施放鱼雷，致远号躲过了第一颗鱼雷，却不幸被第二颗击中，引起大爆炸，全舰官兵除七名遇救外，全部壮烈殉国。邓世昌实践了自己常说的"人谁不死，但愿死得其所尔"的誓言，逝世时年仅 45 岁。甲午战争是中华民族面临生死存亡的时刻，中国各阶级人民都投入了救亡图存的爱国运动之中，使爱国主义内涵发生了质的飞跃。

二、维新变法至辛亥革命时期的爱国主义

甲午战败后，日本逼迫清政府签订了丧权辱国的《马关条约》，割让了台湾全岛及所有附属岛屿和澎湖列岛。谭嗣同在《有感一章》中悲愤地写道："世间无物抵春愁，合向苍冥一哭休。四万万人齐下泪，天涯何处是神州？"[①] 自此之后，中国领土主权进一步沦丧，中国人民苦难更加深重，中国深深地跌入半殖民地半封建社会的深渊。为了挽救中华民族亡国灭种的深重危机，在 19 世纪末 20 世纪初开展了一系列救亡图存的运动，如维新变法运动、义和团反帝爱国运动、辛亥革命等，将中华民族爱国主义发展到一个新的阶段。

1. 戊戌变法时期的爱国主义

资产阶级改良派康有为、梁启超、谭嗣同等高举救亡图存的旗帜，要求通过变法维新发展资本主义，使中国走上富强的道路。严复在天津《直报》发表《原强》一文，提出"是以今日要政，统于三端：一曰鼓民力，二曰开民智，三曰新民德"，并认为"未有三者备而民生不优，亦未有三者备而国威不奋者也"。[②] 严复又在《救亡决论》中发出"救亡"的时代强音。认为要救中国于危

---

① 谭嗣同：《有感一章》，引自《谭嗣同全集》，生活·读书·新知三联书店 1954 年版，第 488 页。
② 严复：《原强》，引自《严复集》第一册，中华书局 1986 年版，第 6 页。

亡之中，就必须去除封建道德观念，讲习西学，培养具有新型道德观念的国民。只有养成高尚道德的国民，才能知爱国、知民主、知强身、知卫生、知国家大事，从而掌握国家和个人的命运。《救亡决论》一开头，就旗帜鲜明地提出了"废八股"的教育主张："天下理之最明而势所必至者，如今日中国不变法则必亡而已。然则变将何先？曰：莫亟于废八股。夫八股非自能害国也，害在使天下无人才"。接着，《救亡决论》详细地指陈了八股取士的三大危害。"其一害曰：锢智慧"。"其二害曰：坏心术"。"其三害曰：滋游手"。八股取士不仅扼杀人的智慧，而且造就了一批寡廉鲜耻的无赖学人，还培植了一批游手好闲之人。所以，"八股取士，使天下消磨岁月于无用之地，堕坏志节于冥昧之中，长人虚骄，昏人神智，上不足以辅国家，下不足以资事畜。破坏人才，国随贫弱。"①

中日《马关条约》签订后，梁启超等联名上书都察院，反对签订《马关条约》。康有为联合各省应试举人举行"公车上书"，开始了维新运动。康有为在"公车上书"中痛陈《马关条约》给中国带来的危害，"窃以为弃台民之事小，散天下民之事大，割地之事小，亡国之事大，社稷安危，在此一举"。② 1898 年 1 月 29 日，康有为上《应诏统筹全局折》（第六次上书），请求光绪皇帝厉行变法，指出"能变则全，不变则亡，全变则强，小变仍亡"。康有为的上书受到光绪帝的肯定。1898 年 4 月，康有为、梁启超在北京发起成立保国会。6 月 11 日，光绪帝颁布了"明定国是"诏书，变法正式开始，到 9 月 21 日慈禧太后发动政变，共 103 天，史称"百日维新"。

面对国土被宰割、生灵遭涂炭的危局，以康有为、梁启超为首的资产阶级改良派通过光绪帝倡导学习西方，改革政治、教育制度，发展农、工、商业，掀起维新变法运动。康有为号召国人特别是士大夫起来挽救国家的危亡，指出："故鄙人不责在上而责在下，而责我辈士大夫，责我辈士大夫义愤不振之心，故今日人人有亡天下之责，人人有救天下之权者"。③ 对于近代中国社会所面临的内忧外患，谭嗣同在《治事篇》指出："时局之危，有危于此时者乎？图治之急，有急于此时者乎？"他写道："台湾沦为日之版图；东三省又入俄之笼网；广西为法所涎；云南为英所睨。迩者，胶州海湾之强取，山东铁路之包办，德又逐逐焉"，④ 中国危矣。他一面揭露帝国主义的侵略行径和瓜分中国的阴险图谋，一面向国人发出救国自强的呼吁，指出："殷鉴不远，复车在前，吾人益不容不谋

---

① 严复：《救亡决论》，引自《严复集》第一册，中华书局 1986 年版，第 48 页。
② 康有为：《上清帝第二书》，引自《康有为政论集》上册，中华书局 1981 年版，第 114 页。
③ 康有为：《京师保国会第一集演说》，引自《康有为政论集》上册，中华书局 1981 年版，第 240 页。
④ 谭嗣同：《治事篇第十·湘粤》，引自《谭嗣同全集》下册，中华书局 1981 年版，第 444 页。

自强乎！"[①] 1897年1月，谭嗣同完成了冲决利禄、君主、伦常等一切网罗之学的《仁学》，鼓吹自由平等和人格独立："生民之初，本无所谓君臣，则皆民也"，"废君统，倡民主，变不平等为平等"；他对君主专制造成的"惨祸烈毒"和三纲五常对人性的摧残深恶痛绝，君为臣纲"尤为黑暗否塞，无复人理"。为了救亡图存，他在《仁学》中写道："变法则民智"，"变法则民富"，"变法则民强"，"变法则民生"。谭嗣同是反封建专制政治的伟大的斗士。

1898年9月21日慈禧太后发动戊戌政变，囚禁光绪皇帝，康有为、梁启超出逃国外。在危难之际，谭嗣同表现出为了实现变法图强甘愿以身殉难的爱国勇气："各国变法，无不从流血而成，今中国未闻有因变法而流血者，此国之所以不昌也。有之，请自嗣同始"，最后，慷慨就义。戊戌变法是中国民族资产阶级登上政治舞台后进行的首次爱国救亡运动，企图通过政治改革使中国走上民族独立和资本主义道路，反映了中国人为实现独立、自主、富强而奋斗的进取精神。谭嗣同等的献身精神鼓舞了中国人民的爱国热忱。但由于中国民族资产阶级自身的软弱性，未敢彻底否定封建君主专制制度，而是用改良的方式"跪着造反"，最终必然失败。

2. 义和团反帝爱国运动

义和团反帝爱国运动是近代中国一次大规模的爱国主义高潮。1898年维新救亡运动失败后，中国的农民再一次拿起大刀长矛发动了一场挽救祖国危亡的英勇斗争，力图用自己的血肉之躯筑成一道捍卫民族独立的长城。他们"最恨和约，误国殃民"，他们要求"保护中原，驱逐洋寇"，使中国重归"一统"。集合在义和团旗帜下的广大农民正是抱着这样的崇高志愿投入这场反帝爱国运动的。1900年6月中旬，英国海军中将西摩率领八国联军从大沽向天津进犯，在杨村遭到义和团与清军的沉重打击。7月上旬，八国联军重新集结兵力进犯天津。义和团与部分爱国军民坚决抵抗，保卫南门一战，打死打伤侵略军750人，这是中国军民在抗击八国联军战争中歼敌最多的一战。但就在义和团浴血奋战之际，慈禧太后向帝国主义乞降，并与八国联军一起夹击义和团，导致义和团覆灭。义和团运动从兴起到失败，其口号经历了"反清灭洋""扶清灭洋""扫清灭洋"的变化，反对帝国主义始终是他们高举的旗帜，反映了中国农民阶级坚定地反侵略反压迫的斗争精神，义和团对清政府警惕不够，导致其最终在中外反动势力的联合镇压下失败。义和团运动虽然失败了，但朴素的农民用简陋的大刀长矛与武器先进的八国联军殊死搏斗，他们视死如归的牺牲精神阻止了帝国主义瓜分和灭亡中国的阴谋，延缓了中国的殖民地化。八国联军统帅瓦德西曾说："无论欧美日本

---

① 谭嗣同：《治事篇第十·湘粤》，引自《谭嗣同全集》下册，中华书局1981年版，第444页。

各国，皆无此脑力与兵力，可以统治此天下生灵四分之一也"，"故瓜分一事，实为下策"。① 义和团运动标志着近代意义上中国民族意识的觉醒，是中国近代民族主义的滥觞。农民阶级波澜壮阔的斗争显示了他们蕴含着巨大的革命潜力。但农民阶级不是新的生产力和生产关系的代表，始终不能提出有效解决民族矛盾和阶级矛盾的理论和策略，不能找到一条摆脱帝国主义、封建主义压迫的道路，不能领导革命走向最终胜利。

3. 辛亥革命时期的爱国主义

随着中国自然经济日益解体，近代资本主义工业有了更充分的市场和劳动力，中国民族资本主义进入发展时期。资产阶级成为爱国救亡运动中一支新兴力量，先后发起戊戌变法、辛亥革命。人们认识到，改良无法挽救中国危机，必须革命才能救亡图存，一如陈天华在《警世钟》里发出的呐喊："只有苦苦死战，才能救得中国！"1894 年 11 月，孙中山在美国檀香山创立革命团体，取名"兴中会"，第一次喊出了"振兴中华"的口号，从此，"振兴中华"成为唤醒、激励、凝聚中华民族的最强音，成为爱国主义的最强音。孙中山总结国际国内经验教训，提出了"民族、民权、民生"的"三民主义"理论，确立了"驱除鞑虏，恢复中华，创立民国，平均地权"的纲领，主张用"三民主义"救中国于危亡，兴中华于世界。

20 世纪初，许多志士仁人目睹"国势危急，岌岌不可终日"，为了挽救国家危亡，他们多起救国之思，终于走上了革命的道路，"而革命风潮自此萌芽矣"。② 《二十世纪之支那》发刊词又言："是则吾人之主义，可以大书而特书曰：'爱国主义'"③ 这里将爱国主义作为新的国魂。爱国主义精神推动着革命志士采取行动，不顾牺牲，去完成种种业绩。陈天华跳海而死，在《绝命词》中谆谆以"丕兴国家"嘱告同志，希望以自己的生命，唤醒人们，"皆以爱国为念，刻苦向学，以救祖国"；吴樾在行刺出洋五大臣之前，写给妻子的诀别信中，要求她不断提高"爱国之精神"。林觉民在黄花岗起义前写下绝笔书，立志"以天下人人为念"，"为天下人谋永福"，认为能够为国家而死，"吾今死无余憾"。④ 鉴湖女侠秋瑾把生命化作杀敌的宝刀，她在《感奋》一诗中写道："莽莽神州叹陆沉，救时无计愧偷生。抟沙有愿兴亡楚，博浪无椎击暴秦。国破方知人种贱，义高不碍客囊贫。经营恨未酬同志，把剑悲歌涕泪横"⑤，表达了一种深沉而强烈

---

① 中国史学会主编：《义和团》第三册，上海人民出版社 1957 年版，第 244 页。
② 孙中山：《有志竟成》，引自《孙中山全集》第六卷，中华书局 1986 年版，第 243 页。
③ 卫种：《二十世纪之支那》发刊词，引自《辛亥革命前十年间时论选集》第二卷上册，生活·读书·新知三联书店 1978 年版，第 63 页。
④ 林觉民：《与妻书》，引自王蒙主编：《中国精神读本》，浙江文艺出版社 2019 年版，第 70～71 页。
⑤ 秋瑾：《感奋》，引自王蒙主编：《中国精神读本》，浙江文艺出版社 2019 年版，第 68 页。

的救国之志。正如孙中山所说："革命先烈的行为没有别的长处，就是不要身家性命，一心一意为国来奋斗。"[1]

辛亥时期，先进的仁人志士们还提出了陶铸国魂的口号。他们认为凡一个民族，一个国家能自立于世界，必有一灵魂以鼓舞民心，激励英雄，它对内统一群力，对外吸入文明，抵抗侵略，无此物，则必定民族亡，国家灭，它被名之为"国魂"。20世纪初，到处是"中国之国魂安在乎？""吾中国国民之魂安在乎？""国魂乎！盍归来乎！"的呼唤。章士钊在《王船山史说申义》中说："船山之史说宏论精义，可以振起吾国之国魂者极多。"这里的"国魂"，主要是一个民族独立的民族意识。可以说，爱国主义是辛亥革命精神之魂。

1911年10月武昌起义掀起辛亥革命的高潮，随后15个省先后宣布独立，摆脱清政府控制。1912年1月1日孙中山在南京就职，改国号为"中华民国"。至此，我国结束了两千多年的封建君主专制制度。辛亥革命失败的根本原因是资产阶级革命派不能提出彻底的反帝反封建纲领。在反帝方面，从同盟会纲领到临时政府约法，都没有明确提出反帝口号；在反封建方面，仅把矛头指向皇帝，而对多数封建地主官僚集团则实行妥协政策。

三、五四运动至新中国成立时期的爱国主义

五四运动带着辛亥革命所不曾有的姿态，以彻底地不妥协地反对帝国主义和封建主义的斗争，成为中国旧民主主义革命走向新民主主义革命的转折点，即中国新民主主义革命的开端。五四运动是一场深刻的思想启蒙运动、新文化运动和爱国运动，促进了马克思主义在中国的广泛传播，为中国共产党的成立锻筑了坚实的人才、思想和理论基础。

1. 新文化运动和五四运动时期的爱国主义

为了探寻救国救民的真理，推动中国社会的伦理启蒙、道德革命和个性解放，以陈独秀、李大钊、胡适、鲁迅等为代表的一批激进民主主义者发起了新文化运动。他们高举科学、民主两面大旗，主张批判旧道德提倡新道德，批判旧文学提倡新文学，并对以三纲五常为核心的传统伦理文化展开了猛烈的抨击，推崇个性解放和个性自由。新文化运动开辟了一个个人主义、自由主义的时代。与此相关，新文化运动时期的爱国主义，表现为一种坚守个人主义本位、主张个性自由和个人权利并在崇尚英法资产阶级革命所提出的自由、平等、博爱、天赋人权

---

[1] 孙中山：《在陆军军官学校开学典礼的演说》（1924年6月16日），引自《孙中山全集》第十卷，中华书局1986年版，第294页。

等价值观中确立其爱国观念和立场的爱国主义。

五四运动是以青年学生为主，广大群众、市民、工商人士等社会阶层共同参与，通过示威游行、请愿、罢工、暴力对抗政府等多种形式进行的保家卫国运动。五四运动的直接导火索，是民族尊严和民族独立受到威胁和欺凌，激发了青年学生的爱国热情，点燃了青年学生的爱国火焰。1919年5月4日，随着巴黎和会外交失败的消息传来，北京大学等13所学校的3 000多名学生举行示威游行，喊出"外争国权，内惩国贼"的口号，要求北洋政府拒绝在和约上签字，并惩办亲日派官僚。为声援学生，6月5日，上海工人罢工，商界罢市。汉口、长沙、芜湖、济南等百余座城市的工人也纷纷声援。在全国人民的巨大压力下，北洋政府不得不下令罢免亲日派官僚曹汝霖、章宗祥、陆宗舆的职务，中国代表未出席巴黎和会的签字仪式。五四运动彻底地、不妥协地反帝反封建斗争，孕育了以爱国主义为核心的爱国、进步、民主、科学的五四精神，表现了中华民族百折不挠的革命英雄主义。五四精神的基本核心是爱国主义。五四运动精神中的爱国主义是中华民族血脉中的爱国主义精神在民族危亡时刻的体现。正是血脉中的爱国主义情愫使得中华文明在漫长的历史发展中民族得以凝聚，文化得以延续，人民的生存、生活随着时代的发展逐步得以改善。五四运动使爱国主义有了新的历史内涵，贯穿始终的是彻底的、不妥协的、反帝反封建的爱国主题，以及爱国主义引领下的科学、自由、民主等全新的内容。马克思主义学说在思想界和知识分子中得到广泛传播，出现了一批具有初步共产主义思想的先进分子，如邓中夏、张太雷、陈潭秋、瞿秋白、张闻天、周恩来、沈泽民、马骏等，他们开始深入工人群众中宣传马克思主义，进一步推动了马克思主义日益同中国工人运动相结合。

2. 中国共产党的诞生至土地革命时期的爱国主义

1921年中国共产党成立后，便确立"为民族谋解放""为人民谋幸福"和"为国家谋独立"的初心和使命，积极开展反帝反封建的民族民主革命，大力推动工人运动和农民运动。1926～1928年，中国共产党与国民党合作发动北伐战争，基本上推翻了北洋军阀的黑暗统治。1927年4月12日，蒋介石经过精心准备，在上海发动反革命"清党"运动，查封革命组织，捕杀共产党人和革命群众。4月18日，蒋介石在南京建立南京国民政府。此后，内战代替了团结，独裁代替了民主，大革命宣告失败。"但是，中国共产党和中国人民并没有被吓倒，被征服，被杀绝。他们从地下爬起来，揩干净身上的血迹，掩埋好同伴的尸首，他们又继续战斗了。他们高举起革命的大旗，举行了武装的抵抗……创造了人民的军队——中国红军，保存了和发展了中国人民的革命力量"。① 1927年8月1

---

① 毛泽东：《论联合政府》，引自《毛泽东选集》第三卷，人民出版社1991年版，第1036页。

日，周恩来、贺龙、叶挺、朱德、刘伯承等领导南昌起义，打响了中国共产党武装反抗国民党反动统治的第一枪。1927年8月7日，毛泽东出席在汉口秘密举行的"八七会议"，瞿秋白主持会议，确定了实行土地革命、武装反抗国民党反动派的总方针。1927年9月，毛泽东领导工农革命军发动秋收起义，走出一条在农村建立革命根据地的正确道路，在井冈山建立起第一个农村革命根据地，促进了全国各地工农武装割据局面的形成。1928年4月，毛泽东率领的秋收起义部队与朱德、陈毅领导的湖南起义和贺龙领导的南昌起义部分部队在井冈山胜利会师，建立了中国革命第一支坚强队伍"中国工农红军第四军"。毛泽东在《星星之火，可以燎原》中对中国革命形势予以描述，认为"它是站在海岸遥望海中已经看得见桅杆尖头了的一只航船，它是立于高山之巅远看东方已见光芒四射喷薄欲出的一轮朝日，它是躁动于母腹中的快要成熟了的一个婴儿"。[①] 在井冈山革命斗争时期，红军战士胸怀革命的远大理想，虽然"睡门板，盖稻草"，吃"红米饭"，喝"南瓜汤"，但是革命精神高涨，革命意志坚定，致使红军力量不断扩大。

革命根据地和红色政权的建立，引起了国民党统治集团的极大恐慌，国民党反动政府先后对红军发动五次围剿。1934年10月，第五次反"围剿"战争失败后，中央红军被迫开始长征，沿途突破敌人四道封锁线，兵力损失5万余人。1935年1月，红军攻打娄山关，占领遵义城，并在此召开政治局扩大会议，毛泽东在中央的领导地位得以确立。会后，红军在毛泽东的指挥下四渡赤水河、巧渡金沙江、强渡大渡河、翻越夹金山，攻克天险腊子口，翻越六盘山，到达吴起镇与陕北红军会师，中央红军长征宣告结束。长征的胜利，充分表明中国共产党及其领导的中国工农红军是一支不可战胜的力量。长征宣告了国民党反动派围堵和消灭红军图谋的失败，宣告了中国共产党和中国工农红军肩负着民族希望胜利实现了北上抗日的战略转移，实现了中国共产党和中国革命事业从挫折走向胜利的伟大转折，开启了中国共产党为实现民族独立、人民解放而斗争的新的伟大进军。留在苏区的红军队伍在项英、陈毅领导下开展艰苦的游击战争，陈毅在梅岭被围时写下《梅岭三章》，"断头今日意如何？创业艰难百战多。此去泉台招旧部，旌旗十万斩阎罗"，"南国烽烟正十年，此头须向国门悬。后死诸君多努力，捷报飞来当纸钱"，"投身革命即为家，血雨腥风应有涯。取义成仁今日事，人间遍种自由花"，表达了共产党人为革命、为民族、为国家不惧牺牲、视死如归的爱国主义品质和精神。

3. 抗日战争和解放战争时期的爱国主义

以爱国主义为核心的伟大民族精神是中国人民抗日战争胜利的决定因素。抗

---

① 毛泽东：《星星之火，可以燎原》，引自《毛泽东选集》第一卷，人民出版社1991年版，第106页。

日战争促进了中华民族的觉醒和团结，爱国主义成为时代最强音，全国人民同仇敌忾、万众一心、不畏强暴，同日本帝国主义进行了浴血奋战。诚如毛泽东所说："现在国难日深，世界形势大变，中华民族的兴亡，我们一定要负起极大的责任来。我们一定要战胜日本帝国主义，我们一定要把中国造成独立、自由、民主的共和国；而要达此目的，必须团结全国最大多数有党有派和无党无派的人"。① 毛泽东还专门论述了中国共产党在民族战争中的地位，并就爱国主义和国际主义发表了看法，强调指出："中国共产党人必须将爱国主义和国际主义结合起来。我们是国际主义者，我们又是爱国主义者，我们的口号是为保卫祖国反对侵略者而战。对于我们，失败主义是罪恶，争取抗日胜利是责无旁贷的。因为只有为着保卫祖国而战才能打败侵略者，使民族得到解放。只有民族得到解放，才有使无产阶级和劳动人民得到解放的可能"。② 在抗击日本侵略者的斗争中，白山黑水、大江南北、万里海疆，无数优秀的中华儿女慷慨参战，"母亲送儿打东洋，妻子送郎上战场"，同日本侵略者进行着殊死的斗争。赵一曼、杨靖宇、八女投江、刘胡兰、左权、狼牙山五壮士，还有地道战、地雷战、铁道游击战，等等，中国人民用自己的血肉之躯和不怕牺牲的精神谱写了爱国主义的伟大史诗，最终打败了不可一世的日本法西斯，取得了抗日战争的伟大胜利。抗日战争的胜利，捍卫了中国的国家主权和领土完整，洗雪了鸦片战争以来中国人民受帝国主义奴役和压迫的耻辱，为中国新民主主义革命的最后胜利奠定了坚实的基础。

抗战胜利后，国内矛盾发生转化，我们党始终坚持人民利益至上，一切为了人民，一切依靠人民，为促进和迎接全国胜利的到来，推动和发展新中国的各项建设事业，保证中国由新民主主义向社会主义的转变，从政治上、思想上和理论上做了充分准备。

第二节 中国近现代爱国主义的主要内容和基本特征

旧民主主义革命时期，资产阶级爱国救亡运动的唯一选择就是学习西方，走资本主义道路。但学习西方并不能使中国获得民族独立，原因有二：一是世界资本主义国家进入帝国主义阶段以后，要获得殖民地的市场、原料、劳动力，因

---

① 毛泽东：《团结到底》，引自《毛泽东选集》第二卷，人民出版社 1991 年版，第 760 页。
② 毛泽东：《中国共产党在民族战争中的地位》，引自《毛泽东选集》第二卷，人民出版社 1991 年版，第 520～521 页。

此，他们决不允许中国通过学习西方走向独立；二是中国民族资产阶级力量软弱，无力承担通过改革和革命建立资产阶级国家的重任。资产阶级的爱国救亡运动虽然失败了，但它们促进了中国人寻找新的指导思想和革命道路，如辛亥革命中的许多人，陈独秀、李大钊、董必武、吴玉章、林伯渠、朱德等同盟会会员或革命党人，后来都成为中国最早的一批马克思主义者，投身于新民主主义革命的洪流。

一、忧国忧民，情系中华

中国是在西方列强船坚炮利的侵略和凌辱下步入近代社会的历程的，西方列强对中国的侵略、凌辱和瓜分贯穿中国近代史的全过程。从 1840 年鸦片战争失败时开始，中国一步步沦为西方列强的原料产地和商品市场，逐步丧失政治独立，成为一个半殖民地半封建国家。"帝国主义和中华民族的矛盾，封建主义和人民大众的矛盾，这些就是近代中国社会的主要矛盾"，而帝国主义和中华民族的矛盾又是"各种矛盾中的最主要的矛盾"。①

面对急剧变化的形势和社会危机，以龚自珍、魏源、林则徐、包世臣、姚莹、陶澍等为首的一批进步的士大夫官吏在时代潮流的推动下，登上历史的前台，强烈的忧患意识使他们产生了新的时代使命感和责任感。在龚自珍看来，当时的中国封建社会已处于日之将夕、悲风骤至的衰世，并且陷于难以解脱的困境。清王朝无论在政治或经济、军事或文化思想等方面都如同"未雨之鸟，戚于飘摇"，"将萎之华，惨于槁木"。"历览近代之士，自其敷奏之日，始进之年，而耻已存者寡矣。官益久则气愈偷，望愈崇则谄愈固，地益近则媚亦益工……臣节之盛，扫地尽矣"。② 龚自珍对封建社会的用人制度也进行了深刻的揭露和批判，认为封建的论资排辈的用人选官制度以做官时日的长短作为升迁的依据，堵塞了大批有识之士报效国家的道路。出于对这种沉闷的用人选官制度的强烈不满，龚自珍写出了"九州生气恃风雷，万马齐喑究可哀。我劝天公重抖擞，不拘一格降人才"③ 的诗作，渴望改革科举制度，加大人才培养和选拔的力度，以此来挽狂澜于既倒，扶大厦之将倾。

魏源的忧患危机意识非常强烈，他感到清朝所面临的危机十分严重，远远超过了明代。他指出：清中叶以来，"无一岁不虞河患，无一岁不筹河费，前代未

---

① 毛泽东：《中国革命和中国共产党》，引自《毛泽东选集》第二卷，人民出版社 1991 年版，第631 页。

② 龚自珍：《明良论二》，引自《龚自珍全集》，上海人民出版社 1975 年版，第 31 页。

③ 龚自珍：《己亥杂诗》，引自《龚自珍全集》，上海人民出版社 1975 年版，第 521 页。

之闻焉；江海惟防倭防盗，不防西洋，夷烟蔓宇内，货币漏海外，病漕、病鹾、病吏、病民之患，前代未之闻焉。内外既无两漏卮，仕途又无两滥竽；无漏卮则国储财，无滥竽则士储才。"① 在这里，魏源一连用了两个"前代未之闻焉"，四个"病"字，来揭露鸦片战争前清朝的社会危机。

1888年康有为第一次向光绪皇帝上书，指出了当时中国所面临的深重危机，"日谋高丽，而伺吉林于东；英起藏卫，而窥川滇于西；俄筑铁路于北，而迫盛京；法煽乱民于南，以取滇粤。"又说"日本虽小，然其君臣自改纪后，日夜谋我，内治兵饷，外购铁舰，大小已三十艘，将剪朝鲜而窥我边。俄筑铁路，前岁十月已到浩罕，今三路分筑，二、三年内可至珲春，从其彼德罗堡都城运兵炮来，九日可至，则我盛京国本，祸不旋踵。英之得缅甸，一日而举之，与我滇为界矣，滇五金之矿，垂涎久矣。其窥藏卫也，在道光十九年，已阴图其地，至今乃作衅焉。法既得越南，开铁路以通商，设教堂以诱众，渐得越南之人心，又多使神父煽诱我民，今遍滇、粤间，皆从天主教者，其地百里，无一蒙学，识字者寡，决事以巫，有司既不教民，法人因而诱之。"② 这些都说明英、法、俄、日等列强正在从中国的不同方位或地域侵蚀或蚕食中国，掀起了瓜分中国的狂潮。康有为不无忧患地指出："窃维国事蹙迫，在危急存亡之间，未有若今日之可忧也"。③ "今天下所忧患者，曰兵则水陆不练，财则公私匮竭，官不择材而上且鬻官，学不教士而下皆无学。"④ 甲午战争失败后，随着《马关条约》的签订，帝国主义瓜分中国的进程明显加快，中华民族的苦难进一步加深，危机重重。康有为在《上清帝第二书》中写道："法人将问滇贵，英人将问藏粤，俄人将问新疆，德、奥、意、日、葡、荷皆狡焉思启"，各帝国主义"必接踵而来，岂肯迟迟以礼让为国哉!"⑤ 特别是中日甲午战争以后，西方列强纷至沓来，竞相瓜分中国，迫使中国签订了一系列不平等条约，进一步加剧了中国社会的危机和中国人民的苦难。严复在《原强》一文中写道："呜呼！中国之于今日，其积弱不振之势，不待智者而后明矣。深耻大辱，有无可讳焉者。日本以寥寥数舰之舟师，区区数万人之众，一战而剪我最亲之藩属，再战而陪京戒严，三战而夺我最坚之海口，四战而覆我海军。今者款议不成，而畿辅且有旦暮之警矣……"⑥ 陈天华在《猛回头》中写道："俄罗斯，自北方，包我三面；英吉利，假通商，毒计中

———————————

① 魏源：《明代食兵二政录叙》，引自《魏源全集》第十二册，岳麓书社2004年版，第195～196页。

②③ 康有为：《上清帝第一书》，引自汤志钧编：《康有为政论集》上，中华书局1981年版，第53页。

④ 康有为：《上清帝第一书》，引自汤志钧编：《康有为政论集》上，中华书局1981年版，第52～61页。

⑤ 康有为：《上清帝第二书》，引自汤志钧编：《康有为政论集》上，中华书局1981年版，第52～115页。

⑥ 严复：《原强》，引自《严复集》第1册，中华书局1986年版，第7页。

藏。法兰西，占广州，窥伺黔桂；德意志，胶州领，虎视东方。新日本，取台湾，再图福建；美利坚，也想要，割土分疆。"① 对于西方列强瓜分中国的狂潮及其给中国人民造成的巨大创痛，陈天华予以沉痛地揭露和控诉："痛之痛，割去地，万古不返！痛之痛，所赔款，永世难偿！痛之痛，东三省，又将割献！痛之痛，法国兵，又到南方！痛之痛，因通商，民穷财尽！痛之痛，失矿权，莫保糟糠！痛之痛，办教案，人民如草！痛之痛，修铁路，人扼我坑！痛之痛，在租界，时遭陵贱！痛之痛，出外洋，日苦参汤！"② 陈天华的控诉，可谓字字血，声声泪，如泣如诉，振聋发聩！

国家所面临的危机总是要体现在民生的困苦方面，自古忧国总是与忧民联系在一起。忠于楚国的三闾大夫屈原同时也是"哀民生之多艰"的爱民之士。宋代范仲淹有"居庙堂之高则忧其民，处湖山之远则忧其君"的忧国忧民之情愫。林则徐体恤民生疾苦，认为"国家徒有加惠之名，而百姓无受惠之实，无非不堪下吏私充囊橐，大吏只知博取声誉"。③ 据说，林则徐这份为民请命的奏折传出后，"小民闻之，皆嗟叹聚泣，庆更生"。④ 近代以来，伴随着国家的多方面危机，人民生活困苦或艰难也超越以往。对民生民瘼寄予同情关注，以富有恻隐之心，合于讽喻之旨的笔触，揭示生民病痛，是中华民族爱国主义的优秀传统，也是中国士人参与社会政治，实现兼济之志的重要方式。在揭露衰世之象，谋求绸缪之策的同时，近代以来先进的士大夫对苍生忧乐、黎元困顿别具只眼，萦萦于怀。林则徐认为，国计与民生"实相维系"，故"下恤民生正所以上筹国计"。⑤ 包世臣说："近者农民之苦剧矣，为其上者莫不渔夺牟侵为务……仆深以为忧"。⑥ 在他看来，只有"藏富于民"才能为国家"培气脉"，此为治本之策，否则就会导致民心叛离，动摇为政根基，甚至江山异姓。郭嵩焘也认为，民富是国富的前提、基础和发展动力，"岂有百姓困穷而国家自求富强之理？"⑦ 并说："今言富强者，一视为国家本计与百姓无与，抑不知西洋之富专在民，不在国家也"。⑧ 必须以利导民，使之与国家富强结合，这是国家盛衰的关键所在。

① 陈天华：《猛回头》，引自《陈天华集》，湖南人民出版社2008年版，第35页。
② 陈天华：《猛回头》，引自《陈天华集》，湖南人民出版社2008年版，第36页。
③⑤ 林则徐：《江苏阴雨连绵田稻歉收情形片》，引自《林则徐全集》第一册，海峡文艺出版社2002年版，第283~284页。
④ 金安清：《林文忠公传》，引自《中国近代史资料丛刊：鸦片战争》第六册，新知识出版社1955年版，第255页。
⑥ 包世臣：《齐民四术叙》，刘平、郑大华编：《中国近代思想家文库：包世臣卷》，中国人民大学出版社2013年版，第365页。
⑦ 郭嵩焘：《致瞿子玖》，引自《郭嵩焘诗文集》，岳麓书社1984年版，第255页。
⑧ 郭嵩焘：《与友人论仿行西法》，引自《郭嵩焘诗文集》，岳麓书社1984年版，第255页。

二、抵抗列强，救亡图存

1840年中英鸦片战争的失败，彻底暴露了清朝封建制度的腐败和中国社会的严重危机，中国被迫签订丧权辱国的《南京条约》，开始沦为半殖民地半封建社会。资本主义列强的侵略、掠夺，使中华民族面临着"亡国灭种"的实际危险，在朝野震动、举国上下深感奇耻大辱的同时，上层统治阶级和士大夫中的一些最先觉醒的仁人志士开始有意识地探索世界进化发展大势，反思朝政治理及其所存在的严重弊端，以寻求拯救民族危亡的道路或对策。

在民族危亡、祖国主权沦陷之时，广大人民群众也表现出了高度的爱国热情和不屈的反抗精神。"三元里前声若雷，千众万众同时来，因义生愤愤生勇，乡民合力强敌摧"（《三元里》），歌颂了三元里人民同仇敌忾的抗英斗争。1862年，太平军在上海歼灭了英法军队的"洋枪队"和"干涉军"千余人，活捉了"洋枪队"副统领美国人法尔思德，打破了洋枪、洋炮不可战胜的神话。中法战争时期，一代名将冯子材，以67岁的高龄出任广东高、雷、钦、廉四府团练督办，负责粤、桂前线的防卫事宜，并在镇南关一战中歼灭法军1 000多人，缴获了法军大批军用物资，史称"镇南关大捷"。

甲午战争期间，邓世昌和致远号全舰官兵誓与敌人同归于尽，壮烈殉国。1900年义和团运动以"驱逐洋寇，保护中国"的决心抗击八国联军，在天津老龙头火车站和紫竹林租界与侵略军进行激战，并在河北廊坊重创侵略军用血的事实证明了中国人不甘于压迫的抗争精神。

"九一八"以及"七七"事变爆发，日本帝国主义发动了旨在灭亡中国的侵华战争，中华民族面临"亡国灭种"的威胁。在日本帝国主义步步对我国扩大侵略的时候，中国共产党高扬爱国主义旗帜，坚持以国家和中华民族的整体利益为重，首先提出停止国内战争，建立民族统一战线的战略目标。"西安事变"发生后，中国共产党不计国共两党恩怨，提出和平解决西安事变，从"逼蒋抗日"发展到联合蒋介石抗日，从而为建立抗日民族统一战线确立了基础。空前严重的民族危机唤起了全国各党、各派、各阶级、各阶层和各界人民民族意识的大觉醒，民族意识的觉醒促进了民族的大团结。全国军民万众一心、同仇敌忾，造成了陷敌于灭顶之灾的汪洋大海。中华民族的优秀儿女用自己的鲜血和生命谱写了一曲曲动人心弦的爱国主义诗篇。

三、师夷制夷，自强求富

魏源在《海国图志原叙》中指出："是书何以作？曰：为以夷攻夷而作，为以夷款夷而作，为师夷长技以制夷而作"。① 《海国图志》是中国近代史上第一部探寻富国强兵道路的鸿篇巨著，书中表达了魏源"睁开眼睛看世界"的开放意识和变革主张。在魏源看来，当时中国的武器装备和"养兵练兵之法"都明显地落后于西方，因此要抵御西方的侵略就必须学习西方的"长技"，"善师四夷者能制四夷，不善师外夷者外夷制之"。② 在魏源看来，"欲制外夷者，必先悉夷情"，了解夷情才能够战胜外夷。"师夷"包括造船制器、养兵练兵、制造民用器物、学习西方科学技术、振兴教育、革除时弊等，夷之长技有三：战舰、火器、养兵练兵之法。"制夷"包括"师长技""重武备""讲战守""去积患""延人才"等方面。认识到英国"不务行教而专行贾，且佐行贾以行兵，兵贾相资，逐雄岛夷"。中国应该"塞其害，师其长，彼且为我富强。舍其长，甘其害，我乌制彼胜败"。③ 魏源以俄国彼得大帝先赴西洋学其长技，后致国家强大称雄的事例激励国人，"国以人兴，功无倖成，惟厉精淬志者，能足国而足兵"。④ 魏源在《海国图志》及其他著作里，提出"变局论"，倡导"变法"，认为只有变法更张，才能够富国强兵，抵御外侮。他批判了那种"株守一隅，自画封城，而不知墙外之有天，舟外之有地"的"井蛙蜗国之识见"，⑤ 认为这种"井蛙蜗国之识见"只会导致自取其辱。魏源的《海国图志》给当时闭关自守，天下"惟知九州以内"的统治势力开了一剂醒悟良方，也给禁锢得如一潭死水的知识界投下了一块石头，掀起了阵阵波澜。《海国图志》的中心思想是"师夷长技以制夷"，目的在于谋求国家富强，制胜外国侵略，使中国跻身于世界强国之林。它是魏源一生忧国忧民和在鸦片战争时期爱国主义思想高度发展的结晶，从此奠定了他在中国近代史上杰出的爱国主义思想家和史学家的历史地位。

西方列强入侵之后，"五口通商，而天下之局大变"；"此乃中国一大变局，三千余年来未之有也。"⑥ 面对这种前所未有的变局，中国必须自行求变。冯桂芬认为，中国人一方面应该感到羞愧与耻辱，另一方面又应当知耻而后勇，奋起自强。他说："天赋人以不如，可耻也；可耻而无可为也，人自不如，尤可耻也，然可耻而有可为也。如耻之，莫如自强"。⑦ 他警告当道者："有可自强之道，暴

① 魏源：《海国图志原叙》，引自《魏源全集》第四册，岳麓书社 2004 年版，第 1 页。
②③ 魏源：《海国图志》卷 37，《大西洋欧罗巴洲总叙》，引自《魏源全集》第六册，岳麓书社 2004 年版，第 1077~1080 页。
④ 魏源：《海国图志》卷 3，《议战》，引自《魏源全集》第四册，岳麓书社 2004 年版，第 1077~1080 页。
⑤ 魏源：《海国图志》卷 76，《西洋人玛吉士地理备考叙》，引自《魏源全集》第七册，岳麓书社 2004 年版，第 1866 页。
⑥ 郑观应：《盛世危言》，华夏出版社 2002 年版，第 14 页。
⑦ 冯桂芬：《校邠庐抗议·制洋器议》，中州古籍出版社 1998 年版，第 198 页。

弃之而不知惜；有可雪耻之道，隐忍之而不知为计；亦不独俄、英、法、米（美）之为患也，我中华且将为天下万国所鱼肉！"[1] 王韬提出"彼使我变，利为彼得；我自欲变，权为我操。"[2] 主张"商富即国富"，"诚能通商于泰西各国，自握其利权……而中国日见其富矣"[3]。薛福成也提出了自己关于如何才能使国家富强的理论，认为治国以富强为本，而求强以致富为先。薛福成批判了传统的重农抑商政策，提出了"握四民之纲者商也"的重商主义对策，在倡导发展商业的同时，薛福成还意识到了工业的巨大作用，指出："泰西风俗，以工商立国，大较恃工为体，恃商为用，则工实尚居商之先"。[4] 薛福成竭力主张变革，对外开放，学习西方，起而争雄，使中国能与西方列强并驾齐驱。陈炽专门写了《续富国策》一书，对发展工商农矿诸业做出了系统探讨。在陈炽看来，"商务盛衰之枢，即邦国兴亡之券也"，[5] 倡导振兴商务，收回利权，达到先富后强的目的。西方近代以来，之所以能够日臻富强，就在于他们确立了工商为本的治国方略。工商之事，实泰西立国之本原。振兴商务是实现国家富强的根本大计。在重视商业的同时，他还主张讲求工艺，设厂制造，大力发展工业。中国必须改变长期以来重农抑商的传统，大力发展民族工商业，才能抵制外国资本主义日益深重的经济剥削和政治压迫。只有发展机械化的近代工业，才能大大提高产品的数量和质量，创造丰富的物质财富，并与充斥国内市场的各种"洋货"竞争。

张之洞认识到"求富"乃"自强救国之本"，只有很好地开辟利源，发展实业，国家才有可能富裕起来，只有先富裕起来，然后才可能"自强"和"御外侮"。所以张之洞力主"实业救国"，并提出了"以工为本"的富国论。在张之洞看来，"工者，农商之枢纽也。内兴农利，外增商业，皆非工不为功"。工业才是农业和商业发展的杠杆，才是富国强兵之本。"以工商立国"发展中国军事工业，产生了民族资本主义，开创了中国现代化的序曲。

严复认为，"国之强弱、贫富、治乱者，其民力、民智、民德三者之征验也"。[6] 中国欲求富强，就必须着眼于"鼓民力""开民智""新民德"，并在三者结合上下功夫。"盖生民之大要三，而强弱存亡莫不视此：一曰血气体力之强，二曰聪明智虑之强，三曰德行仁义之强。是以西洋观化言治之家，莫不以民力、民智、民德三者断民种之高下，未有三者备而民生不优，亦未有三者备而国威不

---

[1] 冯桂芬：《校邠庐抗议·制洋器议》，中州古籍出版社1998年版，第198页。

[2] 王韬：《答强弱论》，引自《弢园文录外编》，辽宁人民出版社1994年版，第290页。

[3] 王韬：《代上广州府冯太守书》，引自《弢园文录外编》，辽宁人民出版社1994年版，第391页。

[4] 薛福成：《振百工说》，引自《薛福成选集》，上海人民出版社1987年版，第482页。

[5] 陈炽：《庸书·公司》，引自《陈炽集》，中华书局1997年版，第98页。

[6] 严复：《原强修订稿》，引自《严复集》第一册，中华书局1986年版，第29页。

奋者"。① 只有使广大民众逐步实现"血气体力之强""聪明智虑之强"和"德行仁义之强",才能改变国家积贫积弱的状况,使其向着富国强兵的方向迈进。所以国家的富强必须以民众个体的民力、民智、民德为基础和保证。"夫所谓富强云者,质而言之,不外利民而已。然政欲利民,必自民各能自利始……顾彼民之能自治而自由者,皆其力、其智、其德诚优者也"。② 民众其体、其智、其德处于优良的状态,才能使国家走向富强。国家群体的强弱兴衰取决于民众个体素质的优劣,只有不断地"鼓民力""开民智""新民德",才能造就高素质的人才,进而促使国家走向强盛。

四、革新弊政,变法求治

冯桂芬指出:"今顾觍然屈于四国之下者,则非天时地利物产之不如也,人实不如耳……以今论之,约有数端。人无弃才不如夷,地无遗利不如夷,君民不隔不如夷,名实不符不如夷……至于军旅之事,船坚炮利不如夷,有进无退不如夷"。③ 西方国家之所以能够富强,就在于他们的这几个方面是优于中国的。从中国有四不如夷的认识出发,冯桂芬提出了一系列以自强为主要内容的改革措施,包括改革科举制,培养和重用人才,引进西方国家新式农具和耕作方法,提高粮食产量,实行乡举里选之法,恢复陈诗之法即将反映政事的诗赋逐级上报给君主,等等。中国要想富强只能师夷长技。"始则师而法之,继则比而齐之,终则驾而上之,自强之道,实在乎是"。④ 薛福成认为,中国"欲求驭外之术,惟有力图自治,修明前圣制度,勿使有名无实;而于外人所强,勿使设藩篱以自隘。斯乃道器兼备,不难合四海为一家"。⑤ 在《应诏陈言疏》中强调指出"欲御外侮,先图自强;欲图自强,先求自治"。并提出了修明之术、补救之方、变通之道的"治平六策",即"养贤才、肃吏治、恤民隐、筹漕运、练军实、裕财用"。⑥ 王韬认为,要想富国强兵,拒敌御侮,不仅要大力发展工商业,而且要革新政治,学习西方政治制度建设方面的成功做法和经验。王韬在批判腐朽的封建君主专制的基础上,第一次明确地提出了君主立宪制的政治主张。他把国家制度分为三种:"一曰君主之国,一曰民主之国,一曰君民共主之国"。⑦ 在王韬看

---

① 严复:《原强修订稿》,引自《严复集》第一册,中华书局 1986 年版,第 18 页。

② 严复:《原强修订稿》,引自《严复集》第一册,中华书局 1986 年版,第 29 页。

③④ 冯桂芬:《校邠庐抗议·制洋器议》,中州古籍出版社 1998 年版,第 198 页。

⑤ 薛福成:《代李伯相答彭孝廉书》,引自《薛福成选集》,上海人民出版社 1987 年版,第 103 ~ 104 页。

⑥ 薛福成:《应诏陈言疏》,引自《薛福成选集》,上海人民出版社 1987 年版,第 65 ~ 75 页。

⑦ 王韬:《重民下》,引自《弢园文录外编》,辽宁人民出版社 1994 年版,第 34 ~ 36 页。

来，"君为主，则必尧舜之君在上，而后可久安长治；民为主，则法制多纷更，心志难专一。""惟君民共治，上下相通，民隐得以上达，君惠亦得以下逮"① 才是比较理想的政治制度。在王韬看来，只要中国在"崇尚西法"的基础上"师西国之长"，诚心变法，"集思广益，其后当未可限量；泰西各国，固谁得而颉颃之"。②

郑观应的《盛世危言》一书被视为"医国之灵枢金匮"。他冀望国家"变法自强，百废俱举。除积习，戒因循，黜浮文，崇实学，大改上下蒙蔽泄沓之风"。③ 在该书自序中，他又写道："六十年来，万国通商，中外汲汲，然言维新，言守旧，言洋务，言海防，或是古而非今，或逐末而忘本，求其洞见本源、深明大略者有几人哉？"在郑观应看来，国家"治乱之源，富强之本，不尽在船坚炮利，而在议院上下同心，教养得法。兴学校，广书院，重技艺，别考课，使人尽其才。讲农学，利水道，化瘠土为良田，使地尽其利。造铁路，设电线，薄税敛，保商务，使物畅其流"。④ 此书的问世，正值中国面临被瓜分危局之时。它的刊印问世，正是中日甲午战争民族危机严重和资产阶级改良主义政治运动兴起之时，理所当然地受到各方面的重视。

戊戌时期，以康有为、梁启超、严复、谭嗣同等为代表的资产阶级维新思想家全面继承了早期改良主义的思想传统，将变法维新上升到一个新的高度。1888年，康有为趁入京应试的机会，第一次向光绪皇帝上书，在《上清帝第一书》中对为什么要进行变法，变什么法以及怎样变法做出了较为明确的论述与思考，提出了"变成法""通下情""慎左右"的政治主张。"变成法"亦即对那些明显过时而又很难对现实生活发挥正面作用的法律应当予以变革。1894年中日甲午战争，清军被日军打败，随着《马关条约》的签订，民族危机空前加重，康有为联合各省举人1 300余人在北京发动"公车上书"，吁请拒和、迁都、练兵、变法。此后，不断上书光绪皇帝，催促其变法维新。康有为在《上清帝第五书》中明确提出，中国今日"图保自存之策，舍变法外别无他途"。⑤ 如果仍然坚持守旧不变，后果将是不堪设想的。只有毫不犹豫地变法维新，才能救中国于列强瓜分之危机，才能"雪国耻而保疆圉"。⑥ 梁启超高喊"变则通，通则久，通则存"，提出自强救亡的三要政："鼓民力""开民智""新民德"（《变法通议》）。在《论立法权》（1902年）中，梁启超认为，"国家者人格也。有人之资格谓之

① 王韬：《重民下》，引自《弢园文录外编》，辽宁人民出版社1994年版，第34~36页。
② 王韬：《变法下》，引自《弢园文录外编》，辽宁人民出版社1994年版，第25页。
③ 郑观应：《盛世危言·增订新编凡例》，引自《盛世危言》，华夏出版社2002年版，第13~16页。
④ 郑观应：《盛世危言·自序》，引自《盛世危言》，华夏出版社2002年版，第10~12页。
⑤ 康有为：《上清帝第五书》，引自汤志钧编：《康有为政论集》上，中华书局1981年版，第231页。
⑥ 康有为：《上清帝第三书》，引自汤志钧编：《康有为政论集》上，中华书局1981年版，第176页。

人格，凡人必有意志然后有行为"，"国家之行为何，行政是已。国家之意志何，立法是已"。认为，"立法事业，为今日存国最急之事业，"立法权问题"为立国之大本大原"。①

"变法"要变的法，是闭关锁国、固步自封的旧的政策和体制；要追求的法，乃是救亡图存、富国强兵的新的政策和体制。章太炎也推崇法治，他说："铺观史籍，以法律为诗书者，其治理必盛，而反是者其治必衰。"② 孙中山在民权主义的论述中，也比较多地阐释了创建法制的国民政府和依法治国等内容。为了更好地达到共和之治，孙中山认为必须经历"军法之治"到"约法之治"再到"宪法之治"的发展阶段。在借鉴吸收孟德斯鸠"三权分立"学说的基础上，孙中山主张吸收中国古代关于考试权和检察权的有关理论，提出了"五权宪法"的思想。他认为法国思想家孟德斯鸠在《法意》（有人称之为《万法精义》）一书中主张"立法、司法、行政三权分立……美国即根据孟氏底三权分立学说，用很严密底文字订立成文宪法。"③ 中华民族要在借鉴孟氏思想的基础上结合中国历史文化的实际予以发展，为此孙中山提出了实行五权制度的宪法原则，简称"五权宪法"。孙中山的"五权分立"是同"效能区分"的理论密切联系在一起的，所谓"效能区分"即把国家的政治大权分成政权和治权两大部分：即政权属于人民、治权归于政府。

中国共产党诞生后，关于国家建构及其法治创新的探讨在马克思主义国家理论和无产阶级政权学说基础上得以进行，同时也吸收了孙中山的民权思想和五权宪法思想的合理因素，并且将人民治理同人民民主专政有机地结合起来，形成了一整套马克思主义中国化的国家理论。毛泽东的《新民主主义论》《论联合政府》和《论人民民主主政》等文章，较为深刻而又系统地阐述了中国共产党人关于建立一个什么样的国家、怎样建立国家以及国体、政体及其组织形式等问题。毛泽东指出，中国共产党人要建立的国家是以工人阶级为领导、以工农联盟为基础的人民民主专政的国家。"人民是什么？在中国，在现阶段，是工人阶级，农民阶级，城市小资产阶级和民族资产阶级。""对人民内部的民主方面和对反动派的专政方面，互相结合起来，就是人民民主专政"。④ 只有在人民自己当家作主的国家，人民才有可能在全国范围内对反对人民的反动派实行专政。

---

① 梁启超：《论立法权》，引自《梁启超全集》第二册，北京出版社 1999 年版，第 795 页。
② 章太炎：《官制索引·古宫制发原于法吏说》，载于《民报》第十四号。
③ 孙中山：《在广东省教育会的演说》，引自《孙中山全集》第五卷，中华书局 1986 年版，第 492 ~ 493 页。
④ 毛泽东：《论人民民主主政》，引自《毛泽东选集》第四卷，人民出版社 1991 年版，第 1475 页。

第三节 救亡图存道路和理论的艰辛探索

鸦片战争失败以后，中国逐步成为半殖民地半封建社会，西方列强对中国的侵略步步紧逼，日趋腐败的清政府在帝国主义侵略面前软弱无能，但是在压迫剥削国内劳苦大众方面却又残暴至极，导致祖国山河破碎，人民饥寒交迫、备受压迫、欺凌和奴役，生活痛苦不堪。中国近代以来无数历史事实证明，"不触动封建根基的自强运动和改良主义，旧式的农民战争，资产阶级革命派领导的革命，照搬西方资本主义的其他种种方案，都不能完成中华民族救亡图存的民族使命和反帝反封建的历史任务。"[1] 只有中国共产党人坚持以马克思列宁主义为指导并将其与中国革命的具体实践相结合，才创造性地找到了一条中国革命的正确道路，并依靠自己和中国人民28年的艰苦奋斗，彻底完成了中华民族救亡图存的民族使命和反帝反封建的历史任务，不可逆转地开启了中华民族走向伟大复兴的历史进程。

一、自强运动、改良主义和旧式农民战争对救亡图存的探索与实践

第二次鸦片战争后，清朝统治集团内部一些较为开明的官员基于当时内忧外患的现实掀起了一场主张学习西方先进技术、旨在富国强兵的自强运动。亦称"洋务运动"。以曾国藩、左宗棠、李鸿章、张之洞等为代表的洋务派主张通过兴办"洋务"来促进清朝统治集团的自救运动。洋务运动的第一阶段以"求强"为口号，以军事建设为中心，先后在各地创办了一批近代军事工业，比较著名的有福州的福建船政局、天津的天津机器局、上海的江南制造总局、南京的京陵机器局等，并从西方国家大量购置各式枪炮船舰，聘用西方教官在各地以"洋法教练"军队。从19世纪70年代起，洋务运动又在"求富"的旗号下开始创办一批民用工业。为了培养洋务人才，洋务运动还开办新式学堂，创立外国书籍翻译局。如何使中国在世界近代化的浪潮中不被淘汰而能够比较好地自存并能有所发展呢？李鸿章等洋务派主张自强求富，并认为只有自强求富才能够解决中国的救

---

[1] 胡锦涛：《在庆祝中国共产党成立九十周年大会上的讲话》，引自《胡锦涛文选》第三卷，人民出版社2016年版，第522页。

亡图存问题。中日甲午战争的失败，北洋水师的全军覆没，宣告了洋务运动的破产。洋务运动失败的根本原因是没有触及封建统治基础，在维护清朝统治的前提下学习西方先进技术，没有从根本进行改革。洋务运动主张自强、求富的目标未能实现。

甲午战争的失败，日本迫使清政府签订了丧权辱国的《马关条约》，中国社会的半殖民地化空前加深，救亡图存成为中国人民共同的强烈呼声。继洋务派的自强运动破产后，从20世纪六七十年代开始出现的变法维新思潮迅速走向高涨，并从一种思潮发展成为影响全国的戊戌维新运动。戊戌维新运动的宗旨是在中国进行一场改良主义的政治运动，试图依靠清朝皇帝实行自上而下的变法维新，确立日本明治维新那样的"君主立宪"制度，以在维护君权的基础上发展资本主义经济政治和文化。以康有为、梁启超、严复、谭嗣同为代表的维新派继承并发展了早期改良主义如冯桂芬、郑观应、王韬、薛福成、马建忠等人的思想，在其初具民权观念的基础上旗帜鲜明地宣传西方资产阶级"主权在民"说，公开提出"兴民权"的口号，并将批判的矛头直接指向封建的君主专制制度。他们崇尚法国资产阶级所提出的自由、平等、博爱、天赋人权的思想观念，先后对以"三纲"为核心的封建道德展开了尖锐的抨击，提出了"道德革命"的命题，公开主张用资产阶级新道德取代封建主义旧道德。谭嗣同更是用民权思想激烈抨击"君为臣纲"，助纣为虐的"愚忠"，在变法失败后，他说："各国变法，无不从流血而成。今中国未闻有因变法而流血者，此国之所以不昌也。有之，请自嗣同始"，并留下了"望门投宿思张俭，忍死须臾待杜根。我自横刀向天笑，去留肝胆两昆仑"的诗句，表达了变法图强的报国雄心，令人肃然起敬。戊戌变法失败的主要原因在于维新派自身的局限和以慈禧太后为首的强大的守旧势力的反对。维新派虽然广泛地进行了变法维新的舆论动员，既无严密的组织，又不掌握军队，也没有发动群众的支持，把希望完全寄托在一个没有实权的君主身上，其失败的结果就是不可避免的。

旧式农民战争既包括了以洪秀全为代表的太平天国运动，也包括了1900年的义和团运动，甚至还包含了天地会系统领导的起义、捻军起义以及西北少数民族反抗清朝统治的大大小小的农民起义。洪秀全领导的太平天国运动是中国历史上旧式农民战争的最高峰，它立国14年，纵横18个省，先后攻占了全国600多个城镇，其时间之长、规模之大、影响之深，在中国农民战争史上均是空前的。但是，由于太平天国运动内在的局限性以及清政府联合外国侵略者镇压太平天国，太平天国运动最终还是悲壮地失败了。太平天国运动带有旧式农民战争的诸多特征，农民阶级的分散性、守旧性，以及眼光短浅等毛病，在太平军中都有突出表现。而且太平军内部的腐败以及醉心于生活享受的风习也是十分严重的，这些都造成了太平天国运动最后的失败。义和团运动是在 19 世纪末 20 世纪初发生的一场以"扶清灭洋"为主要内容的反帝爱国运动，也是一次旧式的农民战争。甲午战争后，帝国主义在经济上向中国大量输出资本，在政治上则强占"租借地"和划分"势力范围"，掀起了瓜分中国的热潮。甲午战争结束后，日军占领了威海卫。三年后，日军撤离，此地又立即被英军强占。不久，德国又占据了胶州湾，并强行把山东划为它的势力范围。光绪二十四年（1898 年），英国强行租借威海卫，之后外国教会也随之大批进入山东各地，修建大小教堂 1 100 多座，传教士和教徒发展到 8 万多人。1898 年 6 月，山东巡抚张汝梅上奏朝廷，认为义和拳本属乡团，建议"改拳勇为民团"。并明确说义和拳就是"义和团"，在清朝官员中首次提出了"义和团"的概念。义和团运动以其不畏强暴、敢与敌人血战到底的英雄气概，打击和教训了帝国主义者，使它们不敢为所欲为地瓜分中国。正是包括义和团在内的中华民族为反抗侵略所进行的前赴后继、视死如归的战斗，才粉碎了帝国主义列强瓜分和灭亡中国的图谋。但是由于农民阶级的局限性，没有先进阶级的领导和科学理论的武装，最后在国内外敌人的夹击下遭到了失败。

二、资产阶级革命派对民主革命道路的探索

维新变法的失败，刺痛着无数仁人志士的心。改良不成，必继之以革命。"中国之革命，发轫于甲午以后，盛于庚子，而成于辛亥，卒颠覆君政"。① 由于清政府对外妥协投降，出卖国家民族根本之利益，由于世界列强"群起染指于我中土"，一些先进的中国人已经认识到"扶清灭洋"不能挽救中国的危亡，只有实行反清革命才是解决中国问题的唯一出路。1903 年，邹容出版了《革命军》一书，指出："我中国今日不可不革命"。认为"我中国今日欲脱满洲人之羁缚，不可不革命。我中国欲独立，不可不革命。我中国欲与世界列强并雄，不可不革命。我中国欲常存于二十世纪新世界上，不可不革命。我中国欲为地球上名国、地球上主人翁，不可不革命"。② 中国只有进行民族民主革命，才能推翻内外反动统治和民族压迫，建设独立富强的现代国家，在世界上占据一席应有的地位。今日的中国，能革命则有存续的希望，不革命必将自取灭亡。欲达救亡图存、保国保种的目的，舍革命外别无他途可走。只有革命，才能"扫除数千年种种之专

---

① 孙中山：《中国国民党第一次全国代表大会宣言》，引自《孙中山全集》第九卷，中华书局 1985 年版，第 114 页。

② 邹容：《革命军》，引自《邹容文集》，重庆出版社 1983 年版，第 2 页。

制政体"，才能"脱去数千年种种之奴隶性质"，才能"洗净二百六十年残惨虐酷之大耻辱，使中国大陆成干净土，黄帝子孙皆华盛顿"。邹容冀望中国人民以英法美等国革命为榜样，高举"卢梭诸大哲之宝幡"，"掷尔头颅，暴尔肝脑"，与满清统治者"相驰骋于枪林弹雨中"，奋起革命，推翻满清政府的反动统治，建设一个独立富强的现代国家。

陈天华和邹容一样，也深刻地认识到中国舍革命外无以救亡图存，他说："革命者，救人救世之圣药也。终古无革命，则终古成长夜矣。……吾因爱平和而愈爱革命。何也？革命、平和两相对待，无革命则亦无平和，腐败而已，苦痛而已，尚忍言哉！"[1] 只有通过革命，才能驱除黑暗、腐败和痛苦，赢得光明、进步、幸福，不革命则中国人民将永远陷于黑暗和痛苦之中。中国如实行国民革命，则"革命之后，宣布自由，建设共和，其幸福较之革命之前，增进万倍"。[2] 只有这种革命才能促进历史前进，改善国民的生活状况。陈天华在《狮子吼》中肯定和歌颂民族气节，表彰了中国历史上许多坚持民族大义，弘扬民族气节的文臣武将，也鞭挞了那些仅仅只着眼个人私利或一家一姓之私利因而出卖国家民族利益的民族败类，他深情地礼赞岳飞的精忠报国之精神，尖锐地抨击秦桧断送抗金之大业的卖国求荣之行为，他对文天祥的"人生自古谁无死，留取丹心照汗青"以及视死如归的凛然正气欣赏有加。陈天华认为，一个现代的国民就应该具有报国大志和为国献身的精神，把国家民族利益放在第一位，以献身精神和牺牲精神去改造旧中国，建设新的自由、共和的现代中国。他说："人生终有一死，只要死得磊落光明，救同胞而死，何等磊落！何等光明！"[3] 又说："共讲爱国，更卧薪尝胆，刻苦求学，徐以养成实力，丕兴国家"。[4] 国民既然是国家的主人，那就应当以保卫国家、拯救国家和建设国家为己任，在保卫国家、拯救国家和建设国家中实现自己的人生价值。

孙中山是国民革命的先行者和辛亥革命的伟大领袖。他不仅发动和组织革命队伍，开展了艰苦卓绝的武装起义，而且提出了三民主义的革命纲领，在《革命方略》里将革命成功后的治理分为三个阶段：即"军法之治""约法之治""宪法之治"[5]，为中国的资产阶级民主革命指明了方向。孙中山认为中国社会危机是"异种残之，外邦逼之"，解决民族问题"殆不可以须臾缓"。解决办法，就是以革命手段推翻清朝统治。为了使中国人民摆脱国内的民族压迫，解除自己的

---

① 陈天华：《中国革命史论》，引自《陈天华集》，湖南人民出版社 2008 年版，第 224 页。
② 陈天华：《中国革命史论》，引自《陈天华集》，湖南人民出版社 2008 年版，第 215 页。
③ 陈天华：《警世钟》，引自《陈天华集》，湖南人民出版社 2008 年版，第 88 页。
④ 陈天华：《绝命辞》，引自《陈天华集》，湖南人民出版社 2008 年版，第 235 页。
⑤ "军法之治"和"约法之治"两个时期加起来为 9 年时间，然后进入与一般民主共和国家相同的"宪法之治"。

痛苦，把中国引向富强道路，就不得不采取革命手段，推翻清政府，实行民族革命。铲除以满族贵族为代表的"恶劣政治"，解除国内的民族压迫，是民族主义的中心。民权主义就是"建立民国"，也就是推翻封建专制制度，建立资产阶级共和国。"民权主义常在民族主义之后。近二百多年来，民权思想极发达，君权退步，世界上的国家，许多已经变成了共和，其中没有改变共和的国家，也把君主专制改为立宪，限制君主权力的范围。所以现在全世界的国家，不是共和，就是君主立宪，专制政府，差不多要绝迹了"。① 由民权主义更进一步，便是民生主义。民生主义，就是要通过"社会革命"解决民生问题，使全体民众能够比较好地生存和生活。"平均地权"和"节制资本"是民生主义的主要内容，民生主义就是要用"平均地权"的办法防止资本主义制度下的贫富分化与对立，达到社会革命目的，并解决国计民生问题。孙中山的"三民主义"是一个有机统一的整体，贯穿着"民有、民治、民享"的内在要求，包含了种族革命、政治革命和社会革命或经济革命的因素和要义。在孙中山看来，要解决民族问题，便不能不解决民权问题；要解决民权问题，便不能不解决民生问题。并认为"三民主义就是救种种痛苦的药方。这三个问题，如果同时解决了，我们才可以永久享幸福"，才能把"现在的中国变成庄严灿烂的中华民国"。② 在他的领导下，辛亥革命终于推翻了清朝的统治，结束了在中国存在了两千多年的封建帝制。中华民国成立后，孙中山就任南京临时政府大总统。当辛亥革命的胜利果实被袁世凯篡夺后，孙中山又发起了"二次革命"，后来在十月革命的影响下又提出联俄、联共、扶助农工三大政策，将旧三民主义发展为新三民主义。临死前，他还叮嘱国民党人，"革命尚未成功，凡我同志，务须依照余所著《建国方略》《建国大纲》《三民主义》及《第一次全国代表大会宣言》，继续努力"③。可以说，孙中山是一位为中国的资产阶级民主革命贡献了毕生心血和智慧的革命领袖。孙中山所倡导和向往的革命是"国民革命"，与中国历史上的"英雄革命"有着根本的不同，他说："我等今日与前代殊，于驱除鞑虏、恢复中华之外，国体民生尚当与民变革，虽经纬万端，要其一贯之精神，则为自由、平等、博爱。故前代为英雄革命，今日为国民革命。所谓国民革命者，一国之人皆有自由、平等、博爱之精神，即皆负革命之责任"④。孙中山认为"政治革命"与"民族革命"是并行的。"我们推倒满洲政府，从驱除满人那一面说是民族革命，从颠覆君主政体那面说

---

① 孙中山：《在桂林军政学七十六团体欢迎会的演说》，引自《孙中山全集》第五卷，中华书局1985年版，第4页。

② 孙中山：《在桂林军政学七十六团体欢迎会的演说》，引自《孙中山全集》第五卷，中华书局1985年版，第5~6页。

③ 孙中山：《国事遗嘱》，引自《孙中山全集》第十一卷，中华书局1986年版，第639页。

④ 孙中山：《中国同盟会革命方略》，引自《孙中山全集》第一卷，中华书局1981年版，第296页。

是政治革命，并不是把它分作两次去做"①。除了民族革命、政治革命之外，还必须进行社会革命或经济革命。虽然欧美国家民族革命和政治革命都开展得比较好，但是社会革命或经济革命却停滞不前。"欧美各国二百余年以来，只晓得解决民族、民权两件事，却忘记了最要紧的民生问题。到现在全国的权力都操在少数资本家的手里，只有少数人享幸福，大多数人还是痛苦。"② 孙中山冀望用民生主义来解决贫富不均的问题，并因此提出了"耕者有其田"的"平均地权"和"节制资本"的政策，认为只有这样才能真正建设好中华民国。孙中山的三民主义学说，为中国的资产阶级民主革命提供了行动的纲领，具有一定的历史进步性。但是，由于中国民族资产阶级的软弱性、两重性又决定了其不可避免地具有理论本身的局限性。就民族主义来说，它没有明确地提出反对帝国主义的口号，这就放过了中国近代社会最大的民族敌人。在解决国内民族矛盾方面，也带有某种大汉族主义的色彩。就民权主义来说，它只重视推翻帝制、建立共和的问题，而忽视了彻底推翻封建时代的旧思想、旧文化和旧习俗。就民生主义来说，它虽然突出了土地问题对于民生的意义，主张"耕者有其田"，但是它又反对"夺富人之田为己有"，③ 害怕农民起来破坏封建土地所有制，因而并不能满足农民对土地的要求。辛亥革命时，孙中山没有提反帝、反封建的口号，所以孙中山的国民革命是不彻底的。辛亥革命的不彻底和失败，意味着旧民主主义革命已经走到了尽头。中国革命的历史期待着新的社会力量寻找先进理论以开辟救国救民的新的道路。

三、中国共产党人对中国革命道路和理论的探索

"鸦片战争以来，救中国，救人民，实现国家的独立、统一、民主、富强，成为中国各族人民不懈追求的共同理想。先进的中国人奋斗牺牲，前赴后继，写下了可歌可泣的篇章。但是在中国共产党成立以前，人们所做的种种探索和努力都失败了。帝国主义的侵略打破了中国人照搬西方的迷梦。中华民族仍然苦难深重，找不到解放的出路。"④ 只有以马克思列宁主义作为观察国家命运基本方法

---

① 孙中山：《在东京〈民报〉创刊周年庆祝大会的演说》，引自《孙中山全集》第一卷，中华书局1981年版，第325～326页。

② 孙中山：《在桂林军政学七十六团体欢迎会的演说》，引自《孙中山全集》第五卷，中华书局1985年版，第5页。

③ 孙中山：《在东京〈民报〉创刊周年庆祝大会的演说》，引自《孙中山全集》第一卷，中华书局1985年版，第323页。

④ 江泽民：《在毛泽东同志诞辰一百周年纪念大会上的讲话》，引自《江泽民文选》第一卷，人民出版社2006年版，第340～341页。

和理论武装的中国共产党人才真正找到了一条引领中国革命到达胜利的光明路径，从此不可逆转地开启了中华民族摆脱近代以来悲惨的命运和走向伟大复兴的历史进军。

毛泽东在目睹了辛亥革命的失败后，认识到三民主义救不了中国，于是选择了马克思列宁主义，迅速从一个革命民主主义者成长为一个共产主义者。在将马克思列宁主义同中国革命的具体实践相结合的过程中，毛泽东逐步探索出了一条中国革命的正确道路，并由此形成了马克思主义中国化的第一大杰出理论成果——毛泽东思想。在毛泽东思想的理论体系内，新民主主义理论是其重要的组成部分。毛泽东新民主主义理论坚持既要走俄国人的路，又不能照抄照搬他们的经验，既要继承孙中山民主革命的意志，又要将中国的民主革命推进到一个新的阶段。毛泽东对中国社会各阶级对革命的态度作出了深刻的分析，全面论述了中国革命的前途、革命的对象、革命的性质、革命的领导者和依靠力量，形成一系列关于新民主主义革命的理论。

毛泽东既肯定革命的三民主义与新民主主义在革命纲领、原则上相一致，又指出新民主主义比三民主义更完备更进步。就三民主义与新民主主义的一致性而言，毛泽东指出："建设新民主主义的中国，也就是革命的三民主义的中国"。陕甘宁边区实行的"是革命的三民主义。我们对于任何一个实际问题的解决，都没有超过革命的三民主义的范围"，"这样的政策我们叫做新民主主义的政策"。①就三民主义与新民主主义的区别而言，毛泽东指出："我党的新民主主义纲领，比之孙先生的，当然要完备得多；特别是孙先生死后这二十年中中国革命的发展，使我党新民主主义的理论、纲领及其实践，有了一个极大的发展，今后还将有更大的发展。"②毛泽东指出，由于新民主主义革命是无产阶级领导的，民主革命胜利后建立的共和国既非欧美式的资产阶级共和国，又非苏联式的社会主义共和国，而是"新民主主义共和国"，革命胜利后必然会通向社会主义。

在毛泽东的新民主主义革命理论指导下，英勇的中国共产党人和无数革命志士，通过北伐战争、土地革命战争、抗日战争和解放战争的艰苦奋斗、流血牺牲，终于在1949年取得了新民主主义革命的伟大胜利，建立了中华人民共和国。诚如毛泽东在《唯心历史观的破产》一文中所说，"西方资产阶级的文化，一遇见中国人民学会了的马克思列宁主义的新文化，即科学的宇宙观和社会革命论，就要打败仗"。③自从中国共产党人掌握了马克思列宁主义并将其与中国革命的

① 毛泽东：《在陕甘宁边区参议会的演说》，引自《毛泽东选集》第三卷，人民出版社1991年版，第807~808页。

② 毛泽东：《论联合政府》，引自《毛泽东选集》第三卷，人民出版社1991年版，第1061页。

③ 毛泽东：《唯心历史观的破产》，引自《毛泽东选集》第四卷，人民出版社1991年版，第1515页。

具体实践相结合之后，中国的民主革命就由被动转为主动。从中国共产党的成立到中华人民共和国的成立，短短 28 年，实现了中国人民真正当家作主站起来，彻底洗刷了中华民族近代以来备受欺凌和压迫的悲惨历史，建立起一个"崭新的强盛的名副其实的人民共和国"。[①]

第四节　中国共产党人的爱国正气和所培育的革命精神

中国共产党的诞生，是中国历史上开天辟地的大事变。它将马克思主义的普遍真理与中国革命的具体实际相结合，以"为人民谋幸福"，"为民族谋复兴"为自己的宗旨和价值追求，确立了反帝反封建的民主革命纲领，领导了自五四运动以来至新中国成立的新民主主义革命，不可逆转地结束了自鸦片战争以来中国内忧外患、积贫积弱的悲惨命运，从根本上改变了中国人民和中华民族的前途命运。中国共产党人继承并发展了中华民族爱国主义的光荣传统，并以更科学的理论、更高远的境界和更博大的气魄，开展拯救国家和为民族求解放的革命斗争，形成了以马克思主义为指导的无产阶级和人民大众的爱国主义，将中华民族的爱国主义传统发展到一个新的阶段。在中国共产党领导中国人民开展的 28 年民族民主革命的过程中，培育了红船精神、井冈山精神、苏区精神、长征精神、延安精神、西柏坡精神，这些精神是中国共产党人爱国主义精神的集中体现，标揭出中国共产党人忧国忧民、救国救民的浩然正气和高尚情操，并构成中国现代爱国主义的宝贵精神财富。

1. 红船精神

南湖红船宣告了中国共产党的诞生，也成就了红船精神，此即是开天辟地、敢为人先的首创精神；坚定理想、百折不挠的奋斗精神；立党为公、忠诚为民的奉献精神。"红船精神"凝结着中国共产党的初心，折射出"水可载舟，亦可覆舟"的道理，凸现出中国共产党为民族谋解放、为人民谋利益、为国家谋独立的使命意识和宗旨意识。红船精神从初始基因和原初党性上将中国共产党同其他一切剥削阶级政党或非无产阶级政党区分开来，也与其他国家的无产阶级政党有明显的不同，从而使得中国共产党在国际共产主义运动中能够始终保持自己的独立性和纯洁性，能够在坚持和发展马克思主义方面成为国际无产阶级政党的典范。

---

① 毛泽东：《在新政治协商会议筹备会上的讲话》，引自《毛泽东选集》第四卷，1991 年版，第 1467 页。

2. 井冈山精神

井冈山精神的基本内涵是坚定信念、艰苦奋斗，实事求是、敢闯新路，依靠群众、勇于胜利。如果说敢闯新路是井冈山精神的核心，那么坚定不移的理想信念则是井冈山精神的灵魂，而一切依靠群众、全心全意为人民服务是井冈山精神的根本。井冈山革命斗争时期，红军战士"吃红米饭"，"喝南瓜汤"，"睡门板"，"盖稻草"，生活条件十分艰苦，根据地在四周白色恐怖之中之所以能够生存发展，并且能够成功开展反围剿战争，取得一个又一个胜利，其根本原因在于有一种革命乐观主义和英雄主义精神，在于始终保持同人民群众的血肉联系，视人民利益高于一切，为人民利益而战，从而铸就了牢不可破的军民团结的钢铁长城。"三大纪律，六项注意"的提出和颁布，集中体现了红军军民一致、秋毫无犯的新型军民关系。

3. 苏区精神

苏区精神是指在土地革命战争时期由赣南、闽西革命根据地发展起来的苏维埃中央革命根据地形成的继井冈山精神之后的中国共产党和革命军人的精神统称，是在反"围剿"斗争和中国共产党苏区局部执政的革命实践过程中形成的宝贵精神财富。在建立红色政权、探索革命道路的实践中，无数革命先辈用鲜血和生命铸就了以坚定信念、求真务实、一心为民、清正廉洁、艰苦奋斗、争创一流、无私奉献为主要内涵的苏区精神。苏区精神是对井冈山精神的创造性发展，是中国共产党人和革命战士政治本色和精神特质的集中体现，是中华民族精神在土地革命时期新的光大与升华。

4. 长征精神

长征精神是中国共产党和中国工农红军在二万五千里长征中形成和发展起来的革命英雄主义精神和革命乐观主义精神的集中表现。红军指战员在长征途中表现出"把全国人民和中华民族的根本利益看得高于一切，坚定革命的理想和信念，坚信正义事业必然胜利的精神"，"为了救国救民，不怕任何艰难险阻，不惜付出一切牺牲的精神"，"坚持独立自主、实事求是，一切从实际出发的精神"，"顾全大局、严守纪律、紧密团结的精神"，"紧紧依靠人民群众，同人民群众生死相依、患难与共、艰苦奋斗的精神"。① 在世所罕见的艰难困苦中，从将军到士兵，从老革命到红小鬼，都怀着对革命理想和事业的无比忠诚，四渡赤水，抢夺泸定桥，巧渡金沙江，走过蔓蔓草地，跨越天险腊子口，同各种艰难险阻和要致红军于死地的敌人进行着顽强的斗争，体现出不怕任何艰难险阻，不惜付出一

---

① 习近平：《在纪念红军长征胜利八十周年大会上的讲话》，引自《论中国共产党历史》，中央文献出版社 2021 年版，第 146 页。

切牺牲的精神品质和意志。长征精神是中国共产党人及其领导的人民军队革命风范的生动反映，是中华民族自强不息的民族品格的集中展示，是以爱国主义为核心民族精神的最高体现。[①]

5. 延安精神

延安精神是中国共产党人和革命战士在陕北延安极其艰苦的环境下，所体现出来的理想信念、精神风貌、思想品德、工作与生活作风的结晶和总和，包含了张思德精神、白求恩精神、抗大精神、三五九旅精神、敌后抗日精神、延安整风精神、愚公移山精神等子系统；它以"坚定正确的政治方向，实事求是的思想路线，全心全意为人民服务的根本宗旨，自力更生的创业精神、艰苦奋斗的工作作风"为主要内容，是对红船精神、井冈山精神、苏区精神和长征精神等的创造性发展，也是中华民族精神在延安时期的集中体现。1942年12月，毛泽东在陕甘宁边区高干会上作报告，指出："延安县同志们的精神完全是布尔什维克的精神。他们的态度是积极的，在他们的思想中、行动中，没有丝毫消极态度。他们完全不怕困难，他们像生龙活虎一般能够征服一切困难"[②]，又说："在这种精神下，延安同志们没有一件事不是实事求是的。"[③] 毛泽东号召全边区的同志们学习延安县同志们的精神。毛泽东曾总结过陕甘宁边区的"十没有"：一没有贪官污吏，二没有土豪劣绅，三没有赌博，四没有娼妓，五没有小老婆，六没有叫化子，七没有结党营私之徒，八没有萎靡不振之气，九没有人吃磨擦饭，十没有人发国难财。[④] 这是对陕甘宁边区社会风貌的真实写照和热情称赞。延安时期，毛泽东发表了《为人民服务》的著名演讲，开宗明义地指出："我们这个队伍完全是为着解放人民的，是彻底地为人民的利益工作的。"[⑤] 延安精神所产生的力量，被美国记者斯诺称之为一种"东方魔力"。陈嘉庚访问延安后，得出的结论是："中国的希望在延安"[⑥]。梁漱溟"考察"延安的答案是共产党的"根本"没有变。他们所说的"魔力""希望""根本"，就是信仰的力量和精神的力量。伟大的延安精神教育和滋养了几代中国共产党人，始终是凝聚人心、战胜困难、开拓前进的强大精神力量。

6. 西柏坡精神

西柏坡精神是中国共产党人在西柏坡时期孕育形成的以"两个务必"即

[①] 习近平：《在纪念红军长征胜利八十周年大会上的讲话》，引自《论中国共产党历史》，中央文献出版社2021年版，第146页。

[②③] 毛泽东：《经济问题与财政问题》，引自《毛泽东文集》第二卷，人民出版社1993年版，第458页。

[④] 毛泽东：《团结一切抗日力量，反对反共顽固派》，引自《毛泽东选集》第二卷，人民出版社1991年版，第718页。

[⑤] 毛泽东：《为人民服务》，引自《毛泽东选集》第三卷，人民出版社1991年版，第1004页。

[⑥] 杨国桢：《陈嘉庚》，人民出版社1987年版，第87页。

"务必使同志们继续地保持谦虚、谨慎、不骄、不躁的作风，务必使同志们继续地保持艰苦奋斗的作风"① 为核心内容和基本标志的革命精神，为夺取全国政权后经受住执政考验，做了充分的精神准备。西柏坡精神集中体现了敢于斗争、敢于胜利的彻底革命精神，体现了头脑清醒、目光远大的胜利者图强自律的精神。在中国共产党第七届中央委员会第二次全体会议的报告中，毛泽东强调指出："因为胜利，党内的骄傲情绪，以功臣自居的情绪，停顿起来不求进步的情绪，贪图享乐不愿再过艰苦生活的情绪，可能生长。因为胜利，人民感谢我们，资产阶级也会出来捧场……资产阶级的捧场则可能征服我们队伍中的意志薄弱者"。② "两个务必"就是针对这一情况提出来的，冀望中国共产党人和革命者不仅要经得起拿枪的敌人的攻击，也要经得起不拿枪的敌人糖衣炮弹的攻击，在糖弹面前也能打胜仗。西柏坡精神实质上也是中国共产党人由农村进入城市的"赶考精神"，要求全体共产党人和一切革命者都要经得起城市生活的考验，始终保持共产党人的初心，永不变质，砥砺前行。西柏坡精神，是中国共产党人在革命时期铸就的一座精神丰碑，是全党宝贵的精神财富，是凝聚党心民心、激励全党全国人民为实现中华民族伟大复兴的中国梦而共同奋斗的强大精神力量。

---

① 毛泽东：《在中国共产党第七届中央委员会第二次全体会议上的报告》，引自《毛泽东选集》第四卷，人民出版社1991年版，第1438～1439页。
② 毛泽东：《在中国共产党第七届中央委员会第二次全体会议上的报告》，引自《毛泽东选集》第四卷，人民出版社1991年版，第1438页。

第十一章

中国当代爱国主义的形成与发展

1949 年中华人民共和国的成立，实现了人民当家作主的理想，从而把中华民族的爱国主义推进到当代或社会主义时期的新阶段，使中华民族历史悠久的爱国主义传统获得了新生，进入社会主义爱国主义和中国特色社会主义爱国主义发展的新阶段，理论内容更加深刻与博大，精神境界更加高远和超迈。新时期的爱国主义既承接了历史上爱国主义的优良传统，又呈现出鲜活的时代主题和发展前景，是历史上最高类型、最新境界的爱国主义。在当代中国，爱国主义主要表现为建设和保卫社会主义中国，推进中国特色社会主义现代化建设，积极维护祖国统一和民族团结，实现社会主义现代化的建设目标，实现中华民族伟大复兴，其标志就是要坚持爱国和热爱中国共产党、热爱中国特色社会主义的有机统一，以维护祖国统一和民族团结为着力点，同时把弘扬爱国主义精神与扩大开放结合起来，尊重各国人民选择的发展道路，善于从不同文明中寻求智慧、汲取营养，共同推动人类文明发展进步。

第一节　新中国成立以来爱国主义的新发展

新中国的成立，开辟了中国历史的新纪元，爱国主义所爱之国为新生的中华人民共和国，同时也使中华民族爱国主义进入一个新的发展阶段，即建设新中国、发展新中国、保卫新中国。新中国成立以来70多年的发展史，同时也是一部中国人民爱国主义精神培育和实践创新的发展史。翻身当家作主人的中国人民迸发出空前的爱国主义热情,在建设新中国、发展新中国和保卫新中国的征途中胼手胝足,精诚奉献,创造了一个又一个劳动、工作、生活的奇迹,汇成新中国爱国主义的雄浑史诗。中华民族在中国共产党的领导下实现了从"站起来"到"富起来"再到"强起来"的历史性飞跃,中国从一个积贫积弱的国家发展成为一个社会主义现代化的东方大国,正逐步走向世界舞台中心,对世界的贡献和影响也越来越大。

一、新中国成立初期和社会主义革命与建设时期的爱国主义

新中国的成立,是中国共产党在近百年来无数革命先烈前仆后继、流血牺牲的基础上将马克思主义与中国革命实践相结合并经过 28 年英勇斗争的结果,彰显了中国人民不屈不挠反帝反封建和"救亡图存"的革命精神,也是近代以来如火如荼的爱国主义精神的伟大胜利。在推翻三大敌人反动统治后建立的新中国,既不是欧美式的资产阶级专政的国家,也不是苏联式的无产阶级专政的社会主义国家,而是工人阶级领导的各民主阶级联合专政的新民主主义国家。新中国的成立,极大地振奋了中国人民的爱国主义精神。随着《中国人民政治协商会议共同纲领》的颁布,"爱祖国,爱人民,爱劳动,爱科学,爱护公共财物"成为全体人民的国民公德。20 世纪 50 年代初期,于光远撰写了《新中国与新爱国主义》,肖德撰写的《论中国人民的新爱国主义》等文章对新中国成立后的新爱国主义的内涵、本质和特征做出了比较全面的分析与论述。中国人民意气风发,精神豪迈,迅速荡涤旧中国的污泥浊水,治理战争的创伤,积极投身于土地改革和恢复经济、发展生产、建设国家的实践中,焕发出了空前的爱国主义热情和建设新中国的壮志豪情,全国上下出现同心同德建设新中国的动人情景,涌现出了一批批劳动模范和英雄人物。

新中国成立后,党和政府立即废除了帝国主义强加给中国的一切不平等条约和各种特权,没收了帝国主义列强在华财产,实现了国家的完全独立。与此同时,新中国彻底废除了民族压迫和民族歧视制度,实现了少数民族的翻身解放。为了从制度上保障少数民族的特殊权益,我国在少数民族聚居地区建立民族自治机关,实行民族区域自治制度,开始实现了各民族人民的平等团结。1951 年和平解放西藏,结束了西藏近代以来遭受帝国主义、殖民主义侵略的历史,维护了祖国统一。1950~1953 年进行土地革命,彻底推翻了几千年来的封建地主阶级的土地所有制,促进了农村政治、经济、文化的发展与国民经济的恢复。

新中国成立后，以美国为首的西方国家对新中国采取政治上的"孤立""遏制"，经济上"封锁""禁运"的政策，企图借此扼杀新生的中华人民共和国政权。1950 年，美国出兵朝鲜，将战火烧到鸭绿江边，严重威胁中国安全。中国应朝鲜政府请求，组成志愿军入朝作战。抗美援朝战争的胜利，捍卫了新中国的安全，保障了新中国经济恢复和建设工作的顺利进行。三年抗美援朝战争，中华民族以自己巨大的民族牺牲，回击了美国的挑战，"最终用伟大胜利向世界宣告'西方侵略者几百年来只要在东方一个海岸上架起几尊大炮就可霸占一个国家的时代是一去不复返了'"，① 中国的国际地位因而也得以极大提升。首先，使国际社会尤其是美国认识到新中国是一支不可忽视的力量，解决中国周边的热点问题必须有中国的参与。正是在这种背景下，新中国第一次以大国的身份受邀出席1954 年解决朝鲜问题和印度支那问题的日内瓦会议。其次，扩大了中国在新独立的民族国家中的影响。新中国在自身十分困难的时期尽全力援助比自己更为危难的友好国家，在朝鲜停战之后迅速撤出部队，体现了新中国重信誉、讲道义的外交原则，展示了良好的大国风范。朝鲜战争结束后，新独立的亚非民族国家掀起了与新中国建交的高潮。这是对美国"孤立""遏制"中国的政策沉重打击。与此同时，我国奉行独立自主的和平外交政策，积极倡导和平共处五项原则，不断发展与各国的友好关系，开始以世界大国的身份出现在国际舞台上。

新中国成立初期，全国各族人民弘扬爱国主义精神，团结一心、艰苦奋斗、勇于进取，整个社会呈现出生机盎然的精神风貌和拼搏进取的社会风尚。全国人民在中国共产党的正确领导之下，自力更生，艰苦奋斗，一步一步地把中国从战争的颓败中脱离出来，让中国各项事业和国民经济取得了令人瞩目的成绩。

从 1953～1956 年 9 月中国共产党第八次全国代表大会召开，是中国由新民主主义社会向社会主义社会过渡的时期。1953 年中国共产党提出过渡时期总路线，要在一个相当长的时期内，逐步实现国家的社会主义工业化，并逐步实现国家对农业、手工业、资本主义工商业的社会主义改造。1953～1956 年底，我国对农业、手工业、资本主义工商业的生产资料私有制进行社会主义改造，极大地促进了工、农、商业的社会变革和整个国民经济的发展，实现了把生产资料私有制转变为社会主义公有制的任务。至此，我国初步确立了社会主义基本政治制度、社会主义计划经济，人民投身于建设祖国的事业中。1950 年初至 1956 年底，从世界各地先后归国的学生、学者有 3 000 多人，如李四光、华罗庚、钱学森、朱光亚、梁思礼等，他们以报效祖国的赤子之情投身于祖国科学技术事业。在当

---

① 习近平：《在纪念中国人民志愿军抗美援朝出国作战七十周年大会上的讲话》，引自《论中国共产党历史》，中央文献出版社 2021 年版，第 295 页。

时国内外敌对势力的破坏和阻挠下，他们顶住重重压力，克服各种困难，毅然踏上了归国之路，显示了崇高的爱国主义情结、热爱祖国的优良传统、民族认同的价值取向、"以天下为己任"的责任心、发挥自己的特长为新中国建设贡献力量的使命感，构成了新中国成立初期海外知识分子爱国情结的基本元素。正是他们冒着生命危险，历经千辛万苦回到贫穷的祖国，才有了祖国科技发展的巨大变化，他们的选择改变了中国科技的发展历程。和平时期，各行各业的人们在他们的工作岗位默默奉献，共同促进新中国的发展。

1956～1966 年是党领导全国人民开始进行社会主义建设的探索时期。社会主义改造基本完成后，中国进入全面大规模建设社会主义的历史时期。这一时期全国各阶层人民群众爱国热情高涨，积极投入社会主义建设，展现了良好的时代风貌，为我国社会主义建设和发展打下了坚实的物质基础。以毛泽东同志为主要代表的中国共产党人十分注重弘扬爱国主义精神，使爱国主义与社会主义建设有机结合起来，坚持认为新中国的爱国主义就是"愿意为蒸蒸日上的社会主义祖国服务，并且懂得如果离开了社会主义事业，离开共产党所领导的劳动人民，他们就会无所依靠，而不可能有任何光明的前途"。① 社会主义国家需要艰苦奋斗和勤俭节约。"我国是一个社会主义的大国，但又是一个经济落后的穷国……要使我国富强起来，需要几十年艰苦奋斗的时间，其中包括厉行节约、反对浪费这样一个勤俭建国的方针"。② 要使全国人民特别是青年一代懂得，我们的国家现在还是一个很穷的国家，因此迫切需要全体人民和青年发扬艰苦奋斗、勤俭建国的精神，"社会主义制度的建立给我们开辟了一条到达理想境界的道路，而理想境界的实现还要靠我们的辛勤劳动"。③ 毛泽东既强调中国人民要有民族自信心、自豪感，坚决维护国家主权和民族尊严，又主张向先进国家学习。"应该学习外国的长处，来整理中国的，创造出中国自己的、有独特的民族风格的东西。这样道理才讲得通，也才不会丧失民族信心"。④ 社会主义建设是一件极其光荣而又豪迈的事业，所以我们要树立民族自信心和自豪感，建设一个伟大的社会主义国家，不仅完全改变过去一百多年贫穷落后的那种情况，被人家看不起的那种情况，而且要奋起直追，赶上世界上最强大的资本主义国家。如果我们搞了五六十年社会主义建设还不能超过美国，那就会从地球上开除中国的球籍。毛泽东指

---

① 毛泽东：《关于正确处理人民内部矛盾的问题》，引自《毛泽东文集》第七卷，人民出版社 1999 年版，第 231 页。
② 毛泽东：《关于正确处理人民内部矛盾的问题》，引自《毛泽东文集》第七卷，人民出版社 1999 年版，第 240 页。
③ 毛泽东：《关于正确处理人民内部矛盾的问题》，引自《毛泽东文集》第七卷，人民出版社 1999 年版，第 226 页。
④ 毛泽东：《同音乐工作者的谈话》，引自《毛泽东文集》第七卷，人民出版社 1999 年版，第 83 页。

出："超过美国，不仅有可能，而且完全有必要，完全应该。如果不是这样，那我们中华民族就对不起全世界各民族，我们对人类的贡献就不大"。[1]

1966～1976年是社会主义建设在曲折中发展的时期。"文化大革命"期间，党和人民对"左"的错误的斗争一直没有停止过。正是党和人民对"左"的错误的抵制和斗争，使得"文化大革命"对党和国家事业的破坏受到一定程度的限制，社会主义建设仍然在一些重要领域取得一定成就，党、人民政权、人民军队和整个社会的性质没有发生改变。[2] 突出的成就是两弹一星的研制、杂交水稻品种的培育、三线铁路的建设、南京长江大桥的建成、中美联合公报和日中联合声明的签订，等等。整体上看，"文化大革命"是在探求中国自己的社会主义道路的历程中遭到的严重挫折，中国共产党依靠自己的进步力量最终自己纠正了这一严重错误。[3] 历史证明，中国共产党有能力纠正自己的错误，并善于从错误中总结经验教训。

二、改革开放新时期的爱国主义

1978年12月召开的党的十一届三中全会，实现了具有深远意义的伟大转折，开启了改革开放和社会主义现代化建设的新时期。以邓小平同志为主要代表的中国共产党人既继承了中华民族爱国主义的优良传统，又把对祖国的热爱具体落实到强国富民、振兴中华的伟大事业之中，赋予爱国主义以崭新的时代内容。1981年2月，在英国培格曼出版公司编辑出版的《邓小平文集》英文版序言中，他饱含深情地写道："我是中国人民的儿子。我深情地爱着我的祖国和人民。我们的民族曾经创造过灿烂的古代文明，也经历过各种深重的苦难和进行过付出巨大代价的、坚忍不拔的斗争。现在我们正在认真地总结经验教训，在安定团结的基础上，集中力量建设高度发展的物质文明和社会主义精神文明。中国人民将通过自己的创造性劳动根本改变自己国家的落后面貌，以崭新的面貌，自立于世界的先进行列……我深深地相信，中国的未来是属于中国人民的"。[4] 在1982年召开的中国共产党第十二次全国代表大会上，邓小平致开幕词，不仅提出了建设有中国特色社会主义的思想命题，而且凸显了独立自主、自力更生建设中国特色社会主

---

① 毛泽东：《增强党的团结，继承党的传统》，引自《毛泽东文集》第七卷，人民出版社1999年版，第89页。

② 参阅《中国共产党简史》，人民出版社、中共党史出版社2021年版，第206～207页。

③ 参阅《中国共产党简史》，人民出版社、中共党史出版社2021年版，第214～215页。

④ 中共中央文献研究室编：《邓小平思想年编》（1975—1997），中央文献出版社2011年版，第349～350页。

义的爱国主义深蕴，他指出："中国的事情要按照中国的情况来办，要依靠中国人自己的力量来办。独立自主，自力更生，无论过去、现在和将来，都是我们的立足点。中国人民珍惜同其他国家和人民的友谊和合作，更加珍惜自己经过长期奋斗而得来的独立自主权利。任何外国不要指望中国做他们的附庸，不要指望中国会吞下损害我国利益的苦果……中国人民有自己的民族自尊心和自豪感，以热爱祖国、贡献全部力量建设社会主义祖国为最大光荣，以损害社会主义祖国利益、尊严和荣誉为最大耻辱"。[1] 当代中国人民的爱国主义决定了它的光荣和耻辱标准，这就是"以热爱祖国、贡献全部力量建设社会主义祖国为最大光荣，以损害社会主义祖国利益、尊严和荣誉为最大耻辱"，简单地说爱国和建设祖国就是光荣，损国或者叛国就是耻辱。中国特色社会主义现代化建设需要并内在地包含有与此相关的爱国主义。

在 20 世纪 80 年代初，中国女排进入鼎盛时期，极大地激发了全民族的自豪感，为我国改革开放、为人们走出国门奠定了信心。在 1981 年 3 月 20 日晚的女排世界杯预选赛决赛中，中国女排对阵韩国队，争夺世界杯决赛的入场券。中国女排在 0∶2 落后的情况下奋起直追，连扳三局击败对手，代表亚洲参加在日本举行的世界杯赛。祖国为他们的胜利沸腾了。那天半夜，北京大学的同学们走出校门举行欢庆游行，喊出了"团结起来，振兴中华"的口号。这句话不仅是中国人民面对女排在单场比赛落后中奋起直追的感叹，更是华夏儿女在改革开放初期认识世界，奋起直追的奋斗精神与昂扬锐气，喊出了当时举国上下奋发图强的豪迈心情，激发了亿万中国人的强烈共鸣，形成一股激励人们上进、奋斗报效祖国的滚滚热流。1990 年 4 月 7 日，邓小平会见泰国正大集团董事长谢国民等时指出，"我是一个中国人，懂得外国侵略中国的历史。当我听到西方七国首脑会议决定要制裁中国，马上就联想到 1900 年八国联军侵略中国的历史。"[2] 在邓小平看来，中国是不怕制裁和封锁的，中华民族有自立于世界民族之林的能力。中国人民一定会振作起来，中国的社会主义现代化建设已经有了相当的基础，只要我们好好抓住机遇，聚精会神搞建设，中华民族一定会实现伟大的复兴。

20 世纪 80 年代末 90 年代初，面对苏联解体、东欧剧变和社会主义进入低潮的复杂严峻形势，以江泽民同志为主要代表的中国共产党人把弘扬爱国主义作为社会主旋律，进一步丰富和发展了当代中国的爱国主义理论。江泽民指出："我们所讲的爱国主义，作为一种体现人民群众对自己祖国深厚情感的崇高精神，是同促进历史发展密切联系在一起的，是同维护国家独立和广大人民的根本利益密

---

[1]　邓小平：《中国共产党第十二次全国代表大会开幕词》，引自《邓小平文选》第三卷，人民出版社 1993 年版，第 3 页。

[2]　邓小平：《振兴中华民族》，《邓小平文选》第三卷，人民出版社 1993 年版，第 357～358 页。

切联系在一起的。"① 当代中国的爱国主义主要表现为献身建设和保卫社会主义现代化事业，献身于促进民族团结和祖国统一的神圣事业。在当代中国，爱国主义不仅与社会主义本质上是统一的，而且与人民民主即社会主义民主也是统一的。在国际风云变幻、世界社会主义暂时处于低潮的情况下，我们不应该失去信心，陷入对社会主义前途的悲观主义论调之中，而应该冷静观察、沉着应付，更加坚定社会主义必胜的信念。要把社会主义坚持下去，首先就要求得国家、民族的生存和发展。我们应该把马克思主义基本原理同本国具体实际相结合，集中精力把本国的事情做好，特别是要把经济建设搞上去，使人民生活水平不断提高，充分体现社会主义优越性。只有这样，我们才能巩固和发展社会主义，才能立于不败之地。② 同时，我们要弘扬的当代中国的爱国主义决不是狭隘的民族主义，应该把立足本国和学习外国有机地结合起来。

进入 21 世纪，世界范围内全球化、信息化和新兴科技革命迅猛发展，中国改革开放进入一个新的阶段。在新的形势面前，以胡锦涛同志为主要代表的中国共产党人高扬爱国主义的旗帜，在推动改革开放和现代化建设的进程中，不断将爱国主义精神发扬光大。2005 年在会见国民党主席连战时，胡锦涛指出："近代以来，中国历经磨难。鸦片战争以来，中国遭到列强欺侮。但是，中国人民一直在为民族独立、国家富强、人民幸福不懈奋斗。实现中华民族伟大复兴，是近代以来无数志士仁人和全体中国人民的夙愿"。③ 胡锦涛希望海峡两岸联手共同发展，实现两岸共同繁荣，以实际行动促成全民族伟大复兴的宏伟目标。2006 年，胡锦涛提出了以"八荣八耻"为主要内容的社会主义荣辱观，其中"以热爱祖国为荣，以危害祖国为耻"为"八个为荣""八个为耻"的第一荣第一耻，凸显了爱国主义在社会主义荣辱观中的至上地位，这就意味着树立社会主义荣辱观，首先要解决的是对国家或祖国的态度，只有首先树立了"以热爱祖国为荣，以危害祖国为耻"的荣辱观，才能挺立起社会主义荣辱观的精神大厦。2009 年 5 月，在同中国农业大学师生代表座谈时，胡锦涛进一步指出："爱国主义是民族精神的集中体现"，"正是因为有爱国主义这一强大精神支柱，我们中华民族才能历经磨难而生生不息"；"在当代中国，爱国主义最鲜明的主题就是不断发展中国特色社会主义，在改革开放中加快推进社会主义现代化，全面建设小康社会，把中华

---

① 江泽民：《爱国主义和我国知识分子的历史使命》，引自《江泽民文选》第一卷，人民出版社 2006 年版，第 121 页。

② 江泽民：《社会主义前途依然光明》，引自《江泽民文选》第一卷，人民出版社 2006 年版，第 336 ~ 337 页。

③ 胡锦涛：《两岸联手推动全民族伟大复兴》，引自《胡锦涛文选》第二卷，人民出版社 2016 年版，第 307 ~ 308 页。

民族伟大复兴的宏伟蓝图变成美好现实。"① 2011 年，在纪念辛亥革命 100 周年大会上的讲话中，胡锦涛除了对孙中山先生领导的辛亥革命及其在中国近现代史上的地位予以高度肯定外，特别指出中国共产党人是孙中山先生开创的革命事业最忠实的继承者，不断实现和发展了孙中山先生和辛亥革命志士的伟大抱负，此即是实现中华民族伟大复兴。胡锦涛强调，实现中华民族伟大复兴必须高举爱国主义伟大旗帜。"辛亥革命一百年来的历史表明，爱国主义是中华民族精神的核心，是动员和凝聚全民族为振兴中华而奋斗的强大精神力量"。② 在实现中华民族伟大复兴的征途上，我们一定要高举爱国主义伟大旗帜，大力弘扬爱国主义精神，将全体中华儿女的智慧、力量凝聚到实现中华民族伟大复兴的目标上来，同心同德，艰苦奋斗，不断夺取中国特色社会主义现代化建设的新胜利。

党的十八大以来，以习近平同志为代表的中国共产党人在全面建成小康社会的决胜阶段，继承并发展了中华民族历史上的爱国主义和中国共产党人爱国主义的优良传统，将社会主义现代化建设新时期的爱国主义推进到一个新的阶段。2012 年 11 月 29 日，习近平正式提出"实现中华民族伟大复兴的中国梦"，指出"实现中华民族伟大复兴，就是中华民族近代以来最伟大的梦想"。③ 2014 年在全国文艺工作座谈会上的讲话中，习近平指出："在社会主义核心价值观中，最深沉、最根本、最永恒的是爱国主义。"④ 我们培育践行社会主义核心价值观就是要抓住爱国主义这一永恒主题，大力弘扬以爱国主义为核心的民族精神，使爱国主义成为每一个国民的精神依靠。2015 年 12 月，在十八届中央政治局第二十九次集体学习时，习近平发表了重要讲话，不仅对爱国主义在中华民族历史上的重大作用给予了高度肯定，而且对新形势下如何弘扬爱国主义精神做出了战略部署，主张把爱国主义教育作为永恒主题，贯穿国民教育和精神文明建设全过程，特别强调弘扬爱国主义精神，必须坚持爱国主义和社会主义相统一，指出："只有坚持爱国和爱党、爱社会主义相统一，爱国主义才是鲜活的、真实的。"⑤习近平还主张唱响爱国主义的主旋律，强调在广大青少年中开展深入、持久、生动的爱国主义教育，使广大青少年培养爱国之情、砥砺强国之志，实践报国之行，让爱国主义精神在广大青少年心中牢牢扎根。2016 年 11 月，在中国文联十大、中国作协九大开幕式上，习近平寄语广大文艺工作者，"祖国是人民最坚实的依靠，英雄是民族最闪亮的坐标。歌唱祖国、礼赞英雄从来都是文艺创作的永恒主

---

① 胡锦涛：《在同中国农业大学师生代表座谈时的讲话》，人民出版社 2009 年版，第 4～5 页。

② 胡锦涛：《在纪念辛亥革命一百周年大会上的讲话》，引自《胡锦涛文选》第三卷，人民出版社 2016 年版，第 560 页。

③ 《深入学习习近平同志中国梦重要论述》，人民出版社 2013 年版，第 1 页。

④ 《习近平关于社会主义文化建设论述摘编》，中央文献出版社 2017 年版，第 125 页。

⑤ 《习近平关于社会主义文化建设论述摘编》，中央文献出版社 2017 年版，第 129 页。

题，也是最动人的篇章。我们要高扬爱国主义主旋律……激发每一个中国人的民族自豪感和国家荣誉感。"① 爱国主义是常写常新的主题，文学艺术中那些富有家国情怀的作品，最能感动中华儿女的心灵。我们当代社会主义文艺更应该把爱国主义作为主旋律，引导人们树立和坚持正确的历史观、民族观、国家观、文化观，增强做中国人的骨气和底气，才是真正为时代、国家和人民所需要的，才能受到时代、国家和人民的欢迎和肯定。2019 年底，中共中央、国务院联合下发了《新时代爱国主义教育实施纲要》（以下简称《纲要》），强调在中国特色社会主义进入新时代加强爱国主义教育，对于振奋民族精神、凝聚全民族共识和力量，决胜全面建成小康社会，实现中华民族伟大复兴的中国梦，具有重大而深远的意义和价值。《纲要》对新时代开展爱国主义教育的总体要求、基本内容、教育对象、实践载体以及组织保障等均做出了战略部署，将中国人民的爱国主义精神发展到一个新的阶段和水平。

第二节　建设富强、民主、文明、和谐的社会主义国家

富强、民主、文明、和谐的发展目标，是在改革开放以后提出来的国家层面的价值追求，但是这一价值追求也是基于对新中国成立以来的社会主义革命和社会主义建设的经验总结而提出来的，熔铸着对新中国史的价值体认和更加理性的自觉认识。中国共产党成立以来团结带领中国人民进行的一切奋斗，"就是为了把我国建设成为现代化强国，实现中华民族伟大复兴"。② 富强是社会主义现代化国家的基础和前提，也是重要的保障和手段。"落后就要挨打""弱国无外交"，确证的是国家富强对于国家生存发展的重大意义。民主是社会主义政治文明的集中体现，是社会主义国家的根本和支柱。只有专制没有民主的政权，既不能富强，也难以安放文明与和谐。文明与和谐是建造理想之塔不可或缺的重要材料。文明是一个国家国民综合素质较高的体现，是一个国家得以持续稳定健康快速发展的重要因素。和谐是一个国家各方面安定有序，人与人、人与社会集体以及人与自然之间和谐共生的重要标志，也是一个国家保持肌体健康的重要保障。建设富强、民主、文明、和谐的社会主义现代化国家是实现中华民族伟大复兴中国梦的重要内容，也是当代中国爱国主义的主旋律和重要主题，有着集价值合理

① 《习近平关于社会主义文化建设论述摘编》，中央文献出版社 2017 年版，第 175 页。

② 习近平：《中华民族伟大复兴　历史进程的大跨越》，引自《论中国共产党历史》，中央文献出版社 2021 年版，第 302 页。

性和目的合理性于一体的合理性特质，昭示着我们要建设一个特别值得去爱并能够给予中国人民带来巨大荣耀感和幸福感的社会主义现代化国家。

一、建设富强的社会主义现代化国家

富强内涵了经济上的富裕和实力上的强大，是物质财富数量的富庶与质量的上乘的有机统一，也意味着人们物质生活的富庶和创造物质生活质量的能力的全面提升。富强的基本含义是，国家通过发展生产力，创造和积累物质财富，提升物质文明程度，达到民富国强和国富民强的目的。追求"富强"这一首要价值目标，就要在整个社会主义初级阶段始终坚持以经济建设为中心，充分释放社会的活力和人们的创造性才能，真正做到"物尽其用""地尽其利""人尽其才"，使各生产要素得以有效组合，创造出更多更好的物质财富，全面提升科学技术和人的智力水平，使我们的国家真正富强起来，这是我们实现中华民族伟大复兴中国梦的前提和基础。

在人类发展的历史长河中，摆脱贫弱、实现富强始终是人们改善生活的内在动力和提升生活质量的美好追求。《管子·治国篇》有言："凡治国之道，必先富民，民富则易治也，民贫则难治也。奚以知其然也？民富则安乡重家，安乡重家则敬上畏罪，敬上畏罪则易治也。民贫则危乡轻家，危乡轻家则敢陵上犯禁，陵上犯禁则难治也。是以善为国者，必先富民然后治之。"所以为政之本和治国之要首在富民。社会主义运动上下500年，从空想社会主义到科学社会主义，经历了追求富强的艰辛探索。

早在新中国成立前夕，毛泽东就指出："在革命胜利以后，迅速地恢复和发展生产，对付国外的帝国主义，使中国稳步地由农业国转变为工业国，把中国建设成为一个伟大的社会主义国家"。并且坚信，"中国人民不但可以不要向帝国主义者乞讨也能活下去，而且还将活得比帝国主义国家要好些"。[①] 新中国成立后，面对着旧中国积贫积弱的现实，以毛泽东为代表的中国共产党人和中国人民开始了在"一穷二白"的基础上建立社会主义工业和国民经济体系的奋斗历程，产生了一批如同铁人王进喜"宁可少活二十年，也要拼命拿下大油田"式的劳动模范和建设先锋。他们筚路蓝缕以启山林的创造性劳动和只争朝夕的建设精神汇成中华民族根治贫弱的强大洪流，建立起新中国的经济基础。1956年毛泽东在《纪念孙中山先生》的讲话中指出："再过四十五年，就是二千零一年，也就是进到

[①] 毛泽东：《在中国共产党第七届中央委员会第二次全体会议上的报告》，引自《毛泽东选集》第四卷，人民出版社1991年版，第1437、1439页。

二十一世纪的时候，中国的面目更要大变。中国将变为一个强大的社会主义工业国。"① 1964 年，第三届全国人大第一次会议上，周恩来总理代表毛泽东提出，要在不太长的历史时期内，把我国建设成为一个具有农业、工业、国防、科学技术现代化的社会主义强国。第一步建立独立的比较完整的工业体系，第二步全面实现四个现代化。② 自新中国成立至改革开放前夕，虽然在社会主义道路探索过程中犯了不少急躁冒进和"左"倾错误，但是整体而言还是取得了历史性的发展成就，工业建设、科学研究、国防尖端技术、农田水利建设和农业机械化，比较健全的国民经济体系为中国国家层面的富强和人民生活提高奠定了基础。

改革开放总结了新中国成立以来社会主义建设正反两方面的经验教训，以实现社会主义现代化作为发展目标，制定了首先让一部分人一部分地区通过诚实劳动、合法经营率先富裕起来进而带动全体人民共同富裕的政策，并肯定贫穷不是社会主义，社会主义的本质就是要消灭贫穷。因此极大地发展生产力，更新技术，发展科学，提高劳动生产率，创造更多更好的物质财富和精神文化财富以便解决温饱问题并在解决温饱的基础上向小康社会迈进成为全体人民的共识。1982年，党的十二大首次提出了用 20 年时间使全国工农业总产值翻两番的目标。这是对第一代领导人提出的到 2000 年实现四个现代化目标的重大修正，是从中国国情出发做出的重大选择。2002 年，党的十六大提出实现"使经济更加发展、民主更加健全、科教更加进步、文化更加繁荣、社会更加和谐、人民生活更加殷实"的全面小康社会。2012 年，党的十八大提出了全面建成小康社会的奋斗目标。坚持经济持续健康发展，实现国内生产总值和城乡居民人均收入比 2010 年翻一番。2017 年，党的十九大提出不忘初心，牢记使命，贯彻新发展理念，建设现代化经济体系，既要全面建成小康社会，实现第一个百年奋斗目标，又要乘势而上开启全面建设社会主义现代化国家新征程，到 2035 年基本实现社会主义现代化，2050 年把我国建成富强民主文明和谐美丽的社会主义现代化强国的战略部署。

消除贫困是实现富强的重要一步。新中国成立以来的社会主义建设和社会主义现代化建设一个重要的目标就是消除贫困。消除贫困包含了消除国家层面的贫困和人民群众生活的贫困多方面的内容。经过 70 多年的艰苦奋斗，中国已经由一个"一穷二白"的落后国家发展成为一个富起来和强起来的东方大国。新中国成立之初国民经济十分脆弱，虽然农业占有很大的比重但还养活不了全体人口，忍饥挨饿的现象较为普遍，发展到现在，中国已经成为世界主要农产品生产量第

---

① 毛泽东：《纪念孙中山先生》，引自《毛泽东文集》第七卷，人民出版社 1999 年版，第 156 页。
② 《中国共产党简史》，人民出版社 2021 年版，第 198 页。

一大国、农业增加值第一大国，也是目前世界上现代农业生产要素即农用电力、农用机械、现代育种等的使用大国。新中国成立之初几乎没有现代化的基础设施，现在中国已经是世界第一大沿海港口国家，是高速公路、高速铁路和快速城际铁路里程最长、速度最快的国家，还是世界大国中全国性交通枢纽最多的国家。新中国成立之初几乎没有什么工业，现在中国已经建成了体系完备的工业体系，中国制造能力和水平已经跨入世界先进行列。人民生活水平早已告别了短缺经济的窘境，吃穿住用行都发生了历史性的巨大变化。这一切都是中国人民在中国共产党领导下独立自主、自力更生、艰苦奋斗的结果，也凝结着中国人民爱国主义精神的成就，彰显出中国人民建设自己国家的创造力和奋斗精神。

"富"与"强"既有联系又有区别。"富"并不等于"强"，物质上的富裕、GDP 的高指标并不一定意味着国力的强大。如果说"富"主要集聚于物质财富的富庶或充盈方面，那么"强"则意味着创造物质财富能力的增强和使用物质财富质量的提升。富强包含了国富民强和民富国强两部分，既体现在国家的硬实力方面，也体现在国家的软实力方面，是渗透着软实力的硬实力，又是彰显着硬实力的软实力。因此，实现国家富强特别是高质量富强的目标无疑是一个系统工程，需要在坚持以经济建设为中心的同时多方面协同发挥作用。

实现国家富强，内含有物质文明建设取得重大成就，经济实力和人均水平赶上发达国家水平、在世界上占据领先地位、拥有较高的国际影响力、国防和军队建设与国家综合实力更加匹配、国家安全更有保障、人民生活更加幸福等因子或要素。我们要实现的富强是整个国家经济上的富强，即综合国力得到明显提高。一个国家综合实力的强弱，取决于经济基础的厚薄。经济繁荣，老百姓可以安居乐业，社会更加稳定和谐，国家在国际竞争中会有更大的影响力。我们要实现的富强，是人民的共同富裕及其生活质量得到显著提高，国家的综合实力及其建设能力和防卫能力得到有效提升。一个虽然富裕但受人控制的民族是很难言富强的，一个军力发达但人民生活水平很差的国家也是很难谈富强的。富强是民富国强和国富民强的辩证统一，是国家综合实力和人民生活水平显著提升的辩证统一。

二、建设民主的社会主义现代化国家

如果说富强是中国特色社会主义在经济建设和物质文明方面追求的价值目标，那么民主就是中国特色社会主义在政治建设和制度文明方面追求的价值目标。

回溯中国近代以来的历史，中国人民为争取民主进行了百折不挠的斗争和艰难探索，延安时期，毛泽东在回答黄炎培如何跳出"其兴也勃，其亡也乎"的历史周期律时坚定地说："我们已经找到新路，我们能跳出这周期率。这条新路，就是民主。只有让人民来监督政府，政府才不敢松懈。只有人人起来负责，才不会人亡政息。"① 中国共产党领导的新民主主义革命始终把追求最广大人民的民主作为价值目标。毛泽东先后写过《新民主主义论》和《论人民民主专政》等文章，深刻阐发了民主对于革命，对于建设一个新的社会主义国家的极端重要性。新中国的建立是新民主主义革命的伟大胜利，又在全国范围内开创了人民当家作主、建设国家的伟大历程。我们成立的政府是人民政府、政协是人民政治协商会议、人大是人民代表大会、法院是人民法院、检察院是人民检察院、银行是人民银行、军队是人民解放军，整个国家机器都是代表人民、服务人民并由人民选出的代表所组成。1954 年，毛泽东指出："我们的民主不是资产阶级的民主，而是人民民主，这就是无产阶级领导的、以工农联盟为基础的人民民主专政。人民民主的原则贯穿在我们整个宪法中。另一个是社会主义原则。我国现在就有社会主义。"②《中华人民共和国宪法草案》之所以得到人们的好评好就好在既坚持了民主原则又坚持了社会主义原则。

当然，我们在建设社会主义民主政治的实践过程中也走过一些弯路，出现过"大民主"以及党内民主集中制原则被破坏等状况，给党和国家的建设造成了一定程度的负面影响。好在中国共产党人有批评和自我批评的优良作风，有自我革命和修正错误的能力。改革开放以来，中国共产党人把民主政治建设视为社会主义现代化建设的重要内容，从多方面强化民主与法制、民主与自由、民主与政治改革等的关系，使民主政治成为政治文明建设的核心和重点，并围绕如何扩大民主、维护民主、实现民主和促进民主政治健康发展等方面出台了一系列法律法规和政策文件。在 1978 年 12 月中共中央工作会议闭幕会上，邓小平指出，"民主是解放思想的重要条件"，③ "我们需要集中统一的领导，但是必须有充分的民主，才能做到正确的集中"。"为了保障人民民主，必须加强法制。必须使民主制度化、法律化，使这种制度和法律不因领导人的改变而改变，不因领导人的看法和注意力的改变而改变。"④ 在《坚持四项基本原则》一文中，邓小平旗帜鲜明

---

① 《毛泽东思想年编》（1921—1975），中央文献出版社 2011 年版，第 439 页。

② 毛泽东：《关于中华人民共和国宪法草案》，引自《毛泽东文集》第六卷，人民出版社 1999 年版，第 326 页。

③ 邓小平：《解放思想，实事求是，团结一致向前看》，引自《邓小平文选》第二卷，人民出版社 1994 年版，第 144 页。

④ 邓小平：《解放思想，实事求是，团结一致向前看》，引自《邓小平文选》第二卷，人民出版社 1994 年版，第 146 页。

地指出："没有民主就没有社会主义，就没有社会主义的现代化。"① 同时邓小平还强调指出："我们实行的是社会主义民主，不是资本主义民主。"② 社会主义民主是贯彻人民当家作主的实质民主，资本主义民主则是多党制下的政党竞选和普选制度的"程序民主"。"资本主义国家的多党制有什么好处？那种多党制是资产阶级互相倾轧的竞争状态所决定的，它们谁也不代表广大劳动人民的利益。"③ 如果说中西方政治哲学的主要差别是"政道"和"政体"孰轻孰重，那么在民主问题上，西方资本主义民主主要是一种涉及政体的"程序民主"，而中国社会主义民主则主要是一种关心政道的"实质民主"。这种实质民主首先关注如何最大限度地反映人民的愿望和要求，真正实现"良政善治"。邓小平在《党和国家领导制度的改革》中明确指出，我们要充分发挥社会主义制度的优越性，就是要"在经济上赶上发达资本主义国家，在政治上创造比资本主义国家的民主更高更切实的民主"。④ 社会主义能够创造出比资本主义更高的民主就是指比资本主义国家更高水准的即真正代表绝大多数人民的利益和反映绝大多数人民意志和愿望的民主，更切实的民主就是指能够给绝大多数人民带来实实在在福祉的"良政善治"。从"实质民主"建设出发，邓小平特别强调，评价一个国家政治体制的质量第一是看国家的政局是否稳定，第二是看能否增进广大人民的团结，改善人民的生活，第三是看生产力能否得到持续发展。⑤

江泽民也十分重视社会主义民主政治建设，强调"我国政治体制改革的目标是，建设有中国特色的社会主义民主政治，健全社会主义法制，切实保障人民群众当家作主的权利"。⑥ 指出"人民民主是社会主义的本质要求和内在属性。没有民主和法制就没有社会主义，就没有社会主义的现代化"。⑦ 强调发展社会主义民主政治，是我们党始终不渝的奋斗目标。社会主义民主政治的本质要求是确保人民当家作主，使国家的一切权力属于人民服务人民。社会主义民主既是目标也是手段，是目标和手段的统一。就其目标而言，民主是建设有中国特色社会主义的题中应有之义，是社会主义之所以值得追求、值得可爱的根本价值目标。就其手段而言，民主是实现社会主义现代化的重要保障，也是实现人民当家作主的

① 邓小平：《坚持四项基本原则》，引自《邓小平文选》第二卷，人民出版社 1994 年版，第 168 页。

② 邓小平：《目前的形势和任务》，引自《邓小平文选》第二卷，人民出版社 1994 年版，第 256 页。

③ 邓小平：《目前的形势和任务》，引自《邓小平文选》第二卷，人民出版社 1994 年版，第 267 页。

④ 邓小平：《党和国家领导制度的改革》，引自《邓小平文选》第二卷，人民出版社 1994 年版，第 322 页。

⑤ 邓小平：《邓小平文选》第三卷，人民出版社 1993 年版，第 213 页。

⑥ 江泽民：《深刻领会和全面落实邓小平同志的重要谈话精神，把经济建设和改革开放搞得更快更好》，引自《江泽民论有中国特色社会主义》（专题摘编），中央文献出版社 2002 年版，第 299 页。

⑦ 江泽民：《加快改革开放和现代化建设步伐，夺取有中国特色社会主义事业的更大胜利》，引自《江泽民文选》第一卷，人民出版社 2006 年版，第 235 页。

重要保障。建设中国特色社会主义民主政治，最根本的是要坚持党的领导、人民当家作主和依法治国的辩证结合和有机统一，最重要的是坚持和完善人民代表大会制度，坚持和完善中国共产党领导的多党合作和政治协商制度。与此同时，还要扩大基层民主，保证人民群众直接行使民主权利，建立民主的科学的决策制度，建设社会主义政治文明，把社会主义的优越性、先进性充分地发挥出来。

党的十六大以来，以胡锦涛同志为主要代表的中国共产党人也十分重视社会主义民主政治建设，并认为社会主义民主政治建设是社会主义现代化建设的重要内容和重要保证。在 2003 年 3 月第十届全国人民代表大会第一次会议上的讲话中，胡锦涛向各位代表讲的第一条就是"发扬民主、依法办事，坚持党的领导、人民当家作主、依法治国有机统一，坚定不移维护社会主义民主制度和原则，维护社会主义法制统一和尊严"。[1] 第二条要求新一届国家机构工作人员要"忠于祖国、一心为民"，真正"做到权为民所用、情为民所系、利为民所谋"，"坚持国家和人民利益高于一切"的原则，"始终做人民公仆"。[2] 2006 年，胡锦涛在主持十六届中央政治局第三十二次集体学习时发表讲话，强调坚持科学执政、民主执政、依法执政，认为三者是一个有机统一的整体，"其核心是要为人民执好政、掌好权"。[3] 民主执政是马克思主义政党执政的本质要求。民主执政就是要坚持为人民执政、靠人民执政，发展中国特色社会主义民主政治，推进社会主义民主政治制度化、规范化、程序化，以民主的制度、民主的形式、民主的手段支持和保证人民当家作主的权利得以更好地落实。真正把人民赞成不赞成、满意不满意作为评价执政成效的根本准则。在 2008 年党的十七届二中全会上，胡锦涛专门谈到了发展社会主义民主政治，建设社会主义政治文明的问题，强调"只有把发展社会主义民主政治的战略思想认识清、把握准、贯彻好，才能增强发展社会主义民主政治的自觉性和坚定性，确保社会主义民主政治沿着正确方向前进"。[4]

党的十八大以来，以习近平同志为主要代表的中国共产党人在继承前人的基础上把发展社会主义民主政治纳入"五位一体"的总布局中，特别强调"坚持中国特色社会主义政治发展道路，关键是要坚持党的领导、人民当家作主、依法治国有机统一，以保证人民当家作主为根本，以增强党和国家活力、调动人民积

---

① 胡锦涛：《在第十届全国人民代表大会第一次全体会议上的讲话》，引自《胡锦涛文选》第二卷，人民出版社 2016 年版，第 36～37 页。

② 胡锦涛：《在第十届全国人民代表大会第一次全体会议上的讲话》，引自《胡锦涛文选》第二卷，人民出版社 2016 年版，第 37 页。

③ 胡锦涛：《科学执政、民主执政、依法执政》，引自《胡锦涛文选》第二卷，人民出版社 2016 年版，第 461 页。

④ 胡锦涛：《深化政治体制改革，发展社会主义民主政治》，引自《胡锦涛文选》第三卷，人民出版社 2016 年版，第 71 页。

极性为目标，扩大社会主义民主，发展社会主义政治文明"。① 习近平主张坚持国家一切权力属于人民的宪法理念，加大协商民主和选举民主的协调发展，发展更加广泛、更加充分、更加健全的人民民主，不断推进社会主义政治制度的自我发展和自我完善。习近平指出："在中国社会主义制度下，有事好商量、众人的事情由众人商量，找到全社会意愿和要求的最大公约数，是人民民主的真谛。"② 在人民内部各方面广泛商量的过程，就是发扬民主、集思广益的过程，就是统一思想、凝聚共识的过程，就是科学决策、民主决策和实现人民当家作主的过程。"协商民主是党领导人民有效治理国家、保证人民当家作主的重要制度设计，同选举民主相互补充、相得益彰。"③ 社会主义协商民主是在中国共产党领导下，人民内部各方面围绕国家建设重大问题和涉及人民群众切身利益的实际问题所展开的广泛协商以形成国民共识和共同意志的民主形式。人民通过选举、投票行使权利和人民内部各方面在重大决策之前进行充分协商，尽可能就共同性问题取得一致意见，是中国特色社会主义民主的两种重要形式，我们要使其有机地统一起来，进一步用制度体系保障人民当家作主，发展社会主义民主政治，建设具有高度政治文明的社会主义现代化国家。

新中国成立以来特别是改革开放 40 多年来的实践证明，社会主义民主政治由人民自主管理国家和社会，实现了内容与形式的统一，即人民民主专政。坚持人民当家作主是中国特色社会主义民主政治的基本遵循，不仅体现了唯物史观的基本内涵，也是新时代中国特色社会主义民主政治建设的本质特征。

三、建设文明的社会主义现代化国家

文明是一个含义特别丰富的范畴，泛指人类创造的一切进步成果和开化发展的状态，诸凡一切同愚昧、野蛮状态没有关联的现象、活动和成果都可以视为文明的象征和表现，这一意义上的文明在当代中国涵盖了物质、政治、文化、社会、生态及其他多种含义。我们要建设高度文明的社会主义国家主要是就精神文明和精神文化这一意义而言的，是与物质文明、政治文明、社会文明、生态文明相适应并能促进其发展的精神文明。精神文明作为一种文化形态，是社会历史发展的结果，是人类所创造的精神文明的继承和发展的成果。有中国特色的社会主义精神文明，是人类社会历史一切优秀的精神文明成果的继承和发展，同时又是

---

① 习近平：《在首都各界纪念现行宪法公布施行 30 周年大会上的讲话》，引自《习近平谈治国理政》第一卷，外文出版社 2018 年版，第 139 页。

②③ 习近平：《把人民政协制度坚持好，把人民政协事业发展好》，引自《习近平谈治国理政》第三卷，外文出版社 2020 年版，第 295 页。

对社会主义时期精神文化本质的体现、规律的遵循、价值的涵融和精神的凝聚，是在马克思主义和中国化马克思主义指导下建设有中国特色、中国风格和中国气派的社会主义精神文化、思想道德、价值观念及其成果的总汇，主体是当代中国共产党人和中国人民。

中华人民共和国成立之初，国家百废待兴，文化建设和精神文明建设进入新的历史时期。当时我们党用极大的力量恢复国民经济，巩固人民民主专政，同时在思想文化（即精神文明）建设方面，做了大量的、卓有成效的工作，普及了马克思列宁主义的基本理论，确立了毛泽东思想的指导地位；确立了"双百"方针的文艺发展方向；营造了健康文明、进取向上的社会风尚，弘扬了艰苦奋斗的创业精神。党风、政风和社会风气，都成为新中国成立以来最好的时期之一。在新中国成立之初，毛泽东就预言："中国人被人认为不文明的时代已经过去了，我们将以一个具有高度文化的民族出现于世界。"[1] 1949 年 9 月 29 日，中国人民政治协商会议第一届全体会议通过的《中国人民政治协商会议共同纲领》第四十二条，规定了思想道德建设的蓝图，明确提出"提倡爱祖国、爱人民、爱劳动、爱科学，爱护公共财物"为国民公德。[2] 新中国成立初期直至 50 年代末，随着整个国家经济、政治建设的发展，思想文化建设呈现出一派欣欣向荣的景象，新型自由、平等、互助、和谐的人际关系和社会关系开始形成，社会主义道德获得了在全国范围内推广、普及和教育的适宜条件，涌现出一大批"最可爱的人"，他们在各条战线为新中国辛勤地劳动着、奋斗着，革命的理想主义与务实的艰苦奋斗在建设祖国的实践中有机结合。整个中国社会和中国人民的精神面貌都是向上的、向善的，人民群众相信中国共产党、相信社会主义中国，对未来生活充满良好预期。当然，由于过于浓烈的革命理想主义，以致大大超越了中国社会生产力发展水平和经济发展状况，造成了对个人利益、个人需求的一定压抑或忽视。"文化大革命"时期，随着"斗私批修""狠斗私字一闪念"不断升级，一度出现了对个人正当需求和利益的严重否定，教训十分深刻。

党的十一届三中全会开启了以经济建设为中心和改革开放的时代大幕，与之相关的物质文明建设和发展社会生产力受到广泛而高度的关注，社会生活中出现了过分关注物质利益和一切向钱看的现象，革命理想主义、大公无私和助人为乐品质一度遭受人们的非议。就在此现象出现不久，以邓小平同志为主要代表的中国共产党人已经意识到社会主义不仅要有高度的物质文明，而且要有高度的精神文明，并确定了"两手抓、两手都要硬"的战略方针。1979 年邓小平在《坚持

---

[1]　毛泽东：《中国人从此站立起来了》，引自《毛泽东文集》第五卷，人民出版社 1996 年版，第 345 页。

[2]　《建国以来重要文献选编》第一册，中央文献出版社 1992 年版，第 11 页。

四项基本原则》一文中就改革开放之初一些青年男女盲目羡慕资本主义国家，甚至"不顾自己的国格和人格"等行为予以批评，强调在社会主义制度下正确处理各种利益关系的重要性，确立使个人利益服从集体利益，局部利益服从整体利益，暂时利益服从长远利益的社会主义利益观，指出这并不是说可以不注意个人利益或局部利益、暂时利益，而是说只有比较好地实现了集体利益或整体利益，个人利益或局部利益才有根本的保障。如果违反集体利益而追求个人利益，违反整体利益而追求局部利益，违反长远利益而追求暂时利益，结果势必伤害集体利益、整体利益和长远利益，最后使个人利益、局部利益和暂时利益也没有办法实现，这就叫"势必两头都受损失"。① 同年十月，邓小平在中国文学艺术工作者第四次代表大会上发表祝词，提出："我们要在建设高度物质文明的同时，提高全民族的科学文化水平，发展高尚的丰富多彩的文化生活，建设高度的社会主义精神文明"。② 并号召全国的文艺工作者"要批判剥削阶级思想和小生产守旧狭隘心理的影响，批判无政府主义、极端个人主义，克服官僚主义。要恢复和发扬我们党和人民的革命传统，培养和树立优良的道德风尚，为建设高度发展的社会主义精神文明做出积极的贡献"。③ 1980 年，在《贯彻调整方针，保证安定团结》一文中，邓小平指出，"我们要建设的社会主义国家，不仅要有高度的物质文明，而且要有高度的精神文明。所谓精神文明，不但是指教育、科学、文化（这是完全必要的），而且是指共产主义的思想、理想、信念、道德、纪律，革命的立场和原则，人与人的同志式关系，等等"。④ 又说，没有精神文明，"没有共产主义思想，没有共产主义道德，怎么能建设社会主义？党和政府愈是实行各项经济改革和对外开放的政策，党员尤其是党的高级负责干部，就愈要高度重视、愈要身体力行共产主义思想和共产主义道德"。⑤ 在邓小平的倡导下，20 世纪 80 年代中国掀起了"五讲四美三热爱"的精神文明创建活动。1986 年党的十二届六中全会通过的《中共中央关于社会主义精神文明建设指导方针的决议》，明确提出社会主义精神文明建设是关系社会主义兴衰成败的大事。强调社会主义精神文明建设的根本任务，是培育有理想、有道德、有文化、有纪律的社会主义公民，提高整个中华民族的思想道德素质和科学文化素质。并把爱祖国、爱人民、爱劳动、

---

① 邓小平：《坚持四项基本原则》，引自《邓小平文选》第二卷，人民出版社 1994 年版，第 175 ~ 177 页。

② 邓小平：《在中国文学艺术工作者第四次代表大会上的祝词》，引自《邓小平文选》第二卷，人民出版社 1994 年版，第 208 页。

③ 邓小平：《在中国文学艺术工作者第四次代表大会上的祝词》，引自《邓小平文选》第二卷，人民出版社 1994 年版，第 209 页。

④⑤ 邓小平：《贯彻调整方针，保证安定团结》，引自《邓小平文选》第二卷，人民出版社 1994 年版，第 367 页。

爱科学、爱社会主义视为社会主义道德建设的基本要求，主张从实际出发，鼓励先进，照顾多数，把先进性的要求同广泛性的要求结合起来，形成凝聚亿万人民的强大精神力量。

党的十三届四中全会以后，以江泽民同志为主要代表的中国共产党人紧密结合 20 世纪 90 年代新的形势和任务，特别强调贫穷不是社会主义，社会主义应当加大力度去消除贫穷；精神生活空虚，社会风气败坏，同样也不是社会主义。江泽民强调要把物质文明建设和精神文明建设作为统一的奋斗目标，始终不渝地坚持两手都要抓，两手都要硬。"任何情况下，都不能以牺牲精神文明为代价去换取经济的一时发展"①。改革开放以来，我国精神文明建设取得了很大进展，但是与物质文明建设所取得的成就相比还很不理想，出现了拜金主义、享乐主义抬头，一些腐败和丑恶现象又重新滋生蔓延等，亟须我们去解决。江泽民主张把社会主义精神文明建设提到更加突出的地位，广泛深入开展爱国主义、集体主义和社会主义教育，把依法治国与以德治国辩证地结合起来。1996 年 10 月中国共产党第十四届六中全会通过了《中共中央关于加强社会主义精神文明建设若干重要问题的决议》对社会主义精神文明建设的指导思想、基本原则、具体内容以及对策措施等都做出了系统的部署和推进。这次会议闭幕时，江泽民发表讲话指出，"社会主义精神文明是社会主义社会的重要特征。建设高度的社会主义精神文明是社会主义现代化建设的重要目标"②。"如果忽视精神文明建设，贻误现代化建设的全局，我们就会犯历史性错误"③。2001 年 10 月 20 日中共中央下发了《公民道德建设实施纲要》，主张在全社会大力倡导"爱国守法、明礼诚信、团结友善、勤俭自强、敬业奉献"的基本道德规范，努力提高公民道德素质，促进人的全面发展，培养一代又一代有理想、有道德、有文化、有纪律的社会主义公民。

党的十六大以来，以胡锦涛同志为主要代表的中国共产党人在科学发展观引领下，对社会主义精神文明建设和文化建设十分重视，坚持认为"没有先进文化的积极引领，没有人民精神世界的极大丰富，没有全民族创造精神的充分发挥，一个国家、一个民族不可能屹立于世界先进民族之林"，④ 先后提出了树立社会主义荣辱观、建设社会主义和谐文化、建设社会主义核心价值体系、建设中华民

---

① 江泽民：《正确处理社会主义现代化建设中的若干重大关系》，引自《江泽民文选》第一卷，人民出版社 2006 年版，第 474 页。

② 江泽民：《努力开创社会主义精神文明建设的新局面》，引自《江泽民文选》第一卷，人民出版社 2006 年版，第 571 页。

③ 江泽民：《努力开创社会主义精神文明建设的新局面》，引自《江泽民文选》第一卷，人民出版社 2006 年版，第 574 页。

④ 胡锦涛：《在社会主义先进文化引领下建设和谐文化》，引自《胡锦涛文选》第二卷，人民出版社 2016 年版，第 538 页。

族共有精神家园、推动社会主义文化大发展大繁荣、建设社会主义文化强国等命题和任务，并出台了关于加强未成年人思想道德建设的决议，关于加强大学生思想政治教育的决议等文件，深入持久地推进社会主义精神文明建设。主张以增强诚信意识为重点，加强社会公德、职业道德、家庭美德、个人品德建设，充分发挥道德榜样、道德模范带头作用，引导人们自觉履行法定义务、社会责任、家庭责任，完善社会志愿服务体系。社会主义精神文明和文化建设取得重要的发展成就，中国人民的精神面貌也发生了巨大变化。

党的十八大以来，以习近平同志为主要代表的中国共产党人坚持"两手抓、两手都要硬"的战略方针，提出促进社会主义精神文明建设和文化建设的一系列新思想新观点新要求，并以踏石留印、抓铁有痕的作风和态度致力于社会主义精神文明建设，使社会主义精神文明建设取得了历史性的巨大成就。2013 年习近平总书记在山东考察时提出了"国无德不兴，人无德不立"的命题，强调指出，"必须加强全社会的思想道德建设"，"引导人们向往和追求讲道德、尊道德、守道德的生活，形成向上的力量、向善的力量"。① 在习近平看来，社会主义精神文明建设必须大力培育践行社会主义核心价值观，高度重视和切实加强公民道德建设，推进社会公德、职业道德、家庭美德和个人品德建设，培育知荣辱、讲正气、作奉献、促和谐的良好风尚，深入挖掘和阐发中华优秀传统文化"讲仁爱、重民本、守诚信、崇正义、尚和合、求大同"的时代价值，弘扬中国革命文化、革命精神和革命道德，培育社会主义先进文化和先进道德，更好构筑中国精神、中国价值、中国力量，为实现中华民族伟大复兴的中国梦提供源源不断的精神动力和道德滋养。2019 年中共中央、国务院联合下发了《新时代公民道德建设实施纲要》，主张进一步加强全社会的思想道德建设，加强理想信念教育，加强中国特色社会主义和中国梦宣传教育，坚定"四个自信"，深入实施公民道德建设工程，培养和造就德智体美劳全面发展能够担当民族复兴大任的时代新人。人民有信仰，民族有希望，国家有力量。要在全党全社会持续深入开展建设中国特色社会主义和中国梦的宣传教育，大力弘扬中华优秀传统文化，不断增强道路自信、理论自信、制度自信、文化自信，让理想信念的明灯永远在全国人民心中闪亮。

四、建设和谐的社会主义现代化国家

重视民生福祉，建设社会文明，是中国共产党人不变的价值追求。为人民谋

---

① 《习近平关于社会主义文化建设论述摘编》，中央文献出版社 2017 年版，第 137 页。

幸福是中国共产党人的初心和使命。中华人民共和国成立伊始，我们党和政府通过清除匪患、镇压反革命运动、民主建政保障和维护人民群众当家作主的地位和权利，通过恢复经济、稳定物价、解决就业、社会救济等手段积极改善民生，通过扫除文盲、宣传引导、移风易俗净化社会风气、培养新人。人民群众不仅获得了和平、安宁的生活环境，而且生活水平的提高和公共服务的改善也让老百姓真切体验到了新中国、新社会的美好和优越。党和政府又领导完成向社会主义的过渡，开启了大规模的工业化建设，在计划经济体制下进行了社会主义建设的探索与实践。

社会建设是中国特色社会主义总体布局的重要组成部分。构建社会主义和谐社会，是我们党经过长期艰辛探索找到的适合中国国情、体现中国特色、符合人民愿望、反映社会发展规律的正确道路。它是一场通过不断解决我国社会主义社会的基本矛盾特别是着力解决社会主义初级阶段的主要矛盾，不断化解各种社会矛盾，逐步实现社会主义本质，充分发挥社会主义制度优越性的伟大实践，同时又是一个长期的历史过程。党的十一届三中全会以来，我们形成了"一个中心、两个基本点"的基本路线，实现了对"什么是社会主义"和"怎样建设社会主义"认识上的飞跃，提出了从"翻两番"到"三步走"的社会发展战略以及先富到共富的发展策略。居民收入提高，产品供应增加，很快就解决了人民群众的温饱问题并向小康迈进。在完善市场经济体制、加快进行民生建设的系统化改革过程中，陆续提出转变发展方式、全面建设小康社会的发展目标和以人为本的科学发展观，提出构建社会主义和谐社会的战略要求，把社会建设纳入中国特色社会主义事业的总体布局。2004年，党的十六届四中全会上，中共中央做出《关于加强党的执政能力建设的决定》，鲜明提出要把建设和谐社会摆到重要位置，要求全党必须不断提高构建社会主义和谐社会的能力，第一次使用了"构建社会主义和谐社会"的表述。2006年，党的十六届六中全会通过了《中共中央关于构建社会主义和谐社会若干重大问题的决定》，详细论述了构建社会主义和谐社会的重要性和紧迫性、指导思想、目标任务、原则、方法等问题，第一次明确提出了"社会和谐是中国特色社会主义的本质属性"的论断。和谐社会就是社会系统中的各个部分、各种要素处于一种相互协调的状态，是全体人民各尽其能、各得其所而又和谐相处的社会。社会主义和谐社会具有四个主要特征。第一，社会主义和谐社会是一个以人为本、经济社会全面发展的社会；第二，社会主义和谐社会是一个把公平和正义作为核心价值取向的社会；第三，社会主义和谐社会是一个创造活力得到充分激发的社会；第四，社会主义和谐社会是法制健全、管理有序的社会。我们要构建的社会主义和谐社会，既要达到人与人的和谐，又要达到人与自然的和谐。2007年，胡锦涛在党的十七大报告中提出，把构建社会主义和谐社会纳入科学发展体系之中，将其作为落实科学发展的前提和要求。

党的十八大以来，以习近平同志为核心的党中央确立了以人民为中心的发展思想，着力提升人民群众获得感、幸福感、安全感，重点在"补短板"上下功夫，着力推进供给侧结构性改革，民生需求对产业升级和产品创新的导向作用日渐突出。实施精准扶贫、精准脱贫，全面打响了脱贫攻坚战，工作力度之大、规模之广、影响之深前所未有，扶贫工作取得了决定性进展，绝对贫困问题得到历史性解决。民生连着民心，民心凝聚民力，做好保障和改善民生工作，是坚持以人为本、实现发展成果由人民共享的必然要求，事关群众福祉和社会和谐稳定。要从解决关系人民群众切身利益的现实问题入手，在学有所教、劳有所得、病有所医、老有所养、住有所居上持续取得新进展，努力让人民过上更好生活。

社会建设促进社会和谐。中华文明是崇尚和谐并以贵和乐群为核心价值追求的文明。2014年，习近平在中国国际友好大会暨中国人民对外友好协会成立60周年纪念活动上的讲话中指出，"中华文化崇尚和谐，中国'和'文化源远流长，蕴含着天人合一的宇宙观、协和万邦的国际观、和而不同的社会观、人心和善的道德观"①。党的十九大报告指出，中国特色社会主义进入新时代，我国社会主要矛盾已经转化为人民日益增长的美好生活需要和不平衡不充分的发展之间的矛盾。也就是说，今后要突出解决不平衡不充分问题，"不平衡"是最大的不协调（如区域发展的不平衡、领域发展的不平衡和群体发展的不平衡），"不充分"则意味着还是要继续"做大蛋糕"，与此同时还要"分好蛋糕"，促进社会公平正义，努力做到发展的成果由人民共享，让实现全体人民共同富裕在广大人民现实生活中更加充分地展示出来。保障和改善民生没有终点，只要我们坚持中国共产党的领导，充分发挥人民群众的主体作用，始终从人民群众关心的事情做起，从让人民群众满意的事情做起，就一定能够带领人民不断创造美好生活，在推动社会建设和民生改善方面不断取得新的辉煌成就。

习近平指出："建设富强民主文明和谐的社会主义现代化国家，实现中华民族伟大复兴是鸦片战争以来中国人民最伟大的梦想，是中华民族的最高利益和根本利益"②。社会主义核心价值观在国家层面的建设目标就是富强、民主、文明、和谐，表达了我们要建设的国家是以什么为其根本价值遵循和追求目标的。建设一个富强、民主、文明、和谐的社会主义现代化国家，是当代中国爱国主义所要努力去实现的国家层面的价值目标和奋斗目标，也是当代中国爱国主义的重要内

---

① 习近平：《在中国国际友好大会暨中国人民对外友好协会成立60周年活动上的讲话》，载于《人民日报》2014年5月16日。

② 习近平：《青年要自觉践行社会主义核心价值观》，引自《习近平谈治国理政》第一卷，外文出版社2018年版，第169页。

容和价值特征。

第三节　中华民族精神和时代精神在当代中国的集中体现

新中国成立以来，中国人民在社会主义革命和建设以及改革开放的各个历史时期，将民族精神与时代精神相结合，形成了一系列具有当代中国爱国主义风格和伦理品质的精神，促进和推动着社会主义革命、建设和现代化事业的发展，使中华民族实现了从"站起来"到"富起来"再到"强起来"的伟大转变，抒写了一部爱国主义精神的伟大史诗。

一、社会主义革命和建设时期的精神史诗

新中国的成立，彻底结束了旧中国一盘散沙、四分五裂以及民不聊生的局面，标志着中国人民翻身当家成为国家主人新时代的开始。蕴藏在中国人民内心深处的潜能经由马克思主义、社会主义和毛泽东思想的指引化为一种巨大的精神动能，先后形成并发展起了抗美援朝精神、铁人精神、雷锋精神、焦裕禄精神、"两弹一星"精神、红旗渠精神等，向世界展示了一幅幅建设社会主义伟大国家的动人画面。

1. 抗美援朝精神

新中国刚成立不久，美国就悍然发动侵朝战争，中国人民在毛泽东的领导下做出"抗美援朝，保家卫国"的战略决策。1950 年 10 月 19 日，中国人民志愿军在彭德怀的率领下跨过鸭绿江，赶赴朝鲜战场，与朝鲜人民军共同抗击美国为首的"联合国军"，直至 1953 年 7 月战争双方签署停战协定。中国人民志愿军进行的伟大的抗美援朝战争，弘扬和光大了中国共产党和人民军队的革命精神，锻造出了伟大的抗美援朝精神，即"始终发扬祖国和人民利益高于一切、为了祖国和民族的尊严而奋不顾身的爱国主义精神，英勇顽强、舍生忘死的革命英雄主义精神，不畏艰难困苦、始终保持高昂士气的革命乐观主义精神，为完成祖国和人民赋予的使命、慷慨奉献自己一切的革命忠诚精神，为了人类和平与正义事业而奋斗的国际主义精神"[①]。在朝鲜战场上，中国人民志愿军为了祖国人民的安宁，

---

① 习近平：《在纪念中国人民志愿军抗美援朝出国作战七十周年大会上的讲话》，《习近平论中国共产党历史》，中央文献出版社 2021 年版，第 296～297 页。

为了朝鲜人民的民族解放事业，与强敌展开了殊死搏斗，据统计，与敌人同归于尽的杨根思式的英雄有 44 名，用身体堵敌人枪眼的黄继光式的烈士有 6 名，舍身炸毁敌人火力点的董存瑞式的烈士有 9 名，为救朝鲜妇女儿童而牺牲的罗盛教式的烈士有 6 名。[①] 抗美援朝战争打乱了美国在亚洲的战略图谋，是对世界和平、对巩固世界社会主义事业的巨大贡献。

2. 铁人精神

1960 年 3 月，铁人王进喜主动请缨，率领 1205 钻井队开赴大庆参加石油大会战，靠"人拉肩扛"搬钻机、"盆端桶提"运水保开钻的办法打出了到大庆后的第一口井。1960 年 5 月，在开钻 2589 号井时，他不顾腿伤跳进泥浆池，用身体搅拌泥浆压服井喷，被人们誉为"铁人"。"宁可少活二十年，拼命也要拿下大油田。"这是 20 世纪 60 年代"铁人"王进喜催人奋进的话语。正是在这种精神的鼓舞下，新中国石油工人开发了大庆油田，粉碎了国外敌对势力用"洋油"卡我们的脖子，扼杀社会主义新中国的企图。"铁人"精神是一面旗帜，凝聚着朴素的情感；"铁人"精神是一种力量，凸显了创业的勇气；"铁人"精神是一种标志，彰显了无畏困难的气概。

3. "好八连"精神

上海南京路上好八连，是中国人民解放军上海警备区特务团三营第八连，他们解放以后进驻上海，在繁华的南京路上执勤。一些帝国主义分子曾经预言，共产党军队进了上海，不久就会霉烂、变质，成为"糖衣炮弹"的俘虏。然而，第八连的官兵，身居闹市，一尘不染，铸就了南京路上"好八连"精神，其内容包括勤俭节约、艰苦朴素的政治本色，拒腐蚀、永不沾的浩然正气，先人后己、无私奉献的高尚情操，全心全意为人民服务的子弟兵品格等。1963 年"八一"建军节这天凌晨，一夜未眠的毛泽东看到了"好八连"事迹报道，挥笔写下了《八连颂》。"好八连，天下传。为什么？意志坚。为人民，几十年。拒腐蚀，永不沾。因此叫，好八连。解放军，要学习。全军民，要自立。不怕压，不怕迫。不怕刀，不怕戟。不怕鬼，不怕魅。不怕帝，不怕贼。奇儿女，如松柏。上参天，傲霜雪。纪律好，如坚壁。军事好，如霹雳。政治好，称第一。思想好，能分析。分析好，大有益。益在哪？团结力。军民团结如一人，试看天下谁能敌。"[②] 这首诗对"好八连"精神做出了既形象生动又高度凝练的总结，对于教育全国人民永远保持艰苦奋斗、不骄不躁的精神具有重要的意义。

4. 雷锋精神

雷锋是一个志存高远、追求未来美好社会的人，他自觉把个人的前途命运与

---

① 王相坤：《从抗美援朝战争到抗美援朝精神》，载于《光明日报》2019 年 4 月 27 日。
② 毛泽东：《八连颂》，引自龚国基：《诗家毛泽东》，中央民族大学出版社 2006 年版，第 98 页。

国家、民族，和社会主义的前途命运紧紧联系在一起，处处以国家、民族和集体利益为重，表现出强烈的爱国主义精神和忠于祖国、忠于人民、忠于社会主义和共产主义事业的精神。雷锋无论在哪里，无论干什么工作都能自觉服从社会主义建设事业的需要，干一行、爱一行、专一行，在平凡的岗位上做出不平凡的成绩。雷锋精神不仅具有忠诚于党和国家、忠于社会主义事业的赤子精神，而且具有立足本职、忠于职守、勤勉敬业、精益求精的螺丝钉精神，具有认真钻研科学文化知识，以科学理论武装自己的钉子精神，和全心全意为人民服务的"傻子"精神和奉献精神。一心向着社会主义、向着共产主义的理想信念，一心忠于祖国、忠于人民和忠于党的忠诚意识是雷锋精神的灵魂所在。雷锋精神蕴含着高尚的人格和操守，外显出追求共产主义的崇高目标。雷锋胸怀共产主义远大理想和社会主义信念，并自觉把个人命运与党和人民的事业联系在一起，将自己有限的生命投入为共产主义伟大事业奋斗中。全心全意为人民服务是雷锋精神的根本宗旨，是贯穿雷锋精神全部内涵的一条主线。雷锋说，"人的生命是有限的，可是，为人民服务是无限的，我要把有限的生命，投入到无限的为人民服务之中去"。

5. 焦裕禄精神

焦裕禄精神彰显了中国共产党人为民解难、为民造福的奉献精神。1962 年冬天，焦裕禄同志来到当时内涝、风沙、盐碱"三害"肆虐的河南省兰考县担任县委书记。他在兰考只有短暂的 475 天，以带病之躯战天斗地治理"三害"，干出了一番惊天动地的事业，铸就了焦裕禄精神。1966 年 2 月 7 日《人民日报》发表社论《向毛泽东同志的好学生——焦裕禄同志学习》，对焦裕禄精神做出了概括。焦裕禄精神包含了心里装着全体人民，唯独没有他自己的公仆精神，敢教日月换新天的奋斗精神，坚持一切从实际出发的求实精神，敢于向一切困难挑战的大无畏精神，为党和人民事业鞠躬尽瘁、死而后已的奉献精神。为了尽快改变兰考受灾受穷的面貌，焦裕禄怀着"兰考这块地方，是同志们用鲜血换来的。先烈们并没有因为兰考人穷灾大，就把它让给敌人，难道我们就不能在这里战胜灾害？"的崇高历史责任和强烈的使命担当精神，向党和人民立下"苦战三五年，改变兰考的面貌，不达目的，我们死不瞑目"的誓言。在带领全县人民封沙、治水、改地的斗争中，焦裕禄同志始终抱病身先士卒，以身作则。面对黄沙漫漫、盐碱茫茫，冰凌遍野、枯草抖动，他没有丝毫退缩和畏惧。哪里困难最大，他就出现在哪里。他以大无畏的英雄气概、科学求实的工作方法，带领群众找到了治理"三害"的方法。在兰考工作期间，他不顾病魔缠身，与群众一起战风沙、斗洪涝、治穷根；大风雨雪肆虐的时候，他率领干部访贫问苦，登门为群众送救济粮款。焦裕禄精神充分反映了中国共产党人和党的干部立党为公、执政为民和全心全意为人民服务的公仆情怀和风骨。

273

6. "两弹一星"精神

20世纪五六十年代，我国面对帝国主义核讹诈、核威胁的严峻国际形势，为打破核大国的核垄断，维护国家安全，以毛泽东为核心的党中央领导集体果断决定研制原子弹、导弹和人造地球卫星。在为"两弹一星"事业进行的奋斗中，广大研制工作者和全体工作人员培育和发扬了一种崇高的精神，这就是热爱祖国、无私奉献，自力更生、艰苦奋斗，大力协同、勇于登攀的"两弹一星"精神。"热爱祖国、无私奉献"是创造"两弹一星"伟业的全体科学家和工程技术人员的初心和精神支柱，他们至诚报国，自觉把个人理想与祖国命运有机地联系起来，实现了爱国之情、报国之志、效国之行的高度统一。自力更生、艰苦奋斗是创造"两弹一星"伟业的广大建设者和创业者的精神品质和动力源泉。大力协同、勇于攀登是创造"两弹一星"伟业的全体科学家和工程技术人员的科学态度、团队精神的集中写照。据统计，仅用于尖端武器的新型材料至少有5 600种之多，这么多的原材料研制，没有全国"一盘棋"的协同攻关精神是不可能完成的。1964年10月16日，中国成功爆炸了第一颗原子弹，成为继美国、苏联、英国、法国之后，世界上第五个独立掌握核武器技术的国家。1967年6月17日，我国第一颗氢弹试验圆满成功。1970年4月24日，中国第一颗人造卫星终于发射成功，从此拉开中国人探索宇宙奥秘、和平利用太空、造福人类的序幕。在两弹一星研制过程中，广大科研工作者克服各种难以想象的艰难险阻，扎根高原、戈壁滩，顽强拼搏，团结协作，勇于探索，仅用几年时间，研制成功了原子弹、氢弹和人造地球卫星，钱三强、钱学森、邓稼先、王淦昌、于敏等一批"两弹一星"的研制者们心有大我、至诚报国，淡泊名利、无私奉献，书写了一部中国精神的壮丽史诗。

7. 红旗渠精神

20世纪60年代，为结束十年九旱、"水贵如油"的历史，河南林县人民以"重新安排河山"的英雄气概，在上无寸物可攀、下无立足之地的半山绝壁上，腰系绳索，抡锤打钎，奋战10年凿出红旗渠，实现"劈开太行山，引来漳河水"的夙愿。该工程共削平了1 250座山头，架设151座渡槽，开凿211个隧洞，修建各种建筑物12 408座，挖砌土石达2 225万立方米，红旗渠总干渠全长70.6公里。艰苦创业的"红旗渠精神"已经成为中国人民伟大民族精神的象征。结束了十年九旱、"水贵如油"的苦难历史，被称为世界水利第八大奇迹。红旗渠的修建培育和形成了以艰苦奋斗、自力更生、团结协作、无私奉献为主要内容的红旗渠精神，把中华民族的一面精神之旗插在了太行之巅。红旗渠精神以自力更生为立足点，以艰苦创业、无私奉献为核心，以团结协作的集体主义精神为导向，既继承和发展了中华民族勤劳坚韧的优良传统，又体现了当代中国人的理想信念和不懈追求。

此外，在改革开放前新中国的建设史上，还形成了诸多以劳动模范命名的精神，如孟泰精神、郝建秀精神、吴运铎精神，以及以大庆、大寨命名的大庆精神和大寨精神等，这些精神的一个本质特点即是刻苦钻研、艰苦奋斗、大公无私、乐于奉献，把建设祖国和为新中国争光视为人生的最高义务和行为的最高准绳。新中国社会主义建设凝聚着中华儿女奋力拼搏、艰苦奋斗、无私奉献的精神品质。

二、改革开放和社会主义现代化建设的精神史诗

1978 年中国共产党第十一届三中全会开启了我国改革开放和社会主义现代化建设的历史新时期。改革开放以解放思想、实事求是、团结一致向前看为基本的思想遵循，引领人们敢想敢干，将人们的思想和精神引导到以经济建设为中心的社会主义现代化建设上来，神州大地万物复苏、生机勃发，焕发出了空前的创业创新和创造的主动性、积极性，形成并发展起了女排精神、深圳特区精神、抗洪精神、抗"非典"精神、抗震救灾精神、载人航天精神、奥运精神等，而这一切又汇聚到以改革创新为核心的时代精神的旗帜下，并极大地发展了中华民族精神，促进了中国特色社会主义现代化建设和中国经济文化的快速崛起。

1. 女排精神

女排精神就是"顽强拼搏、艰苦奋斗，团结协作、为国争光"的精神。1981年，在日本举办的第三届世界杯排球赛上，中国女排经过 7 轮 28 场激烈的争夺终于以七战全胜的战绩，先后战胜美国、日本等世界劲旅，首次夺得世界杯赛冠军。比赛结束第二天，时任全国妇联主席邓颖超在《体育报》上发表了题为《各行各业都来学习女排精神》的文章。文中写道："各行各业人民群众都要学习中国女排精神，树立远大的志向，发扬脚踏实地、苦干实干的作风，把自己的工作做好，更快地将我们的社会主义事业推向前进。"随后，在 1982 年的秘鲁世锦赛上中国女排再度夺冠。紧接着，在 1984 年美国洛杉矶举行的第 23 届奥运会上，中国女排实现了三连冠的梦想。中国女排并未就此止步，在 1985 年的第四届世界杯和 1986 年的第十届世界女排锦标赛上，中国女排又连续两次夺冠，创下了世界排球运动史上"五连冠"的纪录，开创了我国大球翻身的新篇章。中国女排精神极大地提振了中国人的精气神，受女排精神鼓舞的北京大学学生喊出了"团结起来，振兴中华"的时代最强音。2016 年，以郎平为主教练的中国女排，时隔 12 年后又带领女排取得里约奥运会冠军，再次将女排精神展示给国人、展示给世界。女排精神是为国争光。只要入选中国女排，为国家争光成为每一名运

动员的重要使命。没有远大的理想，没有为国争光的责任、志气，就没有中国女排精神。

2. 深圳特区精神

1980 年 8 月，国务院正式批准成立深圳经济特区——这也是我国成立的第一个经济特区。自诞生的那一刻起，深圳特区的建设者们以改革创新精神武装自己，从"时间就是金钱，效率就是生命"的口号到创造"三天一层楼"的深圳速度，从"荔枝节"蝶变"高交会"的创新迭代到"来了就是深圳人"的人才汇聚，深圳不仅创造了举世惊叹的物质文明奇迹，也凝结出了敢闯敢试、敢为天下先的改革精神；海纳百川、兼容并蓄的开放精神；追求卓越、崇尚成功、宽容失败的创新精神；不畏艰险、敢于牺牲敢于拼搏等支撑特区经济巨人迅速崛起的"特区精神"。深圳特区精神植根于中华优秀传统文化土壤，孕育在深圳这个改革开放的前沿阵地，体现了鲜明的时代特色和创新精神，是深圳人民新时期开创新事业的重要精神动力。

3. 抗洪精神

1998 年，百年罕见的特大洪灾肆虐全国。从松花江到长江，再到珠江，全国几大主要流域纷纷出现险情，数以亿计的居民处在洪水威胁之中。在这场抗击特大洪水的抢险斗争中，中国共产党团结带领全国人民形成了万众一心、众志成城，不怕困难、顽强拼搏，坚韧不拔、敢于胜利的伟大抗洪精神。抗洪军民是一个英雄群体。他们中的先进分子，有的累倒，有的累死，有的舍生忘死、舍己救人，有的哥哥倒下弟弟上去、丈夫倒下妻子上去、儿子倒下父亲上去。一个民族有了这种精神，还有什么困难不能克服，什么艰险不能战胜。江泽民在全国抗洪抢险总结表彰大会上的讲话中指出："抗洪精神，是爱国主义、集体主义、社会主义精神的大发扬，是社会主义精神文明的大发扬，是我们党和军队的光荣传统和优良作风的大发扬，是中华民族的民族精神在当代中国的集中体现和新的发展。"①

4. 抗击"非典"精神

2002 年 11 月以来，我国一些地区发生了传染性非典型性肺炎疫情，面对非典型性肺炎疫情这场突如其来的重大灾害，共产党员冲锋在前、勇挑重担；人民群众团结一致、相互支援；医务工作者舍生忘死、前仆后继；科技工作者夙兴夜寐、全力攻关，形成抗击"非典"精神。全国各地，人不分男女老幼，地不分东西南北，从人口稠密的大都市到人烟稀少的山寨，都是抗击"非典"的堤坝。从

---

① 江泽民：《在全国抗洪抢险总结表彰大会上的讲话》，引自《江泽民文选》第二卷，人民出版社 2006 年版，第 231 页。

广大医务人员到普通工人、农民、干部、军人、学生，都在各自的岗位上为抗击非典守望相助、默默奉献。接受治疗的患者，被隔离的疑似病人，也在特殊的岗位上为抗击非典尽力。那些不幸被感染的医护人员，在生命的最后时刻，仍以顽强的毅力将自己的患病体验告诉同伴，为人类最终战胜非典留下宝贵精神财富。2003 年 4 月 28 日下午，胡锦涛在主持第十六届中央政治局第四次集体学习时强调指出，"在当前这场防治非典型性肺炎的斗争中，我们要大力弘扬万众一心、众志成城、团结互助、和衷共济、迎难而上、敢于胜利的精神"，① 形成抗击疫病的强大合力，彻底战胜"非典"。在抗击"非典"战斗中，最令人们感动的是广大医护人员那种舍生忘死、救死扶伤的崇高职业精神。正是这种职业精神，成了人与人之间沟通融合的精神桥梁，成为世道人心的守护神。

5. 载人航天精神

载人航天精神是我国继"两弹一星"精神之后科技研发精神的又一次集中展示和中国精神的大发展。2003 年，当航天英雄杨利伟乘坐神舟五号飞船平安返回，中国人以实力证明自己不仅能造出"两弹一星"，也能实现载人航天。是年11 月 7 日，胡锦涛在庆祝我国首次载人航天飞行圆满成功大会上指出，"在长期的奋斗中，我国航天工作者不仅创造了非凡的业绩，而且铸就了特别能吃苦、特别能战斗、特别能攻关、特别能奉献的载人航天精神"。② 2005 年 11 月 26 日，党中央、国务院、中央军委在人民大会堂隆重举行庆祝神舟六号载人航天飞行圆满成功大会，胡锦涛在讲话中将载人航天精神概括为"热爱祖国、为国争光的坚定信念"，"勇于攀登、敢于超越的进取意识"，"科学求实、严肃认真的工作作风"，"同舟共济、团结协作的大局观念"，"淡泊名利、默默奉献的崇高品质"。③ 并指出："载人航天精神，是'两弹一星'精神在新时期的发扬光大，是以爱国主义为核心的民族精神和以改革创新为核心的时代精神的生动体现。"④ 随着空间交会对接技术的攻克，载人航天工程不再是神舟飞船的"独角戏"而开始了神舟、天宫的"双人舞"。其中，天宫一号目标飞行器的登场，实现了我国一次重大技术跨越。中国的载人航天走的是一条与世界上任何航天大国都不同的、具有中国特色的道路——投入少、效益高的道路。广大航天工作者为了早日实现飞天梦想，栉风沐雨，不辞辛劳，克服了无数困难，付出了巨大牺牲，以昂扬奋发的精神状态，创造了中华民族科技进步的奇迹。

---

① 胡锦涛：《坚决打赢防治非典这场硬仗》，引自《胡锦涛文选》第二卷，人民出版社 2016 年版，第 24 页。

② 胡锦涛：《在庆祝我国首次载人航天飞行圆满成功大会上的讲话》，引自《胡锦涛文选》第二卷，人民出版社 2016 年版，第 112 页。

③④ 胡锦涛：《大力弘扬载人航天精神》，引自《胡锦涛文选》第二卷，人民出版社 2016 年版，第 385～386 页。

6. 青藏铁路精神

广大青藏铁路建设者在世界屋脊上用青春、热血和汗水修建青藏铁路，形成了"挑战极限，勇创一流"，"自力更生，勇于创新"，"艰苦奋斗，无私奉献"的青藏铁路精神。胡锦涛《在青藏铁路通车庆祝大会上的讲话》中指出："在五年建设过程中，全体参建人员始终牢记党和人民重托，以国家需要为最高需要，以人民利益为最高利益，奋战在条件异常艰苦的雪域高原上，以惊人的毅力和勇气战胜了各种难以想象的困难，用自己的心血和汗水谱写了人类铁路建设史上的辉煌篇章。"① 青藏铁路精神是青藏铁路建设者精神风貌、意志品质和人格操守的集中体现，是艰苦奋斗、自强不息的中华民族精神在改革开放时代的传承发扬。"横空出世，莽昆仑，阅尽人间春色"。"上了青藏线，就是做奉献"。青藏铁路建设面临多年冻土、高寒缺氧、生态脆弱三大世界性工程难题。广大青藏铁路建设者发扬自力更生精神，大力推进科技创新，攻克了许多科技难题，取得了一系列重大成果，创造了人类铁路建设史上的非凡业绩。

7. 抗震救灾精神

2008 年 5 月 12 日发生的汶川特大地震是新中国成立以来破坏性最强、波及范围最广、救灾难度最大的一次地震。"灾区总面积约五十万平方公里，受灾群众四千六百二十五万多人。"② 在中国共产党的坚强领导下，全国各族人民以灾情为命令、以救灾为神圣使命，凝聚起抗震救灾的强大合力，在艰苦卓绝的抗震救灾中形成了万众一心、众志成城、不畏艰险、百折不挠、以人为本、尊重科学的伟大抗震救灾精神。面对新中国成立以来破坏性最强、波及范围最广、救灾难度最大的一次地震时，中华民族在悲痛中挺起了不屈的民族脊梁，从气壮山河的生死大救援，到艰苦卓绝的百万灾区群众紧急安置，再到顽强拼搏的灾后恢复重建，伟大的抗震救灾精神，成为激励我们不抛弃、不放弃，不犹豫、不懈怠，团结拼搏、奋勇前行的强大精神力量。抗震救灾精神再次体现了中华民族自强不息、顽强拼搏、百折不挠的大无畏英雄气概。

8. 北京奥运精神

2008 年北京奥运会充分展示了中华民族 5 000 年悠久历史和灿烂文化，体现了浓郁的中国韵味，打开了一扇使世界人民更充分地了解和体验中国的历史、文化、人民和自然风光的最佳窗口。"同一个世界　同一个梦想"（One World One Dream），深刻反映了北京奥运会的核心理念，体现了作为"绿色奥运、科技奥

---

① 胡锦涛：《在青藏铁路通车庆祝大会上的讲话》，引自《胡锦涛文选》第二卷，人民出版社 2016 年版，第 466 页。

② 胡锦涛：《在全国抗震救灾总结表彰大会上的讲话》，引自《胡锦涛文选》第三卷，人民出版社 2016 年版，第 121 页。

运、人文奥运"三大理念的核心和灵魂的人文奥运所蕴含的和谐的价值观。北京奥运精神表达当代中国人民自强不息、奋发有为的精神风貌，中华儿女积极进取、昂扬向上的朝气和活力，与世界人民共同追求和平、友谊、进步的强烈愿望。

9. 抗疫精神

在 2020 年抗击新冠肺炎疫情的严峻斗争中，全国人民在党中央坚强领导下众志成城、齐心协力，凝聚起共同抗击疫情的磅礴力量，"铸就了生命至上、举国同心、舍生忘死、尊重科学、命运与共的伟大抗疫精神"。[①]"生命至上"集中体现了中国人民深厚的仁爱精神传统、以人为本的核心要义和中国共产党以人民为中心、把人民当亲人、矢志不渝为人民服务的价值追求。面对来势汹汹的新冠肺炎疫情，习近平总书记首先提出并强调"把人民群众生命安全和身体健康放在第一位"这个重要理念，把提高收治率和治愈率、降低感染率和病亡率作为突出任务来抓，前所未有地调集全国资源开展大规模救治，不遗漏一个感染者，不放弃每一位病患，真正做到了所有病患和感染者应收尽收、应治尽治、应检尽检、应隔尽隔，在人民生命和经济利益之间果断选择生命至上，使人的生命、人的价值、人的尊严得到悉心呵护。"举国同心"集中体现了中国人民心往一处想、劲往一处使，万众一心、众志成城、千难万险不退缩和同甘共苦的团结伟力，"舍生忘死"集中体现了中国人民临危不惧、视死如归，困难面前豁得出、关键时候冲得上和敢于压倒一切困难而不被困难所压倒的顽强意志，"尊重科学"集中体现了中国人民遵循科学规律、弘扬科学精神和求真务实、开拓创新的实践品格，"命运与共"集中体现了中国人民秉持天下一家不仅对中国人民生命安全和身体健康负责，也对全球公共卫生事业负责的精神态度和讲信义、重情义、扬正义、守道义的大国担当。

此外，还有精准扶贫精神、大国工匠精神、塞罕坝精神以及以人物命名的英雄模范精神（如孔繁森精神、杨善洲精神、黄大年精神）等，这些在改革开放和社会主义现代化建设时期形成和发展起来的精神确证着伟大的改革开放精神。"改革开放铸就的伟大改革开放精神，极大丰富了民族精神内涵，成为当代中国人民最鲜明的精神标识！"[②]我们要实现"两个一百年"的奋斗目标和宏伟理想，必须大力弘扬以爱国主义为核心的民族精神和以改革创新为核心的时代精神，并且将民族精神时代化，时代精神民族化，铸就中国精神的新境界、新风貌！

---

① 习近平：《使伟大抗疫精神转化为中华民族伟大复兴的强大力量》，引自《习近平谈治国理政》第四卷，外文出版社 2022 年版，第 98 页。
② 习近平：《在庆祝改革开放 40 周年大会上的讲话》，载于《人民日报》2018 年 12 月 19 日。

第四节　当代中国爱国主义的时代脉搏和价值取向

社会主义革命和建设时期，爱国主义的主题就是积极投入社会主义建设，践行社会主义道德规范；改革开放以来，爱国主义成为凝聚国家力量的精神核心，主题就是与改革创新为核心的时代精神结合起来，建设中国特色社会主义伟大事业，进而为中国特色社会主义建设提供磅礴动力。在现阶段，爱国主义主要表现为心系国家的前途和命运，献身于社会主义现代化事业，献身于祖国统一大业。

一、爱国和爱党、爱社会主义的有机统一汇成时代主旋律

爱国与爱党、爱社会主义统一是新时代爱国主义的本质特征，三者统一于中国特色社会主义伟大实践，指向实现中华民族伟大复兴的中国梦。

当代中国是共产党领导的新中国，新中国的成立是中国共产党领导人民经过28年民族民主革命和流血牺牲换来的。新中国70多年来的发展及其所取得的成就也是在中国共产党领导下进行的，中国共产党的命运已经与新中国的命运水乳交融地联系在一起，而且是决定新中国命运的支配性力量和主导性力量。没有共产党就没有新中国，没有共产党就没有改革开放的新中国及其现在所取得的历史性成就。中国共产党的领导使中国实现了从"站起来"到"富起来"和"强起来"的历史性飞跃，使中华人民共和国巍然屹立于世界的东方。爱祖国，爱新时代的中国必须而且应当热爱中国共产党，热爱中国共产党即是热爱当代中国的集中表现。中国共产党的初心、使命、宗旨决定了为中华民族谋复兴，为中国人民谋幸福，为中国国家谋富强的内在性和神圣性。中国共产党始终秉承全心全意为人民服务的宗旨，不断弘扬、培育和践行伟大的爱国主义精神，这是爱国与爱党统一的理论基础。中国共产党的历史就是一部"为中国人民谋幸福，为中华民族谋复兴"的历史，因此中国共产党人是中国历史上最彻底、最真诚、最富于牺牲精神的爱国主义者。

当代中国是实行社会主义制度，进行社会主义现代化建设的国家，爱中国必然要求热爱中国特色社会主义制度和国家。中国特色社会主义国家内涵了走中国特色社会主义道路，以中国特色社会主义理论为指导，发展和完善社会主义制度，建设社会主义文化。祖国的命运和党的命运、社会主义的命运是密不可分

的。近代以来，中华民族在争取民族独立，反抗民族压迫，寻求民族复兴的道路上进行过许多尝试，实践证明，复辟帝制、代议制、总统制等都无法在中国社会大地上扎根、发芽、生长。资本主义道路在中国走不通，资产阶级共和国的方案在中国实行不了。只有社会主义才适合中国国情，才赢得了人民群众发自内心的拥护。中国革命和建设的实践证明，只有社会主义才能救中国，只有社会主义才能发展中国。诚如邓小平所言："中国走资本主义道路不行，中国除了走社会主义道路没有别的道路可走。一旦中国抛弃社会主义，就要回到半殖民地半封建社会，不要说实现小康，就连温饱也没有保证。"① 如果中国走资本主义道路，可能在某些局部地方使少部分人富裕起来，产生一批百万富翁，而大量的人仍然摆脱不了贫穷。只有走社会主义道路才能从根本上解决大多数人贫穷的问题。中国特色社会主义以共同富裕为根本原则，以公平正义为价值要求，始终把维护好、发展好、实现好人民群众的根本利益作为价值目标。在改革开放40多年的发展历程中，中国在大力发展经济的同时致力于老少边穷地区和贫困地区的社会主义现代化建设，实施扶贫攻坚和精准脱贫发展战略，数亿人口成功脱贫，书写了一部人类历史上脱贫攻坚的辉煌史诗，确证了中国特色社会主义的巨大优越性。广大人民群众对国家的热爱、对共产党的热爱和对中国特色社会主义的热爱溢于言表，他们从自身生活质量的提高与改善中感受到中国共产党为什么"能"，中国特色社会主义为什么"好"以及生活在中华人民共和国的幸福，从内心深处强化了对伟大祖国、对中国共产党和中国特色社会主义的情感认同和价值认同，极大地提升了爱国主义的精神、情感和品质。

二、个人梦、家庭梦与国家梦有机统一汇聚成新的家国情怀

当代中国爱国主义在新的条件下彰显并提升了中华民族和中国人民的家国情怀，有着将个人梦、家庭梦和国家梦有机结合起来的价值特质，既强调千家万户好，国家才能好的以千千万万家庭幸福为国家价值之基的合理性，又强调国家好，千家万户才能好的以国家强盛为千家万户利益保障的必要性，进而生动地诠释了"家是最小国"，"国是千万家"，"有了强的国，才有富的家"的伦理意义。习近平总书记深刻指出："实现中华民族伟大复兴的中国梦，是当代中国爱国主义的鲜明主题"。② "中国梦"是中华民族伟大复兴的奋斗目标，是全体中国人民

---

① 邓小平：《用中国的历史教育青年》，引自《邓小平文选》第三卷，人民出版社1993年版，第206页。
② 习近平：《在十八届中央政治局第二十九次集体学习时的讲话》，载于《人民日报》2015年12月31日。

致力于实现自己伟大梦想、追求伟大事业、建设伟大工程的宏伟目标，也是一洗近代以来民族屈辱、国家落后、人民生活困苦不堪之种种痛楚的伟大进军。中国梦的核心内容是实现国家富强、民族振兴和人民幸福，因此它是个人梦、家庭梦和国家梦的辩证结合。"中国梦"既是当代中国爱国主义的鲜明主题，又是对当代中国爱国主义的最好诠释，追求中国梦和实现中国梦构成当代中国爱国主义的基本旋律。每一个中国人为中国梦而奋斗其实也是在为自己个人梦和家庭梦而奋斗。中国梦不是抽象的，不是与每个人的梦想和家庭的梦想无关的，而是凝聚了无数个人的梦想和价值追求，凸显了中国最广大人民群众的根本利益和整体利益。"历史告诉我们，每个人的前途命运都与国家和民族的前途命运紧密相连。国家好、民族好，大家才会好"。[①] 所以，实现中国梦需要每个中国人共同为之努力，没有每个中国人的共同奋斗，中国梦的实现是不可想象的。这里既强调了国家好、民族好，大家才会好的道理，又强调了中国梦的实现离不开每一个中国人的不懈奋斗，说明中国梦与每个中国人的个人梦、家庭梦是紧密联系在一起的。在习近平看来，"中国梦是民族的梦，也是每个中国人的梦"。[②] 生活在伟大祖国和伟大时代的中国人民，共同享有人生出彩的机会，所以只要我们每个中国人都勇于去追逐梦想，就一定能凝聚实现中国梦的磅礴力量。在 2018 年春节团拜会上，习近平指出，"千家万户都好，国家才能好，民族才能好"。[③] 中华爱国主义素以"家国同构""爱国如家"著称于世，强调把家庭的命运与国家的命运有机地结合起来。"在家尽孝"，"为国尽忠"自古以来就是中华民族精神的重要体现。"家是最小国"，"国是最大家"，"有了强的国，才有富的家"是中国人既自然又理性的价值认知和人生感受，使得国家成为全体中华儿女共同的安全堡垒、精神支柱和心灵家园。在这种家国命运同构的文化熏陶下，个人梦、家庭梦与民族梦、国家梦有机地联系在一起，并成为中华爱国主义的精神旋律。在改革开放和社会主义现代化建设新时期，我国一大批爱国知识分子始终坚持国家至上、民族至上、人民至上，始终胸怀大局、心有大我，热爱国家、热爱人民，围绕关键领域、核心技术创新创业创造，为国家的繁荣富强贡献智慧和力量。黄旭华为了祖国的核潜艇，30 年隐居大洋荒岛，无怨无悔；林俊德为了祖国的核试验，52 年扎根戈壁大漠，心甘情愿；南仁东仰望星空，脚踏实地，20 年做一件事，只为打造世界最大单口径巨型射电望远镜；钟扬一生做着种子梦，只求守护

---

① 习近平：《实现中华民族伟大复兴是中华民族近代以来最伟大的梦想》，引自《习近平谈治国理政》第一卷，外文出版社 2018 年版，第 36 页。

② 习近平：《在第十二届全国人民代表大会第一次会议上的讲话》，引自《习近平谈治国理政》第一卷，外文出版社 2018 年版，第 40 页。

③ 习近平：《在二〇一八年春节团拜会上的讲话》，载于《人民日报》2018 年 2 月 15 日。

新形势下弘扬爱国主义重大理论和现实问题研究

祖国植物基因宝库。还有从事天宫、蛟龙、天眼、悟空、墨子、大飞机等国家重大科技攻关项目的科学家、工程师们把对祖国的忠诚之心转化为报效祖国的壮志豪情，把实现个人梦、家庭梦融入国家梦、民族梦之中，把个人、家庭的前途与祖国前途、民族命运紧密联系在一起，为祖国、为人民做出了突出贡献，也使自己的个人价值得到最大限度的实现。爱国主义作为个人与祖国关系的理性呈现，把国家利益、民族利益和每个人的具体利益紧紧地联系在一起，体现了中华民族的家国天下情怀。

三、爱国之情、报国之志和效国之行有机统一凝结成国民共识

新时代爱国主义对每一个中华儿女来说，是炽热的爱国之情、坚定的报国之志和务实的效国之行的有机统一，贯穿在每个公民知、情、意、信、行诸方面，成就的是国民的爱国品质、德操和人格。爱国奋斗是新时代爱国主义鲜明的实践主题，实干兴邦，空谈误国是习近平总书记多次讲过的至理名言，也为最广大中国人民所认同。

爱国之情是一种积淀在国民内心深处的炽热而强烈的伦理之情，是一种国民自觉地把自己的前途命运与祖国的前途命运联系起来进而生发出对祖国母亲自然而真切、赤诚而浓烈的热爱之情。这种情感使国民获得了一种安身立命的精神归属和建功立业的情感依持，也使其获得了一种超越个体有限性的群体性精神建构和价值支撑。在爱国中体验到国家与我的不可分割的情感联系，并借助这种情感联系建造我的精神世界并在这种精神世界中完成我之作为人、作为社会人和作为国民的伦理精神建构，从而彰显活着的生命意义和群体精神对于个体生命的价值反哺与提升。爱国主义作为一种炽热的道德情感，要求国民永葆对祖国的热爱之情，如同艾青在《我爱这土地》一诗中所言："为什么我的眼里常含泪水，因为我对这土地爱得深沉。"在当代中国，我们更要不断陶铸和砥砺自己对祖国母亲的热爱之情，永远为祖国歌唱，心系祖国的繁荣和发展，为实现中华民族伟大复兴的中国梦注入情感动力。爱国之情集中体现在"爱"上，报国之志则是这种"爱"长久积淀而形成的一种坚定而持久的国民之理想信念和意志品质，是"爱"的一种志向化集结和国民决意报效祖国深恩的伦理气质。作为一种报国之志，爱国主义要求国民树立报效国家的坚定志向，自觉地将自己的个人前途和命运与祖国的前途命运有机地联系起来，并将其化为自己的内心信念，为祖国的繁荣兴旺而奋斗不已。今天，"一身报国有万死"的情况可能不存在，但是国家的建设和发展无疑需要我们每个人始终不渝地为其奋斗。报国之志必然而且应当表

现为行为和具体生活实际，表现为一种落地有声的、真切实际的个体服务于国家、奉献于国家的实践行为。作为一种效国之行，爱国主义要求其国民永远把报效国家、服务国家、奉献国家作为人生的第一要务，说实话，做实事，干在实处，走在前列，用实际的行动，实在的业绩报效祖国。

弘扬新时代爱国主义精神，要求我们自觉地将个人的前途命运与国家的前途命运有机地联系起来，在为国家富强、民族振兴中实现自己的个人价值。个人的志向抱负只有融入国家民族的伟大事业才能得到最好的实现，一旦脱离国家民族的伟大事业，再好的志向抱负都只能落入空想。一个人只有把自己的知识、能力和智慧贡献给祖国和人民的事业，才能真正成就自我和实现自我，这就是实现自身价值与服务祖国人民的辩证统一。

四、立足本国与面向世界有机统一成为大国国民心态

当代中国的爱国主义必须具有宽广的全球视野和国际主义情怀，将立足本国与面向世界有机地结合起来，统筹国内国际两个大局，以更宽广的胸怀、更开放的心境、更包容的姿态，去接触世界、了解世界、融入世界，在双赢乃至多赢中贡献于我们的祖国。

当代中国所需要弘扬的爱国主义精神是既要助推中华民族伟大复兴的事业，走和平发展道路，又要妥善处理国际关系，坚持构建人类命运共同体的战略构想，努力建设一个持久和平、共同繁荣的和谐世界。因此，我们的爱国主义不是要把自己国家与他国和世界孤立开来，而是要在促进自己发展的基础上为人类做出较大的贡献，即将中国梦与亚洲梦、非洲梦、欧洲梦、美洲梦等有机地结合起来。

当前，我们比历史上任何时期都更接近、更有信心和能力实现中华民族伟大复兴的梦想。但是，中华民族伟大复兴梦想的实现不可能是一帆风顺的，"我们现在所处的，是一个船到中流浪更急、人到半山路更陡的时候，是一个愈进愈难、愈进愈险而又不进则退、非进不可的时候"。[1] 从国际来看，世界处于百年未有之大变局，国与国之间特别是大国之间在各个方面的博弈不断加强，各种意识形态和价值观念之间的冲突也在不断加剧，西方围堵中国绞杀中国和遏制中国崛起的力度、强度和速度只会越来越加强、越来越加快，使得中国的外部环境更加复杂、更加不确定、更加富有险恶性，这是我们无法回避而又不能不正视的；从国内来看，我国全面深化改革也处于关键时期，各种矛盾凸显。这些都将成为

284

---

① 习近平：《在庆祝改革开放 40 周年大会上的讲话》，载于《人民日报》2018 年 12 月 19 日。

实现中华民族伟大复兴道路上要克服的艰难险阻。要实现中华民族伟大复兴的中国梦，就必须找到一种强大的精神力量作为支撑，这种强大而深沉的精神力量只能是自古以来流淌在中华儿女身上的爱国主义热血，是拓印在中国人民脑海中的爱国主义精神，是融入中华民族心灵的爱国主义力量。我们坚信，在推动实现中华民族伟大复兴"中国梦"的征程上，爱国主义必将促进我们形成合力，凝聚共识，必将增添我们的信心和勇气，必将推动我们更加奋发有为和开拓创新，从而为实现"两个一百年"的奋斗目标提供源源不断的信念支撑和价值动能。

第十二章

中华民族爱国主义的独特神韵与内在价值

"中华民族为什么几千年能够生生不息、不断发展？很重要的原因是我们有以爱国主义为核心的民族精神，有一脉相承的价值追求"。[1] 爱国主义是中华民族精神的核心。爱国主义精神深深植根于中华民族心中，是中华民族的精神基因，维系着华夏大地上各个民族的团结统一，激励着一代又一代中华儿女为祖国发展繁荣而不懈奋斗，成为中华民族几千年生生不息、不断发展的力量源泉。"五千多年来，中华民族之所以能够经受住无数难以想象的风险和考验，始终保持旺盛生命力，生生不息，薪火相传，同中华民族有深厚持久的爱国主义传统是密不可分的。"[2] 大力弘扬以爱国主义为核心的民族精神，继承并光大中华民族爱国主义的光荣传统，对于我们实现中华民族伟大复兴的中国梦，建设一个持久和平、共同繁荣的和谐世界均具有极其重要的理论意义和现实价值。

第一节　中华民族爱国主义的丰富内涵

爱国主义素被称为"中华民族之魂"。中华民族具有历久弥新、博大深厚的

---

[1]　习近平：《在中央民族工作会议上的讲话》，引自《习近平关于社会主义文化建设论述摘编》，中央文献出版社 2017 年版，第 123～124 页。

[2]　习近平：《在十八届中央政治局第二十九次集体学习时的讲话》（2015 年 12 月 30 日），载于《人民日报》2015 年 12 月 31 日。

爱国主义传统。在不同的历史时期，爱国主义的具体内容会有不同的表现。在古代，争取中华民族的团结和融合，推进国家的统一和强大，是爱国主义的主题；在近代，反帝反封建的爱国斗争、救亡图存的爱国实践，是爱国主义的主题；近代以后，争取民族独立和人民解放，坚持走中国特色社会主义道路，是爱国主义的主题；今天，实现中华民族伟大复兴，屹立于世界民族之林，是爱国主义的主题。同时，中华民族爱国主义传统又会在历史发展的过程中形成一些带共通性和一般性的内容，这些内容历久弥新，成为中国人日用而不觉的精神信念和价值追求，也是中国人区别于其他各国人民的精神禀赋和价值追求。

一、眷恋故土，热爱家园

德国思想家赫尔曼·凯泽林曾经有言，世界上没有一个民族能够像中华民族那样"给人以如此绝对纯真而又如此依附于土地的印象"，在中国，"在这块世代相传的土地上，发生着生的全部与死的全部。人属于土地，而不是土地属于人，土地永远也不会让它的子孙离它而去。无论人们在数量上如何增长，他们依然归属于土地……而当他们死去的时候，他们又带着童稚般的信赖归于那对他们是真正的母腹的大地。他们将在那里继续活到永远"。[①] 应该说，凯泽林的这一论述是符合中华民族爱国主义的发展实际的。中华民族爱国主义以其真挚而又深刻地对生于斯、长于斯的土地的热爱著称于世，而对自己生命终结的最好期盼则是落叶归根、入土为安。"从很早的时代起，我们中华民族的祖先就劳动、生息、繁殖在这块广大的土地之上"。[②] 中华民族在五千年的历史发展中逐渐产生积累沉淀了一种对于自己故土家园、所在种族和文化的归属感、认同感、尊严感与荣誉感，使其和脚下这块养育了自己的土地有着母子般的深厚感情。

故土、故乡、故国是无数中华儿女魂系梦牵的信念大厦和精神家园。"举头望明月，低头思故乡"。故乡的一山一水、一草一木，不仅同自己的生长养育息息相关，而且寄托着自己的理想、信念和希望。"遥望中原怀故土，静观落叶总归根"，是那些离家游子怀恋故土、寄情祖国的爱国深情的真切体现。正是对故土、故国的无比思恋以及对故土、故国的满腔忠诚支持着苏武北海牧羊饮雪吞毡而坚贞不屈，支持着蔡文姬强忍着割舍亲生骨肉的剧痛而弃子归汉。即便是不能重返故土、落叶归根、报效桑梓，他们那份从小就形成的对故乡、故土的爱也丝

---

① ［德］赫尔曼·凯泽林：《土地和农民》，引自何兆武、柳卸林主编：《中国印象：外国名人论中国文化》，中国人民大学出版社2011年版，第245页。

② 毛泽东：《中国革命和中国共产党》，引自《毛泽东选集》第二卷，人民出版社1991年版，第621页。

毫不会减弱，相反历久而弥新，深沉而浓烈。

二、爱国如家，忧国如家

中华民族的爱国主义不同于其他国家或民族的爱国主义在于它是以爱国如家、忧国如家为基本内容和主要特征的。中文"国家"一词熔铸着家国同构的智慧和精神。所谓家国同构是指家庭、家族和国家在组织机构方面具有一致性和共同性。家庭的建构与国家的建构原理相同，意义相近。"家"成为"国"的原型、母体与基础，"国"建立在"家"的基础上并成为"家"的扩充与放大。老将廉颇爱国如家，不顾年迈，主动请缨杀敌。汉代名将霍去病一生以维护国家利益为己任，留下了"匈奴不灭，无以家为"（《汉书·霍去病传》）的传世名言。名将马援以"马革裹尸"自誓，宣告"男儿要当死于边野，以马革裹尸还葬耳"（《后汉书·马援传》），并予以实践。他们愿意为国请战、不惜牺牲一切的壮举就体现了爱国如家和忧国如家的精神。花木兰主动女扮男装、替父从军即是表现了一种自觉地保家卫国的精神。"万里赴戎机，关山度若飞。朔气传金柝，寒光照铁衣。将军百战死，壮士十年归……同行十二年，不知木兰是女郎"（《木兰辞》）的诗句，生动地刻画了花木兰替父从军的戎马生涯和动人事迹。

忧国忧民的忧患意识是中华爱国主义一以贯之的基本内容。忧国忧民的意识和情感植根于对国家和人民无比的爱，本质上是个人对祖国和人民高度负责，把一己的命运同国家、人民利益和命运紧密联系起来的道德情感和心理。中华民族的爱国主义有着深刻而久远的忧国忧民的悠久传统，正是这种深刻而久远的忧国忧民的忧患意识使得中华民族的爱国主义超越了盲目的乐观主义或感性的情绪主义，获得了一种"安而不忘危，存而不忘亡，治而不忘乱"（《周易·系辞下》）的警醒品质和高瞻远瞩的理性洞观。

中国历史上的忧国忧民，既有像屈原那样在国运衰微时"哀民生之多艰""恐皇舆之败绩"（《离骚》），也有像贾谊那样在天下安定时居安思危；既有像曹刿、申包胥那样面对着国家的危难挺身而出，马援那样的请战赴缨，也有像卜式那样的急国家之所急基础上的慷慨解囊；既有祖逖式的中流击楫，也有宗泽、陆游式的临终"呼过河"与盼统一。范仲淹在《岳阳楼记》中抒怀："先天下之忧而忧，后天下之乐而乐。"陆游《病起书怀》："位卑未敢忘忧国"，精忠报国的民族英雄岳飞在《满江红》中力陈："待从头、收拾旧山河，朝天阙。"明代顾宪成"家事国事天下事，事事关心"都是"忧国如家"的写照。

屈原是一位忧国忧民的伟大的爱国主义者，他将对"道"的忧乐情怀与自己所属的国家民族的忧乐联系起来，表达出了一种"安而不忘危、存而不忘亡"的深刻的忧患意识，并乐此不疲地求索国家的强盛和民生的解决之道，希冀用自己对美政善治的理想型设计为自己所属的国家做出贡献。特别是在其治政抱负不被见用而遭放逐的困难情境下，念兹在兹的仍是自己魂系梦牵的国家民族。他"恐皇典之败绩""哀民生之多艰"（《离骚》）、"带长剑兮挟秦弓，首身离兮心不惩"（《九歌·国殇》）的情怀是其忧国忧民的情怀的真实写照。

西汉时期，贾谊继承并发展了孔孟儒家和屈原的忧国忧民意识，写出了《过秦论》《吊屈原赋》等充满忧患意识的文章，将先秦以来的忧国忧民意识发展到一个新的阶段。贾谊的《过秦论》是一篇饱含忧国忧民意识的文章，特别是文后提出的如何借鉴历史上的教训，避免重蹈覆辙的有关忠告，可谓振聋发聩，警钟长鸣，有其重要的政治伦理意义。他在《治安策》中提出"臣窃惟事势，可为痛哭者一，可为流涕者二，可为长太息者六"[1] 更是将其对汉初的忧患意识抒发得淋漓尽致，体现了一个忧国忧民的士大夫的高贵形象。在大家都以为汉初"天下已安已治矣"的情况下，贾谊则深刻地意识到了汉初所面临的种种忧患，并对之一条条地具体揭示出来，以提醒当政者，千万不能掉以轻心，必须做好未雨绸缪和有效的防范，才能确保天下长治久安。

北宋时期，一代名臣范仲淹作《岳阳楼记》，提出了"先忧后乐"的伦理价值观，认为仁人志士应该"不以物喜，不以己悲，居庙堂之高则忧其民，处江湖之远则忧其君。是进亦忧，退亦忧。然则何时而乐耶？其必曰'先天下之忧而忧，后天下之乐而乐'"，将中国古代忧国忧民的精神传统又做出了新的发展。南宋诗人陆游作《病起书怀》一诗："病骨支离纱帽宽，孤臣万里客江干。位卑未敢忘忧国，事定犹须待阖棺。天地神灵扶庙社，京华父老望和銮。出师一表通今古，夜半挑灯更细看。"该诗从衰病起笔，以挑灯夜读《出师表》结束，所表现的是诗人对国家前途、民族命运的无比关心的爱国主义精神，其中"位卑未敢忘忧国"更体现了诗人不因自己地位卑微而忘记国家的忧患，凸显了爱国是一个人应尽的责任和自觉的义务。

近代汪康年在《论偷安为贫弱之原因》中明确指出："国家何以存，存于忧患；国家何以亡，亡于安乐。处安乐，而恒自视为忧患，则其国家未有不存者也；处忧患，而恒自以为安乐，则其国家自有不亡者也，即使其国家偶然不亡，而其实际，则不过苟安旦夕，奄奄一息耳。"[2] 在汪康年看来，只有深刻的忧患意识才能给国民尤其是治国者以清醒的问题警醒，产生扬长避短和未雨绸缪的观念，也才能使国家朝着比较好的治理方向发展，从而避免悲剧的发生。

---

① 贾谊：《治安策》，吴云、李春台校注：《贾谊集校注》，天津古籍出版社 2010 年版，第 356 页。

② 汪康年：《论偷安为贫弱之原因》，引自汪林茂编：《汪康年卷》，中国人民大学出版社 2014 年版，第 341 页。

鸦片战争以来，先进士大夫继承千百年来中华民族忧国忧民的优良传统，并将其同近代中国内忧外患的社会现实及其救治之道密切联系起来，是他们对祖国民族的命运、民生的疾苦的关切而升腾出的一种责任感。面对着中华民族和中国人民所遭受的来自帝国主义和封建主义的双重压迫和剥削，一批又一批先进的中国人在觉醒，忧虑着国家和民族的命运，形成了比之古代社会更加鲜明的忧国忧民传统，并将情系中华的爱国主义精神发展到一个新的阶段。

三、公忠体国，精忠报国

中华民族的爱国主义特别强调公忠体国、精忠报国，并培育了无数杀身成仁、舍生取义的国家栋梁和民族英雄。一部中华文明史和中国历史本质上就是在这种爱国主义精神鼓舞和激励下中华民族和中国人民所创造和书写出来的。

公忠体国即是忠于祖国和国家的整体利益并将祖国的前途和命运、国家的安危置于自己的心头，常常为其做持续的关怀和考虑，有一种不能自己的情感眷注和价值眷恋，祖国与国家已经成为其魂系梦牵的对象，并主宰着自己的灵魂、幸福和快乐。精忠报国是公忠体国精神的具体体现，表达了人们精诚地忠于国家和报效国家的心意与愿望。同时，精忠报国也是一种具体的行为和实践。此即"一身报国有万死"，"为国牺牲敢惜身"，这是中华民族爱国主义富于个体情感、精神和品质的生动体现。

中华民族的爱国主义精神始终同注重国家民族利益的整体主义意识密切相关。这种整体主义意识将人与人、人与社会紧密联系在一起，强调人是社会性的动物，并在此基础上，主张从人伦关系、人群关系去把握人、认识人、理解人，认为人从来就是与一定的国家民族联系在一起的。天下是天下人的天下，所以天下是大家的，是大家的就是公。治国平天下必须以国家天下为公。"古有行大公者，帝尧是也。贵为天子，富有天下，得舜而传之，不私于其子孙也"（《说苑·至公》）。所以尧受到后世之人高度肯定和拥戴。孔子说："巍巍乎！惟天为大，唯尧则之"。（《论语·泰伯》）刘向指出："夫以公与天下，其德大矣。推至于此，形之于彼，万姓之所载，后世之所则也"。又说："彼人臣之公，治官事则不营私家，在公门则不言货利，当公法则不阿亲戚，奉公举贤则不避仇雠，忠于事君，仁于利下，推之以恕道，行之以不党，伊、吕是也。"（《说苑·至公》）如果说尧舜是君主之公的典范，那么伊尹和吕尚则是人臣之公的典范。没有个人的修身、齐家，就没有社会的治国、平天下；没有国家民族的整体存在，也就谈不上个人私人利益的维护。"群"之整体意识在儒家"博施于民而能济众"（《论语·雍也》）、"穷则独善其身，达则兼善天下"（《孟子·尽心上》）那里便已见端倪。

　　近代以来，面临着西方列强的侵略以及封建专制主义的日趋腐朽，一大批先进的中国人在探讨救国救民真理的过程中，也日趋清醒地将忠君与忠于国家社稷、忠于作为国族的中华民族区分开来，强调公忠体国。林则徐在禁烟斗争和鸦片战争中深刻地认识到英帝国主义罪恶的鸦片贸易对整个中国社会和中华民族的严重危害，形成了"苟利国家生死以，岂因祸福避趋之"①的爱国主义观点，表达了自己对国家社稷的公忠之心。孙中山在《民族主义》的演讲中讲道，从前单向度地讲"忠君"是有许多偏弊的，现在一般人的思想，以为到了民国，便可以不讲忠道或忠德，"这种理论，实在是误解，因为在国家之内，君主可以不要，忠字是不能不要的。"又说"我们的忠字可不可以用之于国呢？我们现在说忠于君，固然是不可以，说忠于民可不可呢？忠于事又可不可呢？我们做一件事，总要始终不渝，做到成功。如果做不成功，就是把性命牺牲，亦所不惜，这便是忠。"②他主张把"忠德"从"臣事君以忠"的狭隘内涵中解放出来，将其置于"事国以忠""对民尽忠"或对理想尽忠之框架中来加以弘扬，指出："我们在民国之内，照道理还是要尽忠，不忠于君，要忠于国，要忠于民，要为四万万人去效忠，为四万万人去效忠，比较为个人去效忠，自然要高尚得多"。③

　　中国共产党人登上历史舞台后，对封建时代的忠君道德予以马克思主义的批判，但是也肯定忠于马克思主义、社会主义和共产主义的正当性和合理性，强调忠于人民忠于党，忠于共产主义的远大理想。中国新民主主义革命之所以能够取得胜利，是建立在无数共产党人和革命志士赤胆忠心及为革命赴汤蹈火在所不惜的基础之上的，本质上是一曲共产党人和革命志士忠诚革命、忠于理想和忠于祖国、忠于人民的精神颂歌。

　　中国历史上的公忠体国、精忠报国的典范人物很多，其行为大体上有以下几种类型：一是殚精竭虑，情系祖国。为了振兴祖国和维护国家的根本利益献计献策，甚至不惜得罪权贵，牺牲身家性命也在所不惜，卫石碏、汉晁错即是这方面的典型。二是苟利社稷，死生以之。杨业、岳飞、文天祥即是这方面的典型。三是维护国家统一，反对分裂。汉代周亚夫面对吴楚七国之乱毅然挺身而出平定内乱，唐代郭子仪平定安史之乱，清代康熙皇帝裁定三藩之乱，用自己的实际行动维护了国家的统一。南朝时南越首领冼夫人面临当时的"岭表大乱"及欧阳纥谋反，采取断然措施，怀集百越，平定内乱，留下了"我为忠贞，经今两代，不能惜汝，辄负国家"（《隋书·列女·谯国夫人》）的名言。四是抗暴御侮，弘扬正义。赴汤蹈火，在所不惜。明嘉靖、隆庆年间，由日本内战中溃逃出来的残兵败

　　① 　林则徐：《赴戍登程口占示家人》，引自《林则徐全集》第六册，海峡文艺出版社 2002 年版，第209 页。

　　②③ 　孙中山：《三民主义·民族主义》，引自《孙中山全集》第九卷，中华书局 1986 年版，第 244 页。

将和海盗奸商组成的倭寇，不断地对我国东南沿海侵略骚扰，屠杀我沿海人民，无恶不作。爱国志士、民族英雄戚继光等英勇抗击倭寇，终于使沿海人民得以安居乐业。1604 年以后，西方殖民主义开始东来，荷兰殖民军侵占台湾，残酷掠夺和奴役台湾人民。为了驱除外侮，收复台湾，郑成功带领所属部队英勇杀敌，将荷兰殖民军赶出台湾。这些抗暴御侮的英勇壮举，成为近代以来中国人民不屈不挠地同帝国主义展开殊死搏斗的动力源泉。

公忠体国、精忠报国的爱国主义始终是凝聚中华民族的伟大旗帜。自古以来，中国人民最钦佩和敬重的是那些心怀国家民族大义，为国家民族根本利益和整体利益鞠躬尽瘁、死而后已的仁人志士；最痛恨的是那些为了一己之私而不惜卖国求荣、危害祖国和民族根本利益的民族败类。公忠体国、精忠报国作为中华民族一种崇高的爱国主义品质、德性和人格，始终是振兴国家和民族并促进中华文明不断向前发展的精神动能。

四、舍生取义，崇尚志节

中华民族爱国主义精神特别崇尚忠诚国家、热爱国家、保卫国家的德操和气节，把"杀身成仁""舍生取义"视为人生价值的最好实现。以孔孟为代表的儒家提出了"杀身成仁""舍生取义"的观点，凸显了道德的崇高价值。孔子不仅主张"志于道，据于德"，提出了"朝闻道，夕死可矣"的命题，而且还强调"志士仁人，无求生以害仁，有杀身以成仁"，生命的价值就在于弘扬仁德，不能为了求生而伤害仁德，应当牺牲生命成全仁德。孔子说："三军可夺帅，匹夫不可夺志也。"又说："君子无终食之间违仁，造次必于是，颠沛必于是。"（《论语·里仁》）孟子继承并发展孔子的思想，主张养浩然之气，认为实行仁义以达到生活之最高境界时便有所谓浩然之气。浩然之气，至大至刚，充塞于天地之间，它内化为大丈夫的人格和舍生取义的精神，永远激励着人们在道德上去不断地修养和奋斗。孟子不仅强调"仁则荣，不仁则辱"，指出"三代之所以得天下也以仁，其失天下也以不仁。国之所以废兴存亡者亦然。"（《孟子·离娄上》）又在强调仁德的基础上加上了义道，把仁视为人之安宅，义视为人之正路，主张"舍生取义"。他说："鱼，我所欲也；熊掌，亦我所欲也。二者不可得兼，舍鱼而取熊掌者也。生，亦我所欲也；义，亦我所欲也。二者不可得兼，舍生而取义者也。"（《孟子·告子上》）儒家的杀身成仁、舍生取义思想极大地影响着中国人的道德生活，锻造出了一大批民族的道德典范和英雄豪杰。南宋末年文天祥死时衣袋中还留有"孔曰成仁，孟曰取义，惟其义尽，所以仁至"的绝笔，说明了儒家道德价值观对其深刻影响。文天祥在狱中作《正气歌》，指出："天地有正气，杂然赋流形。下则为河岳，上则为日星；于人曰浩然，沛乎塞苍冥。皇路当清夷，含和吐明庭。时穷节乃见，一一垂丹青。在齐太史简，在晋董狐笔，在秦张良椎，在汉苏武节；为严将军头，为嵇侍中血，为张睢阳齿，为颜常山舌；或为辽东帽，清操厉冰雪；或为出师表，鬼神泣壮烈；或为渡江楫，慷慨吞胡羯；或为击贼笏，逆竖头破裂。是气所磅礴，凛烈万古存……"文天祥的《正气歌》深沉而热烈地赞颂了中华文明史上无数志士仁人的光辉业绩，讴歌了他们坚持真理和正义，为正义事业敢于牺牲的浩然之气。

孟子"富贵不能淫，贫贱不能移，威武不能屈，此之谓大丈夫"，讴歌的是始终不变的正气德操。荀子《劝学篇》有言："权力不能倾也，群众不能移也，天下不能荡也，生乎由是，死乎由是，夫是之谓德操"，认为德操就是一种矢志不渝的忠诚意识，是在任何情况下都不变节的道德操守。苏武北海牧羊体现了这种矢志不渝的道德操守和气节，文天祥"人生自古谁无死，留取丹心照汗青"也是这种爱国主义德操的集中体现。明代爱国英雄于谦所写的《咏石灰》"千锤万击出深山，烈火焚烧若等闲。粉身碎骨全不怕，要留清白在人间"，借石灰来歌颂勇于为江山社稷献身的崇高精神，表达了要做一个志向坚定、威武不屈的爱国主义英雄的人生信念。

近代以来，中华民族饱受西方列强的侵略与凌辱，但是一大批中华民族的英雄或志士仁人总是能够坚守民族气节，在凶恶的敌人面前不屈不挠，大义凛然，表现了一个中国人的气节和德操。毛泽东在《别了，司徒雷登》一文中写道："我们中国人是有骨气的……闻一多拍案而起，横眉怒对国民党的手枪，宁可倒下去，不愿屈服。朱自清一身重病，宁可饿死，不领美国的救济粮"，"他们表现了我们民族的英雄气概"。[①] 因此，我们应当写闻一多颂，写朱自清颂。千百年来，中华民族所崇尚并拳拳服膺的舍生取义、崇尚气节的民族品格，成为保家卫国和促进祖国发展的精神动能，成为中华民族爱国主义传统代代相传的不竭源泉。

第二节　中华民族爱国主义的基本特征

世界上许多建立自己国家的民族都会有自己的爱国主义精神和价值观念。与世界诸民族的爱国主义传统和价值观念比较起来，中华民族的爱国主义有自己卓

---

① 毛泽东：《别了，司徒雷登》，引自《毛泽东选集》第四卷，人民出版社 1991 年版，第 1495～1496 页。

尔不群的价值特质和价值追求。中华文明之所以能够成为世界文明史上连续性文明的典范，中国社会历史之所以保持了自己自古至今的一脉相承的特点，中华民族之所以能够在历史的发展过程中实现"衰而复兴""阙而复振"的自我绵延与发展繁盛，与其博大深厚、悠久绵长的爱国主义传统是密不可分的。中华民族爱国主义精神和价值既为代代相传的中国人所创造、所发展和所弘扬，又在整体上和内在精神上陶铸和培养了中华民族和中国人民，使得中国人不论走到哪里，不论身居何方，都始终有一颗"中国心"。这颗"中国心"既出乎天然、成乎自然又在应理当然的涵化中促进着中华民族的价值认同和中国人民的国家认同、历史认同和文化认同，演绎出一幕幕中华民族、中国历史和中华文明的鲜活雄健剧目，建构起了一个中华民族和中国人民历久弥新的安身立命的精神家园，成为中华民族和中国人民魂系梦牵的民族魂和国魂。

一、源远流长的爱国主义传统

中华民族爱国主义精神具有长久性和一以贯之的绵延性。所谓"长久性"，是指中华民族的爱国主义精神起源较早，发展时间较长且延续至今，也就是说，其核心价值在历史的传递中一直一脉相传，从未间断。

梁启超在《中国道德之大原》一文中指出，我中华文明有"为他族所莫能逮"的优异之点，并指出："数千年前与我并建之国，至今无一存者。或阅百数十岁而灭，或阅千数百岁而灭。中间迭兴迭仆，不可数计。其赫然有名于时者，率皆新造耳。而吾独自羲轩肇构以来，继继绳绳，不失旧物，以迄于兹，自非有一种善美之精神，深入乎全国人之心中，而主宰之纲维之者。"[①] 梁启超的观点道出了"善美之精神"对于中华文明传承与发展的重大意义，揭示了中华文明传承绵延的精神引领与价值拱立意义。柳诒徵在《中国文化史》"绪论"中谈到了吾中国不同于世界其他国家的"特殊之性质"有三：一曰幅员之广袤，世罕其匹也。二曰种族之复杂，至可惊异也。三曰年祀之久远，相承勿替也。并就其第三特点指出："世界开化最早之国，曰巴比伦，曰埃及，曰印度，曰中国。比而观之，中国独寿"。[②] 柳诒徵又引日本浮田和民《西洋上古史》关于最早一些文明古国的存亡年岁的话语来作例证："迦勒底王国，始于公元前四千年以前，至一千三百年而亡。亚述兴于公元前一千三百年，至六百零六年而亡。巴比伦兴于公元前四千年，至五百三十八年，为波斯所灭。……埃及旧帝国兴于公元前四千

---

① 梁启超：《论中国道德之大原》，引自《梁启超全集》第四册，北京出版社1999年版，第2474页。
② 柳诒徵：《中国文化史》上册，中国大百科全书出版社1988年版，第2~4页。

年，中帝国当公元前二千一百年，新帝国当公元前一千七百年，至五百二十七年，为波斯所灭"。① 与此相比较，中国则自古及今，绵延不绝。"中国历年之久，姑不问纬书荒诞之说。"② "即以今日所传书籍之确有可稽者言之，据《书经·尧典》，则应托始于公元前二千四百年；据龟甲骨文，则作于公元前一千二百年；据《诗经》，则作于公元前一千一百年，至共和纪元以后，则逐年事实，皆有可考，是在公元前八百四十一年"。③ 基于这些有史可考的载籍，柳诒徵指出："合过去之国家与新兴之国家而较之，未有若吾国之多历年所者也。"④ 钱穆在《国史大纲》"引论"中指出："中国为世界上历史最完备之国家，举其特点有三：一者'悠久'。从黄帝传说以来约得四千六百余年。从《古竹书纪年》载'夏'以来，约得三千七百余年。二者'无间断'。自周'共和'行政以下，明白有年可稽。自'鲁隐公'元年以下，明白有月日可详。三者'详密'。此指史书体裁言。要别有三：一曰编年，二曰记传，三曰纪事本末。其他不胜枚举。又中国史所包地域最广大，所含民族分子最复杂，因此益形成其繁富。若一民族文化之评价，与其历史之悠久博大成正比，则我华夏文化，于并世固当首屈一指。"⑤ 中国历史和文化的悠久，不间断和源远流长，一脉相承，是建立在无数历史典籍基础上的可靠结论。从司马迁的《史记》一直到现在的中华人民共和国史确证着中国历史和中华文明的代代相传。虽然也在历史的发展过程中经历了种种变故与坎坷，但是却在中华民族精神和中国人民的价值认同和国家认同、民族认同的引领和支撑下总是能够一次又一次地化危为机，转危为安，变乱为治，向着不断开化、不断进化和不断前进的方向发展。

对于中国历史和中华文明的绵延发展和不间断的特征，一些外国的历史学家、思想家也在自己的著作中有所论述。德国哲学家黑格尔在《历史哲学》中通过比较几大文明古国的兴衰发展史后得出的结论是"只有黄河、长江流过的那个中华帝国是世界上唯一持久的国家"。⑥ 美国历史学家爱德华·麦克诺尔·伯恩斯和菲利普·李·拉尔夫合著的《世界文明史》在论述古代的中国文明时指出：中国古代文明出现比印度文明晚一些，但却是连续性文明的典范。"当这个远东文化一旦出现，它就延续——并非没有变化和间断，但其主要特征不变——到现在 20 世纪。中国文明尽管其形成较埃及、美索不达米亚或印度河流域晚得多，

① 柳诒徵：《中国文化史·绪论》上册，中国大百科全书出版社 1988 年版，第 4 页。
② 柳诒徵引《春秋元命苞》："天地开辟，至春秋获麟之岁，凡二百七十六万岁。"
③ 柳诒徵：《中国文化史·绪论》上册，中国大百科全书出版社 1988 年版，第 5 页。
④ 柳诒徵：《中国文化史》上册，中国大百科全书出版社 1988 年版，第 5 页。
⑤ 钱穆：《国史大纲》修订本上册，商务印书馆 1996 年版，第 1 页。
⑥ [德]黑格尔著，王造时译：《历史哲学》，上海世纪出版集团 2006 年版，第 108~109 页。

但仍然是现存的最古老的文明之一。"① 他们还对中国文明之所以能够不断延续的原因做出了解说，坚持认为"它之所以能长期存在，其原因部分是地理的，部分是历史的。中国在它的大部分历史时期，没有建立侵略性的政权。也许更重要的是，中国的伟大的哲学家和伦理学家的和平主义影响使它的向外扩张受到约束……他们很少用武力把他们的意志强加给被征服民族，但是，却把同化被征服民族，使之成为他们的高级伦理制度的受益者当作自己的天职"。② 这种论述，放到世界历史和文明史的发展框架中来考察，应该是比较符合历史事实的。斯塔夫里阿诺斯著的《全球通史》在论及中国文明时也指出："与印度文明的松散和间断相比，中国文明的特点是聚合和连续。中国的发展情况与印度在雅利安人或穆斯林或英国人到来之后所发生的情况不同，没有明显的突然停顿。当然，曾有许多游牧部族侵入中国，甚至还取某些王朝而代之；但是，不是中国人被迫接受入侵者的语言、习俗或畜牧经济，相反，是入侵者自己总是被迅速、完全地中国化。"③ 斯塔夫里阿诺斯也对中国文明的这种聚合和连续的特点做出了自己的探讨，除了地理环境以外，他特别强调文化的统一和政治的统一。在中国，与文化同一性一样重要的是，各时期都存在惊人的政治上的统一，并认为中国人对现世的强烈偏好为政治组织和政治稳定提供了一个坚固的、根本的基础。

二、博大精深的爱国主义精神

中华民族的爱国主义传统不仅源远流长，绵延不绝，而且内容博大精深，高明厚重。这是与中华民族对江山社稷、国家神器等的精神体认、价值觉解以及所贯穿流荡的天地万物、民生日用密切联系在一起的。中国的国家政权或国家共同体并不是一个纯粹的政治组织和政治生活的区域，它是一个以政治生活和政治活动为核心向着外在的"事天"和内在的"尽性"双重深入和扩展的"圆而神"的建构过程，因此与其崇天敬祖的祭祀活动、效法圣人以及修身养性的内圣功夫是不可分割的。就此而论，中华民族和中国人民的爱国既是爱祖国、爱国家的集中体现，也是爱国土（江山社稷）、爱国人（包括逝去的祖先，活着的今人以及未出世的后人）、爱国文（文化精神、价值系统）、爱国体（典章文物制度、国家政权的建构）的自然展开，还有着对国性、国德、国格、国品、国运、国命等的无比关心和魂系梦牵，念兹在兹，如此等等，整体锻造了中国人的精神世界和

①② ［美］爱德华·麦克诺尔·伯恩斯、菲利普·李·拉尔夫著，罗经国等译：《世界文明史》第2卷，商务印书馆1987年版，第143页。
③ ［美］斯塔夫里阿诺斯著，吴象婴等译：《全球通史》上，北京大学出版社2006年版，第128页。

296

新形势下弘扬爱国主义重大理论和现实问题研究

意义世界，世界历史上，没有哪一个民族会像中国人那样有一种自出生到死亡乃至死后世界都将自己与其所属的国家和民族共同体自然自觉地联系起来，在对国家和民族共同体的情感认同、价值认同和伦理认同中建构自己安身立命的精神家园。

柳诒徵在《中国文化史》中指出："中国乃文明之国之义，非方位、界域、种族所得限。是实吾国先民高尚广远之特征，与专持种族主义、国家主义、经济主义者，不几霄壤乎！"又说："唐、虞之时所以定国名为'中'者，盖其时哲士，深察人类偏激之失，务以中道诏人御物。""是唐、虞时之教育，专就人性之偏者，矫正而调剂之，使适于中道也。以为非此不足以立国，故制为累世不易之通称。一言国名，而国性即以此表见。其能统制大宇，混合殊族者以此。"① 中国人崇尚圣人之道，推崇中正之道，也推崇仁义之道。中华民族在几千年的发展中，形成并发展起了支撑中华民族存续和发展的核心价值观和民族精神。"德之在国，推恩于天下，泽布于四海，志在养民，兴利除害，谓之国德；而其成为风气者，谓之国风；成为品格者，谓之国格。"② 中华国德即是天德王道。它肇造于伏羲氏"仰则观象于天，俯则观法于地，观鸟兽之文与地之宜，近取诸身，远取诸物"（《周易·系辞下》）的"始定人道"，"以通神明之德"的价值建构之中，在炎黄尧舜时代"通其变，使民不倦，神而化之，使民宜之"得以初步的发展，然后经禹、汤、文、武、周公、孔、孟等的不断创化、推扩形成"变而不失其常"的中国价值观和伦理文明。

中华民族的爱国主义精神有着"乘天地之正，尽万物之性，大化流行，创造不息"的价值秉性，更彰显出"畅乎所宜，适乎民愿，支撑整个国家民族功加于时、德垂后世，建立盛德富有大业"③ 的伦理基质。中华民族爱国主义精神同"以至诚不息为天职，以仁义之道行天下，以刚健中正之道协和万邦，以浩浩大化知觉主宰处为最高性命之理的精神"④ 是高度贯通融合的，故而有着"与天地合其德"的形上追求。斯特恩斯等著的《全球文明史》在肯定中国文字、中国的治水和灌溉工程对中华民族价值认同和整体认同之外，还专门谈到了中华民族祭天崇祖以及效法圣王的伦理观念对中华文明绵延发展的深刻影响，指出："商周两代的创立者被知识分子和农民尊为各级统治者应该效法的圣王。从商周遗传

---

① 柳诒徵：《中国文化史》上册，中国大百科全书出版社 1988 年版，第 33 页。
② 司马云杰：《盛衰论：关于中国历史哲学及其盛衰之理的研究》，陕西人民出版社 2003 年版，第 225～226 页。
③ 司马云杰：《中国文化精神的现代使命：关于中国文化根本精神与核心价值观的研究》，山西教育出版社 2008 年版，第 3 页。
④ 司马云杰：《中国文化精神的现代使命：关于中国文化根本精神与核心价值观的研究》，山西教育出版社 2008 年版，第 3～4 页。

下来的祭天崇祖的传统，几千年来一直是中国人宗教信仰和实践的主要内容。"①效法圣王其实是含有对圣王之道的推崇和坚守。中国自遥远的古代起，就把那些能够造福天下苍生、服务整个群体的人物称为圣人，把那些心系苍生、以德行仁的人士称为王者。圣王是"天下为公"的楷模，他们"不独亲其亲"，"不独子其子"，能够以利济苍生为己任，讲信修睦，选贤与能，始终关注着群体的整体利益和共同利益。中正与《尚书》所言的"无偏无党""无党无偏"的"皇极"有着最为密切的关系，也与《易经》所言的"刚健中正""黄中通理，正位居体"是密切相关的，它深切地表达了中华民族在待人接物、认识和改造自己以及治国平天下等方面的价值追求和行为理想。

三、高明伟岸的爱国主义德操

梁启超曾经著文坚持认为，中华民族和中国人是世界上最讲爱国主义的民族和国民，爱国、报国思想不仅源远流长，而且特别强烈，即便在国衰民穷的情况下也不改初心。"我民之眷怀祖国，每遇国耻，义愤飚举，犹且如是，乃至老妇幼女，贩夫乞丐，一闻国难，义形于色，输财效命，惟恐后时，以若彼之政象，犹能得若此之人心，盖普世界之最爱国者莫中国人若矣。呜呼！此真国家之元气而一线之国命所借以援系也。"② 中国人具有大义凛然的爱国主义德操和情感，以忠于国家整体利益和长远利益为重并将其视为最根本性的道义，并能在这种最根本性的道义的指导和武装下做到不为贫贱所移，富贵所淫，威武所屈，坚守自己的高尚节操，即使身处危境，也能见危致命，杀身成仁，舍身取义。

春秋战国时期，列国雄起，战争频繁，社会动荡不安。在危机四伏之中如何坚持自己的高尚节操，维护自己崇高的独立人格，是当时身处思想政治旋涡中的人们所面临的重要课题。杀身成仁，舍生取义成为儒家所设立的生命价值目标。孔子认为在面对生命与道德两难之时，一个真正的君子应杀身成仁，而不是为了求生而去伤害仁道。孟子将孔子的杀身成仁发展为舍生取义。坚持认为生命是我所欲求的，道义亦是我所欲求的，在二者不可得兼的情况下，应该舍生而取义。因为义的价值高于生命的价值。荀子认为，"义之所在，不倾于权，不顾其利，举国与之不为改视，重死持义而不挠，是士君子之勇也"（《荀子·荣辱》）。又说："志意修则骄富贵，道义重则轻王公"（《荀子·修身》），所以，一个真正有道德的人"不为贫穷怠乎道"，不管在任何艰难困苦和险恶的环境下，都能坚守

---

① ［美］斯特恩斯等著，赵轶锋等译：《全球文明史》上册，中华书局 2006 年版，第 63 页。
② 梁启超：《痛定罪言》，引自《梁启超全集》第四册，北京出版社 1999 年版，第 2777 页。

自己的道德原则和立场。"是故权利不能倾也，群众不能移也，天下不能荡也……夫是之谓德操"。(《荀子·劝学》)《吕氏春秋·士节》记载："士之为人，当理不避其难，临患忘利，遗生行义，视死如归"。士君子在大是大非面前应坚守正道，坚决维护正义，甚至以身殉道，以实现自己的人格理想。士君子于义，应不畏权，不为利，不避死，唯义是从。先秦同时身为士君子的思想家，大多不仅是"杀身成仁，舍生取义"的倡导者，还往往是杀身成仁，舍生取义的实践者。《晏子春秋》载：齐大夫崔杼弑杀庄公，要挟晏子与之联盟立宗公为君，晏子誓死不从，说"劫吾以刃而失其志，非勇也；回吾以利而倍其君，非义也。崔子！子独不为夫诗乎？《诗》云：'莫莫葛藟，施于条枚，恺悌君子，求福不回'。今婴且可以回而求福乎？曲刃钩之，直兵推之，婴不革矣！"(《晏子春秋·内篇·杂上》)晏子在威逼诱惑面前，大义凛然，坚守节操，维护正义，实现了自己的人格理想，成为重道守节的典型。

黄宗羲在自己的著作中表彰明末清初的一些士大夫的气节和忠烈，指出气节和忠烈是国家民族处于生死存亡关头时人们的一种捍卫道义、不屈不挠的抗争精神和视死如归的殉道精神。在黄宗羲看来，"盖忠义者，天地之元气。当无事之日，则蹈为道术，发为事功，漠然不可见。及事变之来，则郁勃迫隘，流动而四出。贤士大夫欻起收之，甚之为碧血穷燐，次之为土室牛车，皆此气之所凭依也"。[1]"元气之在平时，昆仑旁薄，和声顺气，发自廊庙，而郁浃于幽遐，无所见奇；逮夫厄运危时，天地闭塞，元气鼓荡而出，拥勇郁遏，坌愤激讦"。[2]他在《苍水张公墓志铭》中指出："语曰，慷慨赴死易，从容就义难。所谓慷慨、从容者，非以一身较迟速也。扶危定倾之心，吾身一日可以未死，吾力一丝有所未尽，不容但已。古今成败利钝有尽，而此不容已者，长留于天地之间。"[3] 事业有成败，抗争有胜负，这些都会成为云烟，只有那穿透历史云层的民族精神或忠义气节，自会长存于天地之间。

近现代历史上，中华民族面临着数千年未有之大变局，救亡图存、保种自强成为各界人士的共识，并因此产生了一批又一批杀身成仁、舍生取义的仁人志士。从"苟利国家生死以，岂因祸福避趋之"的林则徐，中经"我自横刀向天笑，去留肝胆两昆仑"的谭嗣同，到"不能因为你们绞死我，就绞死了共产主义"，"试看未来的世界，必是赤旗的世界"的共产党人李大钊，中华民族大义凛然的爱国主义德操在中国近现代民族民主革命中闪闪发光，成为推动中华民族"衰而复振""阙而复兴"的动力源泉和精神旗帜。

---

① 黄宗羲：《纪九峰墓志铭》，引自《黄梨洲文集》，中华书局 2009 年版，第 262 页。
② 黄宗羲：《谢皋羽年谱游录注序》，引自《黄梨洲文集》，中华书局 2009 年版，第 320 页。
③ 黄宗羲：《兵部左侍郎苍水张公墓志铭》，引自《黄梨洲文集》，中华书局 2009 年版，第 202 页。

四、厚德载物的爱国主义襟怀

中华民族具有"道并行而不相悖，万物并育而不相害""大德敦化、小德川流"的博大胸怀。吕思勉有言："惟我中华，合极错综之族以成国，而其中之汉族，人口最多，开明最早，文化最高，自然为立国之主体，而为他族所仰望。他族虽或凭恃武力，陵轹汉族，究不能不屈于其文化之高，舍其故俗而从之，而汉族以文化根柢之深，不必藉武力以自卫，而其民族性自不虞澌灭，用克兼容并包，同仁一视；所吸合之民族愈众，斯国家之疆域愈恢；载祀数千，巍然以大国立于东亚。斯故并世之所无，抑亦往史之所独也。"① 中华爱国主义具有兼收并蓄、海纳百川和有容乃大的特征。5000 多年的中华文明博大精深，源远流长，作为四大文明中唯一一个没有中断的文明，在历史发展的过程中之所以绵延不绝，历久弥新，具有强大的生命力，原因众多，但其中一个重要的原因就在于中华文明具有包容会通、博采广纳的价值特质。其他文明之所以消失，原因也不少，但一个不容忽视的原因就是它们缺乏包容性而具有排他性，缺乏和谐性而具有冲突性，缺乏向他种文明的学习性而具有敌视他种文明的傲慢性。中华文明之所以能够在历史的发展变革中不断继往开来，就在于有其广博的胸怀、开阔的视野和海纳百川的度量。中华文明和中华文化具有多元发生并相互融合的发展历程，这种多元发生犹如满天繁星形成熠熠生辉的格局和景象。钱穆先生在《国史大纲》中比较了秦汉帝国与罗马帝国的关系，指出："罗马如于一室中悬巨灯，光耀四壁；秦、汉则室之四周，遍悬诸灯，交射互映；故罗马碎其巨灯，全室即暗，秦、汉则灯不俱坏光不全绝。因此罗马民族震烁于一时，而中国文化则辉映于千古。"② 应该说，钱穆先生的这一比喻形象而又生动地揭示出中华文明与古罗马文明的本质区别，即中华文明是多点支撑、多元一体的，而古罗马文明还有其他古代文明诸如古埃及文明、古希伯来文明、古希腊文明等，基本上都是一种因素取代另一种因素或两种因素彼此争斗不已的文明类型，它们很难形成对其他文明因素平等的尊重、有机地兼容或彼此之间的和而不同的格局，确实处在文明与文明的冲突与战斗之中，结果就造成了"一支独大"或"两败俱伤"的后果。梁启超在论及华夏族的形成时不无正确地指出："吾族自名曰'诸夏'以示别于夷狄……夏而冠以'诸'，抑亦多元结合之一种暗示也……自兹以往，'诸夏一

---

① 吕思勉：《中国民族史》，东方出版社 1996 年版，第 8 页。
② 钱穆：《国史大纲·引论》上册，商务印书馆 1996 年版，第 14 页。

体'的观念，渐深入人人之意识中，遂成为数千年来不可分裂不可磨灭之一大民族。"① 不仅华夏民族是"诸夏一体"的产物，作为整体的中华民族更是中国境内多民族长期融合的产物。

从中华文化的起源而言，中华文化的问世或形成本身就是一个多元聚合为一体，一体依多元而精彩纷呈的化合过程，是一个如同苏秉琦先生所指出的中华文化的发源地绝非局限在黄河中游的狭小区域，而是散布在数百万平方公里的辽阔版图上，有如满天星斗，熠熠生辉。② 华夏先民在吸收各个部落图腾形状的基础上，想象出一种动物作为部落联盟的图腾，这个动物就是龙。对于龙形状，宋代罗愿在《尔雅翼》"释龙"中有言："龙者，九似者，角似鹿、头似驼、眼似兔、项似蛇、腹似蜃、鳞似鱼、爪似鹰、掌似虎、耳似牛"（《尔雅翼·释鱼·龙》）。从龙的特征可以看出，龙在社会现实生活中并不存在，但是它能够最大限度地代表各个部落的精神信仰，它具有遨游四极，俯瞰八方，"能幽能明，能细能巨，能短能长，春分而登天，秋分而潜渊"（《说文解字·第十一》）的灵活性与神性，是人们理想中的神物。

中华民族具有兼容并包，同仁一视的博大胸怀，"古往今来，中华民族之所以在世界有地位、有影响，不是靠穷兵黩武，不是靠对外扩张，而是靠中华文化的强大感召力和吸引力。我们的先人早就意识到'远人不服，则修文德以来之'的道理"。③ 中国人强调对自己国家和民族的热爱、忠诚，主张"苟利国家生死以，岂因祸福避趋之"，但是中华民族的爱国主义始终不曾把自己民族的爱国主义同异域民族的爱国主义对立起来，甚或将其凌驾于其他民族的爱国主义之上。中华民族崇尚"和而不同""协和万邦"，把"尔我不侵""各安其所"视为国家民族相处之道。中国即便在十分强大的时代都没有留下侵略他国的殖民记录。张骞出使西域，郑和七下西洋，带去的都是中国人民的友好和善意。

第三节　中华民族爱国主义的独特价值

在五千年中国历史发展过程中，爱国主义成为中华民族代代相传的优良传

---

① 梁启超：《中国历史上民族之研究》，引自《梁启超全集》第 6 册，北京出版社 1999 年版，第 3436～3437 页。

② 苏秉琦：《辽西古文化古城古国：兼谈当前考古工作的重点或大课题》，载于《文物》1986 年第 8 期。

③ 习近平：《在文艺工作座谈会上的讲话》，引自《十八大以来重要文献选编》（中），中央文献出版社 2016 年版，第 119～120 页。

统，并促进着中华民族的不断发展和壮大，成为民族魂和民族心，促进着中国历史和中国文明、文化的不断向前发展。习近平指出："中华民族为什么几千年能够生生不息、不断发展？很重要的原因是我们有以爱国主义为核心的民族精神，有一脉相承的价值追求。"① 以爱国主义为核心并一脉相承的民族精神已经成为并将继续成为中华民族行稳致远的价值观念和精神谱系。

一、民惟邦本、本固邦宁的国性基质

中华民族爱国主义所崇尚的爱国并不仅仅是指爱国家的某一要素，也不仅仅是指爱自己所愿意爱的一些要素，而是基于组成国家的所有要素而产生的一种浓烈而持久的感情、信念、行为。国民是国家中的第一要素，是国家的主体、根本，是国家进步与发展的动力，因此爱庶民、爱人民历来是稳定国家秩序，维护社会和谐的重中之重。如果说民惟邦本是古代统治者在治理国家时的治政理念，那么爱人民、服务人民便是汲取了民惟邦本理念中的精华要素而适应于、符合于当今社会的基本治道。换言之，当今社会，社会主义基本道德要求——爱人民，这一理念的提出是从中国古代民惟邦本的治国理念中衍生、发展而来的，有其深厚的历史根源与理论传统，另外，又继承了民惟邦本理念中可以借鉴、汲取的部分，为爱人民理念内容的丰富提供了重要的依据。

在中国古代，民惟邦本这一理念的产生是有其深刻渊源的。"民惟邦本"一语出自《尚书·五子之歌》："皇祖有训，民可近，不可下，民惟邦本，本固邦宁。"由此，民本的思想便成为贯穿中国人政治信念、治国理念的脉络与线索。民为邦本、本固邦宁是中国传统政治伦理的基本理念，也是中华民族共同体意识的重要内容。以民为贵，凸显了庶民百姓在国家民族共同体中的基础性地位、本源性地位和至上性地位，夯实了庶民百姓对国家民族共同体兴废存亡的本根性和决定性根基。

在中华民族的认识中，共同体要能得以形成并且获得稳固性的发展，不能仅仅局限于少数统治者或精英人物，必须建基于庶民百姓的利益维护和价值认同。因为决定江山社稷根本命脉和前途命运的是庶民百姓。庶民百姓的利益维护和价值认同本质上构成中华之"道"的根本内容，所谓"得道"其实就是"得民心"，"得民心"才能够"得天下"。孟子把得民心与得道联系起来，强调只有得民心才能得天下，指出："桀纣之失天下也，失其民也。失其民者，失其心也。得天

---

① 习近平：《在中央民族工作会议上的讲话》（2014 年 9 月 28 日），引自《习近平关于社会主义文化建设论述摘编》，中央文献出版社 2017 年版，第 123～124 页。

下有道：得其民，斯得天下矣。得其民有道：得其心，斯得民矣"（《孟子·离娄上》）。要得民心，就必须尊重民众的欲望和需求，政治上施行仁政。包括"制民之产"，"不违农时"，"轻徭薄赋"等，能够使民众过上"养生送死无憾"的生活。生活富足是百姓安居乐业的前提，也只有生活富足、衣食不缺百姓才能自觉地遵守社会秩序，接受教化。

在儒家看来，厚生养民是国家的首要任务，而富民、裕民则是实现王道政治的基础。养民、富民观是儒家仁政学说的重要内容之一，如果说养民在于强调维护百姓最基本的生存权益，那么富民则是在养民的基础上有所发展，其重点在于强调百姓富裕的实现，即使百姓能够丰衣足食，安居乐业。养民、富民的措施主要是通过保证维持百姓生存的田产，使民以时的方针，节用善藏的主张，轻徭薄赋的政策，耕作生产技术的改进等予以实现的。

贵民、养民、教民最终会落实到爱民、敬民这一基点上来，这不仅说明统治者应该重视民众的价值，使百姓过上富裕的生活，教化百姓，也应该重视民众的主体价值，将民众尊严的维护纳入民惟邦本的理念之中。贵民、养民、教民、爱民可以说是儒家传统文化民为邦本观念的重要内容，虽然仍带有一定的时代局限，但其中所体现的对民众价值的体认，对民众在国家中作用的肯定，以及在改善民生政策方面的侧重，都或多或少地改善了民众的生存状态，调动了民众生产劳动的积极性，也增加了民众对社会的认同感、归属感，为中华民族爱国主义精神的培养与传承、内容的丰富与发展奠定了基础。

二、国家统一、民族团结的国民共识

中华民族爱国主义始终把维护国家的统一、促进民族团结视为根本的价值观念、价值目标和价值追求，并因此形成为一种国民共识，使其熔铸在中华民族的血液里，落实在中华民族的行动上。以"天下为一家"见于《礼记·礼运》："圣人耐以天下为一家，以中国为一人者，非意之也，必知其情，辟于其义，明于其利，达于其患，然后能为之"。"天下一家"的观念奠基于先秦，孟子、荀子、韩非子都认同，天下的发展趋势必然归于"一"。孔子的"为东周""张公室"，誉管仲"九合诸侯，一匡天下"，孟子的"定于一""用夏变夷"，荀子的"法先王，一天下，财万物"，都表达了对天下一统的肯定和向往。"大一统"思想始见于《春秋·公羊传》。《春秋经》开篇首句就是，"（鲁隐公）元年，春，王正月。"对此，《公羊传》解释道，"元年者何？君之始年也。春者何？岁之始也。王者孰谓？谓文王也。曷为先言王而后言正月？王正月也。何言乎王正月？大一统也。"《诗·小雅·北山》"普天之下，莫非王土；率土之滨，莫非王臣"

就是大一统观念的典型写照。

《汉书·董仲舒传》记载，汉代大儒董仲舒有语，"春秋之大一统者，天地之常经，古今之通谊也。"董仲舒精研《春秋公羊传》，致力宣扬"尊王攘夷"的大一统思想。他在"天人三策"中指出："臣谨案《春秋》之文，求王道之端，得之于正。正次王，王次春。春者，天之所为也；正者，王之所为也。其意曰，上承天之所为，而下以正其所为，正王道之端云尔。"又说："臣谨案《春秋》谓一元之意，一者万物之所从始也，元者辞之所谓大也。谓一为元者，视大始而欲正本也。《春秋》深探其本，而反自贵者始。故为人君者，正心以正朝廷，正朝廷以正百官，正百官以正万民，正万民以正四方。四方正，远近莫敢不壹于正。"（《汉书·董仲舒传》）正是基于这种认识，董仲舒向汉武帝提出了"罢黜百家独尊儒术"的建议，认为只有这样才能解决"师异道，人异论，百家殊方，指意不同，是以上亡以持一统"（《汉书·董仲舒传》）的混乱局面。思想意识和价值观的统一是统一国家最为重要的内容。董仲舒特别强调儒家"大一统"思想，认为大一统是宇宙间的普遍法则，无处不在，无时不有，将大一统思想推崇到"天地之常经，古今之通谊"（《汉书·董仲舒传》）的高度，形成强大的民族凝聚力。司马迁撰写的《史记》奠定了后世史家编撰历代统一王朝历史的传统。司马迁在《本纪》中立正朔，按照时代先后顺序，排列王朝谱系，体现了大一统的政治伦理思想和价值追求。东汉时期，公羊学大师何休在《春秋公羊解诂》中释义道："统者，始也，总系之辞，王者始受命改制，布施政教于天下，自公侯至于庶人，自山川至于草木昆虫，莫不一一系于正月，故云政教之始。"何休理解的"大一统"是以皇帝为代表的中央集权为中心实现国家的高度统一。何休秉承秦汉以来的大一统精神，以弘扬《公羊传》大一统思想为主旨，呼吁维护国家统一，维系中华民族"天下一家"的政治局面和伦理大义。

天下一统是中国发展的大趋势，中华文明是中华大一统思想在历史发展中不断巩固和强化的结果。公元前 221 年，秦王嬴政"奋六世之余烈，振长策而御宇内，吞二周而亡诸侯，履至尊而制六合，执棰拊以鞭笞天下，威震四海"，[①] 建立了一个统一的多民族的国家，中国第一次实现了政治、经济、文化、地域上的空前统一。秦朝的统一，结束了春秋以来，诸侯长期混乱、社会动乱的局面，从而使中原诸夏成为一个生活于一定地域的，具有共同文化、共同语言、共同民族心理及共同生活习惯的整体民族。钱穆《国史大纲》认为，秦始皇统一六国，建立一个大一统的秦朝，其重大意义有四个方面：第一为中国版图之确立；第二为中国民族之抟成；第三为中国政治制度之创建；第四为中国学术思想之奠定。

---

① 贾谊：《过秦论》，引自《贾谊集校注》，天津人民出版社 2010 年版，第 4 页。

"此四者，乃此期间中国民族所共同完成之大业，而尤以平民社会之贡献为大。即秦人之统一，亦为此种潮流所促成"。① 秦始皇统一中国后，采取了一系列有利于国家统一、民族团结的措施，废分封、置郡县、车同轨、书同文等，从政治、经济和文化等各方面把中国纳入统一的模式中去。秦朝建立之后，"六合之内，皇帝之土"，统一国家已经弥合了先秦时期"中国"与夷狄地域上的界限。在大一统的多民族国家里，各族人民使用同样的文字，享有共同的文化资源。秦的统一使先秦时期人们所向往的"天下一家"终于变为了现实。"如果说中国的英文名字（China）由秦（Chin）而来，那是恰当的。"② 西方学者以秦帝国或秦朝作为中国的英译之语，可见秦的统一不只是影响中国历史发展的进程，而且也成为世界认识中国的关键时期。秦的统一，起初固然是以武力或战争实现的强制性的政治统一，但是这种统一顺应了广大人民渴望统一与和平生活的愿望。秦朝由诸多制度开创的大一统的政治认同，逐渐转化为普遍的民族认同、文化认同和精神认同。中华民族天下一家的统一精神由此蓬勃而兴。有了这种自觉的统一的精神认同感，秦以后，虽然中华民族和中国历史经历了分裂的痛苦，但是广大有识之士和绝大多数人民捍卫国家统一和民族团结的共同信念始终是主流并占有着支配性的地位。汉代继秦之大一统的端绪，进一步巩固了中国的统一和各民族的团结。虽然文帝时期分别爆发了济北王刘兴和淮南王刘长的公开叛乱，景帝时期又爆发了吴楚七国之乱，但是很快就平息了下去。为了加强中央集权，维护帝国统一，汉武帝采纳儒生董仲舒"诸不在六艺之科、孔子之术者，皆绝其道，勿使并进"的建议，"推明孔氏，抑黜百家"（《汉书·董仲舒传》），以儒家学说统一社会思想。

民族团结的理念以族群融合、族群认同、族群交流或族群开放的方式加以落实。民族团结是国家统一的基本保证，民族之间的融合促进了国家的统一，而在国家统一的进程中，民族之间的沟通、交流也在不断进行，从而更有力地促进了中华民族大家庭的巩固与发展。团结统一历来是中华民族的优秀传统，中华民族的发展史就是一部民族团结互助、国家统一奋进的历史。从发展趋势上看，民族统一是不可抗拒的趋势，是中国历史发展的主流，而中华各族人民在长期历史发展、实践过程中所形成的团结互助的优良传统，在促进民族繁荣、兴盛，国家统一、富强方面起了不可磨灭的作用。在长期的历史实践过程中所形成的团结统一的优良传统，不仅使得中国各民族内部、民族之间能够紧密团结起来，让中国历史上分裂的局面可以被统一局面所取代，也为当今中国以一种和谐友善的心态处

① 钱穆：《国史大纲》上册，商务印书馆 1996 年版，第 116～119 页。
② ［美］斯坦福里阿诺斯著，吴象婴译：《全球通史：从史前到 21 世纪》，北京大学出版社 2006 年版，第 162 页。

理族与族、国与国之间的关系提供了宝贵的借鉴。

三、文化统合、培本固元的价值认同

中华民族爱国主义传统的形成和发展始终是同中华文化的肇造与建构、拱立与护卫密切联系在一起的，爱中华文化不仅是中华爱国主义的内在构成和集中表现，而且也为中华爱国主义精神的培育和挺立、光大与弘扬既奠定基础又提供保障。中国人很早就"把民族和国家当作一个文化机体，并不存有狭义的民族观与狭义的国家观，'民族'与'国家'都只为文化的存在。因此两者间常如影随形，有其很亲密的联系。'民族融合'即是'国家凝成'，国家凝成亦正为民族融合。中国文化，便在此两大纲领下，逐步演进"。[①] 英国学者马丁·雅克也认为，"世界上有许多种文明，比如西方文明，但中国是唯一的文明国家。中国人视国家为文明的监护者和管理者的化身，其职责是保护统一。中国国家的合法性深藏于中国的历史中。这完全不同于西方人眼里的国家"。[②] 中国文化不断陶融中国人民和中华民族的民族意识和国家情怀。中国古人的爱国表现在将文化的统合和认同视为善治的根本，所谓王道实现的极致。爱中华文化是当代中国爱国主义的内在要求和基本主题。中华文化也始终高扬着"天下兴亡匹夫有责"（《日知录·正始》），"苟利社稷，生死以之"（《左传·昭公四年》）的爱国主义精神。二者相辅相成，共同促进，助推中华文明和中国历史不断向前发展。

中国人民、中华民族创造了灿烂的中华文化，中华文化成为中国人民和中华民族的价值共识和精神支撑。中国自古就有"华夏"之称，而这一称谓也是最能表现中国人对自己文化认同、文化自信的称谓。"华夏"一词最早见于周代《尚书·武成》："华夏蛮貊，罔不率俾，恭天承命。"梅颐《伪孔传》解释说："冕服采章曰华，大国曰夏。"孔疏："中国有礼仪之大，故称夏，有章服之美，故谓之华。"都是以大释"夏"，以文采释"华"。清末民初，杨度《金铁主义说》解释中华一词："中华云者，以华夏别文化之高下也。即以此言，则中华之名词，不仅非一地域之国名，亦且非一血统之种名，乃为一文化之族名。"可以看出，以"华夏"称谓中国，其最想表达的含义在于文化，文化高的地区称为夏，文化高的人或族称为华，含有美好壮大的意味。正是这种灿烂的中国文化造就中华民族共同的心理素质，孕育了中华民族深沉的爱国气质，奠定了民族融合的坚实基础。

中国价值观和中国特色的伦理文明其"魂"在于凝聚共识、统摄人心，其

---

① 钱穆：《中国文化史导论》，商务印书馆 1994 年版，第 23 页。

② Martin Jacques. When China Rules the World, New Tork：The Prnguin Press, 2009：227 – 232.

"神"在于代代相传、继往开来，建构的是中华民族安身立命、和衷共济的精神家园，彰显的是中华民族和中国人民独特的意义世界和价值追求。诚如魏徵在给唐太宗李世民的上疏中所说的，"求木之长者，必固其本；欲流之远者，必浚其源；思国之安者，必积其德义"（《贞观政要·论君道》）。那种源不深而望流之远，根不固而求木之长、德不厚而思国之理的现象或结果是根本不可能有的空中楼阁。一个国家的人君"当神器之重，居域中之大，将崇极天之峻，永保无疆之休"（《贞观政要·论君道》），责任无比重大，因此必须把"积其德义"作为治国安邦的首要任务。如果"不念居安思危"，不能很好地戒奢以俭，总是"德不处其厚，情不胜其欲"（《贞观政要·论君道》），那就如同"伐根以求木茂，塞源而欲流长"（《贞观政要·论君道》）一样，结果无论如何不会理想的。以爱国主义为核心的民族精神是形成民族凝聚力、向心力和吸引力的精神基石，为国家认同、民族认同奠定了坚不可摧的基础。

文化是一个民族的根本和灵魂。"人不可无魂，人无魂则死。国不可无文，无文化则或衰或亡。民族是文化的生命载体，文化是民族的灵魂。"[1] 文化之所以是民族的根，是因为文化为一个民族的发展提供了生生不息、绵绵不绝的源泉与动力。如果没有这个根，民族就会对生活问题的处理，失去分析的能力、判断的标准、行动的依据。如果一个民族的人民忘记了"我是谁"，那么民族的振兴、国家的强大将无从谈起。真正的亡国，是文化的消亡。只有认识到传承、弘扬中国文化的重要性，肩负起传承、弘扬中国文化的使命，才能使中华民族永葆生机与活力。文化是国家、民族认同的黏合剂，没有文化认同，就不可能产生真正的对国家、民族的认同感、归属感，一个认同感强的民族往往是一个最容易反抗外来侵略，维护团结统一的民族。文化对于民族的发展是至关重要的，但民族的兴衰存亡也决定了文化的命运，没有一种文化能在民族的衰败中还欣欣向荣的发展。民族文化的传承与民族的发展存亡是密不可分的。总而言之，中华民族的发展需要文化的支撑，文化的留存与传承也需要中华民族环境的稳定。重视文化传承是增强人民认同感、归属感的重要条件，而由文化传承所产生的认同感、归属感对中华民族爱国主义精神的培育与弘扬是十分重要的，因而传承文化，爱我中华是每一个中国人的责任与使命。

四、天下为公、协和万邦的目标追求

中华民族爱国主义传统始终具有宽阔的视野和情怀，将爱国主义与天下为

---

[1] 陈先达：《文化自信与中华民族的伟大复兴》，人民出版社 2017 年版，第 175 页。

公、世界大同有机地联系起来，彰显了"各美其美，美人之美，美美与共，世界大同"的崇高风范和伦理品质。

《礼记·礼运》明确提出了"天下为公"的"大同"理想，人们没有私有观念，"货恶其弃于地也，不必藏于己，力恶其不出于身也，不必为己"，大家"选贤与能，讲信修睦"，所有的人都能得到很好的关护，老有所终，壮有所用，幼有所长，鳏寡孤独废疾者皆有所养。这种大同之世实现了夜不闭户，路不拾遗，盗窃乱贼而不作的理想状态。天下为公意味着天下是天下人共有的天下。全天下人没有公私概念，没有贫富贵贱，没有阶级压迫，没有以强凌弱，人人友爱互助，家家安居乐业，实现全天下人无差别地当家作主、服务社会、享受幸福的权利。孔子提出的大同之世是相对于小康之世而言的，小康之世不同于大同之世在于它是"天下为家，各亲其亲，各子其子，货力为己"的。在小康之世里，人们为了维护个人的财富和权力，以城池为坚固保障，以礼义为纪律纲常，用礼制来使君臣名分端正，父子关系笃厚，兄弟情谊和睦，夫妻感情和谐，并用礼制来规范财富和权力的分配，一切事功都是为了家族和个人，所以机谋智虑由此而兴起，各种竞争与战事由此而发生。

在从先秦至明清的漫长时期，尽管"家天下"是历史发展的现实，但是中国人民从来就没有停止过对"天下为公"和"大同之世"的向往和追求。春秋战国时期，不仅儒家倡导天下为公，墨家、道家乃至法家都提出了大公无私、公而忘私或先公后私的观点。《吕氏春秋·贵公》有曰："昔先圣王之治天下也，必先公，公则天下平矣。"并认为"天下非一人之天下也，天下之天下也。阴阳之和，不长一类；甘露时雨，不私一物；万民之主，不阿一人"。《吕氏春秋·去私》指出："天无私覆也，地无私载也，日月无私烛也，四时无私行也，行其德而万物得遂长焉。"中国历史上的农民起义大多提出了反对"家天下"、崇尚"等贵贱，均贫富"的有关主张，渴望建立一个"天下为公"的大同之世。

中华民族是一个爱好和平、与人为善并能对其他民族文化予以充分尊重和善于学习的民族。中国人自古以来就推崇"与人为善"，推崇"协和万邦"、深明"国虽大，好战必亡"等和平思想。这种爱好和平的思想已经深深地融入中华民族的血液里，成了中华文化的独特基因，也是中华爱国主义的一贯品质。在5000多年的文明发展中，中华民族一直追求和传承着和平、和睦、和谐的坚定理念。以和为贵、和而不同、协和万邦以及兼容并蓄、博采广纳等理念始终在中国代代相传，深深植根于中国人的精神中，深深体现在中国人的行为上，并成为中华民族日用而不觉的文化价值观。

"协和万邦"最早出现在《尚书·尧典》里："克明俊德，以亲九族。九族既睦，平章百姓。百姓昭明，协和万邦，黎民于变时雍。"意思是帝尧通过自己高尚的品德来使万邦和睦、民众愉悦。《左传》认为"亲仁善邻"是一个国家的国宝，儒家的创始人孔子也提倡以仁对待其他人，就算是化外之人，也不主张采用暴力，而是提倡以德感化，故《论语》中有"远人不服，修文德以来之"（《论语·季氏》）的记载。要做到"协和万邦"，就必须承认各邦内在的价值和特征，就必须尊重这些特征。

中华民族形成了一种"以和为贵""协和万邦"的和平主义精神，向往国与国之间、邦与邦之间和族与族之间和睦相处、和谐共生的状态。"以和为贵"是指中华民族在生存发展过程中认识到人与人之间、人与社会集体之间以及社会群体与社会群体之间应当和睦相处、和谐友好、和平共处并以和谐、和睦、和平、和合为最有价值的东西来珍惜、来追求和爱护。和谐不是无差别的完全同一，而是不同事物的有机结合。"和"既是中华民族共同体之多元维系的纽带，也是多元协调的机制，更是多元缔造的源泉。所谓"天人合一"的理念，体现了"和"在中华文明或中华民族之本源性和合法性、秩序性和延续性上的重要作用。

中国人民讲求以和为贵，主张亲仁善邻，协和万邦，发展起一种共生共赢、共建共享的和谐友好关系。"和衷共济、和合共生是中华民族的历史基因，也是东方文明的精髓。中国坚定不移走和平发展道路。国强必霸的逻辑不适用，穷兵黩武的道路走不通。"① 中国人民历来崇尚以和为贵，主张协和万邦。"中华文明历来崇尚'以和邦国''和而不同''以和为贵'。中国《孙子兵法》是一部著名兵书，但其第一句话就讲：'兵者，国之大事，死生之地，存亡之道，不可不察也'，其要义是慎战、不战。几千年来，和平融入了中华民族的血脉中，刻进了中国人民的基因里。"② 中国的崛起是和平的崛起，带给世界各国人民的是机遇而不是风险，是利惠而不是祸害。中国将矢志不渝地贯彻"协和万邦"的精神，始终做世界和亚太地区的和平稳定之锚，发展同世界各国的友好关系，推动建设相互尊重、公平正义、合作共赢的新型国际关系。

中华民族以和为贵、协和万邦的精神受到国际社会的高度认可。意大利传教士利玛窦指出："在这样一个几乎具有无数人口和无限幅员的国家，而各种物产又极为丰富，虽然他们有装备精良的陆军和海军，很容易征服邻近的国家，但他们的皇上和人民却从未想过要发动侵略战争。他们很满足于自己已有的东西，没有征服的野心。"③ 利玛窦直言，爱好和平的中国人与欧洲人很不相同，欧洲人

---

① 习近平：《中国发展新起点，全球增长新蓝图》，引自《论坚持推动构建人类命运共同体》，中央文献出版社 2018 年版，第 370 页。

② 习近平：《共同构建人类命运共同体》，引自《习近平谈治国理政》第二卷，外文出版社 2017 年版，第 545 页。

③ ［意］利玛窦、［比］金妮阁著，何高济等译：《利玛窦中国札记》，中华书局 2012 年版，第 58～59 页。

常常不满足于自己已有的东西，总是贪求别人所享有的东西，并常常借助战争来把别人所享有的东西据为己有。英国现代哲学家罗素认为，尽管中国历史上发生过很多次战争，但是他们基本上都是自卫防御性的战争，中国人从心灵深处厌弃战争，"中国人天生的面貌仍是非常平和的"，"他们的和平主义深深地扎根于他们思辨性的观点之中。"① "假如世界上有'骄傲到不肯打仗'的民族，那么这个民族就是中国。"② 中国人天生的态度就是宽容和友好，以礼待人并希望得到回报。假如中国人愿意的话，他们的国家是最强大的国家。但他们希望的只是自由而不是支配。

党的十八大以来，习近平总书记提出了构建人类命运共同体，强调各国应当告别"零和博弈"和霸权主义思维，既要让自己活得好，也要让别人活得好，千万不能为了一己之私把整个世界搞乱。构建人类命运共同体的思想和发展战略，既是对当今世界国际关系和全球形势的精准把握，也是对中国古代"天下为公"和"大同社会"思想的创造性继承和发展，有着 5 000 年文明的深厚底蕴和当代中国马克思主义世界观价值观的独特魅力，也是为世界持续和谐发展贡献的中国方案和中国智慧。

---

①② ［英］伯特兰·罗素：《中西文明的对比》，引自何兆武、柳卸林主编：《中国印象：外国名人论中国文化》，中国人民大学出版社 2011 年版，第 364 页。

第四编

弘扬当代中国爱国主义精神的国际借鉴与世界情怀研究

本编从国际关系视域探讨弘扬爱国主义精神的国际借鉴和世界情怀问题，主张在尊重各民族爱国主义传统和基本精神的同时发展起爱国主义精神的交流互鉴，并使其朝着"各美其美，美人之美，美美与共"的方向和格局发展，使各民族的爱国主义服务于共同繁荣的和谐世界的建设，共同为构建适乎人类生存发展的命运共同体做出贡献。世界上每一个独立的民族国家都有其独特的爱国主义传统。在欧洲，爱国主义起源于古希腊的城邦政治，在罗马共和时期得到比较全面的发展。古希腊罗马时期的爱国主义在中世纪面临宗教神权和罗马教廷以及上帝之城的挑战，基督教神学竖立起了爱神圣国家而贬损世俗国家的旗帜。中世纪后期，西欧兴起了文艺复兴、宗教改革和启蒙运动，从神权控制下建立了一批王权国家，又从王权国家独立发展出一批民族国家，开始了近代化的发展历程。从中世纪后期开始，无论是对王权国家抑或是对民族国家的热爱竞相在社会各个阶层滋生延展开来，并形成了与民族主义相契合的爱国主义思想运动。近代以来，民族国家的形成彰显了民族精神，并使爱国主义思想和实践得以全面发展。在英国形成民族爱国主义、法国形成民主爱国主义的同时，德国则发展起了一种文化和精神的爱国主义，赫尔德、康德、费希特、黑格尔等均对德意志民族精神以及爱国主义做出过自己的论述。

由于资本主义民族国家之间内涵的"丛林法则"和抢夺外部资源的激烈竞争，使得"爱国主义"的外延既与民族主义相为表里，又成为促进民族国家不断在竞争格局中占有有利条件的动力源泉，这就凸显出了资产阶级爱国主义的复杂性和局限性。同资产阶级民族主义密切相关的爱国主义的局限性在 20 世纪发展到顶峰，并通过两次世界大战以及第二次世界大战后的冷战表现出来。

当代世界，如何在丛林法则和霸凌思维不得人心，世界格局多极化的情况下构建以合作共赢为核心的新型国际关系，事关人类的未来和各国发展前途。新型国际关系建构内在地包含各国爱国主义和谐共生、包容互鉴和美美与共的发展问题。

第十三章

古希腊、古罗马和欧洲中世纪时期的爱国主义

西方文明源于希伯来和希腊"两希传统"。"希伯来人和希腊人同是吸收近东文明的成就，却形成了各自独特的观念和思想风格，从而区别于美索不达米亚和埃及人。希伯来人的伟大成就表现在宗教——伦理思想方面，而伟大的希腊成就则体现于理性思维的发展"。① 与美索不达米亚和埃及文明相比，希腊文明展示了新的政治和思想文化创化方面的能力。众多的哲学派别和政治模式都得到相当程度的发展，建构横跨地中海和更大范围的帝国的能力也得到了一定的锻炼和增强。在西方文明关于爱国主义的发展史上，希腊也是以其人对城邦共同体的忠诚、热爱及其国家正义的思考为其奠定基础。"现代爱国主义话语是建立在古人遗产的基础上的。现代的哲学家、历史学家以及诗人都从古希腊罗马寻找爱国主义的宗教与政治内涵。如同菲斯泰尔德古朗士曾写的，古代的爱国主义是种宗教情感。'国家'意味着 terra partia（祖国）。祖国是一个人所尊崇的国内或民族宗教所辖之地，是其祖先居住之地，是其灵魂寄托之地。他的最小的'祖国'是由其坟墓与炉灶所围绕的家庭封地；他最大的'祖国'是城邦，有其公共会堂与英雄，有其以宗教为界的边疆与领土。祖国是一片神圣的土地，神灵与祖先都生活于此，由于信仰而变得更为神圣。"② 在世界范围内，围绕忠诚与保护自己所生活的共同体，历史上出现过形态各异的思想，虽然不能简单地统称为现代意义上

① ［美］马文·佩里主编，胡万里等译：《西方文明史》上卷，商务印书馆1993年版，第62页。

② ［美］毛里奇奥·维罗里著，潘亚玲译：《关于爱国：论爱国主义与民族主义》，上海人民出版社2016年版，第17页。

的"爱国主义"。但是，与近代以来逐渐形成的"爱国主义"相似甚至相同的"爱国"情感，在古希腊时期，也是非常盛行的。而且，从某种意义上说，古希腊时期萌生和孕育形成的爱国主义思想一直成为近现代爱国主义发展的理论来源或源头活水。

第一节　古希腊"爱国意识"的形成和发展特点

古希腊城邦由于地缘关系，形成了共同的认同感及民族特性，就各个城邦而言，"城邦共同体主义""城邦情结"是维系城邦与公民的精神纽带，公民从小生于城邦，长于城邦，整个生命围绕城邦展开，对城邦怀有特殊的感情，他们热爱自己的城邦，并形成了一种将个体视为城邦之子的"整体主义"。

一、古希腊时期"爱国意识"的表现形式

在希腊社会已臻成熟的公元前5世纪，希腊人把城邦制度看作是通往幸福生活的唯一道路。成熟的城邦是一个体现自由公民意志的自治的社会，而不是代表神明、世袭国王或祭司们的旨意的社会。希腊城邦从部落式、宗教式的制度向世俗的、理性的社会的演变，只是希腊思想由神话向理智的总过渡中的一部分。在古希腊众多城邦中，雅典和斯巴达是最典型的代表，也是两个最强大的城邦，正是这两个强大城邦间爆发的伯罗奔尼撒战争，导致了古希腊的城邦政体的解体。当时的雅典城邦采用了"民主制"①，而斯巴达则采用了"贵族寡头制"。这两种制度下所形成和倡导的"爱国主义"意识的表现形式，也各有特色。

（一）雅典人的"爱国"

希腊文明第一个有名的产儿就是荷马及其他所创作的两部史诗。《伊利亚特》和《奥德赛》这两部重要的诗集为塑造希腊精神和形成希腊宗教做出了贡献。荷马史诗所反映的是英雄时代的生活和重大事件。个人的勇敢以及为国捐躯也受到肯定性的评价。《伊利亚特》将勇士的个人荣誉与城邦的荣誉联系起来，鼓吹为城邦而战，"在《伊利亚特》（XII，243）中，赫克托尔说得简洁：'最好的征兆

---

① 美国学者威廉·弗格森在其《希腊帝国主义》一书中，将雅典的这种民主制度称为"帝国式民主"。

只有一个：为国家而战。'"① 荷马史诗所言的国家其实就是希腊早期城邦国家。"荷马世界已经是一个城邦的世界。虽然这些共同体所反映的是早期的、还远未发展成熟和完善的城邦形式，却已表现出城邦所有的基本特点。尽管它是史诗，其视野也是泛希腊的和跨爱琴海的，但在诗人的想象中，特洛伊战争就好像发生在一个大平原相对两边的两个城邦间一样。在整个希腊历史上，类似的邻里之争常引起长期而激烈的战争，而它们第一次被准确地表现出来，就是在荷马时代。"② 在史诗中，城邦代表了文明、共同体和正义，非城邦的生活则意味着原始、孤立和没有家园的感觉。荷马之后，雅典城邦许多政治家、思想家均对什么是爱国、怎样爱国以及爱国究竟有什么意义等问题做出了自己的思考和回答，并初步形成了自己的特色和风格。

第一，雅典人对自己的城邦充满强烈的自信和认同，对先人的功德予以高度肯定。伯利克利在阵亡将士墓前的演说中指出："在我们这块土地上，同一个民族的人世世代代住在这里，直到现在；因为他们的勇敢和美德，他们把这块土地当作一个自由国家传给我们。"③ 这种对雅典国土的热爱，对祖先及父辈在这块土地上的辛勤付出和流血深怀敬意，正是雅典爱国主义的集中表现。

第二，雅典倡导公民积极投身到城邦的公共事务中来。伯利克里的爱国主义思想将爱国与民主统一起来，并成就了古希腊民主政治的极盛状态。他认为以个体利益最大化为出发点的民主思想是爱国主义的前提条件，没有民主就不存在爱国，爱国就是爱祖国的政治制度、爱祖国的人民、爱祖国的生活方式，因为国家对于个人幸福的获得、公正的待遇、个人价值的实现具有保障意义。爱国主义思想的践行需要个人自觉统一个人与国家的利益、服从国家法律、磨砺勇敢的品质。伯利克利在演说中充分肯定雅典城邦政治制度的独创性和优越性，指出："我们的制度之所以被称为民主政治，因为政权是在全体公民手中，而不是在少数人手中……任何人，只要他能够对国家有所贡献，绝对不会因为贫穷而在政治上湮没无闻。"④ 在这种制度建构和氛围影响下，雅典公民对城邦的关怀成为生活的重要部分，其日常生活离不开城邦，保护城邦也成为雅典人为之自豪的使命。

第三，雅典还通过法律和道德表彰那些维护城邦利益的行为，惩处违背城邦利益的行为。在苏格拉底看来，我们对于国家，最好是热爱它，就好像我们最好是爱自己的父母一样。当国家的命令（或者是父母的命令），哪怕是不公正的命

---

① ［英］克里斯托弗·罗、马尔科姆·斯科菲尔德主编，晏绍祥译：《剑桥希腊罗马政治思想史》，商务印书馆 2016 年版，第 34~35 页。

② ［英］克里斯托弗·罗、马尔科姆·斯科菲尔德主编，晏绍祥译：《剑桥希腊罗马政治思想史》，商务印书馆 2016 年版，第 35 页。

③ ［古希腊］修昔底德著，谢德风译：《伯罗奔尼撒战争史》，商务印书馆 1960 年版，第 146 页。

④ ［古希腊］修昔底德著，谢德风译：《伯罗奔尼撒战争史》，商务印书馆 1960 年版，第 147 页。

令，没有对灵魂关怀进行实质性干涉时，对我们来说，最好是服从。"即使国家的命令确实对灵魂关怀形成了实质性干涉，无法表达我们对国家的爱，在选择不服从之前，最好是进行说服。"① 苏格拉底为了维护城邦名誉和法律的尊严，拒绝好友克力同向法官乞情的建议。在他看来，尽管审判结果是不公正的，然而，逃跑却是非法的。一个正派的雅典公民，无论在何时都应该而且必须遵守法律。苏格拉底还用马虻与良种马的关系来比喻公民有责任对城邦进行"刺激"，即使面临各种危险也义无反顾，他把变成一只牛虻视为对国家最大的贡献。

第四，雅典人通过庄严的仪式纪念为城邦做出牺牲的英雄们。比如，雅典人给予在伯罗奔尼撒战争中首批阵亡的战士国葬。战士们的遗骨埋葬在公共墓地，在雅典人看来，这里"是市郊风景最优美的地方"。在伯罗奔尼撒战争阵亡将士国葬典礼上，伯里克利肯定了雅典人的勇敢、无畏，并深情讴歌那些为国捐躯的烈士，认为他们勇敢的精神将永远激励活着的人们更好地建设城邦和保卫城邦。伯利克利盛赞那些为保卫雅典城邦而英勇捐躯的烈士，认为他们的行为达到了光荣的顶点，他们为保卫国家而死，死得有价值，他们的英名将永远留在人们的心灵中，永垂不朽。

此外，雅典人还通过信仰团结城邦公民、增强其对城邦这一共同体的价值认同。雅典娜是雅典人心中的"城邦守护神"，每年雅典都会举行"泛雅典娜大庆"，他们期待通过这种方式祈得"城邦守护神"保护城邦之安全、稳定，保佑人民安康。

（二）斯巴达人的"爱国"

斯巴达人是多利安人的一支。约公元前10世纪，多利亚人建立了斯巴达城。约公元前735~前715年，斯巴达初步征服了西邻美塞尼亚；继而于公元前7世纪末镇压了当地人的大规模起义，将该地区完全占领。约在此过程中创立了斯巴达国家。"斯巴达的历史是城邦政治演化的一大特例。尽管它的公民和大部分其他希腊人有共同的起源"，但是它却是一个崇尚集体主义、军事活动并以尚武为其主要精神的城邦国家。"斯巴达人是以侵入军队的身份进入东部伯罗奔尼撒的。起初，他们试图与在那里发现的当地的迈锡尼人合并。但发生了冲突，斯巴达人就采取了征服的手段。到公元前9世纪末，尽管他们已取得对整个拉哥尼亚的统治，但还不满足。在太格托斯山以西，是肥沃的美西尼亚平原。斯巴达人就决定

---

① ［英］克里斯托弗·罗、马尔科姆·斯科菲尔德主编，晏绍祥译：《剑桥希腊罗马政治思想史》，商务印书馆2016年版，第188页。

征服它。这一冒险事业居然获得成功，美西尼亚的领土就并入了拉哥尼亚的版图。"① 相比雅典，斯巴达城邦则是一个"军事社会"②，斯巴达教育重在"意志教育"，将国家与军事相结合，在于造就勇敢的战士，培养其为国牺牲的精神，尚武成为斯巴达城邦的灵魂。整个斯巴达城邦像一个大军营，公民的私人生活让位于城邦，生活的重心在于加强军事力量，一方面，强化公民的城邦观念，另一方面也增强国家的防御力量。"他们的教育几乎仅限于军事训练，辅之以赤身裸体和残酷的鞭笞，以锻炼他们应战的能力。他们从二十岁到六十岁的所有时间都是为国服役。"③ 据希罗多德记载，波斯国王薛西斯（Xerxes）曾经询问被放逐的斯巴达国王戴玛拉托斯（Demaratus）有关斯巴达人的战斗能力问题时，戴玛拉托斯回答："在单对单作战的时候，他们比任何人都不差；在集合到一起来作战的时候，他们就是世界上最无敌的战士了……不管当前有多么多敌人，他们都绝对不能逃跑，而是要留在自己的队伍里，战胜或者战死。"④ 斯巴达人崇尚自由，更信奉法律，把服从城邦集体意志视为生命的最高价值。他们都是既忠诚又勇敢的人物，在战场上绝没有临阵逃脱的士兵，有的只是战胜敌人的英勇气概。即便是被战死，也比逃生活着更有意义。据希罗多德《历史》记载，一个名叫阿里斯托戴莫斯的军人在战场上逃生回到斯巴达时，"没有一个斯巴达人愿意和他讲话。为了使他难堪，斯巴达人称他为懦夫阿里斯托戴莫斯"。⑤ 这种耻辱使阿里斯托戴莫斯羞愧难当，促使他后来投身普拉塔伊阿的战斗，并通过勇于作战一洗此前他所蒙受的耻辱。

斯巴达人的爱国热情超越雅典诸城邦之上，达到十分赤诚且自觉的程度，以至于常常忘记了自己个人的利益或偏好。斯巴达公民把城邦与自身看作命运共同体，将个人（包括生命）寓于整个城邦之中，体现出热爱城邦的"集体主义"精神。集体主义是斯巴达人的价值观，他们在生活中推行的"公餐"制度，就是对集体主义价值观进行培养。大家一起在公共餐厅内用餐，"公餐"制有助于培养公民对城邦共同体的认同，形成统一的共同体意识。除此之外，斯巴达人的墓志铭也体现了公民与城邦的情感联系。斯巴达墓志铭一般只刻公民的名字，但为国阵亡的人其墓志铭刻有"战死"二字，以别于普通公民，并颂扬其功劳。"战死"两个字是对其为国牺牲的肯定，也是国家和人民对他们的缅怀。斯巴达特别

① ［美］爱德华·麦克诺尔·伯恩斯、菲利普·李·拉尔夫著，罗经国等译：《世界文明史》第1卷，商务印书馆1995年版，第219页。

② ［美］琼·肯尼·威廉姆斯著，郭子龙译：《古代希腊帝国》，商务印书馆2015年版，第106页。

③ ［美］爱德华·麦克诺尔·伯恩斯、菲利普·李·拉尔夫著，罗经国等译：《世界文明史》第1卷，商务印书馆1995年版，第221页。

④ ［古希腊］希罗多德著，王以铸译：《历史：希腊波斯战争史》，商务印书馆2010年版，第505页。

⑤ ［古希腊］希罗多德著，王以铸译：《历史：希腊波斯战争史》，商务印书馆2010年版，第557页。

倡导青年勇敢作战、为国捐躯的牺牲精神。

二、古希腊"爱国意识"的精神内涵

严格地讲，"爱国主义"这个概念是在民族国家出现之后才出现的，其核心就是"爱国"。如果狭义地理解"爱国"，那么这个"国/祖国"一般都是指近几百年才兴起的民族国家，也就是说在民族国家兴起之前谈论狭义的"爱国主义"是不严谨的。但是，与近代以来逐渐形成的"爱国主义"相似甚至相同的"爱国"情感，在古希腊人心中，其实已经是非常普遍的存在。因此，如果我们广义地理解"爱国主义"，那么从古希腊时期开始梳理和讨论"爱国/爱国主义"意识，是必要的。

（一）"爱希腊"和"爱城邦"的分层关系

虽然古希腊时期的"爱国意识"不等同于近代以来的"爱国主义"，但是借鉴近代"爱国主义"概念来理解古希腊的"爱国意识"，可以发现古希腊人的"爱国意识"是分层的。由于希腊人有"希腊"和"城邦"的双重认同，古希腊的"爱国主义意识"就呈现出两个层次："爱希腊"和"爱城邦"。

"爱希腊"和"爱城邦"在古希腊时期是辩证统一的。希罗多德在《历史》中就写道："全体希腊人在血缘和语言方面是有亲属关系的，我们诸神的神殿和奉献牺牲的仪式是共通的，而我们的生活习惯也是相同的。"[①] 只要有一个希腊人活着，他们就会坚守希腊人的精神，生发为自由而战的意识。柏拉图在《理想国》中也断言，"希腊人种就其本身而言，自成一族（如同一家人），且相亲相近；对于野蛮人而言，是陌生人，是异类。那么，当希腊人与野蛮人、野蛮人和希腊人打仗时，我们会断定他们在进行战争，他们天生就是敌人"[②]。甚至，伯利克里在著名的《阵亡将士国葬典礼上的演说》中，也将和斯巴达人的战争称为"希腊内部的战役"[③]。但有的时候"爱城邦"也会胜过"爱希腊"。同样是在伯利克里著名的《阵亡将士国葬典礼上的演说》中，他不止一次地提到雅典城邦"曾经经受到考验的精神、宪法和伟大的生活方式"[④]。他不断提到雅典和斯巴达的差异，以及雅典制度和生活方式的优越性，并声称雅典人会为城邦慷慨而战、

---

① ［古希腊］希罗多德著，王以铸译：《历史：希腊波斯战争史》，商务印书馆2010年版，第620～621页。

② ［古希腊］柏拉图著，郭斌和、张竹明译：《理想国》，商务印书馆2002年版，第208～210页。

③④ ［古希腊］修昔底德著，谢德风译：《伯罗奔尼撒战争史》，商务印书馆2018年版，第147页。

慷慨而死。这也是当时大多数雅典人内心的真实写照。

在伯罗奔尼撒战争结束之后，古希腊教育家伊索克拉底又提出了"泛希腊主义"（Panhellenism）这一概念，其推崇的"泛希腊"运动就是希望通过血缘和祭祀等，将希腊人团结在一起，以此对抗当时强大的波斯帝国。格罗特也认为"希腊人拥有某种浓厚的'泛希腊'情结"①。可以说，"泛希腊主义"是将古希腊人心中的"爱希腊"情感进行了理论概括，并且通过"泛希腊主义"进一步加强了古希腊人对于"希腊"的认同。虽然伊索克拉底提出"泛希腊主义"的另一个目的是将希腊人和东面的波斯人（在当时也被认为是野蛮人）对立起来，制造希腊人的反波斯情绪，但这种区分确实进一步加强了希腊人对于"希腊人"身份的认同。

（二）"城邦正义"和"个人美德"的辩证统一

在希腊人眼里，"爱希腊"和"爱城邦"的关系是显而易见的。但是，在哲学思辨高度发达的古希腊，人们又是如何实现"个人"和"城邦"之间的辩证统一的呢？柏拉图在《理想国》中对此就有大篇幅的描述和论证。柏拉图认为"国家就是大写的人"。通常，我们都会认为柏拉图所讲的"国家"是指"城邦"，但事实上，柏拉图把"国家"理解为是"人的集合/众人组成的共同体"②。柏拉图对"国家"的这种理解，不仅有利于他将"大写的人"和"小写的人/灵魂"进行类比，更深层次的理由也许是柏拉图认为的他所要证明的"国家/城邦正义"不仅是适用于一个"城邦"，也适用于更大范围的人类集合（希腊，乃至希腊人眼中的其他野蛮人）。在《理想国》中，柏拉图认为城邦和灵魂"应当以相似的方式、用相似的元素来建构""优点和缺点应该以相似的方式描述和解释""以相同的方式给人带来幸福或不幸"。③ 一个城邦应该有哲学家、战士和工匠这三个阶层组成，相对应地，人的灵魂中也有理智、意气（激情）和欲望这三股力量交织；城邦和灵魂都有着"自然的等级秩序"，都能够产生出"正义、智慧、勇敢和节制"这样的德性；无论是城邦还是灵魂，都应该致力于"为全体谋福利"④。从柏拉图的类比中，我们可以看到，"个人的美德"和"城邦的正义"是完全一致的，城邦中的每个个体对自己的爱，相加在一起就是对城邦的爱。虽然伯纳德·威廉姆斯曾撰文表示柏拉图对于"城邦—灵魂"的对比论证表

---

① 李渊：《伊索克拉底的"泛希腊主义"与民族认同观念》，载于《山西师大学报（社会科学版）》2012 年第 6 期。

②③④ ［美］G. R. F. 费拉里编：《柏拉图〈理想国〉剑桥指南》，陈高华等译，北京大学出版社2013 年版，第 308 页。

述不够清晰，但这并不能否认柏拉图试图调和二者关系的努力①。并且，柏拉图在论证中的不清晰，恰恰表明了"对城邦的爱"已经成为柏拉图不明自发的一种情感，是古希腊人接受"爱国主义意识"的一个极佳例证。

三、古希腊"爱国意识"的历史特点

古希腊时期爱国情感的培养呈现出以下特点。第一，以适应战争环境激发公民爱国情感。古希腊城邦无论是在初期抑或是中期或晚期，始终都面临着希腊城邦内部的战争和希腊诸城邦与外部的战争。《荷马史诗》之《伊利亚特》就是一部描写战争、歌颂英雄的史诗。战争最终的结局是希腊人胜利，但是这一胜利是建立在勇于作战和付出巨大牺牲之代价之上的。后来的希波战争是希腊和波斯之间的战争。伯罗奔尼撒战争是雅典与斯巴达之间的战争。古希腊时期因其特殊的战争环境需要，特别重视公民的体能训练和保卫城邦的意识养成，不仅要求强化公民体质，实现亦民亦兵，满足随时战争的国家需要，而且主张忠诚于城邦共同体，为保卫城邦共同体而流血牺牲。

第二，注重教育来培养爱国情感。好的教育对城邦的维护、守卫与巩固至关重要。苏格拉底、柏拉图、亚里士多德均把人视为一种城邦动物，主张通过教育来充实自我，培养好公民。好公民的一个重要标志就是遵守城邦的法律和道德，在造就正义人格或品质的同时建设一个合乎正义的城邦。柏拉图学园和亚里士多德学园十分注重好公民与好城邦关系的探讨，亚里士多德在《政治学》中认为，"人类所不同于其他动物的特性就在他对善恶和是否合乎正义以及其他类似观念的辨认"，又说："人类由于志趋善良而有所成就，成为最优良的动物，如果不讲礼法，违背正义，他就堕落为最恶劣的动物。"② 城邦是许多人们因共同生活需要而结成的一种集合体，"惟有教育才能使它成为团体而达成统一"。③ 古代希腊对公民的"爱国"教育是一种强制基础上的自觉，并加以文化上的感召，形成统一的民族意识与国家观念，公民维护国家荣誉和利益，为国牺牲也成为一种高尚的人生选择。尤其是希腊教育对公民意识的培养，古希腊公民从小就被培养对自己的城邦负有责任感，并为之而牺牲。

第三，以信仰和习俗来维持爱国情感。自荷马以来，希腊人形成了既崇尚健康的身体又崇尚健康的心灵的风俗习惯，并醉心于跳高、拳击、赛跑、掷铁饼等

---

① ［英］伯纳德·威廉姆斯著，聂敏里译：《柏拉图〈理想国〉中城邦和灵魂的类比》，载于《云南大学学报》（社会科学版）2010 年第 1 期。

② ［古希腊］亚里士多德著，吴寿彭译：《政治学》，商务印书馆 1965 年版，第 8、9 页。

③ ［古希腊］亚里士多德著，吴寿彭译：《政治学》，商务印书馆 1965 年版，第 57 页。

运动项目，并举行了多届奥林匹克运动会，大胆展示自己躯体的力量、形体的优美。在对人俊美身形和容貌的欣赏的同时，希腊人还对高贵的灵魂和卓越的才能以及优秀的禀赋也极为推崇。希腊人的"最高理想是身心俱美"。① 身体美或健康可以更好地守护或保卫城邦，心灵美或灵魂高尚又往往以建构个人与城邦之间的共同体关系作为基本标志。古希腊公民对城邦的热爱除风俗、道德和现实的情感外，还源于其对祖先和神的崇拜。在荷马史诗中，神的世界与人的世界的关系是具体的、活的、当下的关系。神为人解决的是现世的、生活中的具体问题。古希腊建立起了许多神庙，他们一旦遇到什么大事或重要的事情，常常会到神庙去祷告或诉求。古希腊时代流传下来许多神话，其中涉及人的欲望的满足和人的社会生活的关系问题。在古希腊公民看来，城邦是祖先和神在现世的代表。因此，他们爱祖先、神，也爱自己的城邦。他们相信祖先和神可以保护城邦，可以佑护现世人之平安。宗教的约束及规范作用及其价值追求在当时也发挥着一定的积极作用，它为法律提供道德的补充，也是加强民族团结的一种精神支撑。

希腊城邦精神和希腊精神本质上是生命欲望与理性意志，或者说感性冲动与理性智慧相互交织、时有冲突的产物或确证。希腊城邦既赞美战斗、竞争并由此包孕的迪奥尼索斯精神，又崇尚理性、智慧与和谐并由此包孕的阿波罗精神，也如尼采所言的"酒神精神"和"日神精神"的矛盾统一。虽然希腊城邦所表现出的共同体精神与现代爱国主义精神有明显的差异，但这一时期人们对"城邦"的热爱可以从现代爱国主义精神角度加以审视。在古希腊时期，城邦中的公民由于要共同维护在生产、生活中所形成的共同体，保卫城邦就是保卫自己，热爱城邦就是热爱自己，人们形成了一种"内生性"的热爱城邦的精神，并通过习俗、教育、法律、文学作品等多种形式将这种精神展现出来。从古希腊历史上的"爱国主义"发展及其表现来看，我们大致可知，只要人们在社会生活中形成共同体，就有必要形成共同体成员热爱自己所在共同体的制度环境和思想文化氛围。在实际的社会政治生活中，无论这种热爱共同体的制度环境和思想文化氛围是成员内生的抑或统治者推行，都不能改变这种环境和氛围存在的必要性。由此来看，标示热爱共同体的"爱国主义"意识在人类发展历史上的存在，既是可能的，也是必然的。古希腊时期的爱国主义意识既体现在崇尚战争并在战争中取胜的英雄史诗和勇武精神上，也体现在崇尚理性、公正和维护城邦内部的秩序、和谐等方面。如果说前者主要通过城邦与希腊城邦以外的关系体现出来，表现为一种征服他邦、保卫自己城邦的内在力量，那么后者则涉及城邦内部公民与公民之间、公民与城邦之间诸种关系的协调，亦如伯里克利所说，"在我们这里，每一

---

① ［德］利奇德著，杜之、常鸣译：《古希腊风化史》，辽宁教育出版社 2000 年版，第 562 页。

个人所关心的，不仅是他自己的事务，而且也关心国家的事务；就是那些最忙于他们自己的事务的人，对于一般政治也是很熟悉的——这是我们的特点"。① 在希腊城邦，任何公民只要他遵守法律，能够对城邦有所贡献，都会得到应有的尊重和肯定。私人生活的自由和公共生活的守法总体上都能得到认同。

第二节 古罗马的"爱国热情"和发展特点

古罗马人富于勇敢、智谋及爱国心，所以能够建立一个继马其顿帝国之后又一个大的国家。古罗马从一个蕞尔小邦发展成为一个地跨亚、非、欧三大洲的大帝国，取得令世界瞩目的成就，其中一个最重要的原因在于其强烈的爱国精神所迸发出的凝聚力和不怕牺牲、精诚报国的忠诚意识。在这个意义上，古罗马的辉煌与罗马人的民族特性是分不开的，也与罗马人对其国家的热爱有所关联。如果说"爱国主义"在古希腊只是一种并不清晰的意识或意识自觉，那么到了古罗马，"爱国主义"已经基本形成了一个相对完整的观念系统。在这套与"爱国"相关观念系统中，核心是"爱"。肯尼思·米诺格就直言"希腊政治的基石是理性，罗马政治的基石是爱——爱祖国，爱罗马"②。

一、古罗马"爱国热情"的表现形式

在古罗马不断扩张的历史中，"爱国"情感就自然成为不可或缺的精神磁石，它凝聚了罗马人（及其盟友）的意志，也让罗马人（及其盟友）迸发出了非凡的战斗力。

法国学者古郎士曾指出，古人的"爱国"，即"一种有力的情感，最高的道德，其他道德皆朝宗于彼。人所最爱莫过于祖国，他的财产、安全、权利、信仰、神，皆在其中。失之则一切皆失。且私人利益与公家利益于此不可分离"③。简而言之，在古罗马，"爱国"是脱不开这种最高的道德情感。但罗马公民的"爱国"也离不开宗教，而罗马皇帝又慢慢成了至高无上的"神"，拥有至高无上的权力，因此，崇拜皇帝与崇拜神也慢慢融为一体，为帝国的发展统一了意

① ［古希腊］修昔底德著，谢德风译：《伯罗奔尼撒战争史》，商务印书馆 2018 年版，第 149 页。
② ［美］肯尼思·米诺格著，龚人译：《政治的历史与边界》，译林出版社 2013 年版，第 20 页。
③ ［法］古郎士著，李玄伯译：《希腊罗马古代社会研究》，中国政法大学出版社 2005 年版，第 162 页。

志，也加强了帝国的团结。

在罗马共和国时期，公民对帝国的热爱更多出于现实的理性情感，他们"不因宗教及神而爱邦，乃由其法律、制度及人民所享的权利，人民居住的安全而爱他"①。对法律、制度、权利的认可成为罗马人心中的共同信念和精神力量，如伊迪丝·汉密尔顿所说，"罗马的伟大就同任何伟大者一样，在于人民中间存在的某种更强大的东西"②。

西塞罗是古罗马人中对爱国主义及其忠诚、正义、勇敢等美德做出了比较系统分析和探讨的思想家。他的《国家篇》开篇就论述爱国主义的重大意义和价值，指出："没有积极的爱国主义，就从来也不可能把我们的祖国从敌人的进攻中解救出来"。又依据历史事实加以强调，"当这种爱国主义以更大的愤怒再次喷发出时，昆图斯·马克西姆也不能减少它的重要性，马库斯·马塞卢斯也不能将之粉碎；普布利乌斯·埃米利安努斯也无法将之与这个城市分离，无法将之约束于敌人的城墙之内"③。昆图斯·马克西姆、马库斯·马塞卢斯、普布利乌斯·埃米利安努斯等都是古希腊或罗马时期特别有权威或力量的人物，西塞罗认为，即便这些有权威或力量的人也无法抑制人们的爱国主义情感或激情。爱国主义能够使人们焕发起前所未有的勇敢作战和不怕牺牲的精神，能够使人毫不犹豫地献身于最凶猛的暴风雨，经受任何灾难和打击都无所畏惧，"为了我的同胞公民的安全，我愿意以个人的危险换取所有人的安宁生活"④。西塞罗肯定国民报效祖国和献身祖国的必要性，认为这既是祖国的一种需要，也是国民的义务和美德。

塞涅卡在《论个人生活》一文中提出了"两个国家"的命题，认为"一个国家伟大，为所有的人真正共同拥有，这就是众神和人同在的国家，她没有边界，太阳照耀的地方都是她的国土。另一个国家，我们因为出生而登记在它的簿册上——我指的是雅典、迦太基以及其他的城邦，它们不属于所有人，而只属于有限的一些人。有的人要同时服务这两个国家，而有的人只为其中的一个服务"⑤。没有边界的国家实质是指整个世界，有边界的国家则是指现实的具体国家。人首先是生活在具体的有边界的国家，然后才是整个世界的公民。塞涅卡在《论仁慈》一文中把一个国家的君主认定为"祖国之父"，要求其对不听话的孩子也能施予不厌其烦地教诲。对其国民抱持仁慈友善的态度，这是一位君主"应当的行事方式"。"如果我们称他为'祖国之父'，我们不是出于阿谀奉承才要这

---

① ［法］古郎士著，李玄伯译：《希腊罗马古代社会研究》，中国政法大学出版社2005年版，第162页。

② ［美］伊迪丝·汉密尔顿著，王昆译：《罗马精神》，华夏出版社2012年版，第173页。

③ ［古罗马］西塞罗著，沈叔平、苏力译：《国家篇　法律篇》，商务印书馆2013年版，第11页。

④ ［古罗马］西塞罗著，沈叔平、苏力译：《国家篇　法律篇》，商务印书馆2013年版，第16页。

⑤ ［古罗马］塞涅卡著，袁瑜玎译：《道德和政治论文集》，北京大学出版社2010年版，第236页。

样做……我们这样做就是为了称颂他们。但是，我们所以要给予'祖国之父'这项桂冠，乃是要提醒他，他已经被寄予了一个父亲的权力，这是一项最为温和的权力，他要照料孩子们，他自己的利益要服从他们的利益。"① 塞涅卡将国王的仁慈与荣耀和国民的忠诚联系起来加以强调，坚持认为国王的"仁慈越是完美，越是雍容华贵，它背后的权力也就越是强大"，② 他就越能获得国民发自内心的忠诚和拥戴，自己也因此高枕无忧。国民对国家的忠诚是建立在统治者仁爱国民并诚心为国民服务的基础之上的。所以塞涅卡特别注重国王仁慈、公正品德的培养和坚守，强调"要想成为那个最伟大的人，只有同时也是一个最有德行的人才行"。③

马可·奥勒留是古罗马帝国的一位皇帝，也是后期斯多葛学派一名代表人物。在他看来，人是宇宙和社会的一部分，本质上是一个合群的动物。国家作为一个政治团体能够给人以许多共同的保障，公共理性必定不是产生于纯粹的个人的。人只有把自己同国家和世界联系起来，人才能够感觉到自己存在的意义和价值。"那不损害国家的事情，也不会损害公民。对所有看来是损害的现象都来应用这一规则：如果国家不受其损害，那我也没有受到损害。"④ 他用蜂群与蜜蜂来比喻国家与公民的利益关系，并认为公民出于公共利益（common interest）的行为才符合自然造人之本性。

不同于以哲学和自由理性为显著标志的古希腊，古罗马是以法律和制度的建构而闻名于世的。古罗马克服了古希腊城邦意识的局限性，"发展了一种在整个帝国范围内通用的法律和公民制度"。⑤ 李维认为，法律是凝聚一个民族的重要手段，民众在法律的共同约束下才可能形成统一的整体。罗马法律中设有"叛国罪"⑥，而"叛国罪"一般都处以死刑。提及军队，古罗马曾实行"兵农合一"的制度，服兵役既是义务也是权利。奥古斯都时规定军队都要向其宣誓效忠，皇帝掌握国家军事权力，军队绝对效忠、严守纪律成为实施国家各项政策尤其爱国主义文化政策的有力后盾。提及教育，和古希腊一样，古罗马也十分重视教育。在古罗马，儿童教育受权力意志的约束，目的在于满足国家需要。因此，儿童教

① ［古罗马］塞涅卡著，袁瑜玲译：《道德和政治论文集》，北京大学出版社 2010 年版，第 201～202 页。
② ［古罗马］塞涅卡著，袁瑜玲译：《道德和政治论文集》，北京大学出版社 2010 年版，第 206 页。
③ ［古罗马］塞涅卡著，袁瑜玲译：《道德和政治论文集》，北京大学出版社 2010 年版，第 208 页。
④ ［古罗马］马可·奥勒留著，何怀宏译：《沉思录》，中国社会科学出版社 1989 年版，第 39 页。
⑤ ［美］马文·佩里主编，胡万里等译：《西方文明史》上卷，商务印书馆 1993 年版，第 149 页。
⑥ 罗马自公元前 2 世纪中叶起设有常设法庭，而常设刑事法庭用来审理诸如叛国罪案件和上等阶层犯下的贿赂罪案件。［英］莱斯莉·阿德金斯、罗依·阿德金斯著，张楠、王悦、范秀琳译：《古代罗马社会生活》，商务印书馆 2016 年版，第 60 页。

育在培养方式上更加严格、残酷，儿童教育的国家目的性也更为明确。

古罗马也通过文化政策培养公民的爱国精神，其中，奥古斯都时代尤为显著。奥古斯都的好大喜功及其权力的膨胀推动了罗马帝国爱国主义教育的开展，他为维护统治采取了一系列文化政策，而"爱国主义宣传"是其文化政策的主要内容：他"延揽四方俊杰，促成帝国一统太平盛世的景象，也大力宣扬罗马的民族天赋和丰功伟绩，大搞爱国主义的宣传教育……"①。罗马每个月约有两个与奥古斯都及其家庭相关的节日及庆典。奥古斯都通过一系列的市政设施建设，一面对公民进行爱国主义教育，歌颂太平盛世；另一面也巩固了自己的统治，宣扬了国威，在一定程度上反映了罗马民族追求"荣耀、声望和尊严"②的特性。

在古罗马历史上，关于英雄主义、爱国奉献的故事、传说层出不穷，这些故事代代相传，成为罗马人为之骄傲的精神财富。在古罗马人心中，国家荣誉及利益高于一切。奥古斯都把"爱国主义宣传教育"浸润到文学中，罗马帝国出现了"文化繁荣"之象，奥古斯都积极与文人为友，对其文学作品进行具有倾向性的指导，这一时期的文学作品大多都戴上政治花环，多歌颂奥古斯都之丰功伟绩，粉饰罗马帝国之祥和太平，这些作品成为奥古斯都爱国主义教育的"宣传册"。奥古斯都也极力鼓励、推行以"爱国主义"、颂扬帝国为主题的诗歌、散文，他十分重视用罗马民族之辉煌与丰功伟绩教育公民，其自撰的《功业录》《自传》就是集中体现。罗马史家也受此风气影响，倾向于颂扬罗马文明。李维的《罗马史》成为"奥古斯都要求于时代著述的民族传统、乡土情感与爱国精神的杰出体现"③。作者怀着对罗马帝国的热爱，以悲古情怀宣扬爱国主义，用激昂的笔调叙述罗马历史，突出了罗马人在战争中的英勇与忠诚。罗马人在战争中表现出来的英勇与荣誉感成为罗马精神之一，激发罗马人民为国而战的斗志，也为后世树立典范。文艺复兴时期，也不乏对罗马热爱与赞美的文学作品，如但丁在《神曲·天堂篇》中写道，"恺撒遵从罗马的意志，把它夺持在手上"④。在其《帝制论》《筵席》等著作中也有关于罗马历史、帝国价值等内容，他指出罗马的发展是神帮助的结果，其帝制也得到神的高度认可。彼德拉克同样也推崇罗马时代的英雄人物，他经常在作品中讴歌罗马及其英雄，并作传记传递罗马精神，在他看来，历史就是对罗马的赞誉，罗马的辉煌是无可替代的。

随着罗马帝国影响力的不断扩大，出现了所谓"罗马帝国主义"（imperialism）的思想，即"罗马负起了向其他族群传播文明、驯化野蛮、缔造和平的使

---

① 朱龙华：《罗马文化》，上海社会科学院出版社 2012 年版，第 129 页。

② ［美］腾尼·弗兰克著，宫秀华译：《罗马帝国主义》，上海三联书店 2008 年版，第 149 页。

③ 朱龙华：《罗马文化》，上海社会科学院出版社 2012 年版，第 138 页。

④ ［意］但丁著，黄文捷译：《神曲·天堂篇》，译林出版社 2011 年版，第 65 页。

命和职责"①。罗马文明向外扩展促成了欧洲的"罗马化"② 进程。菲尔德在其《罗马不列颠的罗马化》一书中讲到罗马帝国的功业在于用罗马化的形式开化了人类，所谓"罗马化"，简言之，就是罗马文明对其他文明的输出与影响，包括文化、政治、经济等各方面。或许我们所熟知的谚语"When in Rome, do as Romans do"（入乡随俗）正是"罗马化"的最好总结，各族群都接受了罗马文明与习俗，将其融入各自的文化中，即使到后来罗马帝国衰亡，他们依旧保持着罗马时代形成的习俗与风尚。"城市化"是"罗马化"的一个显著标志，突出表现在罗马对新殖民地的建设与对各行省的管理。而城镇的教育、示范作用是扩展罗马帝国文明的重要途径，也是罗马进行爱国主义教育的主要场所，它"把罗马化的贸易、技术、宗教、文化和隐藏在罗马城市化背后的思想观念输出到周边的土著居民之中"③。

罗马人自古信奉"神"，他们认为"神对罗马生活中的爱国精神、家庭热爱和责任感皆有帮助，事实上它们确实与这些道德紧密联系"④。古罗马每个城邦都有"邦神"，各邦也均设有"邦神节"，通过祷告祈求邦神的庇护。罗马帝国庙宇众多，各行省亦如此。从首都到行省，庙宇成为联系彼此的纽带，也是奥古斯都进行"爱国主义教育"的场所。众多宗教庙宇是朝拜的圣所，各族被允许在万神殿中摆置自己信仰的神像，这一举措成为团结、稳定各族群的重要措施，通过宗教手段实现政治目的，即如约翰·瓦歇尔所说，万神殿"为外来的多民族提供一个效忠的中心"⑤。罗马帝国的庞大以及行省制度的设立，使得统一意识形态成为必然，效忠罗马皇帝成为维系罗马帝国统一的精神力量，也是罗马帝国稳定的重要保证。

二、古罗马"爱国热情"的精神内涵

笼统地讲，"爱国主义"发展到古罗马时期（包括罗马共和国时期和罗马帝

---

① 刘津瑜：《罗马史研究入门》，北京大学出版社 2014 年版，第 188 页。

② 对于"罗马化"的实现方式学界存在不同意见，即以维塔克为代表的学者赞成"罗马化"是通过罗马政府自上而下的推动实现的；而以赞可为代表的学者则认为"罗马化"属于文化变迁的自然发展结果，与国家政策无关；以米雷和沃尔夫为代表的学者赞同"罗马化"为地方对帝国中心的模仿，是一种自下而上的变迁。20 世纪 90 年代以来，"罗马化"这一概念遭到学者的质疑，有学者提出"文化适应/同化［accultration（acculturation?），assimilation］或文化变迁（cultural change）"等概念来试图取代"罗马化"，然而并未形成统一意见。参见刘津瑜：《罗马史研究入门》，北京大学出版社 2014 年版，第 189、191 页。

③ ［英］约翰·瓦歇尔著，袁波、薄海昆译：《罗马帝国》，青海人民出版社 2009 年版，第 86 页。

④ ［英］莱斯莉·阿德金斯、罗依·阿德金斯著，张楠、王悦、范秀琳译：《古代罗马社会生活》，商务印书馆 2016 年版，第 327 页。

⑤ ［英］约翰·瓦歇尔著，袁波、薄海昆译：《罗马帝国》，青海人民出版社 2009 年版，第 156 页。

国时期，但暂时不考虑东罗马帝国），就演变成为一种"热情"，一种不同于古希腊"理性"的"爱国热情"。另外与古希腊不同的是，无论是罗马共和国时期还是罗马帝国时期，罗马人爱的"国"都是一个完整而单一的"国"，不需要在"爱城邦"和"爱国家"之间切换。还有一点值得注意的是，古罗马很大程度上是继承了古希腊的文化和思想的，因此从古希腊的"理性"到古罗马的"热爱"并非一夜之间转换的，而是经历一个较长的过程的。而伴随着这种"理性"到"热爱"转变的正是罗马"共和国"到"帝国"的转变。

（一）"外部扩张"和"公民认同"相辅相成

通常认为，强大的罗马帝国是由罗慕路斯建立的罗马城（邦）发展而来的。经过了"七王统治"时期，罗马于公元前 510 年建立起了共和国。从那往后的两百多年时间里，罗马在亚平宁半岛地区建立起了绝对的统治地位，他们联合了意大利范围内的多个部落和族群，甚至从伊特鲁里亚人到古希腊的一些城邦都和罗马团结在一起，形成一个强大的对外扩张的联盟。

罗马的外部扩张和其内部结构的完善从时间上看差不多是同时发生的。罗马共和国采取的是一种名为"元老院和罗马人民（Senātus Populusque Rōmānus，SPQR）集体领导"的政治制度。SPQR 的字样一直被印在罗马共和国（包括后来的罗马帝国）的旗帜之上。国王制（罗马共和国建立之前的七王统治时期）衰亡后，罗马当时的大家族（也称为"贵族"）组成统治集团，这和罗马以东的古希腊城邦政体多少有些相似，甚至有可能存在直接的借鉴。在罗马初期的政治结构中，只有这些贵族成员可以担任宗教和政治职务，贵族之外的人都称为"平民"。因此，在当时的罗马，贵族和平民之间的"阶级"矛盾是不可避免的。

但是，罗马共和国外部需要应付战争和扩张，势必要有一个相对稳定的内部环境。经济状况不佳的罗马平民成为军队兵源的主力，但贵族对这些陷入债务危机、相对贫困的平民采取强硬态度导致了平民的不满。公元前 494 年，平民聚集在罗马城外阻止军队出征，迫使贵族让步。这次抗议活动的最大成果就是贵族允许平民自行组织名为"平民议事会"的公民大会，平民可以行使自己的"公民权"，选举自己的官员（即"保民官"）来保护自己的权利。这一举措非常像议会制国家选举议员的模式。如果说元老院制度是对雅典城邦政体的模仿，那么公民大会则是罗马比雅典走得更远的一种政治尝试。到公元前 342 年时，罗马共和国选出的两个执政官中必须有一个来自平民。

罗马共和国在国内倡导的"公民权"很大程度上起到了团结罗马人的作用，但是由于疆域的扩张，罗马以外的邦族越来越多地被纳入罗马的版图中来，罗马的军队也越来越依赖外邦族的兵源。为了不让外邦族的兵源贴上类似"罗马雇佣兵"的标签，罗马将原来只属于罗马人的"公民权"也分享给外邦族的人口，罗马的公民权意味着财产权、免税权以及其他人身权利与保障，拥有罗马公民权，既意味荣誉，更意味着实实在在的生活好处。在屋大维成为"元首"之后，罗马开始向帝国转型，但对于"公民权"受益人群范围的扩大，依然在行进。

可以说，罗马的扩张和罗马公民认同的扩张，在这一时期是相辅相成的。为了扩张的需要，元老院和大贵族们愿意给罗马人中的平民以一定的公民权利，也愿意给外邦族人以一定的公民权利。这一"公民认同"的扩张，又为罗马的疆土扩张提供了保障，因为在公民权中受益的人们，会对共和国产生自然的感情。严格地说，这种热爱罗马的感情产生，是工具理性的产物（即通过一定的交换获得的热爱情感），虽与古希腊时期柏拉图试图论证的"对城邦的热爱源自内在理性/纯粹理性"不同，但依然是建立在外在因素基础之上的。这一时期罗马人①对罗马的热爱并不是与生俱来的，但是随着罗马共和国向罗马帝国转型，罗马人对罗马的热爱（无论是主动的还是被动的）开始变得越来越天然。

（二）"爱罗马"和"爱皇帝"的一体化

虽然元老院想尽了办法，试图"防止政治和军事权力长期集中在军功显赫的将军手中"②，但奥古斯都最终还是从一个将领变成了皇帝。罗马共和国也由此走向了帝国，原本处在权力中心的元老院也变成了皇帝的咨询机构，渐渐失去了在帝国政治事务中的话语权。这种转变反映在罗马人的"爱国热情"上，就呈现出了从"爱罗马"到"爱皇帝"的变化。

米诺格认为，"罗马的声誉是建立在它的道德力量上的，所有与罗马打过交道的人对这种力量都很有感受。罗马人是可靠的，他们决不食言。……罗马人对国家的爱高于一切③"。米诺格解释罗马人"对国家的爱高于一切"的原因是"罗马政治（不同于希腊）具有一个重要的因素，就是权威。崇尚权威的精神发展成为罗马人的信念——祖国的利益高于个人的利益（比如保住自己的性命）。这种道德观也体现在许多罗马英雄的故事里④"。罗马人这种对"权威"的崇尚，慢慢就演变成了对罗马皇帝的崇尚，进而从"爱罗马"变成了"爱罗马皇帝"。

"爱皇帝"的一种极端表现形式就是将皇帝神明化。以始于公元前104年的以弗所（古希腊罗马时期的名城）游行为例，"整个游行队伍的前面是在位的图拉真皇帝和普罗蒂娜皇后的银质雕像。……通过把在世的皇帝当作神明一样来崇

---

① 这里指罗马共和国版图内所有的人口。
② ［英］凯利著，黄洋译：《罗马帝国简史》，外语教学与研究出版社2013年版，第161页。
③④ ［美］肯尼思·米诺格著，龚人译：《政治的历史与边界》，译林出版社2008年版，第24页。

拜，以弗所人不仅认可了帝国权力的至高无上，而且试图理解它，把它和更为地方性的事务关联起来①"。据说，图拉真皇帝只到过以弗所一次，但以弗所人声称皇帝对他们关爱有加，他们每隔两周就会如此这般高举皇帝的银质雕像在城市游行，通过这样的方式"来确认他们自己在这个庞大帝国中的重要性②"。由此可见，以弗所人对于罗马帝国的爱是具有强烈的主动性的，他们希望通过这样的方式寻求在帝国中的存在感，而将对罗马帝国的热爱直接转换成为对罗马皇帝的热爱，可能是一种最为有效的途径。以至于，类似于以弗所人的皇帝崇拜在罗马帝国境内快速的蔓延。阿弗罗迪西亚人就建造了雄伟的大理石柱献给"神宠的神明——皇帝"③；米提林人则通过法令，设立四年一届的运动会，纪念奥古斯都（即屋大维），并认为皇帝是"获得超凡荣誉并具有神明的卓越及力量"④。

在罗马帝国时期，"爱罗马""爱皇帝"乃至"爱神明"已经形成了一种"一体化"的情感。通过对皇帝的热爱来体现对帝国的热爱，又将对皇帝的热爱等同于对神明的热爱，这三种热爱有其一必然有其二其三。罗马人置身于帝国的发展中，帝国又给予罗马人庇护和利益，这是一种从罗马共和国时期延续下来的互惠关系，却在帝国时期成为帝国人不言自明的集体经验。从这个层面上看，罗马帝国和罗马人之间的关系是协调的。但唯独当时的"基督教殉教者坚决拒绝参与罗马社会，不愿分享帝国带来的益处，也无意向皇帝表示应有的尊敬⑤"。曾经愿意与外邦族分享"公民权"的罗马人，开始血腥镇压基督徒。原本"一体"的"爱罗马""爱皇帝""爱神明"，遇到了基督教的巨大挑战，"爱罗马/皇帝/神明"的情感和"爱上帝"的信仰之间的冲突一直延续到西罗马帝国衰亡，并且以"爱上帝"获胜而告终。

三、古罗马"爱国热情"的历史特点

古罗马依靠军事力量而强盛，帝国的疆域广大、人民众多，要维持人民对帝国的忠诚和服从绝非易事。为了加强帝国的统治，罗马通过法律、军队、教育和文化规训来培养人们热爱罗马帝国，形成了一种独特的爱国主义思想和实践方法，对后世也颇有影响。就罗马帝国而言，公民对帝国的热爱带有政治色彩。"罗马人是世界上对誓约最虔诚的民族，誓约永远是维护他们的军纪的动力"⑥。

---

① ［英］凯利著，黄洋译：《罗马帝国简史》，外语教学与研究出版社 2013 年版，第 177 页。
②③ ［英］凯利著，黄洋译：《罗马帝国简史》，外语教学与研究出版社 2013 年版，第 178 页。
④ ［英］凯利著，黄洋译：《罗马帝国简史》，外语教学与研究出版社 2013 年版，第 179 页。
⑤ ［英］凯利著，黄洋译：《罗马帝国简史》，外语教学与研究出版社 2013 年版，第 237 页。
⑥ ［法］孟德斯鸠著，婉玲译：《罗马盛衰原因论》，商务印书馆 1962 年版，第 4~5 页。

罗马是依靠战争而建立起来的国家，因此作战中的遵守纪律、勇敢和不怕牺牲总是受到高度的肯定和评价。"罗马的军队的纪律永远是十分严明的"。[①] 孟德斯鸠总结地说：在历史上，"没有任何一个民族在准备战争时能够像罗马人这样小心谨慎，在作战时能够像罗马人这样毫无畏惧"。[②] 古罗马建立了一支纪律严明并特别富有战斗力和牺牲精神的军队，这支军队中的"每个人都能同样充分地关心保卫自己的祖国"。[③] 尤其在奥古斯都时期行省制度下，其文化政策大力宣扬"爱国主义"宣传教育，政治对文化的干预以及基础设施的建设为罗马帝国"爱国主义教育"创造了良好的社会氛围。有别于希腊公民对城邦的热爱，罗马帝国的向心力来源于帝国的强大与文明的感召，加之以政策的吸引，以及统治者对各族宗教信仰的尊重也是重要原因。历史上很多战争究其原因，均源于宗教信仰带来的冲突，因此，奥古斯都为"爱国主义"宣传教育实施的文化政策，用文化的手段赢得政治上的认同，维护了帝国的稳定。

古代罗马统治者从国家（城邦）利益出发，激发人民的爱国热情，对人民进行"爱国教育"，呈现出了以下特点：

第一，通过国家建制力量来激发公民爱国情感。法律和军事是古罗马进行"爱国教育"的国家强制力量。罗马法将法律分为公法和私法，公法关注的是罗马国家利益维护及其公民应当维护公共利益的法律，私法关注个人利益及其保障。公民守法首先就是要遵守罗马公法，维护罗马国家的整体利益和法律尊严。然后才是维护公民个人利益的私法。随着国家领土的不断扩大及罗马公民权、半公民权的授予，制定统一的法律来要求人们遵循成为必然要求。事实也证明，国家建制力量所推行的法律，规定了公民对国家的权利与义务，以一种强制的形式增进公民对国家的归属感和依附感，有效地保证了罗马国家内部成员之间的团结，也保证了公民对于罗马共和国或帝国的忠诚。罗马共和国或帝国的建立是同军事扩张与战争征服紧密联系在一起的。罗马人具有爱荣誉、意志顽强、勇敢以及不怕牺牲等品质，并具备在准备战争时小心谨慎，开始打仗时无所畏惧、勇猛向前的特质，所以罗马凭战争征服了许多邻国。而且在罗马，战争从一开始便会把全体的利益结合成为一体，大家为着共同的目标和共同的利益而战斗，所以能够形成无往而不胜的战斗力量。罗马国家的生存与发展离不开强有力的军事力量，军队在古罗马时期发挥着重要作用。同时，军队中实行的奖励机制，授予战争中有功的军人以荣誉，他们也因此受到国人的尊重。军事制度以强制力量培养公民对国家的责任与义务，旨在增强公民意识，从而激发公民对国家的热忱。

① ［法］孟德斯鸠著，婉玲译：《罗马盛衰原因论》，商务印书馆 1962 年版，第 11 页。
② ［法］孟德斯鸠著，婉玲译：《罗马盛衰原因论》，商务印书馆 1962 年版，第 12 页。
③ ［法］孟德斯鸠著，婉玲译：《罗马盛衰原因论》，商务印书馆 1962 年版，第 13 页。

第二，通过文化方略培育公民的爱国情感。古罗马产生了一批雄才大略的国王和很有作为的军事家和贵族，"罗马繁盛的原因之一是：它的国王都是伟大的人物。在历史上，除此之外，我们再也看不到不间断的一连串这样杰出的政治家和统帅"。[①] 罗马文化吸收了希腊先进文明成果并结合自身情况予以改造利用，重视通过文化建设唤醒公民对古罗马价值理念、美德的追求，也通过歌颂罗马帝国时代及领袖培养公民的"爱国"情感。以"爱国"为主要内容的文化政策推动了以"爱国主义"为主题的文化发展，李维在《建城以来史》称颂古罗马人是"世界上最优秀民族"，指出罗马国家是世界上受到贪婪和奢侈最晚的国家，"没有哪个国家的清贫和节俭在那里如此持久地受到如此大的推崇"，[②] 他肯定了罗马的兴起是罗马人精诚团结、英勇奋斗、忠诚祖国的结果，罗马国家的强大是同罗马人的美德和精神密不可分的。《埃涅阿斯记》（一译《伊尼德》《伊尼特》）是一部用罗马传说来歌颂罗马祖先建国创业的伟大史诗，证明罗马王族是神的后裔，非同凡俗，表现了诗人强烈的爱国意识。贺拉斯的《世纪之歌》系为庆祝世纪庆典作的颂歌，歌颂了奥古斯都治下的罗马和罗马国家的繁荣昌盛。罗马文化通过文化政策使公民了解自己帝国的历史及辉煌，了解元首的丰功伟绩，增强民族自豪感与文化自信心，极大激发了公民的爱国热情。

第三，借助神明信仰维系公民爱国情感。古罗马人民信奉神，他们相信对神的虔诚能够得到神的庇护，"皇帝（元首）崇拜"与"神明崇拜"合而为一，发展到后期这种崇拜成为检验公民对国家忠诚的标准，人们对国家与元首的爱与崇拜由自发的情感带上国家的强制力量，对皇帝（元首）的崇拜也成为维系古罗马人民的精神力量，爱罗马、爱皇帝、爱神明融为一体。围绕敬神而产生的宗教节庆日及其他节庆日的设置一方面感恩、缅怀英雄，使人民铭记古罗马历史；另一方面也激发公民的爱国情感，促使其积极维护帝国荣誉与利益。

从古罗马人的爱国热情与爱国教育的特质来看，一方面，国家强盛与否，将决定人们对国家的自豪感、认同感和归属感；另一方面，人们对国家的忠诚与热爱的程度，也将影响国家的强盛及其维系。国家的强盛与国民的爱国热情，二者是互相促进的，国家强盛将更能激发人们的爱国热情，也能更好地动用建制性力量推行爱国教育。从这个意义来看，自豪感、认同感、归属感等爱国情感的确立与延续，与国家的建制力量及其推行的教育是密切相关的。

古罗马时期所形成的思想与文化是对古希腊文明的继承与发扬，但在"爱国"方面，古罗马与古希腊却有所不同。有别于希腊公民对城邦的热爱，古罗马人的爱

---

① ［法］孟德斯鸠著，婉玲译：《罗马盛衰原因论》，商务印书馆 1962 年版，第 2 页。
② ［古罗马］李维著，张强等译：《建城以来史》，上海人民出版社 2005 年版，第 21 页。

国情与凝聚力来源于国家的强大与文明的感召，加之统治者所推行的政治政策、经济政策和文化政策、宗教政策，也引导着人们对于国家的认同。古罗马的盛衰与国民爱国主义的强弱有着内在的关联。国民越是对古罗马国家心生忠诚和爱戴，那么国家就越会走向繁荣兴盛。越是对国家缺乏忠诚和爱戴，国家就越会走向衰落或灭亡。罗马帝国的衰亡是从精神状态的颓废与堕落开始的。房龙在《宽容》一书中总结道："罗马征服了世界，同时也毁灭了自己……最后，恶果出现了……人们逐渐厌恶了生活，失去了生活的热情……甚至生存本身也成为一种负担，很多人宁可获取一个体面的机会使自己丧生。剩下的只有一种安慰：对未知和无形世界的遐想。"[1] 亦如历史学家李维所深切感受到的罗马兴盛的基础在于以爱国主义为核心的国民美德的培育与坚守，而其衰败则是罗马政权衰败的根源。[2]

第三节　欧洲中世纪的"爱国信仰"及历史特点

西方文明是建立在希腊文明和希伯来文明两大源头基础之上的，古罗马文明已经开始了对希腊文明和希伯来文明的融合。伴随着希腊罗马社会的终结，欧洲进入中世纪。在中世纪早期（公元 500 年~1050 年），一种共同文明发展起来，基督教是它的核心，罗马是它的精神首都，拉丁语则是它在知识界中的语言。这种文明由希腊罗马遗风、日耳曼人固有的传统和基督教思想所组成。基督教是将中世纪各种力量聚集在一起的主要因素。11 世纪是中世纪的鼎盛时期，城市在整个欧洲再次兴起，欧洲出现了因城市兴起而带来的种种复兴迹象，一个新的阶级即由商人和手工业者组成的中产阶级出现了。在基督教如日中天的中世纪，世俗的君王和国家与基督教之间的张力一直存在。而"爱国"在中世纪又成为了宗教势力和世俗权力相互角力的观念武器。在中世纪前半段以奥古斯丁为代表的神学家对"国家"的神圣化阐释，使得人们的"爱国热情"开始向"爱国信仰"转变。而到了中世纪后半段，世俗权力又对"国家"进行了世俗化阐释，使得"爱国"成为世俗权力对抗教会的重要砝码。

一、中世纪"爱国信仰"的表现形式

在中世纪，基督教统一了欧洲，它成为一种文化统治力量，更是一种精神上

---

① ［美］房龙著，迮卫、靳翠微译：《宽容》，生活·读书·新知三联书店 1985 年版，第 55~56 页。
② ［古罗马］李维著，张强等译：《建城以来史》，上海人民出版社 2005 年版，第 21 页。

的约束，它支配整个欧洲的生活与思想，一切社会生活都离不开教会。基督教在神学理论的基础上建立了经院哲学。经院哲学作为中世纪哲学的最主要部分或基督教哲学"其目的在于解说基督教的教义，使之系统化并加以论证，即在基督教的基础上创建一种关于宇宙和人生的理论"。① 经院哲学的代表人物托马斯·阿奎纳认为，"上帝"是其整个哲学的核心，在他看来，人的一切幸福皆源于上帝，只有无限靠近上帝才能获得完满的幸福，因此，追求上帝，靠近主，这才是幸福，这才是人生真正的意义所在。阿奎那的国家论，融合了亚里士多德"人是政治动物"的思想和奥古斯丁《上帝之城》所描绘的基督教政体的理想，坚持认为政治秩序是神圣的秩序，必须贯彻上帝的旨意。在阿奎那看来，国家不是出于人类罪恶的本性，而是上升地建立起来的体现上帝意志的制度。"耶和华已经寻着一个合他心意的人，立他作百姓的君"。"王的心在耶和华手中，好像陇沟的水，随意流转"，"上帝已使许多傲慢的君王失去王位，代之以谦恭的君王。"② 上帝拥有强大的权力把他的百姓从苦难中拯救出来，"他通过以赛亚，答应让他的百姓脱离苦役，脱离他们以前的狼狈处境和遭受的悲惨的奴役，安享太平的日子。并且他通过以西结说道（《以西结书》，第三十四章，第十节）'我必救我的羊脱离他们的口'。"③ 一个国王如果能够使全国人民都能够和平幸福地生活，并通过他的法律和制度来指挥人们的行为，是与上帝的旨意相契合的，必将得到上帝的奖赏和荣誉。

中世纪封建社会下的分封制度造成了社会等级，在贵族一层中出现了骑士。骑士一生忠于自己的主人（或情人），并形成了诸如荣誉、牺牲、勇敢、忠诚等骑士精神。骑士是贵族的战士，也是上帝的战士，"爱上帝胜于一切"④ 是他们的基本原则。他们也是国家的保护者，维护法律与保护弱者的义务从统治者身上转移到骑士身上，他们为国家而战，也是为上帝而战的勇士。11世纪末，欧洲出现了教会骑士团，他们的任务也在于为上帝保卫王国。在基督教思想中，"基督（上帝）的战士"这一概念具有难以替代的地位，骑士为国家和上帝而战，基督教戒律是其行为准则，也是中世纪人们道德规范的基础。在《论基督徒生活》一书中，博尼佐号召骑士们效忠并保护自己的主人，同时也劝诫他们要遵守基督教的信仰，他们有义务与异教徒进行斗争，为主人而战，为国家而战，为神（上帝或耶稣）而战。在中世纪作者笔下，骑士是教会的忠诚守卫者，也是社会

① ［美］梯利著，葛力译：《西方哲学史》，商务印书馆2009年版，第149～150页。

② 阿奎那著，马清槐译：《阿奎那政治著作选》，商务印书馆1982年版，第57～59页。

③ 阿奎那著，马清槐译：《阿奎那政治著作选》，商务印书馆1982年版，第61页。

④ ［德］约阿希姆·布姆克著，何珊、刘华新译：《宫廷文化：中世纪盛期的文学与社会》（上），生活·读书·新知三联书店2006年版，第378页。

各阶层的护卫者，他们慷慨地对弱者施以援助。骑士成为中世纪西欧国家一个重要的社会角色，也是基督教发展壮大的重要力量，11世纪末有了授予骑士称号的宗教仪式，骑士的加封仪式由主教进行，以确定其骑士身份。骑士为国家、宗教牺牲自己的一切，为上帝而战是骑士光荣的使命和义不容辞的责任，宗教战争十字军东征，教皇乌尔班二世就号召教徒以上帝的名义而战，他向教徒宣称他们都是"上帝的战士"，对异教徒的征伐是正义的战争，他们的罪行将得到上帝的宽恕与补偿。尽管实质上，这些虔诚的教徒、骑士成为权力欲不断扩张的教皇争夺世俗权力的牺牲品，但在他们心中，为上帝而战是神圣的，是一项伟大的事业，在他们看来，能为上帝牺牲是多么的荣幸。约阿希姆·布姆克在其《宫廷文化：中世纪盛期的文学与社会》一书中也同样提到宗教意义上的骑士概念，即对任何人而言，即使高高在上的贵族，为上帝（或基督教信仰）效力仍是一种巨大的荣誉，他们带着高尚而纯洁的心灵为上帝效力。上帝的魅力在此显现出来，所有的信徒（包括骑士）都心甘情愿地为之付出，效力于基督教信仰，如果说骑士对主人的忠诚在于契约式的义务，那么对上帝的忠诚则完全是源自内心的一种自觉自愿。

二、中世纪"爱国信仰"的精神内涵

由于罗马帝国自身的腐朽和堕落，分裂之后的西罗马帝国迅速地衰亡。基督教却逆势上行，获得了越来越多民众的信任，原本对于罗马的热爱之情，也转嫁到了对上帝的热爱。从狭义上看，如果古希腊罗马时期有一种类似"爱国主义"的意识或情感，那么在中世纪几乎不存在这样的"爱国主义"；但是从广义上看，以奥古斯丁为代表的中世纪神学家区分了"上帝之城"与"地上之城"（也可以称为"信仰之国"和"世俗之国"的区分），要求人类"爱上帝""爱上帝之城/信仰之国"，将原有的"爱国"观念中的"世俗之国"上升到了"信仰之国"，"国"的内涵和外延都发生了变化。探讨中世纪的"爱国"就必然要探讨"爱信仰之国"，但也不仅仅只需探讨"爱信仰之国"。在理论上，神学家们所做的努力，就是要让教徒们把世俗的"爱国热情"全部献给上帝，爱"信仰之国"绝对优先于爱"世俗之国"；在实践上，随着时间的推移，世俗的王权又开始不安地躁动，君主们试图要将爱"上帝之城"的臣民们重新拉回到世俗世界来爱现世之国。

（一）"爱信仰国"对"爱世俗国"的绝对优势

欧洲中世纪和古希腊罗马时期比较而言有一个最大的特点就是强调各种不同

形式的"二元对立",即"僧侣与世俗人的二元对立,拉丁与条顿的二元对立,天国与地上王国的二元对立,灵魂与肉体的二元对立等等。所有这一切都可以在教皇与皇帝的二元对立中表现出来。拉丁与条顿的二元对立是蛮族入侵的结果,其他的二元对立则有较为悠久的来源"。① 我们可以在古希腊柏拉图的著作中找到灵魂与肉体二元对立的思想观点,这一二元对立为新柏拉图主义所继承并加以大大强化,也在圣保罗关于耶稣基督的说教中占有重要地位。"天主教哲学最初的伟大阶段是由圣奥古斯丁占统治地位,但在异教徒当中则由柏拉图占统治地位。第二阶段以圣托马斯阿奎那为高峰,对他和他的继承者来说亚里士多德的重要性远远超过了柏拉图。"②

公元 427 年,奥古斯丁完成基督教经典名著《上帝之城》,首次提出了"上帝之城/信仰之国"和"地上之城/世俗之国"的二元区分。"划分两种城邦的主要区别:一个是善人的团体(societas),另一个是恶人的团体。在这两个城邦中分别有天使和魔鬼。在这个城邦中,主要是爱上帝(amor dei),在那个城邦中,主要是爱自己(amor sui)。"③ 他在论地上之城与天上之城的特性时坚持认为是两种不同性质的爱造成了两种不同类型的城邦。虽说奥古斯丁是将"天上之城"和"地上之城"或"信仰之国"和"世俗之国"做了二元区分,如"肉身的幸福"与"灵魂的幸福","爱自己"与"爱上帝","谦逊"与"傲慢",等等,但在奥古斯丁那里,"信仰之国"和"世俗之国"根本不具有对等的地位,而是前者对后者具有压倒性的优先地位,后者只能服从和按照前者的命令和要求来行为。

奥古斯丁对"信仰之国"和"世俗之国"的区分源自他对"精神—肉身"的二分理解。在他看来,一个国度(世俗之国)里的人都是根据自己的肉身而生活的,相应地会产生欲望和情感;而另一个国度(信仰之国)里的人,根据自己的精神生活。虽然奥古斯丁将"信仰之国"和"世俗之国"做出了区分,但他也承认"天上的城与地上的城在世间始终交织在一起"④,也就是说"信仰之城"和"世俗之城"都(可能)存在于同一国家中(这里的国家就是指现世中具体的某个"国家")。以此类推,那么这个现世的国家的统治目标就有可能跟"信仰之国"一致,也有可能跟"世俗之国"一致。

针对个人,奥古斯丁为此做出的进一步解释是,如果一个现世国家的统治者

---

① [英]罗素著,何兆武、李约瑟译:《西方哲学史》上卷,商务印书馆 1963 年版,第 377 页。

② [英]罗素著,何兆武、李约瑟译:《西方哲学史》上卷,商务印书馆 1963 年版,第 378 页。

③ [古罗马]奥古斯丁:《上帝之城》,引自赵敦华、傅乐安主编:《中世纪哲学》上卷,商务印书馆 2013 年版,第 488~489 页。

④ 赵敦华:《西方哲学简史》(修订版),北京大学出版社 2012 年版,第 135 页。

是基督徒，那么这个现世国家可能更趋近于"信仰之国"，如果一个现世国家的统治者是异教徒，那么这个现世国家的臣民可以服从异教徒的统治，但是他的内心应该是全然寄托于"信仰之国"，展现出对"信仰之国"的"爱"。针对现世国家，奥古斯丁认为统治者应该以"信仰之国"的标准来指导自己的统治，这样治下的现世国家才有可能成为一个好的国家。

因此，在中世纪早期和中期，奥古斯丁主张的"爱信仰之国"成为基督教的主流思想。这种"爱国信仰"虽然也没有完全摆脱现世国家而存在，但是中世纪的"爱国信仰"显然是对古罗马时期"爱国热情"在意识层面上的超越。也正是因为这种"爱国信仰"思想的扩散，使得中世纪的教会在欧洲能成为一个超越各个具体的现世国家而存在的广义"国家"。

（二）"教权"和"君权"的千年博弈

中世纪早期和中期，奥古斯丁宣扬的"爱信仰之国"是主流思想，到了中世纪晚期，民族国家开始逐渐兴起，"爱信仰之国"已经无法像中世纪早期和中期那样轻而易举地成为凝聚各地基督徒的磁石。这些具体国家的君权和教会的教权开始发生激烈的冲突。严格地说，君权和教权的冲突一直就存在，延续了一千多年，横跨整个中世纪，但在中世纪开始的七百年左右时间里，教权对君权占据压倒性的优势。另外，即使到了中世纪晚期，君权和教权激烈斗争的时候，各个现世国家的君主都依然奉行"君权神授"的观念，统治者依然会将自己的统治合法性诉诸上帝。从"爱国"的角度来考量，"君权神授"的思想也就意味着，在理论层面"爱信仰之国"还是要优先于"爱具体的国"。

早期基督教是被罗马帝国打压的，但到了公元312年，由于基督教传播的范围太大、信众太多，罗马皇帝君士坦丁一世宣布基督教合法，又过了仅仅八十年，提奥多西一世便宣布基督教为国教，基督教的上升势头着实非常惊人。后来，西罗马帝国被入侵的日耳曼人所灭，法兰克王国的国王克洛维接受洗礼，以此来宣布自己统治的合法性。这一时期，教会和国王实力都相对较弱，二者之间的博弈是以合作为主。

这种互惠合作的关系一直延续到了查理曼大帝统治时期。在此前，欧洲进入了"欧洲的封建期"（也被称为"采邑制"），到了查理曼大帝统治期间，"采邑制"发展到了顶峰。采邑制的发展导致的直接后果就是，原本庞大的大帝国被分割成了一小块一小块的土地，而每块土地上的领主又是世袭的，这就必然引发领主间的战争和帝国的分裂。也正是因为封建领主间的战争和帝国的分裂，让教会开始逐渐获得超越世俗君权的地位。英诺森三世担任教皇期间，教会已经开始不断地介入欧洲各国的政治斗争，并发动了第四次十字军东征。这次东征取胜，进一步巩固了教会在整个欧洲的地位，英国、丹麦、葡萄牙等国都不得不向教会称臣。教皇已经成为整个欧洲的实际统治者。这一时期，君权在与教权的博弈中处于绝对的劣势，世俗权力从未抵达过如此这般屈辱的境地。

也正是因为这一时期教权对于君权的牵制，导致了君权在后来的大规模反扑。从 1378 年至 1417 年，由于法国和意大利争夺控制罗马教廷，西欧教会开始出现第一次大分裂。各国农民战争和市民运动风起云涌，并为后来的文艺复兴、宗教改革和启蒙运动奠定了基础。中世纪长达千年的"教君博弈"为后世民族国家的兴起做好了漫长的铺垫。但"爱国信仰"在这一千多年时间里却呈现出一种超越国界的类似"国际主义"情怀的精神面貌，这也是中世纪的"爱国"情怀在现代语境中最合理的比照。

三、中世纪"爱国信仰"的历史特点

由于基督教信仰的跨国界性，在中世纪，一种更接近于当代"爱国主义"的"爱国"精神远没有古罗马时期来得强烈。但是，根据奥古斯丁等神学家的努力，一个超越世俗权力/世俗国家的"信仰国度"被建立起来。一方面，在中世纪，广义的"爱国"情感是存在的，并以爱"信仰之国/上帝之城"的形式广为传播；另一方面，狭义的"爱国"情感也没有消失，在世俗权力对抗教会的过程中，这种狭义的"爱国"精神时常被提起。因此，中世纪的"爱国信仰"是一种特别特殊的"爱国"情感，它将人们对上帝、信仰、国王、世俗的情感糅合在一起，错综而复杂，且在不同的时间节点呈现出不同的观念形态。而当近代民族国家真正兴起以后，这种杂糅的"爱国信仰"就再也没有出现过了。

中世纪的"爱国信仰"明显区别于其他时期的"爱国主义"思想，并呈现出了以下特点：

第一，强调"爱"一个超越世俗意义的"国"。我们已经提到，在中世纪，以奥古斯丁为代表的神学家们，提出了"信仰之国"和"世俗之国"的区分。奥古斯丁不仅阐释了"信仰之国"的神圣伟大，也描绘了"世俗之国"的种种不堪。因此，根据奥古斯丁的理论，热爱"信仰之国"是那么的崇高且理所当然。这种"爱信仰之国"的"爱国"思想，摒弃了各自为政的"小共同体"国家观念，形成了一种"大共同体"国家观念，而在这个"大共同体"中，人民都是上帝的信徒和侍奉者。"信仰之国"是一个理想的人类共同体，奥古斯丁将之描绘得十分完美，因此，与其说"信仰之国"是对"世俗之国"的颠覆，倒不如说是"世俗之国"参照的模板，"信仰之国"的运行准则应该是"世俗之国"应该效仿和实行的。这种对一个超越世俗意义的"国"的"爱"，是人类历

337

史上从未有过的，这一想法对后世的影响也是深刻而深远的。

第二，情感化的"爱国"转变为信仰化的"爱国"。在中世纪之前，古罗马人的"爱国"思想都是以高涨的热情呈现出来的。无论是对古罗马制度、法律的热爱，还是对元首、皇帝的热爱，都是"情感化爱国"的体现。而到了中世纪，这种情感化的爱国思想开始变为一种信仰化的爱国思想。奥古斯丁等已经花了大量篇幅用于证明"信仰之国"的荣光，因此对于基督徒而言，"爱"这个"信仰之国"是不需要进行反思的，也是不容任何怀疑的。这种信仰化的"爱国"，经历了几个世纪的时间，逐渐成为当时欧洲人普遍接受的观念。如果说情感化的"爱国"源自人类的感性本能，那么从情感化"爱国"到信仰化"爱国"是一种精神的提升或升华，这不仅是感性本能的自然流露，更是将感性情感进行理性化改造的结果。而奥古斯丁这样的中世纪思想家，在这个升华过程中又扮演了重要的角色，他对于"爱信仰之国"的阐释一直到现在仍然是政治学学科研究不可绕过的经典论述。

第三，"爱"世俗之"国"的思想从未消亡。但是，即使在中世纪，"爱信仰之国"的思想占据了绝对的主导地位，"爱世俗之国"的思想也从来没有彻底消失。由于科学技术的不发达，在中世纪教会的统治范围内，不同的国王或领主分而治之是最经济也是最有效的管理方式。这种各自为政的现象势必导致各个领主之间的冲突甚至战争。虽然，在教会的统治范围内，臣民都是基督徒，但是由于不同领主间的冲突，强调"敌我矛盾"是一种十分有效的动员手段。因此，也就不难理解在"爱"一个一统的"信仰之国"的背后，人们依然会保有"本国""他国"的观念。起初是各领主间的冲突，而后又发展为对教会的讨伐，中世纪的世俗"爱国"思想，从未消亡。公元10世纪以后，法国加佩王朝的历代国王均采取了逐步强化世俗国家权力的措施。起初，加佩王朝的君主主要是作为区域性的封建领主在巴黎附近行使权力。他们直接控制着大量农奴制庄园，并使当地大部分领主成为自己的封臣。后来，加佩王朝同法国其他地区的大领主之间结成了各种封建关系，从而逐步地把越来越多的地区置于王室的控制之下。再往后，加佩王朝的国王向全国各地派遣官员，以增强对地方的控制。到14世纪初，法国中央集权化已经达到很高的程度，国王可以宣称他拥有向教会征税的权力，国王可以铸造货币，在组建封建军队之外招募一定数量的雇佣军。德国和意大利，虽然在名义上处于神圣罗马帝国的皇帝统治之下，但实际上却分裂为几个分别由封建领主和城邦所控制的区域性国家。由于中世纪教会对于世俗权力的种种压榨和压制，最终导致了中世纪末期到近代期间，民族国家的"报复性"兴起。

第十四章

近代英法德美的"爱国主义精神"

英国历史学家波拉德在《近代史诸要素》一书中指出，古代历史基本上是城邦（city-state）的历史，中世纪是普世世界国家（universal world-state）的历史，近代历史是民族国家（nation-state）的历史。[①] 整体而言，一部从中世纪迈向近代的西方历史，其实就是一部近代民族国家建立的历史。这种近代民族国家的建立不仅要摧毁中世纪的普世世界国家，而且要摧毁欧洲中世纪中后期所建立的封建的王朝国家。因此，从王朝国家向民族国家的转型或跃迁在整个西方社会的历史进程之中占据着重要的地位。

近代"爱国主义"精神在经济维度上的思想基础是资本主义的兴起，在政治维度上的思想基础是民族主义的兴起。而资本主义精神和民族主义精神的融合，是近代"爱国主义"形成的原因和思想实质。在近代西欧占主流地位的民族主义思潮，很自然地把自己的注意力集中地投射在民族国家的主权及其商贸利益这两个问题上，由此形成了以反对罗马教皇的控制和反对封建割据，即以争取和维护国家的独立和统一为基本内容的"主权的政治民族主义"，以及主张对外殖民扩张和对内实行贸易保护的经济民族主义。民族和国家在近代以来三百多年的时间里，几乎已经成为不可分割的两个议题。虽然，很多思想家都试图说明"民族主义"和"爱国主义"是不一样的，尤其是将"爱国主义"和后来的"极端民族主义"进行区分，但是在近代历史上，两者重合的部分还是非常多的。

---

① A. F. Pollard: Factors in Modern History, New York: G. P. Putnam's, 1907: 3.

第一节 英国近代"爱国主义精神"的兴起及主要内容

英国是近代民族主义的最初发源地并最早建立起了近代史上的民族国家。英国民族主义在"光荣革命"后借助工业革命成为世界强国，并因此形成了民主国家主义的思想和行为实践，这种民族国家主义在英国化为一句格言："吾国说对就是对，吾国说错就是错"。英国人的这种信念使其成为"国家至上主义"的自觉且坚定的信奉者，而且对他国的"国家至上主义"却总是指责、批评乃至予以猛烈的抨击，形成一种颇具霸权主义色彩的民族国家主义。英国的这种民族国家主义后来为美国所继承并发扬光大。在塞缪尔·约翰逊（Samuel Johnson）看来，自由与"爱国"之间的联系自英国资产阶级革命后就已建立。在 17 ~ 18 世纪的英国民族国家建构和资产阶级革命中，从英国资产阶级革命前的宫廷与议会的斗争，到光荣革命后的辉格 – 托利党争，再到乡村派与宫廷派，辉格执政派与反对派之间的政治博弈，"爱国"观念以及如何才是真正的"爱国"始终伴随着英国政坛的政治斗争，并成为彼此对立的政治派别（尤其是反对派）争相使用的核心话语或政治斗争标签，以此来获得更大的合法性基础，显露自己在国家民族和社会生活中的价值立场。

英国激进辉格派以"美德"与"腐败"二元对立的话语来攻击政府，强调指出"爱国"就是要反对"腐败的"政府，保留对国家的忠诚，恢复政制的平衡。博林布鲁克（Henry St. John Viscount Bolingbroke）于 1783 年出版的《一个爱国君主的观念》（*The Idea of a Patriot King*）一书中提出了自己的"爱国君主观"，强调"爱国君主"应该具有一种超然的地位，他独立于党派的利益纷争之上，具有为国家整体利益而行动的精神。博林布鲁克的"爱国君主观"凸显了统治者所应具有的国家主义品质，它既是时人评价国君时常用的政治话语，也表达了对于君王的伦理精神要求，同时蕴含着民众对统治者的道德期待。博林布鲁克指出："爱国主义必须建立在伟大的原则之上并以伟大的美德为后盾"。[①] 博林布鲁克的"爱国君主观"彻底解构了约翰洛克依托同意原则在最高权能和共同福利之间建立的纽带，对英格兰"超出记忆"的王国道德基础及其思维方式、制度时效发起了根本性的挑战，他对"爱国君主"的标准界定也获得了辉格反对派的认同。

---

① ［英］博林布鲁克：《爱国者君主》，《博林布鲁克政治著作选》，中国政法大学出版社 2003 年版。

亚当·斯密认为，"为了国家这个社会团体的安全，甚至为了它的荣誉感而献出自己生命的爱国者，变现出了一种最合宜的行为……因此，我们不仅完全赞同、而且极其佩服和赞赏他的行为，并且，这种行为似乎应该得到可以给予最高尚的德行的所有赞扬"。① 在亚当·斯密看来，那些为了国家的利益和安全而牺牲生命的人"是多么困难"，芸芸众生能够做到这一点的人"又是多么少"，所以这种人及其所彰显出来的爱国主义精神又是多么地难能可贵，令人肃然起敬。与此相关，他对那些只顾求取自身利益而对国家利益和安全完全不顾的人特别是那些"叛国者"表示了极大地轻蔑和愤慨，指出那些"把祖国的利益出卖给公敌来获得自己的一点私利的叛国者"，还有那些"极其可耻和卑劣地追求自己的利益而不顾所有那些同自己有血缘关系的人的利益的叛国者"，他们显然是"一切坏人中最可恶的人"。② 亚当·斯密还提出了热爱自己国家的两条原则："第一，对实际上已经确立的政治体制的结构或组织的一定程度的尊重和尊敬；第二，尽可能使同胞们的处境趋于安全、体面和幸福这个诚挚的愿望"。③ 这两条原则意味着既要尊重组成国家的政治体制或国家机构，又要维护同胞们的安全、体面和幸福，含有对国家机构的尊重和对国民利益和幸福的促进这两个方面的要求。亚当·斯密还在此基础上探讨了爱祖国与爱人类的关系问题，认为爱祖国并不等于爱人类，"我们热爱自己的国家并不只是由于它是人类大家庭的一部分；我们热爱它是因为它是我们的祖国"。④ 当然，真正的爱国之情也应当同爱邻国、爱人类结合起来，至少不能严重对抗，那种"怀着最坏的猜疑和妒忌心理去看待任何一个邻国的繁荣和强大"⑤ 并不是一种健康的爱国主义。健康的爱国主义是既爱自己的国家，又不去阻碍或伤害邻国的发展。从国与国之间的相互关系来看，去促进而不是去阻碍邻国的发展恰恰有助于自己的国家赢得好的生存和发展环境，从而确保国民的幸福生活。

约翰·斯图亚特·密尔肯定爱国主义首先是基于政治社会稳定的考虑，认为一国公民的爱国主义情感是政治共同体的凝聚力并维系着国家的存续。他提出了政治社会稳定的三原则，其中一条是："在那个共同体或国家成员之间的强烈的、积极的凝聚原则。"这一凝聚原则的内涵是"一种同情原则，而非厌恶；联合而非分离；我们指一种那些生活在同一政府之下的人们的共同利益的感情，在共同的自然或历史疆界内。"⑥ 爱国情感是政治共同体的凝聚力。在《代议政体论》

---

①② ［英］亚当·斯密著，蒋自强等译：《道德情操论》，商务印书馆1997年版，第295页。

③ ［英］亚当·斯密著，蒋自强等译：《道德情操论》，商务印书馆1997年版，第299页。

④ ［英］亚当·斯密著，蒋自强等译：《道德情操论》，商务印书馆1997年版，第297页。

⑤ ［英］亚当·斯密著，蒋自强等译：《道德情操论》，商务印书馆1997年版，第296页。

⑥ Mill, A System of Logic (Collected Works of John Stuart Mill, generally edited by J. M. Robson and R. F. Mcare, Toronto University Press 1963—1991, VIII)：923.

一书中，密尔赞成全体公民，包括较下等阶级在内都应该积极参与国家的政治生活。只有全体公民积极参与国家的政治生活，才能使国家的凝聚力不断提升，也才能使国家更加合乎全体公民的整体利益。

19世纪英国道德学家斯迈尔斯在《品格的力量》一书中指出："国家如同个人，也是有品格的。国家的品格必然取决于多数人而不是少数人的道德素质。因此，决定个人品格的素质也同样决定了国家的品格。一个国家只有具备高尚、诚实、正直、善良和勇敢的国格，才不会受到他国的轻视，才能在世界上取得重要地位。一个国家要想拥有自己的国格，必须是可敬的，必须做到自律、自制和尽职尽责"。① 他还把爱国主义区分为狭隘的爱国主义和高尚的爱国主义，认为狭隘的爱国主义表现为民族偏见、民族狂妄和民族仇恨，往往可能为一个国家招致最深重的灾难。而高尚的爱国主义"激励和鼓舞人民，使他们兢兢业业地尽职尽责，过着诚实、冷静、端正的生活，全力以赴地充分利用各种机遇力求上进"。② 斯迈尔斯还认为，一个国家的伟大不在于领土辽阔，人口众多，而在于国民品质的高下。"以色列可谓国小民寡，然而它的人民却创造了无比灿烂的文化，对人类命运产生了无比深远的影响。希腊不算大，阿提卡地区的人口还不及兰开夏郡的人口多，雅典更是不及纽约，但是，在艺术、文学、哲学以及爱国主义精神方面，希腊的伟大不可比拟"。③ 斯迈尔斯还谈到了罗马的兴起取决于国民的品格，而其衰落与灭亡则与国民品格的堕落密切相关，他们贪图享受，过着醉生梦死的生活。"罗马人不再以先辈们的优良品格为荣，所以，帝国的陨落在情理之中。一个贪图安逸和挥金如土的国家，一个老伯顿形容的'宁愿在战场上流一磅血，也不肯在劳动中洒一滴汗'的国家必将消亡，取而代之的将是一个勤劳的、积极向上的国家"。④

第二节　法国近代"爱国主义精神"的兴起及主要内容

法国大革命前，一批思想家尖锐指出专制君主阻碍着近代民族国家的形成。思想家拉·布吕耶尔曾响亮地提出："专制之下无祖国"。路易十四时代的阿格索也十分赞同这种说法，认为当人民处在专制统治时是没有祖国的，这时的国家只属于君主而不属于人民。当广大人民身为专制统治之下的臣民，不是独立的个体

①② ［英］斯迈尔斯著，喻璐等译：《品格的力量》，中国法制出版社2018年版，第13～14页。
③　［英］斯迈尔斯著，喻璐等译：《品格的力量》，中国法制出版社2018年版，第14～15页。
④　［英］斯迈尔斯著，喻璐等译：《品格的力量》，中国法制出版社2018年版，第15页。

之时，他们就不会产生热爱与忠诚祖国的强烈感情，只有建立主权在民的民族国家，人民才可能真正热爱祖国。

如果说英国资产阶级革命是建立在以崇尚经济自由和君主立宪为主要内容的民族主义基础之上的，那么法国资产阶级革命则是建立在以崇尚政治平等和主权在民为主要内容的民族主义基础之上的。法国资产阶级革命是与此前一个世纪中所兴起的启蒙运动密切相关的。以卢梭为代表的启蒙学者指出，人的自由乃是与生俱来的自然权利，国家权力来自全体人民的选择、同意和委托，人们根据理性的指引结合成为国家，公民的自由和幸福就是国家的目的。为了达到这个目的，国家必须遵奉一条原则，即"主权在民"。卢梭这种以民主及共和理论为基础的民族主义思想在法国大革命时期激发出全体法国人高昂的爱国热情，显示出巨大的革命意义。我们把这种民族主义思想称为"民主民族主义"。卢梭把爱国主义视为最高美德，并认为爱国主义是所有美德的渊源。他说："可以肯定的是，美德所具有的最伟大的神奇一直是由爱国主义造成的：这一美好而可爱的情感因为赋予了自爱的力量以美德所具有的一切美而使它具有了活力，而这种活力能够在不损害其形象的同时又使它在所有的热情之中最富于英雄气象。"① 所以爱国心和公民责任感是国家存在的精神基础，是每个公民必备的道德品质，是无比高尚、无比光荣、值得追求、值得自豪、值得尊敬的美德。

1789 年爆发的法国大革命，是兴起的资产阶级的经济实力与政治权利的不平衡的结果。从 1789 年 7 月 14 日巴黎人民攻占巴士底监狱到拿破仑第一帝国的终结，法国的革命之火燃烧了 20 多年。"法国革命不仅标志着资产阶级的胜利，而且标志着民众的充分觉醒。"②

17 世纪上半叶，法国经过 30 年的战争，成为欧洲大陆第一强国，并开始实施专制统治。路易十四统治末期，法国君主专制呈衰微之势，随之而来的是反对封建专制、追求民主与科学的启蒙思想的兴起。法国启蒙思想家对封建制度深恶痛绝，启蒙运动如火如荼地开展起来，加之英国立宪制的建立极大地鼓舞了法国启蒙思想家反对封建专制的热情。卢梭的《论人类不平等的起源与基础》和《社会契约论》、孟德斯鸠的《罗马盛衰原因论》和《论法的精神》都是批判封建专制的有力武器，自由、平等、天赋人权、主权在民等观念深入人心，为法国大革命提供了精神动力。到路易十六统治时期，专制王朝危机不断加深，加之 1788 年自然灾害引起的经济危机，最终引发了"法国大革命"。

1789 年 8 月 26 日，制宪会议通过了《人权宣言》，主张：在权利方面，人

---

① ［美］萨拜因著，盛葵阳等译：《政治学说史》下册，商务印书馆 1990 年版，第 657 页。

② ［美］斯塔夫里阿诺斯著，吴象英等译：《全球通史：从史前史到 21 世纪》，北京大学出版社 2005 年版，第 524 页。

们生来是而且始终是自由平等的。社会差别只能基于公共福利的基础上。任何政治结合的目的都在于保存人的自然的和不可动摇的权利，这些权利就是自由、财产、安全和反抗压迫。整个主权的本原主要是寄托于国民，任何团体、任何个人都不得行使主权所未明白授予的权力。人民享有言论、信仰、著作和出版的自由；财产是神圣不可侵犯的权利，除非当合法认定的公共需要显然必须时，且在公平而预先赔偿的条件下，任何人的财产不得受到剥夺。在法律面前，所有的公民都是平等的，故他们都能平等地按其能力担任一切官职、公共职位和职务，除德行和才能上的差别外不得有其他差别。① 《人权宣言》宣告了资产阶级政治制度的诞生。其核心内容是人权和法制。用以法律为标志的国家权利取代以君主为代表的封建特权，将封建特权改造为非人格化的法律的权利，而这正是近代法治国家的基本原则。国家取代国王，民族取代王室家族，法制取代特权，这是政治上层建筑领域里的根本性变革。随后，法国于1791年通过了第一部宪法，即"1791年宪法"，以法律的形式宣布法国为君主立宪制国家。

由于法国大革命要求法国人民彻底的民族献身精神，"大革命在雅各宾阶段还宣告了近代民族主义的诞生。在学校、报纸、演讲、诗歌、舞台以及爱国社团的集会上，法国人都能听到共和国士兵在战斗中赢得的荣誉，并意识到自己对祖国应尽的义务和职责。'公民们为祖国而生，为祖国而存在，为祖国而献身'。……一个年轻的法国士兵在给母亲的信中写道：'当祖国召唤我们去保卫她时，我们应当毫不犹豫应征而去……，我们的生命，我们的财产以及我们的智慧都不属于我们，而属于我们的民族，属于我们的祖国，一切都属于祖国'。"② 法国大革命期间，由卢热·德·利尔创作的《马赛曲》以激昂的曲调鼓舞了义勇军战士的斗志，"前进，祖国儿女，快奋起，光荣一天等着你！你看暴君正对着我们举起染满鲜血的旗，举起染满鲜血的旗！"在瓦尔密战役中，法军在"民族万岁！"的号召下奋勇抗敌，战胜了普鲁士军，瓦尔密大捷极大鼓舞了法国大革命，时至今日，瓦尔密战役纪念碑依旧是对历史的回忆与赞扬。

但与波旁王朝不同，拿破仑因大革命而与法国的情感更近，在他看来，法国大革命是"法国的爱国志士同欧洲暴君的殊死搏斗"③。拿破仑的骁勇善战得到法国人民的认可，很快被任命为第一执政来维护国家的安定。他反对封建制度，注重培养人民的爱国精神，并通过一系列战争确立了法国在西欧的优势地位，拿破仑成为法国人民心中称颂的"民族英雄"。

---

① 《法国〈人权宣言〉》，参阅［美］丹尼斯·舍尔曼：《西方文明史读本》，赵力行译，复旦大学出版社2010年版，第311~312页。

② ［美］马文·佩里主编，胡万里等译：《西方文明史》下卷，商务印书馆1993年版，第25页。

③ 吕一民：《法国通史》，上海社会科学院出版社2003年版，第135页。

法国政治思想家托克维尔在《论美国的民主》一书中区分了两种不同的爱国主义，即本能的、狭隘的爱国主义和理性的、普遍的爱国主义，认为本能的、狭隘的爱国主义"主要来自那种把人心同其出生地联系起来的直觉的、无私的和难以界说的情感。这种本能的爱国心混杂着很多成分，其中既有对古老习惯的爱好，又有对祖先的尊敬和对过去的留恋。怀有这种情感的人，珍爱自己的国土就像心爱祖传的房产。"① 这种爱国主义本身带有宗教的意味，它不做任何推理，只凭信仰和感情行事。同所有的轻率的激情一样，这种爱国主义虽能暂时地激起强大的干劲，但不能使干劲持久。它把国家从危机中拯救出来以后，往往便任其于安宁中衰亡。与这种本能的狭隘的爱国主义有别的是"理智的爱国主义"。在托克维尔看来，"另有一种爱国心比这种爱国心富有理智。它虽然可能不够豪爽和热情，但非常坚定和非常持久。它来自真正的理解，并在法律的帮助下成长。它随着权利的运用而发展，但在掺进私人利益之后便会削减。一个人应当理解国家的福利对他个人的福利具有影响，应当知道法律要求他对国家的福利做出贡献。他之所以关心本国的繁荣，首先是因为这是一件对己有利的事情，其次是因为其中也有他的一份功劳"。② 理智的爱国主义能够深入认识个人和国家的关系，凸显了个人利益只有在国家利益增长的情况下才有根本的保障，因此公民个人爱国将有助于国家整体利益的发展和巩固，反过来也使个人利益有坚固的保障。

拿破仑战争激起了法国民族主义运动的新的高涨。在拿破仑战争后期，在法国对别国的征服和占领中，他们高举的民族主义大旗逐渐失去了民主的色彩，变成一种民族沙文主义，从而使法国民族主义发生根本性的裂变，也引发很多人对法国大革命及其民族主义的批判性反思。

第三节　德国近代"爱国主义精神"的兴起及主要内容

近代德国的爱国主义既充满着文化民族主义和浪漫民族主义的浓烈情感，又着力于政治上祖国统一以及对德意志民族精神的深情渴望。同时还有对德意志在近代欧洲四分五裂状况的深深忧思和深刻批判，寄予着对德意志国家未来发展的无限希望。

拿破仑入侵德国之前的德意志山河破碎，政治专制，民生凋敝，诚如恩格斯

---

① ［法］托克维尔著，董果良译：《论美国的民主》（上卷），商务印书馆2013年版，第294～295页。
② ［法］托克维尔著，董果良译：《论美国的民主》（上卷），商务印书馆2013年版，第295～296页。

所形容的"澳奥吉亚斯的牛圈",满地都是牛粪。维兰德（Christoph Martin Wie-land）在《论德意志爱国主义》一文中说：在德国至多只能提"边境地区的、萨克森的、巴伐利亚的、符腾堡的、法兰克福的爱国者"。[①] 他渴望唤醒德意志人的民族意识,为德意志国家的统一和民族国家的建立而斗争。奥斯纳布吕克的尤斯图斯·默泽尔（1720—1794）在《爱国的幻想》和《奥斯纳布吕克史》中大力鼓吹有关国家共同体起源于民众和民族特性的观点,主张德意志民族必须立即停止对法国文化的羡慕和模仿,重新发掘和发挥本民族的优秀禀赋,重现德意志民族昔日的光彩。赫尔德被誉为德意志文化民族主义的缔造者,他深刻而系统地阐述了文化民族主义思想,强调民族应该是有机的、自然的、建立在精神和文化基础之上的共同体,主张德国必须回到自己的根本,"现在德国应该寻找自己民族的性格,寻找自己独有的思想方式,寻找民族的真正语言。"[②] 他谆谆告诫德意志人民,只有立足于自己民族的历史本源,发扬光大本民族的特性与传统,在这基础上建立起自己的民族文化,进而培养起共同的民族精神,德意志民族才能重获自尊,克服分裂,成为真正统一的民族。[③] 赫尔德说："所有的事物都是相互依赖、相互生成的。祖国是'我们父辈传承下来的,它能唤起我们往事的记忆,追溯我们祖先的业绩'"。[④]这些就是以赫尔德为代表的德意志文化民族主义和爱国主义的主要内容。

"法国大革命使德意志人敏锐地意识到了国家。"[⑤] 拿破仑征服德国以后,费希特的民族意识得以全面呈现。费希特（1762—1814）是德意志民族主义运动的杰出代表。他指出,无论从历史上看还是同其他民族比较,德意志民族都是有着纯正本源、蕴含无限生命力和创造力、富于高尚精神的优秀民族,当前德意志民族的首要任务就是重振民族精神。德国存在一种较之其他民族更高尚的不可磨灭的"德意志精神"。这种德意志精神使人们"认识到自己有责任为德意志的复兴进行义无反顾的斗争"。[⑥] 费希特在《对德意志民族的演讲》中说："就德意志民族的全体人民而言,对祖国的高度热爱无论如何必须和应当在每一个特定的德意志国家中占有最高的主导地位",我们应当通过教育"把对祖国的真正的和万能

① 引自［德］莱奥·巴莱特、埃·格哈特著,王昭仁等译:《德国启蒙运动期间的文化》,商务印书馆1990年版,第153页。

②④ ［美］罗伯特·T. 克拉克·简:《赫尔德,切萨罗蒂和维科》,转引自Willian A. 威尔森著,冯文开译:《赫尔德:民俗学与浪漫民族主义》,载于《民族文学研究》2008年第3期。

③ 祖帕汉编:《赫尔德全集》第18卷,转引自李宏图:《西欧近代民族主义思潮研究——从启蒙运动到拿破仑时代》,华东师范大学博士论文,第114～116页。

⑤ ［美］帕尔默·科尔海顿著,孙福生、陈敦全等译:《近现代世界史》（中）,商务印书馆1988年版,第546页。

⑥ ［德］卡尔·艾利希·博恩等著,张载杨等译:《德意志史》第3卷（上）,商务印书馆1991年版,第66页。

的爱深深地、不可磨灭地建立在一切人的心中"。① 他专门探讨了"什么是爱国主义，即对祖国的爱"的问题，坚持认为爱国主义是将自己个人的生命与整个国家民族有机地联系起来，"是建立在对于发展出他自己的那个民族能万世长存的希望上的，是建立在对于这个民族根据那种隐蔽的规律具有独特性的希望上的"，他"首先将他的民族，然后通过他的民族，将整个人类都同他自己紧紧联结在一起，并将他的民族的一切需要都引入他那宽广的心怀，直到末日来临。他对自己的民族的爱，首先是尊重、信赖和喜爱自己的民族，对自己来自这个民族感到自豪，其次是为自己的民族活动、效力和献身。"② 在费希特看来，个体的生命价值只有在为民族、为国家贡献力量时才能真正体现出来，才能得到真正地实现。他说："对高尚的人来说……也只有他的民族的独立延续；为了挽救他的民族，他甚至必定愿意去死，以使他的民族能生存下去，使他在他的民族中能过他向来就想过的独一无二的生活。"③ 费希特动情地指出："谁不首先把自己看做永恒的，谁就根本不拥有爱，也不会爱一个对他不存在的祖国。谁把自己的不可见的生命看成永恒的，却不把自己的可见的生命看成永恒的，谁就很可能有一个天堂，而在这个天堂里有他的祖国。……如果没有把祖国传给这样的人，他就会悲痛；如果把祖国传给了谁，而且在谁的心中天与地、不可见的东西和可见的东西相互交融，从而创造出一个真纯的天堂，谁就会为了把这份宝贵财产完好无缺地再传给将来，而战斗到流出最后一滴血"。④ 只有把对祖国的爱视为目的性价值和最高价值，个体生命的价值才能得到最高程度的实现，才能获得真正的人生价值。

黑格尔在《历史哲学》一书中，坚持认为，日耳曼民族纯粹的内在性，乃是精神解放适当的场合。"日耳曼人无可否认地比法兰西人、意大利人、西班牙人都具有更坚决的性格——而且他们用完全清楚的意识和最大的注意力，来追求一个决定的目标——而且他们非常审慎地实行一个计划，同时对于特定的对象，也显着最大的决心。"⑤ 所以，日耳曼精神就是"新世界的精神"，德意志民族是一种"世界历史民族"，普鲁士君主专制国家正是"绝对精神"的最佳体现。1818年黑格尔到柏林大学之后，思想倾向更接近普鲁士、更具有爱国主义的特质，在法哲学的讲演中，他将爱国心视为一种"政治情绪"，这种政治情绪本质上是人们对国家制度的一种信任意识，是对国家各种现存制度合理性的一种认可和热

① ［德］费希特著，梁志学等译：《对德意志民族的演讲》，商务印书馆2010年版，第139、138页。
② ［德］费希特著，梁志学等译：《对德意志民族的演讲》，商务印书馆2010年版，第125页。
③ ［德］费希特著，梁志学等译：《对德意志民族的演讲》，商务印书馆2010年版，第125~126页。
④ ［德］费希特著，梁志学等译：《对德意志民族的演讲》，商务印书馆2010年版，第126页。
⑤ ［德］黑格尔著，王造时译：《历史哲学》，上海世纪出版集团2006年版，第394页。

爱，反映的是人们对国家精神及其所代表的国民整体利益和长远利益的一种认同。他在"附释"进一步做出说明，认为"爱国心往常只是指作出非常的牺牲和行动的那种志愿而言。但是本质上它是一种情绪，这种情绪在通常情况和日常生活关系中，惯于把共同体看做实体性的基础和目的。在日常生活经历的一切情况中获得证实的这种意识，随后就成为作出非常努力的那种志愿赖以产生的基础。……其次，如果把这种爱国情绪看做这样的东西：它可以自行开端，并且可以从主观观念和主观思想中产生出来。"① 在爱国心的培养中，我们应当将其同国家制度的信任和人们愿意做出的非常的牺牲和行动的志愿联系起来，而不是仅仅局限于主观观念和主观思想的情绪或意见。黑格尔坚持认为，国家的目的就是普遍的利益本身，国家是依靠对普遍利益的追求和维护展现出自己存在的合理性和国家精神的神圣性。把国家和民族精神合理化、神圣化、永恒化，实际上是希望德意志构建永恒正义的理想王国。

德意志争取民族独立战争主要在于反抗拿破仑的统治。法国对德意志的入侵推动了德意志民族主义情绪的膨胀，德意志人开始团结起来建立独立的民族国家。1809 年，奥地利首先对法国宣战，德意志反法战争由此拉开帷幕。查理大公发文号召全体军民为独立而战，并呼吁"欧洲的自由仰仗你们高举义旗予以捍卫。战士们，你们的胜利将打破束缚欧洲的枷锁。处在敌人营垒中的德意志弟兄们等待你们去解放"②。人民群众不断举行起义，改革派人士也积极带领群众发动起义（即使不得已离开德意志），爱国人士也没有停止为民族解放战争而努力。1813 年普鲁士向法国宣战，加入民族解放战争的队伍中。普鲁士国王通过《告我人民》号召人民群众团结起来一致抗法，为祖国的解放而战斗。在普鲁士的影响下，许多地区也自发反抗法国侵略者，各邦国起义不断，民族主义情绪扩散开来。普鲁士得到俄国支持，组建了联军，取得了一系列战果，在莱比锡战役中击退拿破仑，为德意志反法战争的胜利奠定了基础。尽管次年拿破仑卷土重来，但法国的失败已成必然之势，滑铁卢一战，拿破仑溃败，德意志摆脱了法国的统治，实现了民族的独立。1815 年维也纳会议上签订《德意志联邦条例》，德意志联邦成立，然而，松散的德意志联邦仅仅是各邦国的联合体，它非德意志民族主义者所求，德意志人民还需继续为民族的真正统一而奋斗，在接下来的 30 多年里，实现德意志民族的真正统一成为社会的主旋律。

德意志的大学生首先为德意志的统一揭竿而起。各大学先后成立了大学生联合会，"耶拿大学生联合会"以"荣誉、自由和祖国"为口号，要求每一位大学

---

① ［德］黑格尔著，范阳、张启泰译：《法哲学原理》，商务印书馆 1961 年版，第 267 页。
② 郑寅达：《德国史》，人民出版社 2014 年版，第 181 页。

生都加入大学生联合会，每一位成员都必须承认德国是其唯一的祖国，在"祖国联合"的理念下，团结一切可以团结的力量，为德意志民族国家的建立提供动力。享有"体操之父"的弗里德里希·路德维希·雅恩组织建立了"体育协会"，他号召德意志青年增强体质、提升爱国心，为祖国的统一而努力，其《德意志民族特性》一书也为德意志民族的独立吹响号角。1813 年 10 月 17 日反法联军在莱比锡大败法军，这场由欧洲各民族和德意志各邦参与的大战后被称为"莱比锡各民族大会战"，它的胜利成为德意志历史上一个转折点。1815 年 6 月 8日，维也纳会议通过了《德意志联盟条例》，宣布成立德意志联盟。1817 年，全国性规模的大学生运动瓦特堡大会将路德、勃吕歇尔将军视为德意志的民族英雄而对其加以赞美，大学生在该运动中"大张旗鼓地把保守的、反民族主义的作品收集起来，斥之为'非德意志'的、具有挑衅性的政治文件，在熊熊大火中当众付之一炬"①。此后，耶拿大学生联合会通过了《10 月 8 日的原则和决议》，明确提出"建立一个统一的德国，反对分裂"的要求，并提出"一个国家，一个皇帝"的口号②。1817 年黑森 – 达姆施塔特大公国贝克起草的《民族请愿书》；巴登的韦尔克尔提出《新闻法》，他倡议"把德意志联邦发展成尽力促进德意志民族统一和德意志公民自由的组织"③，建立一个自由、统一的德意志民族国家；巴伐利亚成立"新闻和祖国协会"，其目的在于"以民主的精神，组织一个德意志国家"④；汉诺威的"格丁根七君子"联名的《抗议书》旨在反对暴君的倒行逆施。1832 年的汉巴哈大会被视为"德意志人的民族节日"，大会的政治演说表达了对统一的德意志的期许，游行队伍以"人民万岁""自由统一的德国万岁"为口号⑤，表达了人民对统一的德意志国家的渴望。1841 年，奥古斯特·海因里希·霍夫曼·冯·法勒斯雷本作的《德意志人之歌》，表达了对统一、正义与自由的向往，它号召德意志人民团结起来为实现祖国的事业而奋斗："统一、公义和自由，为了德意志祖国；让我们一起为了这个目标而努力，像兄弟那样团结起来，献出我们的双手和真心"。该曲也成为统一后德意志联邦的国歌。建立统一的德意志民族成为各邦国人民的共同夙愿。

1848 年，欧洲革命的爆发又一次鼓舞了德意志民族革命的热情。德意志各邦国于 1848～1849 年先后掀起了革命浪潮。此间，德意志各邦国建立了法兰克福议会、德意志宪法，宪法规定建立一个统一的德意志帝国。然而，法兰克福议会的建立只是昙花一现，德意志革命遭到国内外反动势力的双重镇压，最终还是

---

① 郑寅达：《德国史》，人民出版社 2014 年版，第 193 页。
② 郑寅达：《德国史》，人民出版社 2014 年版，第 194 页。
③④ 郑寅达：《德国史》，人民出版社 2014 年版，第 200 页。
⑤ 郑寅达：《德国史》，人民出版社 2014 年版，第 204 页。

宣告了失败。政治上的失败并没有影响经济上的发展。革命失败后的资产阶级，马上投入工业生产中，德意志经济开始呈现繁荣之象。随德意志联邦各邦国经济的发展，资产阶级对自由贸易、统一的货币、度量衡、关税有了进一步的要求；德意志的一些民族主义组织，如经济学家协会、德意志商会、德意志民族协会等，也都纷纷要求民族的统一；同时，不统一导致的交通、电信、邮政等问题，也推动着德意志统一的步伐。19世纪初，被后人称为"使四分五裂的德意志兰统一起来的伟大先驱"①的弗里德里希·李斯特就致力于德意志的统一，尤其在政治、经济上，他主张建立全德关税同盟，从经济上打破各邦国之间的界线。在他看来，"不在德意志各邦人民之间实行自由交往，便不可能有统一的德国，不建立共同的重商主义制度，便不可能有独立的德国"②。

最终，德意志的统一经过三场战争得以实现。1864年爆发的德丹战争，解决了石－荷问题，普奥实现了对三公国③的"联合统治"；1866年爆发的普奥战争，普鲁士在俾斯麦的带领下击败奥地利，双方签订《布拉格合约》，奥地利无权再参与德意志事务，新成立的北德意志联邦的国家权利归于普鲁士；1870年普法战争，以法国在色当战役中的失败告终，拿破仑被俘，双方于次年签订《法兰克福合约》，统一的德意志帝国建立，完成了德意志民族的统一大业。

德意志帝国的建立离不开俾斯麦的领导，他一生致力于德意志的统一事业，并通过"铁血精神"摧毁了反对德意志统一的一切因素。在他看来，统一、自由是德意志民族无法抗拒的力量，建立统一的民族国家是民族主义发展的必然。德意志统一后，俾斯麦马上投入对帝国的建设中，他举行国会选举并制定宪法，加强政治、经济等各方面的统一。从民族情感出发形成的爱国主义是实现德意志统一的重要因素，在德意志统一过程中也进一步体现了这一民族精神，统一后的德意志不断发展壮大，并最终走上对外殖民扩张的道路。

第四节　美国近代"爱国主义精神"的兴起及主要内容

北美殖民地的"爱国"话语来自英国，但又不止于对英国政治语境中"爱国"话语的重现。美国独立战争是一场摆脱英国殖民统治的独立运动。这场声势浩大的独立运动之所以爆发，与英国殖民统治有着密切的关联，也与北美13个

---

① 丁建弘：《德国通史》，上海社会科学院出版社2002年版，第182～183页。
② 丁建弘：《德国通史》，上海社会科学院出版社2002年版，第182页。
③ 三公国，即石勒苏益格、荷尔施泰因、劳恩堡。

殖民地自身的发展要求密切相关。1776 年 7 月，美国在反对英国的独立战争中取胜并通过了由托马斯·杰斐逊起草的《独立宣言》，宣言宣告"这些联合起来的殖民地从此成为而且名正言顺地应当成为自由独立的联合邦……而它们与大不列颠王国之间的一切政治联系亦应从此完全废止"。"人人生而平等，造物主赋予他们若干不可让与的权利，其中包括生存权、自由权和追求幸福的权利。为了保障这些权利，人们才在他们中间建立政府，而政府的正当权利，则是经被统治者同意授予的。任何形式的政府一旦对这些目标的实现起破坏作用时，人民便有权予以更换或废除，以建立一个新的政府"。① 政府的权力建立在民众赞同的基础上，保护公民权利是政府的职责。在北美殖民地人的理解中，"爱国"从来不只具有单一的内涵，而是多种观念的混合物。在费城制宪会议期间的 1787 年，由汉密尔顿、麦迪逊和杰伊三人合作完成的"联邦党人文集"强调指出："美利坚人民，应该继续坚定联合"；"这个国家，这个民族，犹如天作之合……由坚强的纽带相连，永不分离为几个彼此嫉妒、互不交往、互不相容的主权国家。"② 作为一个移民国家，美国自 17 世纪开始就强调对移民的同化，此后曾出现了"An-glo-conformity"（盎格鲁一致性）、"熔炉""移民美国化"等理论，旨在培养移民的国民意识与公民观念，使其从情感上归属于美国。塞缪尔·亨廷顿说过，"在爱国主义和忠于国家这一点上，美国人一向是出类拔萃的"③。在美国历史上，尽管党派不同，但爱国主义是美国总统共同宣扬的核心价值观。林肯在《葛底斯堡演说》中说："我们的祖先在这块大陆上创立了一个孕育于自由的新国家。"

被林肯总统称为"美国的孔子""美国文明之父"的爱默生（1803—1882）对美国爱国主义和民族精神多有奠基性的论述和弘扬，他在 1837 年 8 月 31 日在麻省剑桥镇对全美大学生荣誉协会发表的《美国学者》的演讲中讲到，虽然美国历史还很短暂，美国的思想文化相对于机械技术还不发达，美国还处在自身创造力不足的阶段，但是他却承认这些不足的好处，认为它们是激起美国学者创造的最好机缘和条件，他相信美国人民一定能够告别自己的学徒时代，走向独自创新的个人主义春天。他说："美国人并非只能在机械技术方面有所成就，他们还应该有更好的东西奉献人类。我们依赖旁人的日子，我们师从它国的长期学徒时代即将结束。在我们四周，有成百上千万的青年正在走向生活，他们不能老是依赖

①　《美国〈独立宣言〉》，参阅［美］丹尼斯·舍尔曼：《西方文明史读本》，赵力行译，复旦大学出版社 2010 年版，第 314 页。

②　［美］亚历山大·汉密尔顿、詹姆斯·麦迪逊、约翰·杰伊著，尹宣译：《联邦论：美国宪法述评》，译林出版社 2010 年版，第 7～8 页。

③　［美］塞缪尔·亨廷顿著，程克雄译：《我们是谁？美国国家特性面临的挑战》，新华出版社 2010 年版，第 227 页。

外国学识的残余来获得营养。有些事件与行动已经发生了，它们必须受到歌颂，它们将会歌颂自身"。① 1844 年 2 月 7 日，爱默生应邀在波士顿商业图书馆协会发表《年轻的美国人》的演讲中指出："作为一个新生、自由、健康而又强壮的民族，作为劳动人民、民主派、慈善家、信徒与圣人的国度，她也应当为全人类说话。这是个面向未来的国家。从华盛顿，这个俗语中所说的'遥远的都城'开始，横越各个城镇、州府和边疆地区，你会看到这是个百业待兴、到处是工程计划、设想与远大抱负的国家"。② 美国人谈起旧大陆的特征时，对欧洲的花园建筑如佛罗伦萨的包勃里花园、罗马的波吉斯山庄、梯弗利的东方别墅、慕尼黑的公园以及梅因河畔的法兰克福都由衷地肯定或惊叹，爱默生指出："这些都可以在美国容易地加以仿造，通过它们能够促使人民觉得自己的国家可亲，并且激发他们的爱国热情"。③ 爱默生把积极创造、引领潮流看作是美国年轻人的责任，呼唤他们"听从良心的指示，去做这片土地上的贵族"，并认为"除去美利坚合众国，又有哪一个民族能够担当领袖责任呢？而除了新英格兰诸州，谁能领导这场自强运动呢？最后，除了那些年轻的美国人，我们能指望谁来领导这些先进的州呢？"虽然美国历史短暂，既微小又年轻，但是年轻却是"一种我们将来可以逐渐弥补的缺点"，"这里宽广的机遇同时又蕴藏着产生一种新秩序的可能。只要这里的人民动员起来，齐心合力地遵照上帝设想的旨意……前进，摆脱别人所有的讥讽，免除我们自己的悔恨"，那就完全可以建设"一个人类历史迄今尚无记载的更美好的新社会"。④ 爱默生的这些论述和演讲，极大地激发了美国人创造幸福生活和建设幸福家园的积极性和能动性，并为构筑美国精神奠定了基础。

美国曾于 19 世纪出现了"美国例外主义"⑤"美国主义"（强烈的民族主义）等观念。在美国人看来，美国无论在制度、历史、文化等各方面其优越性都是其他国家无法比拟的。美国政治学家杰诺维茨（Morris Janowitz）在《重建美国的爱国主义：公民意识教育》（*The Reconstruction of Patriotism*：*Education for Civil Consciousness*）一书中指出，爱国主义的"爱"不是抽象的情绪冲动，而是基于

① ［美］爱默生著，赵一凡等译：《美国学者》，《爱默生集：论文与讲演录》上，生活·读书·新知三联书店 1993 年版，第 62 页。

② ［美］爱默生著，赵一凡等译：《年轻的美国人》，《爱默生集：论文与讲演录》上，生活·读书·新知三联书店 1993 年版，第 235 页。

③ ［美］爱默生著，赵一凡等译：《年轻的美国人》，《爱默生集：论文与讲演录》上，生活·读书·新知三联书店 1993 年版，第 232～233 页。

④ ［美］爱默生著，赵一凡等译：《年轻的美国人》，《爱默生集：论文与讲演录》上，生活·读书·新知三联书店 1993 年版，第 245～250 页。

⑤ 或称"美国优越主义"，一些学者将其称为美国人的"民族优越感"。

理性认识的"认同"。认同都是有具体对象的,"爱国"是一种热烈程度不同的,对多种"国家文化象征"对象的认同。杰诺维茨区分了两种表现公民爱国的方式,一种是"积极参与"(active participation),另一种是"效忠依从"(alle-giant-compliant)。它们的区别在于对政府或国家权威的"信任"——越是缺乏信任,便越会以公民不服从或抗议来进行公民参与;而越是信任,则越是会无条件地服从权威。

美国近代的爱国主义将个人利益与国家利益联系起来,将抽象而遥远的国家观念与显得虚无缥缈的爱国情感植于个人的内心。亦如托克维尔所强调的,"在人民面前迅速把个人利益与国家利益统一起来,因为无私的爱国心已经一去不复返了"①。人们之所以关心本国的繁荣,是因为这是一件对己有利的事情。"在美国,人民都知道社会的普遍繁荣对他们本身的幸福的影响。这个看法虽然如此简单,但却很少为人所道出。而且,美国人民习惯于把这种繁荣看作是自己的劳动成果,所以他们认为公共的财富也有他们自己的一份,并愿意为国家的富强而效劳。他们这样做不仅出于责任感和自豪感,而且出于我甚至敢于称之为贪婪的心理"。② 美国人的爱国主义既不是本能的爱国主义,也不是共和国的理智的爱国主义,而是止步于两者之间试图把个人利益与国家利益结合起来并使国家变得更加可爱的爱国主义。"从某种意义上来说,联邦的秉公精神不外是地方爱国主义的集大成。可以说,每个美国公民都把自己对本小共和国的依恋之情转化为对共同祖国之爱了。他们在保卫联邦的时候,也就等于保卫了自己州县的繁荣昌盛,保卫了参与治理国家大事的权利……这一切,通常比全国的共同利益和国家的荣誉更能打动人心"。③

在多民族的北美大陆,建构一个脱离殖民母国的现代国家并进而将这个现代国家构建为一个单一的民族国家的历程和经验,在阿克顿勋爵的总结中被归纳为:"美国是一个共和国。共和国人民必须是同质的,公民平等必须建立在社会平等基础上,建立在民族和地理统一基础上。这一直是美利坚合众国的力量"。④在亨廷顿看来,南北战争对于美国和美利坚民族构建而言意义极其重要:"它确实造就了一个国家(a nation)。还造就了美利坚民族主义、爱国主义以及美国人对自己国家的无保留的认同"。⑤ 当然,美国的爱国主义始终未能摆脱 WASP(White Anglo—Saxon Protestant)(其意为"盎格鲁-撒克逊白人新教徒")地位

①② [法]托克维尔著,董果良译:《论美国的民主》上卷,商务印书馆 2013 年版,第 296、297 页。
③ [法]托克维尔著,董果良译:《论美国的民主》上卷,商务印书馆 2013 年版,第 201 页。
④ [英]约翰·阿克顿著,胡传胜等译:《自由史论》,译林出版社 2001 年版,第 271 页。
⑤ [美]塞缪尔·亨廷顿著,程克雄译:《我们是谁?——美国国家特性面临的挑战》,新华出版社 2005 年版,第 101 页。

优先和至上的心态，在对待印第安人和黑人的态度，不仅显示出他们内心中"非我族类"的种族主义观念，也显示出他们在殖民与非殖民之间的紧张与矛盾，更显示出美利坚民族的整合还远未完成。

第五节　近代欧美国家"爱国主义精神"的历史特点

从欧洲 15 世纪意大利的文艺复兴、16 世纪德国、法国的宗教改革一直到 17 ~ 18 世纪英国、法国、德国等的启蒙运动，都是在锻铸一种近代社会的世界观、价值观和人生观或道德观。近代社会"可以说是思考精神觉悟，批评活跃，反抗权威和传统，反对专制主义和集权主义，要求思想、感情和行动自由"[①] 的时代。近代社会不同于中世纪的一个特别突出的地方在于"政治冲突以有利于国家的方式而解决，国家逐渐代替教会作为文化机构：国家掌权，取教会统治而代之。"[②] 近代资产阶级对封建主义、基督教神学和经院哲学做出了猛烈的批判，"他们不承认任何外界的权威，不管这种权威是什么样的。宗教、自然观、社会、国家制度，一切都受到了最无情的批判；一切都必须在理性的法庭面前为自己的存在作辩护或者放弃存在的权利"。[③] 从这一意义上讲，资产阶级革命及其所渴望建立的民族国家和近代社会，确实具有历史的进步性和价值的合理性。但是，诚如恩格斯所说的，"这个理性的王国不过是资产阶级的理想化的王国；永恒的正义在资产阶级的司法中得到实现；平等归结为法律面前的资产阶级的平等"。[④] 资产阶级及其思想家们如同他们的先驱一样，没有也不可能超越阶级和时代的限制。资产阶级在历史上曾经起过非常革命的作用，资产阶级建立的民族国家也是现代国家的重要基础，但是资产阶级所建立的国家同样具有剥削阶级国家的本性，只不过是用一种剥削掩盖另一种剥削罢了。

从对人类文明进程的意义来看，我们可以把近代历史上的"爱国主义"理解为是人们在经济和政治上的双重诉求的统一展现，是资本主义精神和民族主义精神相融合的产物。在经济上，"爱国主义"精神旨在"求富"。亚当·斯密指出，"重商主义"会为了集聚一国的财富而建立与他国的经济壁垒。"各国都嫉妒与

---

①② 　[美] 梯利著，葛力译：《西方哲学史》，商务印书馆 1995 年版，第 281 页。

③ 　恩格斯：《反杜林论》，引自《马克思恩格斯文集》第九卷，人民出版社 2009 年版，第 19 ~ 20 页。

④ 　恩格斯：《反杜林论》，引自《马克思恩格斯文集》第九卷，人民出版社 2009 年版，第 20 页。

他们通商的国家的繁荣，并把这些国家的利得，看作是他们的损失"。① "对于贸易差额被认为不利于我国的那些国家，换言之，对与我国的民族仇恨异常激烈的国家几乎一切货物的输入加以异常的限制"。② 建立与他国的经济壁垒会天然地唤起和加强本国国民的"祖国意识"，激发"爱国主义"的情感，"爱国主义"精神又可以反过来促进本国的经济发展。"每一国商人和制造者，都担心会在技术与活动上遇到另一国商人和制造业者的竞争。商业上的嫉妒，由激烈的民族仇恨所激起，而激烈的民族仇恨也助长了商业上的嫉妒，两者相互助长"。③ 在政治上，由"激烈的民族仇恨"所转化成的"爱国主义"精神旨在追求一个国家的独立自强。赫克歇尔等甚至认为"重商主义的历史意义在于'国家的建立'，它通过经济共同体创造出政治上的共同体"④，在他们看来，"求富"只是必要手段，"求强"才是重商主义者的最终目的。在中世纪，欧洲各国被教会所统领，教会对各国发展的束缚使得各国必然奋起反抗，以"爱国"对抗教会是当时一种最为有效的方式。这种对抗的方式，到了殖民时代，依然发挥了重要作用，拉美、亚洲乃至非洲各国的民族解放和民族独立运动都是在"爱国主义"思想的感召下进行的。"爱国主义"精神在人类近代的进步历程中发挥了巨大的作用，是该时期人类精神文明的重要组成部分，也是近现代全新的政治生态形成的重要因素，更是人类的自我意识在国家层面展现的开端。

近代以来民族国家的"爱国主义"主要体现为民族主义及与之相应的民族主义运动。欧洲各国一面为民族独立而战，另一面也为冲破封建枷锁而战。民族主义作为一种意识形态不断在西欧各国扩散，并引起相应的改革或革命。相较而言，英国的革命是幸运的，它没有流血牺牲，通过议会改革建立了君主立宪制，国王权力受议会限制，英国公民拥有参与、决定国家事务的权利。其他国家则不然，它们的革命基本上都通过战争完成，且历时较长，革命成果来之不易，德国和意大利更是经过了曲折的革命历程才取得民族的独立。

近代以来的"爱国主义"呈现出以下特点：第一，"人"的发现和"主权在民"观念的确立。中世纪欧洲把视线从"人"拉向"神"，人们在灵魂救赎、进入天国的诱惑下虔诚地信仰上帝，国王也以"上帝在人间的统治者"自居，人们因爱上帝而爱国王，生活在封建统治的想象中。随经济的发展、资产阶级的登场

---

① ［英］亚当·斯密著，郭大力、王亚南译：《国民财富的性质和原因的研究》下卷，商务印书馆1974 年版，第 68 页。

② ［英］亚当·斯密著，郭大力、王亚南译：《国民财富的性质和原因的研究》下卷，商务印书馆1974 年版，第 69 页。

③ ［英］亚当·斯密著，郭大力、王亚南译：《国民财富的性质和原因的研究》下卷，商务印书馆1974 年版，第 72 页。

④ 王闯闯：《共同体与英国重商主义者的富强观》，载于《江海学刊》2019 年第 3 期。

及封建专制统治的弊端逐渐暴露，加之基督教的腐败也开始腐蚀封建制度，紧跟宗教改革的步伐，欧洲兴起了文艺复兴、启蒙运动，经过两次思想解放运动，自由、平等、博爱等观念唤醒了各族的民族意识，又把视线从"神"拉回到"人"。近代不同于中世纪"爱神""神道主义"和"神权至上"是确立了"爱人""人道主义"和"人权主义"。"爱国主义"从中世纪到近代不曾间断过，中世纪受基督教影响，爱国主义表现为爱上帝/爱神，国王则是上帝委派在人间的统治者。但是近代理性主义的传播使得爱国主义由"爱神"转到"爱人"，加之民族主义的扩散，爱国主义表现为对民族的关怀，民族主义运动风起云涌，最终演变为近代以来争取民族独立、解放的斗争。

第二，爱国主义成为一种公民美德。孟德斯鸠在《论法的精神》一书开头就指出："我所谓品德，在共和国的场合，就是爱祖国，也就是说，爱平等。这不是道德上的品德，也不是基督教上的品德，而是政治上的品德。它是推动共和政体的动力，正如荣誉是推动君主政体的动力一样。因此，我把爱祖国、爱平等叫做政治的品德"。① 这三种爱是公民政治品德的最重要也是最基本的要求。孟德斯鸠比较了君主国家和共和国，认为"君主国家的生存并不依赖爱国心、追求真正光荣的欲望、舍弃自己、牺牲自己最宝贵的利益，以及我们只听说的古人所曾有过的一切英雄的品德。"② 但是在共和国里确是需要爱国的品德的，"我们可以给这种品德下一个定义，就是热爱法律与祖国。这种爱要求人们不断地把公共的利益置于个人利益之上；它是一切私人的品德的根源。私人的品德不过是以公共利益为重而已。这种爱是民主国家所特有的。只有民主国家，政府才由每个公民负责。政府和世界的万物一样：要保存它，就要爱它"。③

在法国启蒙运动时期，卢梭可谓是引领风尚和开启潮流的代表性人物，在爱国主义研究和传播方面也是如此。卢梭提出了主权在民和社会契约的观点，也对爱国主义的原由和深刻道理做出了自己的分析和论证。卢梭的人民主权论是以"公意"为依据建立起来的。1764 年，卢梭发表《向祖国圣坛的奉献》一文，依卢梭之见，国家的目标在于公民的幸福与民族的荣耀。由"公意理论"出发，卢梭把爱国情感视为最崇高的美德，认为"每个人总应该培养对祖国的爱、刚毅和正直，并且保持言而有信的精神，即使牺牲性命也在所不惜"。④ 这种高尚的情感使人体会到一切精神上的美，是道德公民必备的一项美德。他说："可以肯定

---

① ［法］孟德斯鸠著，张雁深译：《论法的精神》上册，商务印书馆 1993 年版，"著者的几点说明"。
② ［法］孟德斯鸠著，张雁深译：《论法的精神》上册，商务印书馆 1993 年版，第 23 页。
③ ［法］孟德斯鸠著，张雁深译：《论法的精神》上册，商务印书馆 1993 年版，第 34 页。
④ ［法］罗曼·罗兰编选，王子野译：《卢梭的生平和著作》，生活·读书·新知三联书店 1993 年版，第 130 页。

的是，美德所具有的最伟大的神奇一直是由爱国主义造成的：这一美好而可爱的情感因为赋予了自爱的力量以美德所具有的一切美而使它具有了活力，而这种活力能够在不损害其形象的同时又使它在所有的热情之中最富于英雄气象。"① 卢梭的爱国主义政治美德体现在实现公意的过程中，这是一个公民自我抑制（self-repression）与自我表达（self-expression）互为张力的动态过程。在卢梭那里，普遍意志并不是一种消除共同体差异的同一化力量，而是使普遍意志与每个共同体自身的特殊性结合起来。卢梭思想中的爱国主义政治美德，成为共和主义者们用以宣扬公民积极投身政治、参与治国事业、追求共同幸福的共和主义公民美德的理论旗帜。

第三，对民族文化、语言和精神的认同。共同的语言是承载一个民族、促进民族团结的基础，也是维系民族情感的纽带。尤其在近代民族国家，语言成为各国人民民族认同的基础，如德国、意大利等国家，很早就形成了自己的民族语言，这为日后形成统一的民族意识并团结一致争取民族独立提供了保障。不可否认，"文字"作为爱国主义的文化承载，在这一时期起了重要作用，它作为一种批判的武器予以殖民统治及封建制度严厉的抨击，揭露黑暗的社会现实，号召人民团结奋进，也极大宣扬了爱国主义情感，激发了各民族人民的爱国热情。文字这种特殊的符号完美地传递了民族情感与民族精神。回溯历史，"爱国主义"始终是文学作品的主题之一，在文字中我们可以窥探历史，也可以感受到浓浓的爱国主义情感，它们是历史的见证者，也成为各民族国家宝贵的精神财富。近代以来，在民族主义的推动下，欧洲各国开始建立民族国家，并为民族国家的建设而努力。英国最早进行资产阶级革命并建立了君主立宪制，此后不断发展并一跃成为欧洲强国。法国大革命鼓舞了欧洲国家，各民族纷纷揭竿而起，德国、意大利等国家在民族主义、自由主义的驱使下，先后为民族独立而战，民族精神和爱国热情在战争中展现出来并得以升华。

德国文化民族主义者把民族主义与反封建专制和封建神权结合起来，他们歌颂爱国主义、民族主义和民族平等，特别强调从各民族的生活中搜集文化经历的重要性，主张从过去的历史中找到一个民族未来的发展道路，② 明确表达了建立统一的德国的愿望。当德国各邦在法国军队面前一败再败，祖国处于异族占领之下时，德国一些思想家特别注重唤起民族的自觉，从历史中挖掘德意志民族的文化特性和民族精神，借以对抗法国革命并鼓舞德意志人新造民族的精神生命。

第四，理性爱国的思想初现端倪。法国大革命将国王送上断头台的"壮举"，

---

① ［美］萨拜因著，盛葵阳等译：《政治学说史》下册，商务印书馆 1990 年版，第 657 页。

② Dietrich Orlow. A History of Modern Germany 1871 to Present. Engelwood Cliffs，New Jersy：Prentice - Hall，1987：7.

让欧洲各地出现骚动，以稳定著称的英国也不例外。1789 年 11 月 4 日，普莱斯（Richard Price，1723—1791）的布道辞《论爱国》（*Discourse on the Love of our Country*）发表，为法国革命唱起最强劲的赞歌。就在全英国许多人都在观望甚至期待法国大革命在英国出现的关键时刻，柏克奋不顾身地站了出来，与乔治三世站到了同一条战壕，直言不讳地攻击法国大革命，认为"法兰西是在用犯罪换取贫穷！法兰西不是为了她自身的利益而牺牲美德，她放弃了利益是为了可以出卖美德！"柏克毫不掩饰自己对法国大革命的愤怒，指出雅各宾派的革命是以平均代替平等，以专横代替自由。他把法国大革命所强调的"自由"比作"瓦斯"，说："这种狂野的瓦斯、这种固定的气体干脆都被释放了出来；但是我们却应该停止我们的判断直到最初的激荡略微平静下来，等到溶液澄清，直到我们看到了某种要比表面浑浊的泡沫动荡更深一层的东西。"① 柏克担心的正是法国蛊惑人心的口号会动摇英国人民的意志，从而破坏英国光荣革命留下的政治体制，给英国社会带来动荡和不安。英国光荣革命是一场保守的革命，一方面反对专制，另一方面维护权威和秩序。柏克通过对英国光荣革命经验的总结，认为对自由的追求应在秩序和权威下进行。他说："我要自诩我爱一种高尚的、有道德、有规矩的自由，正如我爱那个社会里的任何一位先生，不管他是谁；而且或许我在自己全部的公共生涯中，对我自己之忠诚于那项事业已经做出了很好的说明。"② 人要享有自由，必须先要限制自由，自由不仅仅要受秩序限制，还要受到秩序的保护。因此柏克强调的是一种"有限"的自由，没有限制的自由必然要导致一种无序和放纵。柏克秉承洛克对财产权的重视，认为财产权是国家必须保护的公民基本权利，保护个人的财产甚至是国家合法性的重要衡量标准。柏克认为，法国人将英国对教会财产的保护视为对自身宗教制度的保护是不公正、不客观的。没收教会的财产的危险性在于法国的国民议会对所有权的蔑视，认为"所有权是一文不值的，法国和惯例也是一文不值的"。这种做法导致的并不是某一个阶层财产权的丧失，而是整个社会的动荡，人民财产权无法得到保护，进而丧失生存的安全感，人的生命和自由便无法得到有效的保障。柏克反对法国大革命，因为法国大革命打着空洞的"自由""平等""人权"的口号，在他看来，真正的平等是蕴含在传统之中的。可是传统的发展也是一个过程，它也有其源头，它的源头也是人所创造和发明的。在柏克眼中，头等重要的是自由和秩序。英国光荣革命的特殊性在于，这并不是一场为了颠覆既有秩序而"发动"的革命，而是一场为了"避免"既有秩序受到颠覆而出现的革命。

---

① ［英］柏克著，何兆武等译：《法国大革命》，商务印书馆 1998 年版，第 44 页。
② ［英］柏克著，何兆武等译：《法国大革命》，商务印书馆 1998 年版，第 43 页。

近代以来民族国家的发展表明，推动生产力的进步、变革不合理的生产关系才是国家富强的正确路径，是一国立于世界竞争的强大支撑。新的生产关系带来新的意识形态，新的意识形态要求冲破封建牢笼，新旧思想的冲突带来思想的大解放。此时的爱国主义精神在民族独立运动中体现出来，也正是这种不同于古代的爱国主义思想的出现，改变了欧洲格局，推动欧洲各国社会的发展。经过一系列的独立战争，各国人民对"爱国主义"不再陌生，爱国主义教育也逐渐成为人们生活中不可或缺的部分。爱国主义有其内在的传统，也有其延续性，近代以来的民族主义为爱国主义教育提供了可能，使爱国主义教育具有必要性和可能性。

第五，必须而且应该指出，西方诸民族国家的建立及其崛起，整体上是一部资本精神的征服史和扩张史，同资产阶级革命以及世界范围内的殖民扩张有着最为密切的联系。与此相关，其爱国主义无不是同对本国无产阶级的残酷剥削和对其他弱小民族及非西方国家的侵略和掠夺联系在一起的。因此，近代西方的爱国主义是同民族主义、殖民主义难以分割的，渗透其中的霸权主义、殖民主义给其他国家带来了严重的经济摧残和政治压迫。随着欧美民族国家的建立及资本主义经济的发展，他们不断侵犯亚洲、非洲、拉丁美洲和澳洲等国家，将其划入自己的势力范围或殖民地。马克思说，利物浦就是靠奴隶贸易发展起来的。[①] 欧洲其他国家也从非洲贩卖奴隶贸易中获得巨大收益。法国的南特、波尔多，荷兰的阿姆斯特丹，美国的纽约、波士顿等城市，都是不同程度地依靠奴隶贸易得到发展的商埠。一部世界近代史实质上是一部资本主义的发家史和资本精神的征服史、扩张史，而资本来到世界从头到脚，每个毛孔都滴着血和肮脏的东西。资本对劳动的剥削以及对世界非资本主义国家的侵略和掠夺"是用血和火的文字载入人类编年史的"。[②] 欧美民族国家是建立在资产阶级革命和战争的基础之上的。资产阶级民族国家建立之后又在世界范围内展开了对殖民地的掠夺及一系列战争。在这些战争的过程中，一些国家也大力宣扬"保卫国家"的爱国主义或是抵制外国入侵的爱国主义，但是整体上看，这些属于资产阶级的所谓爱国主义其实是非常狭隘、非常自私的。因为资产阶级的所谓爱国主义其实是无视无产阶级和劳动人民的生存发展权益和根本利益的，同时也是以剥夺本国无产阶级和劳动人民的根本利益，侵犯全世界无产阶级和劳动人民的根本利益作为它的实现方式的。这种资产阶级的爱国主义在 20 世纪爆发的两次世界大战中得到极端化的表现，进一步暴露出了资产阶级爱国主义的荒谬性和反动性，给世界各国人民造成了十分惨痛的损失，无疑是我们需要运用马克思主义加以深入批判分析的。

---

① 马克思：《资本论》，引自《马克思恩格斯文集》第五卷，人民出版社 2009 年版，第 870 页。
② 马克思：《资本论》，引自《马克思恩格斯文集》第五卷，人民出版社 2009 年版，第 822 页。

第十五章

世界现代史中的"爱国主义精神"

19世纪后半叶，欧洲进入工业化时代，西欧国家迅速发展并成为工业化国家。各国纷纷开始修铁路、建公路及港口、发明电报等，展开争夺世界霸权的角逐。工业化使欧洲各国间的竞争越来越激烈，各大国都心怀帝国梦，军事防卫支出在国家总支出中占很大比例，越来越狂热的民族自尊心与越来越强烈的超越邻国的意图使得欧洲国家之间的敌对情绪日益加剧。这种民族主义的狂热情绪达到如此地步，以致"为了祖国不惜牺牲一切"[①]。民族主义在19世纪下半叶获得极大发展，其凶猛浪潮呈现出任何力量无法阻挡的发展趋势。1867年，匈牙利获得独立，1870年，意大利和德国都实现了国家的统一。德国统一完成后，泛日耳曼主义就寻求将居住在德意志帝国境外的日耳曼人拉进德国，并进而建立一个庞大的海外帝国。"俄国的泛斯拉夫主义者也梦想将东欧的斯拉夫人置于'俄国母亲'的怀抱中。由于对马扎尔人和日耳曼人统治的憎恶情绪日益强烈，哈布斯堡帝国的斯拉夫少数民族为使他们的民族权利得到确认进行了奋斗"[②]。就此而论，"19世纪下半叶，民族主义在好战、不宽容和非理性的道路上越走越远，对欧洲和平和启蒙运动的自由人文主义传统构成了威胁"[③]。到20世纪，已经实现工业化的资本主义国家的民族主义思想愈演愈烈，逐渐演变为对外扩张、建立霸权，并对其他民族进行殖民统治。第一次世界大战的爆发和俄国十月社会主义革

---

① ［法］J. 阿尔德伯特、［英］德尼兹·加亚尔、［法］贝尔纳代特·德尚等著，蔡鸿滨、桂裕芳译：《欧洲史》，海南出版社2014年版，第377~378页。

②③ ［美］马文·佩里主编，胡万里等译：《西方文明史》下卷，商务印书馆1993年版，第179页。

命的爆发对世界历史造成了深远的影响，标志着世界现代历史的开端。第一次世界大战促使俄国社会各种矛盾激化，为无产阶级革命的胜利创造了有利条件。第二次世界大战的爆发给世界特别是欧洲留下了无法磨灭的沉痛教训。第二次世界大战后，世界进入冷战时代，形成了以美国为首的资本主义国家和以苏联为首的社会主义国家的两大阵营及其之间的角力与竞争。"两个超级大国都在欧洲之外；两个国家都由于联合对希特勒作战取得胜利而上升为超级大国，远远超过过去欧洲的几个大帝国。两个超级大国瓜分了欧洲"。[①] 20 世纪 90 年代初，苏联发生了解体的事件，继之是东欧社会主义国家的巨变，使社会主义阵营不断出现分化，从而标志着冷战的结束，美国成为一家独大的资本主义国家。当然，随着中国的崛起，日本的复兴，以及俄罗斯、欧洲国家的发展，美国一家独大的格局不断受到冲击，特别是 21 世纪以来，要求超越零和思维、实现共生共赢共发展的需要越来越强烈，世界的格局和形势正在发生着百年甚至千年未有之大变局。这一时期，爱国主义和帝国主义、极端民族主义、国际主义等意识形态都有着交锋或互动，从而形成了这一时期独特的"爱国主义"精神发展状况。

第一节　两次世界大战及爱国主义的民族主义化

工业革命从英伦三岛向欧洲大陆和美国的扩展，大大提高了西方列强的综合国力和武装力量，也加快了它们对世界事务的主导与控制进程，到 19 世纪后期各主要资本主义国家海外扩张达到登峰造极的地步，非洲、亚洲、大洋洲和南美洲可供殖民占领的国家和地区已被瓜分完毕。后起的资本主义国家在实力大大增强以后对这种殖民地瓜分完毕的既成格局表露出了强烈的不满，从而使得各帝国主义国家之间的矛盾日益加剧，第一次世界大战即是这种矛盾尖锐化的产物。从 19 世纪 90 年代开始，欧洲主要大国，英国、法国、德国、奥匈帝国和俄国之间的外交紧张形势以及由此所形成的诸种矛盾逐步走向尖锐化，两个敌对的联盟开始形成，此即是以法国、俄国和英国的"协约国"和德国、奥匈帝国、意大利的"同盟国"。"当战争变得严酷，进入野蛮而激烈的战斗时，政治家们不是敦促谋求一种妥协的和平，而是要求更广泛的动员，更大的战争升级，更多的牺牲。大战加深了导致战争的精神危机，大大改变了西方文明的进程……西方文明已进入

[①]　[美] 马文·佩里主编，胡万里等译：《西方文明史》下卷，商务印书馆 1993 年版，第 520 页。

一个充满暴力、焦虑和怀疑的时代，而这一时代现在仍在延续着"。① 帝国主义列强为争夺殖民地和势力范围形成了两大对立的军事集团，终于导致了第一次世界大战。第一次世界大战的爆发，是当时世界上几个大国之间的利益摩擦所造成的，而这几个崛起的大国，几乎都得益于本国的民族独立运动。第一次世界大战给欧洲各国造成了严重的伤害。战后，民族主义不断发展，极端民族主义者开始宣扬种族主义。纳粹德国就宣扬日耳曼民族是优等种族，而犹太人是低下的劣等民族，并以此为借口开始对犹太人实施残酷的迫害。在意大利，墨索里尼也宣布了《种族宣言》，自称意大利为优等种族，而犹太人是低等种族，并对犹太人进行屠杀。在资本主义世界经济危机刺激下，爆发了第二次世界大战。

一、德国统一后民族主义的强化和裂变

近代以英法美为代表的民族主义（诸如美利坚民族、法兰西民族和英吉利民族等）所倡导的是一种"自由、平等、博爱"的启蒙运动式的思想。只要人们承认这个国家的基本宪法，就有可能成为这些国家的公民，所以它是一种政治层面的民族主义。德意志人所信奉的不是政治民族主义，而是一种文化层面、血统方向的民族主义。法国大革命和拿破仑战争席卷欧洲，将启蒙运动和大革命风潮中的民族主义思潮带入德意志地区。再加上拿破仑战争期间对包括普鲁士、莱茵同盟和其他德意志地区的控制和压迫，德意志人终于明白了一个道理，那就是唯有国家的统一才能使德意志人立足于欧洲舞台之上。19 世纪五六十年代，俾斯麦以铁血政策，在不到 10 年间发动了三场战争，最终打败法国，建立起第一个德意志民族国家，完成了 100 多年以来几代德国知识分子梦寐以求的民族统一事业，在国际舞台上重新恢复了德意志人的"自信"与"自尊"。随着工业化的发展，德意志各个邦国中的自由主义市民阶层相继拥抱民族主义，宁可丧失部分个人自由平等的要求也在所不惜。这是因为对于自由主义市民阶层来说，以俾斯麦为代表的上层统治精英带来的德意志民族统一，会促使新兴工商业资本家在拥有了更为辽阔的国内市场之后具备更强的国际竞争力，从而带来更大的利益。俾斯麦统一德国以后，德国迅即向垄断资本主义过渡。在俾斯麦下台后的德意志第二帝国时代，德国民族主义者认为法兰西式的以政治身份为集合的民族主义必将被德意志式的以文化、语言、生活方式为集合的民族主义所取代。他们极力地想要证明自己民族的与众不同、高贵优越，并将这些优越性归结于德意志文化的先进和血统的高贵。德国近代文化民族主义开始逐渐蜕变为殖民扩张主义，并参加了

① ［美］马文·佩里主编，胡万里等译：《西方文明史》下卷，商务印书馆 1993 年版，第 347 页。

19世纪末20世纪初帝国主义瓜分世界的狂潮。

从第一次世界大战爆发前夕德意志知识界鼓吹的"1914年精神"中，人们不难看到德意志民族主义试图凌驾其他民族主义之上的特点："用文化、生活方式相同的德意志人之间的自然联盟来对抗法兰西自由人之间的政治联盟"，用"义务、秩序、正义来对抗自由、平等、博爱！"① 19世纪末，德国民族主义逐渐转变为民族沙文主义，军国主义及海军主义思潮影响也越来越大。工业化使得此时的德意志帝国（也称为德意志第二帝国）加入世界强国的行列，日耳曼人的民族优越感与自豪感不断加强，尤其体现在威廉二世在位期间制定的"世界政策"。该政策宣扬德意志民族是复兴世界、支配世界的民族，"在精神方面所创造和拥有的一切都具有世界意义，德意志的衰落意味着全部文明的不可弥补的损失，自路德、康德、席勒以来，没有一个民族如此认真致力于建设一个精神独立的有道德的世界"②。德国跻身于世界之巅后便不断加强海军建设，逐步发展为仅次于英国的海上强国，在"世界政策"的指引下不断对外扩张，踏上战争之旅。

二、第一次世界大战前后的民族利益纷争和军国主义的兴起

1914年6月28日（塞尔维亚国庆），奥匈帝国皇储费迪南大公夫妇在萨拉热窝视察时，被塞尔维亚青年加夫里若·普林西普枪杀，成为第一次世界大战的导火线。一个月后，奥匈帝国在德国的支持下，以"萨拉热窝事件"为借口，向塞尔维亚宣战。随后，德俄法英等国也加入战争，第一次世界大战就此爆发。

"萨拉热窝事件"发生后，德国首先支持奥匈帝国向塞尔维亚宣战，随后德国对俄法宣战。第一次世界大战爆发后，威廉二世宣扬"当国家投入战争时，一切政党应该停止争吵，我们大家都是兄弟"③。各政党通过协议停止了党内斗争，战争一开始就受到多数德意志人的支持，他们团结在政府的领导下"宣布战争能受到如此热烈欢迎和节日般庆祝的，除了德国，没有第二个国家"④。军国主义使人们相信这场战争是英雄的、神圣的，马克斯·韦伯也曾说，"这场战争尽管极其可怕，但还是伟大的、了不起的。它是值得去体验的"⑤。在一些支持战争

---

① Christian Graf von Krockow. Die Deutschen In Ihrem Jahrh-undert（1890 – 1990），Hamburg：1990：100.

② 郑寅达：《德国史》，人民出版社2014年版，第335页。

③ 郑寅达：《德国史》，人民出版社2014年版，第348页。

④ 丁建弘：《德国通史》，上海社会科学院出版社2002年版，第289页。

⑤ 丁建弘：《德国通史》，上海社会科学院出版社2002年版，第290页。

的德国人看来，德意志民族肩负复兴世界的责任，因为"德国精神、德国制品和德国文化在世界上至高无上"①，届时将是"德国人的辉煌时期"。这种民族自豪感促使他们积极加入战争，为德意志民族的"辉煌时期"而战。政府也推动宣传民族仇恨的运动，爱国热情在国内激发出来。

但由于德意志帝国在第一次世界大战中"速战速决"的愿望落空，国内逐渐出现了反战的声音，各种起义也不断涌现。1918年，德国爆发了德国革命，德意志第二帝国寿终正寝，随之建立的是魏玛共和国（即德意志共和国）。共和国颁布宪法，并通过宪法制定了德意志国旗，确定《德意志之歌》为国歌，德意志开始走向民主。共和国时期，历史学家以颂扬国家为主题，他们给予战争正面价值，将"占领"视为一个民族发展中深受人们喜爱的事物，"战争和占领"思维成为推动战争的思想因素。加之德意志海军建设的加强，使英国人十分不安。德意志的快速发展也给欧洲其他国家造成威胁，英法俄为维护本国在欧洲乃至世界的利益，于1907年签订相互支持的协约，并结成同盟，史称"协约国"。

法国与德国之间的宿怨则可追溯到1870年爆发的德法战争，法国人民对德意志的民族仇恨便从未泯灭。维克多雨果表达了法国人"神圣的愤怒"，他指出："法兰西将只有一个想法：重新组建她的军队，聚积她的力量……唤起她的青年一代组成一支全民武装……再次成为伟大的法兰西，成为1792年的法兰西，以利剑实现其理想的法兰西。有朝一日她会变得非常坚强。那时，她将收复阿尔萨斯—洛林"。② 法国的民族主义者渴望发动一场针对德国的战争一洗法兰西民族的耻辱。19世纪后半叶，茹尔·费里进行的教育改革把爱国主义融入学校教育中，小学教科书《爱国主义义务》将"为祖国而战"的思想以文字形式表达出来"保卫法兰西，我们的一举一动，要像祖国好儿女一样。我们要履行对我们祖先应尽的义务，许多世纪以来，他们历经千辛万苦，创建了我们的祖国③。到了20世纪，爱国主义成为法国社会的主流思想。第一次世界大战爆发后，德国的侵略使法国人民的复仇情绪高涨，法国决定为国家利益而战，法国人民在"为了法国，为了共和国，为了全人类"的号召下踊跃参军。法国民族主义者举行示威游行并高呼"打到柏林去！"，爱国主义作为一种精神力量推动法国人民积极加入对德的战争中，"人们曾估计将有13%的人逃避兵役，但事实上仅有1.5%。……人们到处向出征的男人扔鲜花，并对他们呼喊，盼望他们早日凯旋"④。法国议

---

① 郑寅达：《德国史》，人民出版社2014年版，第348页。

② ［美］马文·佩里主编，胡万里等译：《西方文明史》下卷，商务印书馆1993年版，第332页。

③ 吕一民：《法国通史》，上海社会科学院出版社2012年版，第270页。

④ ［法］皮埃尔·米盖尔著，桂裕芳、郭华榕等译：《法国史》，中国社会科学出版社2010年版，第340页。

会中各派甚至实现了"神圣团结",他们暂时停止了派系间的政治斗争,将对德作战视为国家当前的首要任务,法国一时间形成了包括广大平民在内的统一的"国内战线"。

战争伊始,协约国联军的失利及撤退引起法国人民的恐慌,国内谣言四起,人们开始攻击与德意志有关的一切,"被认为是德国人经营的马吉商店遭到抢劫,凡是姓名有日耳曼味道的人都受到群众攻击"[①]。不过,法国人在第一次世界大战中也并非不堪一击。在凡尔登战役中,贝当将军冒枪林弹雨指挥战斗,保护了凡尔登地区的安全,他成为法国人心中的民族英雄,极大鼓舞了法国人民的斗志。英法联军在第一次马恩河战役中经过英勇斗争取得了胜利,此次战役的胜利来之不易,被法国人视为"马恩河奇迹"。

20世纪,俾斯麦主义开始南下,在意大利形成一股思想潮流。这种对武力的崇尚为日后帝国主义思潮的出现提供了肥沃的土壤。比如20世纪初,意大利对利比亚的战争,民族主义者就将利比亚战争视为"自己的事情,或者说,视为是它的权力,它热情地投入其中,欢呼、庆祝、企望"[②]。在此期间,意大利出现大量民族主义期刊,社会主义、未来主义等思想也充斥其中,意大利思想领域各种思潮跌宕起伏。第一次世界大战初始,意大利采取中立态度,但到了1915年,意大利在《伦敦条约》的诱惑下加入协约国一方,为其未曾收复的领土而战。意大利民族主义者宣扬"民族复兴",他们企图从奥地利收回意大利失地实现意大利的统一,这一号召点燃了意大利人民的爱国热情,促使他们加入战争中。此外,意大利诗人邓南遮发表的一系列演说也促使意大利民众积极将爱国热情付诸行动,他们不断举行爱国示威游行,并把第一次世界大战视为"第四次意大利独立战争",人们在爱国主义热情的推动下为争取意大利的统一而战。

1918年,第一次世界大战以德国战败而告终。1919年1~6月,战胜了的协约国帝国主义集团,在巴黎召开了分赃会议——巴黎和会,有27个国家的代表出席。会议由时任英国首相劳合·乔治、法国总理克里孟梭和美国总统威尔逊"三巨头"操控,他们各依循本国的帝国主义野心,力图重新瓜分世界。英国、法国借《凡尔赛和约》对德意志进行了严厉的惩罚。法国血洗了1871年普法战争之仇,在"德国佬应该赔款"运动的推动下向德意志索取巨额赔款。法国军队受到人民的热烈欢迎,目睹这一盛况的英国军官不禁赞叹"经过半个世纪以后,对祖国仍这般热爱,这对法国人来说毕竟是莫大的光荣,你们是一个令人羡慕的

---

① [法]皮埃尔·米盖尔著,桂裕芳、郭华榕等译:《法国史》,中国社会科学出版社2010年版,第341页。

② [意]克罗齐著,王天清译:《1871—1915年意大利史》,中国社会科学出版社2005年版,第225页。

民族"①。

《凡尔赛和约》以沉重打击德国为主要内容。它使德国失去了全部殖民地和海外属地，13%的领土被割让，丧失了10%的人口，15%的耕地面积，75%的铁矿藏。② 它允许协约国对莱茵河以西领土实行军事占领，强令德国废除普遍义务兵役制，削减陆海军，停滞发展空军。《凡尔赛和约》对战败的德意志提出的苛刻要求，引起了德意志全国上下的抗议，柏林举行示威游行，《德意志之歌》被高声传唱，德国右翼报纸在签和约当天以黑色镶边哀悼，"复仇"与"争取民族复兴"成为各报纸的主题，1919年6月28日《德意志报》号召"复仇！德意志民族！……"③《凡尔赛和约》的签订激化了战胜国与战败国之间的矛盾，激发了德意志人民的爱国热情，人们的复仇情绪为第二次世界大战的爆发埋下隐患，这种民族复仇思想在德意志各大学中颇为流行。

三、第二次世界大战前后的民族主义高涨及其运动

第一次世界大战结束后，以德国为首的同盟国受到制裁，这直接导致了德国国内民众的强烈不满，民族主义情绪高涨，并最终演化为极端民族主义。在德国的极端民族主义倾向越来越严重的时日里，法西斯主义也开始迅速抬头，两者的最后结合的产物，就是第二次世界大战的始作俑者——纳粹主义。可以说，纳粹主义是帝国主义在努力寻找自身出路的过程中出现的一个极端产物，其蕴含的极端民族主义思想也极其强调"爱国"的重要性和必然性，并一扫德国作为第一次世界大战战败国的萎靡势头，以此获得了民众的极大支持。

在第二次世界大战爆发前，欧洲民族主义发展到顶点。德国魏玛共和国的软弱状态面对经济危机束手无策，使得德国人期待一个强而有力的政府来复兴国家，期待一个可以"干预"的政府，希特勒正是带着"民族利益高于一切"的言论和主张登上政治舞台，并逐步建立了纳粹独裁统治，他利用国内人民的爱国热忱夺取政权，宣扬民族共同体，宣称"你不算什么，你的民族才是一切！"④鼓吹民族复仇主义与民族复兴。他"强调德意志民族内部的利益一致性，要求各阶层人士注重民族的整体利益，淡化或主动调节内部矛盾，和衷共济，以复兴德意志民族"⑤。他利用"民族利益"与"民族共同体"取得了德意志人民的信任。

① 吕一民：《法国通史》，上海社会科学院出版社2012年版，第281页。
② 参阅孟钟捷：《德国简史》，北京大学出版社2019年版，第158页。
③ 舒绍福编著：《德国精神》，当代世界出版社2008年版，第102页。
④ 舒绍福编著：《德国精神》，当代世界出版社2008年版，第86页。
⑤ 郑寅达：《德国史》，人民出版社2014年版，第406页。

他在政府中设立"国民教育与宣传部"，将德意志文化置于纳粹的监督中。希特勒的独裁统治最终将德意志人民推向战争的深渊。为摆脱经济危机带来的困境，希特勒破坏和约，重整军备。而此时的英国则是一幅太平之象，经济逐渐恢复并得到进一步发展，社会生活得到改善，人民沉浸在歌舞升平的"蜜月"中，暂时忘记了战争的痛苦。因此，英国对德国破坏合约、重整军备、挑起区域战争采取了姑息纵容的态度，对希特勒残酷的种族政策，英国也只是给予舆论谴责。但希特勒的独裁统治很快遭到国内人民的反对，以德国共产党为代表曾发表《德国人民民族解放与社会解放纲领》领导人民进行斗争。此外，"白玫瑰小组""克莱骚集团"等也进行过反法西斯斗争，但都遭到镇压。这样，希特勒把德国的极端民族主义与种族主义结合起来，发展成法西斯主义，把世界推向战争，导致了第二次世界大战的爆发。

在意大利，经济危机引起的社会危机不断加深并引发政治危机。20世纪20年代，意大利政府内阁更换频繁，国家主义与沙文主义有恃无恐，最终在意大利形成法西斯主义。墨索里尼夺取政权后在意大利建立独裁统治，妄图通过对外扩张缓和国内社会矛盾并重新确立意大利的世界席位，他鼓吹军国主义与"侵略战争有益"，宣称"斗争是万物之源，战争可以使人精神振奋，民族振兴，一个民族若不扩张，终将衰亡"①。1935年，意大利以"为国内人民提供就业机会"为借口入侵埃塞俄比亚，此后不断挑起战争。

与其他国家相比，法国对经济危机的反应时间较晚，持续的时间也较长，内阁更迭更频繁，这使法西斯主义分子得以抬头，他们以民族、荣誉为口号在法国发起法西斯主义运动。法西斯分子利用国内人民的不满制造骚乱，但很快遭到爱国人士的抵抗，爱国人士在国内展开反法西斯斗争，他们建立反法西斯委员会并团结一切力量形成反法西斯统一战线。

法西斯在各国的崛起以及战胜国的姑息纵容破坏了第一次世界大战后的"和平"景象，与法西斯主义同步的海外扩张与殖民掠夺最终导致了更大规模的战争，引发了第二次世界大战，在人类历史上留下血的印记。

第一次世界大战给各国人民带来沉重的灾难，但第一次世界大战的结束并没有消除战争再次爆发的因素。战后利益分配的不均衡进一步激化了民族主义，法西斯国家以民族主义为借口入侵他国。希特勒便制定了称霸全球的先大陆后海洋的"三部曲"战略目标，不断挑起战争。而第一次世界大战后，英法等国为维持欧洲均势而采取的"绥靖政策"对局部战争采取不干预的漠视态度，它们纵容德国的挑衅，使其对外扩张甚嚣尘上。第二次世界大战前，英国、法国成为该政策

---

① 姚介厚、李鹏程、杨深：《西欧文明》下册，福建教育出版社2008年版，第341页。

的积极推动者之一，这种对战争"不闻不问"的态度为第二次世界大战的爆发提供了极大的可能。1939 年，希特勒宣扬收回东普鲁士地区领土对波兰开战，第二次世界大战全面爆发①。希特勒在民族利益的谎言下宣扬建立"民族的族民共同体"②，他利用人民的民族情感取得人民的信任，以实现其全球战略不断向外扩张。

第一次世界大战中，由于英法联军的连续败北使人们对胜利丧失了信心，人们期待早日结束战争，"和平主义"思潮在此时兴起并传播开来，人们渴望战前的和平时代，不愿再卷入战争的漩涡。法国经过第一次世界大战与经济危机的影响一蹶不振，国内人民极度厌恶战争、渴望和平。从某种程度上说，"和平主义"使人变得麻木。第二次世界大战爆发后，他们愿用一切办法争取和平、避免战争，军队也丧失斗志。因此，战争开始不久，法军就溃败为德国的阶下囚。

法国被分为"占领区"与"自由区"，纳粹德国军队在占领区进行直接统治，而所谓自由区，即纳粹统治下的"自由"，实质上也听命于纳粹德国。法国政府无力主宰自己的事务，国内政党斗争异常激烈，国家处于四分五裂的状态。此间也曾出现爱国人士的抵抗运动，但始终没有形成全国性的统一运动，直至戴高乐的出现。戴高乐领导法国人民奋起反抗，他发表了著名的"六·一八"演说，"无论发生什么事，法国抵抗的火焰不能熄灭，也绝不会熄灭"③。他宣扬为民族独立而斗争，积极筹建"法兰西民族委员会"，很多爱国人士不顾风险纷纷追随戴高乐。随着抵抗运动的发展，一些爱国组织在法国成立，如保卫法国、抵抗、战斗等，其中"影子部队"在抵抗运动中产生很大影响，各种报刊也宣传鼓励民族士气，有人描绘此时的情景"（英国人）惊愕地发现我们几乎整整一代人自动参加了爱国组织，而且组织形式多种多样"④。此后，法国建立了"全国抵抗运动委员会"，解放斗争如弦上之箭，英国广播也大力宣传法国的抵抗运动，越来越多的法国人收听广播后团结起来形成抵抗力量，在法国的墙壁上，随处可见"表示胜利的 V 字"⑤。人们开始为消灭纳粹德国而走上街头，为争取民族独立而战。

---

① 关于第二次世界大战的开始时间，学者持不同的意见，英国学者理查德·韦南把德国入侵波兰到进攻苏联这段时间称为欧洲的"虚假战争"，而以德国进攻苏联为标志，第二次世界大战正式爆发。［英］理查德·韦南著，张敏、冯韵文、臧韵译：《20 世纪欧洲社会史》，海南出版社 2012 年版，第 176、188 页。

② 丁建弘：《德国通史》，上海社会科学院出版社 2002 年版，第 330 页。

③ 吕一民：《法国通史》，上海社会科学院出版社 2012 年版，第 332 页。

④ ［法］皮埃尔·米盖尔著，桂裕芳、郭华榕等译：《法国史》，中国社会科学出版社 2010 年版，第 387 页。

⑤ ［法］皮埃尔·米盖尔著，桂裕芳、郭华榕等译：《法国史》，中国社会科学出版社 2010 年版，第 389 页。

战争初，法国投降促使德国对英国实行和平诱降政策。面对希特勒的和平谎言，丘吉尔予以坚决地抵抗。在丘吉尔看来，英国只有胜利才能生存。他号召英国人民英勇作战，"让我们振作精神，负起我们的责任来，让我们这样要求自己：如果大英帝国及英联邦能延续千年之久，人们将要这样说，现在是他们最美好的时刻！"① 由此，英国人民积极参战，组建了国民警卫军，他们持枪拿棍，随时准备为祖国而牺牲。英国民众还自愿加入空中监视组织（弥补英国雷达不能及时报警的缺陷），与空军飞行员密切配合，及时汇报空中情报，为英国空军作战提供了有力的援助。英国军民团结一致打败了德国的"海狮计划"，极大地鼓励了英国民众的斗志，丘吉尔也发表演说赞扬空军的英勇，他称"在人类战争领域里，从来没有像现在这样，那么多的人的生存全靠那么少的人"②。在敦刻尔克大撤退时，英国人民在政府的号召下用小艇救援士兵，为大撤退的成功做出了重要贡献。大撤退后，丘吉尔鼓励英国人民将战争进行到底，"我们将在法国作战，我们将在海洋中作战，我们将以越来越大的信心和越来越强的力量在空中作战，我们将不惜一切代价保卫本土"③。不列颠战役期间，面对德国的空中轰炸，英国政府倡导"伦敦大轰炸精神"，加强民众间的情感，凝聚民族力量，英国人民团结一致英勇奋起反对纳粹德国。1940 年 9 月 15 日英军取得了巨大胜利，这一天的战斗被称为"不列颠战役"，日后的"大不列颠空战节"即是为了纪念这一胜利而设。而后的诺曼底登陆使得盟军在欧洲开辟了第二战场，给纳粹德国有力一击，极大地支援了反法西斯战争。斯大林称赞这次行动是战争史从来也没有过足以与之类比的事业。英国成为第二次世界大战中捍卫世界和平的中流砥柱，也是世界反法西斯的重要力量。

第二次世界大战对英国而言是一次保卫国土的卫国战争，丘吉尔对战争的正确判断与指挥发挥了关键作用。在国家面临危机时，他能放下意识形态差异与斯大林合作，体现了他的睿智与大气。伊丽莎白二世即位后授予他荣誉勋章并对其予以表彰，时至今日，他依旧被英国人视为最伟大的首相。"在 2002 年由 BBC 主办的'最伟大的 100 名英国人'票选活动中，丘吉尔高居榜首"④。另一位列入榜单的是英国著名军事家蒙哥马利，他曾参加两次世界大战，在第二次世界大战中英勇指挥作战，阿拉曼战役沉重打击了德意法西斯势力，为英国的保卫战争立下卓越功勋。被称为"战地甜心"的英国女歌手薇拉·琳恩在第二次世界大战中亲自去军营慰问演出，用歌声鼓舞战士的斗志，《这里永远是英格兰》《一只

---

① 王贵水：《一本书读懂英国历史》，北京工业大学出版社 2014 年版，第 128 页。
② 王贵水：《一本书读懂英国历史》，北京工业大学出版社 2014 年版，第 135 页。
③ 王贵水：《一本书读懂英国历史》，北京工业大学出版社 2014 年版，第 146 页。
④ 王贵水：《一本书读懂英国历史》，北京工业大学出版社 2014 年版，第 155 页。

夜莺在伯克利广场歌唱》等歌曲成为一个时代的回忆，也传承了民族精神。

意大利也借口领土收复①加入战争中。但战争给意大利造成巨大创伤，人民陷于水深火热中，生活苦不堪言，苦难使民众开始怀疑墨索里尼的政治决策，开始怀疑战争的目的，尤其战争的失利使人们对战争失去信心，他们渴望和平。1943年墨索里尼解职，意大利结束了法西斯独裁统治，压抑已久的意大利民众欢呼雀跃，整个意大利万人空巷，民众"砸毁'统帅'的雕像，焚烧'统帅'的照片，似乎法西斯独裁政权的倒台意味着战争的结束"②。法西斯政权倒台后，意大利退出战争，但却遭到希特勒的报复，他率纳粹德国军队疯狂进攻意大利，意大利民众再次展开抵抗纳粹德国的运动。"战争还在继续，打倒纳粹法西斯！"③成为团结意大利爱国者的有力号召。他们组成"民族解放委员会"，各界人士积极加入组成游击队及爱国行动组抵抗纳粹德国的侵略。意大利各地出现了民众总罢工及暴动，经过"那不勒斯的四天"光荣解放了那不勒斯。随后，其他地区也都纷纷获得解放。1944年4月，意大利最终战胜法西斯获得独立并于1946年建立意大利共和国。

第二次世界大战给各国均带来沉重灾难，战胜国经过德黑兰、雅尔塔、波茨坦等会议，建立了世界新秩序"雅尔塔体系"。两次世界大战期间，亚、非、拉地区民族国家也掀起民族独立运动与反法西斯战争的高潮，俄国、中国等国家的革命极大支援了世界反法西斯战争。很多国家在第二次世界大战中也形成了强烈的民族意识与爱国热情，战后，他们获得了民族解放，建立起独立的民族国家。

四、帝国主义和国际主义的对抗

世界现代历史大致是以两次世界大战为核心而展开的。在这一历史时期，"爱国主义"的内涵变得更加复杂。这一时期，帝国主义国家开始努力瓜分世界，法西斯主义也开始试图称霸全球。这一时期，各种思想和思潮也风起云动。"欧洲国家体系的失败与文化的危机是同时发生的。一些欧洲的知识分子抨击启蒙运动的理性传统，赞美原始、本能和非理性。青年人越来越受到行为哲学的吸引，因为它讥讽自由主义的资产阶级道德价值，把战争看作是使人净化、使人高尚的经历。……许多欧洲人渴望从他们平凡的生活中摆脱出来，渴望信奉英雄的道德价值，将暴力冲突看作是个人和国家生活的最高表现"④。尽管欧洲似乎正以文

---

① 意大利企图收回独立战争期间被法国划分的土地。
② 王军、王苏娜：《意大利文化简史》，外语教学与研究出版社2009年版，第385页。
③ 王军、王苏娜：《意大利文化简史》，外语教学与研究出版社2009年版，第387页。
④ ［美］马文·佩里主编，胡万里等译：《西方文明史》下卷，商务印书馆2006年版，第328页。

明的理性的方式不断取得进步，然而"民族主义的魔力和战争的原始魅力正驱使欧洲文明走向深渊"。"爱国主义"精神在这一历史时期，主要但不仅仅是在帝国主义和国际主义的对抗中体现出来的。伊恩·克肖概括 20 世纪上半叶的四个主要因素造成了两次世界大战的灾难：（1）基于族裔与种族的民族主义的大爆发；（2）激烈且不可调和的领土要求；（3）尖锐的阶级冲突（具体表现为俄国的布尔什维克革命）；（4）旷日持久的资本主义危机。① 而这四个主要因素的关键词都是"冲突"。②

与以往任何时期的战争都不同，两次世界大战不仅摧毁了城市、泯灭了生灵，还"打破了国界线"。丘吉尔曾说，"人民的战争将比国王的战争更可怕"③，后者为利益而战，前者则要为信念而战。在第一次世界大战中，作为战争双方的"协约国"和"同盟国"都是以多国结盟的形式参战。而到了第二次世界大战，以德意日为主的法西斯轴心国有 8 个成员，而世界反法西斯同盟成员更是多达 26 个国家。在两次世界大战中，同一阵营但所属不同国家的部队都随时可能出现在其他国家的领土上参战。从某种意义上说，两次世界大战之残酷，使得同一阵营里的参战国不得不放弃国与国之间的一些成见，为了共同的目标而合作对抗敌人。

纳粹德国的侵略扩张和对波兰人、犹太人的种族灭绝政策，终于爆发了世界人民的反法西斯浪潮。为了对抗纳粹主义，反法西斯同盟秉承国际主义精神，展开了殊死抵抗，即使是一度坚持"和平主义"的英法两国，也加入反法西斯战争中。如果说第一次世界大战的时候，战争双方并没有明显的对错之分，那么第二次世界大战期间，正义的天平显然已经倒向了反法西斯同盟。国际主义和帝国主义/法西斯主义在历史舞台上的第一次正面抗衡，就是 1936 年爆发的西班牙内战。在西班牙内战中，对抗的双方分别是以佛朗哥为首的西班牙叛军和西班牙政府军联合的"国际纵队"。其中，国际纵队被称为是国际主义情怀在 20 世纪的第一次大爆发。在这支著名的"国际纵队"中，包含了画家毕加索、作家海明威、诗人聂鲁达，伟大的白求恩大夫，以及多名来自中国的国际主义战士。虽然，西班牙内战以弗朗哥叛军获胜而告终，但国际纵队在战争中表现出的英勇无畏，让我们看到国际主义精神的巨大号召力。这种国际主义的情怀在第二次世界大战中也得到了延续，例如，参加过西班牙内战的白求恩大夫就来到中国继续援助中国

---

① ［英］伊恩·克肖著，林华译：《企鹅欧洲史·地狱之行 1914－1949》，中信出版集团 2018 年版，第 2 页。

② ［美］马文·佩里主编，胡万里等译：《西方文明史》下卷，商务印书馆 2006 年版，第 329 页。

③ ［英］伊恩·克肖著，林华译：《企鹅欧洲史·地狱之行 1914－1949》，中信出版集团 2018 年版，第 1 页。

人民的反法西斯抗争。最终，反法西斯同盟在第二次世界大战中获胜，这离不开各盟国间的合作和互助。值得注意的是，在反法西斯战争中，伟大的国际主义战士们，都没有忘记为国而战，无论是英国、法国，还是苏联、中国，对抗法西斯的同时都喊出了"保卫祖国"的口号，反法西斯的领袖们也都被后人冠以了"民族英雄"的称呼，丘吉尔、戴高乐是，朱可夫、张自忠也是。不可否认，这一时期的国际主义也包含了深刻的"爱国主义"情怀。

因此，在人类现代历史上，伴随着两次世界大战的帝国主义和国际主义，都与"爱国主义"有紧密的联系。但是，由于帝国主义和国际主义本身的尖锐敌对，让我们有必要来分析这一时期"爱国主义"精神内部的思想冲突。首先，我们要承认"爱国主义"在帝国主义阵营和国际主义阵营都是切实存在的，分属两个阵营的爱国主义者们都热爱自己的国家，都愿意为了祖国的事业（无论是德国式的扩张侵略，还是苏联式的卫国战争）而献身，这是为什么即使他们分属不同阵营依然可以被找出来的共同之处。但他们又有着需要通过战争才有可能解决的深刻对立。之前已经提到，帝国主义/法西斯主义之下的爱国主义，民众的爱国热情是在对外扩张中被激发起来的，这种带有极端民族主义色彩的爱国情感，是一种排他性的爱国情感，爱国者只爱自己的国，并且在为了实现本国利益的同时不惜牺牲他国的利益，带有明显的国家层面的"利己主义"色彩。而国际主义之下的爱国主义，追求民族独立和民族自决的目的是不变的，但在追求民族利益的同时，不以侵犯其他国家和其他民族的利益为代价。如果借用康德道德哲学的相关理论术语，我们可以认为国际主义之下的爱国主义可以通过"可普遍化原则"的检验成为一种对每一个民族每一个国家都有效的"爱国主义"，既不损害他国利益又能实现本国的利益。因此，这一时期的两种爱国主义精神之间的冲突，可以被理解为"爱国主义"的限度之争，即在何种程度上为本国谋取利益才是正当的。

两种不同的爱国主义的界限，在第二次世界大战以后依然有着很深远的影响，但值得庆幸的是，"平等至上、互惠互利"的爱国主义精神在往后的时日里成为了世界的主流。但这并不意味着披着爱国主义外衣的极端主义从此消亡，它们又以"恐怖主义""种族主义"等面貌，在当前威胁着世界的安全和稳定。

第二节　西方现代"爱国主义精神"的历史特点

20世纪爆发的两次世界大战均由区域性战争发展为世界大战，各参战国损失惨重，但民族精神与爱国热情也在战争中得到升华，一些国家实现独立。如蒂利所言，"战争制造国家、国家发动战争"①。一般民众也在战争中形成强烈的民族认同感。战后，战争作为一种记忆成为过去，人们不再纠结过错得失及战争中的失误。相反，军民在战争中所表现出来的团结、英勇成为民族精神被保存并延续，成为一个国家团结、统一的灵魂。经过两次世界大战，众多民族国家获得解放，人民在战争中团结一致、争取独立的精神也成为一个国家、一个民族发展的动力。

尽管各国国情不尽相同，但在两次世界大战背景下各国的爱国主义却显现出一定的相似性。

第一，爱国主义与民族主义交织在一起成为主流思潮。19 世纪，民族主义促使各民族人民为争取民族独立而奋斗，加之自由主义、社会主义等思潮的出现，各国独立运动此起彼伏。到了 20 世纪，随工业革命及工业化的发展，民族主义与爱国主义相联系，爱国主义逐渐上升为主导思想。例如，法国教育改革将爱国主义列入学校教育内容。由民族主义引发的爱国主义一直是历史发展的主旋律，但极端的民族主义也成为战争的导火索。爱国主义一度被利用，人们的爱国热情为法西斯所欺骗，法西斯为战争披上"爱国主义"的袈裟，给历史留下伤痛。无论民族主义抑或爱国主义，都是人们发自内心地对自己民族与国家的热爱。但是，这种热爱之情需要理性，需要人们去审慎地甄别，否则将有损于民族、国家。

第二，爱国主义与统一领导、人民战线密切相关。无论独立战争抑或反法西斯战争，统一的领导与人民战线的形成对于战争的胜利起着至关重要的作用。通常，战争爆发后，一国不是缺乏反抗的力量，而是反抗的力量过于分散，难以形成统一的抵抗。所以，需要一个领导式的人物走出来带领人民进行斗争，英国的丘吉尔、法国的戴高乐就是这样的人物，他们带领人民进行英勇抵抗，也因此成为其国民心中的"民族英雄"。人民战线是反法西斯战争的有力后盾。战争伊始，各国反法西斯力量对法西斯的反抗只是零星的出现，没有统一的领导，更没有形成全国性的运动，使得反法西斯运动成效甚微或夭折。零星的反抗力量是薄弱的，各地人民的反抗斗争只有在统一的领导下才能形成全国性的群众运动，给法西斯势力有力回击，英法等国的统一战线极大鼓励了反法西斯战争，并推动其他国家统一战线的建立，最终赢得世界反法西斯战争的胜利。除欧洲国家外，亚洲、非洲、拉丁美洲等地区的国家也纷纷建立了人民统一战线，形成反法西斯战争的统一力量，各国人民统一战线的建立极大地支援了世界反法西斯战争。

---

① 于春洋：《现代民族国家建构：理论、历史与现实》，中国社会科学出版社 2016 年版，第 27 页。

第三，爱国主义渗入和平主义因素和价值所求。早在第一次世界大战期间，英法联军的失败就给予"和平主义"发展空间。第一次世界大战结束后，各国人民对和平的渴望更甚，英法等国虽为战胜国，但也在战争中受到巨大创伤，经历过经济危机后人们更珍惜来之不易的和平，他们沉溺在和平的欢乐中不愿再考虑战争。第二次世界大战前，和平主义进一步发展，人们害怕、逃避战争，他们"不愿意为在总体上维护和平而承担任何风险，却在不惜任何代价避免战争上大做文章，其结果只能是涣散了民族的斗志"①。和平主义一方面导致国内人民的反战情绪；另一方面也促使战胜国对德国的"越轨"行为采取不干预态度，即"绥靖政策"。受和平主义影响，法国在第二次世界大战爆发后不久便不战而降，失去自主权。沉迷于和平假象的英国人对战争感到意外，以至于在战争爆发初期他们惊讶之余束手无策。

第四，对法西斯主义的抵制与反思。从一定程度上讲，法西斯主义是民族主义与爱国主义催化的产物。随着各国内部党派政治斗争加剧，社会矛盾进一步加深，法西斯分子利用盛行的民族主义与人民的爱国热忱登上政治舞台。他们宣称建立独立的民族国家，以此赢得人民的信任，但法西斯分子给予人民的承诺终究是一张空头支票，种族政策与独裁统治日渐不得人心，其侵略扩张政策最终招致国内外人民的反抗。纳粹德国为实现其称霸世界的理想不断向外扩张，法国曾一度陷于纳粹德国统治，法国人民最终在爱国将领戴高乐、爱国人士及爱国组织的带领下团结起来为民族独立而战，第二次世界大战后建立了法兰西第四共和国。英国没有因法国的投降而丧失斗志，也不为纳粹德国的诱降政策所动，英国人民在丘吉尔的号召下纷纷加入反法西斯的战争中，他们为民族而战，为国土而战。

第五，大众媒体成为爱国主义宣传的载体或工具。第一次世界大战后，大众传媒迅速发展起来，无线广播、报纸、电影、海报等发挥了重要的政治作用，媒体的快速发展为各国争取独立营造了浓烈的社会氛围。第一次世界大战中，英国就通过海报宣传招募海军。第二次世界大战中，法国投降后，戴高乐积极为建立自由的法国而努力，他通过英国无线广播发表了著名的"六一八"演说，激发了民族热情，鼓励人民为民族独立而战，掀起法国爱国人士的抗德浪潮。

20世纪爆发的两次世界性大战是欧洲各国民族主义与帝国主义不断发展的产物。随着德国军事实力的上升，它逐渐成为威胁欧洲军事力量的因素，德国、意大利、奥匈帝国为维护本国利益成立了三国同盟，而英国、法国、俄国三国建立了协约，三国同盟与三国协约形成两大对立军事集团。这两大军事集团是建立

---

① 吕一民：《法国通史》，上海社会科学院出版社2012年版，第326页。

在各国利益基础上的安全保证，时任英国首相亨利·约翰·坦普尔·帕默斯顿指出，"我们没有永久的盟友和永久的敌人，我们只有经常的、永久的利益，我们应当以这种利益为指针"①。第一次世界大战后形成的"凡尔赛体系"没有如愿实现和平的愿景，反而激发了殖民地、半殖民地国家及战败国家的民族主义，为第二次世界大战埋下隐患。两次世界大战均给各国带来血的教训，给各国人民留下挥之不去的阴影。经过第二次世界大战，军国主义及法西斯主义遭到严重打击，也使其对外扩张、称霸世界的幻想破灭。第二次世界大战后，随着反法西斯主义与反军国主义运动的高涨，各国相继开始改革，逐步走上和平民主的发展道路。

随着战争的结束，极端的民族主义也暂时消逝，爱国主义以更加理性，更加文明的姿态展现出来。第三世界的崛起改变了世界格局，均衡了世界力量，和平发展成为可能。此后的爱国主义不再是通过战争争取国际地位，而是谋求和平发展，人民对国家概念及国家意识更清晰。战后各国也逐渐展开公民教育，重视培养公民责任，增强公民爱国热情，爱国主义教育成为各国教育的题中之义，爱国主义依旧是凝聚民族力量的强大精神支柱。

第三节 全球化与现代西方爱国主义的发展

第二次世界大战结束尤其是冷战结束以后，世界的全球化进程进入了一个高速发展期。经历了两次世界大战和长达40多年的冷战，世界各国难免进入疲态。冷战结束后，正面对抗已不再是人类的主题，合作和发展成为各国面临的新挑战。加上科技的进步，国与国之间的联系也变得空前密切。这种国与国之间愈发密切的联系造成了较之此前日趋广泛的"全球化"及其运动。

冷战结束以后西方国家趋向保守和逆全球化，新兴发展中国家成为全球化发展的主要力量。20世纪90年代随着苏联解体、东欧剧变，两个阵营对立的格局被打破，客观上为各国各地区，在全球的统一市场上既相互竞争又相互合作地实现各自的发展与进步，提供了较为有利的条件。冷战结束后，美国成为世界上唯一的超级大国，依仗自己的超强实力，以此来主导经济全球化。2008年从美国爆发的次贷危机开始的金融和经济危机，标志着新自由主义的经济模式已经行不通而归于失败。俄罗斯、印度、南非、巴西等国家的崛起及金砖国家的发展共赢正在改变着世界的发展格局。

---

① 姚介厚、李鹏程、杨深：《西欧文明》（下册），福建教育出版社2008年版，第303页。

　　20 世纪的全球化是在以往全球化的基础上以跨国公司的建立和信息技术的快速发展作为主要内容的全球经济一体化及其政治、文化、军事、外交等的全球共振的全球化运动。20 世纪 80 年代中期以来，全球化以其特有的方式将遥远的地方联系起来，使一个地方发生的事情受到千万里以外的实践的塑造，使人们的社会联系向着"跨越时间和空间的方向延伸"。① 这种"时空的延伸"使得跨越遥远时空距离的人类活动能够稳定地组织起来，使得复杂的全球关系网络得以形成，全球化成为世界不可逃脱的命运和无法逆转的历史进程。全球化条件下，"高科技武装的通讯交往、低廉的运输成本、没有国界的自由贸易正在把整个世界融合为一个唯一的市场"。② 根据斯蒂格的划分，作为社会进程的全球化，可以分为经济全球化、政治全球化、文化全球化、意识形态全球化四个向度。这四个向度中，又以经济全球化最为强劲和最有影响。

　　1944 年，布雷顿森林体系建立，确立了以美元为中心的国际货币体系，并成立了国际货币基金组织和世界银行。除了确立"美元与黄金挂钩、其他货币与美元挂钩"的宗旨，布雷顿森林体系还包括了一系列多边经济制度。统一的结算货币为经济全球化提供了必要条件。1946 年，美国研究出世界上第一台电子计算机，标志着人类开始进入信息时代。随着计算机和网络技术的不断发展，人们的交流交往突破了时间和空间的限制，增强了不同群体间人们相互依赖和交往的广度和深度，使得远距离的事件直接和在场的事件纠缠在一起。20 世纪 90 年代以来，随着苏联解体、东欧剧变，其他社会主义国家开始实行市场经济体制，以许多国家加入"世界贸易总协定"为标志，一个世界经济体系得以形成，全球化获得了在全球性范围内的极大胜利，20 世纪 90 年代以来的全球化表现为地球物理空间和人类生物群体的全球化，资本在国际上的无障碍流动最终形成了世界市场一体化。人们通过除了货币和资本的全球化，跨国公司的不断涌现，也进一步加快了经济全球化的速度。

　　以跨国公司兴起为代表的全球化趋势，是否真的能够使人类完全摆脱国际冲突、实现"人类大同"呢？答案显然是否定的。公允地讲，全球化进程会给人类带来许多益处，但全球化也会带来很多困难和挑战。在全球化进程中，不同的国家和地区之间有着天然的差异，这也导致了国与国之间、地区与地区之间在全球化进程中产生了不均衡发展现象。世界市场体系作为全球化的基础标志本质上是西方自由市场秩序的对外扩展，世界贸易总协定及其主要内容也是由西方发达国家建立或订立的。国际"体制之所以使世界秩序得到稳定是由于霸权国家提供了

---

① Giddens, A. The Consequences of Modernity, Combridge：Polity, 1990：64.
② ［德］汉斯—彼德·马丁、哈拉尔特·舒曼著，张世鹏等译：《全球化陷阱：对民主和福利的进攻》，中央编译出版社 1998 年版，第 7 页。

体制这一国际公共物品，维护了秩序，并通过这一认识得出了新的结论"。[1] 在落后国家加入世界贸易体系时，所拥有的获得双赢多赢的机会和空间其实是非常有限的，倒是有可能受到不公正的对待或剥夺。经济、文化等方面占有优势的国家和地区难以避免地会出现霸权主义的倾向，而霸权主义和强权政治的出现必然也会引发反抗，有些抵抗霸权主义的行为甚至演化为暴力冲突乃至恐怖袭击，最终破坏世界和地区的和平稳定。全球化带来的问题和造成的陷阱无处不在，于是逆全球化和反全球化顺势而生。亦如联合国前秘书长加利所警告的："我们正处于一场世界范围内的革命中"，"我们这个星球正处于两种巨大的、相互矛盾力量的压力之下：全球化与分散化。"[2] 他所谓的全球化与分散化其实是指全球化和逆全球化或反全球化，也内涵着全球化过程中全球意识和民族意识的紧张与斗争。

全球化从根本上侵蚀着民族国家的根基，使民族国家的主权和地位受到挑战。虽然全球化的主体是跨国公司，然而全球化的推动力量却是民族国家。民族国家之间的界限问题、民族国家的认同问题，乃至民族国家与民族国家之间的关系问题都对全球化产生着特定的影响。全球化并不意味着民族国家的终结，甚至也不意味着民族国家的衰落，全球化只有通过民族国家才能得以实现。全球的合作，是通过主权国家的协议合作而完成的。作为"爱国主义者"，我们在全球化浪潮中，应该敞开胸怀，也应该坚持各自国家发展道路的多元化。"爱国主义"精神在全球化浪潮中，体现为"包容"和"协作"。全球化过程中呈现出的种种问题使得人们放弃了对全球化的乐观主义态度，并将希望寄托于自己的国家。法国前总统密特朗曾警告人们说："对于发展援助的任何兴趣都已消失，照这样下去，每个国家所关心的只能是自己的后院了"。[3] 现在，世界各国都在通过公民教育的形式，向年轻一代传达亘古永新的"爱国主义"精神。在美国、西欧、亚洲、俄罗斯等国家，以"爱国主义"为核心的公民教育是保护自己国家在融入全球化中也能坚守自己国家立场和民族精神的重要支撑。当全球化进程中的霸权主义开始抬头的时候，作为"爱国主义者"就应当为争取本国在全球化进程中的正当权利和利益展开斗争。那么是否意味着，"爱国主义"精神在当代无法找到一个思想内涵一致的理论基础呢？以以色列学者耶尔·塔米尔为代表的自由主义的民族主义理论者为此提供了一种回答的可能。塔米尔认为，"自由价值和民族价

---

[1] ［日］浦野起央著，刘甦译：《国际关系理论导论》，中国社会科学出版社 2000 年版，第309 页。

[2] ［德］汉斯—彼得·马丁、哈拉尔特·舒曼著，张世鹏等译：《全球化陷阱：对民主和福利的进攻》，中央编译出版社 1998 年版，第 40 页。

[3] ［德］汉斯—彼得·马丁、哈拉尔特·舒曼著，张世鹏等译：《全球化陷阱：对民主和福利的进攻》，中央编译出版社 1998 年版，第 33 页。

值之间有不可避免的相互作用"①。如果我们将民族进行人格化处理，自由主义精神对于各民族的共存和发展来说是有效的。因此，自由主义的民族主义理论认为，作为一个民族国家，完全可以在拥有民族自决权的同时，在一个更大的政治同盟中获得相应的利益。② 这一点，对于之于区域同盟中的单一民族国家来说适用，对于之于多民族国家中的各民族来说也适用。

埃及思想家巴哈丁认为，全球化时代的"爱国主义不是监狱的围墙，堑壕的边缘和流放地的屏障，而是与全人类交融的通道。……爱国主义是一种属性和目标，是对价值观和原则的忠诚，是保护人类的篱笆，不过是透明的、透气的，它不遮挡光线，不妨碍清新空气的进入，不掩盖思想，不阻止对话，也不拦阻与各地人们的交流。"③ 就目前的全球化来说，它并不是一种超越于各国之外的一种独立自主的力量，而是更多地存在于各国间的关系之中，体现在各国的联系和互动中。为了在全球化时代既促进人类经济文化的交流互鉴，又保持各国经济活动的独立性和文化的独特性，就需要保持和发展各国各民族的经济与文化。各个国家都有一个既要发展自己经济文化以适应世界发展的大趋势，又有一个在发展中保持自己的独立主权和文化传统的发展问题。在保持自己国家的经济独立和文化传统乃至政治体制独立运行的任务或国脉中，爱国主义就是一个不容否定或者说一旦否定就会使自己国家失去根基或国脉的问题。这也就决定了当今世界的全球化并不是以否定民族国家为依托单位，恰恰相反是以民族国家为主体单位开展和推进全球化的全球化。如果全球化是以否定民族国家为依托单位那就势必造成全球化的陷阱，并会造成逆全球化和反全球化的兴起。

第四节 共和爱国主义和宪政爱国主义两种思潮

共和爱国主义（republican patriotism）和宪政爱国主义（constitutionalpatriotism）是当代西方两种最具代表性的思潮或理论主张。这两种理论之间彼此互有商榷和批评，本质上都是对当代世界究竟应该有什么样的爱国主义以及何种意义上的爱国主义才是真正好的等问题的思考和回答。

---

① ［以］耶尔·塔米尔著，陶东风译：《自由主义的民族主义》（修订版），上海社会科学院出版社2017年版，第16页。
② ［以］耶尔·塔米尔著，陶东风译：《自由主义的民族主义》（修订版），上海社会科学院出版社2017年版，第196页。
③ ［埃及］侯赛因·卡米勒·巴哈丁著，朱威烈、王有勇译：《无身份世界中的爱国主义——全球化的挑战》，上海外语教育出版社2001年版，第59~60页。

一、共和爱国主义

共和爱国主义又称共和主义的爱国主义，可以追溯到古罗马时代的共和主义，其祖国概念以公民宗教为基础，以共和主义的方式实现对特定的政治共同体之认同。罗马时代共和主义的爱国主义在中世纪日趋衰落，到近代随着法国革命的兴起又重新复活。法国革命既是共和主义的民主革命，同时也是现代法兰西民族诞生的象征。共和爱国主义有两个主要的要义，一方面认为专制制度下无祖国，另一方面认为爱国主义是一种政治美德。专制制度下无祖国首先表现在对专制制度的批判，共和爱国主义强调一种自由、民主的精神，然而是对祖国一词的构想，即祖国应当是一种幸福之地、是自由、法律之地，当然其本身的疆域也是有限度的，其范围不能太大也不能太小，要与其政治制度相适应。对于爱国主义就是一种政治美德，孟德斯鸠曾这样解释道，"共和国的美德很简单，那就是爱共和国。这是一种情感而不是认知的结果，上至元首，下至小民，人人都可以怀有这种情感"①。爱共和国就是爱共和国的政治体制以及自由、平等的政治理念。另外，共和爱国主义更强调公民的政治参与，而这种参与是建立在真挚热烈的情感基础上的。

当代共和主义的爱国主义既继承古罗马和近代法国共和主义的传统，同时又对其做出了批判性的改造，以使其与现当代爱国主义的潮流相适应。与传统所理解的爱国主义所不同，当代共和主义的爱国主义不是建立在对祖国纯粹的自然情感基础上的，而是通过特定共和国的宪政体系，通过良好政府和公民对公共生活的参与而衍生出的一种热烈情感。法国史学家保尔·巴基雅斯特（Baul Baqui-ast）在《第三共和国》中指出："共和派的爱国主义，是民族主义的某种特定表述，强调对大革命和共和国的忠诚，坚持民主和共和"。② 这是一种比较简约的关于共和爱国主义的定义，凸显了民主与共和对所爱之国的意义。昆廷·斯金纳作为当代共和爱国主义的代表，坚持认为共和主义首先是对一个"自由国家"（free state）理想的信奉。如同一个自由的个体，自由国家是一个没有受到限制，但能够遵照自己的意志，也就是遵照这个共同体之所有成员的公共意志去行动的国家。③ 共和主义者看重自由国家的价值是因为两类显著的理由：第一，自由国家比非自由国家更容易积聚财富和国家实力；第二，自由国家要比非自由国家更

---

① ［法］孟德斯鸠著，许明龙译：《论法的精神》上，商务印书馆 2009 年版，第 48 页。

② Paul Baquiast. La Troisième république 1870–1940, Paris：l'Harmarttan, 2002：161.

③ Quentin Skinner. The Republican Ideal of Political Liberty, Cambridge：Cambridge University Press, 1990：301.

好地保证其公民的个人自由。公民积极地参与政治并受一种高层次之公民美德的驱动，是维护自由国家的一个必要条件。共和主义者认为消极自由是一种值得追求的理想——但不是轻易就可以实现的理想。他们认为消极自由只有当个人都是好公民的时候才能实现，这就意味着个人必须积极地参与他们共同体中的政治生活，并为高层次的公民美德所激励。"从共和主义的立场看，公民权既有一个法律的维度，也有一个道德的维度。……'真正的'或'正确的'公民权要求对于公共利益的责任承诺和对于公共事务的积极参与。也就是说，它要求公民美德。"① 正是从这种公民权理念出发，共和主义把热爱祖国、热爱共和国视为公民美德之一，形成了独特的共和主义的爱国主义（republican patriotism）。毛里齐奥·维罗里（Maurizio Viroli）区分了爱国主义与民族主义，认为爱国主义热爱的对象是共和国，民族主义热爱的是作为一个文化和精神统一体的民族。爱国主义在本质上是防御性的，民族主义与对权力的欲望密不可分。所以他肯定共和主义的爱国主义，而对民族主义则持批判分析态度。

当代共和主义的爱国主义把公民参与、公民自治作为公民认同、热爱共和国的恰当方式，其爱国方式具有更多的公民政治色彩。共和主义把祖国（patria）视为一种道德和政治的制度，设定为共和国（republica），而共和国是一个"促进公共利益、共同财富和共同事业的国家。或者说共和国就是一个必须遵循其公民的共同利益，尤其是通常被理所当然地认为是他们共同的、公认之利益的国家。"② 共和主义的精髓，一是制度层面的混合政体，二是对积极公民和公民美德的强调。③ 共和爱国主义所爱之"国"并不是指土地等自然因素，而是一种与政治或制度相关的政治生活方式，这种政治生活方式特别注重公民在其中的积极参与，即关心公共事务、维护公共利益，并在必要时为防止国家被奴役而献身。概言之，共和爱国主义"是一种源之于公民性经验的政治激情"。这里的公民性是指一种公共的政治生活空间以及公民之间的相互关系，政治生活空间为公民参与政治生活提供了平台，而公民之间的相互关系则包括公民享有的权利以及承担的义务，同时也包括在此过程中所体现的美德。但共和爱国主义也并不是一种纯粹的政治信条，它是"基于公民身份经验的政治热情，而不是共同的前政治性要素"。④

---

① ［英］恩靳·伊辛等主编，王小章译：《公民权研究手册》，浙江人民出版社 2007 年版，第 202 页。
② ［澳］菲利普·佩迪特著，刘训练译：《共和主义——一种关于自由与政府的理论》，江苏人民出版社 2006 年版，第 378 页。
③ 谭安奎：《政治哲学：问题与争论》，中央编译出版社 2014 年版，第 210 页。
④ 刁瑷辉：《当代公民身份理论研究》，复旦大学出版社 2014 年版，第 118 页。

新形势下弘扬爱国主义重大理论和现实问题研究

二、宪政爱国主义

宪政爱国主义最早起源于 20 世纪 70 年代，由多尔夫·斯滕贝格尔提出，最初的目的是解决当时德国所面临的问题，主要包括国际和国内两个方面。国际上是指德国的统一崛起往往对欧洲其他国家造成巨大威胁，国内是指德国的统一崛起往往排除自由、民主。具体而言，宪政爱国主义主要是针对纳粹的罪行提出的。德国纳粹所犯的罪行，对后代的德国人仍有影响，德国人不得不为战争历史承担责任，源于"一种在过去曾经助长罪行的文化背景和'生活形态'"。[①] 宪政爱国主义主张公民对国家的认同与忠诚不是根据民族国家的语言、文化、历史等自然因素，而是强调对公民制定的法律的集体认同，即对宪法理念的认同。

与斯滕贝格尔的"保护性宪政爱国主义"相对应，哈贝马斯的宪政爱国主义可以称为"建构性宪政爱国主义"，一种在多元文化与族群关系上建构立宪政民主政体的政治动员。"建构性宪政爱国主义"的首要问题是，在多元文化与族群社会如何正确认识和处理宪政爱国主义与族群文化认同的关系。宪政爱国主义是建立在社会多元和民族多样基础上的，而随着宪法在社会政治生活中的运行，便形成了对民主制度下国家的热爱，这种爱国情感排除了与政治要素之间的联系。从某种程度上来说，宪政爱国主义所看重的并不是特定国家或祖国的存在，而是对国家、民族所依赖的政治、法律原则的热爱。它同时也不是仅仅为了证明某种政治体的正当性，也并不是为政治家所操纵，成为稳定社会的工具，更不是某种个人信仰，仅仅是归属性或自愿性的认同。概而言之，"宪政爱国主义并不是主要与国家相关，而是与政治原则息息相关，并且本身具备规范性价值"[②]。值得注意的是，宪政爱国主义强调对政治原则的认同，并不是固定而不可变更的，每个国家可以有不同的宪政制度与法律，而只要不脱离于宪政理念既可，而这种动态性的变换同时也要求，宪政制度与法律必须体现人民的意志。而可变更的动态性的宪政爱国主义就为不同国家的特殊性留下了活动空间，即宪政爱国主义"从对同一个普遍主义法律原则的不同的、受民族史影响的理解中共同生长出来"[③]。

哈贝马斯试图在多元文化与族群之上建构一种基于宪法所包含的抽象性的程序与原则的"理性的集体认同"，这种抽象的程序和原则，不仅超越具体的族群

---

① ［德］米勒著，邓晓菁译：《宪政爱国主义》，商务印书馆 2012 年版，第 37 页。
② ［德］米勒著，邓晓菁译：《宪政爱国主义》，商务印书馆 2012 年版，第 78 页。
③ ［德］哈贝马斯著，童世骏译：《在事实与规范之间：关于法律和民主治国的商谈理论》，生活·读书·新知三联书店 2003 年版，第 672 页。

和文化，还将超越现有的民族国家主权和框架。在宪政爱国主义中，族群文化权利不但没有被压制，反而得到了必要的提升。如果宪政爱国主义能够起到社会整合的功能的话，就必须将公民的文化权利和社会权利提升到与政治权利同等重要的地位，"公民必须能够在社会保障形式和不同文化生活形式的相互承认中感受到他们权利的公平的价值。"①

宪政爱国主义是为应对后民族国家时代的挑战而产生的一种爱国主义理论，它试图既能保证普遍主义的价值主张还能为爱国主义这种特殊性加以辩护。然而，从其内在的矛盾看，宪政爱国主义并没有也无力化解普遍主义的价值主张与爱国主义这种特殊主义辩护之间的紧张或冲突。宪政爱国主义依然落于自由主义伦理的窠臼之中而无法自拔，这就决定了看似不偏不倚的宪政爱国主义还是无法为人们的爱国主义情感和美德提供有说服力的解释与论证。

---

① Jürgen Habermas, The European Nation – State: On the Pastand Future of Sovereignty and Citizenship, in The Inclusion of the Other, edited by Ciaran Croninand, Pablo DeGreiff, MIT Press, 1998: 118 – 119.

第十六章

构建以合作共赢为核心的新型国际关系

当代世界，国际关系正在经历历史性的大转型、大发展、大变局，一个突出的特点是经济全球化进一步调整、全球危机整体性呈现、全球治理格局亟待重塑，多领域的全球治理危机将国际关系推入以构建人类命运共同体、建立世界持久和平为重要任务的新时代。

推动构建新型国际关系，构建人类命运共同体，是新时代发展中国特色社会主义的基本方略和中国智慧的集中体现，也是对过去400多年来西方传统国际关系理论的创新和超越，是对当今世界诸种矛盾和问题的深刻透视、精准把脉而提出的重大战略构想，符合世界各国人民的共同期盼和根本利益。新型国际关系是新时代由中国倡导的应对全球治理危机、推动构建人类命运共同体发展潮流的国际政治范式或模型，既吸收并弘扬了世界国际关系理论和实践的精华，又在新的基础上反映了世界发展的大趋势、大变局、大视野和大要求，是客观历史进程与人类理想追求相统一的创造新成果。从实践上讲，它是对过去400年以资本主义强权政治为核心内容的国际关系和以意识形态阵营对峙和冷战思维等为重要特征的两极体系国际关系格局的批判性超越；从理念上讲，它体现了以中国为代表的新兴经济体和广大发展中国家对于新时代构建以平等互助、合作共赢、公平正义为主要内容的国际关系的新期待，对构建风雨同舟、荣辱与共、休戚相关的命运共同体的新追求。推动构建新型国际关系，推动构建人类命运共同体，科学回答了建设什么样的世界，如何建设新的世界，如何开展国与国之间的平等交往，如何探索人类发展未来以及中国需要什么样的外交，中国需要什么样的内外关系等重大理论和现实问题，具有极其重要的世界意义、历史意义、理论意义和实践意义。

第一节　以西方为主导的传统国际关系及其偏弊

　　近代国际关系始于威斯特伐利亚体系，是从确立民族国家的主权开始的。《威斯特伐利亚和约》从形式上确立了欧洲大陆各国的边界，承认国际之间大小国平等、信教自由原则，揭开了欧洲近代国际关系的序幕。威斯特伐利亚和会以后，国际关系中的重要特点就是西欧向世界各地的扩张。西班牙、荷兰、英国、法国、葡萄牙等国均以各种形式在世界各地建立殖民地并进行宗教文化渗透。欧洲扩张的结果之一是导致了以欧洲为中心的国际"秩序"；结果之二是导致了欧洲强国因殖民地等问题而进行的无休止的激烈较量。

　　18 世纪末，法国大革命的胜利冲击了欧洲封建主义制度，对英国霸权地位形成严重挑战。然而，拿破仑 1805 年称帝后，法兰西帝国的扩张导致了欧洲反法联盟的建立。英普联盟和西班牙、两个西西里王国和奥地利两个反法集团，经过一系列生死较量后，迫使拿破仑帝国解体。战后于 1814 年 10 月至 1815 年 6 月召开的维也纳会议，确立了列强并立的"维也纳"体系，根据均势原则对拿破仑战争后的欧洲地缘政治版图重新做出安排，维持了欧洲较长时间的和平。但最终导致结盟对抗和军备竞赛，直至第一次世界大战的爆发。

　　自《威斯特伐利亚和约》以降直到第一次世界大战结束，现实主义主导了整个国际关系的发展史。第一次世界大战结束后，自由主义的价值基础一度占据国际关系的上风，这种价值是通过威尔逊主义即国际联盟体现出来的。它的本质在于：依靠国际联盟，全体或绝大多数成员国被设想在任何情况下就维护国际和平必有的共同利益、共同认识和共同行动，制裁任何胆敢侵略的国家。其功能实际上就是保障国际集体安全。整体上看，第一次世界大战结束后，现实主义、自由主义、理想主义等不同学派经过不同时代的发展和演变，最终产生了影响深远的三大理论，即新自由主义、新现实主义和建构主义，并被西方国家应用到分析和解决国际关系的政治、外交策略中。

　　第二次世界大战结束后，美国成为真正的主导国，凭借自身的实力来打造战后国际秩序成为国际关系研究的主流。"权力政治学"获得了普遍的认可。一大批关注人类命运的思想家和学者包括历史学家和国际关系理论家 E. H. 卡尔（Edward Hallett Carr）、新教神学家莱因霍尔德·尼布尔（Reinhold Niebuhr）、外交家和外交史家乔治·凯南（George F. Kennan）、地缘政治学家尼古拉斯·斯拜克曼（Nicholas J. Spykman）、国际政治学家汉斯·摩根索（Hands J. Morgenthau）、决策者兼外交史家和战略分析家亨利·基辛格（Henry Kissinger）以及社会学家和国际关系理论家雷蒙·阿隆（Raymond Aron）等都对国际关系理论发表了自己的意见。汉斯·摩根索关于现实主义六原则的问世，即人性决定政治、权力定义利益、"以权力划定的利益"的不确定性、道德原则不适用于政治领域、不能将具体国家的道德扩展成为普遍性的标准以及坚持政治领域的自主性，标志着现实主义国际关系理论的确立。从摩根索现实主义的六原则可以看出，"权力政治学"将所有政治问题归结为权力问题，因而"权"和"利"是现实主义的价值基础，也就是以权力追逐利益，以利益来实现权力的最大化。第二次世界大战后现实主义成为国际关系研究领域的主要理论范式和流派。

20世纪70年代后新现实主义代替古典现实主义。肯尼斯·沃尔兹（Kenneth Waltz）在1979年出版的《国际政治理论》一书中提出了"体系结构"，以对峙摩根索的古典现实主义的"权力—利益"结构，这种以国际体系结构为研究中心的结构现实主义创新理论体系，通常被称为新现实主义。新现实主义带来了诠释安全问题的另一种价值选择。它强调国际体系的独立性和自在性。它的核心要义是强调国际体系内结构对国家安全的影响大于一个国家对另一个国家的影响，也正是体系内的这种结构变量决定了体系自身的稳定与否。国际体系结构决定了国家在国际体系中的行为，而国家权力，特别是军事实力的改变，会促使体系内权力分配发生变化。沃尔兹的新现实主义认为，国际政治的实质并没有发生变化，"国际政治的类型一现再现，世界政治的事件无休无止地重复发生。盛行于世界的国际关系令人沮丧地持续下去；只要相互对抗的各国际行为单元无一能把无政府的国际政治天地变成等级制的国际政治世界，这种持续就将继续下去"。① 所有国家只在正式和法律意义上是平等的，在实质或物质意义上是不平等的。

冷战终结后，国际形势随之发生深刻而复杂的变化，呈现全球政治发展和经济相互依存的新态势。据此，一些现实主义者认为，强权而非均势是国际安全获得与维持的最佳选择，国际稳定与安全的保障更离不开优势强权。"'霸权稳定论'是现实主义学派的一个分支"，意味着在"国际社会中某个霸权国的存在，对稳定国际经济秩序，发展国际公益是必要的"。② "霸权稳定论"起源于国际经济领域，最早由美国自由主义学派经济学家金德尔伯格（Charles P. Kindleberger）在经济领域创立，罗伯特·基欧汉（Robert O. Keohane）为该理论奠定了基础，最后经罗伯特·吉尔平（Robert Gilpin）等不断扩充和修改，把"霸权稳定论"

---

① ［美］沃尔兹著，胡少华、王红缨译：《国际政治理论》，中国人民公安大学出版社1992年版，第75~76页。

② Robert Keohane, Theory of Hegemonic Stability and Changes in International Regimes, in Oie Holstied: Changes in the International System, Boulerco. Westview Press, 1980. p. 1967 – 1977.

运用到军事、安全领域。从本质上说，霸权稳定的核心是金德尔伯格提出的，没有一个居于霸主或主宰地位的强国，开放和自由的世界经济只能是空想而已。但是，吉尔平是对霸权国实力与稳定的国际秩序之间的关系进行最系统理论研究的新现实主义权威人物，他的霸权稳定的思想核心可以概括为"有霸则稳"和"无霸不稳"。吉尔平认为，国际关系的本质自修昔底德以来没有发生过根本性的转化或变化，国家一直受着丛林状态下权力逻辑的支配。"世界政治仍然以政治实体的争斗为特征，它们在一种全球无政府状态下为权力、声望和财富而争斗"。① 虽然现代世界知识和科技的发展使人们的生活发生了显著的变化，但是并没有导致国家行为方式的根本性转变，不会改变国际关系的竞争性本质。国家行为只服从国际关系无政府状态下权力争斗的基本法则。无政府状态下国际关系的权力争斗必然导致霸权主义。霸权可以理解为，国际体系中一个综合实力非常强大的国家有能力对该体系其他成员的统治，霸权体系关乎世界安全，只有霸权国的实力越强，世界的安全与稳定才能形成强有力的保障。吉尔平指出，一国的霸权安全还需要盟国来支持，在霸主的安全利益中还包括盟国的经济和军事利益。

回顾民族国家产生以来的历史进程，人类始终在孜孜不倦地探索国家间的相处之道。300多年前，随着民族国家的兴起，威斯特伐利亚体系在欧洲诞生。它确立了主权、平等这些重要原则，开创了近代国际关系的先河。但这一体系最终没能避免欧洲陷入群雄征战。200多年前，维也纳体系应运而生，根据均势原则对拿破仑战争后的欧洲地缘政治版图重新做出安排，维持了欧洲较长时间的和平。但最终导致结盟对抗和军备竞赛，直至第一次世界大战的爆发。70多年前，在世界反法西斯战争胜利的硝烟中，各国携手创建了以联合国为核心、以《联合国宪章》的宗旨原则为基础的国际秩序和相应国际体系，为国际关系和国际体系建设翻开了新的历史篇章。联合国成立以来的70多年，我们的世界总体保持了和平稳定，人类的发展事业取得了前所未有的进步。但与此同时，随着全球化时代的来临，随着国际力量对比的演变，现有国际秩序和体系也日益面临新的挑战。如《联合国宪章》的宗旨和原则往往得不到真正遵守，国际关系中各种不公正的现象时有发生。特别是近年来，经济低迷、地缘动荡、恐怖危机、文明摩擦，乃至逆全球化或反全球化思潮和行为竞相产生，各种乱象此起彼伏，人类正在走进一个"失序的世界"。

由于近现代国际关系是从欧洲政治经济文化关系演化而来的，并在北美得以强化，实际上长时间形成了以欧美为中心、亚非拉为边缘的国际体系。因而，由西方发达国家建构起来的国际关系带有浓厚的欧美文化痕迹和意识形态色彩，欧

---

① ［美］吉尔平著，武军等译：《国际关系中的战争和变革》，中国人民大学出版社1994年版，第226页。

美中心主义、权力对抗意识、文明冲突理念十分明显，核心是竞争发展。现存的国际关系，具体说就是西方主导的以主权国家为基本行为主体，带强权政治色彩的国际关系。这一传统国际关系有两大要素：一是以主权国家为基本行为主体；二是由西方主导建立并维系，渗透着西方的价值观和理念，其实际运行中西方国家大行强权政治甚至霸权主义。西方国家虽然倡导将平等、公正、民主、法治等价值观运用于国际关系，并在一定程度上取得了一些成效，但是强权政治与霸权主义乃至极端民族主义一直伴随其中。一些非西方国家由于受西方价值观和行为方式的影响，也奉行强权政治、地区霸权主义和极端民族主义，致使国际关系充满着特有的紧张和冲突。

世界怎么啦？我们怎么办？在新的历史条件下，建构什么样的国际关系，才能更好地贯彻和落实《联合国宪章》的宗旨与原则，更好地维护和发展以联合国为核心的国际体系，成为世界各国共同关注的重要课题。

第二节　建构超越传统国际关系的新型国际关系

新型国际关系是相对于传统的或旧的国际关系而言的，本质上是对旧的国际关系的批判性改造、扬弃和超越，也是对"百年未有之大变局"的趋势、规律的探寻和引领性、创造性把握。如果说传统或旧的国际关系是以竞争单赢为核心的国际关系，那么新型国际关系就是以合作共赢为核心的国际关系。构建新型国际关系是中国基于旧型国际关系所产生的种种弊端、矛盾和危机而提出的治本之策和战略选择，是对全球化、信息化、网络化时代所形成的世界各国之间命运休戚相关等状况的提炼总结与科学概括。所谓"新型国际关系"，实质是指以主权国家为基础的摈弃了强权政治、零和博弈、"丛林法则"等与时代潮流相背离的理念和行为方式的国际关系。新型国际关系之"新"，最突出地体现于其核心理念和目标模式。新型国际关系概念有一个形成过程。2012 年党的十八大报告提出"建立更加平等均衡的新型全球发展伙伴关系"。2013 年 3 月，习近平在莫斯科国际关系学院发表演讲，首次提出"以合作共赢为核心的新型国际关系"的概念，他说："面对国际形势的深刻变化和世界各国同舟共济的客观要求，各国应该共同推动建立以合作共赢为核心的新型国际关系，各国人民应该一起来维护世界和平、促进共同发展"。[①] 在 2014 年 11 月举行的中央外事工作会议上，习近平

[①]　习近平：《论坚持推动构建人类命运共同体》，中央文献出版社 2018 年版，第 6 页。

指出："我们要坚持合作共赢，推动建立以合作共赢为核心的新型国际关系，坚持互利共赢的开放战略，把合作共赢理念体现到政治、经济、安全、文化等对外合作的方方面面。"① 2015 年 4 月，习近平在印度尼西亚雅加达举行的亚非领导人会议上的讲话提出，"我们要大力弘扬万隆精神"，"推动构建以合作共赢为核心的新型国际关系，推动国际秩序和国际体系朝着更加公正合理的方向发展，推动建设人类命运共同体，更好造福亚非人民及其他地区人民"。② 同年 9 月，在美国纽约联合国总部举行的第七十届联合国大会一般性辩论时的讲话中，习近平指出："我们要继承和弘扬联合国宪章的宗旨和原则，构建以合作共赢为核心的新型国际关系，打造人类命运共同体"。③ 2016 年 4 月，在美国华盛顿核安全峰会上的讲话中，习近平进一步指出："我们要铭记全人类福祉，构建以合作共赢为核心的新型国际关系，坚定推进全球安全治理，维护和平稳定的国际环境，促进各国普遍发展繁荣，开展和而不同、兼收并蓄的文明交流"。④ 2016 年 8 月，在北京举行的第八轮中美战略与经济对话和第七轮中美人文交流高层磋商联合开幕式上的讲话中，习近平强调指出："中国坚定不移走和平发展道路，倡导各国共同走和平发展道路，推动构建以合作共赢为核心的新型国际关系，打造人类命运共同体……推动国际秩序朝着更加公正合理的方向发展，让我们生活的这个星球更加美好"。⑤ 此后，习近平还在多种场合、多次会议对如何构建新型国际关系发表了颇具高瞻远瞩性的看法和意见，表达了中国政府和人民关于建设新型国际关系的声音和愿望。

新型国际关系有两组非常重要的辩证关系：一是"和平发展"与"共同发展"的辩证关系；二是国家利益与人类利益的辩证关系。新型国际关系不同于旧型国际关系在于特别强调合作共赢。在旧型国际关系中，竞争是主旋律，许多国家之间有合作，但同竞争相比，合作处于从属地位。新型国际关系就是要实现国际关系的转型和质变，以合作为主旋律。虽然国家之间的竞争不会消失，而且有时也会非常激烈，但是同合作相比，是第二位的。新型国际关系不仅强调合作而且强调共赢，并把共赢视为合作的目的和保障。从历史和现实生活考察，一些国家之间虽然有合作潜力，但为什么已经开展的合作难以持久，导致合作潜力开发不出来，究其根本原因，主要是合作没有形成共赢的结果。如果只是单方面赢，或者一方赢得明显比另一方多，不是均衡的共赢，这样的合作肯定是不可持续

---

① 习近平：《论坚持推动构建人类命运共同体》，中央文献出版社 2018 年版，第 200 页。
② 习近平：《论坚持推动构建人类命运共同体》，中央文献出版社 2018 年版，第 218 页。
③ 习近平：《论坚持推动构建人类命运共同体》，中央文献出版社 2018 年版，第 254 页。
④ 习近平：《论坚持推动构建人类命运共同体》，中央文献出版社 2018 年版，第 326 ~ 327 页。
⑤ 习近平：《论坚持推动构建人类命运共同体》，中央文献出版社 2018 年版，第 346 页。

的。因此新型国际关系既强调合作也强调共赢，并主张把合作与共赢有机地结合起来，形成合作共赢的发展机制和格局。

新型国际关系的主张当中，既包括主权国家一律平等、国家内政不容干涉等现实主义国际关系观念；也有强调人类相互依存、追求集体安全、强调国际法的普遍适用、追求国家合作中的绝对收益等自由主义国际关系理论成分。新型国际关系的基本内容，概括来说，就是：政治上，要求主权平等，不要以大欺小、以富欺贫；要各国自主选择发展道路，不要强推某种发展模式；要国际关系民主化，不要"一国独霸"或"几方共治"；要多边主义不要单边主义；要国际法的统一平等适用，不要双重标准、"合则用、不合则弃"。安全上，要对话协商不要对抗冲突；要结伴不要结盟；要共同普遍安全不要强国的片面安全。经济上，要均衡的全球化，不要自由放任、无节制的全球化；要共同发展，不要以邻为壑、自我封闭；要共赢不要强者独占、零和博弈。文化上，要求文明互鉴不要文明冲突。生态上，要求环境友好型的发展，不要为经济利益牺牲人类家园。

1. "相互尊重"是新型国际关系的逻辑起点

近年来，随着发达国家与发展中国家的实力对比差距逐渐缩小，国际格局出现了新变化，过去西方发达国家试图以霸权主义与强权政治主导国际社会的模式已不再适应现今国际社会的发展。在此基础上，国际关系的发展也出现了新变化，不同于以往的单线式或双向式往来，如果国家间关系常常是竞争、合作、冲突并存，并且国家间关系也不再只影响于发生交往的两国之间，常常会发生连锁反应，从而影响国际社会与国际秩序。因此，当前国家间交往的一个前提就是相互尊重。这意味着要尊重不同国家的差异性，构建一个以平等互信、包容互鉴、共同进步为指向的沟通平台。只有先做到相互尊重，才会有国家交往的开始与深入。

2. "公平正义"是新型国际关系的重要准则

新型国际关系和人类命运共同体的价值理念着眼于全球的战略安全与持久和平，主张跳出"以暴易暴""以邻为壑""非此即彼"的怪圈，建设以公正平等、互助协作、和谐共赢的国际关系伦理，强调在国际关系中坚持国际正义，追求和维护国际正义，秉持公道正义，坚持国与国之间平等相待，共同遵守国际关系基本原则，反对霸权主义和强权政治。讲求友好情义，主张尽国际主义义务，真正造福于世界各国人民。

3. "合作共赢"是新型国际关系的核心价值

"合作共赢"是新型国际关系的鲜明特色与核心价值，贯穿整个新型国际关系理念与实践的始终。合作共赢是正确处理竞争与合作这一对矛盾关系的最佳答案，强调通过合作的方式实现双赢、多赢等，并通过这种正向激励的方式促进国家关系与国际关系的持续稳定发展，摒弃零和博弈的旧思维，强调合作发展、互利共赢的新思维。新型国际关系要求各国以交互主体性的视野和连带性思维重新打量这个世界，自觉地将一国利益与他国利益，以及与各国长远利益和人类根本利益有机地结合起来，超越现有国际关系的狭隘视域和赢者通吃的零和思维，真正建构起"不冲突、不对抗、相互尊重、合作共赢的新型关系"，真正形成"各美其美，美人之美，美美与共，天下大同"的国际关系伦理。

4. 正确义利观是新型国际关系的伦理基础

正确义利观具有精神实质上的义利统一与义利并重，价值观念上的互利互惠与和谐共生，伦理品质上的以义制利和义先利后，道德境界上的整体为本和道义为尚基本特征，本质上是一种以马克思主义义利观和社会主义义利观为主体，吸收国内外一切义利思想的合理成果的既适用于国内治理又适用国际关系应对的理性而科学、民主且平等的伦理价值观。正确的义利观主张在国与国之间讲求友好情义，并以讲平等、重感情；常见面，多走动；多做得人心、暖人心的事来深化和巩固友好情义，以情换情，以心换心，做真诚互信的好朋友。对那些"贫穷的国家"，要更多考虑对方利益，有义务对贫穷的国家给予帮助，有时甚至要重义轻利、舍利取义。它主张超越功利论和道义论的对立，将国际关系中的道义与功利有机地统一起来，既尊重彼此核心利益和重大关切，又维持国际公平正义，建设一个共建共享共生共荣的和谐世界。

5. 包容互鉴是新型国际关系的文明理念

新型国际关系要求抛弃"文明的冲突"而坚守"文明的和谐"，坚持文明因多样而交流，因交流而互鉴，因互鉴而发展的文明观。文明交流互鉴是推动人类文明进步和世界和平发展的重要力量。交流互鉴是文明发展的本质要求。只有同其他文明交流互鉴、取长补短，才能保持旺盛生命活力。文明交流互鉴应该是对等的、平等的，应该是多元的、多向的，而不应该是强制的、强迫的，不应该是单一的、单向的。世界上有 200 多个国家和地区，2 500 多个民族和众多宗教，创造了丰富多彩的文明，每一种文明都是人类共同的宝藏。在各国日益成为命运共同体的 21 世纪，开放包容、互学互鉴的文明观更应成为各种文明交往的遵循。唯有促进不同文明的对话与交流，在合作比较中取长补短，在求同存异中共同发展，才能消除相互之间的隔阂，让世界文明更加丰富多彩。

新型国际关系的本质就是以合作取代对抗，以平等取代霸权，以共赢取代独占，以共同发展取代零和博弈和丛林法则。从文明观上考察，新型国际关系主张以文明和谐超越文明冲突，即以文明交流超越文明隔阂，以文明互鉴超越文明冲突，以文明共存超越文明优越。

新型国际关系和人类命运共同体与国际关系伦理有着高度的契合性，新型国际关系和人类命运共同体既富含国际关系伦理的要义，又要求国际关系伦理的支撑和支持。而国际关系伦理既是深刻认识新型国际关系和人类命运共同体进步性、合理性的重要窗口，又是其构建新型国际关系和人类命运共同体的重要保障。新型国际关系和人类命运共同体的价值理念着眼于全球的战略安全与持久和平，主张跳出"以暴易暴""以邻为壑""非此即彼"的怪圈，主张建设以公正平等、互助协作、和谐共赢的国际关系伦理，真正造福于世界各国人民。植根于新型国际关系和人类命运共同体深处的国际关系伦理是在对个体价值与社会价值整合基础上形成和发展起来的国与国之间平等相待、合作共赢的共生主义伦理，它主张超越功利论和道义论的对立，将国际关系中的道义与功利有机地统一起来，既尊重彼此核心利益和重大关切，又维持国际公平正义，建设一个共建共享共生共荣的和谐世界。新型国际关系和人类命运共同体的价值设定及其伦理精神建构要求各国以交互主体性的视野和连带性思维重新打量这个世界，自觉地将一国利益与他国利益，及与各国长远利益和人类根本利益有机地结合起来，超越现有国际关系的狭隘视域和"赢者通吃"的零和思维，真正建构起"不冲突、不对抗、相互尊重、合作共赢的新型关系"，真正形成"各美其美，美人之美，美美与共，天下大同"的国际关系伦理。

第三节　人类命运共同体对一般共同体的批判与超越

人类命运共同体是当代中国领导人针对当今世界全球化信息化所形成的"你中有我、我中有你"之发展状况提出来的一种价值理念和战略选择，是针对当代世界所产生的"和平赤字""发展赤字""治理赤字"和"信任赤字"以及以西方文明为主导的国际关系诸问题而提出的一种中国方案和中国智慧。习近平指出："二〇一三年，我首次提出构建人类命运共同体的倡议。我高兴地看到，中国同世界各国的友好合作不断拓展，人类命运共同体得到越来越多人的支持和赞同，这一倡议正在从理念转化为行动。"又指出："人类命运共同体，顾名思义，就是每个民族、每个国家的前途命运都紧紧联系在一起，应该风雨同舟、荣辱与共，努力把我们生于斯、长于斯的这个星球建成一个和睦的大家庭，把世界各国人民对美好生活的向往变成现实。"[①] 人类命运共同体意识是在把握中国发展的未来趋势和世界共同发展的历史规律的基础上形成起来的以和谐共生、合作共

---

① 习近平：《论坚持推动构建人类命运共同体》，中央文献出版社 2018 年版，第 510 页。

赢、发展共享、文明互鉴为主要内容的共同体意识，是习近平主席为解决威斯特伐利亚体系存在的一系列问题而提供的中国智慧与方案，是对当今国际形势的精确判断和正确决策。

人类命运共同体的价值理念和战略选择既继承并发展了马克思主义经典作家的共同体理论，同时也是对中国历史上"天下为公""和而不同""协和万邦""民胞物与""兼济天下""礼尚往来"等思想的创造性整合与发展，也有着对西方历史上共同体理论或学说的批判性借鉴和超越。马克思主义经典作家的思想论述为人类命运共同体的理念奠定理论基础，中国优秀传统文化的思想资源为人类命运共同体提供丰厚的理论滋养。"人类命运共同体"思想显示了中国特色和气派，体现了中国传统文化的风骨与风貌，融合了中国传统儒家文化价值观，是不同于西方交往理念的新的交往观。中国传统文化中的"天人一体"的宇宙情怀、"天下一家"的人类情怀、"中和之道"的协调智慧、"和文化"意识与"人类命运共同体"思想具有同理性，这种同理性在现代性逐步展开的过程中，超越了地方性的局限和东西方"中心主义"的纷争，为"人类命运共同体"思想提供了丰厚的理论基础。

构建人类命运共同体涉及多方面的内容，大体来说，主要体现在以下几个方面：

（1）政治领域倡导相互尊重、平等协商。国家之间要构建对话不对抗、结伴不结盟的伙伴关系，"大国对小国要平等相待，不搞唯我独尊、强买强卖的霸道"。① 要破除我赢你输、赢者通吃的旧思维。国家间只有尊重各国人民自主选择发展道路的权利，维护世界公平正义，反对把自己的意志强加于人，反对干涉别国内政，反对恃强凌弱，坚持共商、共建、共赢，才能建立一个持久和平、共同繁荣的世界。

（2）安全领域倡导公平正义、共建共享。纵观人类文明发展进程，尽管千百年来人类一直期盼永久和平，但战争从未远离。人类生活在同一地球上，各国安全紧密相关。没有一个国家能凭一己之力保证自身的绝对安全，也没有一个国家可以从别国的动荡中收获稳定。因此各国必须摒弃冷战思维和强权政治，树立共同、综合、合作、可持续的新安全观，共同消除引发战争的根源，致力于建设一个远离恐惧、普遍安全的世界。

（3）发展领域倡导合作共赢，促进共同繁荣。当今世界，南北发展差距巨大，数字鸿沟正在形成，还有许多国家的民众生活在困境之中。在发展问题上如果采取尔虞我诈、以邻为壑的老办法，正如习近平主席所指出的，必然是"封上

---

① 习近平：《论坚持推动构建人类命运共同体》，中央文献出版社 2018 年版，第 419 页。

了别人的门，也堵上了自己的路"①。在经济全球化的今天，新型国际关系倡导"你好我好大家好"的理念，相互扶持、同舟共济，共同推动世界经济朝着更加开放、包容、普惠、平衡、共赢的方向发展。

（4）文化领域尊重世界文明多样性，促进包容与互鉴。不同文明凝聚着不同民族的智慧和贡献，没有高低之别，更无优劣之分。因此在文化领域，各国要致力于消除文化壁垒，打破精神隔阂，共同为人类发展提供精神力量。"和羹之美，在于合异"。新型国际关系中，各国只有相互尊重、彼此借鉴、和谐共存，这个世界才能丰富多彩、欣欣向荣。

（5）生态领域构筑尊崇自然、绿色发展的生态体系。建设一个山清水秀、清洁美丽的世界，既是其他建设的基础保障，也是人类作为整体的终极追求。各个国家应携手同行，坚持人与自然共生共存的理念，牢固树立尊重自然、顺应自然、保护自然的意识，走绿色、低碳、循环、可持续发展之路，让自然生态得以休养生息，让人人都享有绿水青山。

"人类命运共同体"作为一种创新性的中国方案，与一般意义上的共同体以及西方人所言的共同体主义或社群主义具有本质上的差别，不能将其混为一谈。第一，在历史背景上，"人类命运共同体"所处的时代大背景是求和平、谋发展已经成为不可阻挡的时代潮流，它是和平与发展的产物。当今世界，和平与发展是时代主题，随着经济的不断进步，各国间的联系不断加强，尤其是国际组织、跨国公司、非政府组织的出现与发展，国与国之间不再是敌对的、孤立的个体，而是相互联系的利益共同体，国家间的合作大于冲突、对话胜于对抗，各国逐渐朝着人类命运共同体的方向发展。第二，在思维逻辑上，"人类命运共同体"体现的是互利共赢思维，准确地贯彻了"和而不同"的共生思想。它用本国的发展为其他国家提供支持，成为国际社会发展的重要力量。它在揭示全球化、网络化、信息化条件下国与国之间、地区与地区之间乃至人与人之间所形成的命运休戚相关、福祸一体、生死与共关系的基础上，要求摒弃以往那种全然不顾他人、他国正当利益的利己主义和非此即彼的零和思维，尤其反对那种为了一己之私而把一个地区或世界搞乱的霸权主义或霸凌行径。第三，在地域范围上，"人类命运共同体"虽然是中国提出的，但是涉及的国家分布范围很广，而且以开放包容的姿态欢迎更加广泛深入的交流合作。"构建人类命运共同体"是实现中国梦的重要步骤，是实现社会主义现代化和中华民族伟大复兴的必经之路。它融入了全球性问题，是联系与发展一体化的创新性中国方案。

人类命运共同体作为价值理念和战略选择本质上是对当今世界各种矛盾、问

---

① 习近平：《论坚持推动构建人类命运共同体》，中央文献出版社 2018 年版，第 511 页。

题和危机的有效应对和治本之策，主张建设一个持久和平的世界，普遍安全的世界，共同繁荣的世界，开放包容的世界，清洁美丽的世界。

第四节　各国爱国主义和谐共生支撑起新型国际关系格局

构建新型国际关系和人类命运共同体必须坚持在互相尊重主权和领土完整、互不侵犯、互不干涉内政原则的基础上实现平等互利、和平共处。它并不是要消解或解构各个国家的爱国主义，而是要求尊重世界各国的爱国主义传统和民族精神，并且要实现各个国家爱国主义传统和民族精神的和谐共生、包容互鉴。维护国家主权和领土完整是当代爱国主义的最根本要求，没有国家主权和领土完整就没有严格意义上的现代国家，"国之不存，爱将焉附？"可见，爱国主义必然是也应当是同维护国家主权和领土完整密切联系在一起的。"主权是国家独立的根本标志，也是国家利益的根本体现和可靠保证。……国家不分大小、强弱、贫富，都是国际社会平等成员，都有平等参与国际事务的权利。各国的事务应该由各国人民自己来管。我们要尊重各国自主选择的社会制度和发展道路，反对出于一己之利或一己之见，采用非法手段颠覆别国合法政权"。① 尊重世界各国主权和领土完整、互不侵犯、互不干涉内政、平等互利、和平共处内涵建构各国爱国主义包容互鉴、美美与共的国际关系新格局，也是公平正义、健康合理的国际关系伦理的集中体现。中国所提出的构建新型国际关系和人类命运共同体的思想和战略主张，既不是要用"东方中心主义"去取代"西方中心主义"，也不是要继续维持"西方中心主义"的支配地位，而是主张东西方文明包容互鉴、和谐发展共同造福于世界各国人民。

梁志学在谈到费希特的《对德意志民族的演讲》时指出，在费希特看来，所谓世界主义，即"一种认为人类生存的目的会在人类中得到实现的信念，而把爱国主义规定为一种认为这个目的首先会在我们是其成员的民族中得到实现，然后将所得的成就从这个民族传遍全人类的信念"②。也就是说，爱国主义与世界主义实则一体。爱国主义是在民族内实现人类生存的目的，而世界主义则是爱国主义的延伸与扩展，人类生存的目的离不开人类社会整体。当爱国主义在全世界范

---

① 习近平：《弘扬和平共处五项原则，建设合作共赢美好世界》，引自《论坚持推动构建人类命运共同体》，中央文献出版社 2018 年版，第 130～131 页。

② 梁志学：《〈对德意志民族的演讲〉中文版序言》，引自［德］费希特著，梁志学、沈真、李理译：《对德意志民族的演讲》，商务印书馆 2010 年版，第 4 页。

围内普及，也就实现了马克思主义所提出的人类的最终目的：全人类的自由与解放。但民族与世界是否矛盾？爱国主义与世界主义能否共存？如何坚持民族传统又做好世界公民？在梁志学看来，民族与世界、爱国主义与世界主义具有内在的统一性，无论爱国主义抑或世界主义，都建立在人类个体的自由之基础上。因此，他对费希特的观点表示赞同，如费希特所说"世界上根本不存在什么抽象的世界主义。相反地，世界主义在现实中势必会变成一种以建立理性王国为宗旨的爱国主义"①。世界主义是爱国主义的集合，爱国主义的统一构成世界主义。因此可以说，世界主义是由爱国主义构成的，没有爱国主义，世界主义也就成了一个空而无实的概念。

推动建设相互尊重、公平正义、合作共赢的新型国际关系。各国间相互尊重，包括对其历史、政治、文化传统等的尊重。政治上，尊重他国领土完整、互不侵犯、不干涉他国内政，同时也尊重他国发展道路的选择。在文化上，要尊重各国文化传统，但是，文明"只有姹紫嫣红之别，而无高低优劣之分。每个国家、每个民族不分强弱、不分大小，其思想文化都应该得到承认和尊重"②。人类是命运共同体，要互相尊重，尤其在政治上，要平等协商，摒弃第二次世界大战以来形成的冷战思维，反对强权政治，走一条"对话而不对抗、结伴而不结盟"的新型国家道路，在和谐中共谋发展。"我们应该把本国利益同各国共同利益结合起来，努力扩大各方共同利益的汇合点……积极树立双赢、多赢、共赢的新理念，摒弃你输我赢、赢者通吃的旧思维，'各美其美，美人之美，美美与共，天下大同'"。③ 各国各民族文明各有所长，人类文明是流动的、开放的长河。文明需要与时俱进、交流互鉴，取人所长补己之短，在交流互鉴中推动人类文明的进步。

全球化使各国之间的联系日益紧密，世界各国不再是毫不相关的独立个体，世界组织、跨国公司的建立更是跨越了民族与国界，形成了世界新格局。当今世界，各国间的合作大于冲突，新的世界性的战争因素正在逐渐消弭，但是人类仍然面临着共同的世界性挑战，恐怖主义、世界疾病、气候变化等问题是抛给各国的共同难题，面对全球危机，新的国际合作亟须建立，各国间需进一步加强对话与交流，共同商讨应对策略。地球只有一个，各国人民都是世界公民，人类是命运共同体，各国都应保持开放的态度，吸收世界优秀文明，互相交流、取长补

---

① 梁志学：《〈对德意志民族的演讲〉中文版序言》，引自［德］费希特著，梁志学、沈真、李理译：《对德意志民族的演讲》，商务印书馆 2010 年版，第 4 页。

② 习近平：《推进人类各种文明交流交融、互学互鉴》，引自《论坚持推动构建人类命运共同体》，中央文献出版社 2018 年版，第 161 页。

③ 习近平：《弘扬和平共处五项原则，建设合作共赢美好世界》，引自《论坚持推动构建人类命运共同体》，中央文献出版社 2018 年版，第 132～133 页。

短，在命运共同体的理念下搁置差异寻求合作。

然而，搁置差异并非"弃源逐流"，国际合作也非"舍我逐他"，各国在吸收引进世界文明的同时依旧要坚持民族传统，"国家不论大小、强弱、贫富，都应该平等相待，既把自己发展好，也帮助其他国家发展好。大家都好，世界才能更美好"。① 因此，新时期依然有必要大力弘扬爱国主义精神。人类有着共同的命运，我们都是世界公民，并不意味着没有民族、没有国家的统一，各国有着不同的历史、地理条件、政治制度、文化传统，各种差异性形成了世界文明的多样性，使得人类文明丰富多彩，我们要在人类命运共同体的视域下进一步弘扬爱国主义，发挥各国爱国主义传统优势，既坚持民族传统又怀抱世界情怀，同中求异，推动人类文明向前发展，寻求合作，关心人类共同命运，做好一国公民，也做好世界公民，共同建设人类美好的家园。

---

① 习近平：《中国发展新起点，全球增长新蓝图》，引自《论坚持推动构建人类命运共同体》，中央文献出版社 2018 年版，第 371 页。

第五编

弘扬当代中国爱国主义的基本路径与实践举措研究

本编从实践层面探讨弘扬爱国主义精神的基本路径和具体措施。爱国主义不只是一个理论问题，更重要的是一个实践问题。弘扬当代中国爱国主义精神必须坚持继承传统而又面向未来、坚持立足本国而又面向世界、坚持全面系统而又突出重点、坚持注重教育而又突出养成等基本原则。同时，要充分利用好中国崛起、中国成就和中国奇迹来加强爱国主义教育。为了培育国民的爱国主义意识和精神，必须把弘扬爱国主义精神纳入国民教育全过程和国家精神文明建设全过程，应当把培养爱国之情、砥砺强国之志、实践报国之行有机地结合起来，培育人们崇高而深厚的爱国主义情感，增强做中国人的骨气和底气。应当不断丰富爱国主义的教育内容，创新爱国主义教育载体，增强爱国主义教育效果。同时充分利用重大历史事件纪念活动、爱国主义教育基地、中华民族传统节庆、国家公祭仪式等来增强国民的爱国主义情怀和意识，运用信息技术和网络媒体来传播爱国主义精神，让爱国主义成为每一个中国人的坚定信仰和精神依靠。每一个公民应当把对祖国的满腔热情与对现实的深刻而理性的思考结合起来，把自己的学习、工作、活动与国家发展、民族振兴的宏伟大业联系起来，用实际行动促进祖国的繁荣与壮大，为实现中华民族伟大复兴的中国梦贡献自己的力量。

第十七章

弘扬当代中国爱国主义精神的基本原则

弘扬当代中国爱国主义精神必须坚持继承传统与面向未来的有机统一、坚持立足本土与面向世界的有机统一、坚持全面系统与突出重点的有机统一、坚持社会教育与个人养成的有机统一等基本原则，使当代中国爱国主义既有根有魂具有中国特色、中国风格、中国气派和中国神韵，同时又能与世界其他各国的爱国主义包容互鉴，美美与共，实现中国梦与欧洲梦、美洲梦、非洲梦、亚洲梦等的和谐共生。

第一节　继承传统与面向未来的有机统一

当代中国爱国主义精神既扎根五千年中华民族爱国主义发展传统之中，是五千年中华民族爱国主义传统在当代中国的继承和发展，又是以实现中华民族伟大复兴的中国梦为主题的爱国主义，故此是面向未来的爱国主义。弘扬当代中国爱国主义精神必须把传统与现在、现在与未来联系起来。没有五千年源远流长的传统爱国主义和近现代爱国主义的丰厚滋养，就不可能形成并发展起当代中国爱国主义的精神气象。但是，如果只注重传统不面向未来，那也会阻断中华民族爱国主义的发展血脉。"周虽旧邦，其命维新"不仅是中国历史文化的基本特色，也是中华民族爱国主义的基本特色。所以，弘扬当代中国爱国主义精神既要向历史扎根，更要向未来探求，将继承传统与面向未来有机地结合起来。

一、继承传统是弘扬爱国主义精神的内在要求

习近平指出："弘扬爱国主义精神，必须尊重和传承中华民族历史和文化。对祖国悠久历史、深厚文化的理解和接受，是人们爱国主义情感培育和发展的重要条件。"① 今天的国家和民族都是由历史不断积淀形成发展而来的，我们不能割断历史，必须坚持历史唯物主义态度，反对历史虚无主义。弘扬爱国主义精神，首要应当尊重和礼赞祖国悠久历史和深厚文化。爱国主义精神的培育与发扬，离不开对自己祖国悠久历史和深厚文化的认同与热爱。

中华民族历史悠久，源远流长。与古印度文明、古埃及和古巴比伦文化的湮灭或衰退不同，中华文明从来就没有中断过。中华文明之所以能够连绵不断传承，中华民族之所以几千年来一直屹立于世界民族之林，中国之所以几千年来一直矗立在世界的东方，一个重要原因在于与中华民族的爱国主义精神密切相关。从一定意义上讲，一部中华民族史，就是一部中华民族爱国主义的发展历史。

中华民族创造了深厚而悠久的文化，中国文化是中华民族对于人类的伟大贡献。梁启超在《论中国国民之品格》一文中有言："中国者文明之鼻祖也，其开化远在希腊罗马之先。两千年来，制度文物，灿然照耀于大地"。② 中国古代文明不仅造福于东洋诸国，而且对"欧洲近世物质进化"也有相当的贡献，尤其是指南针、火药、印刷术传入欧洲更对欧洲近代工业革命和科技进步产生了重要作用，这已为世界所公认。钱穆《国史大纲》概述中国为世界上历史最完备之国家，其特点有三，一曰悠久，二曰无间断，三曰详密。③ 中国文化既古老悠久又充满活力，是人类文化诸谱系中连续性文化的典范，集一脉相承和与时俱进于一身，对于促进中国社会历史的发展，塑造中华民族精神都起到了巨大的作用。

第一，对祖国悠久历史、深厚文化的理解和接受，是人们爱国主义情感培育和发展的重要条件。爱国主义情感的形成，不仅需要现实物质基础的支撑，还需要深厚文化积淀的熏陶。"家国同构""家国一体"是中国自古的传统，也是维系中华民族的重要思想。它们深深影响着人们的生活习惯和思维模式。而能够形成这一传统的重要原因是中华儿女对自己祖国和民族的关心，并因之成为中华优秀传统文化的重要内容。因此，我们要树立正确的历史观和国家观。"今天的中国是历史的中国的一个发展；我们是马克思主义的历史主义者，我们不应当割断

---

① 习近平：《大力弘扬伟大爱国主义精神，为实现中国梦提供精神支柱》，载于《人民日报》2015年12月31日。
② 梁启超：《论中国国民之品格》，引自《梁启超全集》第二册，北京出版社1999年版，第1077页。
③ 钱穆：《国史大纲》修订本上册，商务印书馆1996年版，第1页。

历史。从孔夫子到孙中山，我们应当给以总结，承继这一份珍贵的遗产。"① 由此我们要认同和传承中华优秀传统文化，并赓续其民族精神，而这恰恰是弘扬爱国主义精神所需要的文化前提和思想基础。

第二，中华优秀传统文化是中华民族的精神命脉，爱国主义精神是中华民族精神的核心。中华民族之所以能延续至今，离不开中华文明的博大精深和源远流长。而中华优秀传统文化是中华文明的核心内容。从"厚德载物""自强不息"到"天人合一""民胞物与"，这些思想已经深深刻写在人们脑海中，成为日用而不觉的观念。中华文明以天下为己任的人文情怀与和而不同的相处之道，也已经成为了中华民族不断发展与融合的主要原则。爱国主义精神是中华民族精神的核心。在中国几千年的历史长河中，民族精神始终离不开人们对于自己祖国、民族和人民的强烈热爱之情，离不开对国家民族命运发展的责任感和荣誉感。虽然不同历史时期，爱国主义具有不同内涵，但是爱国主义作为中华民族的精神支柱，在任何时代都具有强大的民族凝聚力和精神动力。中华民族历经无数内忧外患，特别是近代以来面临国家分裂、外族侵略，整个民族陷入危亡之中，但中华民族没有被消灭，也没有被分裂，反而是越挫越强，越战越勇，最终自立于世界民族之林。究其原因，中华民族是具有深厚强烈爱国主义传统的伟大民族，这种民族精神激发了强大的民族凝聚力和向心力，成为鼓舞民族自强自立和民族团结奋进的鲜明旗帜。

第三，激活中华优秀传统文化活力，实现其创造性转化和创新性发展。"要使中华民族最基本的文化基因与当代文化相适应、与现代社会相协调……把跨越时空、超越国度、富有永恒魅力、具有当代价值的文化精神弘扬起来"②。首先，要注重发掘中华优秀传统文化的当代价值。"民惟邦本、本固邦宁""天下大同""民胞物与"等思想观念，体现着中华优秀传统文化所蕴含的深厚政治理念、价值目标和道德境界，也代表了人类伦理精神的精华。在实现中国梦的新时代，社会主义现代化强国、全面建成小康社会和人类命运共同体等目标，都可以在中华优秀传统文化中寻找到文化根基。这些目标也使中华优秀传统文化在现代条件下焕发出思想的光芒。其次，要为中华优秀传统文化注入时代内涵。在培育和践行社会主义核心价值观中，可以利用传统文化的内容，注入当前时代特色和内涵，推陈出新、古为今用，达到人们喜闻乐见并自觉实践的目的。要在坚持马克思主义指导思想的前提下，融合中华优秀传统文化，实现其创造性转化和创新性发展。

---

① 毛泽东：《中国共产党在民族战争中的地位》，引自《毛泽东选集》第二卷，人民出版社 1991 年，第 534 页。

② 习近平：《提高国家文化软实力》，引自《习近平谈治国理政》第一卷，外文出版社 2018 年版，第 161 页。

弘扬当代中国爱国主义精神，应当而且必须接续中华民族爱国主义的源头活水，并对其做出创造性转化和创新性发展，使其成为当代中国爱国主义的丰厚资源和肥沃土壤。中华民族源远流长的爱国主义传统是与中华文化密切联系在一起的，这就决定了我们要接续中华民族爱国主义的源头活水就必须传承和创新中华优秀传统文化。在世界文化史上，中国文化有其独特的价值和魅力，对中华民族的团结统一和中国社会历史的发展起到了极其重要的作用。博大精深、源远流长的中华文化，是我国文化软实力的首要资源和重要基础。"中华优秀传统文化是我们最深厚的文化软实力，也是中国特色社会主义植根的文化沃土。"① 弘扬当代中国爱国主义精神，必须尊重和传承中华民族历史和文化，弘扬以爱国主义为核心的民族精神，继承并光大古代和近现代爱国主义精神。因为当代中国爱国主义精神本质上是在古代和近现代爱国主义基础上形成和发展起来的，是中华民族爱国主义传统在当代中国的创造性转化和创新性发展。

二、面向未来是弘扬爱国主义精神应有的视域

面向未来是人类作为创造性动物的灵性证明。人作为一种"未成可成，已成可革"的社会存在物，是在继承前人和传给后人的代际传承中不断书写自己的进化史的。人既要不断地回望以往走过的路，总结继承前人所创造的财富和经验，又要放眼自己即将要走的路，满怀信心地去攻克新的人生征途上的种种艰难险阻，"筚路蓝缕，以启山林"，从而建构新的传统，或者说不断扩展传承的传统，使传统由过去传到现在并经由当代人的手传至未来。一代人有一代人的使命。每一个人都应该是他自己命运、行为和思想的主人，在学习中创造，在实践中成长，想方设法去解决属于自己人生的实际问题，创造属于自己的幸福和快乐。面向未来其实就是着眼于行动与创造，是未雨绸缪的规划，是高瞻远瞩的运思，也是从现在开始的起步。梁启超有言："天下之境有二：一曰现在，一曰未来。现在之境狭而有限，而未来之境广而无穷。英儒颉德之言曰：'进化之义，专在造出未来。其过去及现在，不过一过渡之方便法门耳。故现在者非为现在而存，实为未来而存。是以高等生物，皆能为未来而多所贡献，代未来而多负责任。其勤劳于未来者，优胜者也；怠逸于未来者，劣败者也。'"②

每一个时代都有每一个时代的精神需求。新时代中国精神包括以"爱国主

---

① 《习近平在中共中央政治局第十八次集体学习时强调牢记历史经验历史教训历史警示，为国家治理能力现代化提供有益借鉴》，载于《人民日报》2014年10月14日。

② 梁启超：《说希望》，引自《梁启超全集》第二册，北京出版社1999年版，第1089页。

义"为核心的民族精神和以"改革创新"为核心的时代精神。"爱国主义"之所以为新时代中华民族精神的核心，就在于爱国主义精神深深植根于中华民族心中，是中华民族的精神基因，维系着华夏大地上各个民族的团结统一，激励着中华儿女不断地为祖国繁荣发展而求索奋斗。

时代精神的内涵丰富，主要体现为解放思想、实事求是，与时俱进、勇于创新，知难而进、一往无前，艰苦奋斗、务求实效，淡泊名利、无私奉献的精神。在时代精神这一有机整体中，改革创新居于核心地位。因为改革创新精神是在中国共产党的领导下，在改革开放过程中形成和发展起来的，是时代的最强音，是中华民族繁荣发展的灵魂，是我们国家兴旺发达的不竭动力。中国 40 多年来取得的巨大成就，就得益于这种改革开放精神的鼓舞与激励。

弘扬爱国主义精神必须面向未来，着眼于国家和民族发展前途命运，坚信中华文化能够与世界其他文化共同为人类发展提供正确方向。面向未来包括两个方面：一是要面向本国民族发展的未来，不能脱离国家民族实际去空谈爱国主义，这种未来是立足本国实际。二是要面向人类世界发展的未来，不能只是局限于某个地域或文化而弘扬爱国主义，这种未来必须关乎人类发展命运。

弘扬爱国主义精神，面向未来，必须克服历史虚无主义。在新的发展时期，中国发展命运已经与世界融为一体，日益走向世界舞台的中心。在与世界交往学习的过程中，我们应当发扬爱国主义精神，弘扬民族自身的特色和优势，把国家主权和安全置于首位，不能以外国文化尤其是西方文化为优越。弘扬爱国主义精神，面向未来，必须增强民族创造力。未来需要主体主动创造，爱国主义也是如此。每一个爱国者应该看到，只有把个人的进步发展融入整个国家民族的发展进程中，才能真正实现个人价值，也才能真正弘扬爱国主义精神。

弘扬传统是不忘本来，面向未来是着眼国家与世界发展方向，这就在时间上把整个国家和民族的发展命运紧紧联结起来。把过去的历史传统融入现在人们的日常生活中，进行创造性转化和创新性发展，让爱国主义传统继续发扬下去；把国家和民族发展现实与未来发展前途联系起来，让爱国主义不能局限于一个国家和民族的现实状况，而是面向国家和民族前途、面向整个人类发展命运，只有这样才能祛除历史虚无主义影响，彰显爱国主义的真诚情怀和正确方向。历史是一面镜子，让当代人看到自己的过去；未来是一个航标，让当代人掌握自己的方向。弘扬爱国主义精神，必须把弘扬传统与面向未来相统一。二者统一于中国特色社会主义伟大实践当中。既要把传统中爱国主义方面的历史经验总结好，结合当前社会主义建设实践，实现爱国主义传统内容的创造性转化和创新性发展；又要着眼于社会主义建设的发展方向，立足当前社会主义建设实际，让爱国主义在中国特色社会主义建设实践中发挥更为重要的引领和保障作用。总之，要坚持弘扬传统和面向未来相统一的原则，就要求我们在践行爱国主义行为和对爱国主义进行认知与理解时，一方面不能否定历史上存在的爱国主义传统内容，应以唯物史观立场，提炼和总结爱国主义传统内容中的精华，尤其是体现民族精神的部分；另一方面也要结合国家发展趋势和时代要求，让爱国主义与时俱进，体现时代感，使爱国主义成为推动国家和民族发展进步的重要精神力量。

第二节　立足本国与放眼世界的有机统一

真正的爱国主义精神既是民族精神的集中体现，又是吸收世界各国各民族优秀文化精神以充实和发展自己的，必然在具有民族性特征的同时又具有世界性特征。民族性主要是指由于文化背景差异和地域限制，不同国家的爱国主义精神具体内涵、价值导向等都带有其民族色彩，体现出其民族的独特性。世界性则在于爱国主义精神超越一定的地域限制，有着对其他国家历史文化和主权领土的尊重，同时又能学习借鉴其他国家在爱国主义培树和民族精神弘扬等方面的宝贵经验，进而使自己国家爱国主义精神具有开放开明和健康合理的特征。当前，弘扬爱国主义精神既要立足于中国国情，承接本国民族特色和优势，显现出民族性特征，又要着眼于世界发展，顺应时代潮流，体现出时代性特征。

一、立足本国是弘扬爱国主义精神的基础和根本

爱国主义首先必须爱自己的国家和祖国，弘扬爱国主义精神必须而且应当立足本国，展现出本国的民族特性和特色，体现出国家民族的历史使命。

从起源而言，弘扬爱国主义精神首先来源于对本国的热爱和对自己民族精神的认同。爱国主义的"国"往往是由不同民族共同缔造并共同发展的。从历史角度来看，爱国主义发源于原始部落的集体记忆，并且通过某些原始仪式表现为对祖宗或图腾的虔诚式纪念，原始部落逐渐演变为国家后，这些集体记忆的对象渐渐变为了国家。因此，原始部落的集体记忆成为爱国主义精神早期的来源。部落成员对于氏族的集体虔诚和忠诚化为国家成员认同的民族精神，并由此成为爱国主义精神。成员之间越认同本民族精神，越弘扬本民族精神，其国家和民族的凝聚力越强，爱国主义精神的程度也越高，国家和民族发展趋势就越好；反之，成员之间越拒绝本民族精神，那么其爱国主义精神程度就越低，甚至会严重影响其国家和民族的团结稳定。

从内容而言，弘扬爱国主义精神实质就是要爱自己的国家和祖国。世界上各个国家民族都有不同的历史文化传统和生活习惯，虽然各国爱国主义具体形式不尽一致，但始终都以对本国、本民族的热爱为核心。爱国主义教育渗透于国民的各个方面，融入本民族的血液之中。爱国主义的核心就是对祖国的热爱。并且在弘扬爱国主义形式上，各个国家都是以本国的民族形式在不同场合进行。在中国，爱国主义精神历来是传统文化的重要内容，各种历史文化古迹和社会文化活动无不展现出中华民族特有的爱国主义情怀。

从价值目标而言，弘扬爱国主义根本目的就是维护本国本民族利益，促进本国本民族发展。弘扬爱国主义实质在于教育人们认同本国本民族的历史文化传统，正确认识和理解自己的祖国，并在此基础上，形成正确处理国家利益与个人利益的价值观，从而实现维护国家和民族利益的根本目的。如同爱社会主义在中国不是一句空洞的口号，而是集中代表着、体现着、实现着国家、民族和人民的根本利益。此外，除了本国历史文化传统，民族国家还是一种政治共同体，是社会公共事务的管理者和执行者。立足本国，弘扬爱国主义精神有利于对本国本民族文化的传播、发展创新。弘扬爱国主义精神，通过选择、吸收和融合本国本民族优秀传统文化，同时进行创造性转化，不仅使得爱国主义更能够被本国成员接受、认同并践行，同时使得个人能够形成国家归属感、安全感和荣誉感，从而在价值多元化时代中始终保有本民族的底蕴。

从现实发展而言，中国已经进入社会主义现代化建设的新时代，这标志着中国发展的新阶段。但在中国特色社会主义道路中，仍面临着诸多风险与挑战，甚至包括新的问题和矛盾。党的十九大报告指出，中国发展仍面临着不少困难和挑战，包括意识形态领域斗争依然复杂，国家安全面临新情况。例如，单边主义、贸易保护主义不断抬头、恐怖主义和民族分裂势力相互勾结，等等。这些都给中华民族复兴和国家富强造成了严重障碍。所以，弘扬爱国主义就必须立足于此，不能空喊口号，不能脱离国家和民族的历史使命。作为忠诚的爱国者，就必须承担起民族复兴与国家富强的历史责任。立足本国，就是要立足于当前中国新时代的历史使命和面临的机遇与挑战。把爱国主义融入献身于民族复兴的伟大梦想之中；融入坚定走中国特色社会主义道路的自信之中；融入迎难而上、攻坚克难的伟大斗争之中，实现个人命运与国家民族命运紧密相连。这也是弘扬爱国主义必须立足本国的重要目的。

弘扬爱国主义精神，立足本国，首先必须要对国家和民族发展具有担当精神。个体对本国民族的认同感与归属感主要动力来自本国本民族生存发展的共同利益。在国家和民族角度，爱国主义就是对这种共同利益的维护。这种共同利益既要求国家尊重和保护个体利益，又要求个体担负起对本国本民族的责任。其次要有对同胞的关爱之情。爱民族同胞与爱国是统一的。个体对民族同胞的关爱既表现在统一国家认同的热爱情感中，又表现为对统一国家认同的民族情怀。这表现在国际层面则是对其他国家民族的尊重和热爱。最后，要有对本民族文化的传承之行。本国本民族是由历史逐渐形成并发展成熟的，其中文化传统是重要纽带，也是区别于其他国家民族的本质特征。因此，弘扬爱国主义就必须认同本民族文化传统，并加以传承创新，由此整合凝聚国家民族的共同记忆，形成国家民族发展的向心力。

所以，立足本国来弘扬爱国主义精神，不仅能增强本民族人民对祖国的热爱之情，并且能够增强本民族文化自信和自强。这正如卢梭所言："我们应当根据我们的特殊社会来设想我们的普遍社会；根据小共和国的建立来设想大共和国。只有在成为公民之后，我们才真正开始成为人。根据这个道理，我们对那些所谓的以全球为家的人应当抱怎样的看法，就很清楚了。他们自称爱人类就是爱祖国；他们吹嘘他们爱所有人，而实际上他们对谁也不爱。"① 也正因如此，无数仁人志士在国家民族危亡之时，内心能够激起强烈的爱国之情和民族自强意识，从而敢于献身于救国救民之行，实现民族伟大复兴。

立足本国来弘扬爱国主义精神要求我们对本国历史、文化和民族精神有深入全面的了解与尊重，中国既是"文明大国""东方大国"，又是"负责任大国"和"社会主义大国"。"文明大国"展现的是中国历史底蕴深厚、各民族多元一体、文化多样而又和谐统一的形象，是五千年文明古国精神和文化传统的全方位立体性呈现，也是人类文明史上唯一自古及今一脉相承、传延至今的文明类型。"东方大国"展现的是位处于世界东方的当今中国政治清明、经济发展、文化繁荣、社会稳定、人民团结、山河秀美的大国形象。"负责任大国"展现的是当代中国坚持和平发展、促进各国发展共赢、维护国际公平正义、敢于并勇于承担自己该负的国际责任的大国形象。"社会主义大国形象"展现的对外更加开放、更加具亲和力、充满希望、充满活力的社会主义大国形象。"文明大国""东方大国""负责任大国"和"社会主义大国"所展现出来的形象既是美好的，又是具有感染力、亲和力和影响力的，凸显出中国故事、中国精神、中国品格、中国道义的神韵和魅力。所以我们要重点阐释好、传播好、讲好文明大国、东方大国、负责任大国、社会主义大国的特色、声音与故事，向世界展示一个真实、立体、全面、美好、友善的中国。

讲好中国故事，应当加深对中国共产党百年历史的认知和理解，讲好中国共产党的故事。从国际共产主义运动历史看，20世纪末，国际共产主义运动出现

---

① 卢梭著，李平沤译：《社会契约论》，引自《卢梭全集》第四卷，商务印书馆2012年版，第179页。

了低潮，世界对共产主义运动产生了很多疑虑，这种疑虑现在还没有消除。因此，我们今天有必要也有义务把中国共产党的故事讲好。讲好中国共产党的故事，应该先让人们明白没有共产党就没有新中国这个道理，近代以来，中国任人宰割的局面直到中国共产党的出现才得以改变。讲中国共产党的故事，还得讲中国共产党在和平年代让亿万人民富起来的故事，即只有社会主义才能救中国，只有中国特色社会主义才能发展中国。中国共产党开辟了一条中国特色社会主义道路，这是一条创造世界奇迹的道路，是一条塑造了世界上最强大的执政党的道路。走向现代化是全世界人民的目标，直到中国开辟新道路以前，世人认为，所谓的现代化就是西方化，资本主义的发展模式是走向现代化的唯一道路，然而中国的发展让西方震惊，因为这是一条完全不同于他们走向现代化的道路。因此，讲好中国故事，就是向世人尤其是西方国家讲清楚，中国的发展不会对世界产生威胁，而是为世界其他发展中国家提供一条走向现代化的道路。

二、放眼世界是弘扬爱国主义精神应有的视域和气度

在全球化时代下，世界各国发展相互联系更加紧密，人类生活在同一个地球村里，"越来越成为你中有我、我中有你的命运共同体"。[①] 弘扬爱国主义精神必须放眼世界，这既体现本国民族的自信和包容，更让爱国主义与国际主义结合起来，促进人类命运共同体的发展。

从国家发展现实而言，弘扬爱国主义精神需要世界眼光。当今世界任何国家发展都不能故步自封，闭关锁国。全球化意味着各种文化的平等交流与相互融合互补，国家发展更是如此。当前中国处于社会飞速发展变革时期，这需要人们不能固守非此即彼思维定式，应当摒弃单一封闭的历史文化结构。尤其在今天文化多元化时代，任何封闭排外的爱国情感都无法带来真正的国家进步和繁荣。因为各种资源和人口在全世界大规模流动，地域之间、国与国之间的普遍联系已经形成，开放已经成为了世界潮流。如果仍固守那种狭隘民族主义式的"爱国主义"，这必将人为造成国与国之间的排斥、冲突，甚至演变为战争，带来严重危害。因此，爱国主义需要让国与国之间不断开放融合，不断消除分歧、化解差异，最终既促进本国和平发展，又推动国与国之间和谐合作。

从价值宗旨而言，爱国主义作为人们对国家情感的升华，必须符合人类共同的道德价值取向。维系人类生存与发展的前提主要有生存与发展的空间、生存与

---

① 习近平：《顺应时代前进潮流，促进世界和平发展》，引自《习近平谈治国理政》第一卷，外文出版社 2018 年版，第 272 页。

发展的资源、生存与发展的环境。这既是国与国之间交往的前提，也是弘扬爱国主义精神必须培育的价值理念。除了维护人类共同利益，关注人类现有遭遇的共同问题，爱国主义也必须放眼世界，着眼于整个人类发展趋势，致力于思考和解决这些问题。爱国主义必须与国际主义，与构建人类命运共同体等有机地结合起来。习近平指出："中国人是讲爱国主义的，同时我们也是具有国际视野和国际胸怀的。随着国力不断增强，中国将在力所能及的范围内承担更多国际责任和义务，为人类和平与发展的崇高事业作出更大贡献。"① 马克思在其著作中也无不体现出解放全人类的宏远愿景，这就是实现共产主义与爱国主义融合统一。

中华文明具有跨越时空、超越国度的特质和魅力。所谓跨越时空，是指中华文明不只是属于哪一个时代或时期的，不只是属于哪一个地方或空间的，它在本质上具有跨越时空的永恒魅力。所谓超越国度，是指中华文明不只是属于中国的，而且也是属于世界的，中华文明的某些理念、价值观、精神追求和伦理美德不仅对中国人陶铸心灵、怡养情感、砥砺意志、培育人格有其独特作用，而且对世界各国人民也有重要的滋养价值。中华文明有《易经》这样变化日新的变易哲学，也有《洪范》这样变而不失其常的永恒哲学。在儒家、道家、墨家、法家、宋明理学、明清实学乃至近代新学的理论体系和价值系统里，既有与时偕行、革故鼎新、不断发展的精神要义和因素，也有"乱云飞渡仍从容"，"任尔东西南北风"式的永恒价值、不朽理念和伦理美德。它们在"千磨万击"中仍然体现出坚劲的品质，不屈的人格。孙中山指出："讲到中国固有的道德，中国人至今不能忘记的，首是忠孝，次是仁爱，其次是信义，其次是和平"。② 在孙中山看来，这些中华民族固有的道德，中国人至今还是要继承并发扬光大的。因为它被历史证明是好的，对于好的道德当然是要保存。习近平指出，"深入挖掘和阐发中华优秀传统文化讲仁爱、重民本、守诚信、崇正义、尚和合、求大同的时代价值"③，以及"孝悌忠信、礼义廉耻、仁者爱人、与人为善、天人合一、道法自然、自强不息等，至今仍然深深影响着中国人的生活"，④ 具有跨越时空和超越国度的精神魅力，无疑是需要我们在新的历史时期好好地继承并发扬光大的。

中华文明不仅跨越历史，而且还超越国度，受到世界各国人民和有识之士的赞美和肯定。罗素曾经指出，"中国人的某些无与伦比的优秀道德品质，这些优

---

① 习近平：《论爱国主义——十八大以来重要论述摘编》，载于《党建杂志》2016 年第 2 期。

② 孙中山：《三民主义民族主义第六讲》，引自《孙中山全集》第九卷，中华书局 1986 年版，第 243 页。

③ 习近平：《培育和弘扬社会主义核心价值观》，引自《习近平谈治国理政》第一卷，外文出版社 2018 年版，第 164 页。

④ 习近平：《在布鲁日欧洲学院的演讲》，引自《论坚持推动构建人类命运共同体》，中央文献出版社 2018 年版，第 98 页。

秀的品质正是现代社会生活最最迫切需要的。在中国人所有的道德品质中，我最推崇的是他们平和的气质，这种气质使他们在寻求解决争端时更多的是讲求平等公正，而不是像西方人那样喜欢仰仗实力"。① 汤因比有言，将来世界唯一能够将人类引导到和谐共存道路的，"是两千年来培育了独特思维方法的中华民族"。并坚持认为，将来统一世界的既不是西欧国家，也不是西欧化的国家，只能是中国，这不仅因为中国在过去两千多年里一直都是"影响半个世界的中心"，而且在于中华民族和中国人民在政治、文化上显示出统一的本领，"具有无与伦比的成功经验"。②

今天的中国是处于与世界各国丰富联系中的中国，中国的发展离不开世界，世界的发展也需要中国。中国与世界的关系在当今之时代已经变得非常密切，彼此不可分离。我们要弘扬当代中国爱国主义精神，就是要在立足本国的基础上放眼世界，在不同文明交流互鉴中来弘扬爱国主义精神。不同文明之间应该摆脱冲突的状态，贯彻"和而不同"的精神，在交流互鉴中发展彼此，文明需要交流并且因交流而多彩，文明需要互鉴并且因互鉴而丰富。"历史告诉我们，只有交流互鉴，一种文明才能充满生命力。只要秉持包容精神，就不存在什么'文明冲突'，就可以实现文明和谐"。③ 中华文明自古以来就以主张文明包容互鉴而著称于世，崇尚文明之间的和谐共生是其始终如一的价值追求，并因此陶铸和涵养着民族精神，从而使得中华民族的爱国主义具有"协和万邦""以和为美""世界大同"等宽阔的视野、博大的心胸和高远的气韵、魅力。这也是中华文明和中华爱国主义之所以能够跨越时空、超越国度且具有永恒魅力和价值的根本之所在。

习近平指出："弘扬爱国主义精神，必须坚持立足民族又面向世界。""善于从不同文明中寻求智慧、汲取营养，增强中华文明生机活力。"④ 善于从不同文明吸收养分和智慧是中华爱国主义的独特神韵，也是中华爱国主义开放性包容性的体现，从根本上说，就是中华文明开放包容特征的体现。中华文明之所以能够在历史的无数冲击和坎陷中一次次地化险为夷、转危为安就在于它有一种善于学习的优秀品质，懂得"假人之长以补其短"，进而使自己不断地发展充实、提高

---

① ［英］罗素著，王正平译：《东西方文明比较》，引自《罗素文集》，改革出版社 1996 年版，第50 页。

② ［英］汤因比、［日］池田大作著，荀春生等译：《展望二十一世纪：汤因比与池田大作对话录》，国际文化出版公司 1985 年版，第 294～295 页。

③ 习近平：《在联合国教科文组织总部的演讲》，引自《论坚持和推动构建人类命运共同体》，中央文献出版社 2018 年版，第 78 页。

④ 习近平：《在十八届中央政治局第二十九次集体学习时的讲话》，载于《人民日报》2015 年 12 月31 日。

完善。我们应当在承认和尊重彼此文化传统、社会制度差异基础上，相互学习交流，共同促进国家利益的实现，增强国际主义意识和爱国主义精神。

弘扬爱国主义精神，必须坚持立足本国与放眼世界相结合的原则，这就要求我们把弘扬爱国主义精神与对外开放结合起来。一方面要充分利用本国资源和优势，发展自己；另一方面也要学习借鉴世界其他国家的先进的成功发展经验，在尊重各国文化传统前提下从其文化中汲取营养。改革开放以来，中国的发展成就已然证明了立足本国与放眼世界相结合的重要性和必要性。所以，我们不能拒绝和排斥其他国家的文明。不同文明之间的交流融合、求同存异，只会有利于各文明的发展进步。同时还要看到霸权主义、恐怖主义仍威胁着各国独立发展，这就要求我们必须坚决维护国家核心利益和主权安全，促进世界各国平等发展，构建人类命运共同体。

第三节　全面系统与突出重点的有机统一

爱国主义具有丰富内涵，既是人们对祖国、国家和民族的热爱情感，又是一种政治和道德准则，是人们必须遵守和践行的公民规范。弘扬爱国主义精神，必须遵循爱国主义教育的基本规律，必须坚持全面系统与突出重点相融合的原则。

一、弘扬爱国主义精神必须注重全面系统

爱国主义之所以称为"主义"，是因为个体能够理性地把自己的爱国之情与现实的制度和国家相结合，这种爱国情感已经超出那种零散、偶然的爱国情感局限，达到了一种整体性、系统性的品质，使个体具有一种完善的爱国的品格。全面系统原则即在弘扬爱国主义精神过程中，不仅是在情感上培育主体爱国意识，更要在政治和道德角度强调爱国作为一种准则和美德，从而使主体形成健全的爱国品格。全面系统着重于爱国主义教育基本规律的全面性和系统性。具体而言，主要包括以下几个方面：

第一，爱国主义的情感体悟。爱国主义首先是作为一种情感，经过世代的延续和发展，尤其是人们在实践中不断地继承和发扬，逐步成为人们认知层面固有的思维内容。所以，爱国主义教育首先是从情感认知方面开始。这种情感认知可以从两个方面理解：一是就教育者自身而言，包括对爱国主义的情感认同和认知；二是就教育对象而言，主要是逐渐形成爱国情感和认知观念。爱国主义教育

的过程就是教育者与教育对象对爱国主义的情感认知互动过程。但主要是教育者对教育对象的爱国情感培育过程。经历这一过程，教育对象逐步接受爱国教育内容，并因此在情感上予以认同，从而达到爱国主义教育目的。在情感认知过程中，爱国主义教育通常以具体的感性教育体现出来。例如，观看爱国题材电影、参观爱国主义教育基地等。通过这些直观的体验式教学，教育对象能够直接产生出强烈的国家荣誉感和英雄崇拜感，还可以结合国家现实发展成就，让教育对象容易形成爱国情感，培育爱国情怀。

第二，爱国主义的理性信念。爱国主义既是人们对祖国和国家一种直接的情感表达，更是一种稳固而深切的理性信念。所以，虽然教育对象有爱国情感和认知，但是这种情感和观念不具有稳定性和持久性。还需要把爱国主义情感逐渐转化为一种处理个人利益与国家民族利益的行为准则，以此作为评判日常行为的重要价值标准，并培铸一种理性信念。爱国主义的理性信念，是把爱国情感进行一种理性升华和超越，它要求人们把祖国和国家发展命运与个体发展紧密融合，把维护民族国家的利益和前途视为自己不可推卸的责任。并要求人们做到个人利益服从国家和民族利益。当个人利益与国家和民族利益发生冲突时，自觉牺牲个人利益维护国家和民族利益，并且这也是作为民族成员应尽的义务和职责。

第三，爱国主义的意志品质。祖国的历史发展、现实发展和未来发展不可能总是一帆风顺的，必定遭遇诸多预想不到的艰难险阻或困厄挑战。中国近代史就是一部中华民族不断追求民族独立和人民解放的历史，也是展示无数中华儿女为了国家的独立和民族的解放奋起自强意志品质的历史。一般而言，爱国主义意志，可以从两个方面理解：一方面，在国家和民族良好发展态势下，爱国主体要自觉融入这一发展进程中，通过自身不断奋斗和贡献，为国家和民族发展添砖加瓦；另一方面，在国家和民族遇到各种障碍和风险时，爱国主体要积极作为，以迎难而上、奋发有为的精神面貌克服前进道路上的种种困难。爱国主义意志主要体现在后一方面，即遇到干扰爱国行为或观念时，爱国主体能克服这些干扰，坚持践行爱国主义行为，达到爱国报国目的。因此，爱国主义意志是主体爱国主义行为得以实现的强力精神支撑。主体爱国主义意志越坚定，越强烈，就越容易完成爱国主义行为；反之，主体爱国主义意志越薄弱，就难以持之以恒地践行爱国主义行为，失去爱国的一贯性和坚定性。

总之，爱国主义教育是在对教育对象的情感认知、理性信念和意志行为三个基本阶段基础上施加影响，培育其爱国意识和爱国情怀。因此，弘扬爱国主义精神就要遵循这一基本规律。首先从对象的情感认知入手，激发其爱国情感，其次逐步推动对象确立稳定而正确的爱国理性和爱国信念，最后形成坚定的爱国意志行为。

二、弘扬爱国主义精神理应突出重点

爱国主义是主体对自己祖国和国家的热爱的深厚情感。弘扬爱国主义精神就是要把主体的这种深厚情感巩固和展现出来。在具体爱国主义教育过程中，除了全面系统把握教育基本规律之外，还要注重主体的自身特点和实际，不能只进行说教式或灌输式爱国主义教育。要突出爱国主义教育的重点方面，主要包括两点：

一是要重点关注教育对象的内化接受。爱国主义教育是对教育对象施加影响的过程。从教育顺序而言，首先是教育者有目的、有计划的爱国情感和爱国知识教育。尤其要把一定社会的爱国主义要求传输给教育对象。其次就是教育对象的内化接受。教育对象依据自身需要，对教育内容要求进行判断选择，同时内化为自己的价值观念，并通过具体行为表现出来。可以说，爱国主义教育的最终目的是要教育对象把爱国主义内化于心、外化于行。教育者施加影响的过程只是一个外在灌输过程，这一灌输效果与教育对象的内化接受密切相关。爱国教育离开了教育对象的内化接受，就仅仅是一种毫无意义的说教。要更好地实现教育对象的内化接受，在爱国主义教育中，必须重点考虑教育对象的特点和具体社会条件。同时，弘扬爱国主义精神也并非人们在某一具体爱国实践中，把所有的爱国内容和要求都全面地展现出来，而是人们在内化接受这些爱国内容和要求基础上，体现出一种爱国的自觉性和主动性。教育对象的内化接受程度越高，其爱国实践的自觉性和主动性也会越高；反之，内化程度越低，教育对象爱国实践的自觉性和主动性也会越低。因此，弘扬爱国主义精神，就必须重点突出对象的内化接受程度，由此达到爱国主义教育的目的。

二是要重点培育教育对象的爱国主义意志信念。爱国主义之"爱"，不仅是一种情感方面的热爱之情，更是一种一贯性，或者稳定持久性的意志信念。任何人都能表达其内心的爱国热情。但如果这种爱国热情没有一种爱国主义意志信念做支撑，那么在国家和民族面临危险时，或者个人利益与国家和民族利益发生矛盾时，主体的爱国意识就会产生动摇，进而很有可能不会做出爱国行为。在历史上，一些人开始一腔热血，投身于挽救民族危亡的爱国运动中，但一旦面对各种诱惑，最终却走上了卖国求荣的道路，从此被钉在了耻辱柱上。所以说，爱国主义意志信念才是决定主体能否一贯践行爱国要求。从一定程度上说，只有一贯的、长期的、稳定的爱国主义行为者才是真正的爱国者。因此，弘扬爱国主义精神，不是一种蜻蜓点水式弘扬，而是通过爱国主义教育，达到培养人们坚定的爱国主义意志信念的目的。同时，人的意志信念并非先天的，而是需要后天培养。

人们的爱国主义意志信念也是如此。在爱国主义教育中，不仅要让人们看到国家和民族发展的伟大成就，激发其国家集体荣誉感和自豪感，也要让人们感受到国家和民族发展所面临的挑战和困难，增强其国家使命感和责任感。

在当代中国弘扬爱国主义精神最重要的是坚持将热爱中国共产党、热爱中国特色社会主义和热爱中华人民共和国有机地结合起来。新中国是中国共产党领导的社会主义国家，祖国的命运与党的命运、社会主义的命运密不可分。进行爱国主义教育就是要引导人们深刻认识中国共产党的领导是中国特色社会主义最本质的特征和最大的制度优势，坚持中国共产党的领导，坚持走中国特色社会主义道路是实现国家富强、人民富裕和民族振兴的根本保障和必由之路。

坚持全面系统与突出重点相融合，就是在爱国主义教育中，不仅要强调教育规律的整体性和系统性，更要重点把握好教育对象的特点，培养其坚定的爱国主义意志信念，实现爱国主义教育的协调性。弘扬爱国主义精神，不仅要把爱国主义内容和要求传输给公众，让人们明白什么是爱国主义以及具体规范，也要让公众不断养成爱国品格和自觉性，使人们能够把爱国主义内容和要求内化于心，并外化于行。以此在整个社会中营造和展现出一种昂扬向上、积极有为的爱国氛围。

第四节　社会教育与个人修养的有机统一

弘扬爱国主义精神，不仅要在社会层面，通过深化爱国主义教育途径，让人们培树爱国之志，也要在个人层面，通过加强个人道德修养方式，使得人们践行爱国之志。

一、弘扬爱国主义精神应当注重社会教育

社会教育是实现社会秩序稳定发展、传承传播价值观念的重要方式。一般而言，社会教育是通过各种教育方式，实现人们逐渐认同、接受社会主流价值观念。从教育场合而言，社会教育包括家庭、学校、社区以及社会教育等；从教育具体方式而言，社会教化包括制度奖惩、价值观念灌输等。

弘扬爱国主义精神，社会教育主要涉及爱国主义教育。即通过各种有效的教育方式，把爱国情感和意识内化在人们心里，让人们生发爱国之志。要实现这一目的，必须积极利用各种宣传方式和教育手段，从营造爱国氛围、灌输爱国理

念，引导人们的爱国行为。具体而言，主要包括三个方面：

一是完善教育内容。《新时代爱国主义教育实施纲要》提出了八个方面的教育内容。这八个方面的教育从指导思想、主流主脉到中华民族历史文化、精神系统再到事关当代中国国家根本利益和发展命脉都有涉及，涵盖中华优秀传统文化，以爱国主义为核心的民族精神和以改革创新为核心的时代精神，中国共产党党史、中华人民共和国国史、改革开放史，中国具体的国情和形势政策，国家统一和民族团结进步，国家安全和国防教育等重要方面和论域，本质上是一个相互联系的整体，彼此之间相辅相成，缺一不可。我们要卓有成效地开展爱国主义教育，就必须将这八大方面的内容学深悟透，理解其对于当代中国爱国主义教育的独特意义，并把握其精神实质和内在逻辑，以凸显当代中国爱国主义教育内容的博大精深和体系完备。

二是更新教育理念。社会教育的目的是培育人们的爱国情感和意识。随着时代发展、社会变化，人们的思想观念也发生着改变。所以，只有更新教育理念，与时俱进，才能让人们乐于接受和理解，达到弘扬爱国主义精神的目的。要逐渐改变传统硬性灌输的教育理念，注重教育对象的主体性，结合教育对象的需要和特点，因材施教。要不断吸收先进教育理念，丰富发展现有教育理论，同时也要以爱国和爱党、爱社会主义统一为原则，实现社会教育理念一元与多元统一。当前，社会教育的内容没有完全适应时代发展和人们需要，这也造成了社会教育效果不明显，尤其是没有发挥好教育对象的主体性和主动性。所以，要不断完善教育内容。一方面，必须利用好爱国主义优秀传统的内容。要把中华民族几千年爱国主义发展史的核心和内容挖掘好，不仅让人们知道爱国主义，更能让人们懂得爱国的可贵。既要把爱国英雄事迹保存好、宣传好，发挥爱国楷模的示范效应，也要把那些投敌卖国、卖国求荣的民族败类作为反面教材，警醒和告诫人们。另一方面，要充分结合国家建设的伟大成就和历史影响。中国进入新时代，国家创造了令世界瞩目的历史成就。把这些历史成就融入社会教育内容中去，讲好中国故事，就能让人们的爱国之情油然而生。

三是改进教育方式。《新时代爱国主义教育实施纲要》强调新时代爱国主义教育要面向全体人民、聚焦青少年，要丰富新时代爱国主义教育的实践载体，营造新时代爱国主义教育的浓厚氛围，加强对新时代爱国主义教育的组织领导。要下大力气办好各级各类学校的思想政治理论课，引导学生把爱国情、强国志、报国行自觉融入坚持和发展中国特色社会主义事业、建设社会主义现代化强国、实现中华民族伟大复兴的奋斗之中。要组织推出爱国主义精品出版物，在广大知识分子中弘扬爱国奋斗精神，激发社会各界人士的爱国热情。要建设好爱国主义教育基地，注重运用仪式礼仪，组织重大纪念活动，发挥传统和现代节日的涵育功能，依托自然景观和人文景观以及重大工程开展爱国主义教育等。要用好报刊、广播、影视等大众传媒，发挥先进典型的引领作用，创作生产优秀文艺作品，唱响互联网爱国主义主旋律，涵养积极进取开放包容理性平和的国民心态，强化制度和法制保障。各级党委和政府要切实承担起主体责任，调动广大人民群众的积极性主动性，求真务实、注重实效。应该说《新时代爱国主义教育实施纲要》对在新时代如何开展爱国主义教育做出了既立足长远又注目当下的战略部署，有相当强的现实针对性和合理性。

在爱国主义教育过程中，我们既要吸收并继承以往行之有效的方式方法，又要与时俱进地予以创新。一方面，对于传统社会教育方式，能够结合实际需要，还可以发挥教育作用的，要进行创造性转换和创新性发展。例如，宣传表彰制度。这既能实现优秀传统文化的延续和发展，也能更好地让人们接受教育的内容。当然，对于一些不适合时代发展和人们需要的社会教育方式，必须加以清除，避免传统文化糟粕沉渣泛起，影响社会教育效果。另一方面，对于西方文化中优秀的成果，尤其是社会教育方式，要积极借鉴，实事求是，以实现教育方式的多样化。例如，法律意识的培育。这不仅能丰富现有的社会教育手段，也能更好地适应教育对象的特点，达到深化爱国主义教育的目的。

二、弘扬爱国主义精神理应注重个人修养

弘扬爱国主义精神是要落脚于人们践行爱国主义行为，热爱自己的国家和民族，为国家和民族及至人类的进步发展做出自己力所能及的努力。所谓实践养成，即通过各种方式，培养主体逐步形成某种习惯或成长为某种人格。就弘扬爱国主义精神而言，实践养成主要指主体在社会实践中通过各种手段和方式逐渐养成自己的爱国主义精神，形成一种爱国品格。换而言之，也即主体既要形成一定爱国意识和情怀，又要在社会实践中不断升华自身的爱国情感。这种情感要具有一定的稳定性和持续性。

要把爱国内化于心、外化于行，除了发挥社会教育功能外，必须注重个人修养。只有个人把外在爱国内容融入自身思想观念、价值理念中，才能真正让爱国之心生根发芽。中华优秀传统文化包含了许多个人道德修养的手段方法，尤其是儒家，提出了很多至今仍影响人们道德实践的原则和方式。并认为"上至天子下至庶人，壹是皆以修身为本"。身修才能更好地齐家、治国、平天下。孔子把"德之不修，学之不讲，不善不能改"视为自己所最忧虑的事情，主张"修己以敬"，"修己以安人"，"修己以安百姓"，把老者安之、少者怀之、朋友信之视为社会和谐有序的修身目标。古代社会修养的一个主要内容和方面就是要培树家国

情怀，懂得家是最小国、国是最大家的道理。历史发展到当代，社会主义核心价值观在公民个人层面第一位的美德就是爱国。公民个人层面爱国的美德的形成主要靠自身持续不断的修养，一个人能够自觉地把自己的前途命运同国家民族的前途命运有机地结合起来，并有一种念兹在兹的心理认同、情感认同和价值认同，那么他的爱国主义精神就会成为他的价值观、人生观和道德观的支柱，就会赋予他人生成长和工作学习极大的力量。

新时代的个人修养理当把爱国视为基本要求和主要内容。爱国既确证着修养的格局、境界和气量，也成就着修养的底蕴、神韵和魅力。一个当代中国公民，如果连爱国的理都不明，情都不生，那么很难说是一个有修养的人。"一个人不爱国，甚至欺骗祖国、背叛祖国，那在自己的国家、在世界上都是很丢脸的，也是没有立足之地的。对每一个中国人来说，爱国是本分，也是职责，是心之所系、情之所归"。[①] 所以，只有更好地挺立爱国的精神，陶冶爱国的情感，培育爱国的意志，坚定爱国的信念，个人修养才是有深度、有广度和有高度的。

总之，坚持既重社会教育又重个人修养的原则，才能使爱国主义实现他律与自律、外在与内在的有机统一，才能真正使爱国主义精神"内化于心""外化于行"。因此，我们不仅要强调社会教育对主体的重要影响，尤其在爱国主义教育的内容、方式和理念方面，更要注重个人修养对培养主体爱国情感和明爱国之理、立爱国之志、强爱国之力的作用。弘扬爱国主义精神，既不能偏重于社会教育的作用，也不能片面强调个人修养的意义，要把社会教化与个人修养紧密结合起来。一方面让社会教育直接化为个人修养的重要内容和手段，另一方面使个人修养符合社会教育的要求，使爱国主义成为人们一种积极的道德情感、坚定的道德意志和拳拳服膺的道德信念，成为一种伦理美德和自觉的道德行为，成为人们安身立命的精神家园和意义世界。

---

① 习近平：《在纪念五四运动一百周年大会上的讲话》，引自《论中国共产党历史》，中央文献出版社 2021 年版，第 244 页。

第十八章

以中国成就、中国崛起、中国奇迹加强爱国主义教育

弘扬当代中国爱国主义精神必须把爱国主义教育作为永恒主题并贯穿国民教育和精神文明建设全过程，要充分利用我国改革开放和社会主义现代化建设的伟大成就来加强爱国主义教育。当代中国正经历着历史上最为广泛而深刻的社会变革，也正在进行着人类历史上最为宏大而独特的实践创新。在这种社会变革和实践创新中，当代中国特色社会主义现代化建设取得了历史性的发展成就，中国和平崛起和中国奇迹正在重塑中国人民、中华民族和中华文明的崭新形象。我们应当用中国成就、中国崛起、中国奇迹来对中国人民特别是青少年加强爱国主义教育，这是最富有生命力和现实影响力的教育，是看得见、摸得着、想得起并且能够入脑入心的教育，它将有助于提升中国人民的爱国主义精神，奏响爱国主义、集体主义、社会主义的时代主旋律。

第一节　中国成就为当代中国爱国主义教育提供有力支撑

中国成就是指改革开放 40 多年来中国共产党带领中国人民在社会主义现代化建设过程中所取得的"用几十年时间走完了发达国家几百年走过的工业化历程"[①] 的历史性发展成就，内容涵盖物质文明、政治文明、精神文明、社会文

[①]　习近平：《在庆祝改革开放 40 周年大会上的讲话》，载于《人民日报》2018 年 12 月 19 日。

明、生态文明诸方面，这些历史性发展成就为弘扬爱国主义精神提供了丰富的物质和精神基础，也是加强爱国主义教育十分难得的鲜活文本和最具活力的实践教材。

一、物质文明建设取得的成就为爱国主义提供坚实基础

在物质文明建设方面，我国取得了举世瞩目的伟大成就，社会生产力、综合国力实现了历史性跨越，从积贫积弱到发展为世界第二大经济体、第一大工业国、第一大货物贸易国，中国已从农业大国发展成为工业经济大国，形成了世界上最多人口的中等收入群体，实现从贫穷落后到阔步走向繁荣富强的跨越。党的二十大报告指出，我国国内生产总值达到 114 万亿元，人均 GDP 超过 1 万美元。我国已成为世界经济增长的动力之源、稳定之锚，正在由经贸大国稳步走向经贸强国。不仅我们的国家发生了天翻地覆的变化，而且使中国成为世界经济增长的重要引擎，我国国内生产总值占世界生产总值的比重达 18.5%，对世界经济增长贡献率超过 30%，对世界经济的发展贡献了巨大力量。改革开放 40 多年来，中国大量基础设施如高铁、高速公路建设，西气东输，南水北调，新能源的推广，数字化的生态互联网建设，等等，天宫、蛟龙、天眼、悟空、墨子、大飞机等重大科技成果能够上天入地下海，中国的国家力量扮演着非常重要的作用。这几十年来，我国科学技术的发展有了较大突破，不再完全依赖进口。我国的基础设施建设取得了显著成就，交通信息网络发达，铁路建设成效显著，东西南北通畅，资源配置有效合理。经济结构改革取得了重大进步，第一产业、第二产业和第三产业比重得到有效调整。进出口贸易发展迅速，经济发展后劲十足。改革开放 40 多年来，中国的贫困问题得到了根本性、历史性的解决，"现行标准下 9 899 万农村贫困人口全部脱贫，832 个贫困县全部摘帽，12.8 万个贫困村全部出列"[①]，这是人类减贫史上的"中国奇迹"。这些都表明中国特色社会主义显著提高了我国的综合国力。几十年的经济建设使得我国外汇储备连续多年位居世界第一，中国人民的物质生活水平得到逐步提高和改善，人们的生活幸福指数越来越高。人们发自内心的热爱社会主义中国，热爱中国共产党，并将这种爱国爱党和爱社会主义的精神转化为干事创业、攻坚克难和再创辉煌的动力。

[①] 习近平：《在全国脱贫攻坚总结表彰大会上的讲话》，引自《习近平谈治国理政》第四卷，外文出版社 2022 年版，第 125 页。

二、政治文明建设取得的成就为爱国主义提供制度保障

改革开放以来，中国特色社会主义政治文明建设取得了历史性的伟大成就。我国社会主义民主政治建设良好，显示出旺盛的生命力与活力。回首过去的40余年，党和国家领导人民艰辛探索、努力实践，不断深化政治体制改革，成功地建立了符合中国国情的中国特色社会主义制度。中国特色社会主义制度实现了党的领导、人民当家作主和依法治国的有机统一。富含中国特色的发展道路以马克思主义理论为指导，既否定了"全盘西化论"，又超越了"中体西用论"，是中华民族批判继承以往世界各国历史发展经验、结合中国实际和中国文化特色而形成的具有中华民族烙印的中国特色社会主义道路。同时，党的十八大以来，中国共产党积极进行党的建设，全面清除贪污腐败力量，保持党的纯洁性和先进性，成效显著。中国共产党始终代表着最广大人民的根本利益，始终心向人民，提出了"江山就是人民，人民就是江山"[1]。中国共产党领导人民打江山、守江山，守的是人民的心和"以人民为中心"[2]的执政理念，并将其落实到治国理政的全过程中。这些政治文明建设的成就极大地增强了人民对中国共产党的政治认同、价值认同和情感认同，为弘扬爱国主义精神奠定了坚实的思想基础。热爱人民和忠于人民是爱国主义的重要内容，这就要求党和国家必须把人民群众的利益摆在首位，树立全心全意为人民服务的精神，这是新时期社会主义现代化建设所要坚守的以为人民服务为核心和集体主义道德原则的必然要求，是我党处理个人同国家关系问题上的具体体现和必然要求，为爱国主义的发展提供了制度保证。在党和政府、国家竭力维护公民个人利益和集体利益的前提下，个体也会自然地形成对中国共产党和伟大祖国的感激和热爱之情，产生浓厚的爱国主义道德情感。

三、精神文明建设的成就为爱国主义提供文化支撑

改革开放以来，中国特色社会主义精神文明建设在中国共产党的坚强领导和全国人民的积极参与和具体践履中，取得了历史性的发展成就。马克思主义的道德观、社会主义道德观在社会生活中的影响力和支配力不断增强。特别是党的十

① 习近平：《高举中国特色社会主义伟大旗帜，为全面建设社会主义现代化国家而团结奋斗——在中国共产党第二十次全国代表大会上的报告》，人民出版社2022年版，第46页。
② 习近平：《高举中国特色社会主义伟大旗帜，为全面建设社会主义现代化国家而团结奋斗——在中国共产党第二十次全国代表大会上的报告》，人民出版社2022年版，第10页。

八大以来，以习近平同志为核心的党中央高度重视公民道德建设和社会主义精神文明建设，立根塑魂、正本清源，做出一系列重要部署，推进公民道德建设和社会主义精神文明建设取得显著成效。这集中表现在，中国特色社会主义和中国梦日益深入人心，培育践行社会主义核心价值观、传承和弘扬中华优秀传统文化的自觉性不断提升，爱国主义、集体主义、社会主义思想得到广泛弘扬，全国人民的精神面貌和思想文化觉悟得到明显提高和改善，文化自信和价值观自信成为人们精神生活的主潮。我们认真汲取中华优秀传统文化的思想精华和道德精髓，大力弘扬以爱国主义为核心的民族精神和以改革创新为核心的时代精神，深入挖掘和阐发中华优秀传统文化讲仁爱、重民本、守诚信、崇正义、尚和合、求大同的时代价值，大力弘扬中华传统美德、中国革命道德和社会主义先进道德，开展了以社会公德、职业道德、家庭美德和个人品德为主要内容、以诚实守信为重点的公民道德建设，全国涌现了数以万计的道德模范、感动中国人物，学习先进崇尚榜样成为风尚，人们的民族自尊心、自信心、自豪感大大增强，道德生活领域呈现积极健康向上的发展态势，国家文化软实力和中华文化影响力大幅提升。这些都为弘扬爱国主义精神提供了难得的精神引领、舆论支持和氛围营造。

四、社会文明建设取得的成就为爱国主义提供社会基础

在社会文明建设方面，我国积极推动构建社会主义和谐社会，坚持在发展中保障和改善民生，且取得了显著的成就。经济实力的提升，为国家各项社会事业的发展提供了良好的物质基础。国家努力改善与人们利益息息相关的教育、医疗、就业、住房、养老等各方面的条件，努力提供给人们更好的教育资源与教育环境，促进教育公平；积极推动就业和人才流动，调整社会分配制度，促进收入公平；改善医疗条件，努力提高医疗水平，降低医疗费用，缓解就医压力；努力调整房市，降低房价，使人们住有所居；完善社会福利制度和养老机制，使人们老有所养、老有所依。截至目前，我国贫富差距有效缩小，中层收入群体持续扩大，贫困人口显著降低，基础教育事业全面发展，社会保障体系逐步健全。据国家卫健委数据表明，我国居民预期寿命从 1981 年的平均年龄 67.8 岁提高至 2022 年的平均年龄 78.2 岁①，这是经济建设和改革开放以来最伟大的成就，是我国社会主义社会事业建设良好的景象，是我国人民为之自豪不已的地方。这足以证明，在社会主义国家里，人们坚持爱国主义的基本社会力量，努力建设祖国，愿

---

① 习近平：《高举中国特色社会主义伟大旗帜，为全面建设社会主义现代化国家而团结奋斗——在中国共产党第二十次全国代表大会上的报告》，人民出版社 2022 年版，第 10 页。

意为祖国的繁荣富强而艰苦奋斗。

五、生态文明建设为爱国主义提供丰厚滋养

在生态文明建设方面，我国全面推进社会主义生态文明建设，立下了"既要金山银山，也要绿水青山"的生态文明建设目标。改革开放以来，我国多地开展了生态文明修复工程建设，开启了重大生态保护机制，全面推进节能减排，大力加强新型清洁能源的开发与利用，完善生态文明制度体系，生态环境的保护与治理取得了重大进展。尤其是近几年，中国担负起世界生态环境保护的大责，主动联合世界各国，携手构建合作共赢、公平合理的全球生态环境治理机制，以应对当前全球化的极端气候变化和环境恶化，为人类的可持续发展路径和治理模式出谋划策。2015 年 11 月，我国出席联合国气候变化巴黎大会，努力达成全面、均衡、有力度、有约束力的气候变化协议——巴黎协定，凝聚全球力量，积极应对全球气候变化。从 2016 年起，中国在发展中国家启动了 10 个低碳示范区、100 个减缓和适应气候变化项目及 1 000 个应对气候变化培训名额的合作项目，[①] 继续推进清洁能源、灾害防范、生态保护、低碳城市等项目的建设。中国是负责任的大国，是全球气候治理的重要承担者，这是爱国主义精神与国际主义的统一，是中国爱国主义之具有世界情怀和全球责任担当的集中体现。

一言以蔽之，中国特色社会主义现代化建设在经济、政治、文化、社会、生态文明等方面取得的历史性成就，为弘扬中华民族爱国主义精神提供了坚实的基础和保障。中华民族的爱国主义精神使全国人民赢得了国家的独立和民族的解放，促使中国人民实现了从站起来到富起来再到强起来的历史性飞跃。在经济全球化的发展趋势下，既确保了中国现代化建设的稳步前进，又保留了中华民族自身的民族特色。同时，中国特色社会主义现代化建设的历史性成就也为当代爱国主义思想的传承与发展提供了前所未有的发展机遇，有助于发扬光大中华民族的优良的爱国主义传统，形成新型的社会主义爱国主义精神。

中国特色社会主义现代化建设成就为弘扬爱国主义精神提供了前所未有的发展机遇。同时爱国主义精神的弘扬和光大也为中国特色社会主义现代化建设提供精神动力和价值支撑，二者是一种相辅相成、不可分割的辩证关系。在中华民族追求国家复兴和民族富强的过程中，爱国主义精神始终具有固本培元、凝心铸魂的功能和作用，必须高举爱国主义的伟大旗帜，让爱国主义精神持续为中国特色社会主义现代化建设贡献力量，书写社会主义爱国主义的新的篇章。在当代，我

---

① 中华人民共和国国务院新闻办公室：《新时代的中国能源发展》，人民出版社 2020 年版，第 52 页。

国爱国主义具体表现为爱社会主义国家和爱中国特色社会主义。我国的现代化乃是社会主义的现代化，在中国特色社会主义现代化的历史进程中，以爱国主义为核心的民族精神充分发挥了其精神引领和价值导向作用，为中国特色社会主义的形成和发展提供了重要的精神支撑。当前，中国的现代化建设进入关键时期，爱国主义精神正是在这样的背景下与现代化建设融合起来从而显示出其重要意义。中国特色社会主义现代化建设之所以能取得如此大的成就，就在于中华民族强大的民族凝聚力和自力更生、艰苦奋斗的民族精神。若是否定爱国主义的优良传统，就相当于断送了民族未来的希望。

第二节 中国和平崛起为当代中国爱国主义教育提供文明范式

进入21世纪，中国经济和地缘政治地位不断上升。中国经济的持续高速增长不仅凸显其在东亚格局中的地位，而且也对世界经济的发展作出了独特的贡献。无数事实证明，"中国是个正在崛起的大国"。[①] 中国崛起是对中国成就的一种类型化描述和精神揭示，是相对于崛起之前的停滞或低迷而言的奋起、追赶与跨越之过程或动态呈现，在现代语系中意味着中国现代化建设不仅取得了非常突出的发展成就，而且意味着对精神厚重的文明传统予以创造性转化和创新性发展，在造福本国人民的同时具有推动世界文明发展的深刻意义。"中国的崛起并不只是仅属于中国的事件，在这个全球化时代，一个像中国这样规模的大国的崛起，不可能是全球进程之外的……作为问题的解决者，它不只是在解决自己的问题，而且也在解决全球性问题"。[②] 中国崛起并不是一个普通国家的崛起，"这是一个五千年文明与现代国家重叠的'文明型国家'的崛起，它不仅没有照搬西方模式，而且实现了对西方模式的超越"。[③] 今天的中国是一个把"民族国家"和"文明国家"融为一体的"文明型国家"，是一个把"民族国家"和"文明国家"的长处有机结合起来的国家，既在民族国家中发掘国家统一、民族团结的源头活水，又在文明国家中高扬着"治国平天下"的新天下主义和新世界主义精

---

① ［美］约翰·伊肯伯里：《中国的崛起：权力、制度与西方秩序》，引自朱锋、［美］罗伯特·罗斯主编：《中国崛起：理论与政策的视角》，上海人民出版社2008年版，第137页。

② 张剑荆：《中国崛起：通向大国之路的中国策》，新华出版社2005年版，第151~152页。

③ 张维为：《中国崛起的规模效应和世界意义》，引自玛雅：《道路自信：中国为什么能》，北京联合传播公司2013年版，第205页。

神，造成了一种既有根有魂又开放包容的新型爱国主义禀赋和特质。"文明型国家"之文明本质上是一种能够朝着崛起目标不断产生发展动力的内源性主体文明，是一种不需要别人认可也能独立存在和发展的自我完善型文明，是一种有能力汲取其他文明一切长处而又不失去自我的和而不同的文明。文明型国家具有超强的历史文化底蕴和精神厚重的文明精神。"中国'文明型国家'的特性决定了，它不是一个寻求对抗的国家，而是一个寻求不同体制和平共处、互相学习、互利共赢的国家"。"中国崛起的最大特点就是和平，对外没有发动战争，对内保持了安定团结。这是人类历史上一个非同寻常的奇迹"。① 与世界上许多西方大国的崛起不同，中国崛起是饱含文明精神和互利共赢精神的和平崛起，是国内建设和谐社会、国际建设和谐世界的内外和谐宣示，体现着"各美其美""美人之美""美美与共""天下大同"的文明观、价值观和世界观。

当代中国崛起是和平崛起，走的是和平发展道路，奉行互利共赢的开放战略，带给世界的是和平，不是动荡；是机遇，不是威胁。中国崛起是中国人民自己勤劳勇敢、艰苦奋斗、自强不息和富于创造的结果，凝聚着数以亿计的中国人的心血、汗水、聪明才智和智慧。中国崛起所创造的利便和成果，不仅没有对其他国家造成任何伤害，而且给其他国家和人民带来了很多实实在在的好处。中国政府和人民十分欢迎世界各国搭乘中国快速发展的顺风车，显露出的是"你好，我好，大家好"的共生共存共发展的友善心态和精神气质。

反观西方国家崛起之时，通过殖民统治与黑奴贸易实现资本的原始积累。资本主义国家的崛起"展示出一幅背信弃义、贿赂、残杀和卑鄙行为的绝妙图画"。② 无论西班牙、葡萄牙、英国、法国还是美国、德国、俄罗斯，这些国家崛起的道路始终是同战争与掠夺联系在一起的，并对近代的中国社会造成了极大的破坏。近代中国人民饱受侵略之苦，各帝国主义国家均有在中国掠夺财富和瓜分中国的历史记录。中国人民为了反对帝国主义和封建主义的残酷剥削和压迫，进行了不屈不挠的斗争，并在中国共产党人的领导下最终取得民主革命的胜利，建立了新中国。新中国成立后，中华民族和中国人民开启了社会主义现代化建设的大幕，虽然经历了社会主义建设时期的挫折和艰辛，但在此基础上开创的中国特色社会主义，使中华民族步入了社会主义现代化的新征程，用几十年的时间取得了发达资本主义国家用几百年完成的现代化成就。资本主义国家所取得的现代化成就，大多带有殖民掠夺他国利益的侵略记录，是以战争或暴力方式来实现的。而中国特色社会主义现代化建设成就则是通过中国人民勤劳刻苦、艰苦奋斗

---

① 张维为：《中国崛起的规模效应和世界意义》，引自玛雅：《道路自信：中国为什么能》，北京联合传播公司 2013 年版，第 205～206 页。

② 马克思：《资本论》，转引自《马克思恩格斯文集》第五卷，人民出版社 2009 年版，第 861～862 页。

和上下求索的和平方式取得的，不仅没有对他国造成任何伤害，而且给其创造了机遇，提供了便利。中国特色社会主义的和平崛起、和谐发展赢得了世界众多发展中国家的普遍关注，他们在赞誉、肯定的同时，更想了解和借鉴中国独立自主的现代化道路所蕴含的中国智慧、中国方案，冀望能够在借鉴中国经验、中国智慧的基础上找到一条适合自己国家发展的现代化道路。于是可以说，中国特色社会主义和平崛起、和谐发展所内涵的中国经验、中国智慧以及中国方案，已经成为并将继续成为世界各国探寻自己的发展道路和发展模式的重要借鉴和宝贵来源。

中国崛起凸显了中国智慧。和平与发展，合作与共赢，独立自主与和平共处，是中国智慧的成功秘籍和价值确证。中国先后提出共建丝绸之路经济带和21世纪海上丝绸之路，倡议筹建亚洲基础设施投资银行，设立丝路基金。世界银行2019年6月18日发布题为《"一带一路"经济学：交通走廊的机遇与风险》的报告称，中国"一带一路"倡议可加快数十个发展中国家的经济发展，减少贫困。因为"一带一路"倡议的愿景目标与合作领域同许多发展中国家的发展战略高度契合。该报告显示，"一带一路"倡议旨在通过中亚和南亚将中国与欧洲连接起来，内容涉及港口、铁路、公路和桥梁建设，以及其他投资。按照世界银行估算，"一带一路"倡议如果得到全面落实实施，可使近4 000万人摆脱贫困。

中国和平崛起与和平主义的伦理文明不对任何国家构成威胁和伤害，中华文明的伟大复兴只会扩大同各国的利益交汇点，与世界其他文明建立一种文明的共生互鉴的关系，在相互尊重中独立发展，在相互学习中共同前进，欣赏的是一幅"八音合奏，终和且平"的人类文明大合唱，而不是一家独唱。当前一些西方发达国家凭借过去西方发展的历史逻辑炒作"修昔底德陷阱"，[①] 认为一个新崛起的大国必然挑战现有大国，现有大国也必然回应这种威胁，从而导致战争。他们以"修昔底德陷阱"类比中美关系，强调中国自身的发展，中国在非洲以及其他国家、地区的投资与建设都是对美国权威的挑战，所以美国必须对其采取反制和打压措施，并将中国视为主要的敌人。他们从自己的立场和思路出发，坚持认为

---

① 修昔底德陷阱（Thucydides's Trap）并非修昔底德之意，它来自美国学者格雷厄姆·艾利森（Graham Allison）的研究，借修昔底德之语而发明的"陷阱"，指一个正在崛起的国家将不可避免地威胁着现有体制下的大国，后者出于忧虑，会导致双方动态竞争，最终带来双边对抗，甚至战争。第二次世界大战期间曾在美国海军服役的美国作家赫尔曼·沃克在1980年美国海军军事学院演讲的《悲伤与希望：对现代战争的一些思考》中首先提出了"修昔底德陷阱"的概念："雅典、斯巴达是两大对手……两千多年后的我们怎么才能摆脱这个令世界窒息的修昔底德陷阱呢？"格雷厄姆·艾利森教授主持研究中国崛起对美国挑战的"修昔底德计划"和应用历史研究项目。2011年哈佛大学贝尔弗中心通讯春季刊上发文《中美应避开修昔底德陷阱》，提到艾利森的"修昔底德陷阱"是一个多年来由"算计加情绪的致命结合，可使健康竞争变成敌对或更坏的陷阱"。2012年和2013年，艾利森在《金融时报》和《纽约时报》发表文章阐述这一观点。随后，"修昔底德陷阱"一词便常常出现在分析中美关系的文章中。

国强必霸，大国崛起必然意味着对他国的掠夺与战争，对现存大国权威的不服从，因为强国就是"强权"与"霸权"。这种"国强必霸"的论断符合西方资本主义大国崛起的逻辑，但是绝对不符合中华文明和中国人民的逻辑。中国的崛起是和平崛起，走和平发展道路是中国政府和中国人民的战略选择，也是中华文明的价值目标和价值追求。中华文明自古以来崇尚"协和万邦""世界大同"的精神，并把"各安其所，我不尔侵，而后尔不我虐"[①] 视为处理民族和国家关系的基本准则，向往"万物并育而不相害，道并行而不相悖"（《中庸》）的和谐共生。中华文明内具的包容性、开放性以及对异域文明的学习与尊重决定了中国人民的梦想与各国人民的梦想息息相通。当代中国领导人提出的构建人类命运共同体的战略构想，不但重构了大国关系和谐相处的理念，而且颠覆了源出西方的传统大国"非此即彼"关系的理念，为全人类共同的美好未来指引了方向，为推动人类社会共同进步贡献出中国智慧。

中国和平崛起凸显中华文明的新气象，也使中华文明重回人类文明的中心地位，中国正站在人类道德文明的高地上。中国和平崛起为人类社会发展提供中国智慧、中国经验、中国方案。与此同时，中华文明也具有与世界各国构建人类命运共同体、重塑世界新秩序的新使命。中国对于和平崛起的追求以及为了实现和平崛起而做出的重要努力在国际社会中有目共睹，提高了我国的国家影响力，从而提高了民族自尊心和自豪感。中国积极参与联合国维和行动让世界共同关注到了中国维护世界和平的期许与愿景。与此同时，中国积极参与并成功举办了诸多国际性活动。2008 年的第 29 届北京奥林匹克运动会令世界看到一个快速发展的中国；2010 年上海世界博览会为世界展示了一个繁荣的中国；2010 年海地撤侨行动以及 2014 年利比亚撤侨行动让世界认识到了一个强大的中国。一个负责任的大国形象在一次次优异的国际行动中得到充分体现，作为中国人的民族自豪感和荣誉感油然而生，更加有助于弘扬爱国主义精神。

中国的和平崛起充分显示出了社会主义国家的优越性，与之并生的是空前高涨的爱国主义热情。在当下，中国和平崛起与爱国主义是辩证统一的关系，中国和平崛起丰富了爱国主义的内容，反过来，爱国主义热情推动着中国崛起的更好发展。目前，我国经济建设和改革开放正进入关键时期，中国正以和平崛起的大国姿态面向世界、面向未来，与中国崛起并生的是空前高涨的爱国主义热情，它极大地增强了我国人民对祖国的认同感、归属感和忠诚感。中国历史上的爱国主义混融着浓厚的民族情感，是同爱民族密切联系在一起的，它以对民族文化的深深认同为心理基础，以对本民族的生存发展、繁荣昌盛的根本利益的深切关心和

---

① 王夫之：《读通鉴论》卷七，引自《船山全书》第十册，岳麓书社 2011 年版，第 286 页。

自觉维护为核心，以民族自尊心和民族自豪感为依托，其宗旨在于推动本民族的不断发展与振兴。中国的崛起与中华民族的爱国主义精神是不可分割的，两者是相互促进、相互影响的辩证统一关系。

爱国主义对中国和平崛起有着特殊的功能和价值意义。张岱年曾说："在社会生活中，任何个人都不是孤立的，必然属于某一个民族某一个国家。在'世界大国'没有实现之前，在民族国家没有消亡之前，提倡爱国主义，保卫民族的独立、民族的尊严，是绝对必要的。"① 民族的独立和民族的尊严是一个民族或国家崛起的基本前提，爱国主义是动员和鼓舞全国人民团结奋斗以共同实现中华崛起的精神旗帜，是推动我国社会历史前进的巨大力量，是中华民族共同的精神支柱和精神支撑。爱国主义对于增强民族凝聚力和向心力，树立民族的自尊心、自信心以及归属感和忠诚感，具有十分重要的现实意义，它激励着全体中华儿女为祖国的伟大复兴和中华的迅速崛起而团结奋斗。近代以来，全体中华儿女以坚韧不拔的毅力、勇敢顽强的精神，不屈不挠地与国内反动腐朽势力进行斗争，奋不顾身地抵御外来民族的侵略，反抗外来民族的压迫，谱写了一曲曲高亢激昂的爱国主义颂歌。正是这样的爱国主义民族精神，才让中华民族在历史的潮流中存续发展、自强不息。反过来，中国的崛起促使了中国人民的爱国主义热情空前高涨，并在新的时代背景下，为爱国主义增添了新内容。在现阶段，爱国主义表现为中国人民自觉自愿地献身于建设和保卫社会主义现代化事业，献身于促进祖国统一的事业，献身于实现中华民族伟大复兴的中国梦和中华崛起的共同梦想。

当前，中国特色社会主义现代化建设正进入关键时期，中国正以和平崛起的大国姿态面向世界、面向未来，与中国崛起并生的是空前高涨的爱国主义热情，它极大地增强了我国人民对伟大祖国和中国共产党领导的中国特色社会主义的认同感、归属感和忠诚感。弘扬正能量日渐成为中国社会的一种价值共识，激励着人们不断积极进取和艰苦奋斗。中国崛起以其特有的路径、方式和节律为当代爱国主义增添了许多新内容，助推爱国主义发展再上新台阶、格局再开新局面、气韵再上新境界。当代中国爱国主义精神对中国崛起也会发挥更加深刻、持久的功能和效用。它会以其特有的义理和精神继续引导和促进中国崛起沿着和平、和谐、友善、共赢的方向发展，继续以特有的价值和风范助推中国崛起攻坚克难、行稳致远。当代中国爱国主义是动员和鼓舞全国人民团结奋斗以共同实现中华崛起的精神旗帜，是中华民族为其伟大复兴而奋斗的精神支柱和精神支撑，不仅有助于增强民族凝聚力和向心力，提高民族的自尊心、自信心，而且能够促进人类命运共同体的建设，为建构一个持久和平、共同繁荣的和谐世界做出贡献。

---

① 张岱年主编：《心灵长城：中华爱国主义传统》，安徽教育出版社1996年版，第2页。

第三节　中国抗疫和减贫奇迹为中国爱国主义教育提供鲜活文本

中国成就、中国崛起是与中国奇迹密切相关的，中国奇迹确证着中国崛起和中国成就，中国成就、中国崛起内涵着无数的中国奇迹。所谓奇迹其实就是在非常困难的情况下取得了难以制胜的成果，获得了史诗般的崛起。"新中国成立七十多年来，我国用几十年时间走完了发达国家几百年走过的发展历程，创造了举世瞩目的发展奇迹。"①　中国奇迹体现在谱写感天动地奋斗史诗的峥嵘岁月，体现在砥砺前行创造奇迹的非凡时期，是中华民族以崭新姿态屹立于世界东方的实力呈现。

一、中国奇迹及其根本原因

中国奇迹是中国成就的集中体现，是勤劳勇敢的中国人民在中国共产党的领导下自力更生、艰苦奋斗的结果，凝聚着中国共产党和中国人民的智慧和心血。天宫、蛟龙、天眼、悟空、墨子、港珠澳大桥、超大射电望远镜工程、量子科学卫星……在其他西方国家还在为启动此类项目而头痛时，中国俨然走到了世界的前面。

2019 年 1 月 3 日，嫦娥四号探测器顺利在月球背面预选区着陆。嫦娥四号任务的圆满成功，实现人类航天器首次在月球背面巡视探测，率先在月背刻上了中国足迹。2019 年 2 月 20 日，习近平总书记在北京人民大会堂会见探月工程嫦娥四号任务参研参试人员代表时指出，中华民族是勇于追梦的民族。党中央决策实施探月工程，圆的就是中华民族自强不息的飞天揽月之梦。②　月球探测的每一个大胆设想、每一次成功实施，都是人类认识和利用星球能力的充分展示。在建成社会主义现代化强国、实现中华民族伟大复兴的征途上，每一个行业、每一个人都要心怀梦想、奋勇拼搏，一步一个脚印，一棒接着一棒，在奋力奔跑和接续奋斗中成就梦想。

2019 年 9 月 25 日，北京大兴国际机场投运仪式在北京举行。习近平出席仪

---

①　习近平：《在纪念中国人民志愿军抗美援朝出国作战七十周年大会上的讲话》，引自《论中国共产党历史》，中央文献出版社 2021 年版，第 299～300 页。

②　习近平：《在会见探月工程嫦娥四号任务参研参试人员代表时的讲话》，载于《人民日报》2019 年 2 月 21 日。

式，宣布机场正式投运并巡览航站楼。习近平强调，大兴国际机场能够在不到 5 年的时间里就完成预定的建设任务，顺利投入运营，充分展现了中国工程建筑的雄厚实力，充分体现了中国精神和中国力量，充分体现了中国共产党领导和我国社会主义制度能够集中力量办大事的政治优势。① 奇迹是干出来的，社会主义是干出来的。共和国的大厦是靠一块块砖垒起来的，人民是真正的英雄。②

2018 年 10 月 23 日，伶仃洋上烟波浩渺，海天一色。港珠澳大桥宛如一条巨龙，舞动在激滟波光之上。这座横跨香港、澳门、珠海三地的大桥，飞越了百年历史沧桑，联通了粤港澳大湾区的未来。习近平出席大桥开通仪式之后，在会见大桥管理和施工等方面的代表时指出，港珠澳大桥是国家工程、国之重器。你们参与了大桥的设计、建设、运维，发挥聪明才智，克服了许多世界级难题，集成了世界上最先进的管理技术和经验，保质保量完成了任务，我为你们的成就感到自豪。港珠澳大桥的建设创下多项世界之最，非常了不起，体现了一个国家逢山开路、遇水架桥的奋斗精神，体现了我国综合国力、自主创新能力，体现了勇创世界一流的民族志气。③

2020 年在新型冠状病毒疫情（以下简称"新冠疫情"）防控期间，中国采取了一整套宏观和微观经济措施，包括减免税收、对企业和个人予以金融支持、发放消费券以及向中小企业员工提供援助等，取得疫情防控和经济社会发展的伟大成就。2020 年国内生产总值迈上百万亿元新台阶。粮食生产喜获"十七连丰"。"天问一号""嫦娥五号""奋斗者"号等科学探测实现重大突破。海南自由贸易港建设蓬勃展开。中国取得的这些成就并没有像某些西方国家那样通过发放钞票对经济和消费部门进行"大水漫灌"。

中国之所以能够取得一个又一个世界性的奇迹？根本原因在于中国共产党的领导和社会主义制度的优越性。在中国革命和建设时期，是中国共产党团结带领中国人民经过长期奋斗，完成了新民主主义革命和社会主义革命，建立了新中国，确立了社会主义基本制度，取得了社会主义建设的基础性成就，实现了中华民族从"东亚病夫"到站起来的伟大飞跃。在改革开放新时期，是中国共产党团结带领中国人民进行改革开放新的伟大革命，开辟了中国特色社会主义道路，确立了中国特色社会主义制度，使中国大踏步赶上了时代，实现了中华民族从站起来到富起来的伟大飞跃。在新时代，是中国共产党团结带领中国人民进行伟大斗争、建设伟大工程、推进伟大事业、实现伟大梦想，推动党和国家事业取得全方位、开创性历史成就，发生深层次、根本性历史变革，中华民族迎来了从富起来

---

① ② 习近平：《在北京大兴机场投运仪式上的讲话》，载于《人民日报》2019 年 9 月 26 日。
③ 习近平：《在港珠澳大桥开通仪式上的讲话》，载于《人民日报》2018 年 10 月 24 日。

新形势下弘扬爱国主义重大理论和现实问题研究

到强起来的伟大飞跃。

二、中国抗疫产生的奇迹极大地提升了人们的国家认同

2020 年突如其来的新冠疫情在全球范围内的暴发和蔓延，对中国和世界都产生了重大影响，不仅对人类的生命安全构成严重威胁，而且给经济社会秩序带来巨大冲击。无论是疫情防控、患者救治还是克服经济危机，疫情使我们比过去任何一个时期都更加需要团结合作与共克时艰。在新冠疫情这场世界性的重大危机面前，人类命运共同体理念得到最好的验证和传播，中国制度优势和中国人民同心同德、同舟共济的精神风貌得到充分体现和高度认同。

突如其来的新冠疫情使全球公共卫生安全受到了严重威胁和挑战，很多国家陷入严重公共卫生安全危机。同时，疫情所带来的影响已经超出公共卫生安全的范畴。面对重大传染病疫情，既需要医疗救治和疫苗研制，也需要建立防线阻断传染和各方支持服务防疫；既需要发挥物质性的科技力量，也需要发挥人的主体性作用。病毒无国界，也并不遵循人类的社会和政治规则，任何种族、任何国籍的人都是其攻击的对象，是人类需要共同面对的敌人。公共卫生安全是人类面临的共同挑战，重大传染性疾病是全人类的敌人，需要各国携手应对，全面加强国际合作，凝聚起战胜疫情的强大合力。团结合作是国际社会战胜疫情的最有力武器。在中国抗疫最艰难的时期，曾收到国际社会提供的大量援助。170 多个国家领导人、50 多个国际和地区组织负责人向我国领导人表示支持和慰问，79 个国家和 10 个国际组织为中国人民抗疫斗争提供了大量援助。"滴水之恩，当涌泉相报"，中国对遭受疫情的国家感同身受，主动对有需要的国家提供了力所能及的帮助。在国外疫情快速蔓延之际，中国主动分享了防治新冠病毒的中国经验。国家卫健委汇编了最新的诊疗方案、防控方案等一整套技术文件，将其及时分享给了全球 180 个国家 10 多个国际和地区组织，助力维护全球卫生安全。中国政府向 80 多个国家，以及世卫组织、非盟等国际和地区组织提供紧急援助，包括检测试剂、口罩等医疗物资。同时，向世卫组织提供了 2 000 万美元捐款，支持其开展抗疫国际合作。中国的地方政府、企业和民间机构也向疫情严重国家施以援手。①

面对新冠疫情这场范围广、涉及地区和人群多、产生原因一时无法确定的突发危机和重大考验，以习近平同志为核心的党中央高度重视，全面加强对全国范

---

① 《国务院新闻办就中国关于抗击疫情的国际合作情况举行发布会》，中华人民共和国中央人民政府网站，2020 年 3 月 26 日。

围内的疫情防控的集中统一领导，始终把人民群众的身体健康和生命安全放在第一位，制定了坚定信心、同舟共济、科学防治、精准施策的总方针，建立起了中央统一部署、上下联动的中国特色防控救治体系，形成了"生命至上、举国同心、舍生忘死、尊重科学、命运与共的伟大抗疫精神"。生命至上，集中体现了中国人民深厚的仁爱传统和中国共产党人以人民为中心的价值追求；举国同心，集中体现了中国人民万众一心、同甘共苦的团结伟力；舍生忘死，集中体现了中国人民敢于压倒一切困难而不被任何困难所压倒的顽强意志；尊重科学，集中体现了中国人民求真务实、开拓创新的实践品格；命运与共，集中体现了中国人民和衷共济、爱好和平的道义担当。在艰巨的抗疫斗争中，数以万计的中国人以生命赴使命、用挚爱护苍生，将涓滴之力汇聚成磅礴伟力，构筑起守护生命的铜墙铁壁，从白衣天使到人民子弟兵，从科研人员到社区工作者，从志愿者到工程建设者，从古稀老人到"90后""00后"青年一代，一个个义无反顾的身影，一次次心手相连的接力，一幕幕感人至深的场景，生动展示了伟大的抗疫精神。一个个从容逆行、不避灾祸的英雄们诠释了家国天下的大义，他们的良知良能、大爱大勇，让中华民族的爱国主义精神获得了生动而深刻的表现。在应对灾难的过程中，广大人民群众的力量被极大地调动起来，最可贵的精神品质发扬起来，最美的情愫情怀升华起来，进而在抗疫实践中催生出不朽的时代精神力量。伟大抗疫精神是中国精神的生动诠释，也必将转化为实现中华民族伟大复兴的强大力量。中国抗疫在短短几个月里取得了决定性的重大成果，书写了中国制度、中国速度、中国效益、中国品质的新篇章，充分体现了中国特色社会主义制度的显著优势和中国共产党领导的最大优势。

在世界性的新冠疫情的防治中，"中国之治"与"西方之乱"形成鲜明对比，"以人民为中心"的制度和"以资本为中心"的制度之间的差异十分明显。中国特色社会主义制度就是人民当家作主的制度，中国特色社会主义理论就是坚持"人民就是江山，江山就是人民"并"以人民为中心"始终坚持全心全意为人民服务的理论，中国特色社会主义道路就是把人民对美好生活的向往作为方向追求并以共同富裕为基本价值目标的道路，中国特色社会主义文化就是始终坚持人民是历史的创造者，是国家的主人进而礼赞人民、讴歌人民的文化。在抗击新冠疫情的日子里，中国人民众志成城、休戚与共构筑起疫情防控的坚固防线；广大医务人员白衣为甲、逆行出征，舍生忘死挽救生命；大批志愿者和人民子弟兵奋战在抗疫第一线，产生了许多可歌可泣的英雄人物、时代楷模。党和政府统筹兼顾、协调推进经济发展，党中央和习近平总书记统揽全局、果断决策，以非常之举应对非常之事，并将抗击新冠疫情和复工复产有机地结合起来，书写了2020年世界范围内唯一的经济正增长和感染死亡人数最少的中国奇迹。在后疫情时代，中国将继续坚持以人民为中心和推动构建人类命运共同体，必将为推动人类和平、进步和发展做出更大贡献。

三、中国减贫创造的奇迹极大地彰显了社会主义制度的优越性

2020 年，全球经受着百年大变局叠加新冠疫情大流行的双重考验。在这一年里，中国不仅取得了抗击新冠疫情的决定性胜利，而且取得了脱贫攻坚的巨大胜利，书写了人类减贫史的奇迹。习近平总书记在全国脱贫攻坚总结表彰大会上的讲话中指出："我国脱贫攻坚取得了全面胜利，现行标准下 9 899 万农村贫困人口全部脱贫，832 个贫困县全部摘帽，12.8 万个贫困村全部出列，区域性整体贫困得到解决，完成了消除绝对贫困的艰巨任务，创造了又一个彪炳史册的人间奇迹！这是中国人民的伟大光荣，是中国共产党的伟大光荣，是中华民族的伟大光荣！"[1]

40 多年发展扶贫、8 年脱贫攻坚，终于在 2020 年奏出时代最强音，中国如期完成了新时代脱贫攻坚目标任务，现行标准下农村贫困人口全部脱贫，贫困县全部摘帽，消除了绝对贫困和区域性整体贫困，近 1 亿贫困人口实现脱贫，提前10 年完成联合国 2030 年减贫目标，对世界减贫事业贡献率高达七成。为实现全面建成小康社会和对农村贫困人口精准脱贫的目标，中国采取了许多具有原创性、独特性的重大举措，组织实施了人类历史上规模最大、力度最强的脱贫攻坚战，中国的减贫成就不但意味着人民福祉的重大改善，标志着社会主义建设事业的里程碑，对于世界也具有重要的意义。贫困恶魔并非不可战胜，中国的减贫成就将给其他发展中国家以巨大激励。同时，中国已经创造了若干具有世界普遍意义的经验，能够为还在减贫道路上艰难跋涉的许多发展中国家提供借鉴。

在中国，消除贫困一直是中国政府重要的政治议程和中国人民的强烈期盼。特别是党的十八大以来，中国把脱贫攻坚摆在治国理政和全面建成小康社会、实现第一个百年奋斗目标的突出位置。2013 年 11 月 3 日，习近平总书记在湖南省湘西土家族苗族自治州花垣县十八洞村考察时，首次提出"精准扶贫"的重要理念，做出了"实事求是、因地制宜、分类指导、精准扶贫"的重要指示，[2] 拉开了全国精准扶贫、精准脱贫的战略序幕。中国减贫的历史性成就不但得益于快速的经济增长，更重要的是经济增长模式是包容性的。中国的经济增长能够吸纳全

---

① 习近平：《在全国脱贫攻坚总结表彰大会上的讲话》，引自《习近平谈治国理政》第四卷，外文出版社 2022 年版，第 125 页。
② 《总书记带领我们"精准脱贫"》，载于《人民日报》2018 年 10 月 5 日。

体人民共同参与、共同分享发展成果。中国扶贫减贫强调不但要提供"输血"机制，更重要的是要提高贫困地区、贫困人口自身"造血"能力。贫困的挑战是多维度的，不但包括收入贫困的挑战，也包括知识贫困、生态贫困等多方面的挑战。

"民亦劳止，汔可小康。"中国在减贫和消除绝对贫困人口事业上取得了前所未有的历史性成就，创造了堪称人类减贫史上的伟大奇迹。伟大的脱贫攻坚斗争，锻造形成了"上下同心、尽锐出战、精准务实、开拓创新、攻坚克难、不负人民"的脱贫攻坚精神。上下同心，体现了党团结带领人民心往一处想、劲往一处使，凝聚起全党动员、举国行动、合力战贫的磅礴力量；尽锐出战，体现了发挥制度优势、集中精锐力量办大事的实践智慧和精神状态；精准务实，体现了实事求是、科学施策、真抓实干的实践品格；开拓创新，体现了敢为人先、勇闯新路的进取精神；攻坚克难，体现了不畏艰难、敢于斗争、善于斗争的奋斗精神；不负人民，体现了中国共产党人为人民谋幸福的不变初心和使命担当。在脱贫攻坚的伟大实践中，中国共产党始终将人民群众的满意度作为衡量脱贫攻坚实效的重要标尺，无比挂念人民群众的衣食住行和生活冷暖，汇聚合力打破困扰贫困群众的贫困"枷锁"，让实实在在的幸福感和获得感"飞"入贫困地区的千家万户。脱贫攻坚战的最终胜利再次印证一个道理："人民至上"是中国共产党执政的价值追求。奇迹背后彰显的是不懈奋斗的精神和勇于担当的深情。敢于攻坚是脱贫攻坚实践中所涵养的奉献精神，体现的是一种敢于斗争、坚韧不拔的奉献精神。正是这种意志品质激励着中国人民攻克了一个又一个贫中之贫、坚中之坚。习近平指出："脱贫攻坚取得举世瞩目的成就，靠的是党的坚强领导，靠的是中华民族自力更生、艰苦奋斗的精神品质，靠的是新中国成立以来特别是改革开放以来积累的坚实物质基础，靠的是一任接着一任干的坚守执着，靠的是全党全国各族人民的团结奋斗。"① 面对脱贫攻坚战斗中情况复杂、任务艰巨的现状，全国数百万扶贫干部发扬攻坚克难、不负人民的精神带领贫困群众以时不我待的紧迫感，只争朝夕的使命感共同打通了脱贫攻坚的"最后一公里"，保障各项扶贫项目能够精准化落地，从而把扶贫扶到"根子"上，让数以千万计的贫困群众真正共享改革发展的成果。中国创造的减贫奇迹表明，只有从多维度消除贫困，才能真正根除贫困。注重发挥各方力量共同参与贫困治理，对口支援机制，包括中央部委对口支援、各省份之间的对口支援和省内的对口支援等，社会参与机制，国有企业、民营企业、非政府组织、社会捐赠等通过各种途径共同参与，是取得

---

① 习近平：《在全国脱贫攻坚总结表彰大会上的讲话》，引自《习近平谈治国理政》第四卷，外文出版社 2022 年版，第 132 页。

减贫奇迹的重要措施和对策。中国减贫组织体系从中央政府到村基层，层层推进，机制完备。扶贫干部像种子一样撒播在中国广阔的乡村大地上，和贫困人口一起工作，一起生活，把扶贫政策转化为切实的扶贫行动。

中国创造的伟大的脱贫攻坚精神，是中国共产党性质宗旨、中国人民意志品质、中华民族精神的生动写照，是爱国主义、集体主义、社会主义思想的集中体现，是中国精神、中国价值、中国力量的充分彰显，赓续传承了伟大民族精神和时代精神，也是对当代中国爱国主义最好的诠释，最有力量的论证，并成为生动鲜活的爱国主义精神谱系中的重要篇章。

第十九章

坚持知国之理、爱国之情、报国之行相贯通

爱国主义本质上是一个国家的国民对祖国和国家热爱的深刻情感及其贯穿在个体认知、意志、信念和行为诸方面的精神价值谱系，建构起来的是一个个体将自己的前途命运同祖国和国家的前途命运紧密联系起来并能够有效激发自己为之奋斗的精神大厦。爱国主义确证的是在历史发展过程中人们所建构起来的比较高级的群体主义价值观，尤其对于中国人来说更是如此。弘扬和培育爱国主义精神，不仅要深入理解爱国主义的历史发展和科学内涵，也要培养深厚的爱国主义情感，陶铸坚定的爱国主义意志，锻造拳拳服膺的爱国主义信念，并自觉地化为爱国主义的行为实践，将知国之理和爱国之情相结合，最终转化为实践行动的报国之行。

第一节　深化爱国主义的理性认识

深化爱国主义的理性认识，即熟悉了解爱国主义的道理，包含为什么要爱国、爱国与公民个人的关系，爱国的合理性及其内在价值以及怎样爱国等方面的内容。为了更好地明晓爱国主义的道理，我们首先要学习各种爱国主义知识，尤其是那些先进的爱国主义事迹，让自己明白和理解爱国主义的必然性、合理性、现实性。其次，要尽可能去深入理解和全面把握公民与祖国和国家的关系，明白爱国既是公民的义务又是公民的基本美德，不能仅仅局限于祖国和国家给我们个

人带来什么这样功利性的考虑，在为祖国和国家的建设无怨无悔地贡献中提升自己的思想境界和觉悟水平。同时，通过各种社会实践，自觉履行爱国义务，在判断自己和他人是否爱国时，要遵从法律和道德范围，学会理性爱国。

一、爱国主义既是政治原则，也是道德规范

国家是公民赖以生存发展的社会组织，它既是政治实体，也是伦理实体。对公民来说，国家伦理反映的是公民与国家普遍本质的相互关系。国家伦理追求国家之善，与国家政治文明发展程度密切相关。爱国主义体现公民将自身作为国家成员并赞同国家的文化理念、价值追求、统一目标，是一种对国家利益维护与尊崇的道德精神。公民弘扬爱国主义精神并由此获得一种与国家公共存在一体化的价值皈依。

作为政治原则的爱国主义要求公民和团体应当维护国家的主权和领土完整，同一切制造国家分裂的行为和现象作斗争。作为道德规范的爱国主义要求公民和团体自觉地把个人的前途和命运与祖国和国家的前途和命运结合起来，心系祖国的繁荣和发展，以热爱祖国、建设祖国和保卫祖国为自己的使命，精诚地为祖国的繁荣和发展而奋斗。爱国主义作为政治原则和道德规范是相互补充、相辅相成的。

从爱国的理性认知视之，"作为公民的个体应该自觉意识到自我个体同国家共同体之间'同呼吸、共命运'的生命同体关系"。① 自国家产生以后，公民基于自我保全的理性认知，对自己所属的国家产生理性认同，并作为一种行为习惯而长久地保持下来。随着居于社会之上的国家日益同社会相异化，国家作为公共权力履行着缓和社会中的矛盾和冲突，将矛盾和冲突限制在一定"秩序"范围之内的基本职责，因而也就日益外在地形成对公民行为的规范，强化公民的国家认同。也就是说，公民寻求自保的利益需求，与国家的利益需求达成了一种契合，公民爱国的理性认知来源不仅是自我保全的自利需求，而且也是国家对公民的外在规范，国家和公民之间达成了密不可分的共同利益。正是这种共同利益，涉及的皆是切身的基本利益，因而国家与公民的关系相对于公民而言是最基本的伦理关系，这种关系就是密不可分的生命同体关系，公民自觉意识到这一点，也就明白爱国是作为公民最核心的道德品质。

二、爱国是公民的第一美德

在社会主义核心价值观中，最深层、最根本、最永恒的是爱国主义。把"爱

---

① 万俊人：《爱国主义是首要的公民美德》，载于《道德与文明》2009 年第 5 期。

国"作为公民层面社会主义核心价值观的首要价值取向，是因为爱国是公民最基本的价值准则，是公民必有的道德情操，是人世间最深层、最持久的情感，是一个人立德之源、立功之本。爱国主义集中体现在正确处理个人利益与国家利益的关系上。

公民美德是从一种对父母之邦的全方位热爱出发，使公民服务于他们的国家，从而使公共的目的和私人的目的融合于奉献祖国。要使公民国家共同体经久长存，必须确立"美德"的统治，确保每个公民真正成为祖国的公民，永不堕落为祖国的敌人。所谓美德是指每个人的个人意志与公共意志的协调，在公共性的要求下，个人利益自觉地与国家利益协调起来，把自己和祖国视为一体。公民是国家的公民，美德是对国家利益的认同与维护。公民美德内含有公民对祖国和国家利益的高度认同和现实性维护。既然国家的一切均掌握在公民自己的手中，国家的命运与公民个人的命运息息相关，那么国家的事务就是公民自己的事务，公民忠诚于祖国也是公民应有的义务和美德。美国史学家约瑟夫·R. 斯特雷耶（Joseph R. Strayer）在《现代国家的起源》中指出，如果一个人不幸成为"没有国家的人"，那他什么都不是，"在国家组织之外，不存在所谓的救星。"[①] 而国家这个屏障能否坚如铜墙铁壁，很大程度上取决于她的国民能否主动为其夯基垒台、添砖加瓦。"爱国思想的确产生了美德的最伟大的奇迹"。[②] 爱国是一个公民最应该具有的伦理美德。"每个人总应该培养对祖国的爱、刚毅和正直，并且保持言而有信的精神，即使牺牲性命也在所不惜"。[③] 一个人只有将个人利益与国家利益结合起来，才能使自己成为一个国家的公民。只有那些忠诚祖国并以热爱祖国为伦理美德的公民才配称真正合格的国家公民。人们对于自己所属的国家，"只能生而入其中，死而出其外"[④]，所以忠于自己的祖国，热爱祖国并维护祖国的尊严，既是每一个公民的自然义务，也是其不可推卸的责任。

爱国是社会主义核心价值观系统中公民个人应该遵循的一种基本行为准则，也是公民对祖国和国家应有的一种伦理美德。社会主义核心价值观强化了爱国对于公民基本行为准则遵循以及公民对国家认同的伦理意义，凸显了爱国之为公民第一美德的价值。在新的历史条件下，实现中华民族伟大复兴，是近代以来中国人民最伟大的梦想。新时代的爱国主义就是凝聚全民族共同力量，实现全民族共

---

① ［美］约瑟夫·R. 斯特雷耶著，华佳等译：《现代国家的起源》，上海人民出版社 2011 年版，第 2～7 页。

② ［法］卢梭著，王运成译：《论政治经济学》，商务印书馆 1962 年版，第 15～16 页。

③ ［法］罗曼·罗兰著，王子野译：《卢梭的生平和著作》，生活·读书·新知三联书店 1993 年版，第 130 页。

④ ［美］罗尔斯著，姚大志译：《作为公平的正义：正义新论》，生活·读书·新知三联书店 2003 年版，第 88 页。

同的梦想。

三、理性爱国主义的培育

当代中国的爱国主义是中华民族爱国主义发展的新阶段、新境界，它既继承了中国古代爱国主义的优秀传统、继承了中国近现代爱国主义的崇高精神，又结合新的时代特征和具体实际做了全面的创新创造和发展。当代中国的爱国主义本质上是以马克思主义为指导的爱国主义，是与社会主义相结合的爱国主义，是熔铸着民主精神、科学精神的爱国主义，也是面向世界的爱国主义。当代中国的爱国主义既不同于狭隘的民族主义，也同抽象的世界主义有着本质的区别。它既具有坚定地维护国家的统一、民族的团结和人民的根本利益，把维护国家主权和安全放在第一位的特点，又具有立足本国面向世界的开阔视野和博大心胸。

弘扬爱国主义精神，需要引导人们正确把握中国与世界的发展大势，正确认识中国与世界的关系，既不妄自尊大也不妄自菲薄，做到自尊自信、理性平和，培育一种理性健康的爱国主义。理性爱国主义顺应了和平、发展、合作的时代潮流，是我国抓住重要战略机遇继续推进改革开放，实现中华民族伟大复兴的必然要求，也是培育中国人民开放、自信、包容的大国国民心态的需要。

理性爱国主义不是简单的情感倾诉，而是将情感与理性反思紧密结合，既有外在的行动又有内心的冷静思考，是一种清醒的、由理智支配的情感。同时，理性爱国主义是开放的而非封闭的，包容的而非排他的，是将爱国的主观动机和客观效果相统一的爱国主义。理性爱国主义既区别于那些排斥一切外来文化，妄自尊大，主张闭关锁国的人，也区别于那些全盘否定自己的民族文化、盲目自卑和崇洋，而主张"全盘西化"，把西方文明奉为包治中国百病的万应灵丹的人。理性爱国才真正体现了爱国主义精神。在中国近代历史上，那些抱残守缺，抱着旧的封建文化不放的人，不可能成为真正的爱国者，而那些认为外国月亮比中国圆，迷信西方的人，更不可能成为爱国者。

随着世界经济的全球化发展，文化多样化、社会信息化的持续推进，我们的爱国主义应建立在道路自信、理论自信、制度自信和文化自信上，其内涵要在"包容互鉴、尊重世界文明多样性、发展道路多样性"的基础上，积极吸收借鉴世界各国的优秀文化成果，兼收并蓄，不断丰富和发展爱国主义的时代内涵。要引导和教育人们用客观、冷静、辩证的心态看待国内国际的矛盾和问题，理性、负责任地表达爱国情感，要树立合作共赢意识，以更加积极的姿态参与国际事务。只有这样才能实现我们国家和民族的利益最大化，才能使我们在处理国与国之间的关系时获得真正的多赢。要加强疏通引导，引导国民正确认识中国与国际的关系，增强国民的大国自信心。

第二节　培育浓厚的爱国主义情感

爱国主义是一个内涵非常丰富的概念，爱国主义教育不仅需要理论阐发，更需要情感培育。通过爱国主义情感的培育，增强民族自信心和民族自豪感，树立实现中华民族伟大复兴的中国梦的坚定决心。

一、爱国是最为深层、持久的情感

爱国，是人世间最深层、最持久也最高尚的情感，是一个人的立身之基、立德之源和立功之本。一个人只有培育并形成了这种最深层、最持久也最高尚的情感，他的精神才是有根的，价值观才是合理的。厚植爱国主义情感要从娃娃抓起，从所有人抓起，并坚持不懈，久久为功，才能使爱国主义成为我们的精神依靠，成为我们安身立命的动力之源。习近平总书记曾动情地讲述他小时候的爱国萌芽的故事：记得我很小的时候，估计也就是五六岁，母亲带我去买书。当时有两个版本，一个是《岳飞传》，一套有很多本，里面有一本是《岳母刺字》；还有一个版本是专门讲精忠报国这个故事的，母亲都给我买了。买回来之后，她就给我讲精忠报国、岳母刺字的故事。我说，把字刺上去，多疼啊！我母亲说，是疼，但心里铭记住了。"精忠报国"四个字，我从那个时候一直记到现在，它也是我一生追求的目标。① 在习近平总书记的眼中，真正的英雄有"天下兴亡、匹夫有责"的情怀，总能在危难时刻"以身许国、精忠报国"。同样的，对所有人来说，爱国主义是人生最重要的必修课，是每个人成长、成才的关键所在。因为一个人，连国都不爱，连母亲都不爱，那么又怎能奋发图强，怎么在祖国和他人需要的时候挺身而出。习近平总书记的论断深刻揭示了爱国主义情感的特质：深刻性、强烈性和持久性。

爱国主义是人类最为深层的情感。人类有着复杂的情感系统，爱国情感处于人类情感的最深层。最深层有两方面的含义：

第一，最深层的情感意味着爱国主义情感同其他情感相比是最为深沉且厚重的。这种深沉和厚重是民族传统和历史积淀的结果。亚当·斯密在《道德情操

---

① 习近平：《"精忠报国"是我一生的目标》，载于《人民日报》2014 年 5 月 31 日。

论》中指出：“天性不仅通过我们身上所有的自私感情，而且通过我们身上所有的仁慈感情，使得我们热爱自己的国家。因为我们自己同国家的联系，所以它的繁荣和光荣似乎也给我们带来某种荣誉。”[①] 这就意味着热爱国家的情感使得个体把自己同国家的发展及其兴衰自觉地联系起来，为国家的兴盛和繁荣而骄傲，为国家的衰败和厄运而伤心或难过。这样一种道德情感不断激励着国民想国家之所想，急国家之所急，并促使其采取实际行动，为国家的兴盛而奋斗，为国家摆脱某种厄运或不利条件而甘愿牺牲。中华民族上下五千年历史，每一个历史阶段都有着丰富的爱国主义思想，有着大量的爱国主义人物，始终传承绵延不断的中华民族的爱国主义精神。这些大量的历史材料的积累和民族精神的延续为中华民族爱国主义的发展提供了大量的历史素材，而这些闪耀着光辉的历史素材又是一部满含先烈英雄们的血与泪的爱国主义发展史。从这一角度来看，爱国主义情感也是深沉的、厚重的。这种深沉与厚重体现的是生命的重量，是古今多少爱国志士为了祖国大义，抛头颅、洒热血，以血肉之躯换取和平年代的繁华盛景，这种饱含生命重量的情感是最为深沉、厚重的。

第二，最深层次的情感意味着爱国主义情感同其他情感相比，不是表面易现的，而是深埋内心的。这种深埋性的原因有二：一是爱国主义的情感同日常生活场景的关系，相比亲情、友情和爱情等其他情感是最为深刻的。故这种生活场景的深刻特质使得爱国主义情感并非时刻都能被激发出来。二是爱国主义情感因其本身的深沉和厚重特质，决定了这种情感的深刻性，爱国主义情感不是浮于表面的浅层情感。

诗人屈原即使在遭坏人打击、昏君疏远，屡遭挫折、报国无路的恶劣环境中，面对灵氛“何所独无芳草兮，尔何怀乎故宇？”（《离骚》）的劝说，他也曾产生“欲从灵氛之吉占兮，心犹豫而狐疑”（《离骚》）。但是热爱自己依恋的楚国大地的情感还是战胜了那种去国远游的冲动，他终于还是留了下来，决心以彭咸为榜样，忠贞不移，至死不屈。在诗人后来写的《哀郢》一诗中，屈原抒写了他再次被放逐离开郢都时频频回顾、依依不舍的心情和九年不复的流放岁月中每时每刻对郢都的思念，以及无时无刻不急切盼望返回古都的强烈心愿。他吟诵道，“鸟飞反故乡兮，狐死必首丘，信非吾罪而弃逐兮，何日夜而忘之？”，以此来表达自己在任何情况下心系故土家园、不忍离开祖国的心迹。三国时蔡文姬作《胡笳十八拍》，其中有“无日无夜兮不思我乡土”的诗句，表达了她对故土家园的深刻思念。她在战乱中被匈奴掳去被迫做了一个匈奴首领的妻子并在匈奴留居 12 年，可以说对故土家园的思念无时无刻不在她心中滋生，“雁南征兮欲寄边

---

① ［英］亚当·斯密著，蒋自强等译：《道德情操论》，商务印书馆 1997 年版，第 295 页。

声，雁北归兮为得汉音。雁飞高兮邈难寻，空断肠兮思愔愔"，诗人冀望大雁南飞给自己捎去对家乡的思念，大雁北归给自己带来家乡的信息。而每次看到大雁高飞而去渐渐不见踪影，诗人的相思之情可谓肝肠寸断，浸入漫漫苦思不能自拔。后来曹操派使者到匈奴要赎回她时，尽管她放不下在匈奴所生的两个孩子，还是毅然决然地回归故里，并着手整理父亲留下的古籍，展开了续写汉史的工作。

现代爱国诗人艾青"为什么我的眼里常含泪水，因为我对这土地爱的深沉"（《我爱这土地》）的诗句，深刻揭示了爱国主义情感的强烈性、真挚性。爱国主义是人类最强烈、最真挚、最持久的情感。除了爱国主义情感，从没有任何一种情感可以让如此之多的仁人志士，在这种情感的驱动之下，以血肉之躯，报效祖国。林则徐"苟利国家生死以，岂因祸福避趋之"①，表达了自己热爱祖国和报效祖国的浓烈感情。尤其是中国共产党成立之后，中国共产党的历史就是一部"为中国人民谋幸福，为中华民族谋复兴"的可歌可泣的爱国主义发展史。爱国主义不仅是最强烈的情感，也是最为持久的情感。爱国主义情感的持久性表现在爱国主义情感始终贯穿在中华民族的发展过程中，从未间断。虽然在不同的历史发展时期，爱国主义的具体要求和具体表现有所不同，但其却从未消失过。爱国主义情感在个人层面意义上，自其产生以来就贯穿终生，故将其称为是人类最为持久的情感。

二、将爱国主义情感融入生活 贯穿始终

爱国主义情感有着深厚的历史积淀，是最为深沉和持久的情感。但是，爱国主义情感并非生而有之，而是需要后天的培育和养成。培育浓厚的爱国主义情感，弘扬爱国主义精神，重在融入生活，贯穿始终。

爱国主义情感的发展和培育经历了一个动态变化的过程。皮亚杰认为至少年满12岁或12岁以上的儿童，才能对"祖国"这一概念有着恰当的认知。② 有学者在大量调研材料的基础上提出，小学高年级学生的爱国情感与低年级学生相比已经有了质的变化，情感的丰富性、鲜明性、敏感性和深刻性都有较大提高。初中阶段是爱国情感飞速发展的时期，体会到祖国的伟大和作为中国人的责任感。高中阶段爱国情感又有了新的发展，情感内容更加的丰富多样，能从深刻的爱国

---

① 林则徐：《赴戍登程口占示家人》，引自《林则徐全集》第六册，海峡文艺出版社2002年版，第209页。

② ［瑞士］皮亚杰等著，吴福元译：《儿童心理学》，商务印书馆1980年版，第113页。

主义原则出发，体现了强烈的对祖国的责任感和使命感①。上述观点既说明了爱国主义情感在青少年时期的生发，又为爱国主义情感培育的有效性增添有利的证据。

爱国主义情感的培育需要真正地融入社会生产和生活之中。融入生产和生活中指注重实践与养成，把爱国主义情感的培育更好地、更多地融入生产和生活中的各个方面。将爱国主义情感的培育真正融入生产和生活中的各个方面，需要社会各界协同进行。政府制定相关政策，发挥积极的引导作用，各层级单位进行落实和配合，将培育爱国主义情感的工作常态化和制度化。如社会公共单位注重爱国主义的宣传和教育，在各种公共场所以人民群众喜闻乐见的形式，潜移默化地进行爱国主义情感的培育；各层级、各单位定期举办爱国主义集体活动，创新活动形式，结合时代变化需求和人民群众的需求，结合生产的实际要求，开展生动活泼的爱国主义活动；各社区定期积极开展爱国主义主题活动，动员全体社区民众共同参与，通过组织文艺表演、观看展览和举办主题竞赛等方式，培育爱国主义情感，真正使爱国主义融入各项生产中，走进千家万户的生活。

培育浓厚的爱国主义情感是贯穿始终的长期过程。贯穿始终首先意味着贯穿整个教育过程的始终，无论是中小学阶段还是大学阶段，应始终注重爱国主义情感的培育问题。尤其是高等教育中的爱国主义情感的培育，应渗透进整体的课程体系之中，而非由特定的思想政治理论课去完成。不同的专业课程均应以培育爱国主义情感为其课程培养目标之一，以此来强化高等教育阶段爱国主义情感的培育。贯穿始终还意味着爱国主义情感的培育是一个贯穿国家整个发展时期的永恒主题，虽然在发展的不同时期，培育爱国主义情感的具体手段和培养目标有所不同，但始终将培育爱国主义情感作为弘扬爱国主义的重点内容是十分必要的。

第三节　树立振兴中华的报国之志

从"修身齐家治国平天下"，到"天下兴亡、匹夫有责"，在中华民族的优秀传统文化中有着浓厚的家国情怀和强烈的社会责任感。中华民族的成员不仅是作为个体组成家庭的小我，更是组成整个中华民族的大我。升华个人观念，心有大我，将个人前途命运与国家和民族的前途命运紧密相连，为实现中华民族的伟

---

① 顾海根：《中小学生爱国情感的发展》，载于《上海师范大学学报》（哲学社会科学版）1999 年第 10 期。

大复兴贡献智慧和力量。

一、"我"的维度："大我"和"小我"

"大我"和"小我"是一对在晚清时出现，经五四时期得以发展的范畴。近代中国，最早提出并区分"大我"与"小我"这一对概念的是梁启超。梁启超在《余之生死观》中，提出"我有大我，有小我"，"何谓大我？我之群体是也。何谓小我？我之个体是也。"① 认为"大我"是"一群之我"，"小我"是"一身之我"。通过上述引述可知，梁启超对"大我"和"小我"的区分落在个体性和群体性上；同时，梁启超也强调一身之我和一群之我之间有着密切的关联，一身之我是群体中的个体，一群之我是个体组成的群体。五四时期，"大我"和"小我"的观念得到了进一步的发展，且更加强调"大我"和"小我"之间的互动。"五四时期的个人，虽然具有强烈的道德自主性，能够自证价值，但是，在五四时期的知识分子看来，个人的意义与人生境界，仍然需要放置到更广阔的社会时空和人类命运之中，才能得以延续与提升。因此，五四时期的个人观念，依然保持着个人主义与群体意识的兼容相依与内在互动。"② 可见，个人观念在五四时期得到充分激活和发展的同时，"大我"的境界也得到充分的强调，个人的命运同社会责任和人类命运是紧密关联的。

五四运动以后，中国革命进入新阶段，在中国共产党的带领之下，中国人民团结奋战，结束了半殖民地半封建的社会性质，建立了新中国。新中国成立至今70多年，中国取得了前所未有的建设成就，经济飞速发展，社会迅速进步。"大我"的观念，也随着时代的发展而被赋予了新的内涵，从群体之国家、民族再到整个人类的命运共同体。构建人类命运共同体，要求坚持相互尊重、平等协商的原则，坚决摒弃冷战思维和强权政治；坚持以对话解决争端、以协商化解分歧的原则；坚持同舟共济、发展共赢的原则；坚持尊重世界文明多样性、各种文明宽容互鉴的原则；坚持生态文明发展原则，保护好人类赖以生存的地球家园，致力于建设一个持久和平、普遍安全、共同繁荣、开放包容、清洁美丽的世界。构建人类命运共同体，其实就是要求将"小我"融入"大我"之中，在发展"大我"中实现"小我"，而不是将"小我"与"大我"对立起来。中国人和中华文明的"修身""齐家""治国""平天下"将"小我"与"大我"联系起来，强调彼此

① 梁启超：《余之死生观》，引自《梁启超全集》第三册，北京出版社 1999 年版，第 1373 页。
② 杨智勇、段炼：《从"小我"到"大我"：五四启蒙思想中的个人观念》，载于《学术研究》2015 年第 9 期。

之间的圆融统一而不是相互割裂的观念在近现代中国均得到了丰富的发展和阐释，也随着时代的发展不断被赋予了新的内涵。在中国人和中华文明"小我"与"大我"关系的建构中，一方面，作为独立个体存在的"小我"得到了进一步的肯定和发展，个体的价值、尊严和全面的发展日益受到弘扬和重视，"小我"是"大我"得以发展的重要力量。社会的发展和国家的富强，为作为个体的"小我"的发展提供了便利的条件和强有力的保障。另一方面，"大我"的内涵得到了新的阐释，在国家和民族利益基础上，其内涵进一步拓展至整个人类的共同命运，并不断强调，"小我"所追求的价值只有与"大我"的发展方向相一致时，"小我"的存在意义才能得以升华，才能更好地实现"小我"的发展。"小我"与"大我"之间是紧密相连，血肉相依，互相推动，相互成就的关系。在"大我"和"小我"二者的关系中，"大我"是更为重要的决定性力量。因为，即便"小我"得到了极致化的发展，但"小我"仅仅是独立的个体，其发展的力量和空间都是非常有限的。只有"小我"超越了个体层面，升华为"大我"，凝聚成整体的力量，才会赋予"小我"以新的发展动力。作为个体存在的人对"小我"观念的察觉和理解有着与生俱来的本能和自觉，但对于"大我"观念的认识则没有如认识"小我"般的这种与生俱来的本能。"大我"观念除了国家和民族历史传统下的认识自觉之外，更需要在各个方面有意识地进行培育和弘扬。

二、心有"大我"，立志报国

2017年5月，习近平总书记对黄大年先进事迹作出重要批示，强调"我们要以黄大年同志为榜样，学习他心有大我、至诚报国的爱国情怀，学习他教书育人、敢为人先的敬业精神，学习他淡泊名利、甘于奉献的高尚情操，把爱国之情、报国之志融入祖国改革发展的伟大事业之中、融入人民创造历史的伟大奋斗之中，从自己做起，从本职岗位做起，为实现'两个一百年'奋斗目标、实现中华民族伟大复兴的中国梦贡献智慧和力量。"[①] 心有大我不仅是对个人观念的超越和升华，更是弘扬爱国主义，树立振兴中华的报国之志的重要基础。厘清新时期"大我"的内涵，探讨新时期弘扬心有大我的具体路径是十分重要的。

第一，把握新时代"大我"的新内涵。新时代之"新"不仅在于发展进入新的阶段，而且表明无论是发展环境、发展条件和目标任务都发生了变化。更为主要的是，我国社会主要矛盾和奋斗目标都发生了新的变化。"大我"在新时期有着双重内涵，分别为：构建人类命运共同体和实现中华民族的伟大复兴。

---

① 《习近平对黄大年同志先进事迹作出重要指示》，载于《人民日报》2017年5月26日。

　　首先，"大我"有整个人类的群体意义，习近平提出的构建人类命运共同体的理念正是这种群体新意义的集中体现。人类社会的发展历程越来越表明，整个人类都是休戚相关的整体，任何国家或个人都不能在整体发展的大背景下独善其身。经济全球化的推进使得人类发展的脚步愈发整齐。但在发展过程中，出现了全球性的经济发展不平衡、社会治理危机和生态环境污染、动植物保护等较为严重的问题，这些问题与世界各国的利益紧密相关，而解决这些问题需要世界各国共同努力，共建解决世界性问题的协同机制。中国作为一个大国，需要为关系人类共同命运发展的问题贡献中国智慧，提出解决问题的中国方案，"大我"的内涵在新时代得到进一步超越和升华。

　　其次，"大我"意指中华民族伟大复兴的中国梦。中国梦是中国人民和中华民族共同的价值认同和价值追求，是"大我"在新时期的重要体现。每一个人都能在为中国梦的奋斗中实现自己的梦想，成就"小我"。习近平指出：中国梦是国家的、民族的，也是每一个中国人的。[①] 国家好、民族好，大家才会好。在不同的发展时期，中国梦有不一样的具体内容和目标，但又有着共同的方向即中华民族的伟大复兴。

　　作为在世界历史发展中既创造过辉煌又经历过苦难的民族，中华民族更能深刻地理解复兴的意义和必要性。悠悠五千年的历史，中华文明传承至今。16 世纪以前，中国在科技、经济、社会治理和文化等诸多方面的发展均走在世界前列。近代以来，随着西方列强入侵和制度的落后、政治的腐败，中国逐渐沦为半殖民地半封建社会，中国人民遭受了巨大的苦难，经历了国将不国、民生凋敝、山河破碎的痛苦历程。是中国共产党带领中国人民完成反帝反封建的革命任务，迎来民族复兴的新的曙光。中国历经了从追求民族独立和人民解放到进行社会主义革命，确立社会主义基本制度，再到进行改革开放的伟大革命，中华民族日益发展壮大，走向伟大复兴的历史进程。

　　最后，弘扬心有大我，进行立志教育。苏轼曾言："古之立大事者，不惟有超世之才，亦必有坚忍不拔之志。"（《晁错论》）王守仁亦曾说："志不立，天下无可成之事。"（《教条示龙场诸生》）可见，立志对一个人的一生具有多么重要的意义。立志不仅是立个人发展之志，更应在"大我"层面，树立为全民族的伟大复兴而努力的奋斗之志。戚继光有诗句："封侯非我意，但愿海波平"（《韬钤深处》），表达的是自己不在乎个人的封侯拜相而是志在使天下太平。周恩来青年时代即立下了"为中华之崛起而读书"[②] 的鸿鹄之志，希望通过自己的"面壁十

---

① 《习近平关于实现中华民族伟大复兴的中国梦论述摘编》，中央文献出版社 2013 年版，第 16 页。
② 周恩来思想生平研究会编：《周恩来寄语》（青少年版），人民出版社 2017 年版，第 4 页。

年"之读书功夫来寻找救国救民的真理和道路。弘扬心有大我，培育奋斗精神，进行立志报国和振兴中华的教育是十分重要的方式或手段。

第四节　大兴卫国之举和效国之行

爱国不仅体现在情感、志向等方面，更需转化为实践，落实在行动之中。历史上无数仁人志士为了保卫祖国和报效祖国，谱写了可歌可泣的篇章。不同时代的爱国主义均有实践层面的要求，表现为以实际行动保卫祖国和报效祖国。新时代弘扬爱国主义精神，应当大兴卫国之举和效国之行，以实际行动和良好业绩报效祖国。

一、大兴卫国之举

新时代的卫国之举不同于革命年代。新中国成立以前，为了完成反帝反封建、结束半殖民地半封建社会性质的历史任务，保卫祖国意味着以各种方式投身战争之中，尽己所能，浴血奋战，共同努力实现民族独立和人民解放。随着战争的结束，和平年代的到来，世界局势和国内形势发生了巨大的变化，新时代的卫国之举有了新的内容和新的要求。

第一，新时代的卫国之举的核心是坚决拥护中国共产党的领导，坚决走中国特色社会主义道路。过去百年的历史表明，没有共产党就没有新中国。在中国人民处于水深火热之中，面对多种救国方案的尝试均以失败告终的背景之下，马克思主义政党——中国共产党的成立，给全体中国人民带来了新的希望。在中国共产党的带领下，中国人民取得了反侵略战争的胜利，实现了民族独立和人民解放这一国人期盼已久的诉求。在中国共产党的带领之下，新中国从成立发展至今，取得了伟大的建设成就，每一名中国人都能感同身受地体会到国家的飞速发展和社会的快速进步。随着改革开放的稳步推进，国家的综合实力进一步提高，人民的生活愈发的便利和富裕。可以说，国家建设所取得的一切成就，都离不开党的领导。过去的百年历史也表明，只有社会主义才能救中国。近代中国曾尝试过不同的救国道路和救国方案，虽取得了一定的成就，但最终均以失败告终，未能完成民族独立和人民解放的历史任务。只有在马克思主义理论指导之下的社会主义道路取得了成功，而当下建设成就的取得也离不开社会主义制度的保障。将马克思主义理论与中国具体实际相结合，走有中国特色的社会主义道路是未来国家持续发展的根本保障。

综上所述，中国共产党的领导和中国特色社会主义道路，是实现中华民族伟大复兴中国梦的根本保障。没有中国共产党的领导和中国特色社会主义道路，就没有稳定的国内环境，更谈不上国家的发展和人民的富裕。反对党的领导和中国特色社会主义道路，实质上等同于破坏稳定政局，阻碍国家发展。故新时代的卫国之举，最根本的是从我做起，坚决拥护党的领导，坚持走中国特色社会主义道路，同反对党的领导和中国特色社会主义道路的势力做坚决的斗争。

第二，新时代卫国之举的重要内容是自觉维护国家利益。作为中国特色的社会主义国家，国家利益从根本上来说就是人民的利益。国家利益包括诸多层面，如经济利益、政治利益、文化利益、安全利益等，上述几个方面并非完全孤立，而是相互联系、相互影响的。

（1）维护国家的经济利益。维护国家的经济利益指了解和拥护国家的经济制度和各种政策，按照各项法律、法规从事相关经济活动。正确认识并看待我国同其他国家的经济交往行为，当发生摩擦和矛盾时，坚决站在祖国立场，拥护和支持国家决策。各行各业，尤其是从事国际贸易行业的相关从业者，心中要有清晰的红线，要以国家利益为各种经济行为的根本出发点。

（2）维护国家的政治利益，主要表现为坚决拥护党的领导，了解并拥护新时代党的各项路线、方针、政策，共同维护和支持国家政治的稳定和发展。

（3）维护国家的文化利益，在新时代主要表现为坚定文化自信，共同促进社会主义文化的繁荣发展。中华民族历史悠久，文化底蕴丰厚，博大精深。但近代所经历的被侵略和奴役的历史，使得国人曾一度对中华民族的文化失去信心，盲目推崇外来文化。综观中华传统文化，的确有不少已不适合时代发展的糟粕需要否弃，但过度否定中华传统文化，就是否定中华民族的历史，否定中华民族的文化自信。坚定文化自信，合理看待中华传统文化，对中华优秀传统文化进行创新性发展和创造性转化，警惕各种外来文化的有目的的价值输送，坚定中华文化立场。

（4）维护国家的安全利益。维护国家的主权和领土完整是维护国家安全利益中的重要内容之一。正确看待和警惕他国对我国内政的干涉，正确看待和认识别有用心的妄图分裂祖国的各种行为，坚定中华人民共和国是不可分割的整体的立场。无论是在现实生活中，还是在虚拟网络世界中，警惕某些国家和地区的敌对势力对我国某些领域的情报窃取行为，始终保持清醒的立场，共同维护国家的安全利益。

二、大倡效国之行

爱国重在行动，报效祖国是爱国主义转化为实际行动的另一重要内容。人民群众作为精神财富和物质财富的创造者，同国家的强盛和发展有着密切的关联，国家的发展和进步是广大人民群众共同努力的结果。作为中华民族的一分子，每一个人同祖国的关系都是休戚与共、血脉相连的，应该将对祖国最为深沉的热爱转化为实际生产和生活中的实践行动，尽己所能报效祖国。

报效祖国指国家成员在国家利益至上的基础上，以社会生产、生活中的实际行动，拥护国家发展和建设的路线、方针和政策，响应国家发展和建设的号召，在自身的工作岗位上各尽其职，尽己所能，为国家的发展和民族的进步贡献自身的建设力量。新时期的报效祖国有着特定的内涵和要求，这就是致力于推进中国特色社会主义现代化建设，在实现第一个百年梦想的基础上继续砥砺前行，向着第二个百年梦想稳步前进，在实现国家富强、民族振兴和人民幸福的同时为世界做出更多的贡献，推动构建人类命运共同体，建设一个共同繁荣、持久和平的和谐世界。

党的十八大以来，以习近平同志为核心的党中央提出了全面建成小康社会新的目标要求，内容包括：经济实现高质量发展、创新驱动成效显著、发展协调性明显增强、人民生活水平和质量普遍提高、国民素质和社会文明显著提高、生态环境质量总体改善和各方面制度更加成熟更加定型等方面，按照全面建成小康社会的目标要求，新时代的效国之行有着新的具体要求。

第一，新时代的效国之行是各尽其职，做好本职工作，共促经济实现高质量发展。各尽其职指各自负责并尽到自己的职责，应树立对工作岗位责任心，需进一步完善和明确工作中的责任制。国家经济的发展和社会财富的创造离不开全体人民的共同参与，实现经济的高质量发展需要全体人民的共同创造。恪守工作岗位，树立责任心，爱岗敬业，深刻认识到对工作负责就是对自己负责，就是对国家负责。个人所从事工作的意义不仅是为个人及家庭创造财富，更是在为国家和社会创造财富，而国家和社会财富的积累和使用会增强国家的综合实力，完善各项基础设施建设，不断建立和健全社会保障体系，改善民生，最终惠及社会中的每一名成员。在工作中要提高工作质量，自觉树立创新意识，增强自主创新能力。另外，各尽其责还意味着心系祖国的发展和建设，响应国家号召，服从国家安排。例如，不少行业的海外人才，不忘国家的培养和教育，学成之后归国工作，在工作岗位上尽职尽责报效祖国。此外，需进一步完善和明确工作岗位责任制。明确责任制有助于进一步明确工作范围和岗位职责，有助于完善考核和奖惩机制，从而提高生产效率，发展社会生产力，推动经济的建设和发展。

第二，新时代的效国之行是从我做起，提高国民素质，共建社会文明。一般来说，国民素质是一个综合的概念，包括了诸多方面，这里重点强调的是从共建社会文明角度出发，提高公共道德素质。社会文明是人类文明的形态之一，既是社会发展程度的外在体现，人民获得感和幸福感的重要来源，又是社会主义的重要目标和重要特征之一。党的十八大以来，中央高度重视培育和践行社会主义核心价值观，在党和国家的积极引导之下，当前的社会道德风尚有了明显好转，公民素质有了明显提高。在构建文明社会的过程中，要从我做起，注重培养社会成员的公共精神和社会责任感。其中，共享经济的产生和发展，既进一步唤醒了公共精神和社会责任感，又暴露出了许多相应的问题。共享经济是应时代发展而产生的，是节约资源，追求效率最大化的产物，社会成员对共享经济经历了从陌生到熟悉的过程。对共享物品只有使用权，而没有所有权，其取得、使用和归还较大程度地依靠公民的道德自觉。共享经济的发展强化了公共精神，但也暴露出国民素质有待进一步加强的诸多问题。新时代的效国之行要求提高国民素质，使共建社会文明成为个人的生活方式，认识到报效祖国就是规范自我的公共行为。提高公共道德素质，还需要自觉维护国家的国际形象。随着生活水平的提高，走出国门的国人越来越多，在这个过程中的确暴露出一些问题。如因文化和生活习惯的差异而造成的沟通不畅和误解、少数同胞存在不良的生活习惯，素质有待提高等问题，对外形象的提高有待每一个中国人道德素质和文化素养的提高。

第三，新时代的效国之行需要增强爱国之力，不断提升报效祖国和国家的行为能力。主体有了爱国之志，还必须通过自身实践展现出来，这就需要强化和提升报国之力。所谓报国之力，也就是主体报效国家的能力和本领。从现实角度而言，爱国并非抽象概念，每个社会成员都要把维护国家利益置于首位，反对民族分裂，维护祖国和国家主权领土完整。作为国家公民，其行为与国家发展的各项事业密切相关，尤其是职业活动和公共领域活动，不仅体现公民素养和水平，更展现国家整体形象和素质。因此，国家发展与公民辛勤工作紧密相连。做好本职工作，努力提升自我职业素养和道德水平，这就是爱国的具体表现。按照职业道德要求尽职尽责，遵守社会公德规范，为自己的事业努力奋斗，这就是爱国。爱国需要个人在实践中体现出来，这就要求个人具有一定的本领和水平。个人修养就是增强个人爱国能力的重要方式。空谈误国，实干兴邦。对祖国和国家的热爱，要通过个人的实际行动表现出来，尤其是家庭美德、社会公德和职业道德方面。因此，个人既要诚实守信，爱岗敬业，又要遵纪守法，明礼友善，让自己成为一名真正的爱国者。弘扬爱国主义精神，不仅需要外在爱国主义教育，尤其是示范引领作用，更需要主体自身的实践养成，即把爱国主义精神融入日常行为之中，让爱国精神成为人们的思维习惯和行为准则，使得人们形成一种完整的爱国品格。

此外，新时代的效国之行要求实践绿色生活方式，保护我们赖以生存的家园环境。建设一个山清水秀、天蓝地绿的美丽国家是当代中国人报效国家的重要内容。提倡并实施低碳生活方式，树立节能减排意识，增强可持续发展的环保责任，促进人与自然和谐发展都是建设美丽中国的题中应有之义。报效祖国，就是以国家发展的目标为己任，以实际行动践行绿色生活方式，让生态文明的发展和建设内化为生活方式的常态，建设一个山清水秀、宜居宜业、持续发展的美丽中国。

实现个人立报国之志、强报国之力，践报国之行，需要个人不仅要维护国家和民族整体利益、根本利益和长远利益，也要在自身日常行为中注重个人修身立德，爱岗敬业，遵纪守法和乐于奉献。我们要在中华民族爱国主义旗帜的指引之下，同心同德，精诚奋斗，投身到新时代中国特色社会主义现代化建设之中，有一分热，发一分光，尽己所能，共同推动中华民族伟大复兴的中国梦早日实现。

第二十章

弘扬当代中国爱国主义的具体措施和方法

新形势下弘扬爱国主义精神既是中华民族伟大复兴之志业的内在需要，也是中国日益走向世界舞台中央和构建人类命运共同体的内在需要。从某种意义上说，只有立根于爱国主义基础之上的构建人类命运共同体才是有根有魂的，才能真正形成和而不同的世界格局。也只有朝向构建人类命运共同体的爱国主义才是真正具有中国特色和中国风韵的，才是真正健康合理而又超越西方诸种爱国主义之上的。为了更好地弘扬当代中国爱国主义精神，我们既需要传承和创新中华文化包括讲好中国故事、传播好中国声音、彰显中华文化跨越时空超越国度的魅力，也需要在正确处理与世界各国的关系，在构建人类命运共同体中来弘扬爱国主义精神。这些立足中国而又面向世界的视野和格局，构成了弘扬当代中国爱国主义精神的应有视域和价值追求。与此同时，我们还必须有与此相适应的具体措施、方法和对策。具体的措施、方法和对策不只是注目"怎么看"，更注目于"怎么做"以及落实、落细、落小和落地生根的问题。在当代中国，我们需要依托改革发展的伟大成就来弘扬爱国主义，这是最为实在、最有说服力的现身说法，最能彰显社会主义中国的可爱和值得爱的地方。改革发展的伟大成就是弘扬爱国主义的重要依托，中华优秀传统文化和革命历史传统是当代弘扬爱国主义的重要历史基础，借助多种艺术形式和网络信息新媒体平台，建设爱国主义教育基地和创新教育载体是当代弘扬爱国主义的主要途径。

第一节　深入开展综合立体、系统持久的爱国主义教育

我们党要带领广大人民群众积极唱响爱国主义主旋律，就必须紧紧围绕爱国主义主题，大力弘扬爱国主义、集体主义、社会主义思想，增强人民的国家荣誉感和使命感，提高民族的凝聚力和向心力。

一、加强对青少年的爱国主义教育

爱国主义教育是弘扬爱国主义精神，提高全民族整体素质的基础性工程，是引导民众特别是广大青少年树立正确理想、信念、人生观、价值观，促进中华民族振兴的一项重要工作。为了使爱国主义教育深入人心，就要从中国传统文化中去挖掘丰富的历史文化资源，进一步弘扬中国革命史中的不畏艰险、勇往直前的拼搏精神，通过各种传统和现代的传播手段去宣扬英雄人物的爱国事迹，使爱国主义教育取得实效，从而凝聚起实现中华民族伟大复兴的磅礴力量。

具体而言，要从以下几个方面入手：

第一，加强中小学爱国主义教育。充分利用爱国主义系列素材，结合中小学自身特点，首先把教学教材通俗化和时代化，以新颖的方式传授爱国教育，尤其是要加强爱国主义传统教育。加强青少年爱国主义教育，要办好学校思想政治理论课。紧紧抓住青少年阶段的"拔节孕穗期"，引导学生把爱国情、强国志、报国行自觉融入坚持和发展中国特色社会主义事业、建设社会主义现代化强国、实现中华民族伟大复兴的奋斗之中。通过思想政治理论课的课程教学，培养学生坚定崇高的理想信念，弘扬伟大的爱国主义精神，确立正确的人生观和价值观，把握马克思主义中国化的最新理论成果等。在全国高校学生中深入开展"我爱我的祖国""永远跟党走"等主题社会实践活动，着力运用微博、微信等网络新媒体，开展爱国主义教育，生动传播爱国主义精神。充分发挥课堂教学的主渠道作用，让爱国主义教育进课堂、进教材、进头脑。避免空洞讲授理论、死记硬背概念等脱离实际的倾向，增强爱国主义教育的科学性、针对性和实效性；增强思想性、针对性、亲和力，引导学生树立国家意识，学习爱国知识，增进爱国情感。

爱国主义教育内容应当由浅入深，整体规划，做到小学、中学、大学爱国主义教育内容相衔接。从热爱我国的政治制度来看，小学要教育学生认识、尊敬、爱护国旗、国徽，会唱国歌，升国旗仪式要肃立敬礼，初步树立爱党、爱国、爱

451

社会主义的思想。中学要教育学生热爱我国的经济制度和政治制度，树立为实现中华民族伟大复兴的中国梦的理想信念。大学要教育学生正确认识和理解我国的国体、政体、民主、自由、人权；自觉维护政治稳定、社会安定、民族团结和祖国统一。从热爱祖国的文化传统来看，小学生直接接触的人际关系主要是亲子关系和师生关系，小学应进行爱父母、爱老师、爱同学的教育。中学要进行中国历史特别是近现代史教育，引导学生学习民族英雄，培养传统美德，增强文化自信。大学要引导学生进行辩证思维，传承发展中华传统文化，借鉴利用西方现代文明，树立相互尊重、和而不同的价值理念。从热爱祖国的自然环境来看，对小学生要从热爱家乡做起，热爱家乡的山山水水、一草一木。中学要引导学生认识祖国幅员辽阔，热爱祖国大好河山，树立建设祖国、保卫祖国的志向。大学应结合所学专业，培养大学生保护、开发、利用祖国自然资源的责任担当，立志为社会主义现代化建设做出贡献。加强对青少年学生的民族团结教育，在中小学开设民族团结教育专题课程。

深入开展理想信念教育和社会主义核心价值观教育，教育学生把个人的价值追求与国家、社会、公民的价值要求融为一体，引导学生把个人理想与实现中华民族伟大复兴的中国梦紧密结合起来。

第二，加强各个学科对于爱国主义的协同研究。爱国主义教育不仅是思想政治教育学科的任务和使命，社会科学、文学艺术等都应承担爱国主义教育任务。加强爱国主义精神的理论研究与宣传阐释，讲清楚否定党史、国史、革命史和改革开放史以及诋毁英雄人物的危害性。广泛开展爱国主义校园文化创建活动，强化校园文化的爱国主义教育功能。大中小学校都应从传统美德、革命道德、先进道德中遴选爱国主义名言警句，布置到办公楼、教学楼、餐厅、宿舍、体育场、文化广场，使爱国主义教育无处不在，引导激励学生自觉弘扬爱国主义精神。

第三，加强课堂教学与实践教育相结合。爱国主义教育实践活动，既有课堂活动，又有课外活动；既有校内活动，又有校外活动。大中小学要把爱国主义内容融入党日团日队日、主题班会以及各类主题教育活动之中。这有利于学生了解国情民情，强化责任担当，化为爱国行动。课堂是爱国主义教育的重要场所，而好的教育效果是以好的教材为前提。爱国主义教育必须依托好的爱国主义教材，只有具有正能量的教材与有效教学方法相统一，才能产生实际有效的爱国主义教育成果。各级各类学校开展爱国主义教育，既要重视理论学习，又要重视实践教育和实践养成。开展爱国主义教育需要转变观念，拓宽思路，紧密联系社会生产实践，使爱国主义精神的弘扬成为学校教育的重要内容，同时使学校教育成为弘扬爱国主义的主抓手。实践教育是对课堂教学的有益补充和进一步推进。通过社会实践，了解世情国情，体会国家发展的现实，让人们更加深刻地感受到爱国的重要性和必要性。

第四，促进家庭与学校教育相结合。家庭是社会的细胞，人的启蒙教育都是从家庭开始，家庭教育对于人们爱国意识的培育和爱国情感的形成具有至关重要的作用。可以说，家庭爱国主义氛围越浓，其成员的爱国情感越强，爱国责任越自觉，也越能促进爱国主义精神的传播和深入。

二、在职业教育中突出爱国主义主题

职业教育不仅是国民教育体系和人力资源开发的重要组成部分，也是广大青年打开通往成功成才大门的重要途径，更肩负着紧密联系社会各层面，弘扬爱国主义精神的重要职责。我们要把加快发展现代职业教育摆在更加突出的位置，完善职业教育和培训体系，深化产教融合、校企合作，更好支持和帮助职业教育发展，为实现"两个一百年"奋斗目标和中华民族伟大复兴的中国梦提供坚实人才保障。爱国主义精神不仅是职业精神的基本内核，而且贯穿于职业教育的始终。爱国主义精神的弘扬既是职业教育发展的必然需求又是重要的精神动力，职业教育也是新时代弘扬爱国主义的主要抓手和重要载体。

当前我国大力发展职业教育，明确提出职业教育的培养目标是高素质劳动者和技术技能人才，培养能够满足中国特色社会主义建设和发展所需的人才。上述培养目标非常清晰地指出，满足中国特色社会主义建设和发展是职业教育人才培养的最根本目的。职业教育所培养的人才需积极投身于中国特色社会主义建设中，以最大的爱国热情和奋斗的激情，共同拼搏，为实现中华民族伟大复兴的中国梦贡献力量。故爱国主义教育应该是职业教育中的重中之重，是贯穿职业教育始终的重要精神内核，只有充分地弘扬爱国主义精神，使职业教育培养出的人才既了解我国基本国情和中国特色社会主义建设的新发展、新需要，又有浓厚的爱国主义情感和积极投身新时代社会主义建设的使命感。

在职业教育的发展走向深度社会化的背景之下，在校企融合，打造命运共同体的发展趋势之下，职业教育成为在整个社会层面弘扬爱国主义精神的重要依托和主要抓手。弘扬爱国主义精神需要紧密结合职业教育的改革要求和发展目标，以校企合作为依托，探索爱国主义教育的新模式。

首先，在职业教育中，进一步明确思想政治理论课的课程地位，树立"社会思政"新目标。思想政治工作，总体来说，关系着培养什么样的人、如何培养人以及为谁培养人这个根本问题，是学校层面弘扬爱国主义精神的重要渠道。深度校企融合的职业教育发展走向，不但不应该忽视思想政治理论课的设置，反而应

453

该更加重视，让其发挥更大的效果。目前，思想政治理论课主要是学校课程教学中的一个环节，在"课程思政"的理念下，通过课堂教学这个主渠道，各类课程与思想政治理论课同向同行，形成协同效应。但这种协同效应的影响力仍然局限于学校教育的内部，而职业教育则不同。职业教育同社会的密切联系使其拥有着融合校企，产生较为广泛的社会影响的天然优势。在职业教育中，"课程思政"可以向"社会思政"进行转变，以学校的思想政治理论课程作为主要渠道，校企合作过程中的各个环节与思想政治理论课同向同行，形成更为全面的协同效应，这种协同效应的影响力不仅作用于职业学校，更作用于广泛的社会层面。另外，职业教育的发展也要求思想政治理论课进行相应的变革，以更好地满足校企深度融合背景下"社会思政"的要求。

其次，充分利用职业教育的发展趋势，在命运共同体的视角下，以校企合作为基础，打造爱国主义教育生产实践"3 +"平台。作为命运共同体的职业院校和行业企业是一个全新的形式，既不同于传统的职业院校也不同于行业企业，深度融合下的校企合作使得二者互为渗透，既保留了各自原有的特质，又出现了新的特点，这就需要爱国主义教育汲取双方的优势资源进行整合，打造爱国主义专题课程 + 生产实践教学 + 爱国主义素材案例实践体验的爱国主义教育生产实践平台。职业学校可以根据行业企业发展所需为其量身设计爱国主义教育课程、输送专门的从事爱国主义教育工作的师资力量，如从事思想政治理论课教学工作的教师队伍。思想政治理论课教师队伍负责整合课程教学资源，除了职业学校中的思想政治理论课的教学工作外，应结合国际、国内的时代动态和行业企业的发展要求，设计专题课程，这些专题课程的设置注意从工作岗位、工作任务出发，强调能力本位以及注重企业与学校合作的互补性。

以爱国主义教育生产实践平台为依托，打造平台专属的爱国主义课程体系，并形成常态化的教学制度。行业企业可以为职业学校提供生产实践平台，这个实践平台不仅整合了先进的技术，拥有专业的设施、设备以及管理方法等资源，进行实地生产实践的教学，更能提供丰富的，在生产实践中产生的爱国主义教育素材，实现体验式的案例教学，如邀请优秀的爱国劳动者讲述自己的从业经历、心路历程和爱国事迹等。

最后，在"互联网 +"的时代背景下，呼应"互联网 + 职业教育"的发展趋势，运用现代信息技术，推进虚拟爱国主义教育网络学习空间建设和普遍应用。虚拟爱国主义教育网络的建设的关键词是情境、体验和实效。利用互联网和现代先进的信息技术实现情境的还原和再现是当下弘扬爱国主义所独具的技术优势，如结合行业企业的发展，选择爱国主义素材拍摄 3D 微视频，或者利用 VR 虚拟现实技术制作专门的爱国主义教育素材。情境的还原可以使教育对象有着强烈的现场感和代入感，在爱国主义教育上，拥有传统教学方法所不可比拟的优势。如在介绍中国革命史上的英雄人物事迹时，传统的讲授法，只能用语言、文字和讲授者的声情并茂帮助教学对象去感受事件过程和英雄人物的伟大选择。在新技术手段支持下的情境还原的爱国主义教育虚拟空间中，如利用虚拟现实技术完成的爱国主义素材则会将教学对象最大限度地带入当时的情境之中，真正实现设身处地、感同身受的体验感，能最大限度地激发教学对象对英雄人物的崇敬之情，加深对中国革命历史的理解，从而培育更深层次的爱国主义情感，实现良好的爱国主义教育效果。值得注意的是，虚拟爱国主义教育网络学习空间建设和普遍应用需要协调各方资源共同建设，在政府的引导之下，整合优质资源，形成合力，制作完善的、系统化的爱国主义教育虚拟素材并加以推广和应用。

综上所述，紧密依托社会的职业教育是在整个社会层面弘扬爱国主义精神的主抓手，而爱国主义精神的弘扬又是职业教育乃至整个社会发展的重要精神助力。新时代继续大力弘扬爱国主义精神，正确结合当下的时代主题和要求，把握爱国主义的新内涵和新形式，在爱国主义精神的强大动力支撑下，建设社会主义现代化强国，实现中华民族伟大复兴。

三、加强对社会各界人士的爱国主义教育

爱国主义教育是全民教育，必须坚持面向基层，结合各个地方特点，吸引群众广泛参与。上好新时代爱国主义教育这一必修课，没有谁是旁听生。爱国主义教育要面向全体人民，注重全员全过程全方位育人。在弘扬爱国主义教育中，中华优秀传统文化和中国革命历史传统的相关内容是爱国主义教育的重要组成部分。发挥中华优秀传统文化和革命历史传统的重要作用，是当代中国弘扬爱国主义的重要措施和方法。爱国主义教育不仅要充分运用好中华优秀传统文化中的丰富资源，而且要运用好中国革命史中的红色资源，把爱国主义教育奠基于坚实的历史文化资源之上，通过传统文化和现代革命史的结合，充分呈现爱国主义的历史脉络和深层内涵。发挥中华优秀传统文化和革命历史传统的重要作用，是当代中国弘扬爱国主义的重要措施和方法。

在弘扬中华优秀传统文化的同时，还必须大力继承和发展中国的革命传统，才能在爱国主义教育中形成合力，更大地激发人民群众的爱国热情。中国革命精神既是在继承和发展中国古代优秀民族传统的进程中培育出来的，更是在革命的伟大实践中生发的。发挥中国革命传统的重要教育作用是当代中国弘扬爱国主义的重要措施和方法。

弘扬爱国主义精神是一项全体国民固本培元、凝心铸魂的工程，对每一个国

民都十分重要。但是"闻道有先后",人们在爱国主义精神的挺立和弘扬方面肯定会存在差别,一些国家的精英、民族的脊梁往往能够成为爱国主义的示范引领,激励着芸芸众生爱国情感的培育,爱国意志的锻铸,爱国人格的养成。这其实是一个爱国主义精神先进性和普遍性相辅相成、相互促进的关系问题。要在亿万中华儿女中找到最大公约数,画出最大同心圆,激发最大正能量,让爱国主义精神牢牢扎根在亿万人民心中,为实现中华民族伟大复兴的中国梦提供源源不竭的精神力量。

第二节　丰富爱国主义教育的实践载体

爱国主义教育需要有自己的实践载体。没有实践载体,就很难使爱国主义教育收到理想的效果。如果说爱国主义精神是"道",那么就需要载道之"器",而诸如爱国主义教育基地、"升国旗""唱国歌"等礼仪仪式以及传统节日、自然景观和人文景观都可以是进行爱国主义教育的主要抓手或载体。

一、建设好爱国主义教育基地

各级各类爱国主义教育基地,是激发人们爱国热情、凝聚价值共识、培育民族精神的重要场所。弘扬和培育爱国主义,不仅需要树立正确的价值观和深刻的理论阐述,更需要进行深厚的情感培育,以生动直观的形式,弘扬伟大事迹,传播爱国主义精神。在这一层面上,爱国主义教育基地发挥了不可替代的作用。新时代爱国主义的弘扬需要加强和改进爱国主义教育基地的建设,不断开拓新的教育模式,探索创新教育载体。

在全党全社会喜迎中国共产党百年华诞,党史学习教育、"四史"宣传教育深入开展之际,中央宣传部新命名 111 个全国爱国主义教育示范基地。此次命名后,全国爱国主义教育示范基地总数达 585 个。[①] 这些爱国主义教育基地基本覆盖了从中国共产党成立到解放战争胜利各个历史时期的重大历史事件、重要人物和重要革命纪念地。各级的爱国主义教育基地发挥了重要的作用,进一步激发了全国各族人民特别是青少年的爱国热情,培育和弘扬了以爱国主义为核心的民族

[①] 参阅新华社记者:《高擎中国共产党人的精神旗帜——全国爱国主义教育示范基地建设综述》,载于新华网,2021 年 6 月 19 日。

精神。

爱国主义教育基地在弘扬爱国主义上有着不可替代的功能和价值。爱国主义教育基地是弘扬爱国主义精神，传承中华优秀传统文化，以弘扬和培育爱国主义为主要目标的多功能、多价值的综合实践平台。以第一批全国爱国主义教育示范基地为例，如天安门广场（天安门城楼、广场国旗、人民英雄纪念碑、毛主席纪念堂）、中国历史博物馆、中国革命博物馆、中国人民革命军事博物馆、中国人民抗日战争纪念馆、故宫博物院、圆明园遗址公园和八达岭长城等，上述每一处爱国主义教育基地本身就是宝贵的文化古迹，保留了诸多的历史痕迹，具有极高的历史和科研价值。爱国主义教育基地，因其独有的历史价值和情境带入功能，有着极高的弘扬爱国主义的价值和良好的爱国主义教育的效果。

爱国主义教育基地包含教育、历史、科研、旅游等多重价值，其中教育价值是爱国主义教育基地的主体价值。建设和发展爱国主义教育基地，是当代中国弘扬爱国主义的重要环节。一般来说，爱国主义教育基地有固定的地点和场所，甚至有些基地有固定的合作对象，定期举办爱国主义教育活动，并接待民众参观基地，接受教育。树立爱国主义教育基地的主动性精神是基地得以不断发展，适应爱国主义教育需要的思想基础。应丰富爱国主义教育形式，使静态的图片动起来，活起来，借助最新的科技成果，提高爱国主义教育基地讲故事的能力，真正把中国故事讲生动，讲活。基地的互动性建设，可以考虑在保护历史资源的基础之上，在参观完基地，了解了相应的历史故事的基础上，专门设置互动体验展厅，也可结合新科技发展的成果，如 VR 技术，针对不同的场景进行互动体验，强化爱国主义教育的效果。

随着信息化的普及和发展，通过网络获取信息成为国人获取信息的主要渠道。在此背景之下，爱国主义教育基地出现了网上展馆的新形式。网上展馆的出现丰富了爱国主义教育基地的形式，为爱国主义的弘扬和培育提供了新的思路。除了上述栏目外，爱国主义教育网站的建设也迅速地发展起来，各爱国主义教育网上有丰富的栏目设置，大量的图片和视频资源，还有互动部分，可在网上向革命烈士敬献鲜花，留言寄哀思。网络爱国主义基地的建设和发展，对比传统的爱国主义基地有着较为明显的优势。

二、注重运用仪式礼仪和组织重大活动

《左传·隐公十一年》有言："礼，经国家，定社稷，序民人，利后嗣。"礼是治理国家、安定社稷、整齐民众、有利后人的重要工具和手段。《荀子·修身》说："人无礼则不生，事无礼则不成，国家无礼则不宁"。人不遵循礼仪规范的要

求就没有办法生存，做事不遵循礼仪规范的要求就没有办法做成，国家不遵循礼仪规范的要求就会不得安宁。所以只有隆礼贵义才能使国家得到很好的治理。《左传·成公十三年》载刘子的话说："国之大事，在祀与戎，祀有执膰，戎有受脤，神之大节也"。又说："是以有动作礼仪威仪之则，以定命也。能者养之以福，不能者败以取祸"。注重礼仪有整齐人心、敦睦向善的功能。中国作为一个"礼仪之邦"，自古以来注重以礼仪来对人们进行钟爱江山社稷、故土家园的教育，培养人们的爱国主义情感和信念。《中庸》指出："唯天下至圣，为能聪明睿知，足以有临也；宽裕温柔，足以有容也；发强刚毅，足以有执也；齐庄中正，足以有敬也；文理密察，足以有别也。溥博渊泉，而时出之。溥博如天，渊泉如渊。见而民莫不敬，言而民莫不信，行而民莫不说。是以声名洋溢乎中国，施及蛮貊"。圣人的美德表现在视听言动各个方面，能够赢得天下人们发自内心的敬重。中国的礼仪文明之盛传播到蛮陌之地也能起到化愚为哲、祛野向文的伦理效用。

爱国主义教育需要借助一定的仪式礼仪来进行并在其仪式礼仪中感受到国家的神圣、可敬重以及我与国家之神圣的内在关联，从而产生一种礼赞国家、忠诚国家和献身国家的意识和心愿。我们要在认真贯彻执行国旗法、国徽法、国歌法的基础上，学习国旗升挂、国徽使用、国歌奏唱礼仪，广泛开展"同升国旗、同唱国歌"活动，组织升国旗仪式并悬挂国旗，培养、陶铸和砥砺人们的爱国主义情操和品质。

要通过组织重大纪念活动来对人们进行爱国主义教育。充分挖掘重大纪念日、重大历史事件蕴含的爱国主义教育资源，组织开展系列庆祝或纪念活动和群众性主题教育，也是弘扬爱国主义精神的重要举措。我们可以抓住国庆节这一重要时间节点，广泛开展"我和我的祖国"系列主题活动，引导人们歌唱祖国、致敬祖国、祝福祖国，进一步培养人们热爱中华人民共和国、热爱中国共产党领导的社会主义新中国，从而使国庆黄金周成为爱国活动周，将爱国主义根基厚植在每一个中国人的心灵深处。我们还可以充分运用"七一"中国共产党的生日、"八一"中国人民解放军建军节等时间节点，广泛深入组织各种纪念活动，唱响共产党好、人民军队好的主旋律，进而自觉地增强对中国共产党的理性认识和价值认同以及对中国人民解放军的爱戴和拥护。

三、发挥传统和现代节日的涵育功能

中华传统文化借助传统节日获得了广泛的传播和大量的民众参与。并在对传统节日的庆祝或纪念中加深强化着对传统文化的认同。大力实施中国传统节日振兴工程，深化"我们的节日"主题活动，利用春节、元宵节、清明节、端午节、七夕节、中秋节、重阳节等重要传统节日，开展丰富多彩、积极健康、富有价值内涵的民俗文化活动，引导人们感悟中华文化、强化并增进家国情怀。

春节是中华民族万家团圆、告别往岁、迎接新春的重大节日。一年伊始，万象更新，人们在此时吃团圆饭，送走除夕，迎来新的一年，并拜谒尊长，互致祝愿，祈祷丰收和天下太平。元宵节既属于广义春节的组成部分，又以正月十五观灯、赏灯和颇具公共庆祝色彩的文娱活动而受到人们的欢迎。正月十五日白天称上元，晚上称元宵。晚上家家户户张灯结彩，人们吃元宵，放焰火，耍龙灯，载歌载舞，庆祝美好时光，共祝风调雨顺。包含着除夕（大年三十）、正月初一和元宵节在内的春节是中华民族家人的团聚、家庭的聚会以及家庭与家庭之间、亲人与亲人之间互致美好祝愿的重大节日，其主题是除旧迎新、团聚、庆祝和共话美好人生，通过春节这一家人团聚、互致美好祝愿的重大节日活动，有助于培育人们的家国情怀，陶铸"家和万事兴""国泰民安"等伦理精神，为爱国主义奠定精神基础。

端午节也是中华民族重要的民间节日。具体时间为农历五月初五，本名端五，亦名端阳、重五，指仲夏端午，端，初也。源于人们对战国时期著名诗人屈原的纪念。屈原为楚怀王时期的左徒（相当于副臣相），忠心为国，在外交上力主合纵抗秦，内政上主张变法图强、更新政治。后受到上官大夫靳尚等奸臣诬陷，被楚怀王革去左徒职务，贬为三闾大夫。楚怀王被秦国扣留后，其子顷襄王继位，顷襄王听信奸臣，将屈原放逐到偏僻的沅湘一带。屈原流落到沅湘一带，因生活的窘迫，精神的抑郁而形容枯槁、颜色憔悴，写下《离骚》《九歌》《九章》《天问》《国殇》等著名诗篇。在这些诗篇里，屈原痛斥卖国投敌的奸臣，颂扬为保卫楚国浴血战斗英勇牺牲的将士，哀恤庶民百姓生活的痛苦与不幸，对楚国的一山一水、一草一木都寄托了无限的深情。当屈原得悉秦国大将白起帅兵攻占楚国都城郢都，楚王的祖坟被秦兵挖掘焚毁后，抱起一块大石头纵身跳入汨罗江，以身殉国，结束了他忠贞为国而又痛苦不堪的一生。据传，屈原在今湖南汨罗江投江后，引起楚国人民的极大哀思和怀念。他在农历五月五日投汨罗江后，当地人民驾舟前往救援，最终未果。但这一举动在后来却变成一种风俗，每逢屈原投江这一天，人们就开展划龙船、吃粽子，以此来纪念伟大的爱国诗人屈原。这就是端午节的来历。端午节因为屈原的关系，也可以被视为爱国主义的重要节日。

清明节是农历二十四节气之一，在春分和谷雨之间，因为它在农历三月，所以也叫"三月节"；又因它以祭祖扫墓为主要活动，所以又称"鬼节"。《淮南子·天文训》有言："春分后十五日，斗指乙，则清明风至"。中华民族自古就有尊敬祖先和慎终追远的意识。早在先秦时期，墓祭已经成为不可或缺的礼俗活动。《汉书·严延年传》载，严氏即使离京千里也要在清明"还归东海扫墓地"。到了唐代，更被列为五礼之中："士庶之家，宜许上墓，编入五礼，永为常式"（《旧唐书·玄宗纪》）。后来，一到清明节，"田野道路，士女遍满，皂隶佣丐，皆得上父母丘墓"。[1] 杜牧《清明》一诗："清明时节雨纷纷，路上行人欲断魂。借问酒家何处有，牧童遥指杏花村"，描画了清明时节的纷纷细雨使那些赶路的行人触景伤怀，惆怅以至于产生"欲断魂"的心理效应。清明的前一天或前两天为寒食节。关于寒食节的来历，一般认为与春秋时代晋文公纪念忠臣介子推有关。史载晋文公重耳早年受到后母骊姬的陷害，被迫流亡国外。他身边有位贤臣叫介子推，一直不离不弃地跟随着晋文公。并在重耳饥寒交迫、贫病交加之际从自己身上割肉熬汤给重耳喝，使重耳渡过了难关。重耳流亡19年后，终于回到晋国做了国君，成为历史上有名的"春秋五霸"之一的晋文公。他在封赏功臣时唯独不见介子推。介子推不屑于那些争功求赏的同僚，也不愿再见晋文公，于是就背着年迈的母亲，躲进山林中隐居起来。后来晋文公知道后，心里非常愧疚，马上差人去请介子推上朝领赏，但是派去的人就是找不到介子推。后来听人说介子推躲到了绵上山中，晋文公自己亲自到介子推隐居的绵山去寻找，只见密密树林，根本见不着介子推的影子。他决定采纳放火烧山的提议，正赶上风急火旺，山火迅速蔓延，烧了三天三夜也未熄灭，把一片青山烧成了焦土，仍然不见介子推出来。山火熄灭后，人们看到介子推背着老母亲在大火中抱树而死。晋文公悲痛万分，下令把介子推被烧死这一天定为寒食节，全国禁火，吃干粮、冷饭，以纪念介子推。《史记·晋世家》有言："文公环绵上山中而封之，以为介推田，号曰介山，'以记吾过，且旌善人'"。

其他如中秋节、重阳节、七夕节、冬至节等传统节日，均有丰富的来源和文化意蕴，深涵着中国人的精神偏好、价值追求和民族气节，也是开展爱国主义教育最好的时令。现代节日也有独特的纪念或庆祝意义，也是开展爱国主义教育的重要载体。我们应当结合元旦、国际劳动妇女节、"五一国际劳动节"、五四青年节、国际儿童节、七一建党节、八一建军节、国庆节，开展各具特色的庆祝或纪念活动，激发人们对劳动人民的热爱，对女性地位的关注，对青年的希望和对儿童成长的重视，对党的认识，对军队和军人的关爱，特别是对国家的祝福与热爱，进一步提升人们的爱国主义精神，并使以爱国主义为核心的民族精神同以改革创新为核心的时代精神相结合，为锻铸和弘扬中国精神、实现中华民族伟大复兴的中国梦服务。

---

[1] 柳宗元：《寄许京兆孟容书》，引自《柳宗元集》第三十卷，中华书局1979年版，第779页。

四、依托自然人文景观和重大工程开展教育

热爱祖国的情感同热爱祖国的大好河山、祖国的疆域、领土有着最为直接的关系。中国领土辽阔，江山多娇，自然资源丰富，往往能够引发人们对自己生于斯、长于斯或居于斯的土地的深深的眷恋。"为什么我的眼里常含泪水？那是因为我对这土地爱得深沉"（《我爱这土地》），诗人艾青的诗句深切表达了中华儿女"爱江山"或爱故土家园的真挚情感。

不仅自然景观是弘扬爱国主义精神的实践载体，人文景观和重大工程等也是弘扬爱国主义精神的绝好舞台。依托自然景观、人文景观和重大工程开展爱国主义教育活动，往往能收到意想不到的效果。要实现生动传播爱国主义精神，不能仅仅是单向式引导和宣传，还必须充分利用爱国主义实践平台，形成一种爱国主义教育的良性互动。所以，除了在教育内容和宣传方式上，教育者要展示出爱国主义教育的生动性外，还要让人们在爱国实践中体会、认同和接受这种生动性，从而达到内化于心、外化于行。因此，要加强爱国主义实践的生动性。一是积极推动爱国主义资源的开发与利用。首先是物质资源的保护与开发。各种文物古迹、纪念馆等具有爱国意义和价值的物质设施，直接表现着爱国主义的深厚历史内涵和传统，更能让人们感受到爱国所给予这个民族和国家延续至今仍勃勃生机的强大力量。其次是精神资源的开发与利用。良好的社会爱国风气，不仅需要现实的爱国物质资源作支撑，也需要正确的精神资源作引领。所以，要进一步挖掘爱国主义文化传统丰富内涵，通过各种不同方式加以创造性转化和创新性发展，使社会成员形成基本的爱国情感和共同的爱国价值追求。还有就是在制度方面加以保障。通过各种规章制度，尤其是法律条文，对爱国行为加以激励提倡，对危害国家的行为加以强力惩治，由此保证爱国者的合法权利，保障爱国行为的积极履行。二是要营造爱国主义良好的社会氛围。教育虽然能让人们认识和理解爱国主义的丰富内涵，但是由于爱国主义教育本质而言是一种意识形态教育，因此就必须依靠外在环境影响推动人们爱国意识和情怀的培育发展，达到爱国主义教育效果的最大化。爱国主义教育环境的优劣直接关系到爱国主义教育的成效。例如，通过设立国家纪念日和其他纪念活动，或是直接展示各种爱国英雄先进事迹，或是宣传社会主义建设新成就等方面，让人们在潜移默化中受到爱国主义熏陶，培养爱国意识和情怀。

第三节　营造爱国主义教育的浓厚氛围

开展爱国主义教育，弘扬爱国主义精神，不仅需要实践载体和平台，也需要营造浓厚的氛围，让人们在润物无声中受到教育，获得情感的陶冶和价值的提升。

一、用好报刊广播影视等大众传媒

传统媒体是相对于网络媒体而言，主要是指电视、广播、报刊等向公众发布信息或提供教育娱乐平台的媒体。在互联网时代到来之前，爱国主义教育主要通过传统媒体向公众宣传引导，因此传统媒体具有广泛的受众群体，且相关配套设施较为系统完备。所以，在宣传爱国主义方式上，应发挥好传统媒体的现有优势，结合受众特点，创造出百姓喜闻乐见的精品节目。通过悬挂爱国楷模榜样的图片，播放爱国事迹的纪念作品，宣传介绍著名爱国者、民族英雄和先进人物，使整个社会逐渐形成爱国主义教育的良好氛围，也更加激发起人们为国家民族发展建设努力奋斗的热情。这正是传统媒体的特点和优势。随着网络技术的发展，网民数量呈迅猛增长态势，互联网已经成为人们接受信息、传播信息的主要渠道。近年来，网络上充斥着诋毁中国历史英雄人物、鼓吹历史虚无主义等不良信息，这给爱国主义教育，传播爱国主义精神造成了难以估量的负面影响。网络已经成为爱国主义教育的主阵地和意识形态斗争的主战场。因此，爱国主义教育必须借助互联网新媒体优势，积极构建网络时代的爱国主义教育话语体系。新媒介影响着人们的思维方式和信息获取方式，例如，微博、朋友圈等已经普遍成为信息传播的主要平台，所以爱国主义教育要立足于新媒体快捷和方便的特点，不断创新教育新模式和宣传新方式，例如，利用3D技术立体展现中国新成就，宣传爱国英雄人物。同时还要加强对爱国主义教育的理论研究，深入拓展相关理论成果，让新媒体宣传能够有理论深度和时代新度。要充分利用传统媒体和互联网新媒体各自的优势和特点，在信息发布和传播这一联结点上，既让传统媒体发挥受众面多、持续时间长的作用，又让新媒体在受众甄别和接受信息上发挥及时引导和澄清的作用，实现生动传播爱国主义精神。

信息网络时代，以互联网为代表的新兴媒体成为人们获取信息的重要渠道，互联网技术在媒体传播中的重要性日益凸显。因此，加强国际传播能力建设，必须重视新兴媒体，提高技术创新，突破西方壁垒。互联网具有传统媒体不具备的特点，如新兴媒体具有互动性、开放性、信息共享性等特点。相对于传统媒体，新兴媒体打破了时空界限，传播面广、时效性强，而且运营成本低、灵活便捷。我们要不断提高运用新兴媒体的能力和水平，充分利用这个平台，传播我们的声音。当然，新兴媒体的这些特点有利也有弊，必须科学认识网络传播规律，提高用网治网水平。正如习近平总书记所指出：“坚持营造风清气正的网络空间。”“使互联网这个最大变量变成事业发展的最大增量”。[1] 此外，还要大力推动传统媒体与新兴媒体的深度融合，推动传统媒体向现代化媒体转变，促进优势互补和资源共享，更好地参与全球话语权争夺。

在诸多艺术形式中，值得一提的是爱国主义的影视创造和戏剧创造。在影视作品方面，过去不乏爱国主义题材的经典之作，在广大人民群众中产生了广泛的影响，弘扬和传播了爱国主义精神。电影票房的增长，一方面反映出国民对观影的接受和常态化，电影同电视剧一样，有着重要的价值观传播作用；另一方面也反映出中国观众对高质量电影需求的不断增长。在电影题材的选择方面，以爱国主义作为主题的影片不但没有受到冷遇，反而叫好又叫座，充分展现出国民的爱国热情和对影视作品中爱国主义题材的需求。可见，爱国主义题材是影视剧永恒不变的主题，也是民众最喜闻乐见的题材。

我国有着非常丰富的戏曲剧种，在爱国主义的戏剧创作方面有着深厚的实践基础。据不完全统计，中国各民族地区的戏曲剧种约有360多种，传统剧目数以万计。在这些种类繁多的剧种中，不乏经典传唱的传统曲目，这些曲目在讲述历史故事的同时，也传承了爱国主义的精神。除此之外，还可以在音乐、舞蹈、雕塑等方面融入爱国主义题材，借用多种多样的表现形式丰富弘扬爱国主义精神。随着人民美好生活需要的日益广泛，对文艺作品的质量、品味和风格等要求越来越高，文艺创作应跟上时代发展，把握人民需求。新时代的爱国主义文艺创作应以推动社会主义文化繁荣兴盛为己任，从而创作出更多有筋骨、有道德、有温度的优秀爱国主义作品。

二、发挥先进典型的引领作用

习近平总书记指出：“伟大时代呼唤伟大精神，崇高事业需要榜样引领。”[2]

---

① 中共中央党史和文献研究室：《习近平关于网络强国论述摘编》，中央文献出版社2021年版，第13、79页。

② 习近平：《为实现中国梦凝聚有力道德支撑》，引自《习近平谈治国理政》第一卷，外文出版社2018年版，第159页。

他高度赞扬以钱学森、邓稼先、郭永怀等"两弹一星"元勋和西安交通大学"西迁人"为代表的老一辈知识分子始终与党和国家的发展同向同行的家国情怀和奉献精神，充分肯定以黄大年、李保国、南仁东、钟扬等为代表的新时代优秀知识分子"心有大我，至诚报国"的爱国情怀和感人事迹，强调面对新的征程、新的使命迫切需要在广大知识分子中弘扬这些爱国典范的优秀品质和精神，进一步营造爱国主义的浓厚氛围。《新时代爱国主义教育实施纲要》也指出："广泛开展向先进典型学习活动，引导人们把敬仰和感动转化为干事创业、精忠报国的实际行动。"[1] 爱国主义教育需要榜样引领和典型示范，爱国志士、民族英雄的先进事迹必然感染并激励更多的人生发出爱国主义的感情以及报效祖国的意识，从而使全体人民的爱国主义教育学有榜样、追有标杆，此即"见贤思齐"的力量或效应。

培育发展人们的爱国主义意识需要一定可以模仿参照的对象。这就需要示范引领。所谓示范引领，是指把爱国主义精神通过某种具体化、形象化、典范化的手段，使其直观性、形象性和样板性，能够增强爱国主义精神的感染力、吸引力和有效性。要实现示范引领效果，主要通过楷模榜样引领作用。楷模榜样是社会主义核心价值观的实践者，是受到社会表彰和推崇的代表人物。这些人物能激励人们积极向善、追求高尚，提升自我道德修养。弘扬爱国主义精神，需要树立那些被人们所接受认同并崇拜的英雄人物，那些有血有肉、有向上向善价值追求的个人、团体或群体。他们的价值观念和行为活动承载着社会所倡导的主流价值观，体现了社会所要求的道德原则和规范，引领了社会风尚。通过这些楷模榜样，弘扬爱国主义精神，进行爱国主义教育，能够使人们产生一种情感共鸣和价值认同，并且在学习宣传模范事迹过程中，人们潜移默化地受到影响，获得启迪，理解和认同社会所坚持倡导的爱国主义原则和规范。

不同的时代拥有不同的楷模榜样。在社会主义革命与建设时期，钱学森等一批科学家不顾外国千方百计地阻挠，毅然决然回国为祖国"两弹一星"研制和发展科学技术做出重大贡献。孔繁森为了人民群众的利益，呕心沥血。袁隆平为解决亿万人民的温饱问题，几十年如一日，潜心研究杂交水稻，造福整个人类。这样的楷模榜样还有很多，虽然他们所从事的具体工作不尽相同，但他们身上所展现出来为国家和民族发展的坚定信念和坚强意志，以及所做出的英雄模范事迹都值得社会每位成员学习和坚持。我们要与时俱进、坚持不懈地宣传好、传播好这些楷模榜样，同时也要努力培养出一批又一批深受人们推崇爱戴的爱国主义榜样，充分发挥他们的引领示范作用，强化人们的爱国主义信念，增强人们的爱国

---

① 《新时代爱国主义教育实施纲要》，人民出版社 2019 年版，第 16 页。

主义热情。这正如英国著名教育家洛克所说："没有什么事情能像榜样这样能够温和而又深刻地打进人们的心里。"①

　　爱国主义精神的传播无疑需要楷模榜样的引领示范。每个人在成长过程中都需要楷模榜样，每个社会在其发展道路中都应该有楷模榜样。在文化多元化时代，各种不同思潮蜂拥而至，人们面对诸多不同价值观念，有时会茫然失措，不知如何选择，如何判断。在面临爱国主义问题时，人们可能会不知回答如何去爱国。而通过楷模榜样具体化爱国主义形象，这些英雄模范人物身上所展现的生动丰富的爱国主义形象，能够打动人们的心灵，让人们不仅接受一次爱国主义教育，更直接使人们的爱国情感得到深化。一方面宣传爱国主义精神，要通过传统媒介和新媒介传播楷模榜样的先进事迹，营造爱国主义的社会氛围。当人们在观看和欣赏这些先进事迹时，会潜移默化地进行学习和模仿，从而将爱国主义精神内化为自身价值观念中，外化为具体的爱国主义行动。另一方面社会要善于发现楷模榜样人物，发动公众推荐社会影响广、道德评价高的先进人物，让更多的优秀爱国主义者涌现出来，被社会公众所熟知和宣传，起到引领示范作用，有效增强社会凝聚力和公众爱国主义情感。

三、积极创造优秀文艺作品

　　爱国主义的弘扬离不开以多种形式展现出来的艺术作品，积极进行爱国主义的文艺创作既是文艺创作本身的要求，也是弘扬爱国主义的重要措施和方法。习近平指出："爱国主义是常写常新的主题。拥有家国情怀的作品，最能感召中华儿女团结奋斗。范仲淹的'先天下之忧而忧，后天下之乐而乐'，陆游的'王师北定中原日，家祭无忘告乃翁'、'位卑未敢忘忧国'、'夜阑卧听风吹雨，铁马冰河入梦来'，文天祥的'人生自古谁无死，留取丹心照汗青'，林则徐的'苟利国家生死以，岂因祸福避趋之'，岳飞的《满江红》，方志敏的《可爱的中国》，等等，都以全部热情为祖国放歌抒怀。我们当代文艺更要把爱国主义作为文艺创作的主旋律"，② 真正创作出一大批为老百姓喜闻乐见的歌唱祖国、热爱祖国、忠于祖国、保卫祖国的优秀文艺作品，增强做一个中国人的骨气、底气或精气神。在习近平看来，"歌唱祖国、礼赞英雄从来都是文艺创作的永恒主题，也是最动人的篇章。我们要高扬爱国主义主旋律，用生动的文学语言和光彩夺目

---

① 刘济良：《价值观教育》，教育科学出版社 2007 年版，第 215 页。
② 习近平：《在文艺工作座谈会上的讲话》，引自《十八大以来重要文献选编》（中），中央文献出版社 2016 年版，第 134～135 页。

的艺术形象，装点祖国的秀美河山，描绘中华民族的卓越风华，激发每一个中国人的民族自豪感和国家荣誉感……抒写多彩的中国、进步的中国、团结的中国，激励全国各族人民朝气蓬勃迈向未来"。① 习近平肯定中国历史上"文以载道"的思想，并认为真正优秀并能广为流传的文艺作品大多是"载道"并以"弘道""卫道"为创作宗旨的作品，是同爱祖国、爱人民和爱祖国灿烂悠久的历史文化密切联系在一起的。我们要在坚持和弘扬中国精神中创造出更好的文艺作品。

爱国主义是文艺创作的永恒追求，文艺创作是培育深厚爱国主义情感的重要手段。挖掘利用爱国主义资源，应紧抓源头和原创，坚持以人民为中心的创作导向，弘扬爱国主义精神，尊重和遵循文艺规律。爱国主义文艺创作的发展异彩纷呈，产生了许多经典作品。这些经典作品在数十年的传播之下经久不衰，其讲述的爱国主义故事，传播的爱国主义精神，影响和振奋了数代中国人民，极大地增强了民族凝聚力，弘扬了爱国主义精神。爱国主义的文艺创作的形式是多样化的，主要包括电影、电视剧、戏剧、绘画、雕塑、工艺、建筑、音乐和舞蹈等。将爱国主义作为文艺创作的题材，既是新时代文艺创作的丰富和发展，又为爱国主义的弘扬提供了多元化的措施和途径。

在运用文艺创作为培育和弘扬爱国主义精神的过程中，最重要的是要注意解决好两个方面的问题。第一个方面的问题是，如何坚持艺术性与政治性相统一。当前在文艺创作中，有两个必须克服的不良倾向：一是只讲艺术性，而不讲政治性，甚至干脆就完全否定文艺创造的政治性。事实上，一般有关人文方面的文艺创作，是不可能没有政治性的。只不过是其政治倾向性是什么，政治性强弱如何，是显性的政治性还是隐性的政治性。二是只强调政治性，不重视艺术性，结果作品往往粗制滥造，不受群众欢迎。这两种相反的不良倾向，其结果却往往是相同的，即不利于爱国主义精神的培育与弘扬。

第二个方面的问题是，如何坚持经济效益与社会效益相统一。当前在这个方面的不良倾向主要有：一是只重视经济效益而不重视社会效益，往往把文艺创作作为圈钱的工具，怎么赚钱就怎么干，根本不顾社会效益。这种不良倾向是当前文艺创作中存在的一个比较严重的问题，它往往会造成不良的社会风气，严重冲击爱国主义精神的培育与弘扬，必须坚决运用法治与德治两种手段进行制止。二是只重视社会效益不重视经济效益，其结局往往由于违反市场经济规律而不可持续，难以为培育与弘扬爱国主义精神提供持久可持续的文化。

音乐历来有教育之功，移情之效。"乐也者，圣人之所乐也，而可以善民心，其感人深，其移风易俗，故先王著其教焉"，"致乐以治心者也"（《礼记·乐

---

① 习近平：《在中国文联十大、中国作协九大开幕式上的讲话》，人民出版社 2016 年版，第 8 ~ 9 页。

记》）。当我们听到《义勇军进行曲》《保卫黄河》等革命歌曲，便会联想到革命烈士们抛头颅、洒热血，为祖国不怕牺牲；当我们听到《春天的故事》《走进新时代》，改革开放给祖国带来繁荣、给人民带来幸福的融融暖意便涌上心头；当我们听到《中国的月亮》《爱我中华》，祖国的山川风物使多少游子热泪盈眶，五十六个民族五十六朵花，雄姿英发共同建设大中华。另外，我们还可以通过舞蹈、话剧、绘画等多种美育形式，来塑造人们的爱国情怀。

四、唱响互联网爱国主义主旋律

在新时代的背景之下，依托互联网的发展，以网络信息新媒体平台为载体，探索弘扬爱国主义的新渠道和新模式。

随着网络生活的常态化，国人通过互联网获得各种各样的信息，成为当下获取信息的重要来源之一。甚至在某种程度上，互联网数字媒体的发展，有着逐渐在一定程度上取代传统纸质媒体的趋势。因此，应重视网络信息新媒体平台在弘扬爱国主义方面所起到的作用，以此为平台，进一步弘扬新时代的爱国主义精神。

网络新媒体平台的发展有着多种多样的形式。互联网的发展使传统媒体进行了一场深刻的变革，新媒体如雨后春笋一般的出现，在信息传播和社会发展中占据了越来越重要的地位。新媒体的概念有诸多表述，如认为新媒体是带有即时交互、无限兼容等数字媒体特性，以数字媒体为核心，通过数字化交互性的固定或移动的多媒体终端向用户提供信息和服务的传播形态。新媒体的本质特征是技术上的数字化、传播上的互动性，借助计算机（或具有计算机本质特征的数字设备）传播信息的载体就是新媒体。在新媒体的诸多类型中，网络新媒体是其主要组成部分。网络新媒体依托互联网而发展，以手机、平板电脑和电脑等不同的终端形式为载体，以各种网站和终端程序为依托，传播海量信息，实现社会信息的交互和发展。

在当代中国，移动智能设备逐渐代替了传统电脑的功能，成为网络新媒体的重要载体。智能手机的使用催生了各种手机应用程序的研发和推广，微信、微博成为国民日常社会互动和交往的重要手段，尤其是微信，其涵盖文字、语音和视频的交互功能使传统电信业务受到了较为强烈的冲击。在移动智能设备上获取各种各样的信息是国民在当下社会主要的信息来源。除此之外，移动支付程序成为国民消费支付的重要手段，涵盖政务、交通、医疗、教育、购物和生活缴费等诸多方面的应用程序，给国民的生活带来了极大的便利。

综上所述，以移动智能设备为主的网络新媒体平台成为新时代社会交往和生活的重要平台。除了其强大的交互功能以外，还有强大的信息传播功能，利用网络新媒体平台进行爱国主义的弘扬和培育是新时代发展的必然趋势。

网络新媒体平台弘扬爱国主义的方式是多元化的。多元化发展是网络新媒体平台的重要特征，多元化也为爱国主义的弘扬提供了多种丰富的方式。

首先，门户网站固定设置爱国主义教育板块。主流媒体应坚守社会责任感，承担爱国主义弘扬和培育的重要阵地责任，而非为追求经济利益而丧失底线，弱化责任。爱国主义教育板块的设置应为网站的固定内容，置顶在主要位置。以回顾历史上的爱国主义故事，抒发爱国主义情怀，报道当下爱国主义的伟大事迹为主要内容。以文字、图片、视频资料为主，在历史资料基础上创新，以生动活泼的形式进行爱国主义的弘扬和培育。

其次，应在各网站的进入弹出页面及视频网站的播放页面中，加入爱国主义的内容，取代一部分的商业广告。很多网站点击进入后，会弹出商业广告的内容，持续短则数秒，长则数十秒，甚至某些视频网站的视频广告播放长达上百秒。用爱国主义的生动图片，短故事和短视频替代一部分的商业广告，既能消除用户对单纯植入广告的抵触和反感，又能进行爱国主义教育，弘扬爱国主义精神。

最后，推广专门宣传爱国主义的公众号和微博，利用交互功能，进一步推动爱国主义的弘扬和培育工作。目前，公众号和微博有着非常广泛的群众基础，拥有百万粉丝的公众号和微博并不少见。打造专门弘扬爱国主义的公众号和微博，设置不同的栏目，定期推出不同的主题和互动话题。根据不同的年龄段，有针对性地设置内容的具体形式。如将历史上丰富的爱国主义题材以微动画的形式制作并展现出来，在公众号和微博上定期播放，不仅传承了中华历史，更传播了爱国主义精神。除此之外，应加强对弘扬爱国主义的移动智能设备的应用程序研发工作，将爱国主义真正地融入现代的生活之中，成为生活常态的一部分。

另外，利用网络新媒体平台，弘扬爱国主义精神，需要注意加强有效的监督和进行正确的引导。改革开放以来，随着文化价值观的多元化发展，随着国内外反共反华势力对我国广泛开展西化分化活动，在网络新媒体平台上，争夺意识形态领导权、话语权的斗争日益激烈。为此，我们必须加强两个方面的工作：一是加大正面的宣传教育工作，加大对爱国主义精神的宣传教育工作。二是加大对反面的批判反击工作。后一方面我们曾经在很长一段时期忽视了，放松了，怕担"左"之污名。实际上，思想阵地我们自己不去占领，别人就一定会去占领。如果反共反华势力占领了思想阵地，那么，我们的意识形态领导权、管理权、话语权就必然丧失，就会产生极其严重的后果。同时，在培育与颂扬爱国主义精神的过程中，必须加大法律的保护力度，要用法律手段坚决打击那些污蔑英雄，诋毁先烈，歪曲爱国主义历史的行为。我们应当在政府的监督和引导之下，在法治的有力保障之下，全社会共同努力，使网络新媒体平台在爱国主义培育与弘扬中发挥出更大的力量。

第四节　强化爱国主义教育的制度和法治保障

开展爱国主义教育，弘扬爱国主义精神，必须强化制度和法治保障。法律是规范国民爱国行为的准绳，对于一些造成严重实际后果的极端行为应该用法律予以严惩，并以法育人、以法示人，让法律成为理性爱国行为的有力保障。国家的法律是公民幸福生活的基础，是公民平等分享同胞快乐的保障，是公民生活方式得以形成的基石，因此公民把遵守国家的法律义务视为自由，爱国体现为对国家法律的热爱和守法习惯。

在法治社会，公民遵纪守法就是爱国的表现，通过依法爱国展现理性，是对个人爱国行为的确定，有助于凝聚全民族力量推动国家发展进步。爱国主义情感的表达不仅需要客观、理性，而且还要遵守社会道德和国家法律等社会规范。要加强对公民的道德和法制教育，让公民懂得表达爱国情感要做到有理、有力、有节、合法。要从维护国家利益出发，在法律框架内理性表达爱国热情，激于义、止于理、合乎法，养成一种清醒的、负责任的合法表达方式。爱国不是讲大道理、喊空口号，而是重在脚踏实地的行动。对普通民众来说，爱国主义行为就是努力工作、学习，这是最直接、最理性的爱国主义行为。

与此同时，各级党委和政府要承担其主体责任，加强对新时代爱国主义教育的组织领导，把爱国主义教育摆上党委和政府工作的重要日程，更好地使爱国主义教育体现时代性、把握规律性、富于创造性。广大党员干部要发挥模范带头作用，做爱国主义的坚定弘扬者和实践者，同一切违背爱国主义的言论和行为做坚决的斗争，为实现中华民族伟大复兴而努力奋斗！

总之，我们要把爱国主义融入国民教育和精神文明建设全过程，就要使爱国主义教育日常化、具体化、形象化、生活化，内化为全体公民清醒的道德认知、强烈的道德情感、坚定的道德意志、健全的道德人格和拳拳服膺的道德实践，并渗透和灌注到社会公德、职业道德、家庭美德和个人品德建设中，成为一种日用而不觉的价值观、道德观和人生观，使中华民族和中国人民以更加自信、更加自强的精神气质和姿态屹立于世界民族之林。

469

当代中国爱国主义的精神风骨和魅力

世界上每一个国家都有自己的爱国主义精神和品质。在人类各国爱国主义的发展史上和伦理图谱上，中华民族和中国人民的爱国主义有一种立足本国而又放眼世界、立足传统而又注目未来，既自尊自信又尊人信人的伦理特质，本质上是一种具有大格局、大气量、大视野、大胸怀的爱国主义。这是一种同国际主义、有根的或健康的世界主义相联系的爱国主义，是一种国内主张共同富裕、国外主张和平共处的爱国主义。这种爱国主义既立足于古代天下主义的基础之上，又化为致力于维护世界和平和构建人类命运共同体的中国担当。以习近平同志为核心的中国共产党人提出了构建人类命运共同体的战略构想，并且以务实的态度致力于亚洲命运共同体、金砖国家命运共同体以及中非、中欧、中美等命运共同体的建设，以最大的诚意致力于新型国际关系的建构，为此付出了艰辛的努力，体现出了一个负责任大国的担当意识和奉献意识。习近平在联合国日内瓦总部的演讲中向世界郑重承诺，"中国维护世界和平的决心不会改变"，"中国促进共同发展的决心不会改变"，"中国打造伙伴关系的决心不会改变"，"中国支持多边主义的决心不会改变"。① 这种底气来自五千年中华文明的精神支撑和价值观自信，来自中国共产党人百年来自强不息和厚德载物伦理美德的道义滋润和中国走和平发展道路发展历程的坚定信念。"根之茂者其实遂，膏之沃者其叶晔"（韩愈：《答李翊书》）。建筑在五千年文明沃土之上的当代中国爱国主义有着根深蒂

---

① 习近平：《共同构建人类命运共同体》，引自《论坚持推动构建人类命运共同体》，中央文献出版社 2018 年版，第 423～425 页。

固的坚实基础，有着源远流长的血脉传承，有着卓尔不群的精神风骨，更有着广大精微的伦理神韵和无穷魅力。

中华文明本质上是一种和平主义的王道文明。中华民族历来是爱好和平、主张以和为贵的民族，中华文化自古以来就崇尚和衷共济、和睦相处、和谐友好。中国即使在最强盛的时代也从未发生过对外扩张，没有留下任何海外殖民的记录。汉代张骞出使西域，明代郑和七下西洋，这些开拓事业之所以名垂青史，是因为使用的不是战马和长矛，而是驼队和善意；依靠的不是坚船和利炮，而是宝船和友谊。"和衷共济、和合共生是中华民族的历史基因，也是东方文明的精髓。中国坚定不移走和平发展道路。国强必霸的逻辑不适用，穷兵黩武的道路走不通"。① 中国人民近代以来经历了长达一个多世纪的苦难岁月，深知和平的可贵，盼的就是和平，求的就是稳定，因此绝不会把自身遭受到的苦难强加于他人或他国。中国人民和中华民族是世界上最热爱和平、最注重和谐、最看好和睦、最崇尚和美的人民和民族，血液里没有侵略他人、称霸世界的基因，不接受"国强必霸"的逻辑，也没有民族利己主义和国家利己主义的偏好。

中国的这种和平主义文化既源远流长又博大精深，与儒家所崇尚的"己欲立而立人，己欲达而达人"（《论语·雍也》），"己所不欲，勿施于人"（《论语·颜渊》），"老吾老以及人之老，幼吾幼以及人之幼"（《孟子·梁惠王上》）的"仁爱"以及墨家所倡导的"有力者疾以助人，有财者勉以分人，有道者劝以教人"（《墨子·尚贤（下）》）"视人之国若视其国，视人之家若视其家，视人之身若视其身……强不执弱，众不劫寡，富不侮贫，贵不傲贱，诈不欺愚"（《墨子·兼爱中》）的"兼爱"有着一种内在精神的关联，从而使得这种和平主义充满着对庶民百姓生命的尊重。中国共产党人继承并发展了深植于中国人心灵深处的中华文化讲仁爱、重民本、守诚信、崇正义、尚和合、求大同的伦理美德，并主张结合新的时代形势和现实需要加以创造性转化和创新性发展。

仁爱是儒家伦理所崇尚的人之所以为人的根本伦理原则和伦理美德。孔子建立的仁学就是以讲仁爱为主体内容的。仁爱在具体的道德生活中要求从孝悌开始，扩展到"老吾老以及人之老，幼吾幼以及人之幼"，进而达到仁民而爱物。罗近芳在谈到儒家文化精神时有言："天地之大德曰生。夫盈天地间只是一个大生，则浑然亦只是一个仁，中间又何纤毫间隔？故孔门宗旨，惟是一个仁字"。② 一部《论语》，论及"仁"，出现了109次，足见孔子对仁或仁爱的重视，而且

① 习近平：《中国发展新起点，全球增长新蓝图》，引自《论坚持推动构建人类命运共同体》，中央文献出版社2018年版，第370页。
② 黄宗羲：《明儒学案》卷三十四，引自《黄宗羲全集》第八册，浙江古籍出版社2012年版，第36页。

孔子讲义、礼、智、信或其他诸德，也总是不离仁，常常是仁义或仁礼并称。孙中山先生谈到：仁爱是中国固有的好道德。仁爱的精义是"为人类谋幸福，普遍普及，地尽五洲，时历万世，蒸蒸芸芸，莫不被其泽惠"。① 仁之种类有救世之仁、救人之仁和救国之仁三种，革命者的仁就在于救国救民，使国家摆脱奴役，使人民摆脱剥削和压迫。中国共产党人继承并发展了中国文化中讲仁爱的优良传统并将其发扬光大，始终不渝地坚持以为中国人民谋幸福，为中华民族谋复兴作为自己的初心和使命，书写了仁民爱物的新的历史篇章。

民为邦本、本固邦宁是中国传统政治伦理的基本理念。孟子说："得天下有道，得其民，斯得天下矣。得其民有道，得其心，斯得民矣。"（《孟子·离娄上》）最终决定国家命运、政治稳定的基础，只有人民。中国共产党人将古代中国社会所讲的重民本发展到一个新的历史阶段，主张以人民为中心，尊重人民当家作主的权利，把维护好、实现好人民群众的根本利益作为治国理政的重要内容和评价标准。毛泽东提出了"人民，只有人民，才是创造世界历史的动力"② 和"全心全意为人民服务"③ 的思想观点。邓小平指出，人民拥护不拥护、人民赞成不赞成、人民高兴不高兴、人民答应不答应，应当成为检验我们一切工作的标准。④ 江泽民提出的"三个代表"重要思想其中一条就是"代表最广大人民的根本利益"，并提出了"我们党来自人民，植根于人民，服务于人民。建设有中国特色社会主义全部工作的出发点和落脚点，就是全心全意为人民谋利益。"⑤ 胡锦涛在西柏坡学习考察时的讲话中指出，共产党人要全心全意为人民服务的宗旨，始终不渝为最广大人民群众谋利益，并强调"各级领导干部要坚持深入基层、深入群众，倾听群众呼声，关心群众疾苦，时刻把人民群众安危冷暖挂在心头，做到权为民所用、情为民所系、利为民所谋"。⑥ 党的十八大以来，习近平提出了以人民为中心的思想，坚持认为"人民是历史的创造者，群众是真正的英雄。人民群众是我们力量的源泉"，"人民群众对美好生活的向往就是我们的奋斗目标"，⑦ 主张始

---

① 孙中山：《在上海中国社会党的演说》，引自《孙中山全集》第二卷，中华书局1982年版，第510页。

② 毛泽东：《论联合政府》，引自《毛泽东选集》第三卷，人民出版社1991年版，第1031页。

③ 毛泽东：《论联合政府》，引自《毛泽东选集》第三卷，人民出版社1991年版，第1094页。

④ 胡锦涛：《在邓小平同志诞辰一百周年纪念大会上的讲话》，引自《胡锦涛文选》第二卷，人民出版社2016年版，第209页。

⑤ 江泽民：《高举邓小平理论伟大旗帜，把建设有中国特色社会主义事业全面推向二十一世纪》，引自《江泽民文选》第二卷，人民出版社2006年版，第45页。

⑥ 胡锦涛：《在西柏坡学习考察时的讲话》，引自《胡锦涛文选》第二卷，人民出版社2016年版，第9页。

⑦ 习近平：《人民对美好生活的向往，就是我们的奋斗目标》，引自《习近平谈治国理政》，外文出版社2014年版，第4~5页。

终植根于人民、造福于人民，始终保持党同人民群众的血肉联系，始终与人民心连心、同呼吸、共命运，办好顺民意、解民忧、惠民生的实事。

诚实守信自古以来就是中华传统美德的重要内容。《管子·枢言》将诚信视为治理天下的枢纽，指出"诚信者，天下之结也"。在中国古代，诚信不仅是个人安身立命之本，也是国家立国之基。所以孔子有"自古皆有死，民无信不立"的价值判断，说明了诚信对于治理国家的重大意义。孙中山先生认为，中国人民和中华民族自古以来就是十分注重"信义"之德的，对于朋友讲"言而有信"，对于治国讲"民无信不立"，讲信修睦、信用诚实始终是中国人最为看重的伦理美德。① 孙中山指出："中国古时对于邻国和对于朋友，都是讲信的。依我看来，就信字一方面的道德，中国人实在比外国人好得多"。② 他以商业贸易为例，认为中国人做生意彼此不需要订立契约，只要口头上谈妥了，便形成很大的信用。"所以，外国在中国内地做生意的很久的人，常常赞美中国人，说中国人讲一句话比外国人定了合同的，还要守信用得多"。③ 中国共产党人继承并发展了守诚信的传统美德，并予以发扬光大。胡锦涛提出的"八荣八耻"的社会主义荣辱观就有"以诚实守信为荣，以见利忘义为耻"，④ 胡锦涛还把诚信友爱视为社会主义和谐社会的重要内容和基本特征。党的十七大报告在论及社会主义思想道德建设时强调大力弘扬爱国主义、集体主义、社会主义思想，以增强诚信意识为重点，加强社会公德、职业道德、家庭美德、个人品德建设。党的十八大以来，以习近平同志为核心的党中央十分注重诚信建设，诚信不仅是社会主义核心价值观中的重要内容，而且也在《新时代公民道德建设实施纲要》中专门作为重要的一条写入"推动道德实践养成"部分。

中华民族自古以来崇尚公平正义、公道正直并以公平正义之心待人接物、处世应对。儒家追求"天下为公"，"公则不为私所惑，正则不为邪所媚"，"唯公然后可正天下"。崇正义是我国传统社会名、事、礼、乐、刑、罚等的基本价值取向，是中华传统价值观的核心要素。其中中正的观念则体现着"刚中而应，大亨以正"的道德律令，也是"会其有极，归其有极"的王道之集中体现。中华民族秉持大中之道，注重正义、公平，讲求公道正派，以不偏激、不过分、不狂妄为基本的人生处世之道，是故"统之有宗，会之有元"，这里的"元"和"宗"即是超越一切私见、私欲和私利的公道正义，是不偏不倚的王道大德。崇正义使中华民族成为一个汇通天道义理而理性自觉的民族。中国共产党继承并发展了崇正义的传统美德，在建设中国特色社会主义现代化事业中，把公平正义视

①② 孙中山：《三民主义》，引自《孙中山全集》第九卷，中华书局1986年版，第245页。
③ 孙中山：《三民主义》，引自《孙中山全集》第九卷，中华书局1986年版，第247页。
④ 胡锦涛：《树立社会主义荣辱观》，引自《胡锦涛文选》第二卷，人民出版社2016年版，第430页。

为中国特色社会主义的内在要求,主张逐步建立起以权利公平、机会公平、规则公平和分配公平为主要内容的社会公平保障体系。

尚和合是中华民族和中华文明所十分崇尚的伦理美德。和睦相处,和谐共生,和衷共济,自古以来受到中华民族的高度肯定和推崇,并化为一种具体的行为实践。在中华民族的历史上,兄弟民族的关系一直是以和睦相处为主流,"彼无我侵,我无彼虞,各安其纪而不相渎耳",[①] 数千年来成为各民族的价值共识。中华民族的尚和合不仅体现在内部成员彼此之间的和睦相处、守望相助上,而且也体现在与域外民族和他国关系的对待中。孙中山先生指出:"中国人几千年酷爱和平,都是出于天性。""说到和平的道德,更是驾乎外国人。这种特别好的道德,便是我们民族的精神。我们以后对于这种精神,不但是要保存,并且要发扬光大,然后我们民族的地位才可以恢复"。[②] 中国共产党人是尚和合精神的继承者和光大者。江泽民在美国哈佛大学的演讲中不仅讲到中华民族有团结统一的传统、独立自主的传统、自强不息的传统,还讲到了中华民族爱好和平的传统,他指出:"我国先秦思想家就提出了亲仁善邻,国之宝也的思想,反映了自古以来中国人民就希望天下太平、同各国人民友好相处。"[③] 胡锦涛在耶鲁大学的演讲中指出:"中华文明历来注重亲仁善邻,讲求和睦相处。中华民族历来爱好和平。中国人在对外关系中始终秉承'强不执弱、'富不侮贫'的精神,主张协和万邦'"[④],并认为中国共产党人会一如既往地坚持走和平发展道路,中国的发展带给世界的只会是机遇和便利,而不会是威胁。党的十八大以来,以习近平同志为核心的中国共产党人提出了构建人类命运共同体的战略设想,特别强调建设一个持久和平、共同繁荣的和谐世界,并在多种场合阐释了中国人民热爱和平、中国文化崇尚和合的传统和精神。习近平倡导同心维护世界和平,为促进各国人民的共同发展提供安全保障,并指出:"和平犹如空气和阳光,受益而不觉,失之则难存。没有和平,发展就无从谈起。国家无论大小、强弱、贫富,都应该做和平的维护者和促进者"。[⑤] 自古以来,中国人就形成了"以和为贵""化干戈为玉帛""国泰民安""协和万邦"的价值观,不仅主张人与人之间、民族与民族之间、国与国之间要和谐相处,而且主张人与自然之间也要和谐相处,人自己身心

---

① 王夫之:《宋论》,引自《船山全书》第十一册,岳麓书社 2011 年版,第 174 页。

② 孙中山:《三民主义》,引自《孙中山全集》第九卷,中华书局 1986 年版,第 246～247 页。

③ 江泽民:《增进相互理解,加强友好合作》,引自《江泽民文选》第二卷,人民出版社 2006 年版,第 61 页。

④ 胡锦涛:《在美国耶鲁大学的演讲》,引自《胡锦涛文选》第二卷,人民出版社 2016 年版,第 439 页。

⑤ 习近平:《共同创造亚洲和世界的美好未来》,引自《论坚持推动构建人类命运共同体》,中央文献出版社 2018 年版,第 30 页。

灵肉之间也要和谐共生，中国的故宫三大殿都以"和"命名，有"保和殿""中和殿"和"太和殿"，中国的太极图注重阴阳、动静、阖辟、盈虚、隐显之间的和合共生。

天下大同是中华民族和中国人民自古以来就孜孜以求的价值目标和理想社会。《尚书·洪范》最早提到了"大同"一词，"汝则从，龟从，筮从，卿士从，庶民从，是之谓大同"，用来描述王、卿士、庶民和天地同心同德的状态。《礼记·礼运》则描绘了一幅大同世界的图像，其主要内容为天下为公，讲信修睦，选贤与能，各得其所，世界太平。崇尚"天下为公"的"大同"理想，是中国传统美德的重要内容和千百年来中国人民为之不懈奋斗的信念。近代以来洪秀全领导的太平天国农民起义，推崇大同之世的社会理想，并指出："遥想唐、虞、三代之世，天下有无相恤，患难相救，门不闭户，道不拾遗，男女别涂，举选尚德。尧、舜病博施，何分此土彼土；禹、稷忧溺饥，何分此民彼民……盖实乎天下凡间，分言之则有万国，统言之则实一家"。① 康有为专门写了《大同书》，认为大同世界是一个"至平、至公、至仁、治之至"的理想世界，"夫欲人性皆善，人格皆齐，人体得养，人格皆具，人体皆健，人质皆和平广大，风俗道化皆美，所谓太平也"。② "大同之世，人心皆仁，风俗尽美"，在大同世界里，"人人独立，人人平等，人人自主，人人不相侵犯，人人交相亲爱，此为人类之公理"。③ 孙中山崇尚天下为公的大同世界理想，他说："在吾国数千年前，孔子有言曰：'大道之行也，天下为公'。如此，则人人不独亲其亲，人人不独子其子，是为大同世界。大同世界即所谓'天下为公'。要使老者有所养，壮者有所营，幼者有所教。孔子之理想世界，真能实现，则民不争，甲兵亦可以不用矣"。④ 孙中山还将大同世界与三民主义联系起来加以论述，认为大同世界强调政权公之天下，而他的三民主义也是以政权的天下为公作为基本的价值追求的，使"四万万人一切平等，国民之权利义务无有贵贱之差，贫富之别，轻重厚薄，无稍不均"，⑤ 这就是国民平等之制，亦即是三民主义所要实现的目标。中国共产党人继承并发展了中国历史上崇尚天下为公的求大同思想，在马克思主义的指导下以社会主义和共产主义为理想的价值追求和社会追求，并为之进行了长期而艰苦的奋斗，终于建立了社会主义的新中国。此后又经过社会主义建设和改革开放以来的社会主义

---

① 洪秀全：《原道醒世训》，引自罗尔纲编：《太平天国文选》，上海人民出版社 1956 年版，第 3~4 页。

② 康有为：《大同书》，上海古籍出版社 1956 年版，第 191 页。

③ 康有为：《孟子微》，中华书局 1987 年版，第 23 页。

④ 孙中山：《在桂林对滇赣粤军的演说》，引自《孙中山全集》第六卷，中华书局 1985 年版，第 35~36 页。

⑤ 孙中山：《中国同盟会革命方略》，引自《孙中山全集》第一卷，中华书局 1981 年版，第 317~318 页。

结语 当代中国爱国主义的精神风骨和魅力

现代化建设，实现了无数志士仁人梦寐以求的社会理想。共同富裕是中国特色社会主义的根本原则，为了逐步实现共同富裕，中国共产党人从制度、政策及其具体举措上均做出了设计和部署，确保发展成果更多更公平地惠及全体人民，使其朝着共同富裕的方向稳步前进。与此同时，中国共产党人始终把关注和改善民生作为治国理政的重要目标和任务，采取切实措施确保人民学有所教、病有所医、老有所养、住有所居，连续实施精准扶贫、精准脱贫发展战略，使数亿人口在短短十几年里成功脱贫，书写了人类反贫困史的辉煌篇章。

正是因为中国的爱国主义同五千年悠久的中华文明和传统美德有着内在的精神联系，传承和发展着"讲仁爱""重民本""守诚信""崇正义""尚和合""求大同"的传统美德和民族精神，故而体现出仁道主义、民本主义、和平主义、天下主义以及诚信为上、正义为本的价值特质和精神趋向。从世界爱国主义发展类型学的角度分析，中国人民和中华民族的爱国主义既是有根有魂的，又是开放包容的，或者更具体地说中华民族和中国人民的爱国主义从来不是狭隘的和盲目的，它与其他国家和民族的爱国主义有着"道并行而不相悖，万物并育而不相害"的共生共存品质，有着"各美其美，美人之美，美美与共，天下大同"的伦理特质和精神禀赋。

中华文明和中华民族所具有的伦理美德和崇高品质受到国外很多有识之士的肯定和好评。利玛窦在《中国札记》中指出：中国人"很满足于自己已有的东西，没有征服的野心。在这方面，他们和欧洲人很不相同，欧洲人常常不满意自己的政府，并贪求别人所享有的东西"。① 利玛窦还根据自己的仔细研究对一些断言中国征服了邻国并把势力扩张到远及印度的观点予以驳斥，认为这一论断的错误在于"很可能是因为曾发现有中国人到过中国国境以外的证明"。利玛窦强调指出，在中国凡是有教养乃至有地位的人都不赞成战争，他们宁愿做最低等的哲学家，也不愿做最高的武官，自远古以来"人们就更愿意学习文科而不愿从事武职，这对一个很少或没有兴趣扩张版图的民族是更合适的"。② 20 世纪英国著名哲学家思想家伯特兰·罗素认真地比较了中西文明，认为西方文明的显著优点是科学的方法，而中华文明显著的优点是合理的人生态度或和平主义的伦理价值观，他说："如果世界上有'骄傲到不肯打仗'的民族，那么这个民族就是中国。中国人天生的态度就是宽容和友好，以礼待人并希望得到回报。假如中国人愿意的话，他们将是世界上最强大的国家。但他们希望的只是自由而不是支配"。

---

① ［意］利玛窦、［比］金尼阁著，何高济等译：《利玛窦中国札记》，中华书局 2010 年版，第 59 页。

② ［意］利玛窦、［比］金尼阁著，何高济等译：《利玛窦中国札记》，中华书局 2010 年版，第 59~60 页。

"尽管中国发生过很多次战争，中国人天生的面貌仍是非常平和的"。在罗素看来，中国人的宽容和友善"超过了欧洲人根据他们本国的生活经验所能想象的极限"。① 中国人对待西方文明，主张吸收对自己有益的东西，而对那些不好的东西则加以拒斥。"西方不好的东西——兽性、不知足、随时准备压迫弱者、贪婪"，这是中国人极为反感而又厌恶的，中国人只"希望吸取西方好的东西，尤其是科学"。② 罗素通过中西文明的比较，并把眼光投向未来，得出一个重要结论，"中国人至高无上的伦理品质，现代世界极需要它们。在这些品质中，我把和平的态度放在第一位，它寻求在公正的基础上解决争端而不是诉诸武力"。③世界人民期盼和平、呼唤和平并希望过和平的生活，只有中国文明的和平主义精神才能给世界和平提供一种价值的引领和道义的支撑。如果按照西方那种霸权主义和零和思维及其"丛林法则"，不管科学技术和物质文明如何发展，人类终将是不幸的。

汤因比在与池田大作的对话中对中华文明和中华美德最具有世界意义的因素予以概括，指出其中包含天下一家的世界主义精神，儒教世界观中的人道主义精神，儒教和佛教具有的合理主义精神，人要支配宇宙就要遭到失败的天人合一精神，人的目的不是狂妄地支配自然而是必须和自然保持协调的共生主义精神等都是人类最需要的宝贵财富。汤因比极为欣赏和推崇中国人民和中华民族团结统一的精神。池田大作在与汤因比的对话中也对中华民族的和平主义精神表示了相当的认可，他说："与其说中国人是有对外推行征服主义野心的民族，不如说是在本质上希望本国和平与安泰的稳健主义者。实际上，只要不首先侵犯中国，中国是从不先发制人的。近代以来，鸦片战争、中日战争、朝鲜战争以及迄今和中国有关的战争，无论哪一次都可以叫做自卫战争"。④ 中国人没有海外扩张和殖民的野心，也没有留下任何对别国侵略的记录。中国的民族主义是对外国侵略的一种"不得已的反应"，"基本上还是大力推行着世界主义、中华主义"。池田大作赞同汤因比关于世界统一中国将发挥重要作用的观点，认为"从两千年来保持统一的历史经验来看，中国有资格成为实现统一世界的新主轴"。⑤ 早在 1968 年 9

① ［英］伯特兰·罗素：《中西文明的对比》，引自何兆武、柳卸林主编：《中国印象：外国名人论中国文化》，中国人民大学出版社 2011 年版，第 364~365 页。

② ［英］伯特兰·罗素：《中国人的性格》，引自何兆武、柳卸林主编：《中国印象：外国名人论中国文化》，中国人民大学出版社 2011 年版，第 372 页。

③ ［英］伯特兰·罗素：《中国人的性格》，引自何兆武、柳卸林主编：《中国印象：外国名人论中国文化》，中国人民大学出版社 2011 年版，第 374 页。

④ ［英］汤因比、［日］池田大作著，荀春生等译：《展望二十一世纪：汤因比与池田大作对话录》，国家文化出版公司 1985 年版，第 290 页。

⑤ ［英］汤因比、［日］池田大作著，荀春生等译：《展望二十一世纪：汤因比与池田大作对话录》，国家文化出版公司 1985 年版，第 291、295 页。

月 8 日池田大作发表的《日中邦交正常化倡言》中，他就坚持认为中国问题是实现世界和平的关键，指出："在现在的世界形势下，中国问题已成为实现和平的道路上的一个非常重大的难题……如果不让这个被当作国际社会异端似的中国处于同其他国家一样平等、公正地交往的状态，那就永远不可能实现亚洲和世界的和平"①，所以他提出要正式承认中国政府的存在，为中国准备恢复在联合国的合法席位，让其参加各种有关国际问题的讨论，要广泛推进与中国的经济文化交流，要立即举行中日首脑会谈等建议，并特别强调日本文化深受中国文化影响，中日邦交正常化不仅有助于日本和东亚地区的和平和发展，更有助于世界的和平和发展。1984 年在中国北京大学的演讲中，池田大作谈到了中国本质上是一个"尚文"而不是"尚武"的国家，指出："与世界文明史中经历过盛衰荣枯的其他强大帝国相比，在中国历史中，很难发现单凭武力，明目张胆地推行武力主义和侵略主义的例证。尽管一时性的武力主义也曾勉强推行过，但毕竟很快便为文化及文明那大海般的力量所吸收。中国被称为'世界上历史最悠久的国家'，在其卷帙浩繁的史书中，只消信手翻阅几册，就可发现其中处处充满着伦理性和伦理感。正因为中国是一个'尚文'的国家，才有可能产生这样的力量，抑制唯力是视的武力侵略主义。"② 池田大作不仅盛赞中国的和平主义，而且还对中国的人本主义予以高度肯定，认为中国的人本主义主张以人为本，尊重人的生命的价值和尊严。他对中国的大同思想也有相当的称颂和褒扬，认为儒家所推崇的大同思想蕴含着"共生的道德气质"。池田大作十分崇敬周恩来总理的品质和人格，认为周总理的品质和人格体现了中华民族和中国人民的优秀品质和人格，他饱含深情地说道："放眼大局而不忘细节，心藏秋霜信念而脸露春风笑容，不是自我中心而是以对方的心为中心，既是中国良好公民又是世界主义者，经常把温和而公正的目光投向人民，这样卓越的人格"③ 体现了"取调和而舍对立、取结合而舍分裂、取大我而舍小我"的崇高的道德精神品质。中华民族和中国人民的精神气质、道德品质和优秀人格，"定会为世人瞩目，成为导引人类历史的动力，被赋予极大的期待"。④

"人间正道是沧桑"。当代中国爱国主义既致力于本国人民生命健康和幸福生活的打造，又胸怀世界，主张与世界各国建立起休戚与共、生死与共的命运共同体关系。当代中国爱国主义立于其中的"讲仁爱、重民本、守诚信、崇正义、尚

---

① ［日］池田大作：《讲演随笔集》，日本创价学会、北京大学日语系译，作家出版社 2002 年版，第 3~4 页。

② ［日］池田大作著，卞立强等译：《我的中国观》，四川人民出版社 2009 年版，第 79~80 页。

③ ［日］池田大作著，卞立强等译：《我的中国观》，四川人民出版社 2009 年版，第 120~121 页。

④ ［日］池田大作著，卞立强等译：《我的中国观》，四川人民出版社 2009 年版，第 121 页。

和合、求大同"的中华传统美德及其民族精神正在引领人类爱国主义发展的潮流。我们相信,熔铸中华民族传统美德、革命道德和社会主义先进道德成果和精神的当代中国爱国主义,一定会在中国共产党人的坚强领导下,在全体中国人民和中华民族致力于伟大复兴的历史征程中,在构建人类命运共同体的宏大事业中,放射出更加夺目的光芒,赢得具有公道之心、追求和向往和平生活的人们和国家的尊重和好评,并促进世界各国爱国主义的健康发展,真正产生那种"各美其美,美人之美,美美与共,天下大同"的伦理效应。

参考文献

［1］［意］阿奎那著，马清槐译：《阿奎那政治著作选》，商务印书馆 1982 年版。

［2］［英］埃里克·霍布斯鲍姆著，李金梅译：《民族与民族主义》，上海人民出版社 2000 年版。

［3］［英］埃德蒙·柏克著，何兆武等译：《法国革命论》，商务印书馆 2003 年版。

［4］《爱国主义教育实施纲要》，人民出版社 1994 年版。

［5］［古希腊］爱比克泰德著，王文华译：《爱比克泰德论说集》，商务印书馆 2009 年版。

［6］［英］爱德华·吉本著，黄宜思等译：《罗马帝国衰亡史》，商务印书馆 2011 年版。

［7］［英］安东尼·史密斯著，龚维斌、良警宇译：《全球化时代的民族与民族主义》，中央编译出版社 2002 年版。

［8］［美］安东尼·史密斯著，叶江译：《民族主义：理论、意识形态、历史》，上海世纪出版集团 2011 年版。

［9］［德］奥本海著，沈蕴芳译：《论国家》，商务印书馆 1994 年版。

［10］［古罗马］奥古斯丁著：《上帝之城》，引自赵敦华、傅乐安主编：《中世纪哲学》，商务印书馆 2013 年版。

［11］［古罗马］奥古斯丁著，周士良译：《忏悔录》，商务印书馆 1987 年版。

［12］白居易：《白居易集》，中华书局 1979 年版。

［13］［古希腊］柏拉图著，郭斌和、张竹明译：《理想国》，商务印书馆 1986 年版。

［14］班固：《汉书》，中华书局 1962 年版。

［15］［美］保罗·克鲁格曼著，张兆杰等译：《流行的国际主义》，中信出版社 2010 年版。

［16］［美］保罗·肯尼迪著，王保存等译：《大国的兴衰：1500—2000 年的经济变革与军事冲突》，中信出版社 2015 年版。

［17］［英］鲍桑葵著，汪叔均译：《关于国家的哲学理论》，商务印书馆 2010 年版。

［18］［美］本尼迪克特·安德森著，吴叡人译：《想象的共同体：民族主义的起源与散步》，上海人民出版社 2005 年版。

［19］［美］比尔德著，许亚芬等译：《美国文明的兴起》，商务印书馆 2010 年版。

［20］［瑞士］彼埃尔·德·塞纳克伦斯著，冯炳昆编译：《治理与国际调节机制的危机》，载于《国际社会科学杂志》（中文版）1999 年第 1 期。

［21］［美］彼得·海斯·格里斯：《浅析中国民族主义：历史、人民和情感》，载于《世界经济与政治》2005 年第 11 期。

［22］毕沅：《续资治通鉴》，中华书局 1999 年版。

［23］［美］伯恩斯、拉尔夫著，罗经国等译：《世界文明史》，商务印书馆 1995 年版。

［24］［古希腊］伯利克里：《在阵亡将士国葬典礼上的演说》，引自周辅成编：《西方伦理学名著选辑》上卷，商务印书馆 1964 年版。

［25］［瑞士］布克哈特著，何新译：《意大利文艺复兴时期的文化》，商务印书馆 1991 年版。

［26］［法］布朗基著，顾良、冯文光译：《祖国在危机中》，商务印书馆 1980 年版。

［27］蔡元培：《中国伦理学史》，商务印书馆 1987 年（影印）。

［28］［美］查尔斯·艾略特著，刘庆国译：《美国精神：美国历史文献中的励志精品》，中华工商联合出版社 2015 年版。

［29］［加］查尔斯·琼斯著，李丽丽译：《全球正义：捍卫世界主义》，重庆出版社 2014 年版。

［30］常青：《全球化视野下公民爱国意识培养研究》，人民出版社 2016 年版。

［31］晁福林、罗新慧：《基石：先秦秦汉时期的中华民族精神》，广东人民出版社 2015 年版。

［32］陈独秀：《我们究竟应不应当爱国》，引自《独秀文存》，上海亚东图书出版公司 1922 年版。

［33］陈独秀：《我之爱国主义》，引自《独秀文存》，上海亚东图书出版公司 1922 年版。

［34］陈独秀著，吴晓明编：《陈独秀文选》，上海远东出版社 1994 年版。

［35］陈静：《深刻认识当代中国爱国主义的最重要体现》，人民网，2016 年 4 月 7 日。

［36］陈来：《论中华民族爱国主义的精神》，载于《哲学研究》2019 年第 10 期。

［37］陈来：《再论中华民族爱国主义基本特点》，载于《北京日报》2020 年 2 月 14 日。

［38］陈立：《白虎通疏证》，中华书局 1994 年版。

［39］陈亮：《陈亮集》，中华书局 1974 年版。

［40］陈茂荣：《马克思主义视野的"民族认同"问题研究》，中国社会科学 出版社 2014 年版。

［41］陈寿：《三国志》，中华书局 1985 年版。

［42］陈天华：《警世钟》，引自《陈天华集》，湖南人民出版社 1984 年版。

［43］陈寅恪：《金明馆丛稿二编》，生活·读书·新知三联书店 2009 年版。

［44］陈瑛：《爱国是公民最基本的价值准则》，载于《人民日报》2014 年 2 月 18 日。

［45］陈瑛：《爱国主义是中华民族美德的核心》，载于《人民日报》2014 年 2 月 18 日。

［46］陈瑛：《今天，我们应该怎样爱国》，载于《光明日报》2015 年 12 月 23 日。

［47］陈玉瑶、朱伦：《民族与民族主义：苏联、俄罗斯、东欧学者的观 点》，社会科学文献出版社 2013 年版。

［48］程广荣：《当代中国精神》，安徽人民出版社 2015 年版。

［49］程颢、程颐：《河南程氏遗书》，引自《二程集》，中华书局 2004 年版。

［50］迟成勇：《中华民族精神的文化关照与历史嬗变》，南京大学出版社 2013 年版。

［51］戴韶华：《改革开放以来我国爱国主义教育的演进》，载于《思想理论 研究》2014 年第 4 期。

［52］［美］戴维·米勒著，李广博译：《民族责任与全球正义》，重庆出版 社 2014 年版。

［53］［意］但丁著，朱虹译：《论世界帝国》，商务印书馆 1985 年版。

［54］邓曦泽：《中华认同的形成》，载于《国际社会科学杂志》（中文版） 2010 年第 1 期。

［55］邓小平：《建设有中国特色的社会主义》，引自《邓小平文选》第三 卷，人民出版社 1993 年版。

［56］邓小平：《振兴中华民族》，引自《邓小平文选》第三卷，人民出版社1993年版。

［57］邓小平：《争取整个中华民族的大团结》，引自《邓小平文选》第三卷，人民出版社1993年版。

［58］邓小平：《中国共产党第十二次全国代表大会开幕词》，引自《邓小平文选》第三卷，人民出版社1993年版。

［59］邓小平：《中国永远不允许别国干涉内政》，引自《邓小平文选》第三卷，人民出版社1993年版。

［60］董振华：《中国梦与中国精神》，人民出版社2015年版。

［61］董仲舒：《春秋繁露》，中华书局1975年版。

［62］［美］杜赞奇著，王宪明等译：《从民族国家拯救历史》，江苏人民出版社2009年版。

［63］［英］厄内斯特·盖尔纳著，韩红译：《民族与民族主义》，中央编译出版社2002年版。

［64］樊泽民、陈怡琴：《当代中国爱国主义的时代意蕴》，人民网理论频道，2016年4月11日。

［65］范晔：《后汉书》，中华书局1965年版。

［66］范仲淹：《范文正集》，上海古籍出版社1987年版。

［67］方立天：《民族精神的界定与中华民族精神的内涵》，载于《哲学研究》1991年第5期。

［68］方志敏：《可爱的中国》，引自《方志敏文集》，人民出版社1985年版。

［69］房玄龄：《晋书》，中华书局1974年版。

［70］［美］菲利克斯·格罗斯著：《公民与国家：民族、部族和部族身份》，新华出版社2003年版。

［71］［德］费迪南·滕尼斯著，张巍卓译：《共同体与社会》，商务印书馆2019年版。

［72］［德］费希特著，梁志学等译：《对德意志民族的演讲》，商务印书馆2010年版。

［73］费孝通：《乡土中国》，人民出版社2015年版。

［74］费孝通：《中华民族多元一体格局》，中央民族大学出版社1999年版。

［75］冯天瑜、何晓明、周积明：《中国文化史》，上海人民出版社2005年版。

［76］冯天瑜：《中华元典精神》，上海人民出版社2014年版。

［77］冯友兰：《中国哲学史新编》（上），人民出版社1998年版。

［78］［德］弗里德里希·迈内克著，时殷洪译：《马基雅弗利主义》，商务

印书馆 2009 年版。

［79］［德］弗里德里希·梅尼克著，孟钟捷译：《世界主义与民族国家》，上海三联书店 2007 年版。

［80］［法］伏尔泰著，梁守锵译：《风俗论》，商务印书馆 1995 年版。

［81］付宇：《美国民族主义传统的起源与演进》，天津人民出版社 2010 年版。

［82］高明：《帛书老子校注》，引自《新编诸子集成》，中华书局 2004 年版。

［83］葛晨虹：《弘扬民族精神和传承文化传统》，载于《伦理学研究》2003 年第 4 期。

［84］［英］葛德文著，何慕李译：《政治正义论》，商务印书馆 2007 年版。

［85］葛兆光：《宅兹中国：重建有关"中国"的历史论述》，中华书局 2011 年版。

［86］葛兆光：《中国思想史》，复旦大学出版社 2009 年版。

［87］公方彬：《大思想：中国崛起的瓶颈与突破》，广东人民出版社 2015 年版。

［88］公方彬：《大战略：以新设计走出中国崛起的新路径》，广东人民出版社 2016 年版。

［89］公方彬：《全球化时代爱国主义怎么讲》，载于《光明网理论频道》2016 年 2 月 25 日。

［90］官厚英：《中国共产党与当代中华民族精神》，山东大学出版社 2010 年版。

［91］龚群：《试论爱国主义及其作用》，载于《首都师范大学学报》1992 年第 6 期。

［92］顾炎武：《日知录》，引自《文渊阁四库全书影印本》，上海古籍出版社 1987 年版。

［93］顾智明、余国庆：《中国军人爱国主义史》，解放军出版社 2014 年版。

［94］郭沫若：《中国古代社会研究》，人民出版社 1964 年版。

［95］郭树勇：《中国梦、世界梦与新国际主义：关于中国梦的几个理论问题的探讨》，载于《国际观察》2014 年第 3 期。

［96］郭树勇：《中国梦，世界梦与新国际主义》，载于《国际观察》2014 年第 3 期。

［97］郭艳：《全球化时代的后发展国家：国家认同遭遇"去中心化"》，载于《世界经济与政治》2004 年第 9 期。

［98］《国语》（上下），上海古籍出版社 1982 年版。

［99］［德］哈贝马斯著，曹卫东译：《欧洲民族国家》，引自《包容他者》，

上海人民出版社 2002 年版。

[100] ［德］哈贝马斯著，曹卫东译：《现代性的哲学话语》，译林出版社 2011 年版。

[101] ［挪威］海尔格·约德海姆：《全球概念史：文明、教化与情感》，载于《国际社会科学杂志》（中文版）2015 年第 4 期。

[102] ［德］海德格尔著，孙周兴译：《路标》，商务印书馆 2009 年版。

[103] ［美］海斯著：《现代民族主义演进史》，华东师范大学出版社 2005 年版。

[104] 韩愈：《韩昌黎文集》，上海古籍出版社 2014 年版。

[105] 韩震：《全球化时代的文化认同与国家认同》，北京师范大学出版社 2013 年版。

[106] 何健：《爱国主义与世界主义：涂尔干的难题》，载于《社会》2012 年第 5 期。

[107] 何宁：《淮南子集释》，引自《新编诸子集成》（上册），中华书局 1998 年版。

[108] 何宁：《淮南子集释》，引自《新编诸子集成》（中册），中华书局 1998 年版。

[109] 何宁：《淮南子集释》，引自《新编诸子集成》（下册），中华书局 1998 年版。

[110] 何增科：《全球化对国家权力的冲击与回应》，载于《马克思主义与现实》，2003 年第 6 期。

[111] 何兆武、柳卸林主编：《中国印象：外国名人论中国文化》，中国人民大学出版社 2011 年版。

[112] 贺麟：《德国三大哲人：歌德、费希特、黑格尔的爱国主义》，商务印书馆 1989 年版。

[113] ［德］黑格尔著，范阳、张启泰译：《法哲学原理》，商务印书馆 1961 年版。

[114] ［德］黑格尔著：《黑格尔政治著作选》，商务印书馆 1981 年版。

[115] ［德］黑格尔著，王造时译：《历史哲学》，上海世纪出版集团 2006 年版。

[116] 侯外庐、邱汉生、张岂之主编：《宋明理学史》，人民出版社 1984 年版。

[117] 侯外庐：《中国古代社会史论》，河北教育出版社 2003 年版。

[118] 胡鞍钢、胡联合：《中国梦的基石是中华民族的国族一体化》，载于《清华大学学报（哲学社会科学版）》2013 年第 4 期。

［119］胡锦涛：《发扬伟大的爱国主义精神，为建设有中国特色社会主义努力奋斗——在五四运动八十周年纪念大会上的讲话》，载于《人民日报》1999年5月5日。

［120］胡锦涛：《坚持一个中国原则，促进祖国统一大业》，引自《胡锦涛文选》第二卷，人民出版社2016年版。

［121］胡锦涛：《牢固树立社会主义荣辱观》，引自《胡锦涛文选》第二卷，人民出版社2016年版。

［122］胡锦涛：《两岸联手推动全民族伟大复兴》，引自《胡锦涛文选》第二卷，人民出版社2016年版。

［123］胡锦涛：《在纪念辛亥革命一百周年大会上的讲话》，引自《胡锦涛文选》第三卷，人民出版社2016年版。

［124］胡绳：《从鸦片战争到五四运动》（上、下），人民出版社1981年版。

［125］胡瑗：《松滋儒学记》，上海古籍出版社1987年版。

［126］黄晖：《论衡校释》，中华书局1990年版。

［127］黄平、崔之元主编：《中国与全球化：华盛顿共识还是北京共识》，社会科学文献出版社2005年版。

［128］黄仁宇：《赫逊河畔谈中国历史》，生活·读书·新知三联书店1995年版。

［129］黄仁宇：《中国大历史》，生活·读书·新知三联书店1997年版。

［130］黄璇：《现代爱国主义的权力阈值与权利旨趣》，载于《哲学研究》2019年第10期。

［131］黄宗羲：《明夷待访录》，中华书局1985年版。

［132］［英］霍布豪斯著，汪淑钧译：《形而上学的国家论》，商务印书馆1997年版。

［133］［英］霍布斯著，黎思复等译：《利维坦》，商务印书馆1985年版。

［134］［美］霍夫斯塔特著，崔永禄等译：《美国政治传统及其缔造者》，商务印书馆2010年版。

［135］［法］基佐著，程洪逵等译：《欧洲文明史：自罗马帝国败落起到法国革命》，商务印书馆2010年版。

［136］［法］基佐著，沅芷、伊信译：《法国文明史》，商务印书馆2016年版。

［137］［英］吉登斯著，胡宗泽等译：《民族、国家与暴力》，生活·读书·新知三联书店1998年版。

［138］［英］吉登斯著，赵旭东等译：《现代性与自我认同》，生活·读书·

新知三联书店 1998 年版。

[139] [法] 吉尔·德拉诺瓦著，郑文彬译：《民族与民族主义》，生活·读书·新知三联书店 2005 年版。

[140] 暨爱民：《民族国家的建构：20 世纪上半期中国民族主义思潮研究》，社会科学文献出版社 2013 年版。

[141] 贾谊：《贾谊集》，上海人民出版社 1976 年版。

[142] 翦伯赞主编：《中国史纲要》，人民出版社 1979 年版。

[143] 江泽民：《爱国主义和我国知识分子的使命》，引自《江泽民文选》第一卷，人民出版社 2006 年版。

[144] 江泽民：《当代中国共产党人的庄严使命》，引自《江泽民文选》第一卷，人民出版社 2006 年版。

[145] 江泽民：《加强新疆各民族团结，坚决维护祖国统一》，引自《江泽民文选》第二卷，人民出版社 2006 年版。

[146] 江泽民：《中国人历来是讲民族气节的》，引自《江泽民文选》第一卷，人民出版社 2006 年版。

[147] 焦国成：《论新爱国主义》，载于《北京日报》2008 年 4 月 28 日。

[148] 金冲及：《二十世纪中国的崛起》，上海人民出版社 1999 年版。

[149] [加] 金利卡著，刘莘译：《当代政治哲学》，上海三联书店 2004 年版。

[150] [加] 金利卡著，马莉译：《多元文化的公民身份：一种自由主义的少数群体权利理论》，中央民族大学出版社 2009 年版。

[151] 金民卿、文大山等：《中国精神》，湖南人民出版社 2019 年版。

[152] 瞿秋白：《赤都心史》，引自《瞿秋白选集》，人民出版社 1985 年版。

[153] [英] 卡莱尔著，周祖达译：《论历史上的英雄、英雄崇拜和英雄业绩》，商务印书馆 2010 年版。

[154] [德] 康德：《世界公民观点之下的普遍历史观念》，引自康德著，何兆武译：《历史理性批判文集》，商务印书馆 1996 年版。

[155] [德] 康德著，何兆武译：《历史理性批判文集》，商务印书馆 1996 年版。

[156] [德] 康德著，李秋零等译注：《康德政治哲学文集》，中国人民大学出版社 2016 年版。

[157] 康有为著，汤志钧编：《康有为政论集》，中华书局 1981 年版。

[158] [美] 科克·肖·谭著，杨通进译：《没有国界的正义：世界主义、民族主义与爱国主义》，重庆出版社 2014 年版。

[159] [美] 奎迈·安东尼·阿皮亚著，苗华建译：《世界主义：陌生人世界里的道德规范》，重庆出版社 2014 年版。

[160] 乐山、潜流：《对狭隘民族主义的批判与反思》，华东师范大学出版社 2004 年版。

[161] [英] 勒基著，陈德荣译：《西洋道德史》（6 卷），商务印书馆 1937 年版。

[162] 黎靖德：《朱子语类》，中华书局 1986 年版。

[163] 《礼记》，引自《十三经注疏》，中华书局 1979 年版。

[164] 李大钊：《艰难的国运与雄健的国民》，引自《李大钊文集》（下），人民出版社 1984 年版。

[165] 李大钊著，高瑞泉编：《李大钊文选》，上海远东出版社 1994 年版。

[166] 李焘：《续资治通鉴长编》，中华书局 2004 年版。

[167] 李觏：《李觏集》，中华书局 1980 年版。

[168] 李航：《论全球化背景下的当代中国爱国主义》，载于《思想理论教育》2010 年第 3 期。

[169] 李培晓、林丽敏：《俄罗斯新型爱国主义教育模式及其启示——基于普京俄罗斯新思想的视角》，载于《中国青年研究》2013 年第 4 期。

[170] 李奇：《坚持弘扬爱国主义精神》，载于《光明日报》1990 年 2 月 5 日。

[171] 李文海主编：《中国近代爱国主义论纲》，中国人民大学出版社 1991 年版。

[172] 李西杰：《国家认同视野下的公民意识"他者"化问题》，载于《哲学研究》2015 年第 12 期。

[173] 李晓辉：《美国爱国主义教育思想探析》，载于《理论月刊》2007 年第 9 期。

[174] 李心记：《当代中国爱国主义的时代特征和根本要求》，载于《郑州大学学报》2015 年第 1 期。

[175] 李形、林宏宇：《中国崛起与资本主义世界秩序》，世界知识出版社 2012 年版。

[176] 李学保：《当代世界冲突的民族主义根源》，世界图书出版广东有限公司 2012 年版。

[177] 李延寿：《北史》，中华书局 1999 年版。

[178] 李肇忠：《近代西欧民族主义》，人民出版社 2011 年版。

[179] [美] 里亚·格林菲尔德著，王春华译：《民族主义：走向现代的五条道路》，上海三联书店 2010 年版。

[180] [美] 理查德·拉克曼著，郦菁等译：《国家与权力》，上海世纪出版

集团 2013 年版。

[181]［英］理查德·罗斯：《民族自豪感透视》，载于《国际社会科学杂志》（中文版）1986 年第 1 期。

[182] 梁启超：《国性篇》，引自《梁启超全集》第五册，北京出版社 1999 年版。

[183] 梁启超：《论民族竞争之大势》，引自《梁启超全集》第二册，北京出版社 1999 年版。

[184] 梁启超：《论中国国民之品格》，引自《梁启超全集》第四卷，北京出版社 1999 年版。

[185] 梁启超：《少年中国说》，引自《梁启超全集》第一卷，北京出版社 1999 年版。

[186] 梁启超：《先秦政治思想史》，东方出版社 1996 年版。

[187] 梁启超：《中国道德之大原》，引自《梁启超全集》第四册，北京出版社 1999 年版。

[188] 梁启超：《中国史叙论》，引自《梁启超全集》第一卷，北京出版社 1999 年版。

[189] 列宁：《列宁专题文集》，人民出版社 2009 年版。

[190] 刘建军：《论爱国主义与社会主义在当代中国的内在关联》，载于《思想理论教育》2014 年第 4 期。

[191] 刘明福：《中国梦：中国的目标、道路及自信力》，中国友谊出版公司 2010 年版。

[192] 刘劭：《人物志》，中华书局 2016 年版。

[193] 刘书林：《美国爱国主义教育的特点和缺憾》，载于《学校党建与思想教育》2005 年第 10 期。

[194] 刘昫：《旧唐书》，中华书局 1975 年版。

[195] 刘向：《说苑》，中华书局 1987 年版。

[196] 刘知几：《史通》，中华书局 1989 年版。

[197] 柳礼泉、黄艳：《爱国情感与理性爱国相统一的辩证思考》，载于《科学社会主义》2010 年第 1 期。

[198] 柳礼泉：《论爱国主义与爱国主义教育》，载于《湖南大学学报（哲学社会科学版）》1996 年第 1 期。

[199] 柳诒徵：《中国文化史》，中国大百科全书出版社 1988 年版。

[200] 卢丽珠：《法国爱国主义现状分析》，载于《欧洲研究》2013 年第 4 期。

［201］卢思峰等著：《聚焦理性爱国：兼论全球化与和平发展时期高校爱国主义教育》，北京交通大学出版社 2014 年版。

［202］［法］卢梭著，李常山译：《论人类不平等的起源和基础》，商务印书馆 1986 年版。

［203］［法］卢梭著，李平沤译：《爱弥儿》，商务印书馆 1986 年版。

［204］［法］卢梭著，李平沤译：《社会契约论》，商务印书馆 2011 年版。

［205］吕大钧：《吕氏乡约》，上海书店 1994 年版。

［206］吕思勉：《中国民族史》，东方出版社 1996 年版。

［207］吕思勉：《中国民族史两种》，上海古籍出版社 2008 年版。

［208］吕思勉：《中国通史》，华东师范大学出版社 2008 年版。

［209］吕思勉：《中国制度史》，上海世纪出版社 2005 年版。

［210］吕文利、冯建勇等编：《马克思、恩格斯、列宁、斯大林论国家统一与领土主权》，中国社会科学出版社 2015 年版。

［211］《论语》，引自《十三经注疏》，中华书局 1979 年版。

［212］［美］罗伯特·基欧汉著，苏长和等译：《霸权之后：世界政治经济中的合作与纷争》，上海世纪出版集团 2012 年版。

［213］［美］罗伯特·诺齐克著，何怀宏等译：《无政府、国家与乌托邦》，中国社会科学出版社 1991 年版。

［214］罗国杰：《爱国主义是企业文化之魂》，载于《中外企业文化》1995 年第 1 期。

［215］罗国杰：《培育和弘扬爱国主义精神》，载于《光明日报》2003 年 1 月 23 日。

［216］罗国杰：《加强对大学生的爱国主义教育》，载于《中国高等教育》1990 年第 5 期。

［217］罗国杰主编：《中国传统伦理道德》，人民出版社 1995 年版。

［218］罗国杰主编：《中国伦理思想史》（上下卷），中国人民大学出版社 2008 年版。

［219］罗艳华：《国际关系中的主权与人权：对两者关系的多维透视》，北京大学出版社 2005 年版。

［220］［英］洛克著，瞿菊农等译：《政府论》，商务印书馆 1982 年版。

［221］［意］洛丽塔·纳波利奥尼著，孙豫宁译：《中国道路：一位西方学者眼中的中国模式》，中信出版社 2013 年版。

［222］马得勇：《国家认同、爱国主义与民族主义》，载于《世界民族》2012 年第 3 期。

［223］［意］马基雅弗利著，潘汉典译：《君主论》，商务印书馆 1985 年版。

［224］马珂：《后民族主义的认同建构及其启示：争论中的哈贝马斯国际政治理念》，上海人民出版社 2010 年版。

［225］［意］马可·波罗著，肖民译：《马可·波罗游记》，陕西人民出版社 2012 年版。

［226］［古罗马］马可·奥勒留著，何怀宏译：《沉思录》，中国社会科学出版社 1989 年版。

［227］马克思、恩格斯：《马克思恩格斯文集》第一卷，人民出版社 2009 年版。

［228］马克思、恩格斯：《马克思恩格斯文集》第二卷，人民出版社 2009 年版。

［229］马克思、恩格斯：《马克思恩格斯文集》第三卷，人民出版社 2009 年版。

［230］马克思、恩格斯：《马克思恩格斯文集》第四卷，人民出版社 2009 年版。

［231］马克思、恩格斯：《马克思恩格斯文集》第五卷，人民出版社 2009 年版。

［232］马克思、恩格斯：《马克思恩格斯文集》第六卷，人民出版社 2009 年版。

［233］马克思、恩格斯：《马克思恩格斯文集》第七卷，人民出版社 2009 年版。

［234］马克思、恩格斯：《马克思恩格斯文集》第八卷，人民出版社 2009 年版。

［235］马克思、恩格斯：《马克思恩格斯文集》第九卷，人民出版社 2009 年版。

［236］［美］马文·佩里主编，胡万里等译：《西方文明史》，商务印书馆 1993 年版。

［237］［美］麦金泰尔：《爱国主义是一种美德吗？》，引自陈秀容、江宜桦主编：《政治社群》，中央研究院中山人文社会科学研究所（台北）1995 年出版。

［238］毛泽东：《两个中国之命运》，引自《毛泽东选集》第三卷，人民出版社 1991 年版。

［239］毛泽东：《论反对日本帝国主义的侵略》，引自《毛泽东选集》第一卷，人民出版社 1991 年版。

［240］毛泽东：《论人民民主专政》，引自《毛泽东选集》第四卷，人民出

版社 1991 年版。

[241] 毛泽东：《毛泽东早期文稿》，湖南人民出版社 2013 年版。

[242] 毛泽东：《中国革命和中国共产党》，引自《毛泽东选集》第二卷，人民出版社 1991 年版。

[243] 毛泽东：《中国共产党在抗日时期的任务》，引自《毛泽东选集》第一卷，人民出版社 1991 年版。

[244] 毛泽东：《中国共产党在民族战争中的地位》，引自《毛泽东选集》第二卷，人民出版社 1991 年版。

[245]［美］梅里亚姆著，郑洪高译：《卢梭以来的主权学说史》，法律出版社 2006 年版。

[246] 门洪华：《大国崛起与国际秩序》，载于《国际政治研究》2004 年第 2 期。

[247]［法］孟德斯鸠著，梁守铿译：《波斯人信札》，商务印书馆 2010 年版。

[248]［法］孟德斯鸠著，婉玲译：《罗马盛衰原因论》，商务印书馆 1995 年版。

[249]［法］孟德斯鸠著，许明龙译：《论法的精神》，商务印书馆 2012 年版。

[250]《孟子》，引自《十三经注疏》，中华书局 1979 年版。

[251]［美］摩尔根著，杨东莼等译：《古代社会》，商务印书馆 2011 年版。

[252] 欧阳修：《欧阳修诗文集》，上海古籍出版社 2009 年版。

[253] 欧阳修：《新唐书》，中华书局 1999 年版。

[254] 欧阳修：《新五代史》，中华书局 1999 年版。

[255] 潘龙海等：《中华民族爱国主义通论》，延边大学出版社 1987 年版。

[256] 潘亚玲：《美国爱国主义与对外政策》，上海人民出版社 2008 年版。

[257] 潘亚玲：《民族主义与爱国主义辨析》，载于《欧洲研究》2006 年第 4 期。

[258] 浦卫忠：《爱国主义与民族精神》，社会科学文献出版社 1999 年版。

[259] 齐振海、甘葆露：《爱国主义教育概论》，北京师范大学出版社 1985 年版。

[260] 钱穆：《国史大纲》，商务印书馆 1996 年版。

[261] 钱穆：《中国历代政治得失》，生活·读书·新知三联书店 2006 年版。

[262] 钱穆：《中国文化史导论》，商务印书馆 1994 年版。

[263] 钱雪梅：《从认同的基本特性看族群认同与国家认同的关系》，载于《民族研究》2006 年第 6 期。

[264]［美］乔恩·米查姆著，王聪译：《美国福音：上帝、开国先贤及美

国之建立》，华夏出版社 2009 年版。

［265］［美］乔治·萨拜因著，盛奎阳译：《政治学说史》，商务印书馆 1986 年版。

［266］秋实：《爱国主义的当代主题：推进中国特色社会主义伟大事业》，载于《求是》2010 年第 1 期。

［267］［法］让·博丹著，李卫海译：《主权论》，北京大学出版社 2008 年版。

［268］任丙强：《全球化、国家主权与公共政策》，北京大学出版社 2007 年版。

［269］［美］塞勒斯：《超越韦伯式国家的国家—社会关系》，载于《国际社会科学杂志》（中文版）2014 年第 3 期。

［270］［美］塞缪尔·亨廷顿著，程克雄译：《谁是美国人：美国国民特性面临的挑战》，新华出版社 2013 年版。

［271］［美］塞缪尔·亨廷顿著，程克雄译：《文化的重要作用：价值观如何影响人类进步》，新华出版社 2010 年版。

［272］［美］塞缪尔·亨廷顿著，周琪译：《文明的冲突与世界秩序的重建》，新华出版社 2010 年版。

［273］［古罗马］塞涅卡著，袁瑜琤译：《道德和政治论文集》，北京大学出版社 2010 年版。

［274］《尚书》，引自《十三经注疏》，中华书局 1979 年版。

［275］邵和平：《当代中国爱国主义史话》，湖北教育出版社 1999 年版。

［276］佘双好：《中国梦之中国精神》，武汉大学出版社 2015 年版。

［277］《诗经》，引自《十三经注疏》，中华书局 1979 年版。

［278］司马光：《司马光集》，四川大学出版社 2010 年版。

［279］司马光：《资治通鉴》，中华书局 1986 年版。

［280］司马迁：《史记》，中华书局 1982 年版。

［281］司马云杰：《盛衰论：关于中国历史哲学及其盛衰之理的研究》，陕西人民出版社 2003 年版。

［282］司马云杰：《中国文化精神的现代使命：关于中国文化根本精神与核心价值观的研究》，山西教育出版社 2008 年版。

［283］［德］汉斯－彼得·马丁、哈拉尔特·舒曼著，张世鹏等译：《全球化陷阱》，中央编译出版社 1998 年版。

［284］［德］斯宾格勒著，齐世荣等译：《西方的没落》，商务印书馆 1993 年版。

［285］斯大林：《马克思主义和民族问题》，引自《斯大林选集》上卷，人

民出版社 1979 年版。

[286] ［英］斯迈尔斯著，宋景堂译：《品格的力量》，北京图书馆出版社 2001 年版。

[287] ［美］汉斯·摩根索著，徐昕译：《国家间政治权力斗争与和平》，北京大学出版社 2006 年版。

[288] ［美］斯特恩斯著，赵轶峰译：《全球文明史》，中华书局 2006 年版。

[289] ［德］汉斯·乌尔里希·维勒著，赵宏译：《民族主义：历史、形式、后果》，中国法制出版社 2013 年版。

[290] 宋濂：《元史》，中华书局 1997 年版。

[291] 宋志明、吴潜涛：《中华民族精神论纲》，中国人民大学出版社 2006 年版。

[292] 孙中山：《建国方略》，引自《孙中山全集》第五卷，中华书局 1985 年版。

[293] 孙中山：《三民主义》，引自《孙中山全集》第九卷，中华书局 1985 年版。

[294] 孙中山：《中国同盟会革命方略》，引自《孙中山全集》第二卷，中华书局 1982 年版。

[295] 谭嗣同：《仁学》，引自《谭嗣同全集》，中华书局 1981 年版。

[296] ［英］汤因比著，刘北成等译：《历史研究》，上海世纪出版集团 2005 年版。

[297] 唐凯麟：《爱国主义三题》，载于《光明日报》2009 年 8 月 4 日。

[298] 唐凯麟：《爱国主义是中华民族精神的灵魂》，载于《伦理学研究》2003 年第 5 期。

[299] 唐凯麟、李培超：《中华民族爱国主义的历史关照和现代价值审思》，载于《北京大学学报（哲学社会科学版）》2001 年第 3 期。

[300] 唐凯麟：《试析爱国主义和经济全球化》，载于《道德与文明》2003 年第 3 期。

[301] 唐凯麟主编：《中华民族爱国主义发展史》（全四册），湖北教育出版社 2001 年版。

[302] 唐凯麟主编：《中华民族道德生活史》（8 卷），东方出版中心 2015 年版。

[303] 唐明艳：《先秦儒学视域下的中华民族精神研究》，人民出版社 2010 年版。

［304］［法］托克维尔著，董果良译：《论美国的民主》，商务印书馆 1988 年版。

［305］［法］托克维尔著，冯棠译：《旧制度与大革命》，商务印书馆 2012 年版。

［306］脱脱等：《金史》，中华书局 2011 年版。

［307］脱脱等：《辽史》，中华书局 1974 年版。

［308］脱脱等：《宋史》，中华书局 1999 年版。

［309］万俊人：《爱国主义是首要的公民美德》，载于《道德与文明》2009 年第 5 期。

［310］万俊人编：《20 世纪西方伦理学经典》（共四卷），中国人民大学出版社 2004 年版。

［311］王安石：《临川文集》，上海古籍出版社 1987 年版。

［312］王夫之：《读通鉴论》，中华书局 1975 年版。

［313］王夫之：《黄书》，中华书局 2009 年版。

［314］王符：《潜夫论》，中华书局 2018 年版。

［315］王国维：《观堂集林》，中华书局 1984 年版。

［316］王国维著，彭华选编：《王国维儒学论集》，四川大学出版社 2010 年版。

［317］王丽荣：《中日爱国主义教育思想的比较思考》，载于《比较教育研究》2005 年第 8 期。

［318］王联：《世界民族主义论》，北京大学出版社 2002 年版。

［319］王蒙主编：《中国精神读本》，浙江文艺出版社 2019 年版。

［320］王萍：《试谈爱国主义的时代特征》，载于《山东大学学报（哲学社会科学版）》1994 年第 4 期。

［321］王韬：《弢园文录外编》，上海书店 2002 年版。

［322］王希恩编：《马克思、恩格斯、列宁、斯大林论民族》，中国社会科学出版社 2013 年版。

［323］王霞娟：《爱国主义精神的当代要求及其价值》，载于《高校理论战线》2004 年第 5 期。

［324］王先谦：《荀子集解》，引自《新编诸子集成》，中华书局 2006 年版。

［325］王先谦：《庄子集解》，引自《新编诸子集成》，中华书局 2006 年版。

［326］王先慎：《韩非子集解》，引自《新编诸子集成》，中华书局 1998 年版。

［327］王阳明：《传习录》，上海古籍出版社 1992 年版。

［328］王泽应：《爱国主义与中华民族凝聚力》，载于《中南大学学报》

2002 年第 4 期。

[329] 王泽应：《论中华民族爱国主义的基本特征》，载于《求索》2000 年第 2 期。

[330] 王卓君、何华玲：《全球时代的国家认同：危机与重构》，载于《中国社会科学》2013 年第 9 期。

[331] [德] 韦伯著，甘阳等译：《民族国家与经济政策》，生活·读书·新知三联书店 1997 年版。

[332] [美] 维罗里著，潘亚玲译：《关于爱国：论爱国主义与民族主义》，上海人民出版社 2016 年版。

[333] [美] 维罗里著，商戈令译：《共和派的爱国主义》，引自舒炜：《公共理性与现代学术》，生活·读书·新知三联书店 2000 年版。

[334] 魏收：《魏书》，中华书局 1999 年版。

[335] 魏源：《海国图志》，引自《魏源全集》第 4 册，岳麓书社 2005 年版。

[336] 魏征：《隋书》，中华书局 1999 年版。

[337] 温静：《论爱国主义在中华民族精神中的核心地位》，载于《马克思主义研究》2016 年第 2 期。

[338] 温克勤：《略谈民族精神及其培育》，载于《中国高校社会科学》2003 年第 3 期。

[339] 文天祥：《正气歌》，引自《文天祥全集》，江西人民出版社 1987 年版。

[340] 吴灿新：《当代中国伦理精神》，广东人民出版社 2001 年版。

[341] 吴兢：《贞观政要》，中华书局 2004 年版。

[342] 吴俊：《爱国主义何以是一种公民美德》，载于《哲学研究》2019 年第 10 期。

[343] 吴俊：《政治伦理视域中的爱国主义与公民认同》，载于《马克思主义与现实》2013 年第 3 期。

[344] 吴蕾蕾：《如何理解爱国主义》，载于《哲学研究》2010 年第 4 期。

[345] 吴潜涛：《爱国主义精神及其在公民道德建设体系中的地位》，载于《学校党建与思想教育》2004 年第 11 期。

[346] 吴潜涛、冯秀军：《弘扬和培育中华民族精神的基本途径》，载于《北京大学学报（哲学社会科学版）》2006 年第 5 期。

[347] 吴潜涛：《列宁爱国主义思想探析》，载于《马克思主义研究》2010 年第 7 期。

[348] 吴潜涛：《全面理解爱国主义的科学内涵》，载于《高校理论战线》2011 年第 10 期。

［349］吴潜涛、杨丽坤：《改革开放以来爱国主义教育的回顾与思考》，载于《思想理论教育》2009 年第 5 期。

［350］吴星杰：《爱国主义通论》，辽宁大学出版社 1994 年版。

［351］吴毓江：《墨子校注》，引自《新编诸子集成》，中华书局 2006 年版。

［352］伍雄武：《中华民族的形成与凝聚新论》，云南人民出版社 2000 年版。

［353］［古罗马］西塞罗著，沈叔平等译：《国家篇 法律篇》，商务印书馆 2013 年版。

［354］［古罗马］西塞罗著，徐奕春译：《西塞罗三论：论老年 论友谊 论责任》，商务印书馆 1998 年版。

［355］［古希腊］希罗多德著，王以铸译：《历史：希腊波斯战争史》，商务印书馆 2010 年版。

［356］习近平：《大力弘扬伟大爱国主义精神》，载于《人民日报》2015 年 12 月 31 日。

［357］习近平：《共圆中华民族伟大复兴的中国梦》，引自《习近平谈治国理政》第一卷，外文出版社 2018 年版。

［358］《习近平关于社会主义文化建设论述摘编》，中央文献出版社 2017 年版。

［359］《习近平论爱国主义：十八大以来重要论述选编》，载于《党建》杂志 2016 年第 2 期。

［360］习近平：《论坚持推动构建人类命运共同体》，中央文献出版社 2018 年版。

［361］习近平：《实现中国梦不仅造福中国人民，而且造福世界人民》，引自《习近平谈治国理政》第一卷，外文出版社 2018 年版。

［362］习近平：《实现中华民族伟大复兴是海内外中华儿女共同的梦》，引自《习近平谈治国理政》第一卷，外文出版社 2018 年版。

［363］习近平：《实现中华民族伟大复兴是中华民族近代以来最伟大的梦想》，引自《习近平谈治国理政》第一卷，外文出版社 2018 年版。

［364］习近平：《在纪念五四运动一百周年大会上的讲话》，人民出版社 2019 年版。

［365］习近平：《在全国民族团结进步表彰大会上的讲话》，人民出版社 2019 年版。

［366］夏伟东：《关于弘扬和培育民族精神的几个理论问题》，载于《伦理学研究》2004 年第 6 期。

［367］夏伟东：《论民族精神的内涵》，载于《中国高等教育》2003 年第

10 期。

［368］夏伟东：《民族之魂：弘扬和培育民族精神》，人民出版社 2004 年版。

［369］夏伟东：《在未成年人中弘扬和培育民族精神的两个理论问题》，载于《道德与文明》2004 年第 5 期。

［370］夏伟东：《中国共产党思想道德建设史略》，山东人民出版社 2006 年版。

［371］萧公权：《中国政治思想史》，新星出版社 2010 年版。

［372］《孝经》，引自《十三经注疏》，中华书局 1979 年版。

［373］肖佳灵：《国家主权论》，时事出版社 2003 年版。

［374］辛向阳：《弘扬爱国主义必须坚持爱国主义与社会主义相统一》，载于《光明日报》2016 年 3 月 23 日。

［375］辛向阳：《习近平爱国主义思想探析》，载于《中共杭州市委党校学报》2016 年第 1 期。

［376］《新时代爱国主义教育实施纲要》，人民出版社 2019 年版。

［377］《新时代公民道德建设实施纲要》，人民出版社 2019 年版。

［378］［英］休·斯顿－沃森著，黄群译：《民族国家：对民族起源与民族主义政治的探讨》，中央民族大学出版社 2009 年版。

［379］［古希腊］修昔底德著，谢德风译：《伯罗奔尼撒战争史》，商务印书馆 2010 年版。

［380］徐复观：《中国人性论史》，华东师范大学出版社 2005 年版。

［381］徐杰舜：《中华民族认同论》，宁夏人民出版社 2014 年版。

［382］徐梁伯：《义和团运动和古典爱国主义的终结》，载于《近代史研究》1991 年第 5 期。

［383］徐东升：《中华民族精神研究》，山东人民出版社 2014 年版。

［384］许纪霖：《共和爱国主义与文化民族主义：现代中国两种民族国家认同观》，载于《华东师范大学学报》2006 年第 4 期。

［385］许纪霖：《政治美德与国民共同体：梁启超自由民族主义思想研究》，载于《天津社会科学》2005 年第 1 期。

［386］薛晓玲：《论当代中国爱国主义的时代特征》，载于《浙江社会科学》1994 年第 6 期。

［387］［美］雅各布·尼得曼著，王聪译：《美国理想：一部文明的历史》，华夏出版社 2010 年版。

［388］［德］雅斯贝尔斯著，李雪涛译：《论历史的起源和目标》，华东师范大学出版社 2019 年版。

［389］［英］亚当·斯密著，蒋自强等译：《道德情操论》，商务印书馆 2008 年版。

［390］［古希腊］亚里士多德著，吴寿彭译：《政治学》，商务印书馆 1965 年版。

［391］严复：《严复集》，中华书局 1986 年版。

［392］《晏子春秋》，中华书局 2007 年版。

［393］杨解朴：《从文化共同体到后古典民族国家：德国民族国家演进浅析》，载于《欧洲研究》2012 年第 2 期。

［394］杨敏：《爱国主义语境的话语重构》，中央编译出版社 2013 年版。

［395］［德］杨维尔纳·米勒著，邓晓菁译：《宪政爱国主义》，商务印书馆 2012 年版。

［396］杨永利：《新时期爱国主义教育读本》，人民日报出版社 2009 年版。

［397］杨泽伟：《主权论：国际法上的主权问题及其发展趋势研究》，北京大学出版社 2006 年版。

［398］叶江：《西方民族主义研究现状及历史刍议》，载于《国际观察》2006 年第 4 期。

［399］叶文宪：《中国古代有没有爱国主义——论国家与王朝、爱国与忠君、爱国主义与民族主义的区别》，载于《探索与争鸣》2006 年第 1 期。

［400］《易传》，引自《十三经注疏》，中华书局 1979 年版。

［401］俞可平：《论全球化与国家主权》，载于《马克思主义与现实》2004 年第 1 期。

［402］宇文利：《中华民族精神现当代发展新论》，北京大学出版社 2007 年版。

［403］袁剑：《民族国家观念的中国式阐释与中国主体性建构》，载于《国际社会科学杂志》（中文版）2010 年第 1 期。

［404］袁银传：《爱国主义与中华民族复兴的精神动力》，载于《武汉大学学报（社会科学版）》2003 年第 5 期。

［405］［美］约翰·罗尔斯著，何包钢、何怀宏、廖申白译：《正义论》，中国社会科学出版社 1988 年版。

［406］［英］约翰·斯图亚特·密尔著，汪瑄译：《代议制政府》，商务印书馆 1982 年版。

［407］恽代英：《恽代英文集》，人民出版社 1984 年版。

［408］恽代英：《怎样创造少年中国》，引自《恽代英文集》上卷，人民出版社 1984 年版。

[409] 翟志勇：《中华民族与中国认同》，载于《中外法学》2010 年第 1 期。

[410] ［美］詹姆斯·梅奥尔著，王光忠译：《民族主义与国际社会》，中央编译出版社 2015 年版。

[411]《战国策》，中华书局 1990 年版。

[412] 张宝成：《民族认同与国家认同》，人民出版社 2012 年版。

[413] 张晨怡：《近代中国知识分子的民族主义思想研究》，中央民族大学出版社 2012 年版。

[414] 张岱年、方克立主编：《中国文化概论》，北京师范大学出版社 1997 年版。

[415] 张岱年：《心灵长城：当代中国爱国主义传统》，安徽教育出版社 1995 年版。

[416] 张岱年：《中国伦理思想发展规律的初步研究》，科学出版社 1957 年版。

[417] 张岱年：《中国伦理思想研究》，上海人民出版社 1989 年版。

[418] 张瑞敏：《爱国主义六论》，人民出版社 2014 年版。

[419] 张奇峰：《当代中国爱国主义的时代内涵及其论证》，载于《思想教育研究》2017 年第 12 期。

[420] 张三南：《马克思主义经典作家关于民族主义的论述及当代意义研究》，时事出版社 2014 年版。

[421] 张涛华：《欧洲民族主义与欧洲一体化研究》，世界图书出版广东有限公司 2013 年版。

[422] 张廷玉：《明史》，中华书局 1999 年版。

[423] 张维为：《中国超越：一个"文明型"国家的光荣与梦想》，上海人民出版社 2014 年版。

[424] 张维为：《中国触动：百国视野下的观察与思考》，上海人民出版社 2012 年版。

[425] 张维为：《中国震撼：一个"文明型国家"的崛起》，上海人民出版社 2011 年版。

[426] 张锡勤、柴文华主编：《中国伦理道德变迁史稿》（上下卷），人民出版社 2008 年版。

[427] 张鑫昌、王文光：《中华民族发展简史》，云南人民出版社 1996 年版。

[428] 张载：《张载集》，中华书局 1978 年版。

[429] 赵尔巽：《清史稿》，中华书局 1999 年版。

[430] 赵馥洁：《中华民族爱国主义史论》，中国社会科学出版社 2008 年版。

［431］赵健君：《马克思主义民族理论中国化问题研究》，中国社会科学出版社 2015 年版。

［432］赵瑞琪：《网络爱国主义：源流、利弊与策论》，中国传媒大学出版社 2012 年版。

［433］赵翼：《廿二史札记》，中华书局 1984 年版。

［434］郑观应：《盛世危言》，上海古籍出版社 2008 年版。

［435］郑师渠、史革新：《历史视野下的中华民族精神》，广东人民出版社 2014 年版。

［436］郑师渠：《中华民族精神研究》，北京师范大学出版社 2009 年版。

［437］郑永年：《中国崛起不可承受之错》，中信出版社 2016 年版。

［438］郑永年：《中国民族主义的复兴：民族国家向何处去》，东方出版社 2016 年版。

［439］中共中央办公厅：《关于培育和践行社会主义核心价值观的意见》，人民出版社 2013 年版。

［440］中共中央宣传部：《爱国主义教育实施纲要读本》，学习出版社 1994 年版。

［441］中共中央宣传部：《毛泽东、邓小平、江泽民论弘扬和培育民族精神》，学习出版社 2003 年版。

［442］中共中央宣传部：《毛泽东、邓小平、江泽民论社会主义道德建设》，学习出版社 2001 年版。

［443］中共中央宣传部、中央书记处研究室：《关于加强爱国主义宣传教育的意见》，光明日报出版社 1983 年版。

［444］《中宣部　教育部关于印发〈中小学开展弘扬和培育民族精神教育实施纲要〉的通知》，中华人民共和国教育部网站，2004 年 3 月。

［445］周敦颐：《周敦颐集》，中华书局 1990 年版。

［446］周辅成编：《西方伦理学名著选辑》（上下卷），商务印书馆 1986 年版。

［447］朱桂莲：《爱国主义教育研究》，中国社会科学出版社 2008 年版。

［448］朱慧玲：《爱国主义的双重维度》，载于《哲学研究》2019 年第 10 期。

［449］朱琳：《论理性爱国的实现途径》，载于《思想理论教育》2014 年第 4 期。

［450］朱谦之：《老子校释》，引自《新编诸子集成》，中华书局 1984 年版。

［451］朱熹：《三朝名臣言行录》，商务印书馆 1919 年影印。

［452］朱熹：《四书章句集注》，中华书局 1984 年版。

［453］诸葛亮：《诸葛亮集》，中华书局 1974 年版。

［454］邹小站、郑大华：《中国近代史上的民族主义》，社会科学文献出版社 2007 年版。

［455］《左传》，引自《十三经注疏》，中华书局 1979 年版。

［456］左鹏：《当代中国需要什么样的爱国主义精神》，载于《红旗文稿》2016 年第 3 期。

［457］Alasdair MacIntyre, A Short History of Ethics, London 1967.

［458］Alasdair MacIntyre, The Concept of a Tradition, in M. Daly ed. Communitarianism: A New Public Ethics, 1981.

［459］Alasdair MacIntyre, Whose Justice? Which Rationality? University of Notre Dame Press, 1988.

［460］Albert O. Hirschman, Exit, Voice, and Loyalty: Reaponses to Decline in Firms, Organizatios, and State, Cambrige, Mass, 1970.

［461］Amelie Mummendey, Andreas K. Link and Rupert Brown, Nationalism and Patriotism: National Identification and Out_Group Rejection, British Journal of Social Psychology, 2001, 40.

［462］Andrew Linklater, The Transformation of Political Community: Ethical Foundations of the Post – Westphalian Era, Cambridge: Polity Press, 1998.

［463］Anthony D. Smith, Nationalism and Modernism: A Critical Survey of Recent Theories of Nations and Nationalism, New York: Routledge, 1998.

［464］Anthony W. Marx, Faith in Nation: Exclusionary Origins of Nationalism, New York: Oxford University Press, 2003.

［465］Bernard Bosanquet, The Philosophical Theory of the State, London, 1958.

［466］Blum, Friendship, Altruism and Morality, Routledge and Kegan Paul, 1980.

［467］Bruce Ackerman, Social Justice in the Liberal State, New Haven, 1980.

［468］Chaeles Beitz, Political Theory and International Relations, Princeton, 1979.

［469］C. Taylor, Responsibility for Self, in A. O. Rorty, ed. , The Identities of Persons, University of California Press, 1976.

［470］C. Taylor, What's Wrong with Negative Freedom? in his Pholosophy and Human Sciences, Cambridge University Press, 1985.

［471］Daniel Druckman, Nationalism, Patriotism and Group Loyalty: A Social Psychological Perspective, Mershon International Studies Review, 1994, 38.

［472］ E. J. Hobsbawm, Nations and Nationalism Since 1870, Cambridge: Cambridge University Press, 1992.

［473］ Frank Parkin, Class, Inequality, and Political Order, London, 1972.

［474］ Haldun Gülalp, Introduction: Citizenship vs. Nationdity, in Haldun Gülalp ed. , Citizenship and Ethnic Conflict: Challenging the Nation – State, New York: Routledge, 2006.

［475］ Hans Kohn, Nationalism: Its Meaning and History (revisededition), Malabar, Florida: Krieger Publishing, 1982.

［476］ Heikki Patomaki, From Normative Utopias to Political Dialectics: Beyond a Deconstruction of The Brown – Hoffman Debate, Millennium, 1992, 121 (1).

［477］ H. Tajfel and J. G. Turner, The Social Identity Theory of Intergroup Behavior, in S. Worchel and W. G. Austin eds, Psychology of Intergroup Relation (2nd edition), Chicago Nelson_Hall Publishers, 1986.

［478］ Ian Shapiro, Components of the Democratic Ideal, in Albert Breton et al eds. , Understanding Democracy: Economic and Political Perspectives, Cambridge University Press, 1997.

［479］ Ian Shapiro, The Evolution of Rights in Liberal Theory, Cambridge University Press, 1986.

［480］ I Berlin, Two Concepts of Liberty, in R. M. Stewart, ed. , Readings in Social and Political Philosophy, London: Oxford University Press, 1958.

［481］ James Townsend, Chinese Nationalism, The Australian Journal of Chinese Affairs, 1992 (27).

［482］ Jean Bodin, The Six Books of Commonweale, ed. Kenneth Douglas McRae, Cambridge, Mass. , 1962.

［483］ Jim Sidniusetal, The Interface between Ethnic and National Attachment: Ethnic Pluralism or Ethnic Dominance?, Public Opinion Quarterly, 1997, 61.

［484］ J. Lukacs, Nationalism and Patriotism, Freedom Review, 1994, 25.

［485］ John Finnis, Fundamentals of Ethics, Oxford 1983.

［486］ John Kenneth Galbraith, American Capitalism, Boston, 1956.

［487］ John L. Sullivan, Amy Fried and Mary D. Dietz, Patriotism, Politics and the Presidential Election of 1988, American Journal of Political Science, 1992, 36 (1).

［488］ John Rawls, A Theory of Justice, Cambridge, Massachusette: The Belknap Press of Harvard University Press, 1999.

［489］Joseph Raz, The Morality of Freedom, Oxford, UK: Clarendom Press, 1986.

［490］J. Rawls, Justice as Fairness: Political Not Metaphysical, in M. Fisk, ed, Justice, Humanities Press, 1993.

［491］J. R. Pole, The Pursuit of Equality in American History, Berkeley, 1978.

［492］Juergen Habermas, The European Nation-state—Its Achievements and Its Limits. On the Past and Future of Sovereignty and Citizenship, in: Balakrishman, Gopal (ed.), Mapping the Nation, 2000.

［493］Kohlberg, The Future of Liberalism as the Dominant Ideology of the Western World, in Kohlberg, Essays of the Moral Development, Vol. I: The Philosophy of Moral Development, San Francisco: Harper &Row, 1981.

［494］Kosaku Yoshino, Cultural Nationalism in Contemporary Japan—A Sociological Enquiry, New York: Routledge, 1992.

［495］Lawrence Kohlberg, The Claim to Moral Adequacy of a Highest Stage of Moral Development, Journal of Philosophy, 1975, 70.

［496］Leonie Huddy and Nadia Khatib, American Patriotism, NationalIdentity, and Political Involvement, American Journal of Political Science, 2007, 51 (1).

［497］Liah Greenfield, Nationalism: Five Roads to Modernity, Cambridge Mass: Harvard University, 1992.

［498］Martha C. Nussbaum, Cultivating Humanity: A Classical Defense of Reform in Liberal Education, Massachusetts: Harvard University Press, 2000.

［499］Martha C. Nussbaum, Frontiers of Justice: Disability, Nationality, Species Membership, Massachusetts: Harvard University Press, 2000.

［500］Martha C. Nussbaum, Patriotism and Cosmopolitanism, in Martha C. Nussbaum, For Love of Country? Boston: Beacon Press, 2002.

［501］Maurizio Viroli, For Love of Country: A Essay on Patriotism and Nationalism, Oxford: Clarendom Press, 1995.

［502］M. G. Dietz, Patriotism, in I Ball et al eds, Political Innovation and Conceptual Change, Cambridge University Press, 1989.

［503］Micheal. Sandel, Liberalism and the Limits of Justice, Cambridge Universrity Press, 1982.

［504］Milton Fisk, The State and Justice, Cambridge University Press, 1989.

［505］Molly Cochran, Normative Theory in International Relations: A Pragmatic

Approach, New York, 1978.

［506］ Mostafa Rejai and Cynthia H. Enloe, Nation－States and State－Nations, International Studies Quarterly, 1969, 13 （2）.

［507］ M. Sandel, Liberalism and the Limits of Justice, Cambridge University Press, 1982.

［508］ Nathan Glazer, Affirmative Discrimination: Ethnic Inequality and Public Policy, New York, 1975.

［509］ Noddings, Caring: A Feminist Approach to Ethics and Moral Education, University of California Press, 1986.

［510］ Norbert Elias, The Civilizing Process: The History of Manners, New York, 1978.

［511］ Oliver Cromwell, Oliver Cromwell's Letters and Speeches, ed. Thomas Carlyle, London, 1893.

［512］ Philip Specer and Howard Wollman, Nationalism: A Critical Introduction, London: Sage, 2002.

［513］ R. B. Friedman. On the Concept of Authority in Political Philosophy, in Joseph Raz ed, Authority, New York: New York University Press, 1990.

［514］ Richard Burghart, The Formation of the Concept of Nation－State in Nepal, The Journal of Asian Studies, 1984, 44 （1）.

［515］ Robert Nozick, Anarchy, State and Utopia, New York: Basic Books, 1974.

［516］ Robert R. Ergang, Hender and the Foundation of German Nationalism, New York: Ortagon Books, 1931.

［517］ Roger N. Hancock, Twentieth Cencury Ethics, Columbia University 1974.

［518］ Samuel Scheffler, Boundaries and Allegiance: Problems of Justice and Responsibility, in Liberal Thought, New York: Oxford University Press, 2001.

［519］ Thomas Blank, "Patriotism" —A Contradiction, A Possiblity or an Emprical Reality? Paper to be presented at the ECPR Joint Sessions of Workshop "ECPR Workshop 26: National Identity in Europe", 6－11 April, 2001, Grenoble （France）.

［520］ Tom W. Smith and Seokho Kim, National Pride in Comparative Perspective: 1995/96 and 2003/04, International Journal of Public Opinion Research, 2006, 18 （1）.

［521］ Zachary Elkins and John Sides, Can Institutions Build Unity in Multiethnic States?, American Political Science Review, 2007, 101 （4）.

参考文献

后 记

　　我曾经在唐凯麟教授主编的《中华民族爱国主义发展史》（湖北教育出版社2001年版）中担任第1卷的写作任务，对中华民族爱国主义若干理论和现实问题及远古至秦汉时期爱国主义的形成发展做出过一些自己的研究和思考，同时在几家刊物上发表了多篇论述中华民族爱国主义基本特征、中华民族爱国主义与民族情感等问题的文章。2015年7月，我有幸到清华大学参加教育部主持的爱国主义备课研讨会，参与了由陈来教授主讲的爱国主义课题研究。2016年，我联合陈来教授、肖群忠教授、朱承教授、李培超教授、吴灿新教授申报了教育部该年度哲学社会科学重大攻关项目"新形势下弘扬爱国主义重大理论和现实问题研究"并获得批准立项（16JZD007）。项目批准后不久，课题组就在湖南师范大学红楼召开了开题报告会，对研究提纲做出进一步修改完善。课题组吸收了一大批年轻的博士研究生和硕士研究生参与资料收集、学术讨论和初稿写作等方面的工作，召开了多次学术研讨会，形成了关于课题研究的基本共识和创新性思路。经过课题组全体成员几年的共同努力，我们终于在2018年撰写出了初稿，各位子课题负责人亲自把关审阅，我对初稿进行了近一年的修改和定稿。然后又请部分专家审定并提出意见，我再对修改稿做出最后的统稿和完善。并于2020年8月将最终文本上报教育部人文社会科学研究管理中心予以鉴定。经匿名专家评审，本课题予以顺利结项，鉴定等级为"优秀"。

　　如何在新的时代和新形势下卓有成效地开展爱国主义的理论研究和实践研究，既能够回应时代和人民的重大关切，坚持正确的学术方向，推出符合时代主旋律的学术成果，又能够正视现实生活和世界百年未有之大变局所产生的种种挑战，聆听时代的声音，认真研究重大而紧迫的现实问题和理论问题，推出有一定创新的学术成果，对我及课题组全体成员既是一次学术洗礼和学术创新的考验，也是一次更好的爱国主义教育和家国情怀修炼。我们在研究爱国主义重大理论和现实问题的过程中陶铸着自己的爱国主义情感，将真挚的爱国主义情感与深刻的爱国主义理性有机结合，同时为自己生活在一个拥有五千年悠久文明，正在实现中华民族伟大复兴和走近世界舞台中心的东方大国而感到自豪，责任感、使命感和"以学术为志业"的意识浸润于课题组每一位成员的心中，"为什么我的眼里常含泪水，因为我对这土地爱得深沉"是我们大家的情感共鸣，也使得我们不敢懈怠，竭尽全力想向伟大的国家和人民奉献我们关于在新形势下弘扬爱国主义重大理论和现实问题的思想智慧。课题组成员先后在《北京大学学报》《光明日报国学版》《社会主义核心价值观研究》《道德与文明》《伦理学研究》等重要刊物上发表中期学术成果48篇，其中《新华文摘》详摘4篇（2篇上封面要目），《高校文科学报文摘》和中国人民大学书报复印资料（《伦理学》《思想政治教育》《精神文明导刊》等）全文复印十余篇，在全国学术界产生了一定的影响。

本课题由我任首席专家，主持提纲设计、会议讨论、修改定稿并负责"总论"和子课题一"当代中国爱国主义的重大理论问题研究"；陈来老师担任课题学术指导和总顾问；李培超教授负责子课题二"当代中国爱国主义的重大现实问题研究"；肖群忠教授负责子课题三"弘扬爱国主义精神的历史经验和现实启示研究"；朱承教授负责子课题四"弘扬当代中国爱国主义精神的国际借鉴与世界情怀研究"；吴灿新教授负责子课题五"弘扬当代中国爱国主义的基本路径与实践举措研究"。陈来老师和各位子课题负责人对爱国主义的系统理解、精深把握和高屋建瓴的识见对课题整体设计和高质量完成做出了重要贡献。为本课题撰写初稿的人员有霍艳云（中国人民大学哲学院）、李营营（中国人民大学哲学院）、康慧芳（上海海事大学马克思主义学院）、陈海（上海大学文学院）、刘飞（中共广东省委党校哲学部）、张文渊（中共广东省委党校哲学部）、胡志刚（中共广东省委党校哲学部）、黄泰轲（湖南师范大学道德文化研究院）、刘遥阳（湖南师范大学道德文化研究院）、吴锋鑫（湖南师范大学道德文化研究院）、郭雅婷（湖南师范大学道德文化研究院）、杨笑培（湖南师范大学道德文化研究院）、燕霞（湖南师范大学道德文化研究院）、吴国梁（湖南师范大学道德文化研究院）、曹佳佳（湖南师范大学道德文化研究院）、王伊帆（湖南师范大学道德文化研究院）等，这些80后、90后和00后的年轻的博士研究生和硕士研究生们生长在中国改革开放和社会主义现代化建设如火如荼的时代，他们思想新锐，知识前沿，民族情怀与国际视野相得益彰，通过本课题的研究，不仅学术识见得到进一步提升，学术根柢更加深固，而且国家民族认同和中国文化、中国共产党、中国特色社会主义的认同更加强固，而这些对他们日后的学术建树和人生收获将会是大有裨益的。

本课题的立项和完成，特别要感谢的是教育部社科司张东刚司长、徐青森副司长，他们的支持、指导和帮助，令我及课题组成员至为感动。我们还要感谢教育部社科司魏怡衡处长，教育部社会科学评价中心李建平主任，中国伦理学会会长、清华大学人文学院院长万俊人教授，湖北大学哲学院江畅教授，清华大学马克思主义学院戴木才教授，中国人民大学哲学院曹刚教授，中南财经政法大学哲学院龚天平教授，中国社会科学院哲学研究所李景源研究员、甘绍平研究员，上海师范大学哲学院王正平教授、周中之教授等的指导、扶持和对本课题提纲、初稿的审定，感谢湖南大学马克思主义学院柳礼泉教授、广西大学马克思主义学院吴家庆教授、广西师范大学马克思主义学院谭培文教授等参与课题研讨或书面指导，感谢湖南省原副省长唐之享，湖南师范大学原党委书记李民，校长蒋洪新，原副校长欧阳峣、社会科学处处长杨合林、副处长王铁刚等的热切关怀和殷殷嘱托，感谢湖南师范大学公共管理学院和道德文化研究院的唐凯麟教授、张怀承教授、刘湘溶教授、向玉乔教授、李江老师、李霞老师等的鼎力扶持和多方服务，还有许多默默无闻的会务工作者，没有上述各位领导、专家、教授的指导、支持和帮助，课题肯定是无法按时完成并取得"优秀"的鉴定等级的。书稿呈送经济科学出版社后，孙丽丽编审、责任编辑何宁认真把关，悉心指导，付出了艰辛的劳动并贡献了精湛的智慧，他们的敬业精神令我尤为敬佩和感动。"问渠哪得清如许，为有源头活水来"。值此课题完成最终成果即将出版之际，我代表课题组全体成员向上述各位领导、专家、教授、老师和经济科学出版社诸位编审、编辑致以崇高的敬意和真诚的感激！

课题研究有时效的要求，但是我们在课题研究中结下的学缘友情却不会因课题研究的结束而结束。爱国主义是一项常说常新的永恒主题。今天的中国，离中华民族伟大复兴的目标越来越近，且日趋走近世界舞台的中心，弘扬并创新中华民族爱国主义的精神，开拓中华民族爱国主义发展的新局面，值得研究和需要研究的重大理论和现实问题会越来越多，相当一些甚至是前所未有的，我们没有理由停顿，也没有资格躺在过去的功劳簿上不思进取，唯一的态度是以日新不滞的精神去"阐旧邦以辅新命"。"旧学商量加邃密，新知培养转深沉"理应是我们研究哲学社会科学的学人时常需强化的学术禀赋。也许只有这样，才能跟上时代和社会发展的步伐，做出无愧于国家和人民冀望的学术贡献！

王泽应

2021 年 5 月 1 日于长沙岳麓山下景德楼

教育部哲学社會科学研究重大課題攻關項目
成果出版列表

序号	书　名	首席专家
1	《马克思主义基础理论若干重大问题研究》	陈先达
2	《马克思主义理论学科体系建构与建设研究》	张雷声
3	《马克思主义整体性研究》	逄锦聚
4	《改革开放以来马克思主义在中国的发展》	顾钰民
5	《新时期　新探索　新征程 ——当代资本主义国家共产党的理论与实践研究》	聂运麟
6	《坚持马克思主义在意识形态领域指导地位研究》	陈先达
7	《当代资本主义新变化的批判性解读》	唐正东
8	《当代中国人精神生活研究》	童世骏
9	《弘扬与培育民族精神研究》	杨叔子
10	《当代科学哲学的发展趋势》	郭贵春
11	《服务型政府建设规律研究》	朱光磊
12	《地方政府改革与深化行政管理体制改革研究》	沈荣华
13	《面向知识表示与推理的自然语言逻辑》	鞠实儿
14	《当代宗教冲突与对话研究》	张志刚
15	《马克思主义文艺理论中国化研究》	朱立元
16	《历史题材文学创作重大问题研究》	童庆炳
17	《现代中西高校公共艺术教育比较研究》	曾繁仁
18	《西方文论中国化与中国文论建设》	王一川
19	《中华民族音乐文化的国际传播与推广》	王耀华
20	《楚地出土戰國簡册［十四種］》	陈　伟
21	《近代中国的知识与制度转型》	桑　兵
22	《中国抗战在世界反法西斯战争中的历史地位》	胡德坤
23	《近代以来日本对华认识及其行动选择研究》	杨栋梁
24	《京津冀都市圈的崛起与中国经济发展》	周立群
25	《金融市场全球化下的中国监管体系研究》	曹凤岐
26	《中国市场经济发展研究》	刘　伟
27	《全球经济调整中的中国经济增长与宏观调控体系研究》	黄　达
28	《中国特大都市圈与世界制造业中心研究》	李廉水

序号	书　名	首席专家
29	《中国产业竞争力研究》	赵彦云
30	《东北老工业基地资源型城市发展可持续产业问题研究》	宋冬林
31	《转型时期消费需求升级与产业发展研究》	臧旭恒
32	《中国金融国际化中的风险防范与金融安全研究》	刘锡良
33	《全球新型金融危机与中国的外汇储备战略》	陈雨露
34	《全球金融危机与新常态下的中国产业发展》	段文斌
35	《中国民营经济制度创新与发展》	李维安
36	《中国现代服务经济理论与发展战略研究》	陈　宪
37	《中国转型期的社会风险及公共危机管理研究》	丁烈云
38	《人文社会科学研究成果评价体系研究》	刘大椿
39	《中国工业化、城镇化进程中的农村土地问题研究》	曲福田
40	《中国农村社区建设研究》	项继权
41	《东北老工业基地改造与振兴研究》	程　伟
42	《全面建设小康社会进程中的我国就业发展战略研究》	曾湘泉
43	《自主创新战略与国际竞争力研究》	吴贵生
44	《转轨经济中的反行政性垄断与促进竞争政策研究》	于良春
45	《面向公共服务的电子政务管理体系研究》	孙宝文
46	《产权理论比较与中国产权制度变革》	黄少安
47	《中国企业集团成长与重组研究》	蓝海林
48	《我国资源、环境、人口与经济承载能力研究》	邱　东
49	《“病有所医”——目标、路径与战略选择》	高建民
50	《税收对国民收入分配调控作用研究》	郭庆旺
51	《多党合作与中国共产党执政能力建设研究》	周淑真
52	《规范收入分配秩序研究》	杨灿明
53	《中国社会转型中的政府治理模式研究》	娄成武
54	《中国加入区域经济一体化研究》	黄卫平
55	《金融体制改革和货币问题研究》	王广谦
56	《人民币均衡汇率问题研究》	姜波克
57	《我国土地制度与社会经济协调发展研究》	黄祖辉
58	《南水北调工程与中部地区经济社会可持续发展研究》	杨云彦
59	《产业集聚与区域经济协调发展研究》	王　珺

序号	书　名	首席专家
60	《我国货币政策体系与传导机制研究》	刘　伟
61	《我国民法典体系问题研究》	王利明
62	《中国司法制度的基础理论问题研究》	陈光中
63	《多元化纠纷解决机制与和谐社会的构建》	范　愉
64	《中国和平发展的重大前沿国际法律问题研究》	曾令良
65	《中国法制现代化的理论与实践》	徐显明
66	《农村土地问题立法研究》	陈小君
67	《知识产权制度变革与发展研究》	吴汉东
68	《中国能源安全若干法律与政策问题研究》	黄　进
69	《城乡统筹视角下我国城乡双向商贸流通体系研究》	任保平
70	《产权强度、土地流转与农民权益保护》	罗必良
71	《我国建设用地总量控制与差别化管理政策研究》	欧名豪
72	《矿产资源有偿使用制度与生态补偿机制》	李国平
73	《巨灾风险管理制度创新研究》	卓　志
74	《国有资产法律保护机制研究》	李曙光
75	《中国与全球油气资源重点区域合作研究》	王　震
76	《可持续发展的中国新型农村社会养老保险制度研究》	邓大松
77	《农民工权益保护理论与实践研究》	刘林平
78	《大学生就业创业教育研究》	杨晓慧
79	《新能源与可再生能源法律与政策研究》	李艳芳
80	《中国海外投资的风险防范与管控体系研究》	陈菲琼
81	《生活质量的指标构建与现状评价》	周长城
82	《中国公民人文素质研究》	石亚军
83	《城市化进程中的重大社会问题及其对策研究》	李　强
84	《中国农村与农民问题前沿研究》	徐　勇
85	《西部开发中的人口流动与族际交往研究》	马　戎
86	《现代农业发展战略研究》	周应恒
87	《综合交通运输体系研究——认知与建构》	荣朝和
88	《中国独生子女问题研究》	风笑天
89	《我国粮食安全保障体系研究》	胡小平
90	《我国食品安全风险防控研究》	王　硕

序号	书　名	首席专家
91	《城市新移民问题及其对策研究》	周大鸣
92	《新农村建设与城镇化推进中农村教育布局调整研究》	史宁中
93	《农村公共产品供给与农村和谐社会建设》	王国华
94	《中国大城市户籍制度改革研究》	彭希哲
95	《国家惠农政策的成效评价与完善研究》	邓大才
96	《以民主促进和谐——和谐社会构建中的基层民主政治建设研究》	徐　勇
97	《城市文化与国家治理——当代中国城市建设理论内涵与发展模式建构》	皇甫晓涛
98	《中国边疆治理研究》	周　平
99	《边疆多民族地区构建社会主义和谐社会研究》	张先亮
100	《新疆民族文化、民族心理与社会长治久安》	高静文
101	《中国大众媒介的传播效果与公信力研究》	喻国明
102	《媒介素养：理念、认知、参与》	陆　晔
103	《创新型国家的知识信息服务体系研究》	胡昌平
104	《数字信息资源规划、管理与利用研究》	马费成
105	《新闻传媒发展与建构和谐社会关系研究》	罗以澄
106	《数字传播技术与媒体产业发展研究》	黄升民
107	《互联网等新媒体对社会舆论影响与利用研究》	谢新洲
108	《网络舆论监测与安全研究》	黄永林
109	《中国文化产业发展战略论》	胡惠林
110	《20 世纪中国古代文化经典在域外的传播与影响研究》	张西平
111	《国际传播的理论、现状和发展趋势研究》	吴　飞
112	《教育投入、资源配置与人力资本收益》	闵维方
113	《创新人才与教育创新研究》	林崇德
114	《中国农村教育发展指标体系研究》	袁桂林
115	《高校思想政治理论课程建设研究》	顾海良
116	《网络思想政治教育研究》	张再兴
117	《高校招生考试制度改革研究》	刘海峰
118	《基础教育改革与中国教育学理论重建研究》	叶　澜
119	《我国研究生教育结构调整问题研究》	袁本涛 王传毅
120	《公共财政框架下公共教育财政制度研究》	王善迈

序号	书　名	首席专家
121	《农民工子女问题研究》	袁振国
122	《当代大学生诚信制度建设及加强大学生思想政治工作研究》	黄蓉生
123	《从失衡走向平衡：素质教育课程评价体系研究》	钟启泉 崔允漷
124	《构建城乡一体化的教育体制机制研究》	李　玲
125	《高校思想政治理论课教育教学质量监测体系研究》	张耀灿
126	《处境不利儿童的心理发展现状与教育对策研究》	申继亮
127	《学习过程与机制研究》	莫　雷
128	《青少年心理健康素质调查研究》	沈德立
129	《灾后中小学生心理疏导研究》	林崇德
130	《民族地区教育优先发展研究》	张诗亚
131	《WTO主要成员贸易政策体系与对策研究》	张汉林
132	《中国和平发展的国际环境分析》	叶自成
133	《冷战时期美国重大外交政策案例研究》	沈志华
134	《新时期中非合作关系研究》	刘鸿武
135	《我国的地缘政治及其战略研究》	倪世雄
136	《中国海洋发展战略研究》	徐祥民
137	《深化医药卫生体制改革研究》	孟庆跃
138	《华侨华人在中国软实力建设中的作用研究》	黄　平
139	《我国地方法制建设理论与实践研究》	葛洪义
140	《城市化理论重构与城市化战略研究》	张鸿雁
141	《境外宗教渗透论》	段德智
142	《中部崛起过程中的新型工业化研究》	陈晓红
143	《农村社会保障制度研究》	赵　曼
144	《中国艺术学学科体系建设研究》	黄会林
145	《人工耳蜗术后儿童康复教育的原理与方法》	黄昭鸣
146	《我国少数民族音乐资源的保护与开发研究》	樊祖荫
147	《中国道德文化的传统理念与现代践行研究》	李建华
148	《低碳经济转型下的中国排放权交易体系》	齐绍洲
149	《中国东北亚战略与政策研究》	刘清才
150	《促进经济发展方式转变的地方财税体制改革研究》	钟晓敏
151	《中国—东盟区域经济一体化》	范祚军

序号	书　名	首席专家
152	《非传统安全合作与中俄关系》	冯绍雷
153	《外资并购与我国产业安全研究》	李善民
154	《近代汉字术语的生成演变与中西日文化互动研究》	冯天瑜
155	《新时期加强社会组织建设研究》	李友梅
156	《民办学校分类管理政策研究》	周海涛
157	《我国城市住房制度改革研究》	高　波
158	《新媒体环境下的危机传播及舆论引导研究》	喻国明
159	《法治国家建设中的司法判例制度研究》	何家弘
160	《中国女性高层次人才发展规律及发展对策研究》	佟　新
161	《国际金融中心法制环境研究》	周仲飞
162	《居民收入占国民收入比重统计指标体系研究》	刘　扬
163	《中国历代边疆治理研究》	程妮娜
164	《性别视角下的中国文学与文化》	乔以钢
165	《我国公共财政风险评估及其防范对策研究》	吴俊培
166	《中国历代民歌史论》	陈书录
167	《大学生村官成长成才机制研究》	马抗美
168	《完善学校突发事件应急管理机制研究》	马怀德
169	《秦简牍整理与研究》	陈　伟
170	《出土简帛与古史再建》	李学勤
171	《民间借贷与非法集资风险防范的法律机制研究》	岳彩申
172	《新时期社会治安防控体系建设研究》	宫志刚
173	《加快发展我国生产服务业研究》	李江帆
174	《基本公共服务均等化研究》	张贤明
175	《职业教育质量评价体系研究》	周志刚
176	《中国大学校长管理专业化研究》	宣　勇
177	《"两型社会"建设标准及指标体系研究》	陈晓红
178	《中国与中亚地区国家关系研究》	潘志平
179	《保障我国海上通道安全研究》	吕　靖
180	《世界主要国家安全体制机制研究》	刘胜湘
181	《中国流动人口的城市逐梦》	杨菊华
182	《建设人口均衡型社会研究》	刘渝琳
183	《农产品流通体系建设的机制创新与政策体系研究》	夏春玉

序号	书　名	首席专家
184	《区域经济一体化中府际合作的法律问题研究》	石佑启
185	《城乡劳动力平等就业研究》	姚先国
186	《20世纪朱子学研究精华集成——从学术思想史的视角》	乐爱国
187	《拔尖创新人才成长规律与培养模式研究》	林崇德
188	《生态文明制度建设研究》	陈晓红
189	《我国城镇住房保障体系及运行机制研究》	虞晓芬
190	《中国战略性新兴产业国际化战略研究》	汪　涛
191	《证据科学论纲》	张保生
192	《要素成本上升背景下我国外贸中长期发展趋势研究》	黄建忠
193	《中国历代长城研究》	段清波
194	《当代技术哲学的发展趋势研究》	吴国林
195	《20世纪中国社会思潮研究》	高瑞泉
196	《中国社会保障制度整合与体系完善重大问题研究》	丁建定
197	《民族地区特殊类型贫困与反贫困研究》	李俊杰
198	《扩大消费需求的长效机制研究》	臧旭恒
199	《我国土地出让制度改革及收益共享机制研究》	石晓平
200	《高等学校分类体系及其设置标准研究》	史秋衡
201	《全面加强学校德育体系建设研究》	杜时忠
202	《生态环境公益诉讼机制研究》	颜运秋
203	《科学研究与高等教育深度融合的知识创新体系建设研究》	杜德斌
204	《女性高层次人才成长规律与发展对策研究》	罗瑾琏
205	《岳麓秦简与秦代法律制度研究》	陈松长
206	《民办教育分类管理政策实施跟踪与评估研究》	周海涛
207	《建立城乡统一的建设用地市场研究》	张安录
208	《迈向高质量发展的经济结构转变研究》	郭熙保
209	《中国社会福利理论与制度构建——以适度普惠社会福利制度为例》	彭华民
210	《提高教育系统廉政文化建设实效性和针对性研究》	罗国振
211	《毒品成瘾及其复吸行为——心理学的研究视角》	沈模卫
212	《英语世界的中国文学译介与研究》	曹顺庆
213	《建立公开规范的住房公积金制度研究》	王先柱

序号	书　名	首席专家
214	《现代归纳逻辑理论及其应用研究》	何向东
215	《时代变迁、技术扩散与教育变革：信息化教育的理论与实践探索》	杨　浩
216	《城镇化进程中新生代农民工职业教育与社会融合问题研究》	褚宏启 薛二勇
217	《我国先进制造业发展战略研究》	唐晓华
218	《融合与修正：跨文化交流的逻辑与认知研究》	鞠实儿
219	《中国新生代农民工收入状况与消费行为研究》	金晓彤
220	《高校少数民族应用型人才培养模式综合改革研究》	张学敏
221	《中国的立法体制研究》	陈　俊
222	《教师社会经济地位问题：现实与选择》	劳凯声
223	《中国现代职业教育质量保障体系研究》	赵志群
224	《欧洲农村城镇化进程及其借鉴意义》	刘景华
225	《国际金融危机后全球需求结构变化及其对中国的影响》	陈万灵
226	《创新法治人才培养机制》	杜承铭
227	《法治中国建设背景下警察权研究》	余凌云
228	《高校财务管理创新与财务风险防范机制研究》	徐明稚
229	《义务教育学校布局问题研究》	雷万鹏
230	《高校党员领导干部清正、党政领导班子清廉的长效机制研究》	汪　曣
231	《二十国集团与全球经济治理研究》	黄茂兴
232	《高校内部权力运行制约与监督体系研究》	张德祥
233	《职业教育办学模式改革研究》	石伟平
234	《职业教育现代学徒制理论研究与实践探索》	徐国庆
235	《全球化背景下国际秩序重构与中国国家安全战略研究》	张汉林
236	《进一步扩大服务业开放的模式和路径研究》	申明浩
237	《自然资源管理体制研究》	宋马林
238	《高考改革试点方案跟踪与评估研究》	钟秉林
239	《全面提高党的建设科学化水平》	齐卫平
240	《"绿色化"的重大意义及实现途径研究》	张俊飚
241	《利率市场化背景下的金融风险研究》	田利辉
242	《经济全球化背景下中国反垄断战略研究》	王先林

序号	书 名	首席专家
243	《中华文化的跨文化阐释与对外传播研究》	李庆本
244	《世界一流大学和一流学科评价体系与推进战略》	王战军
245	《新常态下中国经济运行机制的变革与中国宏观调控模式重构研究》	袁晓玲
246	《推进21世纪海上丝绸之路建设研究》	梁 颖
247	《现代大学治理结构中的纪律建设、德治礼序和权力配置协调机制研究》	周作宇
248	《渐进式延迟退休政策的社会经济效应研究》	席 恒
249	《经济发展新常态下我国货币政策体系建设研究》	潘 敏
250	《推动智库建设健康发展研究》	李 刚
251	《农业转移人口市民化转型：理论与中国经验》	潘泽泉
252	《电子商务发展趋势及对国内外贸易发展的影响机制研究》	孙宝文
253	《创新专业学位研究生培养模式研究》	贺克斌
254	《医患信任关系建设的社会心理机制研究》	汪新建
255	《司法管理体制改革基础理论研究》	徐汉明
256	《建构立体形式反腐败体系研究》	徐玉生
257	《重大突发事件社会舆情演化规律及应对策略研究》	傅昌波
258	《中国社会需求变化与学位授予体系发展前瞻研究》	姚 云
259	《非营利性民办学校办学模式创新研究》	周海涛
260	《基于"零废弃"的城市生活垃圾管理政策研究》	褚祝杰
261	《城镇化背景下我国义务教育改革和发展机制研究》	邬志辉
262	《中国满族语言文字保护抢救口述史》	刘厚生
263	《构建公平合理的国际气候治理体系研究》	薄 燕
264	《新时代治国理政方略研究》	刘焕明
265	《新时代高校党的领导体制机制研究》	黄建军
266	《东亚国家语言中汉字词汇使用现状研究》	施建军
267	《中国传统道德文化的现代阐释和实践路径研究》	吴根友
268	《创新社会治理体制与社会和谐稳定长效机制研究》	金太军
269	《文艺评论价值体系的理论建设与实践研究》	刘俐俐
270	《新形势下弘扬爱国主义重大理论和现实问题研究》	王泽应

......